KB219013

유교제국의 충격과
서구 근대국가의 탄생

황태연黃台淵 교수는 1977년 서울대학교 외교학과를 졸업하고 1983년 동同대학원 외교학과에서 석사학위를 받았다. 이어서 1984년 독일로 건너가 1991년 독일 프랑크푸르트의 괴테대학교에서 정치학 박사학위를 받았다. 그는 1994년 동국대학교 정치외교학과 교수로 초빙되어 2022년 2월까지 30년 동안 동서양 정치철학과 정치사상을 연구하며 가르쳤다. 지금도 동국대학교 명예교수로서 정치철학 연구와 집필 작업을 멈추지 않고 계속하고 있다.

The Emergence of the Western Modern States by the Impact of the Confucian Countries

The Confucian Origin of Modern Cabinet System, Bureaucracy, School System, Free Market System and Welfare State

by Tai-Youn Hwang

유교제국의 충격과 서구 근대국가의 탄생

근대 내각제 · 관료제 · 학교제도 · 시장경제 · 복지제도의 기원

제1권
서구 내각제 · 관료제 · 학교제도의 유교적 기원

황 태 연 지음

동국대학교 정치외교학과

머리말

근대국가의 8대 기본요소는 (1)백성의 자유, (2)백성의 평등, (3)관용, (4)내각제, (5)관료제, (6)3단계 학교제도, (7)시장경제, (8)복지제도다. 이 요소들 중 두세 개만 결해도, 우리는 이런 나라를 '전근대 국가'나 '비非근대 국가' 또는 기껏해야 '낮은 근대의 초기근대 국가'로 간주한다. 자유·평등·관용이 근대국가의 '혼魂'이라면, 내각제·관료제·학교제도는 근대국가의 '뼈대와 힘줄'이고, 자유시장과 복지제도는 근대국가의 '두 날개'인 것이다. 이 두 날개가 없었다면 근대국가는 오늘날까지 날 수 없었을 것이다.

그런데 필자가 20년 전부터 규명하려고 노력해온 주제는 이 8대 요소들이 모두 공자철학과 유교국가로부터 서천西遷했다는 역사적 사실이다. 그러나 21세기 오늘날도 '근대국가는 서구에서 자생적으로 생겨났다'는 관념이 동서세계를 지배하고 있다. 이런 관념은 서구인들이 공자를 연호하고 중국에 열광하던 18세기까지, 아니 19세기까지도 학계와 언론계에 발붙이지 못했었다. 그러나 19세기 초 이미 칸트는 중국과 공자를 경멸하는 반反유교국가론을 펴며 기독교 세계를 "이성적 지식과 실천이성의 세계"로 날조하며 자화자찬했고, 헤겔은 '만인의 자유'를 지향하는 이성국가(*Vernunftsstaat*)

가 오직 "심오한 내면성(*die tiefe Innerlichkeit*)"을 갖춘 북구의 개신교적 게르만 민족들에게서만 생겨났다는 개신교-게르만 지배민족론을 개진했다. 또 19세기 중후반 칼 마르크스는 서구의 '공장자본주의(*Fabrikkapitalismus*)'를 유일무이한 자본주의적 생산방식으로 오판하고 중국인을 "야만인"으로 비하하는 서구중심주의 혁명론을 '고안'했다. 나아가 1900년대 초 막스 베버는 유교문명을 격하하면서 "중국 자본주의는 불가능하다"는 괴설을 호언하는 한편, '근대'는 멀리 고대 그리스로부터 발원하여 오직 서양의 칼뱅주의 개신교국가에서만 발전했다는 서구유일주의 거대괴담을 서슴 펴런 독설로 강변했다. 이런 제국주의적 서구유일주의(*Okzidentsingularismus*)가 널리 확산된 20세기부터는 "근대국가는 서양 히브리즘·헬레니즘의 태내에서 산생했다"는 관념이 거침없이 세계를 휩쓸기 시작했다. 그리고 이런 서구유일주의 관념은 서양인들의 유교문화 연구와 중국학이 대단한 수준에 오른 오늘날까지도 수그러들지 않고 있다.

"근대국가가 서구문명의 태내에서 자생했다"는 이 거대괴담이 시들 줄 모르는 이유는 무엇보다도 강단을 지배하는 베버의 '근대이론' 때문일 것이다. 베버는 근대국가의 핵심기제인 '관료제'와 전문과학적 '학교제도', 그리고 그 경제토대인 '자유시장'과 '기업자본주의(*Betriepskapitalismus*)'가 어떤 다른 문명권에서도 생겨나지 않았고, 오직 서구문명권에서만 발생했다는 괴설을 도처에서 되풀이했다. 그리고 '대귀족의 자유와 권력'만을 최후까지 옹호한 마지막 귀족주의적 반동분자 몽테스키외가 내각제적 권력분립제도를 "게르만 숲속"에서 유래한 영국제도로 오인한 이래, 세상 사람들은 내각제 정부형태를 서구 고유의 제도로 간주해 왔다. 그리고 오늘날 사회과학자들은 전후에야 서구에서 보편화된 '복지국가'를 19세기말 비스마르크의 '사회투쟁'에서 시발한 것으로 단정한다.

그러나 필자는 이런 서구유일주의적 호언과 강변, 일체의 회의를 초월한 이런 무조건적 확언과 단정이 모두 다 근본적 오류이고 터무니없는 괴담과 괴설에 불과하다는 것을 입증했다. 필자는 귀족의 자유가 아니라 백성의 자유와 평등이 공자철학과 유교국가의 자유·평등제도로부터 서천하여 서양 땅에 이식되었다는 역사적 사실을 『공자의 자유·평등철학과 사상초유의 민주공화국』과 『공자의 충격과 서구 근대 자유·평등사회의 탄생(1-3)』이라는 2부작 전4권(2021)으로 규명하고 입증했다. 그리고 종교적·사상적·정치적 '관용'이 공자철학과 극동제국의 종교적 관용제도로부터 유래하여 서구에서 법제화되는 과정을 『극동의 격몽과 서구 관용국가의 탄생』(2022)으로 규명했다.

그리고 200자 원고지 1만 2000매에 달하는 이 책 『유교국가의 충격과 서구 근대국가의 탄생(1-3)』은 서구의 사상가와 입법자들이 근대국가의 "뼈대와 힘줄", 그리고 "두 날개"에 해당하는 내각제·관료제·학교제도·시장제도·복지제도 등 서구 근대국가의 나머지 5대 요소도 서구제국이 극동 유교제국의 사상과 제도를 본보기로 리메이크했다는 사실을 낱낱이 규명했다. 세 권으로 이루어진 이 저작의 제1권은 서구의 근대적 내각제·관료제·학교제도가 유교국가의 해당 제도들로부터 이식되는 과정을 규명한다. 제2권은 중국 자유시장의 충격으로 서구에서 시장경제가 법제화되는 과정을 풍부한 사료에 의해 입증한다. 그리고 제3권은 서구의 계몽주의자들과 입법자들이 극동제국의 양민養民·교민敎民국가로부터 충격을 받고 서둘러 근대적 복지제도를 구축해가는 과정을 밝혀 보인다. 이로써 필자는 "근대 서구가 공자와 유교국가의 충격으로부터 탄생했다"는 거대 주제를 다루는 4부작 전8권의 방대한 연작집 '충격과 탄생' 시리즈를 완결했고, 이와 동시에 공자철학과 근대이론에 관한 15부작 전29권의 오랜 연구·집필·출판 작업도 최종 마감했다. 불철주야 쉴 새 없는 탐구와 집필 작업 끝에 공간된 이 29권의 저작은 공자철학과 근대국가의 본질적 관계를 규명함으로써 얻은 새롭고도 또 놀라운 성과들을 총체적으로 정리하고 집대성한 것이다. 이 탐구는 두 축으로 이루어졌는데, 한 축은 심오하지만 얄팍하게 이해되거나 왜곡되어온 공자철학을 전체적 연관 속에서 올바로 파악하여 새로이 정위치正位置시키고 폭넓고 깊이 있게 해석하는 작업이고, 다른 한 축은 근대국가의 기원과 본질을 공자철학과의 근원적 연관 속에서 정확하게 파악하고 제대로 규명해내는 작업이었다.

서양우월주의로 왜곡되고 베버주의 독설로 오염된 '학문의 황무지'에서 필자가 공자철학과 유교국가의 정치·경제·사회제도 자체를 새롭게 이해하고 이 철학과 제도의 서천을 추적하는 가운데 견인불발의 분투奮鬪로 '길 없는 길'을 걸어 첫길을 열고 닦아온 지 어언 20년이다. 이 장구한 여정을 답파하고 마침내 15부작 총29권의 방대한 저작을 다 끝마친 필자로서는 감개무량하면서도 다른 한편으로 인생 20년의 결정체인 이 저작들, 특히 이 『유교국가의 충격과 서구 근대국가의 탄생(1-3)』이 독자들로부터 얼마나 많은 사랑을 받을지, 성적표를 기다리는 수험생처럼 초조하기만 하다. 현량한 독자와 독실한 학자들에게서 곧 특별한 관심이 일 것이라는 믿음을 안고 이 저작들이 대중적으로 소화되기를 조용히 기다릴 따름이다.

때는 바야흐로 한류와 K-기술, K-제품과 K-무기가 전 세계를 누비며 '세계표준'으로 확립되는 'K-문명'의 여명기다. 이 동트는 K-문명 시대에 필자가 생산한 연구 결과의 역사적 가치와 문명사적 의미를 아는 사람들이 머지않아 주류가 되리라. 그리하여 필자의 현대화된 유학적 도덕철학이나 사회과학이론, 그리고 패치워크문명론처럼 반反서양적이지도, 반反동양적이지도 않은 동서패치워크의 K-학문과 K-이론이 글로벌 K-팝, K-기술, K-제품처럼 전 세계로 수출되는 날이 반드시 오리라.

코로나가 기승을 부리는 2022년 3월

서울 송파 바람들이 토성에서
죽림竹林 황태연 지識

제1권

서구 내각제·관료제·학교제도의 유교적 기원

목차

제2권
중국 자유시장의 충격과 서구 시장경제의 탄생

들어가며

서구에서 '근대국가(*modern state*)'는 우선 (1)백성이 정치적·정신적 자유와 평등의 권리를 얻어 '국민'으로 올라서서 민본주의적 자치권으로서의 국민주권을 쟁취한 '자유·평등국가'이고, (2)국가가 정신의 궁극적 자유의 연장선상에서 종교·학문·사상·정치에 무제한적 관용을 보장하는 '관용국가'이다. 그리고 동시에 근대국가는 (3)국가 수뇌부에서 일인독재로 흐르기 마련인 독임제적獨任制的(*monocratic*) 의사결정을 추방하고 집체적(*collegial*) 결정을 제도화한 '내각제국가'이자, (4)실무행정 담당자를 실력(성적)으로 선발하고 이 행정관리들을 위계제도·임기제·순환보직제로 배치·조직하여 복무시키는 '관료제국가'이고, (5)3단계 학제(초등·중고등·대학)의 학교를 설치하여 만민에게 의무교육과 평등한 교육기회를 보장하고 국민적 문화생활의 지속적 향상을 추구하는 '교육문화국가'이다. 나아가 근대국가는 (6)자유시장 제도를 확립하여 만민에게 경제적 자유와 민생을 보장하고 경제의 '근대적 성장(*modern growth*)'을 국가목표로 추구하는 '시장경제국가'이자, (7)국민의 인간다운 생계·후생·건강을 보장하는 '사회복지국가'다.

(1)자유·평등국가와 (2)관용국가로서의 서구 근대국가의 탄생과정은 『공자의 자유·평등철학과 사상초유의 민주공화국』과 『공자의 충격과 서구 자유·평등사회의 탄생(1-3)』과 『극동의 격몽과 서구 관용국가의 탄생』에서 충분히 규명했다. 서구 근대국가의 (3)내각제, (4)관료제, (5)학교제도, (6)시장경제, (7)사회복지제도가 극동 유교국가의 충격으로부터 탄생하는 과정에 대해서는 이 책에서 일괄적으로 다룬다.

■ **막스 베버의 괴담 · 괴설**

오늘날 동서양의 대졸 이상 지식인들과 학자들은 대부분 '내각제'가 서양 고유의 산물인 것으로 착각하고, 또 명·청대 중국정부가 내각제정부였고 찰스 2세가 1679년 이 중국 내각제를 영국으로 도입했다는 사실史實을 전혀 모른다. 또한 행정적 공무담임권을 만민에게 개방하고 공무를 담임한 관리를 학업능력을 검증하는 필기시험으로 선발하고 선발된 관리들을 임기제로 임용·보직하는 '관료제'가 서양 고유의 제도로 착각한다. 그리하여 이 '무식한 착각의 대가' 막스 베버는 이렇게 호언했다. "무엇보다도 서구의 근대국가와 근대적 경제의 주춧돌인 '전문관리(*Fachbeamter*)'는 오직 서구에만 존재했다. 전문관리는 어디에서도 서구에서만 만큼 사회질서에 대해 본질구성적이지 않은 맹아만이 존재한다. 물론 '관리'는, 그리고 분업적으로 전문화된 관리도, 다양한 문화권의 태고대적 현상이다. 그러나 어떤 나라도, 어떤 시대도 근대 서구와 같은 의미에서 우리의 전체적 실존, 즉 우리의 현존을 밑받침하는 정치적·기술적·경제적 근본조건들을 전문적으로 교육된 관리조직의 거푸집 속에 묶어 넣는, 절대 불가피한 구속성을 가지고 있지 않고, 사회생활의 가장 중요한 일상기능의 담당자로서의 기술적·상인적인, 그러나 특히 법률적으로 훈육된 관리들을 가지고 있지 않다."[1] 중국의 과거제는 송대 초 왕안석의 과거제·학교제 개혁(1070년 3월) 이래 시작詩作·묵의墨義·첩경帖經의 시험과목으로 철학적·문예적 문사를 공무담임자로 선발하는 문예적·암송적 시험관행을 폐지하고 경의經義·책론策論·명법明法·율의律義를 시험해 정책전문가를 뽑는 시무적時務的 시험제도로 바뀌었다.[2] 중국의 과거제를 '문사관리'로 뽑는 제도로 격하시키고 '전문관리'로서의 관료의 서구적 기원만을 되뇌는 베버의 이런 무식한 호언豪言에 대해서는 일찍이(1964) 헤를리 크릴(Herrlee G. Creel)이 치밀·정확하게 비판한 바 있다.[3]

호언豪言과 괴언怪言으로 '서구유일주의(*Okzidentssingularismus*)'을 대변하는 막스 베버는 다시 "온갖 가능한 종류의 대학교, 우리의 대학교나 우리의 아카데미와 유사한 대학교들은 다른 곳(중국, 이슬람)에서도 있었지만, 과학의 합리적·체계적 전문경영, 훈련된 전문가층은 우리의 오늘날 문화지배적 중요성에 도달한 의미에서 오직 서구에서만 존재했다"고[4] 호언한다. 베버의 이 말은 학자와 각종 전문가를 낳는 대학교를 정상의 교육기관으로 가진 학교제도는 서구에서만 유래했다고 주장하는 셈이다. 그러나 중국과 한국에서는 3단계

1) Max Weber, "Vorbemerkung", 3쪽. Max Weber, *Gesammelte Aufsätze zur Religionssolziologie I* (Tübingen: Mohr, 1986).

2) 이에 대한 본격적 논의는 참조: 황태연, 『공자철학과 서구 계몽주의의 기원(상)』 (파주: 청계, 2019), 308-313쪽.

3) Herrlee G. Creel, "The Beginnings of Bureaucracy in China: The Origin of the Hsien", *The Journal of Asian Studies*, Vol. 23, No.2 (Feb., 1964), 155-163쪽.

4) Weber, "Vorbemerkung", 3쪽.

학제의 초·중등학교·대학교는 왕안석의 학교개혁 이래 줄곧 발달해 있었고, 또한 '서원書院'으로 불린 사립대학들도 무수히 많이 나타났다. 이런 사실은 본론에서 충분히 입증될 것이다. 중국의 이 3단계 학제의 학교제도는 17세기 중반 존 밀턴에 의해 수용되어 이론화되고, 밀턴의 학교 기획을 이어받은 미국의 토마스 제퍼슨 등에 의해 19세기 초반 재차 수용되었다. 서구의 3단계 학제의 근대적 학교제도는 이런 경로로 확립된 것이다. 베버는 이런 사실에 대해 전혀 무지한 채 저 따위 호언을 늘어놓았던 것이다.

■ **근대국가의 5대 요소와 유학적 기원**

서구 근대국가는 모두 다 유교국가에서 유래한 자유·평등·관용이념과 내각제·관료제·학교제도·자유시장·복지제도의 8대 요소로 구성되었다. 이 중 자유·평등·관용이념의 3대 요소가 근대국가의 영혼이라면, 내각제·관료제·학교제도·자유시장·복지제도의 5대 요소는 근대국가의 뼈대와 근육과 날개다. 내각제·관료제·학교제도는 근대국가의 '뼈대와 근육'이고, 자유시장과 복지제도는 근대국가를 비상시키는 두 '날개'다. 이 5대 요소는 자유·평등·관용이념과 더불어 모두 다 유교국가에서 유래했다.

자유시장과 복지제도는 근대국가의 '날개'이기에 근대국가는 이 두 날개가 있어야만 비상할 수 있다. 그러므로 자유시장과 복지제도 없는 근대국가는 날아오르려고 아무리 애써도 추락을 면치 못했다. 자유시장과 복지제도가 없거나 완벽하지 못한 아시아·아프리카·남아메리카의 모든 국가들이 빈곤과 혼란을 벗어나지 못하고 있고, 시장 없는 공산권의 여러 나라도 멸망했거나(소련·동독·폴란드·루마니아·불가리아·헝가리) 망조가 들었다(조선민주주의인민공화국). 반면, 자유시장을 어느 정도 수용한 중국과 베트남은 벼랑 끝에서 탈출하여 지금은 고속성장 속에서 발전하고 있고, 미국의 경제봉쇄로 인해 항구적으로 물자부족에 시달림에도 불구하고 약소한 수준에서나마 기초적 복지제도를 갖춘 쿠바는 가난 속에서도 제법 잘 연명해 오고 있다.

그런데 산업화와 더불어 근대 경제의 기본 축을 이루는 자유시장과 관련해서 대부분의 지식인들은 즉각 아담 스미스와 "보이지 않는 손"을 거론하며 자유시장을 서양 고유의 경제제도로 칭송한다. 그러나 아담 스미스는 당시 "유럽의 공자(*le Confucius d'Europe*)"라고 불린 프랑수아 케네의 중농주의적 자유시장론을 표절했다. 그리고 케네는 『중국의 계몽전제론(*Le Despotisme de la Chine*)』(1767)을 저술한 조용한 중국열광자로서 중국의 자유시장경제와 농본주의를 모방해 자유시장에 입각한 중농주의 경제론을 수립함으로써 근대 경제학을 "신新과학(*science nouvelle*)"으로 개창했다. 중국의 역대 유교국가들은 오래 전부터 자유시장을 '무위無爲시장'으로 발전시켜 왔고, 사마천은 일찍이 『사기』의 「화식열전貨殖列傳」에서 한대漢代의 역사적 경험에 입각해 무위·자유시장의 가격법칙적 자율조절 기제를 (스미스의 "보이지 않는 손"을 선취한) "자연지험自然之驗" 개념으로 설명하고 경제이론적으로 자본의 무한축적을 정당화했다. 송·원·명·청조의 역대정부는 중농억상重農抑商정책을 폈던 진秦나라를 타도하고 유자들의 주장에 따라 자유시장 제도를 채택한 한나라의 정책기조를 계승해 자유시장의 기반 위에서 중국을 19세기 중반까지 세계 최부국最富國으로 만들고 유지할 수 있었던 것이다. 중국의 역대 정부는 자유교역의 시장을 자유롭게 방임하는 가운데 시장의 자율조절 기제를 물가조절 정책과 독점규제 조치에 의해 보강함으로써 자유시장을 발전시켰던 것이다.

또한 세계 도처의 안다니들은 '복지국가'를 말하면 거의 예외 없이 독일의 비스마르크와 영국의 비버리지를 거명한다. 그러나 서구의 이 근대 복지국가도 '중국산'이다. 중국은 공맹의 양민養民·교민敎民국가론에 따라 송·원·명·청대에 걸쳐 복잡다단한 복지국가로 발전해 있었다. 독일철학자 라이프니츠·볼프·유스티 등은 중국의 이 양민·교민 복지국가를 '관방학官房學(*Kameralismus*)'과 '양호養護국가(*Polizeistaat*)' 형태로 받아들였다. 이 양호국가는 헤겔에 의해 계승되고, 19세기 말 서구에서 최초로 비스마르크에 의해 사회주의 노동운동의 진압을 위해 도입된 사회보장제도로 실현되었다. 1942년 '요람에서 무덤까지'를 기치로 내건 윌리엄 비버리지(William H. Beverige)의 복지국가 프로그램은 비스마르크의 사회보장제도의 업그레이드 버전이었었다.

그런데 서천西遷하여 서구의 근대적 국가제도로 리메이크된 이 중국제도들은 모두 다 궁극적으로 공자와 맹자가 정리하거나 쓰고 말한 유교경전에 기초한 것들이었다. '유교국가의 충격'은 따지고 보면 '유학의 충격'이었던 것이다. 중국 내각제는 공자의 "무위이치無爲而治"와 "유이불여有而不與"의 명제에 근거를 둔 분권적 군신공치론에 입각한 것이었다. 그리고 관료제도 유교경전에 근거한 것이다. 『서경』이 전하는 혁명선언문 「태서泰誓」에서 무왕武王은 '무도武道혁명'으로 타도된 주왕紂王 수受가 범한 11개 죄목 중 네 번째 죄목으로 "관인을 세습시켰다(官人以世)"는 것을 들고 있다.[5] 이것을 보면, 공자 이전부터 중국에서는 '관직은 세습하지 않는다'는 관직불세습官職不世襲의 평등주의·능력주의 원칙이 이미 국가관

5) 『書經』「周書·泰誓(上)」.

직의 인사원칙으로 확립되어 있었다는 것을 알 수 있다. 이 원칙에 따라 공자는 "관작官爵은 세습하지 않고 공으로써 한다"는 명제로써 '선비는 관직을 세습하지 않는다'는 것을 공직의 인사원칙으로 재확인했다.

> 제후의 세자는 나라를 세습하나 대부는 관작을 세습하지 않고, 부림(使)은 덕으로써 하고 관작은 공功으로써 하는 것이니, (…) 제후의 대부는 작록을 세습하지 아니한다.(諸侯世子世國 大夫不世爵 使以德 爵以功 [⋯] 諸侯之大夫 不世爵祿)[6]

"관작은 세습하지 않고 공으로써 하는 것"이라는 말은 바로 관리 선임의 성적(공덕·능력)주의 원칙을 천명한 것이다. 공자의 이 성적주의 선발·인사원칙으로 중국에서 봉건적 세습귀족의 존립 여지는 정치철학적으로 일찍이 근절되었다. 공자는 국가행정의 중요한 조직원칙으로 관직불세습 전통과 능력주의적 관직선임 원칙을 대변함으로써 대동大同사회에서도 "천하는 공公이고" 공직자는 "현자와 능력자를 뽑아(天下爲公 選賢與能)" 쓴다고 못박는다.[7] 맹자도 오패五霸가 '규구葵丘의 회맹'에서 약정한, "선비는 벼슬을 세습하지 않는다(士無世官)"는 제4명命을 금법으로 언명함으로써[8] 관직불세습 원칙을 다시 중국 고유의 국가철학으로 재확인했다. 이에 따라 송대 초 왕안석은 "무왕이 주紂의 죄를 '관인을 세습시켰음'을 헤아렸듯이, 이것은 곧 주紂가 난으로 망한 길이니, 이는 치세에 없는

---

6) 『禮記』「王制 第五」(59).

7) 『禮記』「禮運」(9-1).

8) 『孟子』「告子下」(12-7).

것이다"고[9] 천명하고 만연된 음서蔭敍·음보蔭補제도를 폐지하고, 공무담임권의 획득을 과거제로 단일화하고 과거 응시자격을 만인에 개방했다. 이로써 합리적 관료제가 확립되기에 이른 것이다.

중국의 학교제도도 『대학』의 "천자에서 서인에 이르기까지 다 하나같이 수신을 근본으로 삼는다(自天子以至於庶人 壹是皆以修身爲本)"는 명제와 『논어』의 "교육은 차별이 없는 것이다(有教無類)"는 명제에 입각한 만민평등교육(보통교육)을 구현하고, 『서경』과 『맹자』에서 전하는 하·은·주 삼대의 학교제도 전통을 계승한 것이다. 삼대가 융성했을 때는 나라에서 교校·서序·상庠·학學을 설치하여 사람들을 가르쳤다. 맹자에 의하면, 하나라는 '교校'를, 은나라는 '서序'를, 주나라는 '상庠'을 설치했고, '학學'은 삼대가 공히 수도에 설치했다.[10] 주나라 중기 이후의 교육제도를 반영하는 『예기』에 의하면, 나라에서 행정 단위의 등급에 따라 숙塾·상·서·학의 교육기관을 설치해 온 백성을 가르쳤다. 25가구의 마을에는 '숙', 500가구의 마을에는 '상', 1만5000가구가 사는 군현에는 '서'를, 국도國都에는 '학'을 설치해 가르쳤다.[11] 여기서 '숙'은 초등과정이고, '상'과 '서'는 둘 다 중등과정인데 행정 단위의 크기에 따라 달리 부른 것이다. 국도의 '학'은 흔히 '대학大學' 또는 '태학太學'으로 불린 최고 교육기관이다. '숙'에서 '서'에 이르는 교육기관을 합해 '소학'이라 하는데 여기에는 왕공으로부터 서민의 자제에 이르기까지 8세가 되면 모두 입학했다. 국도의 '대학'에는 천자의 원자와 차자 이하 왕자로부터

9) 왕안석, 「上仁宗皇帝言事書」(1058), 240쪽. 이근명 편저, 『왕안석자료 역주』(서울: 한국외국어대학교 지식출판원, 2017), 240쪽 역주44.

10) 『孟子』 「滕文公上」(5-3) 참조.

11) 『禮記(中)』 「學記」, 195쪽: "古之教者 家有塾 黨有庠 術有序 國有學."

공경대부와 원사元士의 적자嫡子와 일반인 우수자에 이르기까지 15세가 되면 모두 입학했다.12) 신분차별 없는 만민평등교육은 고대 극동의 오랜 전통이었고, 이 전통의 확대·계승이 공자와 맹자의 학교교육론이었던 것이다. 주나라 중기의 '숙·상·서·학'의 학제는 명·청대까지 큰 변화 없이 계승되고 크게 확대·발전되었다.

관중과 법가의 중농억상重農抑商정책을 타도한 한대漢代 중국 정부에 의한 자유시장의 채택과 육성도 공자가 『주례』에 따라 『예기』에서 개진하고 맹자가 『맹자』에서 전개한 자유시장 원칙과 조장助長(지나친 시장간섭)의 배제 및 물가안정정책과 독점규제정책에 의한 시장보호 원칙에 기초한 것이다. 중국의 복지국가제도는 공자가 『논어』와 『예기』에서 전개한 양민론養民論과 환鰥·과寡·고孤·독獨·병자·노인·장애인·빈민 등 사회적 약자들에 대한 사회복지론·대동사회 완전고용론 및 맹자의 인정론仁政論(양민·교민론)과 사회적 약자·장애인복지론, 그리고 항산항심론恒産恒心論 등에서 기원했다.

따라서 중국의 내각제·관료제·학교제도·자유시장·복지제도 등이 모두 중국의 고대 국가제도의 전통과 이 전통을 기록·정리한 유학경전들로부터 유래한 것이다. 서양인들은 중국의 이 유학적 국가제도를 접하고 엄청난 문화충격을 겪었고, 이 충격 속에서 부리나케 이 제도들을 리메이크하여 근대적 형태로 발전시켰다. 서양인들에 대한 유교국가의 제도적 충격은 곧 '유학의 충격'이었던 것이다. 공맹의 자유·평등·관용철학에 기초한 중국사회의 귀천 없는 자유·평등·관용제도와 더불어 공맹경전에 입각한 중국의 내각제·관료제·학교제도·자유시장·복지제도 등 다섯 가지 국가제도는 서구국가를 근본적·급진적으로 근대화시킨 요소들이었다. 한 마디로, '유교국

12) 朱熹, 『大學·中庸集註』, 15쪽.

가의 충격'으로부터 서구 근대국가가 탄생한 것이다.

제1장

중국 내각제의 충격과 영국 내각제의 탄생

1679년 4월 21일 그레이트브리튼과 아일랜드 통합왕국의 국왕 찰스 2세(1630-1685, 재위 1660-1685)는 당시 영국과 유럽을 경천동지 시키는 「신新추밀원 창설에 관한 선언(A Declaration relating to the Establishment of the New Privy Council)」을[13] 발표했다. 내용인즉슨, 오늘 부로 비서·자문기능의 기존 추밀원을 폐지하고, 내일부로 "이 나라 안에서 알아주는 비중·존경·능력을 갖춘 5명의 하원의원들"도 참여 시킨 '신新추밀원(New Privy Council)'을 창설하고, 국왕은 앞으로 "이 신추밀원의 항상적 조언에 의해 그의 왕국을 다스리겠다"는 것이었다. 국왕이 스스로 '통치권을 신추밀원 위원들과 분담하고 공치共治하겠다'고 선언한 것이다. 따라서 신추밀원 선언의 순간은 영국에서 최초로 '내각제적 제한군주정'이 탄생하는 순간이었다.

당시 찰스 2세는 왕정복고(1660) 이래 최악의 정치적 궁지에 몰려 있었다. 가톨릭신도인 찰스 2세는 영국을 뒤흔든 신·구 종교세력 간의 권력투쟁에서 마찬가지로 가톨릭교도인 동생 요크공작(훗날

---

13) Charles II, "A Declaration relating to the Establishment of the New Privy Council", Appendix, 13쪽. Sir William Temple, *Memoirs*, Part III (London: Printed for Benjamin Tooke, at the Middle-Temple Gate in Fleet-street, 1709).

제임스 2세)의 왕위계승권을 지키기 위해 음양으로 가톨릭 왕위계승권을 두둔하다가 의회의 국교회(성공회)세력으로부터 큰 타격을 당한 상태였기 때문이다. 찰스 2세는 불리한 정국을 돌파할 최선의 방도로 과감하게 이 '신추밀원' 설치를 선언한 것이다.

찰스 2세를 위해 배후에서 이 헌정개혁을 기안해준 사람은 그가 해외로부터 정치적 '구원투수'로 불러들인 영국의 대大외교관이자 '철학적' 문필가인 윌리엄 템플 경(Sir William Temple, 1628-1699)이었다. 템플은 이미 17세기말에 과감하게 희랍철학을 '따분한 것'으로 물리치고 '공자숭배'와 '중국예찬'을 두 편의 에세이로[14] 공개 천명함으로써 18세기 유럽 계몽주의의 공자열광을 선취한 선각적 '자유사상가(*free-thinker*)'였다. 그는 1679년 헌정개혁을 기획하기 훨씬 전에 존 니우호프(John Nieuhoff)의 『네덜란드연합주의 동인도회사로부터 만주 칸, 즉 중국황제에게 파견된 사절단』(1669),[15] 존 웹(John Webb)의 『중국의 유구성』(1669),[16] 도밍고 나바레테(Domingo F. Navarrete)의 『중국제국의 보고』(1676)[17] 등 당시 영국 안팎에서 쏟아져 나오던 수많은 중국 및 공자 관련 서적들을 탐독했었다.

---

14) Sir William Temple, "Of Heroic Virtue", and "An Essay upon the Ancient and Modern Learning", *The Works of William Temple*, Vol. III (London: Printed by S. Hamilton, Weybridge, 1814).

15) John Nieuhoff, *An Embassy from the East-Indian Company of the United Provinces to the Grand Tatar Cham, Emperour of China* (Hague: 1669; 영역 - London: Printed by John Mocock, for the Author, 1669).

16) John Webb, *An {sic!} Historical Essay, Endeavoring a Probability that the Language of the Empire of China is the Primitive Language* (London, 1669). 개정판: *Antiquity of China, or An {sic!} Historical Essay, Endeavoring a Probability that the Language of the Empire of China is the Primitive Language* (London: Printed for Obadiah Blagrave, 1678).

17) Dominic Fernandez Navarrete, *An Account of the Empire of China; Historical, Political, Moral and Religious* [Madrid: 1676] (London: H. Lintot, J. Osborn, 1681).

템플은 공자가 인류의 철학 방향을 "자연에 대한 쓸모없는 사색으로부터 도덕에 대한 사색으로 교정하는 설계를 개시했던 위대한" 철학혁신자라는 것을 깨달았다. 그리고 그는 공자보다 80여년 내지 120여년 뒤에 태어난 소크라테스와 플라톤의 유사한 철학혁신과 도덕철학도 공자의 이런 영향을 받았을 것으로 추정하는 한편, 중국제국을 '실존하는 유토피아'로 찬탄해 마지않았다. 그에 의하면, 중국은 크세노폰·플라톤·모어·베이컨·캄파넬라·해링턴 등 모든 유럽철학자들이 그린 '상상'의 유토피아를 초극하는 '실재하는' 유토피아였다. 이런 열광적 공자숭배와 중국찬양은 그가 찰스 2세의 헌정개혁을 위해 중국의 내각제를 제안한 사상적·정서적 배경이다.

명초 제3대 성조 영락제(1402-1424)부터 청조 말까지 약 500년간 중국은 진시황이 도입한 독임제적獨任制的 승상제(재상제)를 폐지하고 내각제를 창설하여 이에 입각한 국가운영으로 유례없는 번영을 누렸다. 공자의 가르침에 따라 왕의 직접통치, 즉 '친정親政'을 위험한 것으로 배제하고 내각대학사(각로閣老)들의 '표의권票擬權'(정책발의·의정권)과 황제의 '비홍권批紅權'(비준권)을 분립시킨 중국의 내각제와 제한군주제는 친정 시에 처리해야 할 군주의 국무가 과중했기 때문에 자연스럽게 발전되어 관례로 굳어졌다. 이 관례는 다시 천자의 영유권과 현신의 통치권을 나눈 공자의 '무위지치無爲之治'의 이상적理想的 권력분립·제한군주론에 의한 정치철학적 정당화를 통해 마침내 공식적 관습헌법으로 확립되었다. 공자의 '무위지치' 사상은 그가 『논어』에서 '임금은 영유하나 간여하지 않는다'는 '유이불여有而不與'로 풀이한 순우舜禹의 통치철학에 입각하여 천자의 영유권과 현신의 통치권을 나누는 권력분립을 정치적 이상으로 삼는다. 이런 한에서 공자의 '무위지치'와 '유이불여' 사상은 자연발생적 내각제를 위해 '준비된' 사상인 반면, 역으로 이 자연발생적 내각제는 '무위지치' 이념의 '예정된' 제도였다.

역사를 되돌아보면, 중국의 이 내각제는 선교사들과 윌리엄 템플을 통해 영국으로 건너가 영국의 헌정체제를 근대화시켰고, 이후 영국에서 새로운 발전을 거듭하여 다시 유럽과 세계로 확산되는 과정에서 다시 극동으로 되돌아왔다. 이렇게 보면, '나간 것'은 까맣게 잊고 '들어온 것'만 생각하며 그간 마냥 서구추수주의로 내달려온 극동 지성들의 그 만연된 문명적 열등의식과 '양물숭배' 풍조는 그리 큰 '역사적 이유'가 있는 것이 아닌 반면, 오늘날 극동의 눈부신 '부상'이 오히려 150년 만에 다시 일어서는 '재기' 또는 '부활'로서 정당한 '역사적 이유'가 있음을 새로이 깨달을 수 있을 법하다.

여기서 필자는 먼저 공자의 무위지치無爲之治 사상을 그의 공감('恕')이론과 관련시켜 정밀하게 분석하고, 이로써 그 이상적 권력분립과 제한군주정의 제도적 진수를 도출해낼 것이다. 그런 다음, 중국의 역사적 내각제를 분석하고 공자의 무위지치 이념이 이 내각제의 철학적 정당화에 실제로 동원되어 오랜 세월 내각제를 사상적으로 뒷받침해주었음을 입증하고자 한다. 중국의 이 내각제에 대한 논의는 다각도의 심층적 탐색이 불가피하다. 대부분의 학자에게 '중국의 내각제'는 대개 처음 듣는 사실史實인 데다, 필자가 아는 한에서 한국의 동양사학계에서마저도 이를 정면으로 다룬 단 한 편의 논문이 나온 적이 없고, 또 중국과 대만의 내각제 연구서들도 모두 다 황종희黃宗羲(1610-1695)의 무근거한 내각제 비방에 오염되었고, 연구자들 자신의 문명적 열등의식에 의해 너무나도 왜곡된

통에 모조리 중국 내각제의 장점을 꿰뚫어볼 안목을 결하고 있기 때문이다.

이어서 필자는 윌리엄 템플의 공자 논의와 중국제도 분석을 상세히 살펴보고, 이를 바탕으로서 그의 헌정개혁 디자인 및 찰스 2세의 선언 내용과 '원형 내각제'의 운용과정을 정밀 분석할 것이다. 그리고 아울러 찰스 2세의 근대적 원형 내각제가 그를 뒤이은 제임스 2세에 의해 파괴된 뒤 다시 명예혁명을 거쳐 복원되는 과정을 추적할 것이다. 이에 덧붙여 이후 영국 특유의 정치과정을 통해 자연발생적으로 내각의 통치권만이 아니라 내각각료의 임명에 관한 권한마저도 왕의 손을 떠나 (중국 대신회의의 '내각대학사 회추會推'처럼) 의회의 '추천'으로 전환되고, 중국내각의 '수보首輔·수상首相'처럼 마찬가지로 자연발생적으로 영국의 '*prime minister*'가 출현함으로써 중국 내각제와 유사한 최고발전 단계에 도달한 다음, 극동 유교문명권에 결여된 영국 특유의 '의회제도'의 바탕 위에서 의회에 대한 내각의 연대책임과 수상의 장관지명권을 근간으로 하는 오늘의 민주적 '의원내각제'로 발전하여 중국의 내각제를 넘어섰는지를 스케치할 것이다.

제1절
공자의 공감적 '무위지치'와 분권적 군신공치론

1.1. 공자의 道: '공감' 하나로 일이관지하는 방법

주지하다시피, 공자는 '자신의 도'를 '일이관지一以貫之'라고 말하고 증삼은 '공자의 도'를 '충서忠恕'로 해석했다.18) 이 '충서'는 수천 년 동안 다양한 해석이 있어 왔다. 하지만 정밀하게 해석하자면, '충서'의 '서恕'는 공감을 뜻한다. 따라서 '충서'는 "공감에 충실한 것(忠於恕)", 또는 "공감으로 충실히 하는 것(恕以忠之)", 즉 "공감으로 일관하는 것(恕以貫之)"이다. '공자의 도'가 '충서'와 등치된다면, 공감에 충실한 '충서'란 '공감 하나로 모든 것을 일관하는 것'을 뜻한다는 말이다. 즉, '서恕' 개념에 의한 '충실성'은 '서'에 입각한 '일관성'이다. 즉, '서' 개념 하나로 처음부터 끝까지 모든 것을 꿰어 설명해내는 '일관성'을 말하는 것이다.19)

---

18) 『論語』「里仁」(4-15). "子曰 參乎! 吾道一以貫之. 曾子曰 唯. 子出 門人問曰 何謂也? 曾子曰 夫子之道 忠恕而已矣."

19) 이에 관한 본격적 논의는 참조: 황태연, 「공자의 공감적 무위·현세주의와 서구 관용사상의 극동적 기원(上)」, 『정신문화연구』 2013 여름호 (제36권 제2호), 18-19쪽; 황태연, 『감정과 공감의 해석학(1)』 (파주: 청계, 2014·2015), 47-63쪽.

'서恕'는 자기를 미루어 남에게 이르는 추리적 '사유思惟' 작용이나 소위 '역지사지易地思之'의 이성적 사유작용을 뜻하는 것도 아니고, 또는 덕성으로서의 '인仁'을 뜻하는 것도 아니다. 그간의 그릇된 해석들을 다 물리치고 정확하게 풀면, '서'는 감성작용으로서의 공감·교감·감응만을 뜻한다.[20] 따라서 '공자의 도'는 공감 하나로 천하의 모든 사회현상을 관통하여 이해하는 방법이다.

■ 공자의 공감적 '무위이치無爲而治'

그렇다면, 이것은 하늘과 땅의 관계, 하늘과 인간의 관계, 땅(자연)과 인간의 관계, 남녀관계, 부자관계, 형제관계, 붕우관계, 치자와 피치자의 정치적 관계 등 인간관계 일반이 다 '이성'이나 유위有爲의 '언어행위'로써가 아니라, 무위無爲·무언無言의 감성적 '공감' 개념으로 먼저 설명되어야 한다는 말이다. 모든 자연적·사회적·정치적 관계는 '공감' 하나에 의거하여 완벽하게 작동하고, 공감이 실패할 때만 예외적으로 부자연스런 유위의 언어행위와 '정형政刑'이 필요할 뿐이다. 공감은 맹자가 말하는 사단지심의 공감적 도덕감각·감정의 발동을 가능케 한다. 도덕적 공감감정 또는 공감적 도덕감정, 즉 '사단지심四端之心' 중 '시비지심'은 다른 도덕감정들(측은·수오·공경지심)과 달리 도덕'의식'이나 실천'이성' 이전에 인간의 마음과 행동의 잘잘못을 즉각적으로 판별하고 인간행동을 조율하는 ①천성적 '도덕감각'과 이에 수반되는 ②'도덕적 시비감정'을 포괄한다. 이 중 '도덕적 시비감정'은 나와 남의 행동에 대한 나의 도덕적 가부可否를 변별하는 감정들(*approbation & disapprobation*),

---

20) 참조: 황태연, 「공자의 공감적 무위·현세주의와 서구 관용사상의 극동적 기원(上)」, 21-24쪽; 황태연, 『정신문화연구』, 53-56쪽.

즉 남의 행동에 대한 나의 거부감과 책망감정, 그리고 나의 행동에 대한 나의 결백함(떳떳함)과 자부심(자찬감), 그리고 자탄감自歎感·죄책감·자책감(죄송함·미안함) 등을 가리킨다.

공자는 지인知人(인간과학 = 인문과학+사회과학)과 인사人事 및 덕치도 다 공감과 도덕적 공감감정으로 설명한다. 공감은 사람과 사람의 관계에서 서로의 감정을 지각하고 반감을 표하거나 동감하게 만들고, 상대방에게 미학적·도덕적으로 자기보다 나은 것이 있다면 이것을 지각하고 '선망'하게(부러워하게) 만들고, 한 걸음 나아가 '본받고 모방'하게 하는 것을 가능케 한다.

그리하여 공감을 공자는 인사정책과 솔선수범적 덕치의 리더십에 적용한다. 공자는 '지식 중의 지식'을 '지인知人'으로 규정하면서 "곧은 사람을 등용하여 이 사람을 굽은 사람들과 섞어놓으면 굽은 자들을 곧게 만들 수 있다"라고 하여 좋고 선한 것에 대한 인간의 공감적 모방 경향을 지목한다. 이것을 자하子夏는 "순임금은 천하를 영유하고 무리에서 가려 뽑아 고요를 등용하니 불인자不仁者들이 사라지게 되었고, 탕임금이 천하를 영유하고 무리에서 가려 뽑아 이윤을 등용하니 불인자가 사라졌다"라고 해석한다.[21] '지인'의 지식이란, 윗물이 맑으면 아랫물도 맑듯이 사람이 선한 사람을 본받는 공감적 모방의 천성이 있다는 것을 아는 것이요, 또 이것을 활용하여 곧은 자들을 발탁하여 굽은 자들과 섞어 쓰면, 굽은 자들도 곧은 자들의 덕성에 공감하여 곧은 자들을 모방하다가 스스로도 곧아져서 다 곧은 사람이 되기 때문에 불인자들을 줄이거나 없앨 수 있다는 것을 이해하는 것이다.[22] 이 모방은 공감을 통해 생기는

---

21) 『論語』「顔淵」(12-22): "子曰 擧直錯諸枉 能使枉者直 ... 子夏曰 富哉言乎! 舜有天下 選於衆 擧皐陶 不仁者遠矣. 湯有天下 選於衆 擧伊尹 不仁者遠矣".

호감·선망(부러워함)·동조감에서 나온다.

공자는 주지하다시피 공감을 정치적 리더십 문제에도 응용한다. 공감적 감화력과 모방심리를 활용한 솔선수범의 리더십에 관해서는 여러 어록들이 있다. 노나라의 애공哀公이 공자에게 "어떻게 하면 백성이 복종합니까?"라고 묻자, 공자는 "곧은 사람을 등용하여 이 사람을 굽은 사람들과 섞어놓으면 백성이 복종하고, 굽은 자를 등용하여 곧은 자들과 섞어 놓으면 백성들이 불복합니다"고 대답한다.[23] 또 애공이 '정치(爲政)'에 대해 묻자, 공자는 "정사는 정직(바르게 하는 것)입니다. 임금이 바른 것을 행하면 백성은 정사를 따릅니다. 백성은 임금이 행위하는 바를 따르기 때문입니다. 임금이 행위하지 않는다면 백성이 무엇을 따르겠습니까?"라고 답한다.[24]

인간들 간의 이 공감적 감화력으로부터 공자는 단계를 높여 바로 '무위지치無爲之治'와 상통하는 '덕성의 리더십', 즉 '덕치'의 핵심 개념을 도출한다. 공자는 노나라 실세 계강자季康子에게 "당신이

---

22) 맹자의 도덕적 '지(智)'는 공자의 '지(知)'와 다르다. 맹자의 '지(智)'는 주로 '도덕감정'과 공감적 지각과 동감을 경로로 한 도덕적 지식과 지혜만을 말하는 반면, 공자의 '지(知)'는 공감에 의한 도덕적 인간지식과 오감에 의한 대상의 지식 및 관련된 지혜를 포괄한다. 격물치지(格物致知)의 지식이 바로 공자의 지다. 물론 공자가 가장 중시하는 지식은 "지인(知人)"이다. 그리하여 대한제국 시절 유자들은 "격물치지"의 지식을 협의로 이해하여 사물적 대상에 대한 지식으로 한정하기도 했다. 맹자의 '지智'와 공자의 "지인"은 도덕론의 대상이고, 협의의 격물치지의 '지식'은 인식론의 대상이다.

23) 『論語』「爲政」(2-19): "哀公問曰 何爲則民服? 孔子對曰 擧直錯諸枉 則民服 擧枉錯諸直 則民不服."

24) 『禮記』「哀公問 第二十七」: "政者 正也. 君爲正 則百姓從政矣. 君之所爲 百姓之所從也. 君所不爲 百姓何從?". '정사'에 대한 계강자의 질문에 대해서도 공자는 유사한 답변을 해준다. "정사란 바름입니다. 당신이 바름으로 이끌면, 누가 감히 바르지 않겠습니까?"라고 대답한다.(季康子問政於孔子. 孔子對曰 政者 正也. 子帥以正 孰敢不正?) 『論語』「顔淵」(12-17).

선해지려고 하면, 백성도 선해집니다. 군자의 덕은 바람이고, 소인의 덕은 풀입니다. 풀은 그 위로 바람이 불면 반드시 눕습니다"라고 답한다.[25] 공자가 여기서 군자의 덕을 '풀을 눕히는 바람'으로 거듭 강조하는데, 이 군자적 덕성(즉, '대덕')의 공감적 리더십은 선한 자를 좋아하고 본받으려는 인간과 백성의 공감적 선망·모방 본성에 근거한다. 치자의 도덕적 솔선수범과 덕성의 공감적 리더십에 입각한 정치, 즉 덕치는 '무위지치'의 핵심이 된다. 왜냐하면 "한 인간으로 하여금 다른 인간에 무관심할 수 없게" 만드는 인간의 공감능력은 "타인들에게로 뻗치는" 진정한 의미의 "보이지 않는 손"으로서 인간들의 모든 "상호교류"의 "밑바탕에 놓여있는 힘"이기 때문이다.[26]

■ 공감적 덕치와 예치

사회적 존재로서의 인간의 두 가지 기본욕망은 개체보존을 위한 '생존본능의 이기적 욕망'과, 생식·양육·사랑·우애·안심·유희와 인간적 향유(행복)를 위한 '사회적 본능의 욕망'이다. 인간의 공감능력은 바로 이 사회적 본능의 연장선상에 있는 것이다. 완벽화를 위해서 수신과 교육훈련이 필요 없는 인간의 본능적 공감능력은, 완벽화를 위해 반드시 수신과 교육훈련이 필요한 '반(半)본능'으로서의[27]

---

25) 『論語』「顔淵」(12-19): "子欲善而民善矣 君子之德風 小人之德草. 草上之風 必偃".

26) Frans de Waal, *The Age of Empathy. Nature's Lessons for a Kinder Society* (New York: Three Rivers Press, 2009), 222쪽.

27) '반본능'은 다윈의 개념을 쓴 것이다. Charles Darwin, *The Descent of Man, and Selection in Relation to Sex*, in: Charles Darwin, *Evolutionary Writings*, edited, with an Introduction and Notes by James A. Secord (Oxford/New York: Oxford University Press, 2010), 254-5쪽, 323-5쪽.

도덕능력과 언어능력보다 더 근본적인 본능이다. '반본능'으로서의 도덕능력과 언어능력은 '완전본능'으로서의 공감능력의 지원 없이 완벽화될 수 없다.

그런데 공감능력은 '인간의 본성이 서로 가까운(性相近)' 한에서 인간 간에 대동소이하지만, 누군가는 굼뜨고 누군가는 더 예민할 수 있다. 이것은 인간의 달리기 실력이 태생적으로 느린 자와 빠른 자의 차이가 있는 것과 유사하다. 그러므로 사람들 중에는 특출나게 공감적이고 나아가 참달지심憯怛之心(측은지심)이 많아서 능히 박시제중博施濟衆·살신성인殺身成仁 수준의 거룩한 대덕大德, 또는 '성덕聖德'을 갖춘 사람이 있을 수 있다. 사람들은 이런 대덕자를 좋아하고 이른바 '성인군자'로 우러르고 본받으려고 한다. 그래서 공자는 "속마음이 참달함은 사람을 사랑하는 인仁인데(中心憯怛 愛人之仁也)", "마음속에서 안인安仁한 자는 천하에 한 사람(극히 드문 사람)일 따름이다(中心安仁者天下一人而已矣)"고 갈파한다.[28]

따라서 살신성인으로 가장 낮은 데까지 박시제중하는 '인자仁者'는 자연히 백성이 높이 우러러서 저절로 높아진다. 『예기』에서 공자는 "인仁이라는 것은 의義의 근본이고 순응의 본체이니, 인을 이룬 자는 존귀하다"고 말한다.[29] 따라서 특별한 인자는 적이 없고 백성이 우러르니 민심을 얻어 왕이 될 수 있다. 나아가 맹자는 "이런 까닭에 인자仁者만이 마땅히 높은 지위에 있어야 하는 것이니, 인애仁愛하지 않으면서 높은 지위에 있으면 이것은 많은 사람들에게 그 악을 퍼트리는 것이다"고 갈파한다.[30] 공감적 인덕을 결한

---

28) 『禮記』「表記 第三十二」.

29) 『禮記』「禮運」: "仁者 義之本也 順之體也 得之者尊".

30) 『孟子』「離婁上」(7-1). "是以惟仁者宜在高位. 不仁而在高位 是播其惡於衆也."

채 민심을 '독사(δόξα, 의견)'로 깔보고 '소피아(σοφια; 지혜)'만을 숭상하는 '필로소포스(φιλόσοφος; 철학자)'에게 통치권을 몽땅 주어야 한다고 주장한 플라톤과 반대로, 공맹은 오로지 공감능력과 인덕으로 민심을 얻은 인자仁者에게만 '치자로서'의 '정통성'을 인정한다.

그러므로 '인덕자'는 '정政'(권력)과 '형刑'(형벌)을 쓰지 않고 백성과 교감하는 예양禮讓의 공감적 규범력만으로 천하를 잘 다스릴 수 있다. 공자는 "예양으로 능히 나라를 다스릴 수 있을까? 무슨 문제가 있겠느냐? 예양으로 나라를 다스릴 수 없다면, 예를 해서 뭐하랴?"라고 갈파한다.[31] 이것은 정형政刑의 권력과 형벌 없이도 예양 또는 읍양揖讓의 - 타고난 시비지심에서 생겨나는 - 공감적 규범성만으로 천하를 다스릴 수 있다는 말이다. 그래서 "읍양으로 천하를 다스리는 것을 예악禮樂이라고 한다."[32] 더구나 '덕치'의 버팀목으로 역할을 하는 이 '예치禮治'는 장기적으로 인위적 정형의 치治보다 더 효과적일뿐더러, 공감적 감화력으로 백성을 격조 높게 만든다. "권력(政)으로 이끌고 형벌(刑)로 다스리면 백성은 모면하려고만 하여 수치심이 없어지고, 덕으로 이끌고 예로 다스리면 수치심도, 격조도 둘 다 갖추게 된다."[33]

예악은 덕을 구현하는 수단이다. 그런데 공자는 "대악은 반드시 쉽고 대례大禮는 반드시 간소하다(大樂必易 大禮必簡)"고 말한다.[34] "예가 번거로우면 일을 어지럽히기(禮煩則亂)" 때문이다.[35] 쉽고 간소한

31) 『論語』「里仁」(4-13). "子曰 能以禮讓爲國乎? 何有? 不能以禮讓爲國 如禮何?"

32) 『禮記』「樂記」. "揖讓而治天下者 禮樂之謂也"

33) 『論語』「爲政」(2-3). "子曰 道之以政 齊之以刑 民免而無恥 道之以德 齊之以禮 有恥且格."

34) 『禮記』「樂記」.

대례가 임금이 하늘의 소명을 다하는 '위인爲仁' 수단, 즉 인덕을 행하는 수단이라면, 천하의 먼 변경에 사는 백성도 대악·대례를 매개로 임금의 인심仁心을 공감할 수 있다.[36] 이 때문에 임금이 천명에 따라 불철주야 인심을 다하는 은은하고 그윽한 소리인 '대악大樂'은 평이하다 못해 아무런 소리도 없는 '무성지악無聲之樂'이다. 마찬가지로 임금이 어진 마음을 전달하는 '대례大禮'는 간소하다 못해 형체도 없는 '무체지례無體之禮'이고, 성군의 '대상大喪'은 상복을 입지 않고도 뭇 백성의 상에 충심으로 슬픔을 다하는 '무복지상無服之喪'이다. 이 삼무三無의 대악·대례·대상으로 대덕을 밝히는 대덕자만이 참으로 '백성의 부모'로서의 임금이 될 수 있는 것이다.[37] 삼무의 대악·대례야 말로 "안으로 공감하고 참으로 슬퍼하는(內恕孔悲)" 인심仁心의 구현방도이기 때문이다.[38]

1.2. 공감적 무위지치의 권력분립과 제한군주정

■ **대덕불관**大德不官·**대덕불기**大道不器

임금과 백성이 '무성지악'의 '대악'과 '무체지례'의 '대례'로 서로 공감하는 천하는 아무도 오가지 않고 아무도 소통하지 않는

---

35) 『書經』「說命中」.

36) 임금의 禮樂은 仁을 전제한다. 참조:『論語』「八佾」(3-3). "子曰 人而不仁 如禮何? 人而不仁 如樂何?".

37) 『禮記』「孔子閒居」. '夙夜基命宥密'은 『詩經』「周頌.淸廟之什.昊天有成命」에서, '威儀棣棣 不可選'은「邶.柏舟」에서, '凡民有喪 匍匐救之'는 「邶.谷風」에서 따온 것이다.

38) 『禮記』「孔子閒居」. "無聲之樂, 氣志不違. 無體之禮, 威儀遲遲. 無服之喪, 內恕孔悲."

'노자' 식의 두절된 적막강산이 아니라, 무성·무형無聲無形의 마음들이 빛과 소리보다 더 빠른 속도로 모든 단순감정·공감감정·도덕감정을 주고받는 '보이지 않는' 거대한 공감대다. 따라서 천명에 따라 불철주야 박시제중의 큰 인심을 베풀기 위해 애쓰는 임금은 이 거대한 공감대의 중심적 '존위'를 맡아 천하에 군림하기에 충분하므로 직접 백성을 통치하는 관직이나 기능적 업무를 수행할 필요가 없다. 임금은 '위位'를 가질 뿐이고 '관官'을 갖지 않는다. 말하자면, "대덕은 불관不官하고 대도는 불기不器한다(大德不官 大道不器)".[39] 즉, 대덕을 갖춘 성군은 벼슬을 맡지 않고, 대도를 갖춘 성군은 기능적 구실을 맡지 않는다. 그러므로 대덕을 갖춘 성군聖君은 '친정親政'하지 아니한다. 임금은 모든 관직과 직무를 현신들에게 맡기고 스스로는 백성을 직접 부리지도 않고 이 현신들의 직무에 간여하지도 않는다. 중심의 '위位'에 있는 임금은 신민들로 하여금 무엇을 하도록 하지도 않고 무엇을 못하게 막지도 않는 이른바 '무위無爲' 상황에서 대례로써 대덕을 베풀 따름이다.

벼슬(官)과 구실(器)을 맡은 현신들도 일반백성들에 대해 가급적 이런 '무위의 치'를 극대화하고 유위有爲의 통치를 극소화해야 한다. '가장 적게' 다스리는 것이 '가장 잘' 다스리는 것이기 때문이다. 그러므로 순임금과 우임금은 나라를 통치하는 '벼슬'(정치관직)과 맡겨진 부분적 기능을 수행하는 '구실'(실무기능)을 둘 다 맡지 않고 공감의 '인덕仁德'과 '읍양'만으로 만천하에 군림하고 이로써 천하를 화동케 한 '무위지치無爲之治'를 펼쳤다. 따라서 공자는 순·우임금을 극찬한다. "무위이치자는 순임금이리라! 무엇을 했는가? 자기를 공손히 하고 바르게 남면했을 뿐이다.(子曰 無爲而治者其舜也與! 夫何爲

39) 『禮記』「學記」.

哉 恭己正南面而已矣)"[40] 여기서 '무위'는 성군이 친정을 하지 않고 통치권을 현명한 신하들에게 맡기고 '대덕불관大德不官 대도불기大道不器'의 이념에 따라 벼슬과 구실을 내려놓고 진정으로 천하의 영유자로서 만천하에 제대로 군림하는 지존의 지위로 올라선다는 뜻이다. 또 "자기를 공손히 하고 바르게 남면했다"는 것은 신하들에게 벼슬을 주고 이들의 활동상을 - 남쪽은 늘 밝은 곳이기에 - 밝게 알고 읍양한 채 신하들의 조례를 받거나, 천하순행을 통해 제후들의 조례를 받으며 군림한다는 뜻이다. 북극에서는 어느 쪽을 봐도 남쪽을 보듯이, 북쪽을 정의해주는 북극성도 어디에 있든 '남면'한다. 마찬가지로 북극성처럼 백성의 향도가 되는 성인군주도 어디를 보아도 밝은 남쪽을 향해 '남면'하는 것이다.

■ 군신간 권력분립과 제한군주정

공자는 순·우임금의 '무위지치'를 '천하를 영유하되(군림하되) 이에 간여하지 않는' 이른바 '유이불여有而不與'의 이상정치로 연장시켜 극찬한다. "높고 높도다, 순임금과 우임금은 천하를 영유하고도 이에 간여하지 않았도다!(子曰 巍巍乎 舜禹之有天下也而不與焉)"[41] '임금은 영유하나 이에 간여하지 않는다'는 '유이불여'는 임금의 영유권('왕권')과 - 벼슬(官)과 구실(器)을 맡은 - 현신의 통치권('신권臣權')이 분리되어 임금은 천하를 영유하며 군림하지만 통치하지 않는 것을 말하고 있다. 즉, '친정親政'을 하지 않고 의상을 드리우고 지켜보는

---

40) 『論語』「衛靈公」(15-5).

41) 『論語』「泰伯」(8-18). 이 '유이불여' 이념은 「衛靈公」(15-5)의 '무위남면' 사상과 통한다. "무위하면서 다스린 자는 순임금이어도다! 그가 무엇을 하였는가? 자기를 공경히 하고 똑바로 남면하였을 따름이니라(子曰 無爲而治者其舜也與! 夫何爲哉? 恭己正南面而已矣.)".

것만으로 다스린다는 말이다.[42] 이것은 하늘과 땅이 - 부모가 자식을 길러주고 조용히 지켜보듯이 - 인간과 산천초목을 조용히 길러주고 보살펴 주면서도 그 삶과 움직임에 간여하지 않음으로써 이들을 편안하게 살찌우는 이치와 같다. 또는 이것은 큰 산이 무수한 나무와 풀, 수많은 큰 동물과 곤충 같은 미물들, 산골짜기로 흐르는 강과 강 속의 물고기들을 자기 안에 품고 고요히 다 길러주는 것과 같다. 그래서 공자는 "인자는 산을 즐기고 (...), 인자는 고요하다(仁者樂山 [...] 仁者靜)"고 말한 것이다.[43]

순우임금의 '무위지치'는 하늘과 땅에서 그 이치를 구한 것이다. 그러므로 『역경』은 "황제黃帝와 요순은 (옷을 걷어붙이고 일에 달라붙지 않고 반대로) 옷을 드리우고 가만히 있어도 천하가 다스려졌는데, 이는 무릇 건과 곤(하늘과 땅)에서 그것을 취한 것이다(黃帝堯舜垂衣裳而天下治 蓋取諸乾坤)"고 말한다.[44] 이것은 무왕이 공경대부에게 영토를 분봉分封하고 친정을 그치고 옷을 드리우고 팔짱을 낀 채 천하를 다스렸다는 무왕의 '수공지치垂拱之治'와도 상통한다. "작위는 다섯으로 벌리고, 땅은 셋으로 나누고, 관직에는 현인을 세우고, 일에는 능력자를 자리하게 했다(列爵惟五 分土惟三 建官惟賢 位事惟能. [...] 垂拱而天下治)." 그러니 "옷을 드리우고 팔짱을 끼고 있어도 천하가 다스려졌다(垂拱而天下治)."[45] 자기가 믿고 공감하는 신하들로 하여금 천하의 통치를 대신 관장케 하여 이제 천하에 진정으로 군림하며 무위의

---

42) 何晏·邢昺·丁若鏞의 해석에 대한 비판적 논의는 참조: 황태연, 「공자의 공감적 무위·현세주의와 서구 관용사상의 동아시아적 기원(상·하)」. 『정신문화연구』, 2013 여름·가을호(제36권 제2·3호 통권 131·132호), 24쪽 각주.

43) 『論語』「雍也」(6-23).

44) 『易經』「繫辭下傳」(2).

45) 『書經』「周書.武成」.

'읍양'만으로 다스릴 수 있기 때문이다.

천자와 군주의 '천하·국가 영유'는 순·우임금의 저 '유이불여' 외에도 경전의 여러 곳에서 "순유천하舜有天下", "탕유천하湯有天下", "유국有國", "유국(가)자有國(家)者" 등의 표현으로 언급된다.[46] 임금과 우임금의 이 '영유권'의 본질은 과연 무엇일까? 천하의 영유권은 '소유권'일까, 소유의 파생권리인 '점유권'일까? 임금은 - 시쳇말로 - 천하의 '오너'일까, '최고경영자(CEO)'일까? 『서경』은 "하늘은 총명하기 그지없고, 성군은 이것을 본받으니, 신하는 공경하여 따르고, 백성은 순종하고 평안하다"고 말한다.[47] 또 공자는 『중용』에서 "『시경』에 군자는 (...) 하늘에서 천록을 받아 백성을 보우하고 백성에게 명하여 하늘로부터 이 명을 펴도다'라고 하고 있으므로, 대덕자는 반드시 천명을 받는다"라고 말했다.[48] 이 '왕권천수설王權天授說'을 보면 임금이 '오너' 같다. 그러나 동시에 『서경』은 '민유방본民惟邦本'을 말하고,[49] 익히 알다시피 "하늘은 우리 백성이 보는 것을 통해 보고, 우리 백성이 듣는 것을 통해 듣는다"[50]라고 말한다. 또 "하늘은 백성을 긍휼이 여겨, 백성이 원하는 것을 반드시 따른다(天矜于民 民之所欲天必從之)"고도 말한다.[51] 그러므로 하늘이 백성의 마음을 그대로 따르기 때문에 천심은 민심인 것이다. 고로

46) 가령 『論語』「顔淵」(12-22)의 "舜有天下"와 "湯有天下"; 『禮記』「禮運 第九」의 "諸侯有國"; 『論語』「季氏」(16-1)의 "有國有家者"; 『大學』(傳10章)와 『禮記』「緇衣 第三十三」의 "有國者"; 『禮記』「坊記 第三十」의 "有國家者" 등.

47) 『書經』「說命中」: "天聰明 惟聖時憲 惟臣欽若 惟民從乂".

48) 『中庸』(17章): "詩曰 ... 受祿于天 保佑命之 自天申之 ... 故大德者 必受命." 詩는 『詩經』「大雅·假樂」이다.

49) 『書經』「第二篇 夏書」「夏.五子之歌」.

50) 『書經』「周書.泰誓中」: "天視自我民視 天聽自我民聽".

51) 『書經』「周書·泰誓上」.

대덕자가 받는 '천명'이란 실은 '민심', 즉 '백성의 명'인 것이다.

나아가 공자는 『대학』에서 "국가를 영유하는 자"는 "편벽되면 천하에 죽임을 당한다(有國者 [...] 辟則爲天下僇矣". "有德此有人 有人此有土 有土此有財 有財此有用)"고 전제하고 "덕이 있으면 뭇사람이 있고, 뭇사람이 있으면 땅이 있고, 땅이 있으면 재부가 있고, 재부가 있으면 국용이 있는 것이다(有德此有人 有人此有土 有土此有財 有財此有用)"라고 하여[52] 이를 더욱 분명하게 말한다. 군주는 덕을 갖추고 이 덕으로 백성을 얻어야만 나라를 영유할 수 있다는 말이다. 맹자도 "그 백성을 얻으면 천하를 얻고 (...) 그 백성의 마음을 얻으면 백성을 얻는다(得其民 斯得天下矣 [...] 得其心 斯得民矣)",[53] 또 "하늘이 천하를 주고 뭇사람들이 천하를 준 것이지, 천자가 천하를 남에게 줄 수 있는 것이 아니다(天與之 人與之 [...] 天子不能以天下與人)"라고[54] 왕권천수설王位天授說=왕권민수설王權民授說을 논변한다. 또 이를 바탕으로 맹자는 주지하다시피 민귀군경론民貴君輕論·폭군방벌론·역성혁명론을 완성했다.[55] 공자와 맹자의 이 논변들을 종합할 때, 저 '왕권천수설'이라는 권위적 레토릭의 실질적 내용은 '왕권민수설'인 것이다. 천자는 '천민天民', 즉 '하늘이 낳은 하늘같은 백성'으로부터 '왕권'을 수여받는다. 따라서 천자는 천하의 '오너'가 아니라, 백성이 고용한 'CEO'일 뿐이다. 천하의 주권자는 이 '왕권민수론'에 따라 '천자'가 아니라 '천민'이기 때문이다.

이렇게 보면, ①'오너'로서의 백성의 '주권', ②최고경영자로서

52) 『大學』(傳10章).

53) 『孟子』「離婁上」(7-9).

54) 『孟子』「萬章上」(9-5).

55) 『孟子』「盡心下」(14-14).

의 군주의 '영유권', ③현신의 '통치권'의 분리라는 3단계 권력분립이 부각되어 나온다. 이 3단계 권력분립 속의 천자의 지위는 천하의 '최고경영자'일 뿐이고, 소유권자, 즉 전제적 주권자가 아닌 것이다. 천자의 영유권은 구체적으로 무엇인가? 천자의 영유권은 군림권(천하지존의 위광을 떨치고 상복賞福의 영예를 내릴 '위복威福'의 권위), 통치에 대한 평가·감독권, 현신등용권(대신들의 발탁·인사권), 정책과 법령에 대한 최종비준권 등을 생각해볼 수 있다.

그런데 이 감독권, 인사권(현신등용권), 비준권 등 왕의 최종 권력은 실질적일 수도 있으나, 시간이 가면서 순전히 형식적인 의례儀禮로 축소·퇴화될 수도 있다. 왕이 덕스러우면 덕스러울수록 왕은 지존至尊하고, 왕이 지존하면 지존할수록 '벼슬'의 일에 속하는 모든 통치권을 털어버리고 순수하게 '불관不官'하기 때문이다. 실제의 역사에서 '현신등용권' 같은 인사권도 현신들의 '회추會推(회의를 통한 추천)'나 '권점圈點(투표)'의 형태로 신하들에게 넘어갔다.

그리하여 영유권은 '군림권'으로 단순화되어 단순한 '군림권'과 등치된다. 그러면 '임금은 천하를 영유하나 간여하지 않는다'는 뜻의 '유이불여'는 '임금은 군림하나 통치하지 않는다'는 것을 뜻한다. 이 명제는 바로 'The king reigns, but does not govern'이라는 영국 입헌군주제의 불문헌법과 통한다.56)

그렇다면, 국가를 다스리는 통치권을 위임받는 치자로서의 '현신'은 누구이고, 이 '통치권'은 무엇인가? 현신은 천하가 알아주는 솔선수범의 리더십으로 '굽은 자'를 바르게 할 수 있는 '곧은' 현자

---

56) 에임스는 '유일불여(有而不與)'를 "*The king reigns, but does not govern*"로 번역한다. 참조: Roger T. Ames, *The Art of Rulership* (Albany: State University of New York Press, 1994), 29쪽.

다. 세상이 알아주는 '현신'은 요임금이 등용하여 '굽은 자들'을 곧게 만든 순舜, 순임금이 등용하여 치국정무를 분장分掌케 한 고요皐陶·우禹·설契·기棄·백이伯夷 등 5인이었고, 우임금이 발탁한 고요·익益, 탕왕이 등용한 이윤, 무왕이 발탁한 태공망(軍師)·주공단旦(輔臣)·소공·필공·굉요·산의생·태사 등 10인이었다.[57] '치국治國' 활동은 벼슬(官)의 정치와 구실(器)의 기능으로 구성된다. 당상관의 치자(벼슬아치)들이 맡는 '벼슬'은 다시 60대 치자가 맡는 '지사指使'와, 50대 치자가 맡는 '관정官政'으로 나뉜다.[58]

'지사'는 심의·의결·입법·집행지시와 관련된 정치적 성격의 의정권議政權이다. '의정권'은 고대의 삼공(조선의 삼정승 의정부 포함), 주대周代의 봉건제후, 훗날 진·당·송·원대의 중서성中書省 승상(재상), 명·청대의 내각 등에 귀속되었다. 여기서 승상제(재상제)는 독임적(*monocratic*) 결정제도인 반면, 삼공제와 내각제는 둘 다 집체적(*collegial*) 결정제도다. 삼공제와 내각제만이 "여러 사람과 상의하고 자기를 버리고 사람들을 따르고(稽于衆 舍己從人)"[59] "상의하지 않은 말은 듣지 말고 상론하지 않은 정책은 쓰지 않는다(無稽之言勿聽 弗詢之謀勿庸)"는 순舜임금의 지침과[60] 부합되는 것이다.

한편, 비정치적 성격의 '관정官政'은 결정된 정책을 집행하는

57) 순과 무왕의 현신들에 대해서는 참조: 『論語』「泰伯」(8-20) "舜有臣五人而天下治. 武王曰 予有亂臣十人."

58) 치자의 '官'은 다시 '官政'(행정)과 '指使'(議政)로 분리된다. 비정치적인 '구실'은 군자가 맡지 않고('君子不器'), 군자는 정치적 '官政'과 '指使'를 맡는다. 『예기』에 의하면, '구실아치'로 복무하는 것은 '仕'라고 부르고, 强한 40세 이하의 사람들이 맡았다. 그리고 천명을 아는 50세 이상의 군자는 '艾人'으로서 구실아치들을 데리고 '官政에 복무했고, 60대의 군자는 '耆儒'로서 官政을 '指使'했다. 『禮記』「曲禮上」. "四十曰强, 而仕. 五十曰艾, 服官政. 六十曰耆, 指使".

59) 『書經』「虞書·大禹謨(1)」.

60) 『書經』「虞書·大禹謨(2)」.

'행정권'이다. 이 행정권은 중국의 육부 또는 조선의 육조에 귀속되었다. 그리고 비정치적 구실아치(실무자)들이 수행하는 '구실'은 당하관의 40대 선비 집단이 맡는 실무기능직(정서·문서작성·문서정리·서적정리·기록·창고보관·물품관리 등)이다.

이렇게 보면, 공자의 무위덕치無爲德治를 구현하는 '이상적理想的 군주정'은 백성의 방본적邦本的 주권과 현신의 독립된 통치권에 의해 위아래로 이중적으로 분리되고 견제받는 '제한군주정'이다. 이것은 다름 아니라 백성으로부터 권력을 위임받은 '군주'와 '현신'의 '분권적 군신공치'다. '무위지치'와 '유이불여有而不與'의 이념에 기초한 이 분권적 군신공치의 제한군주정은 오랜 세월 극동 유교국가들의 헌정이념으로 기능했다. '무위지치'는 구체적 현실 속에서 양민론養民論의 일환인 '무위시장론(자유시장론)'으로 구현되었는가 하면,61) 전통적 군주정에서는 세종 이래의 의정부제로 나타나기도 했고, 명나라와 청나라에서는 '내각제적 제한군주정'으로 구현되기도 했다. 반면, 진시황이 도입한 재상제(승상제)와, 정도전이 주장한 신권臣權정치의 재상제는 둘 다 재상 1인이 '유위이치有爲而治'하는 독임제적 결정·통치제도로서 순임금의 저 집체적 정책결정론과 배치되는 반反유학적 제도들이다.

공자는 임금·신하·백성이 각자의 위치에서 소리도 형체도 없는 대덕·대례의 상호관심과 규범력에 의해 서로 공감하는 이 '무위천하'와 이상적 제한군주정의 작동원리를 제 자리에 가만히 있는 무위의 북극성과 공히 이를 중심으로 공전하는 뭇별 간의 인력작용

61) 이에 대한 상론은 참조: 황태연, 『공자와 세계(2)』제1권「공자의 지식철학(중)」(파주: 청계, 2011), 795-890쪽. 황태연, 「서구 자유시장론과 복지국가론에 대한 공맹과 사마천의 무위시장 이념과 양민철학의 영향」, 『정신문화』2012년 여름호(제35권 제2호, 통권127호), 320-354쪽.

에 비유한다.

덕으로 정치를 하는 것은 비유컨대 북극성이 제자리에 거하고, 뭇별들이 다 이 북극성을 공감하는 것과 같다.(子曰 爲政以德 譬如北辰居其所而衆星共之.)[62]

덕치는 '제자리에 거하는 북극성'의 '무위지치'의 다른 표현이다. 북쪽을 정의하는 북극성이 어디 있든 뭇별을 바라보는 것은 '남면'이고, 북극성을 공감하며 회전하는 뭇별들은 북극성을 바라보는 까닭에 무조건 '북면'하는 것이다.[63] 남면한 북극성과 북면한 뭇별 간의 공감관계는 남면 군주와 북면 백성 간의 덕치적 공감관계와 대응한다. 소리도 움직임도 없이 백성을 기쁘게 하고 화동케 하는 '정중동靜中動'의 성군, '동중정動中靜'의 현신, 기탄없이(無忌憚) 활동하는 '동중동動中動'의 백성 간에는 조용히 공감적 인력(원심력)이 작용하고, 신하·백성들 간에도 중심의 임금을 매개로 공감적 인력이 작용하여 한 공동체로 결속된다. 따라서 우주가 소리 없는 만유인력의 장場이듯이, 공감적 '무위천하'는 토의와 쟁론으로 시끄러운 공론장, 즉 말 잘하는 지식인들과 달변의 정객들이 설치는 하버마스 식의 언어행위적 유위有爲의 '토의적 공론장'이기에 앞서, 오히려 평범한 백성들이 성군의 소리 없는 '대악'과 형체 없는 '대례' 속에서 성군과 현신들의 의도와 행동을 느끼고 말없이 시비(동조거부)하는 무위의 조용한 '공감대' 또는 '공감장共感場', 즉 소리 없는 거대한 '민심의 바다'로 현상한다.

---

62) 『論語』「爲政」(2-1).

63) 정약용은 '北辰'과 '無爲'의 연관성을 극구 부정한다. 참조: 丁若鏞, 『國譯與猶堂全書』「經集 II論語古今註」 (전주: 전주대학교출판부, 1989), 37-41쪽.

유위의 언설이 소란스럽게 난무하는 각종 '공의公議', 즉 '공론장'은 말없는 무위의 거대한 '공감적 민심의 바다' 위에 떠 있는 '조각배들'에 불과할 뿐이다. 공론장은 민본정치에서 아주 중요하지만, 공감장의 밑받침 없이는 제각기 딴 소리를 지껄이는 기만적 '공담장空談場'으로 전락한다. 공감의 뒷받침 없이는 어떤 언어행위도 실패하기 때문이다. 일반대중의 '조용한' 공감장은 지식인들의 '시끄러운' 공론장에 앞서는 것이다. 따라서 공론장은 반드시 백성의 공감대(민심)의 뒷받침을 받아야 한다. 그렇지 않으면 공론장은 거짓말과 감언이설과 공갈협박이 설치는 '난장판'이 될 것이다.

무위천하의 '공감장' 속에서 임금의 덕스런 마음에 대한 감응·교감·공감은 그야말로 순식간에 광대무변의 원방에까지 도달한다. "덕은 하늘을 감동시키고 멀어도 이르지 않는 곳이 없기(惟德動天無遠弗屆)" 때문이다.[64] 덕스런 마음은 자기 안에 깊이 숨겨도 드러나기 마련이고 결국 천리 밖에서도 느끼는 법이다. "군자가 자기의 방안에 앉아서 자기의 말을 표출하는 것이 선하면 천리 밖에서 그의 말에 감응하는데, 하물며 그 가까운 데서는 어떻겠는가? 자기의 방안에 앉아서 자기의 말을 표출하는 것이 선하지 않으면 천리 밖에서 그의 말을 거부하는데, 하물며 가까운 데서는 어떻겠는가?"[65] 방안에서 머금은 마음도 순식간에 천리를 가니, 방 밖에서 언행으로 드러나는 군자의 마음은 얼마나 멀리 가겠는가?

시비지심(도덕적 동조감과 거부감)의 빠른 교감에 의해 자율 조절되는 이런 공감적 '무위천하' 속에서는 백성들의 기탄없는 감정표현

---

64) 『書經』「虞書·大禹謨(3)」.

65) 『易經』「繫辭上傳(8)」: "子曰 君子居其室 出其言善 則千里之外應之 況其邇者乎? 居其室 出其言不善 則千里之外違之 況其邇者乎?"

과 사회활동이 벌어지더라도 공감적 인력에 의해 결국 같은 취지로 귀결된다. 백성을 공감으로 끌어당기는 임금(또는 국가)의 '덕치'가 있고, 인의도덕의 공감적 규범력을 지닌 '예양'이 있고, 모두가 먹고 살 정의로운 '재화'가 있기 때문이다. 공자는 말한다.

> 천지의 대덕은 생生이고, 성인의 큰 보물은 (벼슬이나 구실이 아니라) 위位다. 성인의 이 '보위'는 무엇으로 지키는가? 인仁으로 지킨다. 무엇으로 사람을 모으는가? 재화로 모은다. 이재理財와 정사正辭(말을 바로 잡는 것)와 비행非行 금지를 의義라고 한다.66)

공자는 주지하다시피 생산·분배의 효율성 면에서 무위천하의 원리를, "해가 중천에 뜨면 시장을 열어 천하의 백성을 초치하고 천하의 재화를 모으며, 교역하고 물러나 각기 제 것을 얻는"67) 무위시장(자유시장)으로 제시하는 한편, 사회정의와 양민복지를 위한 '분배규제'를 "재화가 (소수에게) 모이면 백성은 흩어지고, 재화가 흩어지면 백성은 모인다(財聚則民散 財散則民聚)"는 원칙에 따른68) 국가의 '유위有爲'의 보완적 세부정책으로 제시한다.69)

따라서 공자는 무위천하를 무위덕치의 '공감장'과 무위의 '자유시장'으로 이중화한 셈이다. 무위의 자유시장이 만능이 아니라서

---

66) 『易經』「繫辭下傳(1)」: "天地之大德曰生 聖人之大寶曰位. 何以守位? 曰仁. 何以聚人 曰財. 理財正辭禁民爲非曰義."

67) 『易經』「繫辭下傳(2)」: "日中爲市 致天下之民 聚天下之貨 交易而退 各得其所".

68) 『大學』(10章.

69) 공맹이 有爲의 보완책'으로 제시한 일련의 복지정책에 대해서는 참조: 황태연,「서구 자유시장론과 복지국가론에 대한 공맹과 사마천의 무위시장 이념과 양민철학의 영향」, 327-338쪽.

매점매석과 독점, 물가의 지나친 등락(가격법칙의 고장)이라는 시장의 자기모순과 자기파괴를 막는 최소한의 정부개입, 복지정책 등 국가의 인위적 조절정책이 필요하듯이, 공감적 시비지심의 도덕감각과 도덕감정으로 자율 조절되는 공감장도 마찬가지로 백성들의 비행 막아 "의義"를 세우는 국가의 최소한의 인위적 '정형'작용이 필요하다. 따라서 공자의 '무위천하'는 말없는 ①공감장의 도덕적 자율규제 작용(시비지심)과 ②시장의 자율적 가격법칙(사마천의 '자연지험')이라는 두 가지 무위의 '보이지 않는 손'과, ①국가의 정형·규제·복지정책과 ②언어적 공론장이라는 두 가지 유위의 '보이는 손'으로 운용된다.

그래서 공자는 노자처럼 '치治'를 제거하는 "무위자연無爲自然"을 말하지 않고, "무위이치無爲而治"를 말한 것이다. 아무튼 공자의 무위천하는 공감적 시비지심과 가격법칙의 '보이지 않는 두 손'으로 다스려지는 '공감장'과 '시장'으로 이루어지고, 주권·영유권·통치권의 삼권분립에 기초한 국가는 불가피한 최소의 유위적有爲的 정형政刑·규제·치수·도로·운하건설 정책과 물가조절, 그리고 적극적 복지(양민·교민)정책 등으로 이 두 장場(공감장과 시장)의 한계문제들을 보완적으로 해결한다.

이 최소한의 '유위의 치'와 적극적 복지정책을 펴는 이상적 국가제도는 다름 아니라 '군주'와 '현신'의 '분권적 군신공치'로 구현되는 제한군주정인 것이다. 여기서 '군주'란 '왕권천수설'='왕권민수설'에 따라 '하늘같은 백성'으로부터 왕위를 수여받은 '대덕의 성군'이고, '현신'은 천하가 그 최고의 현능賢能을 인정해주는 '현자들'이다. 그리고 명대의 내각제는 이 '분권적 군신공치'를 구현하는 여러 통치제도들 중의 가장 발전된 제도다.

제2절
중국의 역대 내각제

2.1. 명조 내각제의 유래와 발전

명조에 출현한 중국의 내각제는 어떤 사람의 '발명'이나 '기획'으로부터 나온 것이 아니라, 정치·행정업무의 객관적 요구에 따라 자연발생적으로 형성되고 거듭 변모하며 발전되어 나온 것이다. 내각은 홍무洪武 13년(1380) 중국의 오랜 전통에 속하는 승상제의 폐지로부터 시작하여 청조 옹정 7년(1727년) 군기처가 창설될 때까지 약 350년간 국가기무를 처리하는 최고 의정기관으로 성립하여 거듭 변화·발전했고, 청대에도 임시적 대책기구 성격의 군기처와 나란히 국가기무를 담당하는 항구적 최고기관이었다. 중국의 내각제는 도합 약 520년간 중국의 근대를 다스렸다. 이 내각제는 청대 1690년의 『대청회전大清會典』, 즉 이른바 『강희회전』에 처음으로 법령으로 규정될 때까지[70] 수많은 정치변동에도 불구하고 명확한

70) Silas H. L. Wu(吳秀良), *Communication and Imperial Control in China. Evolution of the Palace Memorial System 1693-1735* (Cambridge of Massachusetts: Harvard University Press, 1970), 17쪽.

법령이나 규정에 의거하지 않고 관습으로 굳어지고 당시의 환경과 황제의 개인적 작풍을 따라 조금씩 다르게 운용되었다.

■ 홍무제와 내각제의 맹아

태조(주원장) 홍무제洪武帝(1368-1398)는 개국 초에 승상제를 채택하고 홍무 6년 호유용胡惟庸을 승상에 임명했다. 중서성中書省을 장악한 승상의 권한은 육부가 다 중서성에 예속된 점에서 지나치게 컸다. 일체의 장주章奏도 중서성의 논의를 경유해야만 어전에 도달할 수 있었다. 따라서 호유용이 승상을 지낼 당시에 "내외 제기관의 장주章奏는 입주入奏되면 호유용이 먼저 보았고, 자기를 헐뜯는 말이 들어 있는 것은 잽싸게 감추어 듣지 못하게 했으니, 다투어 벼슬을 구하는 무리는 그 문하로 달려갔다"[71] 그리하여 호유용 1인의 '탐회농권貪賄弄權'이 절정에 달하게 되었다.[72]

이에 태조는 홍무 13년(1380) 정월 호유용을 모반으로 몰아 주살하고,[73] 승상제를 폐지해 버렸다. 태조는 호유용의 배신으로 통한이 극심하여 죄를 승상제도에까지 확대한 것이다. 그리고 그는 이렇게 유시했다.

> 중서성을 혁파하고 옛 육경제도를 모방하여 육부를 승격시켜 각 관청으로 하여금 나누어 일하게 하노니, 이와 같으면 업무가 한 관청에 전담되지

---

71) 谷應泰, 『明史紀事本末』 卷一三 第一二七頁: "內外諸司封事入奏, 惟庸先取閱之, 有病己者 輒匿不聞 由是奔競之徒 趨其門下". 杜乃濟, 『明代內閣制度』(臺北: 臺灣商務印刷書館, 1967), 一O쪽에서 재인용.

72) 谷應泰, 『明史紀事本末』 卷一二八三 劉基傳 第五頁. 杜乃濟, 『明代內閣制度』, 一O쪽에서 재인용.

73) 夏燮 (著), 『明通鑑』(北京: 中華書局, 1959), 卷七 洪武十三年(庚申 1380), 三六九쪽.

않아 일이 옹폐에 처하지 않을 것이다.[74]

그리고 홍무제는 스스로 육부를 직접 지휘하는 '친정'체제 구축을 단행했다. 육부상서의 품계를 정2품으로 높이고, 대도독부를 좌·우·중·전·후의 오군도독부로 고쳤다.[75] "간단히, 1380년 이후 명조의 정부는 단 한 명의 임용자도 군대와 일반행정에 대해서든, 감찰체계에 대해서든 총괄적 통제권을 전혀 얻을 수 없도록 구조화되었다."[76]

승상을 폐한 뒤에도 황제는 승상제 폐지를 대대로 확실히 하기 위해 「조훈祖訓」을 내렸는데, 요지는 이렇다.

> 옛적 삼공이 도를 논하고 육경이 분직分職한 이래 일찍이 승상을 설립한 적이 없다. 진시황 때부터 승상을 설치했다가 돌이키지 못하고 이를 따르다가 나라가 망했다. 이런 까닭에 한·당·송은 현명한 승상이 있었을지라도 그간에 이 제도를 쓰는 경우에 역시 소인들의 전권난정專權亂政이 많았다. 이제 나는 승상을 혁파하고 오군·육부·도찰원·통정사·대리시 등의 관서를 설치하여 천하서무를 분리·처리케 하고, 대권은 하나로 조정에 귀속시키고, 입법을 모두 다 상서롭고 좋아지게 하노라. 이후 황위를 잇는 군주들은 승상설치를 논의하지 말며, 신하가 감히 이런 주청을 하는 경우에는 중죄로 다스려라.[77]

---

74) "革去中書省 陞六部仿古六卿之制 俾各司所事, 更置五軍都督府, 以分領軍術, 如此則不事傳於一司, 事不留於壅蔽."『昭代典則 』第一章 第一頁. 杜乃濟,『明代內閣制度』, 一O쪽에서 재인용.

75) 夏燮 (著),『明通鑑』卷七 洪武十三年(庚申 1380), 三七二쪽.

76) Charles O. Hucker, "Ming Government", 76쪽. Denis Twitchett and Frederick W. Mote (ed.), *The Cambridge History of China*, Volume 8, *The Ming Dynasty, 1368-1644*, Part 2 (Cambridge: Cambridge University Press, 1998; Reprinted 2007).

여기서 중죄는 "범인을 능지처참하고 전 집안을 사형에 처하라"라는 말이다.[78] 태조의 이 혁파의 목적은 그 뜻이 권력을 분산·견제시켜 권신의 전횡을 억제하고, 다시 대권을 황제에 귀일시킴으로써 황제가 만기를 친정하는 것이었다.

그러나 황제 일인이 천하의 만기를 친정하는 것은 죽어도 불가능한 일이었다. 천하의 일은 너무 많고 번잡하여 몸소 일일이 처리할 길이 없었다. "홍무17년 9월, 급사중 장문보張文輔는 14일부터 21일까지 8일간 내외 제관청의 장주가 약 1,160건에 달하고, 일은 도합 3,291건에 달한다고 했다. 이에 주상은 칙유하기를, '조정신하들이 말하기를 짐이 하늘을 대리하여 만물을 다스리고 만기를 총람한다고 하는데, 어찌 일일이 두루 미치겠는가?'라고 했다."[79] 이런 이유에서 승상을 폐한 해인 1380년 9월에 홍무제는 춘하추동의 사보관제四輔官制를 설치하고 기유耆儒(60대 유자)들 중에서 '비고문備顧問'을 뽑아 황제의 기무機務를 보좌케 했다.[80] 그러나 태조는 '호용유의 옥사' 때 너무 많은 인재를 죽여 기유들이 부족했던 까닭에 홍무 15년(1382) 사보관제를 다시 폐지할 수밖에 없었다.

태조 홍무제는 사보관 대신에 과거시험 장원급제자들이 모여 있는 한림원에 관심을 돌리고 이곳의 젊은 인재들을 중용하여 비고문備顧問으로 임명하고 보좌를 받기 시작했다. 태조는 한림원관들을 "고금에 박통하고 자기 몸이 이미 수신되어 있고 자기 집이 이미 다스려져 있는" 선비들로 여기고 자문에 대비케 했다. 한림원

---

77) 夏燮 (著), 『明通鑑』卷七 洪武十三年(庚申 1380), 三七二쪽.

78) 杜乃濟, 『明代內閣制度』, 一O쪽에서 재인용.

79) 孫承澤 (撰), 『春明夢餘錄』(珍本: 1883; 影印本: 香港: 龍門書店, 1965), 289쪽(卷二五 제二項). 또 참조: Hucker, "Ming Government", 76쪽.

80) 曺永祿, 『中國近世政治史研究』(서울: 지식산업사, 1988), 43쪽.

관은 수적으로 많았고, 품계가 낮아서 전권專權을 쥘 수 없었다. 이것은 태조의 의도에 잘 맞는 조건이었다. 그런데 그들은 '비고문'에 그친 것이 아니었다. 태조는 홍무 14년(1381) 10월부터 이미 한림원관들을 시켜 형사사건을 논결論決하게 하고 제 관청의 장주를 비평하고 논박하도록 했다. 따라서 엄격히 말하면 한림원 관원들이 기무정사에 참여한 것은 이때부터였다. 한림원관들의 기무참여 자체가 실질적으로 이미 내각제도의 시작이었다.81)

그러나 정사正史는 내각대학사 제도가 홍무 15년(1382) 11월에 시작된 것으로 기록하고 있다. 이때 화개전·무영전·문화전·문연각·동각 등 '3전2각'이 등장했다.82) 이렇게 하여 명·청조에 길이 이어지는 5전각 또는 6전각의 내각제가 기틀을 잡았다.

그런데 대학사의 품계는 육부의 낭중郞中 벼슬에 상당한 5품에 지나지 않아 승상 1품, 사보관 3품에 비해 낮은 편이었고, 이를 정한 법령도 없었다. 그리고 그 직무의 명칭은 대개 비서·고문에 머물러 있었다. 홍무제는 대학사 설치 초기에 '호유용의 화'를 거울삼고 또 이런 일이 있은 지 얼마 되지 않았으므로, 다만 대학사들에게 "좌우에서 시중들고, 고문顧問에 대비하고, 군국軍國의 일은 집행하지 말도록" 명했다.83)

그러나 한림원의 직무는 이미 왕의 고문에 대비하는 것 외에도 조칙을 찬의撰擬하고, 장주를 고찰하여 논박하는 데까지 확장되어 있었다. 대학사들이 '조칙찬의'로 인하여 장주를 고찰하여 논박한

---

81) 참조: 杜乃濟, 『明代內閣制度』, 一八쪽.

82) 『續文獻通考』 卷三二 第三二五八頁. 杜乃濟, 『明代內閣制度』, 一八쪽에서 재인용.

83) 傳維鱗(纂), 『明書』 卷六五 職官一 第一三○八頁. 杜乃濟, 『明代內閣制度』, 一八쪽에서 재인용.

것은 능히 왕의 교지인 '지旨'라고 칭할 수 있었다. 그리고 이 일들을 잘 알아 대학사로 승진하는 길도 열렸다. 그러나 아직 이때는 '내각'이라는 말도, 내각 내부의 위계조직도, 그 직급도 없었다.

■ 영락제와 내각제의 확립

내각대학사들이 일상적으로 기무에 참예參預(참여)하는, '내각'이라고 불리는 내각제는 제3대 성조 영락제(1402-1424) 때부터 시작되었다. 제2대 혜종 건문제建文帝(1398-1402)의 제위를 즉위 4년 만에 무력으로 찬탈한 성조 영락제(1402-1424)는 한림원 시독侍讀들을 발탁하여 황회黃淮, 양사기楊士奇, 호광胡廣, 김유자金幼孜, 양영楊榮, 호엄胡儼과 더불어 모두 다 문연각에 입직시켜 '기무참예機務參預'하게 했다. 내각의 기무참예는 이것으로부터 시작되었다.[84] 이때부터 바야흐로 천자를 전각 아래서 늘 모시고 '기무참예'하는 이들을 - '재상'이라는 이름을 피하기 위해 - '내각'이라고 불렀다.[85] 따라서 '내각'이라는 말은 '전각대학사'라는 말보다 뒤에 생겨났다.

원래 '문연각'을 가리키는 '내각'이라는 명칭은 문연각이 오문午門(자금성의 제4문인 정문) 안의 동남쪽 모퉁이에 위치해 있고[86] 청사 출입이 외부에 대해 엄중히 통제되었기 때문에 붙여졌다. 영락제는 "해진解縉 등 7인을 간택하여 내각에 들어와 문연각을 맡아 육부의 대정大政을 평장平章하라는 조칙을 내렸다".[87] 또한 각신閣臣 또는

---

84) 張廷玉 等 (撰), 『明史』(乾隆四年刻本, 中華民國24年 즈음 影印) 卷一百十七 列傳第三十五, 四一二○(422)쪽. 다음도 참조: 杜乃濟, 『明代內閣制度』, 二○~二一쪽.

85) 참조: Hucker, "Ming Government", 77쪽; 杜乃濟, 『明代內閣制度』, 二○쪽.

86) 孫承澤 (撰), 『春明夢餘錄』, 243쪽(卷二十三 第一項).

87) 『官制備考』上卷 第二頁. 杜乃濟, 『明代內閣制度』, 二○쪽에서 재인용.

각로閣老들은 "앞에 칸막이를 만들고 황제와 밀착된 자리에서 기무를 기획했다(造扆前 密勿謨劃)".[88] 그리하여 황제의 전단專斷 친정은 종식되었고, 전각대학사의 역할이 급속히 커졌다. 그러다가 제4대 인종 홍희제洪熙帝(1424-1425)와 제5대 선종 선덕제宣德帝(1425-1435)에 이르면 내각제가 '완비' 단계에 이른다. 이런 변화 과정에서 내각대학사 집단은 '정부'라는 명칭으로 불렸다.[89]

내각제는 다음 3단계를 거쳐 완성되었다. 첫째, 대학사들이 분야를 나누어 정사를 분업적으로 처리했다. 영락제 때 '내각'은 곧 문연각을 가리켰고, 기타 전각은 다 '내각'이라는 명칭이 없었다. 그런데 영락20년(1424) 8월에 즉위한 제4대 홍희제는 '근신전謹身殿'과 '근신전대학사'를 증설하여 4전2각을 만들어 대학사를 6명으로 늘렸다. 내각의 기밀정무의 직책은 동각·문연각·문화전·무영전·화개전·근신전의 제 전각으로 나뉘고, 전각마다 다 대학사를 두었다.[90] 내각의 모든 전각이 이것에 준해서 변하고 규정을 갖추게 되었다. (제11대 세종 가정제嘉靖帝 41년에 화재가 난 뒤에 '화개전'은 '중극전中極殿'으로, 근신전은 '건극전建極殿'으로 개명되었다.[91])

둘째, 내각의 지위가 제고되었다. 영락제 때 내각대학사의 지위는 그 품계가 겨우 5품이라서 상서와 시랑의 뒤에 놓였지만, 홍희제 때에 양영 등이 시랑으로서 대학사를 겸임함으로써 내각이 3품 직함을 달았고, 양사기 등이 '소보少保' 등의 관직을 더하여 내각의 지위가 소위 삼호관三狐官(소보少師·소부少簿·소보)에 이르렀다. 내각대

88) 『明政統宗』卷七 第四頁. 杜乃濟, 『明代內閣制度』, 二○쪽에서 재인용.

89) Hucker, "Ming Government", 77쪽.

90) 참조: 杜乃濟, 『明代內閣制度』, 二二쪽.

91) 참조: 杜乃濟, 『明代內閣制度』, 四九쪽.

학사는 '삼양'(양영·양사기·양부楊簿)을 비롯하여 동궁 구관으로 노고의 해가 쌓여 상서로 승진하여 삼호를 겸임한 뒤에 관직 품계가 5품에서 1·2품으로 뛰어올랐다. 이것은 명대 내각 지위의 일대 변혁이었다. 각신의 지위는 비록 높았을지언정 명태조 이래 내각대학사가 다 불변적으로 5품에 머물러서, 사보·상서의 관직 등을 겸임하는 것으로써 품계를 간접적으로 높였다.[92] 그러나 내각대학사가 삼호·상서·시랑을 겸임해도 그들은 전적으로 각무閣務만을 처리했고, 삼호·상서·시랑의 일은 보지 않았다. 즉, 내각대학사의 삼호·상서·시랑의 벼슬은 '산관散官'(명예관직)이었던 것이다. 내각대학사의 지위가 제고되고 '삼양'이 20년간 동심으로 천자를 보좌하니 다들 국가의 태평시대가 열렸다고 거리낌 없이 말했다.[93]

셋째, 내각의 권력이 날로 증가했다. 제3대 성조 영락제 때 내각은 육부와 삼원의 제 관청의 장주를 전일하게 통제하지 못했고, 또한 육부·삼원의 일에 상관하지 못했다. 그러나 제4대 홍희제는 "자신의 유학자 보좌진에 대해 전대미문의 존경심을 품었기" 때문에,[94] 내각으로 하여금 제 관청의 장주를 내각의 관할에 두고 전일하게 통제하게 했다. 육부는 이제 다 내각에 품신하여 내각의 '지旨'를 받아 집행해야 했다. 이것은 내각의 지위가 제고됨에 따라 내각의 권력도 역시 점차 커진 결과였다. 그리하여 내각대학사는 송·요·금·원나라의 삼성三省(문하·중서·상서성)장관이나 다름없는 지위와 권위를 얻었다.[95] 그러나 내각이 장주만이 아니라 모든 기무까지도

92) 참조: Hucker, "Ming Government", 77쪽.

93) 참조: Hucker, "Ming Government", 78쪽; 杜乃濟, 『明代內閣制度』, 二二~二三쪽.

94) Hucker, "Ming Government", 78쪽. 홍희제는 "유학자 관원들에 의해 주도면밀하게 통치를 위해 훈육된 최초의 황제"였다.

95) 참조: 杜乃濟, 『明代內閣制度』, 二三쪽.

독점적으로 관할 하에 둔 것은 더 훗날의 일이다. 제4대 홍희제 시기와 제5대 선덕제 초기에는 이부상서 건의蹇義와 호부상서 하원길夏元吉도 기무에 참예하고 있었기 때문이다.[96]

내각권력이 날로 증가한 원인을 탐구해보면, 그것은 앞서 말한 대로 제3대 영락제 때 백관이 정사를 필하고 퇴청한 후에 천자가 각신들과 더불어 앞에 칸막이를 세우고 밀착된 자리에서 기무를 기획한 데 있다. 심야까지 황제가 각신들과 얼굴을 마주하고 정사를 의논하니 대권이 자연히 각신들의 손에 떨어지지 않겠는가! 제4대 홍희제에 이르러서는 기무를 두고 꼭 계획하고 의론해야 하는 경우가 있을 때마다 필히 임금이 친필로 양영 등의 이름을 쓰고 어보御寶를 찍어 표시하거나, 혹은 어압御押으로 봉인하여 내려 보내서 그들로 하여금 기획하게 했다. 양영 등은 조목조목 대답한 쪽지판단을 문연각 도장으로 봉인해 황제에게 올렸으므로 아무도 볼 수 없었다. 황제는 조목조목 대답한 이 '쪽지판단', 즉 '첨판簽辦'에 정사를 위임할 수 있었다.[97]

이런 관행으로부터 이내 '조지條旨제도' 또는 '표의票擬제도'가 발전되어 나왔다.[98] "제5대 선덕제 3년(1428), 황제가 내각에 거둥하는 것을 번거롭게 여기므로 대학사들이 무릇 중외의 장주를 다 보고 소표小票에 붓글씨로 써서 각 상소문의 지면에 붙여 진상進上하니 이를 '조지'라 일컬었다. '조지'라는 명칭은 이렇게 시작되었다."[99] 이 '조지'는 '표지票旨', 또는 '표의'라고도 불렸다. 황제가

96) 孫承澤 (撰), 『春明夢餘錄』, 250쪽(卷二十三 第十五項).

97) 참조: 杜乃濟, 『明代內閣制度』, 二三~二四쪽.

98) 曺永祿, 『中國近世政治史研究』, 43쪽; 尹貞粉, 「正統·天順年間의 經史講論과 정국운영」, 『中國史研究』 第61輯(2009.8), 84쪽.

99) 『續通典』 卷二五 職官 第一二六九頁. 杜乃濟, 『明代內閣制度』, 二四쪽에서 재인

각신들과 얼굴을 마주보고 정사를 의논하는 '면의面議'를 불필요하게 만들었다. 중외의 모든 장주는 이제 다 대신들의 '표의'에 일임되었다. 그리고 각 아문의 장주는 다 내각에 보내지고 내각은 '표의'했다. 이 표의권·표지권을 바탕으로 내각에 고유한 의정권(정책심의·의결권)이 형성된 것이다. '의정議政'이 있는 곳은 그 권세가 부득불 중할 수밖에 없는 법이다. 그리고 뒤에 삼양이 내각에 있은 지 오래되고 점차 상서를 겸했고, 그러고 나서는 산관이 소보·소부에 이르렀으니, 비록 재상이라는 이름으로 불리지 않아도 '재상의 실實'이 있었다.100)

그러나 각신은 그럼에도 '재상' 또는 '승상'과 본질적으로 달랐다. 1인 '승상'은 독임적 결정권자이고 동시에 육부의 행정권과 인사권을 장악한 집행권자였지만, 6인의 내각대학사들은 황제와의 분업에 더해 표의권의 업무별로 권한을 나눈 분업에 처해 있었다. 따라서 대학사들은 큰 국사의 경우에 단독으로 처리할 수 없고 서로 협의해야 하는 '집체적' 결정권자들인데다 육부의 집행부서와 분리된 순수한 의정권자로 남아 있었다.

내각은 본디 한림원의 '분견대'로 출발했다. 상술했듯이 홍무제가 한림원관들을 '비고문'으로 자문에 대비케 하고 제3대 영락제 때 처음 한림원관을 발탁하여 문연각에 입직시킨 이래 한림원에서 내각대학사를 발탁하는 것은 관행이 되어 끝까지 지켜졌다. 그리하여 내각이 한림원의 '분견대'로 간주되었기에 내각은 제諸관서에 문서를 주고받을 때 내각을 '한림원'이라고 칭했다. (이때 이미 문연각

용. 다음도 참조: 崔晶姸, 「明朝의 統治體制와 政治」, 20쪽. 서울大學校東洋史學研究室 編,『강좌중국사(IV)』(서울: 지식산업사, 1989).

100) 참조: 杜乃濟, 『明代內閣制度』, 二四쪽.

에 '문연각인장'이 있었지만, 조칙초안을 봉인하여 진상할 때나 제 관서에 대해 장주를 답하여 문서를 보낼 때만 사용하고 다른 경우에는 사용하지 않았다.) 또 제관서는 내각에 문서를 상신할 때 다 내각을 '한림원'으로 칭했다. 그러므로 이때 '한림원'은 곧 내각의 명의名義 기관이었다. 제4·5대 홍희·선덕제 때도, 옛 관행을 따라 내각이 '한림원' 명의로 문서를 보냈지만, 전혀 '한림원의 일'이 아니라 전부 '내각의 일'이었다. 무릇 내각은 어디까지나 한림원의 '분견대'였던 것이다. 제11대 세종 가정제嘉靖帝(1521-1567)와 제12대 목종 융경제隆慶帝(1567-1571) 때에 이르러, 엄숭嚴嵩과 장거정張居正이 연이어서 내각을 주재함에 따라 내각이 독재적 권부가 되었고, 이때부터 내각은 문서발송 때 '한림원'이라 칭하지 않고 '내각'을 칭했다. 이때부터야 비로소 내각의 모든 문서가 '내각' 명의로 발송된 것이다![101]

내각대학사의 품계는 입각 후에 겸직승진이 이루어져 간접적으로 높여졌다. 7대 경종景宗(대종代宗) 경태제景泰帝(1449-1457)에 이르러서는 왕문王文이 이부상서로서 입각해 3품관 입각의 길을 열었고, 이후 진순陣循이 호부상서로서, 고각이 공부상서로서 입각해 삼공의 지위에 합치되었다. 이로써 내각의 명예가 갈수록 높아졌다. 제9대 황제는 효종 홍치제洪治帝(1487-1505)였는데, 이때 서열문제가 발생했다. 때마침 육경六卿을 장악한 왕서王恕가 대학사가 아니면서도 홍치 5년에 예부상서로서 내각에 입각한 구준邱濬 위에 자리하고 양보하는 일이 발생했다. 구준은 이를 불쾌해 했다. 그런데 명년 2월, 대궐의 잔칫상에서 구준이 왕서보다 윗자리에 앉았다. 이후 시랑·첨사의 지위로 입각한 대학사도 의전상儀典上 다 육부상서보다 윗자리에 앉기 시작했다.[102] 이것은 구준부터 시작된 것이

101) 참조: 杜乃濟, 『明代內閣制度』, 二四～二五쪽.

다. 제13대 황제로 신종神宗 만력제萬歷帝(1572-1620)가 등극했는데, 만력 원년에 장거정은 내각기무를 주재할 때 품계가 더해져 삼공에 이르러 좌주국左柱國(2품)이 되었다.103)

마지막으로, 직무의 변천을 보면 제4대 홍희제 시기와 제5대 선덕제 초기에 내각은 기무에 참예했을지라도 기무참예라는 것이 내각대학사들에게 독점되지 않았고, 상술했듯이 아직 이부상서 건의蹇義와 호부상서 하원길도 기무에 참예하고 있었다.104) 제5대 선종 선덕제 말년, 건의와 하원길은 앞서거니 뒤서거니 지위를 떠났고, 삼양이 바야흐로 노신老臣으로서 날로 신임을 받으면서 내각의 지위는 공고해지기 시작했다. 조지(표의)제도는 내각지위의 공고성에 비례해서 더욱 커졌다. 이때부터 내각은 모든 장주에 더해 모든 기무를 전적으로 관할하게 되었고, 육부는 확실하게 내각의 예하 집행기관으로 재정립되었다.

선덕 3년(1428)에 시작된 표의제도에 따라 이후 한편으로는 내각 표의는 황상皇上의 뜻('지旨')으로 칭해질 수 있어 황제가 다시 수정할 필요가 없었다. 다른 한편, 황제는 내궁內宮에 깊이 들어앉아 게으름이 습성화되었다. 상술했듯이 최초의 표의는 단지 내각에 넘겨주어 작은 표지票紙(부전지) 위에 조목조목 천자의 뜻을 의제擬制하여 조지詔旨를 작성하고 해당 장주에 붙여 진정進呈하는 것이었을 뿐이었다. 이후에는 더욱 진일보하여 비준에 상응하는 글도 역시 타당하게 표의票擬하여 올려 보냈다. 이 표의제도는 제6대 영종 정통제 때(14354-1449) 완비되었지만, 삼양이 비중을 더하면서

102) Hucker, "Ming Government", 77쪽.

103) 참조: 杜乃濟, 『明代內閣制度』, 二五쪽.

104) 孫承澤 (撰), 『春明夢餘錄』, 250쪽(卷二十三 第十五項).

점차 조정의 중심에 섰다. 때마침 정통제가 9세에 등극하자 태후가 범사를 결정해야 했다. 이에 태후가 업무를 혼자 전담하는 것을 피해 내각에 의정議政을 명했는데, 이후 표의제도는 '관례'로 정착했다.[105] 옛 재상과 내각대학사의 차이도 이 표의제도에서 분명했다. 각로는 표의를 주로 삼고, 몸소 나가서 육부와 기타기관의 공무 집행에 참여하지 않는 것을 원칙으로 했다.[106]

황상이 '장주'나 '표의' 없이 주도적으로 만든 유시諭示는 '상유上諭'라고 불렀다. 그러나 이 '상유'도 내각의 심의를 거쳐서만 공표되었다. 내각의 이 상유 심의권은 의례적인 것이 아니었다. 내각권이 표의제도에 따라 부단히 증대되는 가운데 내각은 "상유를 봉인하여 되돌려 보낼" 수 있는 소위 '상유봉환권上諭封還權'을 가지게 되었기 때문이다.[107] 뿐만 아니라 내각은 "각신을 새로 골라 올릴(新簡閣臣)" 수도 있었다.[108] 그리하여 제11대 가정제 때(1521-1567) 내각은 엄연히 상부로서 육부를 '부릴' 수 있게 되었다.[109] 내각의 지위가 이렇게 최고권부로 확립되자, 내각 안에 '수보首輔(首相)'라는 새

105) 참조: 杜乃濟, 『明代內閣制度』, 二六쪽.

106) 孫承澤 (撰), 『春明夢餘錄』, 250쪽(卷二十三 第十六項). "내각의 직책은 옛 재상과 같았으나 같지 않는 점은 표의를 주로 삼고 몸소 나가서 일에 참여하지 않는다는 것이다. 그래서 고공(高拱)(제12대 목종 융경제 때의 수상)이 이부상서를 겸장(兼掌)하고, 조정길(趙貞吉)이 도찰원을 겸장하고, 손승종(孫承宗)이 병부상서를 겸장하면서도 다 나가서 일을 묻고 들어와 표지(票旨)를 준비했다. 그러나 유일하게 고공만이 수상이 되어 이공(二公)이 둘 다 없어져서 일이 비록 엄중했을지라도 병부와 도찰원까지 독판(獨判)했을 뿐이다."

107) 孫承澤 (撰), 『春明夢餘錄』, 262쪽(卷二十三 第三九項).

108) 孫承澤 (撰), 『春明夢餘錄』, 266쪽(卷二十三 第四八項).

109) 孫承澤 (撰), 『春明夢餘錄』, 255쪽(卷二十三 第二六項). 대학사 장부경(張孚敬)의 다음 상소내용으로 내각의 위상을 짐작할 수 있다. "지금의 육부와 도찰원 등의 제신(諸臣)들 중 뜻 있는 자는 행하기 어렵고, 뜻 없는 자는 영을 받들기만 하는데, 이 육부와 도찰원 등이 곧 내각의 문서고이기 때문입니다."

지위가 생겨나고 수보의 권세도 최고로 강화되었다. 그리하여 어떤 연유로 황제의 권위에 결함이 생겨 분권체제가 마비된다면, 수상의 권력독점이 우려되는 상황이었다. 아닌 게 아니라 가정제가 도교道教에 빠져 정사를 방기했을 때 이런 우려가 현실화되었다. 이때 엄숭 수상의 권력은 '수보독재'로 불릴 정도로 막강해졌다.110)

그런데 반대로 제13대 신종 만력제(1572-1620)가 즉위하면서 환관의 발호가 시작되고 내각의 권력지위가 크게 흔들렸다. 만력 10년 6월 장거정 수상이 죽고 나서 만력제가 환관을 끼고 '친정'에 나서자 내각의 권위는 치명적으로 약화되었다. 이때부터 명나라는 망조亡兆가 들기 시작했다. 만력제는 취렴聚斂에 날래고 조정 일을 보는 데는 게을렀다. 그는 30년간 외정外廷과 왕래를 단절하고, 장주와 상소를 비답 없이 방치했고, 중외의 관직에 결원이 생겨도 메우지 않았다. 그리하여 내각대학사 방종철方從哲이 7년간 홀로 내각을 지켰다. 근무시간이 되었는데도 내각에 사람이 하나도 없었다. 반면, 환관들이 조정에 떼 지어 등용되어 기무를 처결했다. 이러자 소위 동림당東林黨이 일어나 이에 항의하며 재야에서 의정을 논하기 시작했다. 바야흐로 명대 '취몽지간醉夢之間'이 시작된 것이다. 또 제15대 희종熹宗 천계天啓연간(1620-1627)에는 환관 위충현魏忠賢이 정사에 간여해 내각을 좌지우지하고 장주를 친결親決했다. 내각권은 소실되었고, 내각은 존재를 잃었다.111)

명조의 전 기간에 걸친 이러한 내각직책의 변동과정을 종합하면,

---

110) 杜乃濟, 『明代內閣制度』, 二六~二七쪽: "엄숭은 엄연히 재상으로 자임하며 천자의 권세를 끼고, 백사百司의 일을 침범했고, 엄숭의 사무실은 백관이 시장처럼 분주했고, 육부와 부처는 항상 자리를 지켰다. 엄숭은 내각에 사람의 왕래를 끊이지 않게 하고, 한번이라도 혹시 작게 어긋나면 뚜렷한 화를 선 자리에서 당하게 했다".

111) 참조: 杜乃濟, 『明代內閣制度』, 二七쪽.

제4·5대 홍희·선덕제 때는 내각제의 기반이 놓인 시기였고, 제11·12대 가정·융경제 때는 곧 내각의 발전이 정점에 달한 시기였고, 제13대 만력제 때 장거정 수보가 죽은 시점(1582)부터 60여 년간은 내각제가 점차 쇠락·사멸하는 시기였다. 한 마디로 내각제도의 흥기와 사멸은 명나라의 운명과 궤를 같이 했다. 즉, 내각제의 흥기는 명나라에 흥성과 번영을 가져다주었고, 내각제의 쇠락과 사멸은 명나라에 쇠망을 가져왔다. 환관을 등용한 게으른 황제의 친정과, 친정을 빙자한 환관의 발호로 내각제가 사멸하자, 명나라도 쇠망한 것이다.

2.2. 명조 내각의 조직과 권한: 표의권과 수상제의 확립

■ 표의권의 확립과 황제권의 제한

위에서 시사했듯이, 제3대 성조 영락제 때부터 쓰기 시작한 '내각'이라는 명칭은 당시에 '문연각'만을 가리켰다.[112] 영락제는 남경에서 북경으로 천도할 즈음에 '문연각' 명칭을 챙겼다. 그러나 그는 대학사의 사무관청을 짓는 것은 고려치 않았다.[113] 대학사가 입직할 권좌도 특설하지 않았다. 이런 까닭에 황제가 불시에 가림(駕

112) 『歷代職官表』卷四 第一二頁: "성조에 이르러 유신(儒臣)을 가려 뽑아 문연각을 맡기고 그들에게 기무참예를 명하니, 이것으로부터 내각이라는 명칭을 갖고 되었다." 『翰林記』 卷一 第二頁: "영락제 초엽에 구제(舊制)를 다 복구하고 (...) 얼마 되지 않아 평수(編修) 등의 관원에게 문연각에서 기무에 참예하라고 명하고 이를 내각이라고 불렀다." 참조: 杜乃濟, 『明代內閣制度』, 四四쪽에서 재인용.

113) 『歷代職官表』卷四 第九頁: "생각컨대, 문연각은 본래 남경에 있었는데 성조는 천도 후에 관직을 설치하고 옛 이름을 좇았지만 실로 그 땅이 없었다. 그래서 오문(午門) 안에 대학사의 사무관청을 두고 이를 '문연각'이라고 불렀다. 기실은 명나라가 끝날 때까지 각(閣)을 짓지 않았다." 참조: 杜乃濟, 『明代內閣制度』, 四四쪽에서 재인용.

臨하는 일이 있으면, 황제는 가운데에 남면南面하고 앉고 대학사들은 동서로 두 개의 걸상을 놓고 서로 마주보고 앉았다. 대학사들은 이처럼 늘 임금을 바로보지 않고 옆으로 보며 앉았다. 이런 식으로 임금을 옆으로 보며 앉는 것은 습관이 되었고 후세에도 이를 그대로 좇았다.114) 처음에 전각대학사들은 내각 안에서 정사를 보았고, 대궐에서 불을 피울 수 없어 반드시 밖으로 나가서 밥을 먹었다. 이에 선덕제 때 황제가 어느 날 내각에 거둥하여 이를 알고 식당을 설치해주었다.115)

내각이 황제와 밀착하여 정사를 논하는 지위('密勿之地')를 얻자, 대학사들은 공문을 보내고 받아 모두 다 신중하게 공문을 보존하고, 저녁에 나갈 때는 그 문에 자물쇠를 걸었고, 황제가 공문을 찾으라고 하교할 것을 고려하여, 문 위에 열쇠를 매달아 두었다. 또한 기무와 무관한 사람들을 안으로 들어오지 못하게 금했다.

그리하여 제6대 영종 천순제(1457-1464) 이전에 내각에 들어가는 것은 곧 문연각을 맡는 것을 말했다. 그런데 조금 지나자 심지어 다른 전각에 보임되었는데도 "문연각의 일을 관장한다(掌文淵閣)"는 표현을 썼다. 제6대 영종 천순원년에 서유정徐有貞이 입각하여 "문연각의 일을 관장한다"고 자서自署한 때부터 내각은 '중앙정부'로 비치고, 내각대학사들도 가끔 '재상'으로 속칭俗稱되었다.116)

---

114) 『皇明泳化類編』 官制 卷五九 四 第六頁: "문연각은 오문 안에 있고, 학사들은 들어갈 때마다 동서로 두 걸상을 놓고 마주보고 앉았고, 후에도 공좌(公座)가 없었다. 이현(李賢)이 이부(吏部)에서 들어왔을 때 도찰원의 좌석제도처럼 공좌를 설치하고자 했으나, 팽시(彭時)가 '선종이 평상시에 가마를 타고 이 가운데의 자리로 거둥하는 까닭에 그렇게 되면 감히 남면하지 못한다'라고 하며 반대했다." 杜乃濟, 『明代內閣制度』, 四五쪽에서 재인용.

115) 참조: 杜乃濟, 『明代內閣制度』, 四五쪽.

116) 참조: 杜乃濟, 『明代內閣制度』, 四六쪽.

명대의 중앙정부제도는 태조 홍무제의 개혁 이래 경卿만 두고 공公은 없애고, 경에 맡는 육부를 중추의 최고행정기관으로 삼았다. 부마다 상서 1인(정2품)을 두고, 황제에 직속시켰다. 각부는 독립직장職掌(나누어 주관하는 직무)을 설치하고 대외적으로 명령을 반포할 수 있었다. 육부에 도찰원都察院의 좌도어사를 더하여 '7경'이라고 했고, 이에 대리시大理寺의 대리시경과 통정사사通政使司의 통정사를 더하여 '9경'이라고 했다. 이 9경을 관장하던 중서성이 혁파된 뒤, '9경'은 정부의 최고급관리가 되었다. 이 중 이부상서는 9경의 '수반'으로서 지위가 가장 높고, 권한이 가장 중해서 '태재太宰', '총재冢宰', 또는 '대총재大冢宰'라고 불렀다.[117] (이부상서는 『주례』에 따라 '천관天官총재'라고 부르기도 했다.) 때로 한동안 조정은 내각에 맞서 이 이부상서로서의 총재의 지존至尊지위를 놓지 않으려고 했다.[118] 상술한 것처럼 이때는 내각이 기무를 독점하지 못했고 건의 이부상서와 하원길 호부상서도 내각의 직책 없이 기무를 담당하던 때였다.

이미 시사했듯이 제3대 영락제 때는 문연각에 들어가 기무에 참예하는 자들의 벼슬이 불과 '편수'나 '검토'였고, 품계는 불과 6·7품에 지나지 않았다. 제4·5대 홍희·선덕제에 이르러 대학사로 임명된 자는 품계가 비록 5품에 지나지 않았지만 내각의 권한 때문에 점차 존숭되었고, 내각대학사는 육부상서와 세력을 다투었다.

---

117) 참조: 杜乃濟, 『明代內閣制度』, 四七～八쪽.

118) 『춘명몽여록』은 말한다: "내각을 설치한 초기에 양사기는 경력이 23년이었으나 벼슬은 5품에 머물렀고, 후에 소사(少師)의 관직을 더하고 병부상서와 화개전 두 벼슬을 겸하는 데 그쳤다. 이때 건의(이부상서)는 소사로서 총재(冢宰)였다. 조정이 총재의 지체(肢體)를 보존함으로써 양사기가 이부상서 위에 있는 것을 바라지 않았던 것이다." 孫承澤 (撰), 『春明夢餘錄』, 250쪽(卷二十三 第十五項).

이때 이부상서는 기무에 참예하지 않게 되었을 뿐만 아니라, 도리어 내각 휘하의 관료로 전락해 가고 있었다. 하지만 제9대 홍치제 때, 재상을 혁파한 지 이미 100년이 되고 내각의 체제가 이미 확립되었으나, '태재'가 9경의 수장이자 조정의 수반 자리를 차지하는 구습이 완전히 청산된 것은 아니었다. 상술했듯이 가령 구준은 예부상서로서 왕서王恕와 같이 태자의 태보가 되었고, 왕서는 육경의 장 노릇을 했다. 구준이 입각했어도 왕서는 이부상서로서 총재 지위를 양보하지 않았다. 상술했듯이 구준은 물론 이를 불쾌히 여겼다.[119]

대학사의 정원은 정해진 바가 없었다. 각 전각은 때로 대학사를 설치하지 않는 때도 있고, 반대로 한 전각에 2명 이상의 대학사가 배치되는 경우도 있었다. 가령 홍희 원년(1424)에서 선덕 2년(1427)까지 황회黃淮는 무영전에서 3년간 김유자金幼孜와 동시에 근무했다. 마지막 황제 제16대 의종 숭정제崇禎帝 때(1627-1644)는 대학사가 심지어 12인이었고, 문연각에 반, 동각에 반이 재직했다.[120] 또 두 전각에 동시에 근무하는 경우도 있었다.[121]

상술했듯이 상서와 시랑을 겸하는 자는 비록 내각대학사로서 기무에 참예할지라도 대학사 직함 위에 상서·시랑의 직함을 썼고, 이 본직에 따라 상하를 구분했다. 본직과 겸직이 완전히 같은 자는 입각일 순으로 상하를 구분했다. 상술했듯이 선덕제(1425-1435) 이

119) 참조: 杜乃濟, 『明代內閣制度』, 四八쪽.

120) 참조: 杜乃濟, 『明代內閣制度』, 五ㅇ쪽.

121) 가령 진순은 화개전대학사로서 문연각대학사를 겸했고, 고각(高穀)과 왕문은 근신전대학사로서 동각대학사를 겸했다. 심지어 내각대학사로서 한림관을 겸한 경우도 있었다. 호광·양영·김유자는 문연각대학사로서 한림원학사를 겸했다. 참조: 孫承澤(撰), 『春明夢餘錄』, 250쪽(卷二十三 第十六項).

전에는 늘 정사를 볼 때 황제가 언제나 각신과 더불어 '면의面議'를 했으나, 선덕제 이후부터는 표의제가 등장하면서 내각의 권력이 크게 증대되었다. 내각이 중앙정부가 된 것은 제6대 영종 정통제의 치세에 대학사들이 각 아문의 관원들과 더불어 내각회의에 집회하면서부터다. 정통 10년(1445) 처음으로 내각에 명하여 각 아문과 더불어 회의하게 했는데, 이것은 곧 '관례'가 되었다. 가령 제7대 경태 4년(1453) 12월, 경태제는 좌우신하와 백관을 문연각에 집합하라고 조칙을 내렸다.122)

내각에는 행정직원들이 배속되었다. 내각은 대학사의 전각 외에 늘 '제칙방制勅房'과 '조칙방誥勅房'을 갖추고 있었다. 여기에는 각각 중서사인中書舍人 등 약간 명의 관원이 내각에 전속된 '속료屬僚'로 배치되었다. 이들은 이 방 안에 들어가 '제칙制勅'과 '고칙誥勅'의 문서 일을 맡았다. 품계는 7품이었다.123)

홍무제 때부터 대학사직에 한림관을 우대해서 이때부터 내각은 한림원의 '분견대'로 출발했음은 상술한 대로다. 홍무제 때 설치된 한림원은 고문기관과 연구·교육기관을 겸했다. 상술했듯이 제3대 성조 영락제는 1402년 즉위와 동시에 내각을 창설하면서 내각을 다 한림원의 관원들로 채우고 기무에 참예하는 내각관원으로 일하게 하고, 다른 한편으로는 한림원의 일도 보도록 했다. 가령 해진과 호광은 대학사로 일하면서 동시에 계속 한림원의 일도 보았다. 내각조직이 완성되기 전에는 이처럼 내각과 한림원은 불일불이不一不二관계에 있었다. 그러나 삼양이 소사소보를 맡은 뒤로는 내각 대학사가 한림관직을 겸임했으나 한림원의 일은 더 이상 보지 않았

122) 참조: 杜乃濟, 『明代內閣制度』, 五一쪽.

123) 참조: 杜乃濟,『明代內閣制度』, 五一-五二쪽.

다. 하지만 제4·5·6대 홍희·선덕·정통제 시대(1424-1457)도 내각은 한림관직을 겸하고 - 상술했듯이 - 한림원 명의로 문서를 보냈고, 또 한림원 내에 자리를 설치했다. 한림원을 주관하는 한림원학사는 명대가 끝날 때까지 정5품이었던 반면, 대학사의 품계는 정5품이었을지라도 소보·소부·상서 등을 겸직·보임되면서 그 지위가 1·2품에 이른 것은124) 상술한 대로다.

그러나 내각조직이 완성되어 가고 권력이 날로 확대된 뒤에는 내각의 지위가 확실하게 한림원 위로 올라갔다. 그리하여 정사가 모조리 삼양에게로 귀속된 뒤로는 내각이 한림원을 지휘했다. 그런데 내각의 권력이 날로 확대되고 육부가 내각의 부속기관으로 변하면서 한림원이 점차 내각과 분리되었다. 상술한 대로 제11·12대 가정제와 융경제 이후로는 내각이 완전 독립기관이 되었고, 문서도 마침내 '내각'의 명의로 발송되었다.125) 그럼에도 내각대학사는 여전히 한림원 출신이 많았다.126) 한림관은 과거시험 장원급제자(서길사庶吉士)이거나 우수한 성적의 합격자들이었기 때문이다. 즉, 그들은 천하가 알아주는 현인들이었다. 법외의 정치적 지위의 내각과 법적 지위의 한림원 간의 관계는 오늘날 영국에서 모든 내각각료가 법적으로 추밀원 위원직을 가졌지만, 역으로 모든 추밀원 위원이 다 각료직을 가지지는 않은 것과 유사했다.127) 이런 의미에

124) 참조: 杜乃濟,『明代內閣制度』, 五三-五五쪽.

125) 참조: 杜乃濟,『明代內閣制度』, 五五쪽.

126) 명조 총170명의 대학사 중 132명(77.65%)은 한림원관(수선·편수·서길사) 출신이었다. 그 외는 대표적으로 국자감 출신이 5명이었다(훈도 3, 교수 1, 조교 1). 참조: 杜乃濟, 『明代內閣制度』, 六四-六五쪽.

127) "이때 내각은 다만 정치상의 권력기관에 불과했고, 한림원만이 법률적 지위를 가진 법적 기관이었다. 이로 인해 내각은 문연각인장이 있었을지라도 문서를 보내면서 '한림원'을 칭했다. 양자의 관계는 영국의 내각(cabinet)과 추밀원(Privy Council)의

서 영국의 추밀원은 중국의 한림원과 비견될 수 있다. 내각은 여전히 한림원의 법적 토대 위에 올라선 정치기구와 같은 모습이었다.

그런데 내각 각로의 인사권은 누가 쥐고 있었는가? 각신의 임명은 처음에 황제의 '특간特簡'으로 시작되었으나 점차 '회추會推'로 변해 갔다. '회추'는 '정추廷推'라고도 불렸다. '특간'이란 황제가 친히 발탁하는 것이다. 반면, '회추' 혹은 '정추廷推'란 대신大臣들이 조정에 모여 대신 중에서 적임자를 선거하여(會擧) 황제에게 간용簡用의 황지皇旨를 내려줄 것을 청하는 것을 말한다. 명초 영락제 때에는 각신을 뽑아 쓸 때 주로 특간을 이용했다. 이때는 많은 각신이 한림원 출신이었다. 제4·5대 홍희·선덕제까지도 특간방법을 답습했다. 그러나 삼양 이후 각신을 황제가 친탁親擢하는 경우는 극소화되었다. 이 시기에는 팽시彭時와 구정丘正이 예외적으로 특간되었을 뿐이다. 황제특간은 피임용자의 '문학·행실·학식·직책(文學行誼才識而授職)'을 고려하여 이루어졌다. 그러다가 명대 중엽에는 '회추'를 많이 이용했다. 특간이 황제의 의사로 결정하는 것인 반면, 회추는 비록 황제가 의견에 참여하는 것이 가할지라도 다분히 대신들이 결정한 의견을 기준으로 결정하는 것인 점에서 회추와 특간은 본질적으로 다른 것이다.[128] 『명서明書』에 황제가 '회추'의 추천자를 그냥 받아들일 수밖에 없었다는 기록이 보인다.[129] '회추'는 명대의 내각제도가 이미 높은 궤도를 달리고 난 뒤의 발탁방법이었

관계와 아주 유사했다." 杜乃濟, 『明代內閣制度』, 五五쪽.

128) 참조: 杜乃濟, 『明代內閣制度』, 六九~七十쪽.

129) 『明書』 卷一三一 第二六○四頁: "10대 정덕치세 중에 각신이 결원이 있음을 알고 조정대신들에게 회추하도록 명했다. 황상의 뜻은 새로운 귀인을 쓰고자 하는 것인데, 황상은 다 이미 치사(致仕)한 늙은 석학들을 추천한 것을 보고 언짢아 하며 다시 회추를 명하여 처음으로 적난(翟鑾)에 이르니 황상은 그를 쓰지 않을 수 없었다." 杜乃濟,『明代內閣制度』, 七十쪽에서 재인용.

다. 명대중엽 이미 회추는 관례가 되었고, 예외는 거의 없었다. 제9대 홍치제 때의 사천謝薦이나 가정제 때의 여본呂本 등은 다 정추(회추) 출신이다.

그런데 제6대 천순제 때 이현李賢(1408-1466)이 자연발생적으로 내각의 '수보首輔' 또는 '수상'으로 칭해지고 대우받았는데, 이때부터 조정의 각신회추권은 의례로 약화되고 점차 수보의 각신임명권으로 변했다. 수보가 조정을 실질적으로 지배했기 때문이다. 가령 제13대 신종 만력제 때는 황제가 의례적으로 임명한 대학사들은 다 장거정에 의해 추천된 바였다.130)

조정의 회추권과 수보의 각신인사권의 확립은 표의권과 함께 중국의 내각제도가 황제의 비서기구가 아니라 황제와 독립하여 황제권을 제한하는 권력기관으로 발전했음을 뜻한다. 환언하면, 명대의 황제군주정은 애초에 '절대'군주정으로 출발했지만, 내각이 표의제도로 모든 의정권을 장악하고 회추와 수보체제를 통해 완전한 각신인사권을 행사하게 됨으로써 황제의 주도적 의정권과 각신인사권(특간)이 소멸하고 황제가 의례적 지존至尊으로만 군림할 뿐인 명조중엽부터 '내각제적 제한군주정'으로의 국가제도와 정부제도의 권력구조 변동이 일어난 것이다.

내각의 독립적 권한을 구체적으로 살펴보자. 내각의 기능적 권한에 대한 법률규정과 사실이 다르기 때문에 내각권한은 사실상의 관례를 중시해야만 제대로 규명될 수 있다. 내각은 최초에 일개 보필기관이었을 뿐이다. 따라서 내각은 결코 법적 관청이 아니었

130) 수보체제 확립 이후, '회추'라는 이름은 公的이었을지라도 주도자는 한두 명에 그쳤고, 나머지 대신들은 감히 다 발언하지 못했다. 발언하면 공연히 화를 입었을 따름이다. 참조: 杜乃濟, 『明代內閣制度』, 七十쪽.

고, 이후에도 명조가 끝날 때까지 '내각'은 영국의 현행 내각제처럼[131] 법률로 명문화된 지위를 결여한 관습법상의 조직으로 남아 있었다. 『명사』「직관지」에 의하면, "중극전대학사, 건극전대학사, 문화전대학사, 무영전대학사, 문연각대학사, 동각대학사는 (다 정5품인데) 임금에게 올리는 헌체獻替(권선과 간언)의 가부를 관장하고, 규회規誨(바로잡고 가르침)를 올리고, 제주題奏(상주문)를 점검하고, 비답을 표의하고, 이로써 서정을 평윤平允하는 것"이다.[132] 법적 규정은 이렇지만 그 실질적 내용은 역사적으로 변화·발전했고, 처음은 '책임'이었던 것이 내각의 '권한'으로 바뀌기도 하고, 한때의 전례들이 편의성과 불가피성을 좇아 '관례'와 '관습'으로 변하기도 했다. 그리하여 내각은 이러한 변화 속에서 '집단'으로서 사실상 재상의 지위를 얻었다.

마침내 내각의 제1인자인 수보(수상)는 제11대 세종 가정제 때의 엄숭처럼 "1인의 권력을 끼고 백사百司의 일을 침범할" 수 있게 되었다. 그리고 제13대 신종 만력제 때 장거정 수상은 육부의 권한까지 전적으로 총람했다. 이때 육부는 완전히 내각과 수보에 부속된 예하관청이었다. 내각의 이런 권력지위는 법적 권한을 훨씬 뛰어넘는 것이다. 이것은 각신들이 내각대학사의 직책에 더해 육부의 상서를 겸직했기 때문에 더욱 촉진되었다. '내각대학사'는 예부상서로서 문연각대학사를 겸한 경우에 '예부상서 겸 문연각대학사'라고 서명했다. 내각대학사를 여기서 겸직으로 표기하고 있지

---

131) 원래 '밀실'을 뜻하는 영국의 'cabinet'은 오늘날도 그 자체로서 법적 권한이 없고 법률에 의해 승인되지 않은 조직이다. 즉, 영국의 내각은 "법률이 아니라 관습헌법에 속한다". John J. Clarke, *Outlines of Central Government* (London: Sir Isaac Pitman & Sons, LTD., 1919; 12th edition 1958), 66쪽.

132) 『明史』, 卷七十二 志第四十八 官職一, 一七三二(539)쪽.

만, 내각대학사가 실은 전임專任직무였고, 예부상서는 명예관직이었다. '내각대학사'는 '각신', '보신', '각로閣老' 등 다양한 명칭으로 불렸는데, 선교사들은 내각대학사를 '각로'로만 알았고, 이를 'Colao'로 옮겼다.

내각의 직무는 표의, 조령詔令기안, 여의與議, 주청, 입법과 사법 등이 다양하지만, 여기서는 내각의 가장 중요한 독립적 권한인 '표의'(의정·정책의결)와 '여의'(내각회의)를 분석하고자 한다. 상술했듯이 개국 초에는 비답을 표의하는 제도는 없었고, 장주에 응답하는 것은 다 황제가 스스로 친히 살펴보고 비답을 주었다. 즉, 제3대 성조 영락제부터 제4대 인종 홍희제까지 대학사들은 '전지당필傳旨當筆'했다. 즉, 황제의 구술비답을 암기하여 물러나 문서화하여 전했다.[133] 그러나 제5대 선종 선덕제 때 표의제가 시작되었을 때, 장주는 먼저 어람御覽을 경유한 후에 표의를 위해 재차 보내졌고, 표의 뒤에 또 다시 황상이 보도록 진상되었다. 이런 까닭은 표의가 황제의 분업적 직무를 대임하는 의미를 갖기 때문이다. 그러나 이로 인해 황제전권專權이 이미 불가능해졌다. 그리고 큰일에는 대신들의 면의面議를 명하고, 의논하여 결정하고 황지를 전해 처분했다. 따라서 이 경우에는 비답이 필요 없었다. 선덕제 때부터는 이 경우에도 내각에 '표의'하라고 명했다. 이때부터 '표의'는 내각의 직무로, '행정적 집행'은 육부의 직무로 분권되었다.[134] 이후

133) 제12대 목종 융경제 때 고공 수상은 구규舊規에 대해 말하기를, "조종의 구규에, 아문이 정사를 처리할 시에 무릇 각 아문이 일을 상주하고 다 옥음이 친답함으로써 정령이 황상으로부터 나오고 신하는 감히 참예하지 못한 것으로 나타납니다"고 상소하고 있다. 『春明夢餘錄』, 256쪽(卷二十三 第二七).

134) 명대 양명학자 유종주(劉宗周, 1578-1645)는 "표의는 각신에게 귀속하고, 서정(庶政)은 부원(部院)에 귀속한다"고 말했다. 참조: 杜乃濟, 『明代內閣制度』, 八七쪽.

대학사 외에 표의하는 것은 용납되지 않았고, 이것을 어기면 용서할 수 없는 죄로 다스렸다. 각신이 자신을 황제에 빗대어 황제의 비답을 대신 작성하는 표의가 마침내 내각 전속의 권한이 된 것이다. 내각이 표의하면 황제는 이를 보고 거의 자동으로 비준했다. 이 비준은 붉은 묵의 붓글씨로 서명되었기에 '비주批硃'라고도 부르고 '주비硃批·朱批', 또는 '비홍批紅'이라고도 불렀다.[135] 원래 '전지당필에서 유래했던 표의는 제5대 선종 선덕제와 제11대 세종 가정제 사이 시기에는 '전지당필'과 내각의 독자적 비답표의가 중첩되다가[136] 제12대 목종 융경제 때는 '비답의 일'조차도 전적으로 각신에게 귀속되어 내각의 '독자적' 비답표의로 일원화된 것이다. 황제는 표의만이 아니라 비답에서도 완전히 손을 뗐고, '비홍'은 완전히 소극적·피동적 행위, 심지어 단순한 '의례'로 형식화되었다. 그리하여 일체의 것이 각신의 의령擬令과 표의에서 나오게 되었다.[137] 장주에 대한 황제의 비답을 표의하는 의정·정책결정 과정에서 황제의 비주批硃 기능은 '소극적' 비준으로 전락하다가 급기야 '의례적' 수준으로 소실消失된 것이다. 이리하여 황제의 왕권천수론적王位天授論的 지존성은 명분상 조금도 훼손되지 않고 그대로 유지되었을지라도 단순한 의례적 '수사修辭'가 되었다.

---

135) 참조: 『明史』 卷七十四 志第五十 職官三, 一八一九(561)쪽. 吳緝華, 「第一編 論明代廢相與相權之轉移」, 27쪽. 吳緝華, 『明代制度史論叢(上)』(臺北: 臺灣學生書局, 1970[中華民國 六十年]); 錢穆, 『中國歷代政治得失』(上海: 三聯書店, 1955·재판2005), 44쪽 (인터넷파일 쪽수 - 검색일: 2011.11.11.).

136) 윤정분은 이미 제9대 효종 홍치10년부터 효종이 徐溥의 수보체제로 정국운영을 하는 것을 계기로 비답권까지 각신에 넘겨준 것으로 해석한다. 참조: 尹貞粉, 「洪治年間(1488-1505)의 經筵과 政局運營 - 내각제복원과 공론정치와 관련하여」, 『中國史硏究』 第73輯(2011.8), 139쪽.

137) 참조: 杜乃濟, 『明代內閣制度』, 八七쪽.

이리하여 황제의 비답을 표의할 각신의 권한은 황제를 대신하여 비답의 말을 수립하는 것이므로 그 권한이 가히 옛 재상의 권한과 비견되었다. 다만 명말까지 '재상'의 명칭은 공식적으로 쓰이지 않았고, 또 실질적으로도 수상은 재상과 달랐다. 상술한 바와 같이 재상은 육부를 수족으로 부린 반면, 내각은 - 엄숭과 장거정 수상 때를 예외로 치면 - 육부관료들에게 표의비답을 집행하라는 '지시'를 내릴 뿐이었고, 지시를 집행하는 행정과정 전체를 육부에 일임했기 때문이다. 재상에게 육부는 재상의 수족이었던 반면, 내각에 대해 육부는 내각의 결정을 수행하는 예하 행정기관이었지만 그럼에도 별개의 부처로서 분리된 집행권을 가진 독립기관이었다.

표의의 절차와 문서를 살펴보자면, 이른바 '표의'는 중외에서 황제에게 상달한 장주를 어람 후 내각에 제출하면 내각의 관점에서 내용을 검열하고 의견을 붙이고 아울러 황제 대신 처리방법을 구상하여 작은 쪽지에 조목조목 검은 묵의 붓글씨로 써서 빈 면에 붙이고 어람을 위해 다시 올리는 것이다. 각신은 황제의 주비를 기다린 다음, 각 아문에 교부했다. 표의의 효력은 황제의 개성과 대학사의 작풍에 따라 많이 달랐지만, 대학사가 전단할 때에는 표의가 곧 '성지聖旨'였다.[138] 물론 황권이 점차 환관의 손에 넘어갔을 때는 내각 표의의 효력도, 표의권도 약화되었고, 이와 동시에 명조는 망국과정에 들어갔다.

---

138) 참조: 杜乃濟, 『明代內閣制度』, 八八쪽. 만력 신시행내각 때(1535-1614)에는 "내각은 성지를 표의하고 대신 말하는 것인데, ... 장주를 보고 마땅히 일일이 성지를 표의했는데, 지금은 일일이 申時行으로부터 나오고 있어, 황상이 전단하는 것이 11개이면, 신시행이 전단하는 것이 19개고, 황상이 전단하는 것을 성지라고 하고, 신시행이 전단하는 것도 성지라고 한다"는 말이 나올 정도였다. 杜乃濟, 『明代內閣制度』, 八八쪽.

'여의與議'(내각회의)는 대학사들이 황제의 자문에 응해 정책을 의논하는 것이다. '여의'는 내각제의 도입과 동시에 생겼다. 대학사는 '여의'를 받드는 것을 직업으로 삼았다. 제11대 세종 가정제가 '대례大禮'를 논해 자기의 생부를 흥헌황제興獻皇帝로 높이고 싶어 했지만 대학사들의 반대에 부딪혀 대신 134명을 하옥시키는 것을 불사했을 때도, 여의를 중지시키지 못했다. 당시 각로 모기毛紀는 "국가정사는 가부를 상의해 확정한 연후에 시행하라는 성유聖諭를 접때 입었는데, 이것이 진실로 내각의 직업입니다"라고 진언하고 있다.139)

'여의'의 방법은 '면의面議'와 '내각회의'('정의廷議')로 나뉜다. 전자는 선덕제 이전에 행하던 것이고, 후자는 선덕제 이후에 시작된 것이다. 가정 8년 병부상서 이승훈李承勛은 상소하기를, "조정에 대정大政이 있으면 모든 문무대신으로 넓혀 반드시 정의廷議를 하명해야 합니다. '의議'란 대략 미발未發한 계획을 서로 돌아보고 팔짱을 끼고 듣는 것입니다. 마땅히 아직 의론하기 전에 의론할 것을 준비하고 여의與議할 자들에게 포고하여 먼저 그 연유를 고하게 해야 합니다."140) 이것은 조정대신을 옵서버로 참여시킨 '내각회의'를 말하고 있다. 제9대 홍치제 때 내각복원과 관련된 상소에서는 큰 정사에 '정의'를, 사소한 일에는 각신과의 '면의'를 권하고 있다.141) 제6대 영종 정통10년 3월, "처음으로 내각에 명하여 각 아문과 더불어 대정을 회의하게 했다. 선덕제 이전에는 대사가

139) 『明紀』卷二八 第二八八. 杜乃濟, 『明代內閣制度』, 九三쪽에서 재인용.

140) 楊家駱 (主編), 『明會要』(臺北: 世界書局, 中華民國四十九年) 卷四五 職官十七 '集議', 八二四~八二五쪽.

141) 『明孝宗實錄』卷10 洪治元年 潤正月, 211-214쪽. 尹貞粉, 「洪治年間(1488-1505)의 經筵과 政局運營 - 내각제복원과 공론정치와 관련하여」, 120쪽에서 재인용.

있을 때마다 군신과 더불어 면의를 하고 지旨를 전하여 시행케 했으니, 비답을 기다리지 않았다. 그런데 황상이 유충한 나이에 황위를 이으면서, 면의가 마침내 폐지되었다. 지금은 조정대신들에게 명하여 내각회의에 회부하고(命廷臣赴內閣會議) 본주本奏를 일일이 의결한다."142) 내각회의의 효력은 각의의 능부能否가 황제에 의해 채납되는 절차가 있었기에 황제마다, 또는 일마다 달랐다. 황제가 체납하지 않으면 대학사들이 다시 가서 다툴 수 있었고, 황제는 듣지 않을 수 있었다. 그러나 각의閣議에서 본래의 결정이 견지되면 황제가 정세에 몰려 내각에 굴복하는 경우도 있었다.143)

■ **수상체제의 확립과 내각제의 완성**

마지막으로 '수상首相'의 등장을 살펴보자. '수상'은 흔히 '수보首輔'라는 명칭과 통용되었다.144) 원래 내각 안에서는 모두가 동시에 기무에 참예했고 처음에는 그 직권에 명확한 구분도, 큰 마찰도 없었다. 그러나 내각이 표의제도의 등장으로 이를 통해 대권을 쥔 뒤에는 내각 안에서 많은 대학사들이 어떻게 하든 분업을 통해 협력해서 정무를 집행했다.

제6대 영종 정통제(1435-1449)·천순제(복위 1457-1464)는 북원北元정벌을 나갔다가 패전을 거듭하던 끝에 에센족 몽고군에게 포로로 잡혔던 "토목의 변"을 겪고 8년 만에 몽고에서 풀려났다. 정통제는 그 사이 황위에 올라 있던 이복동생 경태제(1449-1457)를 폐위하고

---

142) 楊家輅 (主編), 『明會要』卷四五 職官十七 '集議', 八二四쪽.

143) 참조: 杜乃濟, 『明代內閣制度』, 九三, 九五쪽.

144) 『춘명몽여록』의 다음 표현을 보라: "유일하게 고공이 수상이 되어 (...) 두 관서를 독판했을 뿐이다(惟高爲首相 ... 判然兩署獨)." 孫承澤 (撰), 『春明夢餘錄』, 250쪽 (卷二十三 第十六項).

('탈문의 변') 천순제(1457-1464)로 복위했다. 실질적 의미의 '수보'라는 명칭은 천순제의 치세에 최초로 이현에게 부여되었다.[145] 『명사』는 전한다. "천순치세에 이현이 수보가 되었다. 여원과 팽시가 그를 보좌했다. 그러나 이현은 우두머리의 전권을 쓰지 않았다."[146] 명조의 '수보'라는 칭호도 명말까지 법률적 명문규정의 뒷받침이 전혀 없었다.[147] 정사에 최초로 '수보'라는 명칭으로 기재된 대학사는 제7대 경종 경태제 때(1449-1457)의 진순이다. 이때까지도 '수보'는 유명무실했다.[148] 그럼에도 불구하고 상황변화에 따라 대학사가 위로 황제의 보살핌이 중해지고 동료의 옹호를 받아 바야흐로 마침내 실권적 '수보'가 탄생한 것이다.

[명대 수보의 명단]

제6대 천순제: 이현.

제8대 성화제: 이현, 팽시, 상로, 만안.

제9대 홍치제: 유길劉吉, 서부徐溥, 유건劉健, 이동양李東陽.

---

145) 참조: 尹貞粉, 「正統·天順年間의 經史講論과 정국운영」, 104-108쪽. 이현은 '토목보(土木堡)의 변(變)'으로 몽고족장 에센의 포로가 되었던 영종이 돌아와 복벽(復辟)하는 데에 큰 역할을 했다. 이 인연으로 영종은 이현을 대학사로 등용하고 그와 면의하며 정사를 보았다. 이를 계기로 이현은 수보로 불린다. 참조: 崔晶妍, 「明朝의 統治體制와 政治」, 20쪽.

146) 『明史』 卷一百七十六 列傳第六十四, 四六七五(560)쪽.

147) 영국의 'prime minister'도 20세기 초까지도 법적 직함이 아니었다. 영국의 수상은 18세기 중반부터 실제로 존재했으나, 그 지위는 1905년 Royal Warrant(왕실조달허가증)에 의해 수상에게 왕국 안의 제4위의 서열이 주어지기까지 법적으로 인정되지 않았고, 1937년까지 급료도 없었다. 참조: Clarke, *Outlines of Central Government*, 67쪽.

148) 참조: 杜乃濟, 『明代內閣制度』, 一三七~一三八쪽.

제10대 정덕제: 이동양, 양정화, 양저.

제11대 가정제: 양정화, 장면蔣冕, 모기, 비굉費宏, 양일청楊一淸, 장총, 이시李時, 하언, 적난, 엄숭, 서계.

제12대 융경제: 서계, 이춘방李春芳, 고공, 장거정.

제13대 만력제: 장거정, 신시행申時行, 왕가병王家屛, 왕석작王錫爵, 조지고(趙志皐, 심일관沈一貫, 엽향고, 방종철.

제15대 천계제: 엽향고, 한광, 주국정朱國禎, 공병겸顧秉謙, 이국보李國譜.

제16대 숭정제: 이표李標, 한광, 성기명成基命, 온체인溫體仁, 장지발張至發, 공정운孔貞運, 유우량劉宇亮, 설국관薛國觀, 범복수范復粹, 주정유周廷儒, 진연陳演, 위덕조魏德藻.149)

숭정제는 수보를 12명이나 갈아 치우고 도합 50명의 각신을 임명하여 수보권한을 거의 무력화시킴으로써 내각제를 파괴했다.150)

'실권 수상'이 등장했다는 것은 대학사들 간에 상하관계가 생겼다는 것을 뜻한다. 실권수상의 등장과 더불어 대학사들 간에 수보 – 차보次輔 – 군보群輔의 위계가 나타난 것이다. 수보·차보·군보의 권력격차는 원래 크지 않았으나, 제10대 무종武宗 정덕제와 제11대 세종 가정제 사이에 이르자 지극히 현저해졌다. 명조의 '수보' 지위는 법적으로 육부의 총재冢宰인 이부상서를 겸직하는 방식으로 공식화되었다.151) 이현 이후 예외가 없었던 것은 아니지만152) 수보

149) 杜乃濟, 『明代內閣制度』, 一四三～一四四쪽.

150) 참조: 杜乃濟, 『明代內閣制度』, 一四二～一四三쪽.

151) 법적 지위가 없는 영국의 '수상'도 국왕으로부터 추밀원의 일원인 '제1재무경(First Lord of the Treasury)'의 직책을 겸직함으로써 제1각료의 지위를 공식적으로 인정받았다. 참조: Clarke, *Outlines of Central Government*, 67-68쪽.

152) 제11대 세종과 제12대 목종 때에는 정국을 장기간 뒤흔든 세종조의 소위 '대례(大

들은 이 관례를 따랐다.153) 또 제13대 신종 만력연간의 장거정 내각 때에는 내각으로 하여금 육부3원·육과과도관(언관과 간관)을 다 감독·규찰할 수 있게 한 '장주고성법章奏考成法'의 시행으로 내각이 간접적으로 법적 지위를 얻었을 뿐만 아니라 법적으로 관직체계의 정점에 위치하게 되었다. 따라서 10년간 수상을 지낸 장거정은 이부상서를 겸임할 필요가 없을 정도로 그 권한이 지나치게 막강하여 자파인물들을 이부상서로 임명하는 것으로 만족했다.154)

명대에 '총재'로 칭해진 이부상서는 육부의 수위인데, 수보의 총재 겸임은 대외적으로 수보의 권세를 증가시키고 내각 내에서 수보의 지위를 한껏 높여주었다.155) 세종 가정제 때, 이시李時가 수보가 되고, 하언이 차보가 되었고, 고정신顧鼎臣은 그 다음이 되었다. 지위고하에 관한 한, 대사는 수보가 주관하고, 소사는 이하의 각신들이 관장했다. 나머지 각신들은 감히 수보와 비교할 수도, 수보와 나란히 앉을 수도 없었다. 가령 하언이 수보가 되었을 때, 엄숭은 하언과 감히 자리를 같이 할 수 없었다. 한 잔 술로 기쁨을 찾고 싶어도 많이 허락되지 않았다. 이미 허락된 경우에도 하루전

禮)' 논쟁의 영향으로 내각수상이었던 장총(張璁)·하언·엄숭·서계(徐階)·고공 등이 대개 예를 관장하는 예부상서를 겸했다. 참조: 曺永祿, 『中國近世政治史硏究』, 192쪽 각주10.

153) 『春明夢餘錄』, 250쪽(卷二十三 第十五): "이현이 이부사랑으로서 이부상서를 받았고, 팽시·상로(商輅)·만안(萬安) 등이 서로 이어서 이부상서를 받았다. 이후부터 이것은 마침내 수보의 오랜 관례가 되었다."

154) 참조: 曺永祿, 『中國近世政治史硏究』, 217-223쪽; 崔晶妍, 「明朝의 統治體制와 政治」, 27쪽.

155) "보신의 수보와 차보의 구분은 제10대 무종 정덕제와 제11대 세종 가정제 사이에 극에 달했고, 수보가 다시 차보에게서 자리를 공손하게 양보받은 것도 이때부터 시작되었다. 정덕10년 양정화가 사고를 당하자 양저가 3년 동안 대신 수보 자리에 앉았다." 沈德符, 『萬曆野獲編』 內閣卷七 '首輔居於次輔'. 曺永祿, 『中國近世政治史硏究』, 149쪽 각주18에서 재인용.

날 또 다시 취소했다. 엄숭이 수보가 되었을 때, 서계가 그를 섬겼고, 역시 엄숭이 섬길 때처럼 했다. 장거정이 수보였을 때 여조양呂調陽은 차보로서 부속관리처럼 정성을 다했다. 이 점에서 수보는 고대의 재상과 같았으나, 현장에서 실무의 지휘자와 집행자로서 활동하지 않는다는 점에서 재상과 달랐다. 내각이 정무를 연구하고 그 이름을 미화하기 위해 공의公議에서 그것을 취한다고 말하지만, 실제로는 수보 1인으로부터 그것을 취해 결정했고 나머지는 다만 동조했을 뿐이다. 감히 가부를 말하는 경우는 없었고, 감히 말하는 자는 음으로 배척을 당했다. 수보는 내각을 완전히 장악한 것이다.[156] 내각의 직무인 표의는 중요한 일이면 다 수보 1인이 주관했다. 이후 이것은 불변의 관례가 된다. 제15대 희종 천계제 때 차보 위광魏廣이 은근히 수보의 표의권을 나누어 갖고 싶어 하자 수보 한광韓爌이 분개하여 사직해버린 일도 있었다.[157] '수보'라는 명칭에다 수보의 막강한 실권과 함께 지존의 권위도 생겨난 것이다. 실권을 가진 수보가 나타남과 동시에 내각은 권력투쟁이 생겨났고, 이것은 내각내부의 직무 분배를 위한 투쟁이 아니라, 수보권을 장악하려는 투쟁이었다. "구제舊制에서는 천자가 비홍한 본주本奏가 내각에 도착하면 수보는 표의하고, 나머지 대학사들은 승낙할 따름이다. 그런데 숭정제 치세에 어사 예원공倪元珙은 표의권을 나누기를 소청했다. 그 후에는 본장이 아래로 가면 중서사인이 그것을 나누었고, 수보의 권한이 비록 작게 나뉘었을지라도 상극대결의 단서가 열리게 되었다."[158]

---

156) 명대 수보의 이 지위는 오늘날 영국의 내각수상과 비슷하다.

157) 참조: 杜乃濟, 『明代內閣制度』, 一四ㅇ쪽.

158) 孫承澤 (撰), 『春明夢餘錄』, 252쪽(卷二十三 第十九項).

2.3. 공자의 무위이치론과 내각제의 유학적 정당성

내각권의 핵심은 황제의 친정을 지양止揚함으로써 각신의 강화된 신권臣權으로 황권을 견제·제한하여 제한군주정을 확립시킨 독립권한인 의정권(표의권과 상유봉환권)이었다.159) 그런데 과연 명대의 내각대학사 또는 수보 자신이 이 내각권을 황제의 뜻에 그 존폐가 좌우되는, 즉 황권에서 파생된 권한이 아니라, 황권에 맞서는 내각 고유의 황권견제 권한으로 이해했을까? 또한 만약 이렇게 이해했다고 하더라도, 당시 관원들이 내각의 표의권·상유봉환권과, 이것에 의해 제약되고 견제받는 제한군주정을 무의식적 전통 속에서 산생된 단순한 '관례'로 여긴 것이 아니라, 이 내각제적 제한군주정을 공자의 '무위지치' 또는 '유이불여' 이념에 기초한 군신공치론의 자연적 실현으로 이해하고 이 헌정체제에 의식적으로 공맹철학적 정통성을 부여했을까?

■ 황제에 대한 견제기구로서의 내각의 자기이해

첫 번째 물음부터 답해보자. 이것은 양정화의 사례를 통해 답할 수 있다. 제11대 세종 가정제(1521-1567)를 황위에 올리는 데 혁혁한 공을 세운 양정화 수보는 세종이 제9대 효종의 아우인 자기 생부 흥헌왕을 '황제'로 추존하고 싶어 각신들을 대면하고 간곡한 뜻을 표하며 면지面旨를 전했으나 이를 네 차례나 봉환했다. 양정화는 황제의 면지를 비토하면서 한번은 "이것은 국가전례典禮와의 관계가 지극히 중하니 감히 면지에 아첨하여 흠봉欽奉할 수 없습니다"

159) 내각 보정체제를 '신권(臣權)강화와 황권견제 체제'로 보는 시각은 참조: 尹貞粉, 「宣德年間(1426-1435)의 經史講論과 그 특징 - 宣德初 현안문제와 선덕제의 정국운영과 관련하여」, 『中國史研究』 第57輯(2008.12), 262-263쪽; 尹貞粉, 「正統·天順年間의 經史講論과 정국운영」, 84쪽 및 그 각주4.

라고[160] 상소한다. 성리학자 양정화의 눈에 중요한 국가대사로 비치는 이 의례문제는 기실 하찮은 문제일지라도, 양정화가 내각의 의결을 '중론' 또는 '공의'를 따른 것으로 상정하고 황권에 맞서 내각권을 대립시키고 있음에 유의해야 할 것이다. 양정화가 황제에 맞서 공론을 반영한 내각의 봉환결정을 양보할 수 없는 것으로 고수하는 통에 세종은 3년간이나 자기 뜻을 관철시킬 수 없었다. 세종조차도 이 내각권을 부술 수 없었던 것이다.

그 대신 세종이 자기의 뜻을 관철시킬 수 있는 유일한 길은 양정화를 갈아치우고 자기의 뜻을 지지하는 다른 인물을 수보로 세워 자기의 유지諭旨에 대한 내각의 승인결정을 받아내는 수밖에 없었다. 3년간의 오랜 대치 끝에 세종은 내각파업, 사직상소 등 온갖 방법으로 황제를 압박하며 공리공담의 성리학적 명분론을 관철시키려는 양정화의 사직서를 전격 수리하고, 자기의 뜻을 지지하는 양명학자 장총張璁을 수보로 세웠다.[161] 이 인사조치는 세종이 성리학에 대한 양명학의 어쩌면 역사적으로 정당한 정치적 도전을 이용하지 않았다면 불가능했을 것이다. 1520년대 왕양명王陽明이 양명학을 창시한 이래 양명학은 그의 사후 25년경부터 성리학보다 더 진지하게 받아들여졌다. 한때 탄압과 부침이 있었지만, 1604년부터 일어난 동림당東林黨 운동은 왕양명의 가르침을 복권시켜 성리학을 개조하려는 움직임으로 20여 년간 중국을 뜨겁게 달궜다.[162]

---

160) 『世宗實錄』(臺北: 中文出版社, 1961[民國五十一年]) 卷四, 正德十六年 七月 甲子, 182쪽. 또 참조: 『明史』 卷一百九十 列傳 第七十八 楊廷和·梁儲·蔣冕·毛紀等傳 (651쪽).

161) 참조: 曺永祿, 『中國近世政治史硏究』, 168-171쪽; 崔晶姸, 「明朝의 統治體制와 政治」, 21쪽.

또한 양정화는 제10대 무종 정덕제 때 환관들의 발호에 내각권이 침해받은 쓰라린 경험에서 특히 표의권의 확립을 무엇보다도 절실하다고 생각해서 세종의 즉위와 함께 조서에 대한 환관들의 개입을 물리치고 '내각중심체제'를 구축했다.[163] 표의권과 내각권력의 정상회복은 비단 대학사들만의 뜻이 아니었다. 병과급사중 하언은 세종에게 "반드시 내각의 각의를 경유한 후에 일을 행하기를 엎드려 바랍니다"라고[164] 상소하고 있다. 제10대 정덕제의 어설픈 전제적 친정과 환관의 발호에[165] 경악했던 양정화·하언은 근본적으로 내각의 표의권을 강화함으로써 다시는 무종 정덕제와 같은 광패狂悖한 군주의 권력남용을 결코 허용치 않겠다는 결심을[166] 표현하고 있다. 수보·차보의 구별이 나타난 것도 환관 등 황제의 측근들의 "정치기강의 문란에 대응한" 내각체제 내의 "자연발생적 질서형성의 결과"였다.[167]

내각권의 강약에 대한 갑론을박이 없지 않았음에도 불구하고 관원들이 내각권 자체를 문제 삼는 경우는 없었다. 황제친정을

---

162) 참조: Willard Peterson, "Confucian Learning in Late Ming Thought", 708-709쪽. Denis Twitchett and Frederick W. Mote (ed.), *The Cambridge History of China*, Volume 8, *The Ming Dynasty, 1368-1644*, Part 2 (Cambridge: Cambridge University Press, 1998·2007).

163) 참조: 曺永祿, 『中國近世政治史硏究』, 147쪽.

164) 『世宗實錄』 卷一 正德十六年 四月 戊申, 48쪽.

165) 무종(1505-1521)은 15세에 즉위하면서 황태자 시절의 근시(近侍) 환관 유근(劉瑾)을 비롯한 소위 '팔호(八狐)'의 환관들이 발호하도록 방조했다. 이들은 예부를 제외한 5부와 내각을 다 장악했다. 정덕 5년 10월 유근의 주살 이후에도 암주(暗主) 무종의 유행(游幸)과 광패(狂悖)는 그치지 않았다. 참조: 崔晶姸, 「明朝의 統治體制와 政治」, 24쪽; 曺永祿, 『中國近世政治史硏究』, 123-140쪽.

166) 참조: 曺永祿, 『中國近世政治史硏究』, 149쪽.

167) 曺永祿, 『中國近世政治史硏究』, 149쪽; 曺永祿, 「嘉靖初 政治對立과 科道官」, 『동양사연구』제21집 (1985), 1-55쪽.

원칙적으로 배제함으로써 황권을 제한하는 내각제의 근본취지에 따라 내각의 표의를 거치지 않고 황제가 직접 비답하는 것은 용납되지 않았다.[168] 양정화도 환관을 낀 천자의 독단적 친정을 강도 높게 비판했다. 그는 내각표의권을 '조종의 법도'로 규정했다.[169]

장총張璁은 양정화의 이 견해를 비판하고 대례大禮에 관한 황제의 '독단'을 촉구한 상소로 세종의 눈에 들어 수보로 기용되었다. 그러나 그는 연고인사로 얼마 지나지 않아 바로 실각했다.[170] 이어 이시李時와 하언은 연달아 수보를 맡아 표의권 강화와 내각의 정상운영을 도모하여 양정화 노선을 잠시 회복했다. 하지만 가정21년에 입각한 엄숭 수상은 도교심취자 세종의 직무유기를 이용한 20년 전정專政을 통해 황제의 위복威福(천하지존의 위광을 떨치고 상복賞福의 영예를 내릴 황제의 권위)을 찬탈하고, 육부의 행정권을 침탈하고, 언관과 조정공론의 봉박封駁·시비지권是非之權을 탄압하여 이 3권을 수상의 손아귀에 집중시킴으로써 황제의 군림권·위복권, 내각의 표의·의정권, 육부의 행정권, 공론의 봉박·시비지권 등 4권을 독점했다.[171]

엄숭 내각의 실각에 이어 집권한 서계는 이에 양정화 노선을 복원시켜 내각의 의정권과 나머지 3권을 위아래로 분립시켜 상호견제시키는 '분권적 공치', 즉 '분업적 협업의 정치'를 재건했다. 서계는 "위복은 주상에게 돌려주고, 행정은 제 관청에 돌려주고, 용用(기용)·사舍(파직)·상·벌은 공론에 돌려준다"는 세 마디 말의 방榜

168) 참조: 『世宗實錄』卷二三 嘉靖 二年二月丙戌, 660-661쪽 상소 내용.

169) 참조: 曺永祿, 『中國近世政治史硏究』, 158쪽.

170) 참조: 曺永祿, 『中國近世政治史硏究』, 189-190쪽.

171) 참조: 曺永祿, 『中國近世政治史硏究』, 193-198쪽.

을 내각 안에 써 붙였다. 그리고 대학사 원위袁煒가 가끔 나와 입직하면 서계는 그를 불러 "함께 표의할 것"을 청하는 한편, "일을 여럿이 같이 하는 것"을 "공公"으로, "전단專斷"을 "사私"로 규정하고 '공'을 "온갖 아름다움의 기초"로, '사'를 "온갖 폐해의 산실"로 천명했다.172) 서계는 내각의 의정권을 ①민심의 시비지권과 분립시키고, ②황제의 군림권과 분리시키고, ③육부의 행정권과 분립시킨 것이다. 공자가 벼슬(官)을 60대의 의정('指使')과 50대의 행정('官政')으로 구별한 것처럼173) 내각의 의정권과 육부의 집행권을 분립시킨 것은 내각제 도입 이래 오랜 원칙이었는데, 서계는 이 분립을 유린하여 상호견제 체제를 무너뜨린 엄숭내각의 폐해를 정리하면서 이 원칙을 다시 한 번 분명하게 재정립한 것이다. 특히 이 육부관료체제의 행정권은 17-18세기 서양으로 전해져 '정치적 중립'을 의무로 삼는 근대적 행정조직의 출발점이 된다.

이 논의들을 모두 종합할 때, 우리는 명대의 각신과 기타 관리들이 내각권을 황권에 맞서는 견제권이고 육부의 행정권과도 분리된 내각 고유의 독립 권한으로 이해하고 있었다고 결론지을 수 있다. 내각의 대학사가 표의(의정)권을 자기의 고유권리로 인식하고 이것이 공론의 지지를 얻을 때는 황제의 칙유도 봉환할 수 있었다는 사실은 황권과 내각권의 분립을 여실하게 보여주는 것이다.174)

---

172) 『明史』卷二百十三 列傳 第一百一, 五六三五(800)쪽.

173) 각주24에서 기술(旣述)했듯이, 백성을 다스리는 치자의 '벼슬(官)'은 다시 '관정(官政; 행정)'과 '지사(指使; 議政)'로 분리된다. 천명을 아는 50세 이상의 군자는 '애인(艾人)'으로서 각사(各司)에서 '관정(官政)에 복무했고, 60대의 군자는 '기유(耆儒)'로서 각사 위에서 관정(官政)을 '지사'했다. 『禮記』「曲禮上」: "五十曰艾 服官政, 六十曰耆 指使".

174) 명조에서 내각수보의 권력이 강력하여 황권이 약화되는 현상, 또는 황제와 내각의 분권공치에 대해서는 참조: 金斗鉉, 「清朝政權의 成立과 發展」, 169쪽. 서울대학교

■ 내각제의 유학적 정당화론

이제 당시 관원들이 과연 이 내각제적 제한군주정을 공자의 '무위지치' 또는 '유이불여' 이념을 구현하는 것으로 이해하고 이 헌정체제에 의식적으로 공맹철학적 정통성을 부여했는지를 묻는 두 번째 질문에 답할 차례다. 이것은 명나라 제8대 헌종 성화연간(1465-1487)의 친정 시도에 대한 한 경연관의 비판을 뜯어봄으로써 답할 수 있다. 헌종 성화제는 환관들을 끼고 친정을 시도했다. 이 때문에 일시 내각권이 약화되었다. 이에 사경국司經局 세마洗馬 양수진陽守陳이 황태자에 대한 경연에서 『서경』「주서·무성武成」편을 진강進講하면서 순임금의 '무위지치'와 무왕의 '수공지치'를 거론하며 이같이 성화제의 친정을 비판하고 있다.

> 일찍이 순임금은 '무위지치'를 했다고 논칭論稱했고, 또 「주서」에는 무왕이 '수공지치'를 했다고 칭했습니다. (...) 이것이 무엇입니까? 무릇 순임금이 '무위'한 이유는 산과 깊은 내를 봉하고 상공相公들을 등용하고, 흉악을 제거함으로써 이들이 조금도 그 도를 다하지 않는 일이 없게 한 때문입니다. 무왕이 '수공垂拱'한 이유는 열작분토列爵分土함으로써 덕을 높이고 공功에 보답하여 조금도 그 마음을 다하지 않는 일이 없게 한 때문입니다. 이 황제들은 둘 다 정무에 힘쓰고 유위有爲하는 것을 염려하고 이로써 마침내 능히 느긋하게 무위無爲할 수 있었던 것입니다.[175]

여기서 순임금과 무왕이 "둘 다 정무에 힘쓰고 '유위'하는 것을

東洋史學연구실 編, 『講座 中國史(IV)』 (서울: 지식산업사, 1989); 錢穆, 『中國歷代政治得失』, 44쪽; 曺永祿, 『中國近世政治史硏究』, 159쪽.

175) 孫承擇 (撰), 『春明夢餘錄』, 95쪽(卷九 第五～六).

염려하고 이로써 마침내 능히 느긋하게 무위할 수 있었던 것입니다"는 마지막 말은 아주 중요하다. 왜냐하면 이는 황제의 친정을 금하고 황제에게 무위·공치의 의무를 지우는 말이기 때문이다. 이 말이 황태자를 가르치는 경연 자리에서 나온 논변이라는 점에서 그 의미가 더욱 중요한 것이다.

말하자면 앞서 필자가 논증한 공자의 분권적 군신공치론과 왕권민수론적 권력분립론이 명나라 관원들의 의식 속에서 생생한 헌정이념으로 살아 있었고, 명대 관원들은 이 공자철학적 헌정원리로써 당대의 관습헌법적 내각제를 정당화했던 것이다. 공자의 분권적 군신공치론과 왕권민수론적 권력분립론은 그 의미의 폭이 커서 조선의 군권·신권분리론이나 의정부 삼공(영의정·좌의정·우의정)의 독자적 '서사권署事權'(의정권)도[176] 정당화해주는 배경이론이었지만, 명나라에서는 바로 내각의 독자적 의정권을 정당화하는 데 동원되었던 것이다.

이런 점에서 공자의 '무위지치' 사상은 '유이불여有而不與'(임금은 '천하를 영유하나 간여하지 않는다')라는 순임금의 통치철학에 입각하여 백성의 주권, 천자의 영유권, 현신의 치국권을 나누는 권력분립을 정치적 이상으로 삼는 한에서 자연발생적 내각제를 위해 '준비된' 사상이었던 반면, 역으로 이 자연발생적 내각제는 '무위지치' 이념의 '예정된' 제도 중의 하나였다고 말할 수 있다. 양정화와

---

176) 중국의 '내각제'와 달리 고대중국의 삼공제로부터 기원하는 조선의 - 영·좌·우의정의 삼공합의체제인 - '의정부'에는 '서사권'(의정권)이 있었다. 참조: 韓忠熙, 「조선초기 議政府 연구(상)」, 『한국사연구』 제31호(1980), 89-149쪽; 韓忠熙, 「조선 초기 議政府 연구(하)」, 『한국사연구』제32호(1981), 85-102쪽; 한충희, 「조선 중·후기 의정부제의 변천연구」, 『한국학논집』 제43집(2011), 283-317쪽. 崔鳳基, 「조선조 최고정책결정기구의 분석」, 『사회과학논총』창간호(1983), 102-112쪽; 金容郁, 「조선조 정치체제의 議政府에 관한 연구」, 『한국정치학회보』 제21집 제1호(1987), 7-29쪽.

기타 관원들이 강조하는 '중론' 또는 '공의'로 표출되는 공감적 시비지심의 규제적 원리의 중요성을 고려한다면, 명조 중반에 중국은 공자의 이념에 따라 국민의 주권에서 나온 황제의 영유권(군림권), 내각의 의정권, 육조의 행정권이 확연하게 분리된 '삼권분립' 제도가 이미 확립되었다고 할 수 있다.

상술했듯이, 명나라는 내각제의 성립과 궤를 같이 하여 국체를 확립하고 발전시켰고, 명대 중엽 내각제가 전성기에 달하자 명나라도 극성하다가 환관의 농간에 휘말린 암주暗主들의 헌정파괴에 의한 내각제의 와해와 궤를 같이 하여 멸망했다. 내각제는 명나라의 근대적 국체확립과 장기적 발전, 그리고 대번영을 가져왔고, 이로써 명나라를 중국의 역대 국가 중 유례없이 276년간 존립한 국가로 만들어주었다.

바로 이 근대적 헌제憲制로서의 내각제의 이런 획기적 위력 때문에 동서양에서 가장 중요한 두 나라가 17세기에 명나라의 이 내각제를 받아들였던 것이다. 첫째, 명나라를 멸망시킨 청조는 중국처럼 방대한 나라를 다스리기 위해 갖은 방도를 다 실험해 보다가 결국 명나라의 내각제를 받아들였다. 그리고 둘째, 영국 신사들은 크롬웰 공화정의 군사독재와 찰스 2세의 절대군주정 사이에서 갈피를 잡을 수 없이 고뇌하다가 중국 내각제를 "하늘에서 떨어진" 헌정체제로 발견하고[177] 이를 가져와 영국식 제한군주정의 물꼬를 텄다.

그러나 오늘날 중국 사가들에 의한 내각제 평가는 대체로 부정적

---

177) 1679년 당시 영국 대법관 핀치(Pinch)는 도입된 내각제를 가리켜 "하늘에서 떨어져 폐하의 가슴에 들어온 것처럼 보이는" 제도라고 말했다. Sir William Temple, *Memoirs*, Part III (London: Printed for Benjamin Tooke, at the Middle-Temple Gate in Fleet-street, 1709), 17-18쪽.

이다. 이 부정적 평가는 모두 다 서양을 잘 알지도 못하면서 골수에 사무친 '양물숭배' 풍조 속의 '자문명自文明비하' 심리와 황종희의 내각제 비판에 대한 무비판적 추종 의식이 묘하게 뒤엉킨 착종된 정서로부터 야기된 것으로 보인다.

그러나 군주권력을 비판했다는 이유만으로 '동양의 루소'로 잘못 칭송되는 황종희는 내각제의 본질을 전혀 파악하지 못한 것으로 보인다. 그는 국망의 원한 속에서 집필한 『명이대방록明夷待訪錄』(1663)에서 황당한 내각제 이해를 보여주고 있다.

> 혹자는 재상을 폐한 뒤 내각에 들어가 정사를 보는 것이 재상의 명은 없지만 재상의 실이 있다고 말하는 데, 나는 그렇지 않다고 말한다. 입각入閣해 정사를 보는 것은 그 직이 비답에 달렸으므로 공경의 집에 열린 관부官府의 서기나 다름없다. 그 관직이 워낙 가볍고, 비답의 뜻도 또한 안으로부터 받은 뒤에 그것을 본뜨는 것이다. 이러니 그 실권이 있다고 하겠는가?[178]

우리는 표의권이란 황제가 구술하는 비답을 받아 외어서 글씨로 문서화하는 홍무제 때의 내각대학사의 '비고문備顧問' 기능이나 영락제 때의 '전지당필'을 뛰어넘어 모든 장주에 황제를 대신해 비답을 만들어 형식적 '비홍'과 함께 시행하는 내각의 고유한 능동적 권한이라는 것을 입증했다. 황제는 정책결정에서 완전히 수동적 지위에 있고, 내각의 표의 없이 비답할 수 없었다. 그러나 황종희는

---

178) 黃宗羲,『明夷待訪錄』(原本: 1663; 浙江梨洲文獻館 保管 慈溪鄭氏二老閣 初刻本),「置相」. 황종희(김덕균 옮김),『명이대방록』(서울: 한길사, 2000; 재판2003년): "惑謂後之入閣辦事 無宰相之命 有宰相之實也. 曰不然. 入閣辦事者 職在批答 猶開府之書記也. 其事旣輕 而批答之意 又必自內授之而後擬之. 可謂有其實乎."

내각대학사의 기능이 홍무제 때의 '비고문'이나 영락제 때의 '전지당필'에 머물러 있었던 것으로 착각하고 있다. 이것이 그의 일시적 실언이 아니라 그의 본질적 착각인 것은 같은 책 「엄환閹宦」 편에서도 각신을 '재상'이라고 잘못 부르면서 "오늘날 무릇 재상과 육부가 조정이 나오는 곳인데 본장의 비답은 먼저 황제의 구술로 전하는 것이 있고 나서 각신의 표의가 있다(今夫宰相六部 朝廷所自出也 而本章之批答 先有口傳 後有票擬)"고 말하는 것으로[179] 보아 분명하다. 황종희는 표의권의 핵심을 전혀 파악하지 못한 것이다. 자국의 위대한 역사에 대한 이 무슨 무식이랴!

나아가 황종희는 심지어 내각제의 긍정적 발달현상을 명대 말기에 극성을 부린 '환관의 권력절취'라는 망조든 정치현상과 등치시키고 양자를 수평적으로 대비시킴으로써 내각제의 장점을 무시하는 논변을 피력한다.

> 내각대학사들 중 현자는 제 능력을 다해 일하려면 조종을 본받는다. 조종이 꼭 본받기에 족하기 때문도 아니다. 제 관직의 지위가 워낙 가벼워서 조종을 빌려 후대의 왕을 누르고 궁노(궁궐노비)인 환관을 막지 않을 수 없었던 것이다. 조종의 소행이 다 꼭 합당한 것은 아니었다. 그러나 궁노들의 약삭빠른 자도 또한 다시 왕들의 하자있는 소행을 들어 역시 조종을 본받는다고 말하니, 조종을 본받는다는 논변은 황당할 따름이다. 재상이 혁파되지 않았다면, 재상이 스스로 옛날의 거룩하고 명철한 왕의 행적으로 자기의 군주를 갈고닦고, 그 군주도 역시 두려움을 갖고 감히 그 행적을 좇지 않을 수 없었을 것이다.[180]

---

179) 黃宗羲, 『明夷待訪錄』, 「閹宦」.

180) 黃宗羲, 『明夷待訪錄』, 「置相」. "閣下之賢者 盡基能事則曰法祖. 亦非爲祖宗之

무식한 황종희는 암주와 환관 때문에 명나라가 망한 것이 아니라, 마치 내각제 때문에 망한 것처럼 말하고 있다. 그러나 실제의 역사에서 암주와 환관이 내밀한 구중심처에서 결탁하지만 않았더라면 내각제는 암주의 '광패'를 막는 가장 유력한 견제체제였고, 환관에 대한 가장 효과적인 억지제도였다.

각신들이 내각권을 존중한 조종의 오랜 관습을 들어 '절대군주'를 견제·제약하여 '제한군주'로 전환시킨 것이 하나의 위대한 근대적 '발전'이라면, 암주들이 환관들을 총애한 나머지 그들의 월권적 발호를 눈감아주고 이렇게 권력을 굳힌 환관들이 황제들의 사소한 인간적 실수와 잘못을 이용해 왕권절취를 정당화하고 동창東廠의 비밀정보기구를 이용해 내각권까지 탈취한 것은 어디까지나 명국의 '망조亡兆'인 것이다. 환관과 내각은 상극의 현상으로서 수평적으로 비교될 수 없는 것이다.

그럼에도 황종희는 명대의 내각대학사를 몽땅 환관의 걸인이나 노리개로 폄하하는 극언도 서슴지 않는다.

> 나는 재상의 실권을 가진 자는 지금의 궁노라고 말한다. 대권이란 다 기댈 곳이 없을 수 없는 법인데, 저 궁노라는 자는 재상의 정사가 땅에 떨어져도 줍지 않는다고 보고, 이에 맞춰 법조항을 만들고 자기 직책을 늘려 재상에게서 나오는 생사여탈권의 경우도 차제에 다 자기의 손에 귀속시켰다. 명조 각신 중에 현자가 있다면, 그는 남은 살코기를 구걸해 향내를 풍기고, 현명치 못한다는 자는 기쁜 웃음과 화난 욕설을 가장했다. 항간에

必足法也. 其事位既輕 不得不假祖宗以壓後王 以塞宮奴. 祖宗之所行未必皆當. 宮奴之黠者又複條擧其疵行 亦曰法祖 而法祖之論荒矣. 使宰相不罷 自得以古聖哲王之行摩切其主 其主亦有所畏而不敢不從也."

서는 이를 전하고 국사가 이것을 쓰면, 그 사람들의 재상다운 업적으로 여겼다. 따라서 궁노가 재상의 실권을 가졌다면, 그것은 승상을 혁파한 과오 때문이다.[181]

황종희는 명말의 개탄스런 정국현실을 명사明史 전체로 과장하는 오류를 범하고 있다. 따라서 내각권의 발전과정을 환관의 권력 절취 과정과 등치시키는 저 그릇된 비교와 이 무식한 과장에 근거한 그의 '치상론置相論', 즉 '재상제를 복원해야 한다'는 반동복고 논변은 하등의 설득력도 없어 보인다.[182] 명조의 복원운동에 몸을 받쳤던 학자가 승상을 폐한 명태조의 유지를 부정하고 또 명나라를 발전과 번영으로 이끈 핵심적 헌정제도인 내각제를 부정하는 것은 실로 매우 자기파괴적인 주장으로 보인다. 황종희는 공자가 역설한 '무위이치'와 '유이불여'의 분권적 군신공치와 제한군주정을 가능케 한 내각제의 탁월성을 이해하는 데도 실패하고, 독임제적 승상제의 독재위험과, 이 위험을 분권적 견제체제로 해소하려고 했던 홍무제의 균형견제론을 이해하는 데도 실패한 것이다. 이 점에서 황종희의 공자철학 이해는 천박하고 무지한 것이다.

일찍이 내각제연구에 두각을 보인 두내제杜乃濟도 바로 황종희의 주장에 동조하면서 천박한 평가로 일관하고 있다.

---

181) 黃宗羲,『明夷待訪錄』,「置相」. "吾以謂有宰相之實者 今之宮奴也. 皆大權不能無所寄 彼宮奴者 見宰相之政事墜地不收 從而設爲科條 增其職掌 生殺與奪出自宰相者 次第而盡歸焉. 有明之閣下賢者貸其殘膏孕馥 不賢者假其喜笑怒罵. 道路傳之 國史書之 則以爲其人之相業矣. 故使宮奴有宰相之實者 則罷丞相之過也."

182) 나이토고난(內藤湖南)은 그래서 고염무와 황종희의 저작은 "고대에 대한 중국적 존숭의 영향을 피하기 어려워서 봉건제와 귀족통치의 복고를 꿈꾸는 것과 같은 결함에 의해 결딴나 있다"고 비판했다. Joshua A. Fogel, *Politics and Sinology: The Case of Naito Konan* [1866-1934] (Cambridge: Harvard University Asia Center, 1984), 179쪽.

명대 정통제 이후에 사실상 수보라는 것이 나와 재상의 책임을 대체했을 지라도 애석하게도 제도상으로 수보가 다 명령을 직접 하달할 권한이 없었고 정령은 반드시 황제의 명의를 빌려 이행해야 했다. 정령이 각신의 표의에서 비롯될지라도 비홍이 내감內監으로부터 나왔고, 그 결과, '재상의 실권을 가진 자는 지금의 궁노'였다.183)

두내제는 내감환관이 황제의 비홍권을 절취한 것을 비판하는 것이 아니라, 수보가 "황제의 명의를 빌려" 명령을 하달해야 했던 것을 제도상의 결함으로 비판하고 있다. 그러나 이 비판은 영국의 의원내각제에서 지금도 내각의 모든 행정명령이 'King(Queen) in Council' 또는 'Crown in Council'의 명의로 포고되고, 모든 법률이 모조리 'King in Parliament'로 반포된다는 사실을 모르는 무식의 소치로 보인다. 또한 내각수상이 명대 이전의 재상처럼 육부를 직권으로 장악하고 정무집행을 직접 지휘하는 것도 위험한 '수상독재'를 낳는다. 이런 까닭에 오늘날 내각은 정부형태와 무관하게 행정적 정무집행을, '정치적 중립'을 의무로 하는 직업공무원들의 관료체제에 맡긴 것이다. '수상독재' 또는 '수보전권'의 폐해는 명조에서 엄숭의 20년 전정專政과 장거정의 10년 전정에서 여실히 경험한 바 있다. 따라서 "위복은 주상에게 돌려주고, 정부는 제관청에 돌려주고, 용·사·상·벌은 공론에 돌려준다"는 서계의 내각제적 권력분립 원칙의 재건에 주목해야 하는 것이다.

또한 두내제는 내각제가 법적 명문규정이 없었던 것을 '제도성의 결함'으로 보고, 이 결함 때문에 숭정제 때처럼 내각이 황제에 의해 버림받을 위험이 있었고, 이것이 망국의 주요 원인이었다고도

---

183) 杜乃濟, 『明代內閣制度』, 一九六쪽.

말한다.[184] 그러나 제도는 성문법에 의해서만 창출되는 것이 아니라, 불문관습법에 의해서도 창출되는 것이다. 그리고 정확하게 말하자면, 불문법이 어떤 유형의 법적 침탈에 대해서든 성문법보다 더 강력한 것이다. 상술했듯이 영국의 내각제는 왕의 결정 이후 관습으로 발전해 전통이 된 이래 지금도 성문법상 법적 기관이 아닐지라도 요지부동의 정치적 지위를 누리고 있다.

한편, 오집화吳緝華는 내각과 황제 간에 문서가 오가는 표의제도의 특성을 문서전달 과정에서 환관의 개입을 허용하는 약점으로, 또는 환관득세의 원인으로 보고, 두내제와 마찬가지로 황종희를 인용하며 홍무제의 승상제 폐지와 내각제 도입을 "명대 쇠패衰敗의 일대원인"으로 규정한다.[185] 오집화는 명나라 이전이나 청나라 또는 조선처럼 환관을 문서 심부름에 쓰지 않거나 영국처럼 아예 환관을 두지 않음으로써 해결하면 될 일을, 내각제 폐지와 승상제 복원으로 문제를 해결하려는 황종희의 반동복고 논변으로 일탈하고 있다. '벼룩 잡겠다고 초가삼간 태우는' 격이다. 기타 속류사가들의 내각제 비판은[186] 더 상론할 필요가 없을 것이다.

184) 杜乃濟, 『明代內閣制度』, 一九三쪽.

185) 吳緝華, 「第一編 論明代廢相與相權之轉移」, 二八~二九쪽. 또한 다음도 참조: 「第七編 明仁宣時內閣制度之變與宦官僭越相權之禍」, 吳緝華, 『明代制度史論叢(上)』, 一九六~一九七쪽 및 二一五쪽.

186) 가령 安震, 『大明風雲』(長春: 長春出版社, 2005). 안쩐(정근희 역), 『천추흥망(명나라)』 (서울: 따뜻한 손, 2010), 123-145쪽.

2.4. 청조의 명대 내각제 계승과 법제화

■ 청조의 내각제 채택과 확립 과정

청조는 명대의 내각제를 계승하여 법제화하고 자기의 처지에 맞춰 변모시켜 활용했다. 청조의 내각제 계승은 3단계에 걸쳐 이루어졌다. 제1단계는 후금後金시절 1626년 등극한 제2대 청태종 숭덕제(1636-1643)가 1636년 청조 수립과 동시에 명조를 모방하여 내삼원內三院을 설치했다. 여기에는 내국사관內國史館, 내비서관內秘書院, 내굉문원內宏文院이 들어 있었고, 대학사와 학사가 분산 배치되었다.[187] 이것은 명나라로 치면 내각과 한림원을 혼합한 조직이었다.[188] 이들은 태종을 도와 칙령을 기안하고 대외업무를 자문하는 개인비서로 기능했다. 육조는 '주접奏摺'(=기밀 장주)을 황제에게 직접 올렸다.[189]

청조의 '본장本章'은 '주본奏本'과 '제본題本'의 두 종류가 있었다. '주본'은 황제에게 개인적 일에 관해 상주하기 위해 평민들과 일반 관리들이 사용했고, '제본'은 공무를 위해 고위관리들이 사용했다. 그러나 이 두 양식이 자주 혼동을 일으켰기 때문에 1747년 '주본'을 폐지했다. 그 후에 상주자들은 '제본'이나, 기밀상주의 정상적 양식인 '주접奏摺'을 사용했다. 제본과 주접은 글자의 수를 엄격히 준수

---

187) 참조: 金斗鉉, 「淸朝政權의 成立과 發展」, 157쪽; Gertraude Roth Li, "State Building before 1644", 61-62쪽. Willard J. Peterson (ed.), *The Cambridge History of China*, Volume 9, Part One: *The Ch'ing Empire to 1800* (Cambridge: Cambridge University Press, 2002).

188) 참조: Jerry Dennerline, "The Shun-chi Reign", 75-76쪽. Peterson (ed.), *The Cambridge History of China*, Volume 9, Part One: *The Ch'ing Empire to 1800* (Cambridge: Cambridge University Press, 2002).

189) Wu, *Communication and Imperial Control in China*, 27쪽 및 29쪽, 송미령, 『청대 정책결정 기구와 정치세력』 (서울: 혜안, 2005), 70쪽.

해야 했다. 1724년 최대허용 글자 수는 300자였고, 첩황貼黃(요약문)은 100자였다.[190]

그리고 육조의 일과 무관한 개인적 주접만 내삼원을 통해 상주上奏되었다. 중국관리나 민간인들이 중국어로 써서 상주한 주접은 내삼원에서 만주어로 번역해야 했기 때문이다. 제3대 청세조 순치제(1643-1661)는 1653년, 중앙행정기구의 의정절차를 다음과 같이 개편했다. ①중앙기구들의 장은 개인적으로 주접을 상주하고, 황제는 구두 지시로 정책결정을 한다. ②주접자들은 제 관서로 돌아간 뒤에 부전지에 황제의 구두지시를 기록하고 이 부전지를 지시와 함께 내삼원으로 보내고, 내삼원에서는 이를 확인한 다음, 부전지에 붉은 도장을 찍어 육과로 발송한다. 그런데 황제가 이 주접을 친히 확인할 수 없기 때문에 상서들이 황지皇旨를 오해하는 일이 벌어졌다.[191]

제2단계는 이 문제를 해결하기 위해 1658년(순치 15년) 순치제는 명조의 제도를 복제하여 내삼원을 '내각'과 '한림원'으로 나눴다.[192] 마침내 '내각'의 명칭이 등장한 것이다. 이전에 순치제는 기존절차의 문제점을 깨닫고, 대학사에게 명나라는 어떻게 표의제도를 운용했는지를 물은 다음, 논의를 한 결과 이런 황명을 내렸다.

---

190) 참조: Wu, *Communication and Imperial Control in China*, 27쪽 및 29쪽; 송미령, 『청대 정책결정기구와 정치세력』 (서울: 혜안, 2005), 70쪽.

191) 참조: Wu, *Communication and Imperial Control in China*, 14-15쪽. 황제비답의 오해는 가령 황제의 원래 결정이 "그들의 문제를 이부에서 논의하고 결과를 주접하라"는 것이었나, 이부시랑과 통정사사(通政司使)는 "그들을 해임하라(革職)"로 오해했다.(15쪽)

192) 참조: Dennerline, "The Shun-chi Reign", 113쪽; 金斗鉉, 「淸朝政權의 成立과 發展」, 163쪽.

이후부터 모든 상서들은 이전처럼 주접을 개인적으로 상주하라. 우리가 주접을 읽은 뒤에 퇴청해도 된다. 우리가 주접 위에 친히 만·한어로 비답한 뒤에 내삼원에 내려 보내고, 내삼원을 통해 비답된 주접들을 육과로 보낸다.[193)]

일단 모든 주접은 황제 자신의 손으로 비답되었으나, 이 과정은 황제에게 개인 역량을 초과하는 아주 버거운 일이었다. 그리하여 1653년 12월 15일, 다시 의정왕대신들의 자문에 의해 다음과 같이 결정했다.

대학사와 학사들이 교대로 근무하는 방을 태화문太和門 안쪽에 선정한다. 주접에 관한 한, 황제 자신에 의해, 또는 (황제의 구두지시에 기초해서) 황제의 면전에서 (대학사들에 의해) 비답된다. (대학사들은) 황제의 결정이 이행 가능하지 않아서 수정되어야 한다고 생각한다면, 부적절한 결정과 실책이 회피될 수 있도록 적절한 수정안을 황제에게 의견으로 표명해야 한다.[194)]

이것으로 대학사가 아직 주도적 표의권을 얻은 것은 아니다. 그러나 이것은 대학사가 청조에서 처음으로 황제의 주접비답을 도울 뿐만 아니라, 특히 비답에 관한 제안을 하는 기무참예의 명을 받은 것이다. 여기로부터 1658년의 명조식 내각·한림원 재조직은 예정된 것이었다.

---

193) 王先謙, 『東華錄』(1911) 順治帝 卷21 第5. Wu, *Communication and Imperial Control in China*, 16쪽에서 재인용.

194) 王先謙, 『東華錄』(1911), 順治帝 卷21 第5. Wu, *Communication and Imperial Control in China*, 16쪽에서 재인용.

제3단계는 1660년 명대 내각 표의제도의 확립이다. 중앙기구와 과도관들로부터 올라오는 주접의 분량은 대학사들이 돕더라도 황제 개인이 아침 조회에서 주접을 모두 처리할 수 없을 정도로 많은 것이었다. 이에 순치제는 마침내 명나라 내각제에 항복하는 최후의 명령을 내렸다.

향후 중앙기관으로부터 오는 모든 주접은 우리가 일찍 읽을 수 있도록 정오에 직접 상주되어야 한다. 다음날 주접들은 표의를 하도록 (내각으로) 내려보내진다.[195]

순치 17년(1660) 순치제는 이 칙령으로써 명대의 내각 표의제도를 그대로 복원했다.

내각제는 1661년 권력을 쥔 4명의 공동섭정자들에 의해 일시 폐지되었지만, 이들로부터 통치권을 쟁취한 제4대 성조 강희제(1661-1722)에 의해 1670년(강희9년) 복원되었다. 강희제는 1690년의 『대청회전大淸會典』에 내각제를 법적 명문으로 못박음으로써 내각의 법적 지위를 공고화했다. 즉 『강희회전』으로 불리는 이 『대청회전』의 명문은 이렇다.

중앙과 지방의 기관, 그리고 개인 관리들부터 올라오는 모든 만주어 주접은 내각대학사와 내각학사에게 이송되고, 이들은 표의를 하고 황제에게 올려 최종재결을 받는다. 중국어·몽골어 주접은 중서과中書科로 이송하여 (전문全文 또는 첨황貼黃을) 번역한다. (...) 그 다음, 이 주접은 대학사와 학사에게 이송되고 이들은 표의를 작성하여 황제에게 상주하고 이에 대해 최

195) 참조: Wu, *Communication and Imperial Control in China*, 17쪽.

종비준을 받는다.[196]

내각표의에 관한 1690년의 『대청회전』의 이 명문은 내각과 관습법적 표의권을 '법전화'하는(*codifying*) 효과를 가져다주었다.

본장本章과 보조문서가 내각으로 이송된 뒤에는 실제적 표의절차가 진행되었다. 『강희회전』(1690)과 『옹정회전』(1732)은 일반적 내용·절차규정을 거의 동일하게 명기하고 있다. 따라서 여기에 규정된 표의방법은 사실상 불변적이었다.[197]

내각은 다양한 유형의 관리들로 구성되었다. 청조의 내각은 삼전삼각제三殿三閣制였다. 대학사의 정원은 법정되지 않았으나, 각 전각에 대개 만·한 각 1명으로 2명의 정1품 대학사를 두었고, 또 종종 협판대학사 2명을 두는데 만·한 각 1인으로 종1품이었다. 따라서 대학사는 대개 도합 12명이었다. 협판대학사도 대개 12명이었는데, 전각명칭은 직함에 부가하지 않았다. 협판대학사는 대학사의 부관이다. 협판대학사는 일반적으로 육부상서 중에서 뽑았다. '협판대학사' 직함은 내각에서 황제의 특별한 총애표시로 활용되었다. '내각학사'는 종2품으로 관례에 따라 예부시랑의 명예관직을 겸직했다.

때로 '내원內院'이라고도 불린 '내각'의 전체 조직은 내각대학사, 협판대학사, 내각학사, 시독侍讀학사, 시독, 중서사인中書舍人, 전적典籍의 위계로 짜였고, 그 예하에 12개 소기구가 분설分設되었다. 그리하여 총인원이 100여 명에 달했다. 따라서 명대내각과 비교하면, 청조내각은 대학사 아래 배속된 속료집단의 확대증편으로 규모

196) 『大淸會典』, 康熙 卷2 第七. Wu, *Communication and Imperial Control in China*, 17쪽에서 재인용.

197) 『大淸會典』, 康熙 卷2 第七. Wu, *Communication and Imperial Control in China*, 29쪽에서 재인용

가 아주 큰 다단계 기구였다.[198]

청조 내각의 조직 · 인원 구성[199]

관리구분	지위서열	정원				계
		만주인	몽골인	중국팔기군	중국인	
대학사	정1품	정수 없음				
협판대학사	종1품	정수 없음				
내각학사	종2품	6	-	4	-	10
시독학사	종3품	6	2	2	-	10
시독	정5품	11(8)	2	2	(2)	15
중서사인	종6품	75	19	13	36	143
전적	종7품	2	-	2	2	6
		(64)	(16)	(8)		(32)

※괄호 안의 수치는 1699년 이후 정원. 2명의 중국인 시독侍讀은 1726년에만 추가되었음.

청조 내각의 주요임무는 종합하면 ①비답표의, ②조령詔令기초, ③본장수발, ④휘호·시호 찬의撰擬, ⑤어보御寶보관, ⑥실록찬수였다.[200]

그런데 내각제적 정책결정 과정은 아주 많은 사람들이 관여하기 때문에 비밀유지가 아주 어려웠다. 개인적 동기가 끼어들었고, 이익갈등이 일어났으며, 긴장이 의정기구의 참여자들과 황제 자신 사이에 전개되었다. 강희 중엽, 기존 체계가 이런 문제들로 인해 효율성을 잃었을 때, 강희제는 새로운 본장제도를 실험하기 시작했다. 그것은 '주접奏摺'제도였다. 표면적으로 보면, 이 제도는 지방상

198) 참조: 杜乃濟, 『明代內閣制度』, 三一쪽.

199) 『擁正會典』(1732) 卷2第1. Wu, *Communication and Imperial Control in China*, 30쪽에서 재인용.

200) 참조: 杜乃濟, 『明代內閣制度』, 三一쪽.

황에 관한 보다 믿을 만한 정보 획득에 대한 강희제의 오랜 관심의 결과로 생겨난 것처럼 보인다. 그러나 이 분명한 이유 뒤에는 다른 요인들이 존재했다.201) 강희제는 공사公私 본장을 구분하지 않고 그 내용에 대해 비밀을 보장하는 문서로 '주접'을 시험한 것이다. 주접의 처리과정은 제본이나 주본과 달라서 내각을 경유하지 않았다.202)

■ 내각과 군기처의 양립체제

청조의 내각은 막상 중대업무가 닥치면 내각이 아니라 '의정왕대신회의'나 '9경회의'에서 '의정' 또는 '의준'되었기 때문에 명조의 내각보다 권력지위가 격하되어 있었다. 그러나 '의정왕대신회의'와 '9경회의'에 참여하는 대학사는 황제에게 올리는 보고서를 읽고 표의할 정도로 그 위상이 높았다.203) 그럼에도 새로 도입된 비밀장주인 '주접제도'는 내각의 지위를 더 낮췄다.

게다가 제5대 청세종 옹정제雍正帝(1722-1735)는 군사기밀업무를 위시한 기무대책기구인 '군기처軍機處'를 설치하여 기밀이 보장되지 않는 내각회의와 '의정왕대신회'나 '9경회의'를 동시에 격하시켰다. 군기처가 설립된 정확한 날짜는 어떤 공식기록에도 보이지 않는다. 삼인위원회의 임명이 군기처의 시작으로 생각될 수 있는데, 이렇게 보면 설치연도는 대략 늦은 1726년이다. '판리군수인신辦理軍需印信'이라는 인장이 주조된 시점으로 보면, 1732년이다. 따라서 군기처 설립 시기는 대략 1729년과 1732년 사이이다.204)

---

201) 참조: Wu, *Communication and Imperial Control in China*, 33-34쪽.

202) 다음도 참조하라: 송미령, 『청대 정책결정기구와 정치세력』, 71쪽.

203) 송미령, 『청대 정책결정기구와 정치세력』, 50쪽.

전체적으로, 청조 내각의 권력지위는 환관들의 비법적 권력찬탈 위험으로부터 해방되었지만, 옹정제와 건륭제의 군기처 활용과 내각을 우회한 직결, 그리고 두 황제의 초인적超人的인 '전지당필' 때문에 명대 내각의 권력지위보다 못했다.[205] 이것은 황제의 초인적 친정을 고려하면 군기처도 내각과 마찬가지 처지였다. 따라서 명대보다 강화된 황제의 친정 부분을 제외하고 청조에서 변형된 내각의 지위를 보다 정확하게 규정해볼 필요가 있다.

기밀업무가 내각에서 군기처로 이동한 것은 청나라의 중앙행정에 두 가지 지속적 영향을 미쳤다. 첫째, 이 이동은 주권자와 지방관리 간의 직접소통을 강화하고 체계화했다. 군기대신들은 특별한 황지나 칙유를 내각에 등록하지 않고 병부나 호부로 넘겨져 '자기字寄'의 형태로 '화패火牌'(급보) 네트워크로 급송되었다. 이런 직접소통을 통해 북경 밖의 관리들은 황제의 직접 감독 하에 처하게 되었다. 둘째, 군기처는 만주제국의 전 민간행정을 군대식으로 기능하게 만들었다. 군기처가 황제의 명령을 비밀스럽게, 정확하게 다루고 이것을 가장 빠르게 전달하는 만큼, '자기'는 전선으로 보내는 군령이나 다름없었다. 이것은 한 동안 이론에서도, 실제에서도 잠재적으로 전능해진 치자의 손에 권력의 집중을 뜻했다.[206]

그런데 내각대학사들 중 지도적 인사들은 군기처에 참여하여 중요한 군기대신으로 활동했다. 따라서 내각대학사는 '군기대신을 겸하는 대학사'와 '군기대신이 아닌 보통 대학사'로 나뉘어 서열화

---

204) 참조: Wu, *Communication and Imperial Control in China*, 86-87쪽.

205) 참조: 金斗鉉, 「淸朝政權의 成立과 發展」, 169쪽.

206) 참조: Pei Huang, *Autocracy at Work. A Study of Yung-cheng Period, 1723-1735* (Bloomington & London: Indiana University Press, 1974), 153쪽.

되었다. 이런 측면에서 과거의 명대의 내각이 초창기에 한림원의 분견대처럼 나타났듯이, 청조의 군기처는 처음에 '내각의 분국'으로 등장했다.[207] '두 부분으로의 내각의 이러한 분열'은 본장제도의 기능들을 축소시키고 대신 주접제도를 확대 사용하게 된 관행의 자연스런 결과였다. 그러므로 내각으로부터 군기처가 떨어져 나온 뒤에 내각은 황제의 최고 보좌기관으로서의 중요성을 많이 잃었다. 옹정제 시기 이래 일상적 행정업무와 관련된 본장만이 내각에 위임되었다.[208] 그리고 중요한 민정국사와 중대한 군사업무에 대한 주요결정들과 관련된 황제의 구술성지聖旨를 받는 것이 군기대신들의 임무가 되었다.[209] 그러나 내각대학사 겸 군기대신은 확실히 재상의 위세와 권한을 다 갖췄다.[210] 비非군기대신 내각대학사도 장차 군기대신을 겸할 전망을 누릴 수 있었다. 이런 사정들은 내각의 지위하락을 결정적으로 막아주었다.

그리하여 군기처가 크게 강화된 건륭제 때에도 내각은 건재했다. 공개적 군정사무와 일반국정은 모두 내각으로 모였고, 내각에서 표의하고 황제의 비준을 거쳐 해당관청에 하달되었다. 군기처와 무관한 공개업무는 내각의 고유한 소관이었기 때문이다. 게다가 건륭제는 협판대학사를 늘려 내각업무를 원활하게 하도록 조치했

---

207) 조익은 "군기처는 본래 내각의 분국이었다"고 말한다. 趙翼, 『簷曝雜技』1 '軍機處'. 김한규, 『天下國家』(서울: 소나무, 2005), 301쪽에서 재인용.

208) 참조: Madeleine Zelin, "The Yung-cheng Reign", 196쪽. Willard J. Peterson (ed.), *The Cambridge History of China*, Volume 9, Part One: *The Ch'ing Empire to 1800* (Cambridge: Cambridge University Press, 2002).

209) 참조: Wu, *Communication and Imperial Control in China*, 106쪽.

210) 군기대신이 아닌 대학사는 재상의 지위만 있고 권한이 적었던 반면, 대학사가 아닌 군기대신은 재상의 지위가 없고 다만 권한만 있었다. 참조: 송미령, 『청대 정책결정기구와 정치세력』, 161쪽.

다. 또한 내각대학사는 육부의 상서나 정무관직을 겸했다. 이로써 군기처에서는 기밀업무를, 내각에서는 일상 행정업무를 담당하는 분업이 정착했다.[211] 그래도 군기대신 겸 대학사는 양쪽 업무를 둘 다 관장했다. 이 점에서 내각의 정보가 구조적으로 군기처의 정보를 압도했다. 내각은 궁극적으로 기밀정보와 일상정보를 다 장악했지만, 군기처는 일상정보를 장악할 수 없었기 때문이다.

그리하여 일상행정을 결정하는 내각과 군사기밀을 다루는 군기처는 공존관계를 유지할 수밖에 없었다. 군기처는 부분적으로 내각을 무색케 했지만, 내각을 대체하지는 못했던 것이다. 둘은 정치구조의 최고정점에서 마치 '동군연합'처럼 동시적으로 존재하고 기능했다. 이 때문에 내각에서 군기처로의 주요기능의 성공적 이동을 보장하고 이 양자의 공존을 가능하게 만든 양자 간의 교묘한 관계가 존재했다. 이 관계는 일반적으로 청조 치자들이 그들 자신의 이익을 위해 철저히 활용한 관행인 '겸직관계'에서 생겨났다. 이런 관행에 의해 동일한 사람이 여러 관직에서 동시에 일했다. 소수의 관리들에게 황제의 보다 많은 신임과 함께 보다 많은 관직과 보다 중요한 업무분담이 주어졌다. 다른 한편으로, 황제의 신임의 변동과 함께 일부 관리나 관직들은 명목상 동일한 지위를 보유할지라도 자기들의 중요성을 잃을 수 있었다. 유사한 방식으로 많은 내각대학사들은 군기대신으로 임명되었고, 내각과 군기처에 동시에 근무했다. 그들의 이중권한은 기능적 갈등을 줄여주었고, 이 두 관청 간의 부드러운 협력에 기여했다. 1729-1911년간에 두 기관에 겸직으로 근무한 관리들의 수는 매년 평균 2.35명에 달했다. 두 관리그룹은 둘 다 황제의 총애로 임명을 받았기에 이 관청, 저 관청에서

---

211) 참조: 송미령, 『청대 정책결정기구와 정치세력』, 159쪽.

감읍하여 일했을 것이다. 그들은 둘 다 동일 군주의 공복이었다. 이런 까닭에 군기대신은 내각대학사의 명의로 '자기字寄'를 전달하는 경우도 종종 있었다.

옹정제 치세의 마지막 3년 동안에는 군기처와 내각 사이에 기능적 연결관계가 발전해서, 두 관청 간의 갈등을 피할 또 하나의 이유가 마련되었다. 군기처는 많은 업무 중에서 군사업무에 집중했다. 내각의 기능에서 이 기능을 분리시키기 위해 군기처는 모든 군사문서에 1732년에 군기처에 부여된 특별인장을 찍었다. 어떤 특별한 문제가 두 기관과 다 관계될 때는 두 기관이 그것을 공동으로 다루었다. 그러므로 어떤 칙령들은 내용적으로 동일할지라도 내각과 군기처의 명의로 동시에 공표되었다. 엄격한 분업은 나중에 발전된 것이다.

내각과 군기처의 협력적 공존은 청조 국가의 한 특징을 보여준다. 자신들의 권위를 종종 '천명', '천자' 등 중국의 전통적 '왕권천수론'으로 표현한 청조 황제들은 또한 '전통'의 이름으로 자신들의 전제적 지배를 수행했다. 내각이 명조 이래 전통적으로 지배기관이었기 때문에 그것은 황제와 관련된 중요한 헌정제도가 되었고, 전통의 관점에서 보존될 가치가 있었다. 내각과 군기처의 공존의 또 다른 이유는 '제도적 균형'을 유지하는 것이다. 세습군주제와 비세습적 관료제는 상호 균형 잡고, 군기처와 내각도 상호 균형을 잡았다. 이러한 균형은 상당한 정도로 황권의 억압성을 완화시켜주었지만, 능란하게 관리하면 치자에게 권력을 증가시키는 도구로도 이바지했다. 이런 이유에서 치자는 자신을 위해 균형을 창출하려고 애썼다. 이런 관행은 옹정제 치세에 정점에 도달했다. 과도관직들과 주접제도가 같이 존재하는 한편, 내각과 군기처가 나란히 공존했다.212) 이 공존관계는 제11대 덕종 광서제(1875-1908)가 1901년 3월 군기처를 내각에 통합한 '독판정무처'를 설치하고 곧 '회의정무처'로 개칭하기까지 그대로 지속되었다.213)

언뜻 보면, 청조 황제정은 군기처가 내각을 압도하는 것처럼 보이고 군기처가 황제의 친정을 위한 도구로 보이기 때문에 '제한군주정'보다 '계몽전제정'에 더 가까운 것처럼 보인다. 청조는 강희·옹정제 때 중국사에서 유례를 찾아보기 어려울 정도로 황권을 강화하는 쪽으로 체제를 조절하는 데 성공했기 때문이다.214) 청조에서 신권이 황권을 압도한 적은 없었다. 그러나 황권에 아무런 견제장치가 없었던 것이 아니다. 황제들은 '군기대신 겸 내각대학사들'의 신권臣權과 길항관계에 있었다. 군기처도 '군기대신 겸 내각대학사들'에 의해 주도되었기에 결코 황제 친정의 도구가 아니었다. 군기처를 확고한 제도로 확립한 건륭제 이래 군기처가 지나치게 많은 권한과 정보를 장악하면 장악할수록 황제는 정보와 결정에서 소외되었다. 따라서 군기처의 권한강화는 결코 황권의 강화로 귀결되지 않고, 반대로 신권의 강화로 나타났다. 군기처의 권한이 정치전반으로 확대되고 내각이 행정전반을 장악했다는 것은 '군기대신 겸 내각대학사들'이 집체적으로 정치와 행정을 둘 다 완전히 장악했다는 것을 뜻하고, 이것은 다시 황제의 불가피한 정보소외와 권력축소를 뜻하기 때문이다.215) 이 점에서 명조만이 아니라 청조

---

212) Huang, *Autocracy at Work*, 153-55쪽.

213) 두내제는 "건륭중엽 이후 내각대학사는 명예직함이 되었다"거나 "내각은 존재했을지라도 그 최대임무는 단지 전례의식(典禮儀式)을 거행하는 것뿐이었다"고 평한다. 杜乃濟, 『明代內閣制度』, 三三쪽. 그러나 이는 정확히 오류다.

214) 참조: 김한규, 『天下國家』, 300쪽.

215) 참조: 송미령, 『청대 정책결정기구와 정치세력』, 220쪽.

도 특유한 '제한군주정'으로 이해한 17·18세기 서양선교사들과 철학자들의 판단은 올바른 것으로 보인다.

2.5. 조선의 규장각은 '내각'이었나?

조선은 중국 명·청과 달리 조선 초 이래 고대중국의 삼공제三公制로부터 유래하는 '의정부'를 운영해왔다. 영의정·좌의정·우의정 등 삼공은 원칙적으로 서사권署事權(의정권)을 가지고 있어, 분권적 왕권견제 기능을 수행했다. 그러나 의정부는 서사권을 박탈당하는 경우가 잦았고, 후기에는 비변사에 의해 무력화되어 그 지위가 불안정했다.[216] 이마저도 순조 이후에는 정책결정권이 두세 세도가의 수중에 들어갔다. 따라서 조선은 군주의 친정 전권, 의정부·비변사의 공치, 세도정치 사이에 오락가락한 것으로 이해되어 왔다.

그러나 이태진은 「조선왕조의 유교정치와 왕권」(1993)이라는 글에서 규장각이 내각이었다고 주장함으로써 한국에서 최초로 조선의 내각제에 대한 관심을 환기시켰다.

> 숙종대의 규장각은 전각제도의 첫 도입이었지만, 그것은 장소의 마련에 그치고, 그 운영을 위한 제도는 전혀 뒷받침되지 않았다. 그러한 한계를 극복한 것이 바로 정조대의 규장각이었지만, 정조대 규장각은 전각제도 중에서도 명대 영락제의 문연각처럼 특별한 정치적 의도를 담고 있었다.

216) 참조: 韓忠熙, 「조선초기 議政府 연구(상)」, 89-149쪽; 韓忠熙, 「조선 초기 議政府 연구(하)」, 85-102쪽; 한충희, 「조선 중·후기 의정부제의 변천연구」, 283-317쪽. 崔鳳基, 「조선조 최고정책결정기구의 분석」, 102-112쪽; 金容郁, 「조선조 정치체제의 議政府에 관한 연구」, 7-29쪽.

규장각이 내각으로 별칭되고 각신을 종1품의 재상급으로 하여 모든 왕정이 실제로는 이곳에서 이루어지도록 한 것이 문연각의 경우와 다름없었다. 문한文翰.비서.의정의 기능이 겸직제를 통해 내각에 합일되도록 하였을 뿐더러, 선발된 문신들의 재교육의 과정도 이곳에서 이루어지도록 하였다.[217]

이태진의 이 주장은 규장각을 연구·교육·문한·역사기록·문헌관리 등의 학문적·기록적 기능에 국한된 중국의 한림원이나 세종의 집현전과 유사한 것으로 이해하는 통념에 비추어 보면 매우 새로운 것이다. 정조의 규장각이 당시 '내각'으로 불렸고, 여기에 재상급을 보임하고 국사를 실제로 여기서 의정했다는 주장, 그리고 의정의 기능과 문한·비서의 기능을 중국식 겸직제로 내각에 합일토록 했다는 주장은 정조대에 조선에도 명·청의 내각제와 동일한 내각제가 도입되었음을 시사하는 것으로서 아주 놀라운 주장이다.

그러나 이태진의 이런 주장에도 불구하고 국사학계에는 이태진의 주장을 검토하는 논의가 전혀 없었다. 규장각의 내각적 기능에 대한 국사학계의 논의 부재는 명·청 내각제에 대한 동양사학계의 전문적 분석과 논의의 희소함과 무관치 않은 것으로 보인다. 여기서는 실록을 중심으로 이태진의 주장을 간략하게 검증해보고자 한다.

■ 규장각의 등장

조선에서 처음 설치된 '규장각'은 송조宋朝의 '규장각'을 본뜬 세조의 '규장각'이다.[218] 그러나 세월이 흐르면서 유명무실해졌다. 숙

---

217) 이태진, 「朝鮮王朝의 儒敎政治와 王權」, 『東亞史上의 王權』(서울: 한울아카데미, 1993), 114쪽.

종 때 다시 시도되었으나, 장소와 편액만 남고 다시 유명무실해졌다. 그러나 정조는 송조를 본뜬 과거의 이 예들을 중시하여 과거사를 요약하고 즉위년에 규장각을 창덕궁 금원禁苑의 북쪽에 다시 세우고 제학提學·직제학直提學·직각直閣·대교待教 등의 관원을 두었다.

국조國朝에서 관직을 설치한 것이 모두 송조의 제도를 따랐으니, 홍문관은 송조의 집현원集賢院을 모방하였고, 예문관은 학사원學士院을 모방하였으며, 춘추관은 국사원國史院을 모방하였으나, 유독 어제御製를 존각尊閣에 간직할 바로는 용도각龍圖閣이나 천장각天章閣과 같은 제도가 있지 않았다. 세조조朝에 동지중추부사 양성지梁誠之가 아뢰기를, '군상君上의 어제는 은하수와 같이 하늘에 밝게 빛나니 만세토록 신자臣子는 마땅히 존각에 소중히 간직할 바이기 때문에, 송조에서 성제聖製를 으레 모두 전각을 세워서 간직하고 관직을 설시하여 관장하게 했습니다. 바라건대 신 등으로 하여금 어제 시문을 교감校勘하여 올려서 인지각麟趾閣 동쪽 별실에 봉안하되 '규장각'이라 이름하고, 또 여러 책을 보관한 안쪽 전각은 비서각秘書閣이라 이름하며, 다 각기 대제학·직제학·직각·응교 등 관원을 두되 당상관은 다른 관직이 겸대兼帶하고 낭료郎僚는 예문관 녹관祿官으로 겸차兼差하여 출납을 관장하게 하소서' 했는데 세조가 빨리 그 행할 만하다고 일컬으면서도 설시할 겨를이 없었다. 숙종조에서는 열성조의 어제·어서를 봉안하기 위하여 별도로 종정시宗正寺에 소각을 세우고 어서한 '규장각' 세

218) 『世祖實錄』, 세조9년(1463) 5월 30일, "송조의 예를 본떠서 중추원사 양성지(梁誠之)가 아뢰기를, '인지당의 동쪽 별실에 어제시문(御製詩文)을 봉안하여 규장각이라고 이름하고, 여러 책들을 소장한 내각을 비서각이라 이름하여 대제학, 제학, 직각, 응교(應教)의 관직을 두어, 당상은 다른 관직을 겸대(兼帶)하게 하고, 낭청은 예문록관(藝文祿官)을 겸차(兼差)하여 출납을 관장하게 하소서'라고 했다." 이에 세조는 이에 응해 규장각을 설치했다.

글자를 게시하였는데, 규제는 갖추어지지 않았었다. 임금이 즉위하여서는 (...) '아! 너 유사有司는 그 창덕궁의 북원北苑에 터를 잡아 설계를 하라' 하고, 인하여 집을 세우는 것이나 단청을 하는 것을 힘써 검약함을 따르라고 명하였는데 3월에 시작한 것이 이때에 와서 준공되었다. 당초에 어제각御製閣으로 일컫다가 뒤에 숙묘肅廟 때의 어편御偏을 따라 '규장각'이라 이름했는데, 위는 다락이고 아래는 툇마루였다. 그 뒤에 당시 임금의 어진·어제·어필·보책寶冊·인장을 봉안하였는데 그 편액은 숙종의 어묵이었다.[219]

"세조가 빨리 그 행할 만하다고 일컬으면서도 설시할 겨를이 없었다"는 구절은 나중에 다시 이것을 언급하면서 "내각은 세조께서 이미 행한 법제"로 고쳐 말한다.[220] 여기서 특이한 것은 조선 초부터 규장각이 조선 초의 상국上國인 명나라의 내각을 따라 한 것이 아니라, 송조의 규장각을 본뜬 것이라는 점이다.

그러나 규장각은 곧 '각규閣規'를 갖추고,[221] 이어 원래의 도서관·문학·기록·비서기능에 경연經筵기능이 추가되고,[222] 정조가 정치적 기능을 더하려는 의도를 보이면서[223] 중요한 관청으로 격상되어

---

219) 참조: 『正祖實錄』, 정조즉위년(1776) 9월 25일.

220) 『正祖實錄』, 정조6년(1782) 5월 29일.

221) 참조: 『正祖實錄』, 정조5년(1781) 2월 13일.

222) 참조: 『正祖實錄』, 정조5년(1781) 2월 29일.

223) 참조: 『正祖實錄』, 정조5년(1781) 4월 7일. 규장각 제학 김종수가 『名臣奏議』의 편찬과 관련하여 올린 올바른 정사와 관련한 고사 여섯 조항에 잇대어 정조는 "아! 규장각의 일이 어찌 겉모양만 아름답게 하기 위한 것이겠는가? 이른바 모든 규모와 제도가 대개는 장차 규장각으로부터 시작될 것이기 때문에 과인이 누차 이런 뜻을 발론하였었는데, 경이 또한 다시 이런 말을 진달하였으니 감히 받아들여 힘쓰지 않을 수 있겠는가? 그리고 또 규장각의 일 가운데도 큰 것과 실다운 것이 있는데, 지금은 아직 아무 것도 거행되지 않고 있다. 이를 거행되게 할 방도에 대해

갔다. 이런 흐름 속에서 규장각은 곧 '내각'으로 불렸다.[224] 그러다가 정조는 1782년 5월 어느 날 대신회의에서 내각을 설치한 뜻을 조목조목 일러주면서 "멀리 당·송의 전례"만이 아니라 "명의 전례"도 모방했다고 슬쩍 그 취지를 수정하여 내비친다. 이에 더하여 정조는 규장각의 목적을 자신의 신변과 권력지위를 위협해온 외척과 환관을 척결하고, 외조外朝의 사대부로부터 원근신하를 찾고 '근신近臣'을 가까이 두어 보필을 받기 위한 것임을 고백한다.

> 이것(세조와 숙종의 법제의 계승)은 오히려 본각을 설치한 외면적인 작은 일에 속하는 것이고, 나의 본의는 따로 있는 데가 있다. 아! 과거 왕세자로 있을 적에 온갖 어려움을 갖추 겪었으므로, 초정初政에 당해서는 제일 먼저 일번으로 조정을 탁란濁亂시킨 외척을 제거하여 기필코 조정을 청명하게 하고 세도를 안정시키려 했는데, 이는 곧 나의 하나의 고심 부분이었다. (...) 교유할 수 있는 것은 오직 조정의 사대부들뿐이다. 아! 교목세신喬木世臣의 후손으로서 왕실의 동량을 자임하는 의리가 완연한 원기가 되어 우리 4백 년의 종국宗國을 지탱시켜 온 것은 오직 이 사대부들인 것이다. ... 내가 이 때문에 두려운 마음을 지니고 제일 먼저 내각을 건립하고 정신을 선발하여 그 직책을 맡기게 했던 것인데, 이택징李澤徵의 상소에서 이른바 신하를 벗한다고 한 것은 뜻은 다르지만 말은 옳다.[225]

나 과인은 의당 힘쓸 것이지만, 경도 또한 여러 각료들과 함께 힘쓰지 않을 수 없을 것이니, 서로 급선무로 여기지 않을 수 있겠는가? 이것을 미루어 천만 가지 일에 미치게 한다면, 나의 덕을 빛내고 나의 정치를 돕게 되는 것이다."

224) 참조: 『正祖實錄』, 정조9년(1780) 6월 6일 기사는 이미 규장각을 '내각'으로 부르고 있다.

225) 『正祖實錄』, 정조6년(1782) 5월 29일.

말하자면, 정조는 소수의 근신들, 즉 측근신하들을 규장각에 모아 집무케 하고 이 규장각을 명대의 '내각'과 같은 기능으로 활용하고자 하는 의도를 분명히 하고 있다. 그러면서 그는 '근신'의 의미를 공개적으로 방어한다.

> 예로부터 '근신'이란 두 글자는 윗사람이 그런 말을 들으면 혐의스럽고 아랫사람이 그런 말을 들으면 두렵게 여겨 왔는데, 이는 전혀 그렇지 않은 점이 있는 것이다. 맹자가 말하기를, '왕께서는 친신親臣이 없습니다' 했고, 또 말하기를, '원신遠臣을 살피려면 반드시 근신으로부터 시작해야 합니다' 했는데, '근신'이라는 명칭은 맹자 때부터 이미 있어 온 말이다. 지극히 가까운 것이 '친親'인데 임금이 나라를 다스림에 있어 어찌 친근한 신하가 없을 수 있겠는가? 대저 위에서 아랫사람을 대함에 있어 의당 원근을 한결같이 보아야 하는 것이지만, 임금이 사람을 기용하는 것은 진학進學의 공부와 같은 것이니, 어떻게 친근한 데서부터 소원한 데로 이르고 가까운 데서부터 먼 데로 이르는 구별이 없을 수 있겠는가?226)

그런데 정조는 "근밀近密한 직책의 관직을 설치한 것이 진실로 한두 관사官司가 아님"을 알고도 왜 내각을 또 설치하는지를 논변한다. 육조는 직책이 분업화되어 있고 벼슬이 자주 바뀌고 본래 문관·무관·음관蔭官 삼색을 아울러 쓰기 때문에 "애당초 극선極選의 자리가 아니라서" 기무를 깊이 논의하기에 적절치 않다고 하면서 육조를 배제한다. 홍문관(옥당)도 문제가 있다. 옥당은 "근래 이래 그 선발이 점점 넓어지고 그 숫자가 점점 많아졌기" 때문이다. 따라서 정조는 기존의 육조와 옥당이 내각을 대신할 수 없기에

---

226) 『正祖實錄』, 정조6년(1782) 5월 29일.

"부득이 내각을 따로 설치하게 된 것이다"라고 주장한다.227) 그리고 이어서 그는 규장각의 보필기능을 강조한다.

> 내가 본디 문묵文墨에 종사하는 것을 즐기는 성벽이 있어, 매양 기무機務 사이에 여가가 나면 애오라지 각중閣中의 여러 신하들과 경사經史를 토론하고 생민의 질고, 정치의 득실, 전대의 치란治亂에 관해 뜻에 따라 찾아서 섭렵하고 있으니, 실상 보필로 여기는 뜻이 있는 것이다. 내가 내각을 건립한 본의는 오로지 여기에 연유한 것이니, 경 등은 이런 뜻을 알아주기 바란다.228)

그리고 정조는 규장각의 관원들을 최고 품계의 관직을 겸임케 한다. "관품을 나누어 설치한 것에도 각각 깊은 뜻이 붙여져 있으니, 대저 제학·직제학·직각·대교 등 6관원을 설치했고, 또 검교의 명칭을 설치했다. 제학은 아무리 대관이라도 또한 겸할 수 있게 하였고, 직제학은 당상관으로부터 아경亞卿에 이르기까지, 직각은 당하관에서 당상관에 이르기까지, 대교는 참하參下(7품 이하의 관직)에서 참상參上(6품 이하 종삼품 이하의 관직)에 이르기까지는 반드시 당파색깔에 의거하여 상호 비교하고 헤아려 진용進用케 했다."229)

■ '미완의 내각제'로서의 규장각 체제

이쯤이면 명대 내각제를 모방하여 규장각을 보필내각으로 설치했다는 정조의 뜻은 분명하다. 그런데 걸리는 대목은 정조가 "기무

227) 『正祖實錄』, 정조6년(1782) 5월 29일.
228) 『正祖實錄』, 정조6년(1782) 5월 29일.
229) 『正祖實錄』, 정조6년(1782) 5월 29일.

사이에 여가가 나면" 보필 받는다고 말하고 있는 것으로 보아, 그가 규장각에 기무참예를 허용하거나 독점시키려는 의도를 보이지는 않고 있다는 점이다. 이 점에서 중국 명대의 내각과 조선의 규장각 내각 간의 차이가 엿보인다. 『실록』에는 규장각의 각신들이 기무에 참예한 사례는 여기저기 보이지만,[230] 그 기록 빈도는 약소하고, 또 참예도 독점적이지 않고 전·현직 대신들과 함께 참예하는 식이다. 이에 관한 최종 결론은 『승정원일기』, 『일성록』 등 다른 사료들을 더 뒤져보아야만 할 것이다.

규장각의 정치적 의정 기능이 어느 정도였는지 정확히 알 수 없어 여기서 당장 이태진의 주장을 명확하게 확증할 수는 없다. 그러나 규장각이 일정한 정치적 기능을 수행한 것은 분명하고 '내각'이라고 불린 것도 확실하다. 규장각은 고종 시대까지도 줄곧 '내각'으로 불렸다. 그러나 일제에 의해 강요된 갑오경장 때(1894. 7.-1896. 2.), 고종은 2차 개혁의 흐름 속에서 '의정부'를 '내각'이라고 부르고, 규장각을 '내각'이라고 부르지 말 것을 명한다.[231] 이로써 규장각의 별칭으로서의 '내각'이라는 명칭은 한때 완전히 소멸했다. 그러다가 1896년 2월 아관망명 이후 고종은 다시 조령을 내리기를, "지난번에 역적 무리들이 나라의 권한을 농간질하고 조정의 정사를 뜯어고치면서 심지어는 의정부를 내각이라고 고쳐 부른 것은 거의 다 명령을 위조한 것이었다"고 밝히고 "이제부터 내각을 폐지하고 도로 의정부라고 고쳐 부를 것이다"고 조령을 발했다.[232] 이것으로 해서 규장각의 '별칭'으로서의 '내각'이라는

---

230) 참조: 『正祖實錄』, 정조12년(1788) 11월 16일; 정조19년 3월 25일; 정조19년 6월 19일 등.

231) 참조: 『高宗實錄』, 고종31년(1894, 갑오년) 12월 16일.

명칭이 되살아난 것은 아니다. 그러다가 1907년(광무11년) 6월 14일 일제의 강압 아래서 고종은 "각국의 문명한 제도를 본받아", 향후 "의정부를 내각으로 개칭하여 나라의 정사를 혁신하게 한다"는 조령을 내리고 11개조의 「내각관제」를 반포했다.[233] '의정부'의 명칭이 다시 '내각'으로 바뀐 것이다. 규장각의 별칭인 '내각'이 이 서양식 내각이 도입되었을 때 아무런 실질적 역할을 하지 못한 것으로 보인다. 하지만 적어도 이 '양물洋物'을 '우리 것'으로 친숙하게 하는 데에는 '내각'이라는 기존의 단어가 크게 기여했음이 틀림없다.

지금까지 내각제 논의를 요약하자면, 명·청의 내각제는 공자가 꿈꾸었던 '분권적 군신공치'에 기초한 제한군주정을 이념으로 삼았고 또 이를 어느 정도 가능케 했다. 군주와 현신의 분권적 군신공치론에서 '군주'는 하늘같은 백성으로부터 왕위를 받은 임금이고, '현신'은 천하의 백성이 다 알아주는 현자로 이해되었다. 이 분권적 군신공치 체제는 중국 역사에서 내각제에 의해 제한되고 분권된 군주정으로 구현되었다. 중국의 군주정은 민본주의, 예치·덕치주의, 공의(언관·상소)제도 등 여러 정치이념과 견제장치에 의해 이중삼중으로 제약되어 있었을 뿐더러, 명나라 때부터는 재상(승상)을 대체한 '내각'의 권력분립적 의정권에 의해 황권이 크게 제한된 제한군주정으로 변모한 것이다.

명 태조 홍무제 때 승상제가 폐지된 뒤 한림원 학사들에서 발탁된 황제의 비고문 기구에서 기원한 내각은 제3대 성조 영락연간에 문연각대학사들의 정식 '기무참예제'로 제도화되었고, 제4·5대 홍

232) 『高宗實錄』, 고종33년(1896 병신년, 建陽 1년) 9월 24일(양력).

233) 『高宗實錄』, 고종44년(1907, 光武 11년) 6월 14일(양력).

희·선덕연간(1424-35)에 속료屬僚를 가진 분권적 권력기구로 확립되었고, 내각대학사(각신 또는 각로)들 중 태자의 사부들이 '삼호관'으로 우대받고 선덕연간에는 내각에 표의·의정권이 부여받음으로써 내각권으로 황권의 자의를 견제할 수 있는 '보정輔政체제'로 발전했다. 이에 따라 명대 중국의 군주정은 부지불식간에 소리소문 없이 내각제적 제한군주정으로 변모했다. 이 내각제적 보정체제는 제6대 영종 정통연간(1435-49)에도 그대로 유지되었다.

그러다가 복벽한 영종 천순연간(1457-64)에는 표의권이 내각에 전속되고, '내각수보' 또는 '수상'이 나타나 그 지위가 황제권을 견제할 수준으로 강화되면서, 내각제는 대등한 각신들의 '보정체제'에서 '수보체제'로 발전했다. 환관에 의존한 제8대 헌종의 성화연간(1464-87)에는 내각제가 일시 무력화되었으나, 제11대 세종의 가정연간(1521-67)에는 수보내각제가 더 강력한 집체적 분권공정共政체제로 부활하여 명국의 번영을 이끌었다. 그러나 명대 후기에 내각제가 암주의 난정과 환관의 권력찬탈로 파괴되면서 망국을 맞았다.

청나라는 내각제도를 더욱 발전시켜 계승했다. 청조는 환관의 정치개입 기회를 원천배제하고 친정을 강화하는 방향으로 내각제의 권력지위를 군기처의 설치로 조금 조정했을 뿐이다.

조선에서 중국의 내각제를 모방하고 했던 제도는 '내각'으로 별칭된 정조의 규장각이었다. 각신을 종1품의 정승급으로 보임한 규장각은 정조의 의도 면에서 볼 때 명나라의 내각제를 도입하려고 했던 것으로 보인다. 그러나 그것은 규장각에 주요정사를 전담시키려는 정조의 의지가 보이지 않는 점에서 내각이라면 '미완의 내각'이었다. 게다가 정조 이후 규장각은 힘을 잃었다.

지금까지 내각제 논의를 요약하자면, 공자는 순우의 '무위이치無爲而治'와 '유이불여有而不與'의 통치철학에 따라 '군주'와 '현신'의 '분권적 군신공치'에 기초한 제한군주정을 이념으로 삼았다. 이 분권적 군신공치 이념은 구체적으로 왕권민수론에 기초한 백성의 방본적 주권, 임금의 영유권, 현신의 통치권 간의 권력분립을 지향한다. 이 통치철학은 임금과 백성 간의 공감대에 기초한 덕치의 이념을 전제하는 것이다.

이제 공자의 정치철학과 중국의 내각제가 16세기말 어떤 경로로 유럽에 알려지고 또 1679년 윌리엄 템플과 찰스 2세에 의해 영국으로 받아들여져 유럽의 근대적 내각제가 발전되어 나오는지에 관해 논해야 할 것이다.

제3절
윌리엄 템플의 중국식 내각제 기획과 영국 내각제의 탄생

중국 내각제는 17세기 중후반 선교사, 여행가, 특사 등의 여러 저작들을 통해 서양에 알려지고, 특히 영국의 대정치가 윌리엄 템플과 찰스 2세에 의해 환호 속에 수용되면서 영국에 적용되기에 이른다. 윌리엄 템플(Sir William Temple, 1st Baronet, 1628-1699)은 17세기 후반 네덜란드 오렌지공(명예혁명 후 윌리엄3세)과 영국 매리공주 간의 혼인과 1668년 삼국동맹을 성공적으로 타결해낸 저명한 대大외교관이자 찰스 2세의 '근신'이었고, 국제적으로 명성을 떨치던 철학적 문필가였다. 그는 1678년 정치적 궁지에 몰린 찰스 2세의 요청으로 귀국한 뒤 국왕의 지근거리에서 자문에 응했다. 그는 국왕을 도와 '신新추밀원(New Privy Council)'으로 불린 새로운 정부형태를 설계하고 관철시켰다.[234]

234) 이하 논의는 다음 논문들을 수정·보완한 것이다. 참조: 황태연, 「윌리엄 템플의 중국 내각제 분석과 영국 내각제의 기획·추진: 공자의 분권적 제한군주정과 영국 내각제의 기원(2)」, 『정신문화연구』제38권 제2호 통권 139호(2015년 여름호); 황태연, 「찰스 2세의 내각위원회와 영국 내각제의 확립: 공자의 분권적 제한군주정과

당시 가톨릭교도 찰스 2세는 그와 마찬가지로 루이 14세에 의해 길러져 가톨릭교도로 성장한 동생 요크 공(훗날 제임스 2세)의 왕위계승을 반대하는 의회 국교파와의 투쟁에서 완패하여 일대 정치적 위기에 처해 있었다. 템플은 찰스 2세가 처형된 아버지 찰스 1세의 운명으로 추락하는 이런 상황으로부터 그를 구하려는 정치적 방편으로 '신추밀원' 아이디어를 구상했다. 하지만 그것은 이런 일과성의 전략적 방편을 뛰어넘는 '기정사실'로 확립됨으로써 헌정개혁의 의미를 얻게 된다. 그것은 내각제적 제한군주정의 원형으로서 영국의 근대적 헌정개혁의 시발점이었고, 근대적 입헌군주제의 씨앗이었다.

당시 휘그 지배의 영국 의회는 '고대헌법(*ancient constitution*)'의 관점에서 왕권을 견제하려고 별렀다. 영국의 '고대헌법론'은 영국의 자유와 의회제도가 까마득한 고대 게르만의 숲속에서 맺어진 '원천계약(*original contract*)'으로부터 유래했다고 보는 '속류휘그당'의 이데올로기다.[235] 이 고대헌법론은 1630년대에 영국에서 에드워드 코크(Edward Coke) 등 여러 사람들에 의해 계속 주장되면서[236] 청교도혁명과 휘그의 정통 이데올로기가 되었다. 휘그는 이후 심지어 명예혁명조차도 이 '게르만 고대헌법의 승리'로 이해하고 기록할 정도로 끈질기고 완강하게 고대헌법론 이데올로기를 신봉했다. 훗날 존 로크가 사회계약론을 전개하고, 데이비드 흄이 '원천계약'

영국 내각제의 기원(3)」, 『정신문화연구』제38권 제3호 통권 140호(2015년 가을호).

235) 참조: John G. A. Pocock, *The Ancient Constitution and the Feudal Law. A Study of English Historical Thought in the Seventeenth Century* (Cambridge·New York: Cambridge University Press, 1957, 1987), 17-18쪽, 27쪽, 229-231쪽, 235-236쪽, 375-376쪽.

236) T. Cunningham (ed.), *An Historical Account of Rights of Election of the Several Counties, Cities and Boroughs* [extracted from Thomas Carew's book of the same title] (London: Printed for G. Robinson, 1783), Preface', v-vi쪽.

의 부재를 입증하는 '과학적 휘그주의'를 전개함으로써야 고대헌법론은 마침내 분쇄되었다.[237] 흄은 특히 국가발생의 시초에 존재했다는 이 소위 '원천계약'의 존재를 별도 논의로 부정했다.[238] 흄의 이런 비판에도 불구하고 몽테스키외는 게르만 숲속의 이 원천계약의 이 고대헌법론을 '사실史實'로 착각했다.[239] 오늘날 정설은 고대헌법이나 원천계약은 존재하지 않았다는 것이다. 18세기 중반 케어류(T. Carew)도 고대헌법론을 다시 부정하고, 평민대표까지 참여하는 영국의회가 에드워드 1세의 1295년 소집령에 의해 탄생했음을 사료에 의해 명확하게 규명했다.[240] 찰스 2세 치세 당시에 고대헌법론이 이렇게 순전히 이데올로기였던 만큼 왕에 대한 휘그의회의 압박과 공격은 더욱 가차 없었다.

윌리엄 템플은 왕권신수설을 신봉하며 '절대군주정'을 추구하는 찰스 2세와, 의회를 타협시켜야 하는 '불가능한 임무'를 중국내각제의 도입에 의해 성공적으로 완수할 수 있다고 생각했다. 템플은

---

237) 참조: Pocock, *The Ancient Constitution and the Feudal Law*, 17-18쪽, 27쪽, 229-231쪽, 235-236쪽, 375-376쪽.

238) 참조: David Hume, "Of the Original Contract" (1748). David Hume, *Political Essays* (Cambridge: Cambridge University Press, 2006).

239) Montesquieu, *The Spirit of the Laws* [1748] (Cambridge.New York: Cambridge University Press, 2008), 165-168쪽.

240) Cunningham (ed.), *An Historical Account of Rights of Election ...*, 'Preface', xxiii쪽. 그럼에도 불구하고 저 고대헌법론적 착각은 심지어 오늘날도 일부 학자들 사이에서 그치지 않고 있다. 참조: David Gress, *From Plato to Nato. The Idea of the West and its Opponents* (New York·London: The Free Press, 1998), 1쪽 및 129-305쪽. 그레스는 심지어 "고대헌법이 실존한 적이 없다는 것, 영국의 근대적 자유가 게르만 과거로부터 살아남은 유산이 아니라 백성의 면전에서 자라났다는 것은 정치적으로 중요치 않다"고 하면서 (184쪽), '속류휘그'의 고대헌법론 이데올로기에 빠진 중국적대자 몽테스키외와, 이 이데올로기를 대표한 공자숭배자 흄을 한패의 고대헌법론자로 묶어 공자를 숭배하는 중국예찬자인 볼테르·루소와 대립시키는 반(反)과학적 '게르만 모델(Germanic model)'을 그리고 있다. 참조: Gress, *From Plato to Nato*, 172-174, 183-185쪽.

절대군주의 왕권신수설적 '레토릭'을 조금도 손대지 않으면서 왕권을 수동적·소극적·의례적 권한(비준권)으로 축소시킨 명·청대의 내각제에서 그 해법을 포착했기 때문이다.

본론에서는 윌리엄 템플의 공자 숭배와 중국내각제에 그의 정보·지식 수준을 상론하고 중국내각제 개념에 입각한 그의 영국 내각제 구상과 실행에 관해 논한다. 이를 위해 먼저 1679년 전후 유럽인들이 중국 내각제를 어느 정도 이해하고 있었는지를 일반적으로 살펴보는 것으로 화두로 삼고자 한다.

3.1. 1679년 이전과 이후 유럽인들의 중국 내각제 이해

윌리엄 템플이 중국의 내각제와 제한군주정에 대한 획기적 정치인식에 도달한 데에는 진정으로 새로운 시대배경이 있었다. 그가 살던 17세기 중·후반은 아직 공자열풍과 중국예찬이 보편화되기 전이었지만, 이미 고대그리스로마철학에 염증이 난 각국의 정상급 선각자들에게 있어서는 공자철학과 중국 국가제도에 대한 관심과 찬양이 급격히 고조되기 시작하는 참이었다. 템플은 이 선각자 대오에 속하는 일급 문필가였다.

윌리엄 템플이 중국 내각제를 본떠서 영국 내각제를 기획했다면, 그 당시까지 중국 내각제에 관해 얼마나 많은, 그리고 얼마나 정확한 정보·지식이 어떤 보고서와 서적들을 통해 유럽에 전해지고 템플이 어떤 책들을 읽을 수 있었을까? 당시 템플이 읽었거나, 그가 '신新추밀원'(1679)을 설계하기 이전에 출판된 관계로 그가 읽었음직한 저작들은 16세기 보고와 서적들이 있고, 17세기 저서들로 구분된다.

■ 이베리아사람들의 중국 내각제 보고

16세기의 유명한 보고서와 저서들은 유럽에 최초로 "각로"를 소개한 포르투갈 무명씨의 「6년간 포로로 지낸 한 명사가 말라카 칼리지에서 벨키오르(Belchior) 신부에게 이야기한 중국정보(Enformação da China)」(1555), 유럽에 최초로 1585년 중국제국의 국가제도와 내각 제도를 소개한 후앙 곤잘레스 멘도자(Juan Gonzáles de Mendoza, 1545-1618)의 저작 『중국대제국의 주목할 만한 모든 것과 제례와 관습의 역사(*Historia de las cosas mas notables, ritos y costumbres del gran Regno de la China*)』(이하 약기: 『중국제국의 역사』, 1585), 1690년 유럽 최초로 공자를 소개한 발리냐노와 산데(Alessandro Valignano & Duarte de Sande)의 『로마교황청 방문 일본 사절단(*De Missione Legatorum Iaponesium ad Romanum Curiam*)』(1690) 등이 있다.

17세기의 저서들로는 공자철학과 내각의 각로를 소개한 새뮤얼 퍼채스(Samuel Purchas)의 『퍼채스, 그의 순례여행(*Purchas, his Pilgrimage*)』(1613), 황권과 내각권의 권력분립을 정확하게 소개한 마테오리치의 『중국인들 사이에서의 기독교 포교(*De Propagatione Christiana apud Sinas*)』(1615), 명대의 내각제를 비교적 자세히 소개한 알바레즈 세메도(Alvarez Semedo)의 『중국제국(*Imperio de la China*)』(1641), 아타나시우스 키르허(Athansius Kirche)의 『중국해설(*China Illustrata*)』(1667), 존 웹(John Webb)의 『중국의 유구성, 또는 중국제국의 언어가 원초적 언어일 개연성에 관한 역사적 논고(*Antiquity of China, or An [sic!] Historical Essay, Endeavoring a Probability that the Language of the Empire of China is the Primitive Language*)』(이하 『중국의 유구성』, 1669), 존 니우호프(John Nieuhoff, 1618-1672)의 『네덜란드연합주의 동인도회사로부터 대大만주 칸, 중국황제에게 파견된 사절단(*An Embassy from the East-Indian Company of the United Provinces to the Grand Tatar Cham, Emperour of China)*』(『네덜란드의 중국사절단』, 1669), 탁발승 도밍고 나바레테(Domingo F. Navarrete, 1618-1686)가 스페인어로 출판한 『중국제국의 역사적, 정치적, 윤리적, 종교적 보고(*Tratados Historicos, Politicos, Ethicos, y Religiosos de la Monarchia de China*)』(『중국왕국의 보고』, 1676), 쿠플레 등의 공자경전 라틴어번역서 『중국철학자 공자(*Confucius Sinarum Philosophus*)』(1687) 등 셀 수 없이 많다.

포르투갈 무명씨는 1555년 출간된 「6년간 포로로 지낸 한 명사가 말라카 칼리지에서 벨키오르 신부에게 이야기한 중국정보」에서241) 유럽 최초로 중국의 내각 각로에 대해 더듬더듬 묘사한다.

> 황제는 자신의 주변에 고귀한 사람들, 학식 있고 큰 현덕을 갖춘 사람들을 거느리고 있고, 그는 이들과 모든 제국사帝國事를 논의한다. 그리고 그들은 어떤 용무로도 결코 금성禁城 밖으로 나가지 않는다. 그들은 '블라오들(Vlaos)'이라고 부른다. 이들을 그 권위의 자리로 선발하는 방법은 이렇다. 공석이 생기면 황제는 학식과 분별력에서 특출나고 정의감이 강한 누군

241) 이 익명의 포르투갈 사람은 중국에서 6년간 포로로 잡혀 감옥살이하면서 중국을 몸으로 체험했던 사람이다. 「6년간 포로로 지낸 한 명사가 말라카 칼리지에서 벨키오르 신부에게 이야기한 중국정보」는 그가 말라카의 예수회 선교단에서 중국에 관해 진술한 내용이다. 이 보고서 원고의 작성일은 1554년 12월 3일이다. 이 원고는 1555년 약간 축약된 형태로 스페인어로 번역되어 리스본에서 공간되었다. 이 책은 1556년과 1561년 사이에 다시 이탈리아어, 스페인어, 프랑스어로 공간된 예수회 선교사들의 동방보고의 여러 수집록에 '리프린트'되었다. 그리고 저 스페인어 번역본은 프란시스코 알바레즈(Francisco Álvares, 1465-1541) 신부의 『에티오피아 주재 포르투갈 대사의 이야기』에 추가된 1561년 '부록'에 '리프린트'되어 실리기도 했다. 참조: Charles R. Boxer, "Introduction", lvi-1vii쪽. Charles R. Boxer (ed), *South China in the sixteenth century: being the narratives of Galeote Pereira, Fr. Gaspar da Cruz, O.P. {and} Fr. Martín de Rada, O.E.S.A. (1550-1575)*, Issue 106 of Works issued by the Hakluyt Society (Printed for the Hakluyt Society, 1953·2017).

가를 탐문한다. 통상 이런 명성을 가진 것으로 여겨지는 사람이 있으면 황제는 그가 있을 수 있는 제국의 어떤 지방으로부터든 소환하는 명을 내리고 그에게 블라오의 관직을 수여한다.242)

무명씨는 다른 중국인 죄수에게 소문을 듣고 기록한 만큼 많은 오류를 범하고 있다. 일단 그는 '*Colao*'(閣老)를 '*Vlao*'로 잘못 알아듣고 오기하고 있다. 그리고 제11대 가정제(1521-1566) 훨씬 이전부터 내각에 결원이 생길 때 내각대학사(각로) 후보를 한림원 학사로 한정해 내각수보(수상)가 한림원으로부터 후보를 선정해 조정에 천거하고 이 후보를 조정의 선거로 선발하여 황제에게 추천하면 황제가 임명의례를 행하는 것으로 정착되었었다. 이 과정을 이 무명씨는 황제의 전권으로 잘못 기술하고 있다. 아무튼 이것이 유럽인들에게 내각과 관련된 것을 소개된 최초의 기록이다.

후앙 곤잘레스 데 멘도자는 1585년 『중국제국의 역사』에서 내각제도의 여러 측면을 상세하게 소개한다. 그는 방대한 중국을 다스리는 '내각'에 관해 일단 이렇게 말문을 연다.

황제는 그가 거주하는 북경의 성내에 제국 전역에서 선발된, 다년의 통치경험을 가진 12인 내각대학사(counnsellers)의 내각(royal counsel)과 1인의 수보(a president)를 거느리고 있다. 내각대학사라는 것, 이것은 한 인간이 얻을 수 있는 최고·최상의 존위다. (앞서 말한 대로) 이 왕국에는 국왕과 그의 아들인 왕자 외에는 대공·공작·후작·백작도 없고, 신민들을 거느린 영주

242) R. H. Major, "Introduction", xlviii쪽. Juan Gonzalez de Mendoza, *The History of the Great and Mighty Kingdom of China and The Situation Thereof* [1585], with an Introduction by R. H. Major (London: Printed for the Hakluyt Society, 1853).

도 없기 때문이다.[243]

멘도자는 명나라 13대 황제(신종 만력제) 치하의 장거정 시대 내각제를 묘사하고 있다. 특별한 것은 통상 6인의 대학사로 구성되는 내각 정원이 1570-80년대 장거정 내각에서는 12인으로 늘었다는 점이다.[244] 이어서 멘도자는 내각대학사가 될 자격을 말한다.

이 대학사들과, 이들에 의해 임명된 각성各省 총독들은 이 칭호를 보유한 경우와 같이 다른 경우에도 동일한 평가가 지속되는 시간 때문에 존경받고 숭앙되는 인물들이다. 내각대학사가 되기 위해서는 국법과 도덕·자연철학에 정통하고 학식이 있으며 이런 분야의 학위를 수여받는 것으로 충분치 않다. 그들은 점성술(역학?)과 심판에도 정통해야 한다. 15개 성 전부를 다스리는 내각에 속해야 하는 사람들은 뒤이어 일어날 것을 예보하고 다가올 모든 필수불가결한 것들에 더 잘 대비하기 위해 상술된 모든 것을

243) Juan Gonzáles de Mendoza, *Historia de las cosas mas notables, ritos y costumbres del gran Reyno de la China* (1-2권, Roma, 1585; Madrid & Bercelona, 1586; Medina del Campo, 1595; Antwerp, 1596). 영역본: Juan Gonzalez de Mendoza, *The History of the Great and Mighty Kingdom of China and The Situation Thereof*, the First and the Second Part (London: Printed for the Hakluyt Society, 1853), Part 1, 96-97쪽.

244) "앞서 말한 대로"라는 구절은 앞에 나온 다음의 설명을 가리킨다. "이 왕국 전역에는 (터키에서와 같은) 신민이나 가신을 거느린 영주도 없고, 가산(家産)과 부동산, 또는 왕이 훌륭한 봉직이나 통치에 대한 보답으로, 아니면 특별한 존경에 대한 보답으로 하사한 것 외에 그 어떤 관할권을 가진 적법한 영주도 없다. 모든 것은 몸과 더불어 끝나고, 왕이 책무나 의무에서가 아니라 예양에서 고인의 아들에게 하사하는 것을 제외하고는 전부 다시 왕에게로 돌아간다. 이것은 이 제도가 탐욕이나 어떤 다른 의도를 위한 것이 아니라, 부유하거나 유력한 어떤 영주가 있다면 생겨날지도 모를 불미스러운 일이나 역모의 원인을 피하기 위한 것이라는 점을 이해하게 해준다." Mendoza, *The History of the Great and Mighty Kingdom of China*, Part 1, 79-80쪽. 이것은 중국에는 세습귀족이 없다는 말이다. 이 사실은 1613년 퍼채스에 의해 "왕 외에는 아무도 고귀한 사람이 없는(none is great but the King) 나라"로 표현된다.

아는 것이 필수적이라고 그들이 얘기하기 때문이다.[245]

대학사 자격에 대한 설명에 이어 내각 각로들의 대우와, 내각회의가 개최되는 장소인 전각 내부를 설명한다.

이 12인의 내각대학사는 통례적으로 궁내의 내각에 참여한다. 이 내각을 위해 경이로울 정도로 화려하게 장식된 전각이 배정되어 있다. 똑같이 생긴 13개의 의자들 중에서 6개는 금박의자이고 6개는 은박의자다. 이것이나 저것이나 진귀한 것으로 장식되어 아주 고가다. 13번째 의자는 훨씬 더 화려하다. 금으로 만들어졌고 고가의 보석들로 가득 꾸며져 있기 때문이다. 이 의자는 금사金絲로 짠 차양이나 호화로운 직물 아래 12개 의자의 정중앙에 놓여 있다. 이 13번째 의자에는 왕의 문장이 수놓아져 있고, 말한 바대로 일정한 용들이 금사로 짜여 있다. 왕이 결석할 때, 이 의자에는 수보가 앉는다. (이런 일은 드물지만) 왕이 참여하면 수보는 금박으로 된 오른편의 첫 번째 가장 높은 의자에 앉는다. 이 의자들과 다른 쪽의 은으로 된 의자에는 대학사들이 연령순으로 자리한다. 이런 식으로 수보가 죽으면 최연장자가 나아가 수보의 방을 물려받고, 그의 자리에는 금박의자 쪽에서 다섯 번째인 사람이 올라온다. 그리고 그런 식으로 네 번째 사람이 다섯 번째 의자로 올라간다. 이런 순서로 은박의자 쪽에서 나머지 사람들이 올라가고, 또 다른 금박의자로 넘어간다.[246]

내각수보가 '내각회의에 거의 참석하지 않는 국왕'을 대신해 13번째 의자, 즉 '왕좌'에 앉는다는 것은 수보와 내각이 중국의 황제를 대행

245) Mendoza, *The History of the Great and Mighty Kingdom of China*, Part 1, 97쪽.

246) Mendoza, *The History of the Great and Mighty Kingdom of China*, Part 1, 97-98쪽.

하는 것을 뜻하는 것으로서 수보와 내각의 권한이 오늘날 영국 수상과 내각처럼 막강했음을 보여준다. 그러나 수보와 내각의 이런 막강한 권한이 황권을 견제할 수 있는지 여부에 대해서는 멘도자가 직설적으로 밝히지 않고 있다. 나중에 1600년경 명대 중국의 중앙정치를 분석한 마테오리치는 트리고에 의해 1615년 공간된 『중국인들 사이에서의 기독교 선교』에서 '황권이 내각에 의해 제약되고 견제되는' 중국의 '내각제적 제한군주정'의 본질을 명확하게 밝히게 된다. 즉, 마테오리치는 오직 내각만이 법과 정책을 발의하고 의정하고 의결할 수 있으며, 이런 까닭에 황제는 내각을 거치지 않고 독자적으로 칙령을 발령할 수도 없고 또 법안과 정책안을 발의할 수도 없으며 황제는 오직 내각의 결정들을 사후에 비준할 뿐이라는 사실관계를 규명했다. 상론했듯이 명대 중국의 역대 황제는 신민의 자유와 자치를 보장하는 '무위치자' 또는 '공치자共治者'였다.

하지만 멘도자는 궐위된 내각대학사의 임명을 내각 자체의 독자적 권한으로 묘사함으로써 간접적으로 내각의 상대적 자립성과 황권의 상대적 제한성을 짐작할 수 있게 한다.

> (누군가 사망한다면) 수보는 왕의 동의 없이 서열대로 각자를 다 승진시키기 위해 이것(내각회의 안에서 대학사들의 상승적 자리이동)을 행해도 된다. 그리고 이 의자들 중 어떤 의자가 공석이면, 내각은 투표로 다른 한 사람을 선출한다. 이 선출은 공정한 절차로 수행되고, 가장 많은 표를 얻은 사람이 발탁된다. 이 발탁 과정에서 가장 주요한 것은 성적(merit)과 역량(sufficiency)이다. 선출된 자가 어떤 정부에도 참여치 않고 있다면, 내각은 (재야의) 그에게 사람을 보낸다. 그러나 그가 도성 안의 현직에 있다면, 내각은 그를 국왕 앞으로 데리고 와서 그에게 선거 사실을 인지시킨다. 이것

을 받아들이느냐 무효로 만드느냐는 선출된 자의 권한에 속하지만 무효로 만든 일은 일어난 적이 없다. 그다음, 왕은 관습에 입각해서 몸소 그에게 나라의 법률에 따라 똑바로 공정하게 행하며 총독과 지방장관의 선발이나 다른 어떤 심판에서든 마찬가지로 똑바로 행하고 애착에 이끌리지도 감정에 이끌리지도 않을 것이며 그 자신이 직접 받은 타인이 대신 받은 어떤 뇌물도 받지 않을 것이라는 내용의 엄숙한 선서를 하게 한다.247)

"내각은 투표로 다른 한 사람을 선출한다"는 구절은 대학사 인사권이 왕에게 있는 것이 아니라, 내각에 있다는 것을 보여준다. 이 구절로는 선출투표를 내각대학사들이 하는 것인지, 조정대신들이 하는 것인지 불분명하지만, 만력제시대의 역사단계에서는 수보가 조정회의에 대학사 후보자를 천거하고 조정회의는 관례적으로 이 후보에 대해 찬반투표를 거쳐 추천하는 절차로 대학사 선임이 이루어졌다. 상론했듯이 사실상 대학사 임명권은 수보의 관행적 권한에 속한 것이다.

또한 다른 곳에서 멘도자는 중앙정부가 직할하는 두 직예성直隸省에 대한 지배를 왕과 내각의 공치共治처럼 묘사함으로써 내각제적 제한군주정의 면모를 보여주기도 한다. "톨란치아와 파구이아(남경과 북경 – 인용자)라고 불리는 두 성은 왕이 그의 내각과 함께 직접 다스린다."248) 또는 내각이 직할한다고도 표현한다. "당신은 파구이아와 톨란치아라는 두 성이 어떻게 왕의 최고내각에 의해 다스려지는지를 알게 된다."249)

---

247) Mendoza, *The History of the Great and Mighty Kingdom of China*, Part 1, 98쪽.

248) Mendoza, *The History of the Great and Mighty Kingdom of China*, Part 1, 22쪽.

249) Mendoza, *The History of the Great and Mighty Kingdom of China*, Part 1, 100쪽.

군주와 내각의 공치에 대한 멘도자의 이 기술과, 내각대학사의 실질적 인사권이 이렇게 황제의 권한으로부터 독립해서 내각의 관할범위로 이전된 사실에 대한 그의 서술은 간접적으로 내각의 의정·의결권의 상대적 독립성을 보여주는 언명들이다.

또한 곤잘레스 후앙 데 멘도자는 내각제도와 내각대학사들의 관할업무도 상세하게 열거한다.

> 이 내각에서 내각대학사들은 매달 자문할 가치가 있는 왕국 전역에서 일어나는 만사를 총람하는데, 이것은 틀림없다. 지방의 성省들을 다스리는 장관들은 성 안에서 전쟁, 국토, 국세, 기타 사항들과 관련해 일어나는 만사를 조정에 보고하라는 긴급 칙령(express commandment)을 받들고 있다. 이 칙령은 아주 정성들여 이행되어서, 조정으로부터 500리그(1리그=4.827km) 떨어진 성일지라도 보고우편은 지정된 날짜를 어기지 않는다. 내각은 먼저 도착하는 우편을 마지막 우편이나 가장 멀리 떨어진 지방의 우편이 도착할 때까지 묵혔다가 모두 모아 한꺼번에 보고한다. 곧 도착할 만큼 가깝거나 엎드리면 코 닿을 듯한 거리에 위치한 지방들은 매일 앞다퉈 우편보고를 한다. (…) 내각이 결과적으로 모든 우편의 보고를 입수했을 때 수보는 지체 없이 왕에게 이에 대해 직보直報한다. 그다음 그는, 또는 (필요하다면) 그의 명을 받은 내각은 그때 필요한 것에 대해 방책을 조치한다. 그리고 같은 일에 관해 감찰어사를 파견해야 할 필요가 있으면, 어사를 바로 임명해 화급하게 비밀리에 파견한다. 이 어사는 알려지지 않은, 아니 잘못이 저질러진 도시에서는 전혀 알려지지 않은 방식(암행방식 – 인용자)으로 조사를 수행한다.[250]

250) Mendoza, *The History of the Great and Mighty Kingdom of China*, Part 1, 99-100쪽.

이로써 멘도자는 왕권을 제한하고 견제하는 중국내각제와, 이에 입각한 중국의 제한군주정을 최초로 상세하게 유럽에 소개한 것이다. 멘도자의 이 저작은 중국정치에 관한 이렇게 놀랍도록 정확한 서술들을 담고 있는 점에서 마르코 폴로의 『동방견문록』(1300년경)을 수십 배 능가하는 책이었다.

새뮤얼 퍼채스는 1613년에 출판되어 중판이 거듭된 『퍼채스, 그의 순례여행(*Purchas, His Pilgrimage*)』에서 약 50쪽에 걸쳐 만주와 명대 중국에 관해 기술하고 있다. 여기서 퍼채스는 공자를 플라톤이나 세네카와 비유하고 있다.[251] 그러나 퍼채스는 중국의 헌정체제에 대해서는 "왕은 절대군주이고, 세수稅收 면에서 유럽과 아프리카에 소재하는 모든 군주들을 초월한다"고 기술하고 있다.[252] 그는 중국의 과거제와 학위제도 및 관료행정에 대해 상술詳述한데[253] 이어 육부에 대비시켜 내각의 비중을 기술한다.

> 이 여섯 명의 만다린(육부 상서 - 인용자)은 왕의 주요 자문단(Prime Councell)인 하나의 만다린 집단에 비해 열등하다. 이 치자들은 결코 유럽의 귀족들과 재부 면에서 비교할 수 없다.[254]

251) "중국인들은 일정한 지자들이나 철학자들이 2000여 년 전에 정치철학이나 도덕철학에 관해 쓴 저작들을 가지고 있다. 그들이 성인으로 존경하는 저자들, 특히 만다린들이 매년 한 번 제사를 지내고 왕들이 대대로 오늘날까지도 그 후손을 예우하는 저자는 공자다. 공자만이 (...) 그의 글귀의 강도와 무게에 있어서 플라톤이나 세네카와 비견될 만하다." Samuel Purchas, *Purchas, his Pilgrimage. Or Relations of the World and the Religions observed in all Ages and Places discovered from the Creation unto this Present* (London: Printed by William Stansby for Henrie Fetherstone, 1613·1614), 439쪽. 또 443쪽도 보라.

252) Purchas, *Purchas, his Pilgrimage*, 439쪽.

253) Purchas, *Purchas, his Pilgrimage*, 439, 438-439, 440쪽.

254) Purchas, *Purchas, his Pilgrimage*, 439쪽. 또 443쪽도 보라.

이 문장에 등장하는 "왕의 주요 자문단인 하나의 만다린 집단"은 내각을 가리킨다. 퍼채스는 "열등하다"는 말로써 육부와 내각 간의 권력서열을 분명히 밝혀주고 있다. 그러나 그는 내각에 대해 더 이상 논하지 않는다.

마테오리치는 1615년 『중국인들 사이에서의 기독교 포교』에서 황권과 내각권의 권력분립과 내각의 독립성 정도를 상세하게, 그리고 정밀하게 소개한다.

> 행정관들에 의해 기안되는 모든 법규가 황제에게 제출된 재가신청서에 글을 씀으로써 황제에 의해 확인될지라도 황제 자신은 행정관들에게 자문하거나 이들의 조언을 고려하지 않는다면 중요한 국사에서 최종결정을 내리지 못한다. 우연히 어느 사적 시민이 황제에게 청원을 제출한다면 – 이런 모든 문서는 황제 앞에 도달하기 전에 행정관들에 의해 먼저 정사精査되어야 하기 때문에 이런 일은 거의 일어나지 않을 것이다 –, 그리고 그가 이 청원에 개인적 숙고를 부여하고 싶다면, 황제는 청원서에 다음과 같이 표기해야 한다. '이 특별한 문제를 담당하는 부처로 하여금 이 청원을 살펴보게 하고 내게 최선의 처리방법에 관해 조언케 하라.' 나(마테오리치)는 그것에 대한 철저한 조사를 수행했기 때문에 다음과 같은 것을 확실한 것으로 단언할 수 있다. 황제는 행정관들 중 한 사람의 청구에 따른 경우가 아니라면 아무개에 대한 금전수여를 늘리거나 아무개에게 관직을 수여하거나 이 관직의 권한을 늘릴 권한이 없다.[255]

---

255) Mateo Ricci (Nicolas Trigault, ed.), *De Christiana expeditione apud Sinas* (Augsburg, 1615), Chap. V. 영역본: Luis J. Gallagher, *China in the Sixteenth Century: The Journals of Matthew Ricci* (New York: Random House, 1942·1953), 45쪽.

여기서 "황제 자신이 자문하거나 조언을 고려해야 하는 행정관"은 내각 각로(내각대학사)를 말한다. 마테오리치는 "황제 자신은 행정관들에게 자문하거나 이들의 조언을 고려하지 않는다면 중요한 국사에서 최종결정을 내리지 못하고", 또 "모든 문서는 황제 앞에 도달하기 전에 행정관들에 의해 먼저 정사精査되어야 한다", 그리고 "황제는 행정관들 중 한 사람의 청구에 따른 경우가 아니라면 아무개에 대한 금전수여를 늘리거나 아무개에게 관직을 수여하거나 이 관직의 권한을 늘릴 권한이 없다"고 밝힘으로써 황권이 내각에 의해 제한된 '수동적' 성격의 권한인 반면, 내각권은 '능동적' 정책권한이라는 것을 정확하게, 그리고 상세하게 규명하고 있다. 마테오리치는 이에 대해 자신이 "철저한 조사를 수행했다"고 밝히고 있다.

황제에 대한 '자문권과 조언권'을 통해 황제권을 제약하는 각로를 마테오리치는 이렇게 설명한다.

> 행정관 일반과 관련해서는 두 가지 판이한 서열 또는 등급이 있다. 첫 번째 상위서열의 행정관들은 조정의 다양한 전각殿閣들을 다스리는 관리들로 구성된다. 조정은 전 제국의 지배에 대해 모델인 것으로 여겨진다. 두 번째 서열은 지방(省)이나 도시(府)를 다스리는 모든 지방행정관과 수령을 포함한다.256)

'황제에게 자문하고 조언하며 황제권을 제한하는 측근 행정관들'은 '첫 번째 상위서열의 행정관들'이다. 이들은 다시 상서와 대학사로 구분된다. 이 대학사들은 일반적으로 '각로'라는 호칭으로 부른다.

---

256) Gallagher, *China in the Sixteenth Century: The Journals of Matthew Ricci*, 46쪽.

이 정규 부처(육조) 외에 3-4명 또는 때로 6명으로 구성된 또 다른 종류의 중앙부처(*federal bureau*)가 있다. 이들은 '각로閣老(*Colao*)'로 알려져 있고, 이들의 특수한 책무는 제국의 일반적 안전이다. 그것은 황위의 기무참예機務參預(*secret service of throne*)다. 황제가 지금은 옛 관습처럼 공개적으로 국사를 각로와 면의面議하는 일에 참여하지 않는 만큼, 각로들은 하루 종일 조정 안의 전각에 남아 있으면서 황제에게 올린 수많은 청원(장주)들에 응답한다. 각로들의 답변(표의)은 황제에게 상신되고, 황제는 이 답변들을 승인하든가 기각하든가 적합하다고 생각하는 대로 변경하든가 하고, 그가 글로 내리는 최종결정은 그의 직접적 명령으로 집행에 들어간다.[257]

황제의 기무에 참예하는 고위관리들인 '각로들'이 진정한 실질적 치자인 것이다. 상론했듯이 공식 관직명은 '내각대학사內閣大學士'다. 그렇다면 중국내각의 각로, 또는 내각대학사는 누가 될 수 있는가? 마테오리치는 "각로는 오직 한림원의 관원들로부터만 임명된다"고 말한다.[258] 상론했듯이 이것은 꼭 그랬던 것은 아니지만 시간이 흐르면서 이런 방향으로 굳어졌다.

중국군주는 내각제에 의해 입법·명령권이 제한된 '제한군주'였을 뿐만 아니라, 국가재산과 내탕(군주의 사유재산) 간의 분리를 통해 재산권에서도 제한된 '제한군주'였다. 마테오치리치는 내탕에 한정된 황제의 권한을 말한다.

하지만 여기(관직과 금전수여에 관한 황제의 권한 부재)로부터, 황제가 그 자신의 권위로 황족들에게 상을 줄 수 없다는 결론을 도출해서는 아니 된다.

---

257) Gallagher, *China in the Sixteenth Century: The Journals of Matthew Ricci*, 48-49쪽.
258) Gallagher, *China in the Sixteenth Century: The Journals of Matthew Ricci*, 50쪽.

이것은 자주 있는 일이다. 자기 친구들에게 사적 소득에서 도움을 주는 것은 고래의 관습이지만, 이 상은 공적 재산으로 등록되어서는 아니 된다. 황제가 내린 이런 종류의 선물은 황제의 사유재산에서 끌어오지, 공적 기금에서 인출되지 않는다.[259]

중국에서 황제의 사유재산으로서의 '내탕'과 호부 관할 하의 '국가재산'은 오래전부터 엄격히 분리되어 있었다. 재산권 측면에서도 황제는 국유재산을 사적으로 손댈 수 없는, 그야말로 영락없는 '제한군주'였던 것이다.

■ **중국 내각제에 대한 세메도의 보고**

알바레즈 세메도(Alvarez Semedo)는 1641년 『중국제국기』에서[260] 선교사로서 오랜 세월 중국에 살면서 관찰하거나 경험하고 학습한 중국의 지리, 중국인의 기질, 풍습, 언어와 글자, 교육과 학습, 과거제, 서적과 공자, 학문·예술, 예의범절, 잔치, 놀이, 결혼식, 장례식, 종교, 제사, 군사제도, 황제, 환관, 비세습적 귀족, 정부와 관원, 관작, 형사제도 등 거의 모든 것을 자세히 소개하고 있다. 그는 거기서 명나라의 육부, 과도관科道官 등 중국의 중앙통치제도를 상세하게 설명하고 마지막으로 내각제를 비교적 정확하게 소개한다.

---

259) Gallagher, *China in the Sixteenth Century: The Journals of Matthew Ricci*, 45쪽.

260) Alvarez Semedo (Alvaro Semedo), *Imperio de la China y Cultura Evangelica en el por les Religios de la Compania de Jesus* (Madrid: 1641). English edition: *The History of the Great and Renowned Monarchy of China* (London: Printed by E. Taylor for John Crook, 1655).

나머지 모든 관서보다 상위에 있고 왕국의 최고위 고관들인, '한림원'이라 불리는 왕립학술원의 관원들 외에, 그것도 오랜 세월 통치를 하고 어떤 봉박封駁도 당하지 않을 정도로 능력과 인품을 입증한 한림관원 외에 아무도 도달할 수 없는 또 하나의 관청이 있다. 그들은 '각로(Colao)'라는 이름으로 불리는데, 그들은 보통 4명이고 결코 6명을 넘을 수 없다. 옛 황제(지금 통치하는 황제의 조부)는 한때 더 이상 필요 없다고 말하면서 각로를 1명만 설치한 적도 있다. 각로들은 정해진 직책을 갖지 않지만, 왕국 전체의 통치를 감독하는 눈을 가졌다. 우리가 이들을 모든 보좌관들 안에서 그리고 정부를 통틀어 '최고 통령들(supreme Presidents)'이라고 부르는 것도 부적절하지 않다. 이들은 다른 보좌관들과 동석하는 것이 아니라, 국사의 모든 신속처리에서 황제를 보좌한다. 오늘날 황제가 그곳에 친히 면의面議하는 관행을 그쳤기 때문에 각로들은 매일 올라오는 장주章奏와 모든 업무를 수령하고 응답하기 위해 궐내에서 언제나 보필한다. 이들은 이것들을 왕에게 보고하고, 왕은 이에 대해 마지막 비답批答을 표한다.261)

한때 각로를 1명만 설치한 "옛 황제"는 대학사 방종철方從哲에게 7년간 홀로 내각을 지키게 방치한 제13대 만력제이고, "지금 통치하는 황제"는 제15대 희종 천계제일 것이다. 여기서 세메도는 내각제의 핵에 접근하고 있다. 하지만 그는 아쉽게도 왕과 각로의 관계에 대해 이 정도로 말하는 것으로 그치고 있다. 왕과 내각 간의 권력분립 상태에 대해 아는 것이 없었던 것으로 보인다. 그러나 각로의 정치적 지위에 대해서는 다른 서적에서 볼 수 없을 만큼 자세히 언급한다.

261) Semedo, *The History of the Great and Renowned Monarchy of China*, 128쪽.

각로들은 모든 관리들에 의해 아주 많이 존중되고, 정해진 날 공개홀에서 관리들은 그들의 직속상관에게 하듯이 각로들에게 공경의 예를 표한다. 각로는 일어서고 궁궐의 모든 관원들은 순서대로 각로들 앞을 지나간다. 그들이 각로들을 정면으로 마주보고 넘어올 때 그들은 각로들을 향해 몸을 돌려 땅에 닿도록 깊은 존경의 예를 표한다. 그들은 이 의전을 '콰담(Que Tham, 過堂)', 즉 '회당會堂 지나가기'라고 부른다. 각로들의 표장, 즉 영예의 배지는 나머지 관원들의 그것과 다르고, 투세(Tu Xe)라고 불리는 그들의 반대鞶帶는 보석이 많이 박혀 있다. 오직 그들만이 이것을 차도록 허용되었는데, 이것은 유럽의 왕들이 기사들에게 각 등급의 경식장頸飾章(Collars)을 하사해온 관행처럼 왕이 각로들에게 하사한 것이다. 그리고 각로들이 아플 때, 오직 이들에게만 조정으로부터 보약과 진미들을 갖고 이들을 문병하러 사람이 보내진다. 각로는 이것들을 가지고 오는 환관들에게 충분히 감사를 표하는데, 각로가 환관들에게 주는 액수가 적어도 50크라운이다. (....) 그들은 조정뿐만이 아니라 왕국 전체도 다스리는 대궐 최고의 총괄통치자들이다.[262]

이처럼 세메도는 명대 말엽인 1641년 시점에 추적하기 힘들었을 명대의 원형 내각제의 이모저모와 각로들의 존엄성을 잘 묘사하고 있다.

■ 중국 내각제에 대한 키르허 · 웹 · 니우호프의 보고

아타나시우스 키르허의 『중국해설』은 중국제국을 "모든 제국 중에서 그 15개의 왕국의 분지分枝에 이르기까지 가장 부유하고

---

262) Semedo, *The History of the Great and Renowned Monarchy of China*, 127-128쪽. 1크라운은 은화 5실링이다.

가장 강력한 제국"으로 소개하면서, "오늘날 세계의 다른 모든 왕국들보다 더 절대적인 군주정"으로 규정하고 있다.[263] 그리고 이어서 키르허는 중국의 왕은 "누구에게도 자문할 필요가 없는 전全 왕국의 절대적 수장이고 지배자"라고 말하고, 이어서 바로 모순되게도 그는 육부와 더불어 왕권을 견제하는 "각로閣老(Colao)라고 불리는 보정輔政"으로서 "왕 다음의 최고지위를 차지하는" 내각 대학사를 소개하고 있다.[264]

영국의 국보급 왕실건축가이자 철학자인 존 웹은 찰스 2세에게 헌정한[265]『중국의 유구성』에서 중국의 군주정을 '이성理性군주국'으로 예찬하는 감격 속에서 중국황제를 '철인왕'으로 소개한다.

> 중국인들의 정부정책에 관한 한, 나는 키르허가 전하는 것을 주로 말할 것이다. 세상에서 어떤 군주정이 바른 이성의 정치적 원리와 명령에 따라 구성된 적이 있다면, 그것은 감히 중국 군주정이라고 말해도 된다. 왜냐하면 만사가 선비 또는 지자들의 통치와 권력 아래 있는 반면, 또한 전 제국의 국사가 이 지자들의 손을 거쳐야만 처리되는 만큼 그 왕국에서는 만물만사가 아주 위대한 질서 속에 놓여있는 것으로 드러나기 때문이다. 글과 학문에서 아주 많이 배운 식자들만이 어느 정도의 영예에 도달할 수 있을

263) Athansius Kircher, *China Monumentis, qua sacris qua Profanis, nec vanriis naturae and artis spectaculis, aliarumque rerum memorablium argumentis illustrata* [*China Illustrata*] (Amsterdam: 1667). 영역판: Athansius Kircher, *China Illustrata*, translated by Charles D. Van Tuyl (1986). http://hotgate.stanford.edu/Eyes/library/kircher.pdf. 최종검색일: 2013.1.20.Kircher, *China Illustrata*, 159쪽. 이 책은 니우호프의 1669년 저작 (*An Embassy from the East-Indian Company of the United Provinces to the Grand Tatar Cham, Emperour of China*)에 발췌되어 '부록'으로 실렸다.

264) Kircher, *China Illustrata*, 161쪽.

265) William W. Appleton, *A Cycle of Cathay: The Chinese Vogue in England in the Seventeenth and Eighteenth Centuries* (New York: Colombia University Press, 1951), 28쪽.

따름이다. 한마디로, 중국인들의 왕은 철인이고, 철인은 왕이라고 말할 수 있다. 세메도는 이 왕들이 만사를, 훌륭한 통치, 화합, 평화, 가정의 평온, 그리고 덕행에 가장 많이 기여하는 방식으로 배열한다고 말한다. 이런 까닭에 그렇게 거대한 제국이 단지 말하자면 하나의 잘 다스려진 수도원인 것처럼 보인다고 그는 우리들에게 말한다.[266]

존 웹은 여기서 자신의 합리론적 관점에서 공자의 '치자' 개념을 플라톤의 지성주의적 '철인치자'로 오해하면서 극찬하고 있다. 공자의 덕성주의적 '군자' 개념을 지성주의적 '철인치자'로 풀이하는 이런 합리론적 오해는 처음에 주로 예수회 선교사들에 의해 조장되었지만,[267] 나중에는 라이프니츠, 크리스천 볼프 등 합리론 계통의

266) John Webb, *An [sic!] Historical Essay, Endeavoring a Probability* .."(London, 1669). 재판: *Antiquity of China, or An* [sic!] *Historical Essay, Endeavoring a Probability that the Language of the Empire of China is the Primitive Language* (London: Printed for Obadiah Blagrave, 1678), 92-93쪽. 세메도의 관련 부분은 Semedo, *The History of the Great and Renowned Monarchy of China*, 86-87쪽에서 인용한 것이다. 세메도는 말한다. "공공에 은혜를 베푼 유명한 은인들이었던 인물들의 영예를 기리는 사당들도 있다. 이곳에는 그들의 영정이 모셔져 있다. 그들은 위로 4대까지 그들의 조상들에게도 같은 영예를 바친다. 이승에서의 영혼에 관한 한, 그들은 이것을 믿지 않지만, 어떤 것을 위해 기도하지도 않는다. 그럼에도 그들은 이승에서의 세속적 도움과 행운을 구하고, 저 인물들의 훌륭한 치적과 성취를 모방하기를 바란다. 이것에 의해 그들은 백성들 안에서 헌신을 불러일으켜 백성들이 하늘과 땅이 어떻게 보편적 부모로서 존숭되는지를 보고 자신들의 개별적인 부모들도 존경하고, 이전 시대의 유명한 인물들이 어떻게 존숭되는지를 보고 이것에 의해 이 인물들을 모방하려고 애쓰고, 이 인물들의 죽은 조상들이 어떻게 섬겨지는지를 보고 자신들의 살아 있는 부모들을 어떻게 섬길지를 배운다고 생각한다. 한마디로 그들은 가정의 화목과 안녕을 결합시키고 덕행을 수행하도록 만사를 훌륭한 통치에 가장 많이 기여하게끔 배열해 놓고 있다." 이에 대해서는 다음도 참조: Arnold H. Rowbotham, "The Impact of Confucianism on Seventeenth Century Europe", *The Far Eastern Quarterly*, Vol. 4, No. 3 (May, 1945), 225쪽.

267) 참조: John James Clarke, *Oriental Enlightenment. The Encounter between Asian and Western Thought* (London.New York: Routledge, 1997), 41쪽.

철학자들에게서도 종종 반복된다.[268] 그는 '내각'과 '각로'를 언급하지 않지만 아무튼 중국의 군주정이 철학적 선비들의 통치와 권력에 의해 제약된 '최상의 제한군주정'이라고 설명하고 있다.

존 웹은 중국의 정책·법률·통치술도 최상의 것으로 찬미한다. "(유럽에서) 우리의 그것들처럼 소홀히 집행되지 않는 정부의 정책, 치자들의 통치술, 백성을 위한 법률에 관한 한, 고래로 또는 지금까지 알려진 제국도, 왕국도, 공화국도 중국의 군주정과 경쟁할 수 없다."[269] 이런 감격 속에서 웹은 심지어 고대 스파르타의 신적 입법자 리쿠르고스가 중국에 방문했을 것으로 추정한다.[270] 또한 그는 중국을 정복한 만주족의 청나라도 중국 고래의 우수한 법제와 명나라의 제도를 그대로 계승했다는 사실도 정확히 적시한다.[271] 다른 한편으로 그는 공자를 예찬하고 공자의 도덕철학과 중국의 교육제도·과거제를 상론한다.[272]

존 니우호프는 1669년 『네덜란드연합주의 동인도회사로부터 대만주 칸, 중국황제에게 파견된 사절단』(이하 『네덜란드의 중국사절단』)에서 내각제를 분석하고 있다. 이 네덜란드의 중국사절단은 1655년과 1658년 사이에 중국으로 파견되었다. 『네덜란드의 중국사절단』은 니우호프가 이 사절단의 서기로서 수행하여 작성한 공식보고서

---

268) 참조: Gottfried Wilhelm Leibniz, "Remarks on Chinese Rites and Religion" (1708), §9. Leibniz, *Writings on China*, translated, with an Introduction, Notes, and Commentaries by Daniel J. Cook and Henry Rosemont, Jr. (Chicago.LaSalle: Open Court Publishing Company, 1994); Christian Wolff, *Oratorio de Sinarum philosophia practica* (1721.1726) - *Rede über die praktische Philosophie der Chinesen*, übersetzt, eingeleitet und herausgegeben von Michael Albrecht (Hamburg: Felix Meiner Verlag, 1985), 13쪽.

269) Webb, *The Antiquity of China*, 206-207쪽.

270) Webb, *The Antiquity of China*, 207쪽.

271) Webb, *The Antiquity of China*, 132-135쪽.

272) Webb, *The Antiquity of China*, 99-102쪽.

의 공간본이다. 니우호프의 보고서는 윌리엄 템플에게 가장 직접적인 영향을 미쳤다. 템플은 중국 내각제와 정부제도를 분석한 그의 에세이 「영웅적 덕성에 관하여(Of heroic Value)」(1687년경)에서[273] 중국의 성도省都의 수와 소도시의 수와 같은 세부사항의 묘사에서 니우호프를 그대로 따르고 있다. 이것은 직접영향의 증거이다. 왜냐하면 템플이 제시한 도시의 수치들은 (보통 이 수치들이 중국에 대한 보고서들마다 엄청나게 다른데도) 니우호프가 제시한 수치와 정확하게 일치하기 때문이다. 그리고 정부에 관한 템플의 세부적 설명은 니우호프 저작의 제II부 I장 "Of the Government and the several Chief Officers in China"에 실린 내용과 그대로 합치된다.[274] 게다가 템플은 「영웅적 덕성에 관하여」에서 특히 중국 명대의 내각제적 군주정의 '제한적' 성격에 대한 니우호프의 예리한 분석을 놓치지 않고 정확히 재현하고 있다.

니우호프는 중국의 군주정을 다음과 같이 설명하면서 중국 군주를 일단 '절대군주'로 기술한다.

> 지금 중국왕국 또는 중국제국은 대대로, 기억할 수 없는 시간의 흐름 또는 긴 시효 속에서 단 한 사람에 의해 통치되어 왔다. 최고권위는 늘 군주정이었다. 귀족과 인민권력은 중국인들에게 완전히 미지의 것이어서, 우리는 북경에 있을 때 그들에게 우리의 네덜란드연합주(the United Provinces) 정부가 무엇인지, 우리의 총독(High and Mighty Lords)과 삼부회(States General)

---

273) Sir William Temple, "Of Heroic Virtue", *The Works of William Temple* (London: Printed by S. Hamilton, Weybridge, 1814).

274) 니우호프의 『네덜란드의 중국사절단』과 템플의 「영웅적 덕성에 관하여」간의 연관성에 관해서는 참조: Clara Marburg, *Sir William Temple. A Seventeenth Century 'Libertin'* (New Haven: Yale University Presss, 1932), 57-60쪽.

를 이해시키는 것이 힘든, 그리고 아주 어려운 일이었다. 중국의 왕 또는 황제는 그의 모든 백성의 생명과 재산을 지배한다. 오직 그만이 최고의 수장이고 통치자다. 그리하여 중국정부는 (...) 절대군주정이다. 왕권은 아버지에서 아들로 세습된다.[275]

그러나 바로 이어서 니우호프는 중국의 선양禪讓제도와 역성혁명, 폭군방벌 등에 대한 설명을 덧붙여 절대군주정의 '절대성'을 상쇄시킨다.

다만 우리는 옛날에 2-3명의 왕이 통치에 부적합해서 자기들의 자식들의 왕위계승권을 박탈하고 자기들과 아무런 관계가 없는 낯선 사람의 손에 대권을 선양했다는 사실을 읽었다. 그리고 또한 신민들이 군주의 통치가 너무 가혹하고 사납고 잔학한 경우에 통치권을 합법적 군주의 수중으로부터 힘으로 빼앗아, 신민들이 자기들의 합법적 군주로 승인한, 신민의 기질에 더 부합되는 군주에게 통치권을 수여한 일이 종종 일어났다. 그러나 중국인들 중 많은 이들이 왕위에 대한 아무런 정당한 권리도 없이 무력으로 왕위를 찬탈하는 어떤 군주에게 충성을 맹세하느니 차라리 영예롭게 죽는 점에서 중국인들은 칭송받아야 한다. 그들은 '정녀는 두 지아비를 바꾸지 않고, 충신은 두 임금을 섬기지 않는다(*A honest woman cannot marry two husbands, nor a faithful subjects serve two lords*)'는 금언을 저들 간에 가지고 있다.[276]

---

275) John Nieuhoff, *An Embassy from the East-Indian Company of the United Provinces to the Grand Tatar Cham, Emperour of China, delivered by their Excellencies Peter de Goyer and Jakob de Keyzer, At his Imperial City of Peking* (Hague: 1669; 영역본 - London: Printed by John Mocock, for the Author, 1669), 149-150쪽. (이하: Nieuhoff, *An Embassy from the East-Indian Company of the United Provinces*).

이에 더하여 니우호프는 바로 그의 절대군주정 명제를 귀족제적 제한군주정 쪽으로 수정한다.

유능한 것으로 인정받는 사람, 법률적 박사칭호를 가진 사람, 큰 학문과 탁월한 재능을 가진 인물 외에는 아무도 정부와 관청에 선발되거나 채용되지 않는다. 왜냐하면 중국에서 신임의 자리나 관직에 선호되는 사람은 누구나 지식, 현명, 덕성, 의용의 명백한 증거를 제시했기 때문이다. 군주의 총애도, 그의 친구의 영광도 그가 비상한 능력을 지니지 않았다면 그에게 아무런 도움이 되지 않는다. 모든 치자들은 (...) 이 나라에서 '군자(Quonsu)'라는 관용어로 불린다. 이것은 관청에 적합한 사람들을 뜻한다. (...) 포르투갈 사람들은 중국의 치자들을 '만다린'이라고 부른다. 이것은 라틴어 '*Mandando*'(명령권자)에서 왔다. (...) 내가 서두에서 이 왕국 또는 제국이 단 한 사람이 지배한다고 말했을지라도, 이미 말해진 것과, 앞으로 말해질 것에 의해, 이 헌정체제가 귀족정과의 상당한 혼합을 보유한다는 것이 드러날 것이다. 왜냐하면 치자가 결론짓고 완전히 결정하는 것이 나중에 왕에 의해 비준되어야할지라도, 왕의 비준행위는 자신의 추밀원이 먼저 요청하기 전에 어떤 일이든 아무것도 친히 수행하지 못하기 때문이다. 또한 분명한 것은 특별한 권한을 가진 사람에 의해 왕이 요청받지 않는다면, 왕이 어떤 관직, 작위, 또는 치자 자리든 어떤 사람에게 수여하는 것이 결코 합법적이지 않다는 것이다. (...) 공공과세, 추징금, 부과금, 수입은 왕의 창고로 들어가는 것도 아니고, 왕이 마음대로 처분하지도 못한다.[277]

276) Nieuhoff, *An Embassy from the East-Indian Company of the United Provinces,* 150쪽.
277) Nieuhoff, *An Embassy from the East-Indian Company of the United Provinces,* 150-151쪽.

여기서 '추밀원'으로 불리는 것은 명대(1368-1644)의 '내각'이 아니라 청대의 '내각'을 가리키는 것이 틀림없다. 왜냐하면 『네덜란드의 중국사절단』에 꼬리제목으로 붙은 말("페테 드 고이에 각하와 자콥 드 케이제 각하가 북경 제도帝都에서 전하는[*delivered by their Excellencies Peter de Goyer and Jakob de Keyzer, At his Imperial City of Peking*]")이 밝히고 있듯이, 특사의 수행비서 니우호프가 이 '추밀원'이라는 말을 존 드 바뎀(John Maatzuyker de Badem) 바타비아(자카르타)총독에 의해 무역항 개항을 목적으로 1655년 7월 20일[278] 북경에 파견된 네덜란드 특사 고이에와 케이제에게서 전해들은 것이기 때문이다. 1655년이 명국이 멸망하고 청국이 수립된 연도인 1644년보다 11년 뒤의 시점이라는 데 유의해야 할 것이다.

상론했듯이 명대 내각제는 대체로 황제에 대한 내각의 우위로 특징 지워지는 반면, 청대 내각제는 황제와 내각의 대등성으로 특징지워진다. 니우호프는 중국의 군주정이 - 군주권을 수동적·조건부적 권한('비준권')으로 한정한 - 내각제적 제한군주정이라는 것을 "이 헌정체제가 귀족정과의 상당한 혼합을 보유한다"는 말로 표현하고 있다. 또한 그는 모든 정책을 발안하고 표의권票擬權(정책발의·의정권)을 장악한 추밀원(내각)의 내각권을 능동적·적극적인 것으로 기술하는 반면, 왕의 '비홍권'(비준권), 관직·작위·지위수여권 및 재정권財政權을 이 내각권에 구속된 수동적·소극적 권한으로 규정하고 있다.

그리고 니우호프는 중국의 중앙정부와 지방정부를 나누고 중앙의 육부를 상론한[279] 다음, 바로 내각제를 설명하고 있다.

---

278) Nieuhoff, *An Embassy from the East-Indian Company of the United Provinces,* 1쪽.

279) 참조: Nieuhoff, *An Embassy from the East-Indian Company of the United Provinces,* 151-152쪽.

이 모든 부처 외에 나머지 모든 관직보다 높은 또 하나의 협의체(*Council*)이자, 황제 다음 자리의 최고권위체가 있다. 이 부처 안에 앉은 사람들은 각로閣老(*Colaos*)라고 불린다. 이들의 수는 대개 4-6명이고, 모든 다른 부처 안에서, 그리고 제국 안에서 가장 엄선된 인물들이다. 따라서 이들은 존중되고 공경받는다. 그들 내부로는 어떤 사적인 일도 끌어들이지 않는다. 왜냐하면 그들은 추밀내각(Private Council) 안에 황제와 대면하고 앉아서 공공복리와 공적 통치만을 신경 쓰기 때문이다. 상술된 육부는 국사에 대해 어떤 결정도 하지 않는 만큼 국사에 간섭하지 않기 때문에 다만 봉박하고 협의할 뿐이고, 나중에 장주章奏의 경로로 그들의 조언을 황제에게 상주하고, 그러면 황제는 그가 이유를 아는 정도에 따라 육부가 상주한 것을 고치거나 비홍批紅한다. 그러나 황제가 그 자신의 판단을 완전히 신뢰하는 것으로 보이지 않기 때문에, 몇몇 최고의 철학자들은 항상 각로들이나 내각을 보좌하고, 끊임없이 황제에게로 거대한 양으로 밀려드는 장주를 처리하기 위해 매일 입궐한다. 이렇게 내려지는 최종 결론을 황제가 그 자신의 손으로 비준하고 나서야 황제의 칙령은 집행될 수 있다.[280]

니우호프는 짧은 글 안에 내각, 각로, 각로와 황제의 권한관계, 각로의 자격, 면의面議, 의정으로부터의 육부의 배제, 내각의 속료屬僚로서의 한림원 관원과 중서사인中書舍人들('최고의 철학자') 등을 다 담고 있다. 니우호프가 각로들을 보필하는 "몇몇의 최고의 철학자들"을 특칭하고 있는 것을 보면, 이 대목은 협판대학사, 학사, 시독학사, 시독, 전적, 중서사인 등 쟁쟁한 속관屬官을 두었던 청조의 내각에 대한 설명이다. 명대 내각의 속관체제는 청조 내각에서만큼 발달하지 않았기 때문이다.

---

280) Nieuhoff, *An Embassy from the East-Indian Company of the United Provinces*, 152쪽.

이어서 니우호프는 내각대학사, 즉 '각로'의 양성소인 '한림원'을 취급한다. 그는 한림원의 기능과 한림원학사들의 우수성을 정확히 파악하고 있다.

> 이 정부부처들(육부와 내각) 외에 몇 가지 다른 위원회들이 더 있는데, 이 위원회들 중 최고의 것은 학자들 외에 아무도 채용되지 않는, '한림원'으로 불리는 위원회다. 이 학자들은 정부의 어떤 업무도 맡지 않지만, 권위면에서 지도적 지위에 있는 사람들을 능가한다. 그들의 책무는 황제의 문서작성을 보좌하고, 연보를 편찬하고, 법령을 정서한다. 이들 가운데에서 통치자와 황자들을 위한 경연관들이 선발된다. 그들만이 학문의 일에 관여하고, 이 일에서 그들은 더 탁월해지는 정도에 비례해서 몇 단계를 거쳐 최고 명예의 등급에 올라가고, 나중에 궁궐 안에서 가장 큰 위엄의 자리에 발탁된다. 먼저 이 한림원의 관원이 아니었던 사람은 누구도 위대한 각로(대학사)로 선발되지 않는다.[281]

"한림원의 관원이 아니었던 사람은 누구도 위대한 각로(대학사)로 선발되지 않는다"는 말은 내각대학사가 한림원의 분견대처럼 간주되던 내각제 초기에 전적으로 한림원 출신이었기 때문에 초기에는 맞는 말이지만 후에는 아주 드물더라도 상서尙書나 재야의 진사進士(가령 양명학자 장총張璁)도 내각대학사로 발탁되는 경우도 있었기에 좀 과장된 말이다. 하지만 후에도 내각대학사는 대부분(약 77.7%) 한림원 출신이었기[282] 때문에 니우호프의 기술은 '대체로'

---

281) Nieuhoff, *An Embassy from the East-Indian Company of the United Provinces to the Grand Tatar Cham, Emperour of China,* 153쪽.

282) 명조 총170명의 내각대학사 중 132명(77.65%)은 한림원관(수선·편수·서길사) 출신이었다. 그 외 대표적 출신을 들자면 국자감 출신이 5명이었다(훈도 3, 교수 1, 조교

옳은 말이다. 아무튼 니우호프의 이 한림원 분석은 각신 또는 각료(내각대학사)의 대부분이 한림원 출신이라는 분석은 대체로 정확하다고 평가할 수 있다.

■ 나바레테의 보고(1675)

도미니크파 선교사 도밍고 나바레테도 중국을 방문한 뒤에 1675년에 발간한 그의 방대한 저작 『중국제국의 보고』에서 공자철학과 중국의 정치·경제·종교를 상론하면서, 내각이 완전히 복원된 청조 강희제 때(강희14년경)의 내각대학사와 내각을 기술하고 있다.

황제가 도성에서 그 방대한 왕국을 다스리기 위해 보유한 제1의 최고협의체(Supreme Council)는 우리가 국무회의(Council of State)라고 부르는 것과 일치하고, 그러므로 '각전閣殿(Kuci Juen)'이라고 불린다. 이 '각전'은 궁전 안에 위치하고, 각로(*Ko Lao*)는 그 안에 앉아 있다. 그들은 황제를 보좌하는 제국의 기로耆老들(ancient men)이고, 사부들이고, 최고의 보정輔政들이다. 그들은 원탁에 앉는다. 황제는 그에게 상주된 장주들을 각로들에게 위임한다. 최고 기로(*the most ancient man*)는 그들에게 균등하게 장주들을 분배하고, 각자는 그의 몫으로 떨어진 장주들을 숙고하여 자기의 의견을 쓴다. 그 다음, 장주들은 추밀원의 최고연장자에 의해 황제에게 되돌려진다. 황제는 비답표의를 승인하면 서명을 한다. 승인하지 않으면 반려하고 적절하게 숙고하라고 명한다. 중국정부에는 7명의 각로가 있었는데 만주인들이 7명을 더했다. 그리하여 현재는 각로가 한인 7명, 만주인 7명, 도합 14명이다. 관원의 수는 동일한 방식으로 모든 관청에서 배가된다. 이것은 이 자리에서 황제와 이 사람들의 큰 고심과 고생을 숙고할 만한 상당한

---

1). 참조: 杜乃濟, 『明代內閣制度』(臺北: 臺灣商務印刷書館, 1967), 64-65쪽.

가치가 있다. 전 제국 안에서 모든 중요한 일들은 그들의 손을 통과한다. 그러므로 모든 업무를 신속히 처리하기 위해 그들은 휴일이나 휴식시간 또는 휴가를 갖지 않고 연중 매일 출근하지 않을 수 없는데, 이는 견딜 수 없는 노고다. 진실인 바, 이 근면은 장주를 상주하는 사람들에게 아주 유리하다. 왜냐하면 장주들은 아주 짧은 시간에 결정되고 이 사람들은 제 일을 끝내고, 다른 나라들에서라면 보통 흔해 빠진 과도한 비용을 부담하지 않은 채 귀가하기 때문이다.[283]

명대 내각은 북쪽에 정좌하는 황제를 중심으로 좌우 두 줄로 앉았으나, 청대 내각에는 황제와 대면회의를 하는 경우가 없었으므로 각로들이 원탁에 앉았던 것으로 보인다. 여기서 '각전(Kuci Juen)'은 '전각殿閣'의 오기로 보인다. '최고 기로'는 '수보首輔' 또는 '수상'을 말한다. 유럽과 영국에는 이 '수상(prime minister)'이라는 용어가 아직 생기지 않은 데다, 당시 'cabinet'은 당시 '밀실'이라는 부정적 의미로만 쓰였다. 이런 까닭에 중국의 '내각'은 여기서 '*cabinet*'으로 영역되지 못하고 '*Council*'로 번역되고, '수보'는 '*prime minister*'로 번역되지 못하고 "*the most ancient man*(최고 기로)"로 번역되고 있다. 그럼에도 나바레테는 중국의 내각제를 간략하게 잘 설명하고 있다.

나바레테는 명조 제9대 홍치제 때 문연각대학사로 선임된 구준丘濬(Kao Juen, 1420-1495)의[284] 인격과 도덕성을 예찬한다. 나바레테

283) Domingo Fernandez Navarrete, *Tratados Historicos, Politicos, Ethicos, y Religiosos de la Monarchia de China* (Madrid: 1676; 불역 Paris: 1676). Dominic Fernandez Navarrete, *An Account of the Empire of China; Historical, Political, Moral and Religious* (London: H. Lintot, J. Osborn, 1681), 19-20쪽.

284) 구준은 사공학파 쪽으로 어느 정도 전신한 성리학자로서 그 유명한 『대학연의보』를 저술했다. 이 『대학연의보』에 대한 본격적 분석은 참조: 황태연, 『공자철학과 서구 계몽주의의 기원(1)』 (파주: 청계, 2019), 358-379쪽.

는 '성경'도, 신神개념도 없이 이룬 무신론적 덕행을 논하면서 말이 궁해지자 성경말씀이 아니라 '자연법'을 동원해 이를 설명하려고 애쓴다.

> 중국의 역사는 한 내각 각로 구준(Kao Juen)에 관해 아주 특이한 보고를 하고 있다. (...) 그는 50년 동안 5명의 황제에 봉직했어도 그의 직무의 집행에서 작은 잘못이나 실책도 저지르지 않은 것으로 드러났다. 이 이교도는 덕성에 아주 습성화되었고, 절약하고, 검소하고, 올곧고, 청렴했다. 그는 그가 봉직할 때 녹을 누렸을지라도 항상 그가 태어날 때 겪은 가난을 눈앞에 떠올렸고, 98세에 죽었다. 이런 사람이 신에 대한 지식이 없었다는 것은 크게 안타깝다! 그러나 그가 자연법을 준수했다면, 그는 그의 조물주의 도움을 놓치지 않았을 것이다. (...) 이 자연법 준수는 구준이 그토록 높은 고결성으로 살고 행동한 이유들이다. 우리는 전 세계를 통틀어 이와 같은 자문관들을 많이 발견하지 못한다. 사악한 자들이 그렇게 풍부한 나라들에서 이런 사람들이 발견되는 것은 아주 예외적인 일이라는 것은 부정될 수 없다. (...) 구준은 장원, 식읍들, 큰 저택들이 있었지만, 가난하고 검소하게 살았다. 그를 흉내낼 사람은 기독교인들 사이에서는 거의 찾아볼 수 없다.[285)]

이것은 "신적 법을 알거나 읽거나 이해하지 못했어도" 구준처럼 "자연법을 준수하는" 사람은 누구나 "조물주의 도움을 얻을 수 있을 것이라는 말"이다. 외양상 자연법적 인과관계에 따른 나바레테의 이 대수롭지 않은 것 같은 설명법은 실은 종교적 "문화담론의 극적 변동을, 즉 자연에 대한 사람들의 관계를 재조정함으로써

---

285) Navarrete, *An Account of the Empire of China*, 101-102쪽.

국지적 권위와 이해를 미리 정리하는 변동을 표시하는 것"이다. 왜냐하면 탁발수사 나바레테 자신이 '구준'이라는 중국 정치가의 행동들을 정당화하기 위해 "만인이 접근할 수 있는 자연법을 정치가도 준수할" 가능성을 인정하고 있기 때문이다. 아무튼 나바레테의 구준 예찬은 각로의 인격에 대한 드문 보고에 속한다.

17세기 중·후반의 이런 저술들을 통해 중국에서 가장 중요한 정치기구는 '내각'과 '각로'이고, 중국이 절대군주정이 아니라 내각제에 의해 제약된 분권적 제한군주정이라는 사실이 유럽에서 잘 알려져서 '진부한 상식'이 되었다. 이런 까닭에 17세기말과 18세기에 출간된 모든 중국 관련 저서들은 중국의 정치나 통치체제를 설명하는 경우에 빠짐없이 '내각'과 '각로', 그리고 중국 군주정의 특유한 제한적 성격을 '약방의 감초' 같은 주제로 언급하게 된다.

윌리엄 템플이 1679년 이후에 출간되어 내각제 헌정개혁에 참조하지 못했을 몇몇 대표적 저작들만을 살펴보자. 이를 통해 유럽인들이 중국의 내각제를 인식한 수준을 엿볼 수 있다. 중국내각제에 대한 그들의 명확한 인식과 높은 인식수준이 훗날 영국 내각제의 신속하고 전반적인 확산을 용이하게 했기 때문에 그들의 인식수준을 높여준 1679년 이후 출간된 서적들도 중요한 것이다. 이런 관점에서 제일 먼저 떠오르는 책들은 마젤란과 르콩트의 중국기中國記다.

■ 마젤란(1688)과 르콩트(1696)의 보고

명말청초에 걸쳐 29년 동안 중국에 살았던 가브리엘 마젤란(Gabriel Magailans [Gabriel de Magalhães, 중국명: 安文思], 1610-1677) 포르투갈 예수회 신부는[286] 1688년 파리에서 출간된 『신중국기新中國記

286) 마젤란은 인류역사상 최초로 세계일주를 한 '페르디난드 마젤란'과 같은 가문

(*Nouvelle Relation de la Chine*)』에서[287] 청대 내각의 속료조직을 가장 자세하고 기술하고 있다. 마젤란은 신사관리들(만다린들)의 18단계의 위계적 구분(9품×2정正·종從)에 입각한 국가관료제와 더불어 내각을 "국무회의(Council of State)"로 표현하며 중국의 국가제도를 "놀라운 정부"로 예찬한다. "중국이 우리가 이미 이야기한 그런 것들로 평가받고 찬미되어야 한다면, 중국은 확실히 그 정부의 탁월성 면에서 훨씬 더 높은 평판을 얻을 만한 가치가 있다."[288]

가브리엘 마젤란은 명대 내각제를 계승하여 더욱 발전시킨 청국의 '내각'에 대해서 아주 상세하게 묘사하고 설명한다.

> 일등급 만다린은 황제의 내각에 속한 대학사들이다. 이것은 유자가 이 제국 안에서 도달할 수 있는 가장 고귀한 영예이고 가장 높은 품위다. 그들은 이 관직에 붙여진 고대적·현대적 이름에 따른 여러 명칭과 칭호로 불린다. 이 중 가장 통상적인 명칭은 내각, 각로, 고상高相, 상공相公,

---

사람이다. 그는 명말인 1640년에 항주를 통해 중국에 입국했다. 만주족이 침입했을 때 그는 아담 샬의 도움으로 목숨을 구했다. 그 후 그는 강희제로부터 벽시계를 포함한 서양기계들을 관리하는 임무를 맡았다. 그는 차임벨로 시간을 알리는 시계와 시계탑을 만들었다. 그는 한때 수뢰죄의 무고를 당해 투옥되기도 했지만 오해가 풀려 석방되었다. 강희제는 그를 찬양하는 시를 썼고 그에게 은화 200냥과 많은 비단을 하사하기도 했다.

287) 마젤란은 "가장 포괄적이고 가장 통찰력 있는 중국 소개서"를 저술할 작정으로 1650년부터 집필에 들어가 1668년에 탈고했다. 탈고된 포르투갈어 원고의 제목은 *Doze excellencias da China*(중국의 12가지 탁월성)이었다. 그러나 이 원고는 그의 생전에 출판되지 못했다. 1677년 마젤란이 죽은 뒤 안타깝게도 이 원고는 상당량이 불타버리는 통에 일부만 남아 있었다. 쿠플레(Philippe Couplet) 신부는 1681년 이 남은 원고를 유럽으로 가지고 왔고, 7년 뒤 수도승 클로드 베르누(Claude Bernou)는 이 원고를 불역하여 1688년 *Nouvelle Relation de la Chine*라는 책명으로 파리에서 출간했다. 그리고 동년에 영역판 *A New History of China*이 출간되었다.

288) Gabriel Magaillans, *A New History of China* (London: Printed for Thomas Newborough, 1688), 193쪽.

상기相基다. 하지만 이 모든 명칭은 약간의 차이가 있을 뿐 전부 황제의 보좌관, 측근 판관, 대학사라는 뜻이다. 광활함과 가구 면에서도 건축 면에서도 장엄한 조정 안에는 여러 전각도 있다. 전각들은 그 안에서 수행되는 업무에 따라 상하로 구분되어 있다. 황제는 내각대학사들 중 누군가에게 큰 총애를 줄 때 그에게 '중앙의 최고 궁궐전각'을 뜻하는 '중극전中極殿'처럼 전각들 중 하나의 명칭을 하사한 다음, 이 새 칭호를 그의 통상적 이름에 덧붙인다. 황제는 또한 어떤 영광된 행동에 의해 칭호를 받을 만한 가치가 있을 때 특별한 명성과 영예를 뜻하는 다른 칭호, 가령 제국을 뒷받침하는 기둥을 뜻하는 '기주基柱'와 같은 칭호를 대학사들에게 하사하기도 한다.289)

그리고 이어서 마젤란은 청대 내각의 내적 구성, 내각대학사의 인원수와 수상 지위, 충원 등에 대해 자세히 설명한다.

이 내각대학사들은 정수가 없고, 황제의 재량에 따라 때로는 좀 더 많기도 하고 때로는 좀 더 적기도 하다. 황제는 내각대학사를 다른 부처의 만다린들 가운데서 발탁한다. 그럼에도 언제나 내각의 의장인 '수상'이라고 불리는 대학사, 말하자면 황제의 수석 장관이자 총신이 있다. 이 내각대학사들의 부처는 제국에 속하는 모든 기관 중 최고위 기관인 것처럼 조정 안에서 황제가 조견朝譴을 받고 해외로 떠나는 만다린의 예를 받는 근정전의 왼쪽에 위치한다. 여기서 우리는 중국인들 사이에서 왼쪽이 영예의 자리라는 것을 이야기해야 한다. 이 부처는 궁내의 관청을 뜻하는 '내원內院'이라고도 불린다.290)

---

289) Magaillans, *A New History of China*, 197-198쪽.

290) Magaillans, *A New History of China*, 197-198쪽.

"내각대학사를 다른 부처의 만다린들 가운데서 발탁한다"는 말은 부정확한 서술이다. 내각대학사는 대개 육부에서가 아니라 한림원에서 발탁했기 때문이다. 그리고 이 설명은 내각대학사의 권한(독립적 내각권)에 대한 언급이 빠진 점에서 다소 미흡한 면이 없지 않다.

그리고 마젤란은 상하로 위계화된 내각 내부의 업무와 인적 구성에 대해서도 상론한다.

> 내각은 세 등급의 만다린들로 구성된다. 첫 등급은 우리가 이미 말한 내각대학사들이다. 이들은 육부가 정해진 위치에 따라 전쟁과 평화에 관계되는 것이든, 민·형사와 관계되는 것이든 제국의 모든 중요한 정사에 관해 황제에게 올리는 모든 상소문을 열람하고 정사하고 판단해야 한다. 그들은 상소문을 결정했을 때 그 판단을 짧은 요지로 황제에게 전달하고, 황제는 이 판단을 재량으로 비준하거나 기각한다. 그런 다음에는 상소문을 친히 대강 훑어보고 사안이 그럴 만하다고 생각하는 바대로 자신의 결정을 내린다. 제2부류를 구성하는 이들은 말하자면 내각대학사들의 보좌관과 보조역들인데, 이들은 매우 힘세고 무섭지만 존경받는 존재다. 그들은 2·3품의 관료들이고, 많은 기회에 내각대학사, 지방태수의 보좌관, 육부의 상서尙書로 승진·발탁되었다. 그들의 보통 칭호는 큰 지식의 식자를 뜻하는 '태현사太賢士'다. 이 칭호는 황제의 내각각료에게도 주어졌다.[291]

마젤란은 이 대목에서도 대학사의 권한에 대한 설명을 빼먹고 있고, 또 내각대학사의 부관 '태현사'의 본래 관명인 '협판대학사'(종2품)를 언급하지 않고 있다. 또한 이미 마테오리치가 지적한 바와 같이 황제에게 능동적 법안·정책 발의권이 없어 황제권이 수동적 비준

291) Magaillans, *A New History of China*, 198-199쪽.

권에 '제한된' 점도 언급하지 않고 있다. 그리고 '태현사'라는 칭호가 내각대학사에게도 주어진다는 말은 이상하다.

마지막으로 마젤란은 내각에 딸린 관료기구에서 가장 낮은 지위에 있는 속료屬僚들을 언급한다.

> 이 기구의 세 번째 부류의 만다린들은 중서과中書科라고 불린다. 그들의 업무는 이 내각의 업무를 기록하고 기록되게 만드는 것이다. 황제는 그들에게 제 기능을 수행할 수 있는 장소와 전각에 조응하는 칭호를 준다. 그들은 보통 4·5·6품의 관료들이다. 그러나 그들은 앞의 두 부류의 관리들보다 훨씬 더 무섭다. 업무의 성패가 그들에 의해 상당히 좌우되기 때문이다. 그들은 한 글자를 변경하거나 더하고 뺌으로써 송사의 승패를 야기할 수 있다. 가장 결백한 사람들조차도 그들의 자의적 실책으로 여러 번 재산과 명성과 생명을 잃는다. (...) 이 세 부류 외에 무수히 많은 대서인, 조정관, 교정관 등 기타 속료들이 배속되어 있다.[292]

마젤란의 설명에는 여러 가지 미흡함이 있다. 그 까닭은 내각기구 자체가 워낙 변화가 많았기 때문이었던 것으로 보인다.

명대에 공자의 "무위이치無爲而治"와 "유이불여有而不與" 테제에 의해 정당화되었지만 오직 관습법으로만 확립되어 있던 내각제는 청대에 법제화되면서 장족의 발전을 이루었다. 상론한 대로 청대에서 1658년 도입된 내각제는 1661년 일시 폐지되었었지만, 제4대 성조 강희제(재위 1661- 1722)에 의해 1670년(강희 9년) 복원되었다. 강희제는 1690년 아예 『대청회전大淸會典』에 내각제를 명문明文으로 못박음으로써 사상초유로 내각의 지위를 '법제화'했다.[293] 내각표

292) Magaillans, *A New History of China*, 199-200쪽.

의에 관한 1690년 『대청회전』의 이 명문은 내각과 관습법적 표의권票擬權도 '법제화'하는 효과를 가져다주었다. 본장本章과 보조문서가 내각으로 이송된 뒤에는 실제적 표의 절차가 진행되었다. 『강희회전』(1690)과 『옹정회전』(1732)은 일반적 내용·절차규정을 거의 동일하게 명기하고 있다. 따라서 표의방법은 사실상 불변이었다.[294]

상론했듯이 내각에 속한 관료조직은 다양한 유형의 관리들로 구성되었다. 청조의 내각은 삼전삼각제三殿三閣制였다. 대학사의 정원은 법정되지 않았으나, 각 전각에 대개 만滿·한漢 각 1명, 도합 2명의 정1품 대학사를 두었고, 또 종종 대학사의 부관으로 협판대학사 2명을 두었는데 만·한 각 1인으로 종1품이었다. 따라서 대학사는 대개 도합 12명이었고, 협판대학사도 대개 12명이었다. 그러나 협판대학사의 경우에 전각명칭은 직함에 부가하지 않았다. 협판대학사는 일반적으로 육부상서 중에서 뽑았고, '협판대학사' 직함은 내각에서 황제의 특별한 총애표시로 활용되었다. '내각학사'는 종2품으로 관례에 따라 예부시랑의 관직을 겸직했다. 전체 조직은 대학사, 협판대학사, 내각학사, 시독侍讀학사, 시독, 중서사인中書舍人, 전적典籍의 위계로 짜였고, 그 예하에 12개 소기구가 배치되었다. 그리하여 상론했듯이 청대에 내각속료기구의 총인원은 100여 명에 달했다. 따라서 명대 내각과 비교하면, 청조 내각은 대학사의 만·한 동등 인원, 협판대학사의 추가, 내각속료 집단의 확대증편으

293) 『大淸會典』 康熙 卷2 第七. Silas H. L. Wu (吳秀良), *Communication and Imperial Control in China. Evolution of the Palace Memorial System 1693-1735* (Cambridge of Massachusetts: Harvard University Press, 1970), 17쪽에서 재인용.

294) 『大淸會典』 康熙 卷2 第七. Wu, *Communication and Imperial Control in China*, 29쪽에서 재인용.

로 특징지어졌다.[295]

마젤란의 중국내각제 기술은 내각 속료기구에 대해 상론한 유럽 최초의 기록이다. 그간 중국의 내각제를 소개한 유럽의 서적들은 많았으나 속료기구를 설명한 서적은 전무했기 때문이다. 따라서 마젤란은 중국내각의 방대한 속료기구를 최초로 소개함으로써 중국내각의 정치적 위용을 처음으로 제대로 보여주었다.

루이-다니엘 르콩트(Louis-Daniel Le Comte, 1655-1728)는 템플이 죽기 직전에 나온 『중국의 현재상태에 관한 신新비망록』(1696)에서 중국 황제의 절대왕권에 가해지는 법적·도덕적·제도적 제한들이 어떻게 왕권의 '절대성'을 '수사修辭'로 휘발시켜 '수사적' 절대군주정을 '실질적' 제한군주정으로 변형시키는지를 규명한다. 일단 그는 중국의 정치철학을 거론한다.

> 중국인들은 공화정에 대해서는 혐오감을 품지만, 폭정과 억압에 대해서는 (공화주의자들보다) 훨씬 더 강하게 반대한다. 중국인들은, 군주가 신민들의 주인일 수 없기 때문에 무릇 폭정과 억압은 군주의 권력의 절대성으로부터 생겨나는 것이 아니라, 자연의 소리도, 신의 법도 용서하지 않을 군주 자신의 야수성으로부터 생겨난다고 본다. 중국인들은 왕에게 부과된, 권력을 남용하지 않아야 할 의무가 왕의 파멸을 야기하기 위한 것이라기보다 오히려 왕을 확고하게 확립해주는 수단이라는 의견, 그리고 왕 자신이 자기의 감정에 가하는 이 유용한 제한은 유사한 제한이 자기가 악행을 하지 않는다는 이유에서 덜 강력한 자가 되지 않는 전능자의 위엄과 권력을 감하지 않는 것과 마찬가지로 이 지상에서의 자기의 권력이나 권위를 조금도 감하지 않는다는 견해를 가지고 있다.[296]

---

295) 참조: 杜乃濟, 『明代內閣制度』, 31쪽.

이어서 르콩트는 "그토록 많은 시대 동안 중국 군주정의 이 거대한 조직을 지탱해온 두 기둥"을 "법이 황제에게 주는 무제한적 권위와, 이 동일한 법이 그에게 부과한, 이 권위를 중용과 분별력으로 사용해야 할 필연성"으로 설명한다.[297] 따라서 중국황제의 "무제한적 권력이 종종 정부 안에서 아주 불행한 사건을 일으킬 것이라고 상상하지만, (...) 법률이 이런 것들을 방지하기 위해 규정한 조항들이 아주 많고 예방조치들이 아주 지혜로워서, 자기 권위의 남용을 오래 계속하는 군주는 공공복리뿐만 아니라, 그 자신의 명성과 이익도 완전히 포기해야 할 정도다".[298]

중국 특유의 정치철학과 결부된 제도적 예방조치는 세 가지다. 첫째, 중국의 고대입법자들은 "임금은 단지 노예들에 의해 시중받기 위해 왕좌에 앉혀진 주인이 아니라, 정확히 백성의 부모다"는 사실을 "항구적 준칙"으로 수립했다. 임금을 "대부大父(*Ta-fou*)"로 보는 이러한 군주관은 백성과 관리들의 마음속에 아주 깊이 새겨져 있다. 국가는 하나의 "커다란 가족"인 것이다.[299] 르콩트는 여기로부터 역성혁명, 법치주의, 내각제적 헌정제도를 모두 근거짓는다.

> 중국 백성과 관리들의 마음이 이렇기 때문에, 중국 황제가 폭력과 격정에 가득 차거나 자기 책무를 소홀히 할 때, 이 같은 편벽한 정신은 그의 신하들도 덮치게 된다. 모든 관리들은 상부권력에 의해 보살펴진다고 느끼지

296) Louis LeComte, *Nouveaux mémoires sur l'état present de la Chine* (Paris, 1696). 영역판: Louis le Compte [sic!], *Memoirs and Observations made in a Late Journey through the Empire of China* (London, 1697), 243쪽.

297) LeCompte, *Memoirs and Observations made in a Late Journey through the Empire of China* (이하: *Memoirs and Observations*), 243쪽.

298) LeCompte, *Memoirs and Observations*, 243쪽

299) LeCompte, *Memoirs and Observations*, 253쪽

않을 때 자신을 자기 지방이나 도시의 주권자로 생각한다. 주요 각료들은 관직을 수행하기에 적합하지 않은 사람들에게 관직을 판다. 지방태수들은 아주 많은 작은 폭군으로 변한다. 태수들은 이제 더 이상 정의의 규칙을 지키지 않는다. 이런 식으로 박해받고 발밑에 짓밟히는 백성은 쉽사리 봉기로 선동된다. 비도匪徒는 떼 지어 무도한 짓들을 증폭시키고 자행한다. 거의 셀 수 없이 많은 사람이 사는 어떤 지방에서는 수많은 군대들이 일순간 집합하여, 그럴듯한 이유에서 공공평화와 평온을 어지럽힐 기회 외에 아무것도 기다리지 않는다. 이와 같은 시작은 치명적 결과를 초래해 왔고, 종종 중국을 새로운 주인의 지배 아래로 옮겨놓았다. 그리하여 황제가 자신의 왕좌를 확고히 하는 가장 좋고 가장 든든한 방도는 4000년 이상의 경험에 의해 그 훌륭함이 확증된 저 법률들에 엄정한 존경과 완전한 복종을 바치는 것이다.[300]

중국에서 민중에 의한 '역성혁명'은 폭정에 대한 정당방위로서 공맹의 정치철학에 의해 정당화된다. 따라서 유교제국에서 군주의 보위寶位 안전은 오랜 경험에 의해 그 훌륭함이 확증된 법률제도에 대한 준수를 통해서만 확보될 수 있다. 군주권의 이런 법치주의적 제한에 대한 설명에 이어 르콩트는 강희제 치세의 내각제적 정부제도를 설명한다.

황제는 두 개의 주권적 국무원을 가지고 있다. 하나는 특별협의체(*Extraodrdinary Council*)'인데(의정왕대신회의 - 인용자), 이것은 친왕들로만 구성되어있다. '정례적 협의체(*Council in Ordinary*)'라고 불리는 다른 하나(내각 - 인용자)는 친왕들을 제외하고 입각한 '각로(*Colaos*)'라 이르는 여러 명의 국

300) LeCompte, *Memoirs and Observations,* 257쪽

무대신들을 포함한다. 각로들은 국사를 정밀 검토하고 결재를 받기 위해 황제에게 보고서를 만들어 올리는 사람들이다. 이들 외에도 북경에는 육부가 있다.[301]

상론한 바와 같이 '특별협의체'는 유명무실해지다가 건륭제에 의해 폐지된 '의정왕대신회의'를 가리키고, '정례적 협의체'는 왕권을 제한하는 두 번째 제도로서 청조말까지 유지된 '내각'을 가리킨다. 나아가 르콩트는 집행권을 독점적으로 전담하는 관료제적 육부를 상세히 설명한다. 이어서 그는 왕권을 제한하는 세 번째 예방조치를 간언제도로, 네 번째 예방조치를 실록實錄제도로 제시한다.[302] 그에 의하면, 중국의 '수사적修辭的' 절대군주정은 백성의 혁명권, 법치주의, 내각제, 육부관료제, 간언제도, 실록제도 등에 의해 사중·오중으로 견제되고 내각제적·관료제적 권력분립에 한정된 제한군주정인 것이다.

■ 중국 내각제에 대한 뒤알드의 보고(1735)

중국의 '수사적' 절대군주정을 분권적 내각제와 법치주의적 관료제에 제약된 실질적 제한군주정으로 보는 정치적 인식은 막무가내로 중국을 비방한 몽테스키외를 제외하고 대부분의 유럽인들에 의해서 18세기에도 계속 확산되고 견지된다. 18세기 내내 유럽 지식인의 필독서로 기능한 뒤알드(Jean-Baptiste Du Halde, 1674-1743)는 1735년의 『중국통사』(1735)에서 청나라 중국의 헌정형태를 부자관계에 기초한 것으로 보고 중국의 내각제와 육부관료제를 설명하고

301) LeCompte, *Memoirs and Observations*, 257-258쪽

302) LeCompte, *Memoirs and Observations*, 253쪽 및 255-256쪽.

있다.

각로의 수는 정해져 있지 않고, 군주의 의지에 달려 있다. 군주는 각로를 임의로 뽑고, 또 다른 부처에서 데려온다. 하지만 각로의 수는 5명이나 6명을 넘어가는 경우가 드물고, 보통 각로들 사이에는 나머지 각로들보다 더 탁월하게 차별되는 각로가 있다. 이 각로를 그들은 황제가 가장 큰 신임을 부여하는 내각의장(Council President)인 '수상(*Chiou Siang*)'이라고 부른다. 이 각로들의 기무관청은 가장 영예로운 장소로 여겨지는, 황제편전의 왼편에 있는 대궐 안쪽에 소재한다. (...) 대궐 안에 화려하게 장식된 여러 다른 장엄한 전각들이 있듯이, 이 전각들 중 하나는 각로들의 관장하에 들어오는 일거리를 정밀하게 검토하도록 정확하게 각 각로에게 맡겨지고, 전각들은 각 각로에게 그의 공통된 이름에 더해진 칭호로서 전각의 이름을 부여한다. 대궐 안에 있기 때문에 '내원(Nui yuen)' 또는 '내각(the Inward Court)'이라 불리는 이 관청은 세 가지 품계의 치자들로 구성된다. 제1품계는 정확히 말해서 국무대신(내각대학사)이고, 육부가 국사나 전쟁과 평화, 그리고 형사문제와 관련하여 황제에게 상주하는 거의 모든 본장本章들을 감독하고 정밀 검토하는 사람들이다. 그들은 본장을 읽고 읽은 후에 황제에게 알려야 할 특별한 아무런 장애물도 발견하지 않는다면 황제에게 상신되도록 허용한다. 그러면 황제는 그가 정확하게 생각하는 대로 각로들의 표의票擬 조언을 받아드리거나 배척하고, 종종 업무의 파악과, 그에게 상주된 주접奏摺의 검토를 자기에게 유보한다. 이 관청의 제2품계를 구성하는 치자는 말하자면 전자의 보좌관들이고, 이들로부터 지방태수들과 다른 부처의 수장들이 지명된다. 중국인들은 이들에게 '학자' 또는 '알려진 자격을 갖춘 치자'라는 의미의 '대학사(*Ta hio sé*)' 칭호를 수여한다. 이들은 종2·3품 관원들 중에서 발탁된다. 제3품계의 치자들은 '치자들의 학교'라는 의미의 *Tchong chu co*(?)라고 불린다. 이들은 왕의 비서들인데, 내각에서 심의되는 모든 일의 정서正書를 맡는다. 이들은 정4·5·6품으로부터 발탁된다. 이들이 황제의 추밀원(Privy Council; 내각)을 구성하는 관원들이다.303)

뒤알드는 중국의 내각수상을 처음으로 "수상(*Chiou Siang*)"으로 소개하고 있다. "Tchong chu co(中書顧?)"는 무슨 관직명을 음역했는지 불확실한데 "왕의 비서들"이라고 한 것으로 보아 (조선의 '도승지'에 해당하는) '중서사인中書舍人'의 그릇된 음역으로 보인다. 뒤알드는 청조에서 세분된 각신들의 지위를 최초로 '내각대학사', '(협판)대학사', 및 그 이하 내각요원들로 삼분하여 소개하고 있다. 그러나 그가 중국인들이 "종2·3품 관원들 중에서 발탁되는" 이들에게 "'학자' 또는 '알려진 자격을 갖춘 치자'라는 의미의 '대학사'(Ta hio se) 칭호를 수여한다"라고 말하는 대목은 부정확한 기술이다. 그들은 '대학사'가 아니라 그냥 '협판대학사'나 '학사'로 불렸다. 하지만 그는 "황제는 그가 정확하게 생각하는 대로 각로들의 표의조언을 받아들이거나 배척하고, 종종 업무의 파악과, 그에게 상주된 주접의 검토를 자기에게 유보한다"고 기술함으로써 명대에서보다 강화된 청조 황제의 친정親政 정도를 정확하게 가늠할 수 있게 해주고

---

303) Jean-Baptiste Du Halde, *Description géographique, historique, chronologique, politique, et physique de l'empire de la Chine et de la Tartarie chinoise, enrichie des cartes generales et particulieres de ces pays, de la carte generale et des cartes particulieres du Thibet, & de la Corée* (Paris: A la Haye, chez Henri Scheurleer, 1735). 영역판: P. Du Halde, *The General History of China - Containing A Geographical, Historical, Chrological, Political and Physical Description of the Empire of China, Chinese-Tatary, Corea and Thibet*, Four Volumes, translated by Brookes (London: Printed by and for John Watts at the Printing-Office in Wild Court near Lincoln's Inn Fields, 1736; the second edition 1739), Volume II, 33-34쪽.

있다. 그럼에도 그는 내각의 권한과 관련하여 "큰 국사의 주요부분이 검토되고 결정되는 곳"은 황제의 편전이 아니라 "이 추밀원관청이다"라고 정확히 갈파하고 있다.[304] 황제가 추밀원, 즉 내각에 일을 맡기지 않고 비상한 중대국사의 경우에 '대회의'를 소집한다면, "대회의는 모든 국무위원(각로), 육부의 상서·시랑, 삼원의 수장들로 구성된다". 이어서 뒤알드는 "추밀원(Privy Council)" 외에 북경에 소재하는, "육부라는 최고관청"을 자세히 소개한다.[305]

중국의 내각제적 제한군주정에 대한 인식은 18세기 후기계몽주의의 중심인물인 볼테르(Voltaire, 1694-1778)나 프랑수아 케네(François Quesnay, 1694-1774)의 경우에도 마찬가지로 명확했다. 볼테르는 『제諸국민의 도덕과 정신』(1756)에서 '내각'을 '최고관청'으로 표현하며 다음과 같이 중국 군주정의 '제한적' 성격을 말한다.

> 인간정신은 만사가 그 구성원들을 엄격한 시험 뒤에 선발하는 상호종속된 거대한 관청체계에 의해 처결되는 정부보다 더 나은 정부를 분명 상상할 수 없을 것이다. 중국에서 만사는 이 관청에 의해 다스려진다. 육부는 제국의 모든 관청의 정상에 위치한다. (...) 중국의 이 모든 관청의 결과는 최고관청으로 보고된다. (...) 이러한 행정체계 아래서는 황제가 자의적 권력을 행사하는 것이 불가능하다. 일반 법률은 황제로부터 나오지만, 통치제도상 어떤 일도 법률에 훈련되고 선발된 일정한 관원들에게 자문하지 않고는 이루어질 수 없다.[306]

---

304) Du Halde, *The General History of China*, Volume II, 34쪽.

305) Du Halde, *The General History of China*, Volume II, 34-39쪽.

306) Voltaire, *Essai sur les moeurs et l'espirit des nations et sur les principaux faits de l'histoire, depuis Charlemagne jusqu'à Louis XIII* (Paris: 1756; Paris: Garnier, 1963), Vol. III: Tome XI, Chap I "De la Chine au XVIIe siècle et au commencement de XIIIe".

여기서 육부의 보고를 받는 '최고관청'은 '내각'을 가리킨다. 볼테르의 이 논변은 중국의 통치체제를, 권력분립 없는 황제권력의 일원적 단일성과 집중성에서 초래되는 '자의성'과 '애매성', 법치주의의 불가능성, 그리고 폭력·곤장·몽둥이·매타작의 보편적 '공포'와 '예종'의 체계로서의 '전제정'으로 규정하고 비난한 몽테스키외의 주장을 정면 반박한 것이다.

'유럽의 공자'로 불린 케네는 볼테르의 이 논변을 이어받은 저서 『중국의 계몽전제정(*Le Despotie de Chine*)』(1767)에서, 몽테스키외의 '중국전제주의론'을 비판하기 위해 "법치적 전제주專制主(*despot*)"와 "비법적 전제주"를 구별하고, '법치적 전제주'를 "단일하고 절대적인 권위를 가진 사람들과, 자신이 수장으로 있는 정부의 헌정체제에 의해 제한되고 수정된 권위를 가진 사람들, 이 양쪽에 다 주어지는 '군주'라는 칭호"로 정의한다. 그리고 그는 "중국 황제는 '전제주'이지만, (...) 중국 헌정이 황제가 집행하고 그 스스로가 주의 깊게 준수하는, 취소할 수 없는 지혜로운 법률에 기초해 있다는 결론"을 내림으로써[307] 중국황제를 '법치적 군주'로 규정한다. 케네의 눈에 중국의 황제는 "자신이 수장으로 있는 정부의 헌정체제에 의해 제한되고 수정된 권위를 가진" 제한군주다. 이를 증명하기 위해 그는 뒤알드의 선례에 따라 중국의 '내각'과 '각로'를 자세히 분석하고 나서[308], 중국에서 황제 한 사람의 의지는 "충분히 결정적이지 않아서", 황제의 칙령이라도 절차적 "공식성"을 갖추지 않으면 "무효"라고 갈파한다.[309] 케네는 중국의 이 '법치적·내각제 제한군

---

307) François Quesnay, *Le Despotisme de la Chine* (Paris: 1767). English Translation by Lewis A. Maverick: François Quesnay, *Despotism in China*, 141-142쪽. Lewis A. Maverick, *China: A Model for Europe*, Vol. II (San Antonio in Texas: Paul Anderson Company, 1946).

308) Quesnay, *Despotism in China* [1767], 226-227쪽.

주정'을 프랑스의 절대군주정이 도달해야 할 이상으로 삼았다.

중국의 내각제와 제한군주정에 대한 인식은 이와 같이 윌리엄 템플 한 사람의 독보적 인식이 아니라, 템플의 헌정개혁(1679) 전후의 유럽철학자들에게 일관된 보편적 인식이었다. 템플과 관련하여 오히려 독보적인 점은 그만이 '인식'에 그치지 않고 중국의 내각제와 제한군주정의 헌정원리를 영국에 도입하는 '실천'을 감행했다는 사실이다. 이에 입각한 영국의 헌정개혁은 시기적으로 청나라 황제를 흉내 낸 18세기 대륙의 '계몽군주정'에 앞서는 것이고, 또 내용적으로 이 계몽군주정 수준을 훨씬 뛰어넘는 것이다. 바로 이런 까닭에 영국이 '정치적 근대화' 면에서 유럽의 모든 나라를 1백년이나 앞질러 나갔던 것이다.

3.2. 윌리엄 템플의 공자숭배와 중국내각제 분석

윌리엄 템플(William Temple, 1628-1699)은 조용한 중국열광자였고 충심의 공자숭배자였다. 중국내각제에 대한 그의 선호도 이 공자숭배에 의해 배가되었다. 따라서 먼저 그의 공자숭배에 대해 알아보자.

■ 템플의 공자 숭배

중국과 공자에 대한 윌리엄 템플의 논의가 발견되는 그의 글은 「영웅적 덕성에 관하여(Of Heroic Value)」(1687년경 집필)와[310] 「고대학

309) Quesnay, *Despotism in China*, 244쪽.

310) 템플은 이 글에서 "공자저작이 요즈음(lately) 프랑스에서, 몇몇 예수회선교사들에 의해 '공자의 저작'이라는 제목 아래 박식한 서문을 달고 라틴어로 인쇄되었다"고 쓰고 있다. Temple, "Of Heroic Virtue", 332쪽. 템플이 말하는 이 '공자의 저작'은

문과 현대학문에 관한 에세이(An Essay upon the Ancient and Modern Learning)」(1689년경 집필)다.[311] 1679년 추밀원을 개혁한 지 8-9년 뒤에 쓰인 것으로 보이는 이 두 에세이는 템플이 개혁 당시 자신의 중국지식을 문필적 목적에서 회고적으로 정리해 놓고 있다. 그가 이 두 글에서 활용하는 책들은 대체로 영국의 추밀원개혁을 단행하기 훨씬 전에 출판된 것들이다. 「영웅적 덕성에 관하여」에서 공자와 중국에 대한 논의는 20쪽에 달하고[312] 대단히 상세한 반면, 「고대학문과 현대학문에 관한 에세이」에서 공자와 중국에 대한 언급은 간략한 편이지만 공자와 중국철학에 대한 놀라운 주장을 담고 있다.[313]

「영웅적 덕성에 관하여」에서 템플은 니우호프를 따라 중국의 지리, 산천, 황제의 궁전과 정원, 도성과 도시, 농촌 등을 개관하면서,[314] 중국을 "세계에서 지금까지 알려진 왕국 중 가장 거대하고, 가장 부유하고, 가장 인구 많은 왕국"으로 소개하고, "중국의 이 부강함, 문명함, 더 없는 행복"이 "다른 어떤 왕국보다 더 많이" 중국의 "그 경탄할만한 헌정체제와 정부"에 기인한다고 단언한다.[315]

1687년 파리에서 출판된 『중국 철학자 공자 또는 중국 학문(*Confucius Sinarum Philosophus, sive Scientia Sinensis*)』을 가리킨다. 따라서 「영웅적 덕성에 관하여」는 1687년이나 그 이후에 쓰인 것임을 알 수 있다.

311) Sir William Temple, "An Essay upon the Ancient and Modern Learning", *The Works of William Temple*, Vol. 3 in Four Volumes (London: Printed by S. Hamilton, Weybridge, 1814).

312) Temple, "Of Heroic Virtue", 325-345쪽.

313) Temple, "An Essay upon the Ancient and Modern Learning", 456-458쪽. 템플은 516쪽에서 중국의 나침반과 화약을 "가장 위대한 현대적 발명품"으로 평한다.

314) 참조: Temple, "Of Heroic Virtue", 325-330쪽.

315) Temple, "Of Heroic Virtue", 328쪽.

이런 개관에 이어 템플은 먼저 공자철학을 분석하고 평가한다. 공자철학으로 관심을 유도하기 위해 그는 다음과 같이 시작한다.

> 다른 나라 국민들이 보통 귀족과 평민으로 구별되는 것처럼, 중국의 국민들은 식자와 문맹자로 구별된다. 이 후자는 다스려지는 백성들의 몸통이자 대중을 이룬다. 전자는 다스리는 모든 치자들과 조만간, 또는 과정을 거쳐 치국에서 이 치자들을 계승할 수 있는 사람들을 포괄한다. 왜냐하면 식자들 외에 다른 누구도 결코 정부에 채용되지 않고, 또한 그들 사이에서 그들을 현자(sages), 철인, 박사로 칭하게 만드는 학문의 지위나 학위를 갖지 않은 어떤 사람도 가장 큰 대임에 등용되지도 않기 때문이다. 그러나 중국의 이 정부가 무엇인지, 이 정부 안에 고용된 사람들이 무엇인지를 이해하기 위해서는, 그들의 학문이 무엇인지, 그리고 이 학문이 유럽에서 우리의 학문이 하는 것으로 얘기되는 것과 정반대로 어떻게 그들을 정부에 적합하게 만들어주는지를 알 필요가 있을 것이다.[316]

바로 이어서 템플은 공자와 그 학문을 개관한다. 그는 "중국민족의 가장 위대한 두 명의 영웅은 복희와 공자인데, 이들의 기억은 중국민족 사이에서 늘 신성하고 경모되는 것으로 이어져 왔다"고 말문을 뗀다.[317]

템플은 먼저 복희를 이렇게 설명한다. "복희는 약 4000년 전에 살았고, 중국왕국의 첫 창건자였다. 이 왕국의 계승행렬은 그 이후 계속 이어져 왔는데, 이는 중국인들의 기록에 아주 명백하다. 이 기록은 예수회 선교사들에 의해 의심할 바 없고 틀릴 수 없는 것으

316) Temple, "Of Heroic Virtue", 330쪽.

317) Temple, "Of Heroic Virtue", 331쪽.

로 평가된다. 왜냐하면 국왕 사후에 왕위를 이은 새 국왕은 그의 선왕의 통치의 기억할 만한 행적들을 집필하도록 일정한 사람들을 지명하기 때문이다. 이 행적들의 요약문(사초)은 나중에 실록 속으로 인용되어 기입된다. 복희는 처음으로 인류의 통상적인 원초적 삶으로부터 행적들을 끌어왔고, 농업·혼인·상이한 습속에 의한 성별구별, 법률, 정부의 질서를 도입했다. 그는 문자를 발명했고, 여러 가지 짧은 도표나 천문학의 저작들, 또는 천체·도덕·물리학·치국의 관찰을 남겼다. 그가 사용한 문자는 부분적으로 상이한 뜨개바늘들에 의해 식별되는, 길이가 다른 직선들(역괘 - 인용자)이었고, 부분적으로는 상형문자였던 것으로 보인다. 이것에 뒤이어 얼마 지나지 않아 각 글자가 하나의 단어를 표현하는 문자가 나왔다."318) 이런 여러 가지 경로로 수많은 세기 동안 자연철학, 도덕철학, 천문학, 점성학, 물리학, 농업 등 수많은 종류의 학문에 걸쳐서 중국인들 사이에 많은 책들이 지어졌다는 것이다.

그 다음, 템플은 공자를 논한다. "모든 중국인들 중 가장 유식하고, 가장 지혜롭고, 가장 덕스런 사람 공자는 2000여 년 전에 살았다. 공자가 살았던 당대에 임금과 치자들은 둘 다, 그리고 이후 시대에 그들 모두는 어느 곳에서든 한 필멸적 인간에게 주어진 경의 중 가장 큰 경의를 공자에게 품어왔던 것으로 보인다. 공자는 많은 논문들을 썼고, 고대인들의 모든 학문을, 심지어 복희의 저술이나 도표들로부터 나온 학문까지도, 적어도 그가 인류의 개인적, 시민적, 정치적 자격에서 인류에게 필요하거나 유익하다고 생각하는 모든 것을 이 논문들 안에 요약했다. 이 논문들은 그 다음에 아주 커다란 존경으로 받아들여지고 그 이후 탐구되었고, 그래서 아무도

318) Temple, "Of Heroic Virtue", 331쪽.

공자가 쓴 것을 문제시하지 않고, 의견과 삶의 가장 참되고 가장 좋은 준칙으로 승인했다. 그리하여 모든 논변에서 '공자님이 말씀하셨다'는 것으로 충분하다."319)

「영웅적 덕성에 관하여」에서 템플이 1687년 파리에서 출판된 『중국 철학자 공자(*Confucius Sinarum Philosophus*)』를 언급하는 것으로320) 보아 그의 공자철학 연구 수준은 상당히 높았던 것으로 보인다. 이 저작은 주지하다시피 인토르케타(Prospero Intorcetta), 쿠플레(Philippe Couplet), 헤르트리히(Christian Herdtrich), 루지몽(Francois Rougmont) 등 4명의 예수회 선교사에 의해 1687년 파리에서 출판된 책이다. 루이 14세의 칙령에 따라 『논어·대학·중용』을 라틴어로 번역한 414쪽의 이 방대하고 화려한 저작은 공자철학을 극적으로 유럽인의 관심 대상으로 만든 획기적 경전번역서다. 템플은 이런 지식을 바탕으로 "공자의 저작의 총합은 윤리학의 체계 또는 다이제스트, 즉 인간들의 삶, 가족, 정부, 아니 주로 이 후자의 제도와 행위를 위해 틀지어진, 개인적이거나 제가적齊家的인, 시민적이거나 정치적인 또는 도덕적 덕성들의 체계 또는 다이제스트"라고 말한다. 그리고 그는 공자의 가르침을 다음과 같이 묘사한다. "어떤 백성도 훌륭한 정부 하에서 살지 않으면 행복할 수 없고, 어떤 정부도 훌륭한 사람들 위에 있지 않으면 행복할 수 없다는, 그리고 인류의 지락至樂을 위해서는 제 자신의 생각, 타인들의 가르침, 또는 제 나라의 법률들이 그를 교화하는 한에서 천자에서 서인에 이르는 모든 국민들이 선하고 지혜롭고 덕스럽게 되려고 노력해야 한다는 공자의 사상과 추론의 만곡彎曲은 개인·가족·정부의 이 단계

319) Temple, "Of Heroic Virtue", 331-332쪽.

320) Temple, "Of Heroic Virtue", 332쪽.

를 오르락내리락 내달린다."321)

이어서 템플은 공자철학을 자기 인격의 도덕적 "완벽화(*perfection*)", 즉 '수신修身'의 관점에서 다음과 같이 요약한다.

> 공자가 기초로 놓고 세운 것으로 보이는 주요원리는 모든 사람이 그가 할 수 있는 최대 높이까지 그가 결코(또는 거의) 자신의 삶의 과정과 행동에서 실수하거나 자연법으로부터 벗어나지 않도록 제각기 제 자신의 자연적 이성을 향상시키고 완벽화하려고 연구하고 노력해야 한다는 것이다. 그리고 저 주요원리는 이 완벽화 노력이 많은 생각, 탐문, 근면 없이 이루어질 수 없기에, 무엇이 그것의 본성에 있어서 또는 사람들의 본성을 위하여 무엇이 선하고 무엇이 악한지, 결국 모든 사람들이 제각기의 상황이나 능력에서 무엇을 해야 하는지, 그리고 무엇을 피해야 하는지를 사람들에게 가르쳐 주는 학업과 철학을 필수적인 것으로 만든다는 것이다. 또 저 주요원리는, 자연적 이성의 완벽화의 본질은 심신의 완벽화이고 인류의 최대 또는 최고 행복이라는 것이다. 그리고 저 주요원리는 이 완벽화를 달성하는 수단과 준칙들이란 주로 어떤 것을 의욕하고 바라는 것이 아니라, 또한 우리 자신만이 아니라 타인들의 선과 행복에 부합되지 않는 것이 아니라, 제 자신의 자연적 이성에 공명하는 것이다. 이 목적을 위해 세상에서 아주 일반적으로 알려지고 합의된 여러 가지 덕목들의 불변적 과정과 실천이 규정되어 있다. 그 중에 예절과 사은은 이 덕목에 중심적인 것이다. 간단히, 공자가 쓴 모든 것의 전 범위는 인간들을 잘 살고 잘 다스리라고 가르치는 것, 부모·선생·치자가 어떻게 다스리고, 자식·하인·신민이 어떻게 순종해야 하는지를 가르치는 것만을 목표로 한 것으로 보인다.322)

321) Temple, "Of Heroic Virtue", 332-333쪽.

'자연적 이성의 완벽화'는 『대학』의 '수신修身' 또는 『예기』의 '성신成身(자기완성)' 개념을 옮긴 것으로 보인다.

서양인들은 이후에도 존 웹처럼 자기들의 합리론적 관점에서 공자의 '치자'를 플라톤의 지성주의적 '철인치자'로 굴절시키듯이, 공자를 합리론적으로 해석하여 '수신' 개념을 줄곧 이 '자연적 이성의 완벽화'로 굴절시켜 이해한다. 굳이 '완벽화'라는 용어를 써서 옮긴다면, '본성의 완벽화'가 올바른 번역일 것이다. 아무튼 공자철학의 번역과정에서 처음 나타난 이 '완벽화' 개념은 18세기 서구 계몽주의의 중요한 철학적 화두로 떠오른다.[323] 또한 템플이 공자의 순종 개념과 관련하여 '하인'을 언급하는 것도 좀 그릇된 것이다. 공자는 군자(성신成身, 즉 자기완성과 치국을 위한 인·의·예·지 등 대덕의 수신자)와 소인(수壽·미美·권權·부富를 위한 근면·검소·절약·인내·청결·순종·민완 등 소덕의 추구자)의 자기선택적 구별 외에 양민·교민의 치국治國과업에서 '혈통 신분'의 차별을 인정치 않기 때문이다. 공자는 군자와 소인의 자기선택적 차이 외에 양민·교민에서 '혈통 신분'의 차별을 인정치 않기 때문이다. 군자는 "성신成身", 즉 자기완성과 치국을 위한 인·의·예·지 등 대덕의 수신자이고, 소인은 수·미·권·부를 위한 근면·검소·절약·인내·순종 등 소덕의 추구자다.

이어서 템플은 공자를 '천재'이자 '애국자'로, 그리고 '인류를 사랑하는' 사해동포주의자, 또는 세계주의자로 찬미한다.

이 모든 것은 개인적이거나 제가적인, 시민적이거나 정치적인 지혜와 덕

---

322) Temple, "Of Heroic Virtue", 333-334쪽.

323) 18세기 '완벽화' 개념에 대한 추적은 참조: John Arthur Passmore, *The Perfectibility of Man* (Indianapolis: Liberty Fund, 1970, Republication 2000).

성들을 위한 수많은 개별 준칙과 가르침과 함께 공자에 의해 거대한 구경口徑의 지식, 지각의 탁월성, 한 아름의 슬기로 논의되고, 우리의 것과 무한히 다른 언어와 집필법으로부터의 번역의 어설픔과 모자람을 감안해 줄 수 있는 어떤 사람에 의해서든 쉽사리 느껴질 수 있는 것처럼 문체의 우아함, 비유와 사례의 적절성으로 예시된다. 그리하여 그 사람은 아주 특별한 천재, 위력적 학식, 찬탄할 덕성, 탁월한 본성을 갖춘 사람, 그의 조국의 참된 애국자, 인류를 사랑하는 자(*lover of mankind*)였던 것으로 보인다.[324]

이처럼 템플이 공자를 극찬하는 것으로부터 어느덧 그가 '공자 숭배자'가 되었다는 것을 알 수 있다.

「고대학문과 현대학문에 관한 에세이」에서 템플은 아예 과감하게, 공자철학이 인도를 거쳐 근동으로 전해져 소크라테스·플라톤철학의 모태가 되었을 것으로 추정한다. 종래의 '죽은 동양철학' 속에서 완전히 놓친 사실이지만, 다시 보면 공자는 인지적人智的 지식개념을 새로이 '지물知物'을 넘어 '지인知人'으로 제시함으로써 '지물'의 인식론적 자연철학에서 '지인'의 공감해석학적 정신과학·도덕철학으로의 패러다임전환을 이룩한 '사상혁명가'다.[325] 그런데 놀랍게도 템플은 소크라테스 전후의 서양철학과 정치제도들이 인도와 중국에서 들어온 것이라고 말하고, '너 자신을 알라'는 구호로써 '자연'에서 '영혼'으로 탐구의 방향을 전환한 소크라테스의 철학적 방향전환을 공자와 연결시키면서 공자철학을 자연철학에서 정신

324) Temple, "Of Heroic Virtue", 334쪽.

325) 이에 대해서는 참조: 황태연, 『공자와 세계(3) - 공자의 지식철학(하)』(파주: 청계, 2011), 991-996쪽; 황태연, 『공자의 인식론과 역학』(파주: 청계, 2018), 347-355쪽.

철학으로의 새로운 방향전환으로 해석한다.

일단 템플은 소크라테스와 플라톤에게 직접 영향을 준 피타고라스철학의 이국적 원천을 추적하여 이 원천이 인도라는 것을 밝힌다. 그는 먼저 그리스인들의 철학이 이집트에서 유래했고 이집트철학과 그리스철학의 많은 부분이 다시 인도와 중국에서 유래했다는 것을 드러내기 위해 피타고라스의 주유천하를 기술한다.

> 피타고라스는 철학자들의 아버지이고, 덕성의 아버지다. 그는 겸손하게 지자라는 이름 대신 지혜의 애호자라는 이름을 선택했고, 처음으로 사덕四德의 명칭을 도입했고, 이 사덕에 이것들이 세상에서 오래전부터 차지해온 위치와 서열을 부여했다. (...) 그리스인들의 모든 학문이 원래 이집트나 페니키아에서 유래했다는 것보다 더 동의되는 것은 없다. 그러나 그들의 학문이 이집트인, 칼데아인, 아라비아인, 그리고 인도인과의 교류에 의해 이집트나 페니키아가 번영한 정도로 번영하지 않았는지는 (나는 아주 믿고 싶은 기분이지만) 분명치 않다. 그리스인들의 상당수가 대부분의 이 지역들로 학문과 지식의 광산을 찾아 여행을 갔다. 오르페우스, 무사이오스, 리쿠르고스, 탈레스, 솔론, 데모크리토스, 헤로도토스, 플라톤, 그리고 (고대철학자들의 원숭이에 불과했던) 저 헛된 소피스트 아폴로니우스의 여행까지 언급하지 않고 나는 피타고라스의 여행만을 추적할 것이다. 피타고라스는 다른 모든 사람들 가운데서 이런 의도에서 가장 멀리 가서 가장 큰 보물들을 가져온 것으로 보인다. 그는 먼저 이집트에 갔다. 그것에서 그는 멤피스, 테베, 헬리오폴리스의 사제대학들 사이에서 연구와 대화 속에서 22년을 보냈다. 그리고 그는 그곳에서 가장 발전 중에 있던 학문과 과학에 대한 입장허가와 가르침을 얻기 위해 그들의 모든 신비론의 기초를 배웠다. 그는 바빌론에서도 사제들의 연구와 배움 또는 칼레아

인들의 마법 속에서 12년을 보냈다. 이 두 지역은 고대학문으로 유명했는데, 이 지역에서 한 저자가 말하기를, 그들의 계산에 입각할 때 피타고라스가 셀 수 없는 시대들의 관찰을 얻었다고 한다. 이것 외에도 피타고라스는 같은 냄새를 맡고 이집트, 아라비아, 인도, 크레타, 델포스, 그리고 이 지역들 중 어느 곳에서든 유명한 모든 신탁소所로 여행했다.[326)]

템플은 여기서 방향을 돌려 플라톤의 윤회설과 상기설·지옥론에 영향을 미친 피타고라스철학과 인도 브라만 간의 직접 연관성을 주장한다.

인도 브라만들에 관한 가장 고대적인 보고서들에 의해 나는 피타고라스가 그 멀리까지 찾아간 사람들 중 상당수가 어떤 종류의 필멸자들이었을 것인지를 추적해내려고만 노력할 것이다. 왜냐하면 다른 나라들에서 인도 브라만 식자들이나 현자들이 종종 이야기 속에 나타나기 때문이다. (...) 자연철학에서 그들의 의견은 세계가 둥글다는 것, 그리고 그것이 태초가 있었고 종말도 있을 것이지만 엄청난 시간의 기간에 의해 양자를 헤아린다는 것이다. 세계의 조물주는 전 우주에 삼투해 있고 우주의 모든 부분에 퍼져 있는 기氣다. 그들은 영혼의 윤회를 생각하고, 어떤 이들은 플라톤의 지옥저택과 같이 많은 것들에서 지옥저택의 담화를 사용했다. 그들의 도덕철학은 주로 몸의 모든 질병이나 이상을 방지하는 데 있다. (...) 피타고라스가 보통 가정되듯이 이집트라기보다 이런 유명한 인도인들로부터 그의 자연철학과 도덕철학의 가장 큰 부분을 배우고 그리스와 이탈리아로 반입했다는 것은 가장 개연적인 것으로 보인다. 왜냐하면 나

326) Temple, "An Essay upon the Ancient and Modern Learning", 450-452쪽. '칼데아인'은 옛 바빌로니아 남부지방의 왕국의 사람이다.

는 이집트인들 사이에 공유된, 피타고라스 시대보다 더 고대적인 '영혼의 윤회'의 어떤 언급도 관찰하지 못했기 때문이다. (...) 더구나 이집트인들조차도 그들의 학문의 많은 것을 인도로부터 가져왔을 것이라는 것도 있음직하지 않은 것이 아니다.[327]

템플에 의하면, 상당수의 저자들이 고대에 인더스강 유역으로 이주한 에티오피아인들이 이집트인들에게 학문과 제도관습을 전해주었고, 홍해에서 온 페니키아인들도 지중해 연안에 이주하여 학문과 항해술로 명성을 날렸다고 한다.[328]

템플은 이 지점에서 화두를 바꿔 이 모든 학문과 관습을 인도, 특히 중국과 연결시켜 놀랍게도 그리스철학의 중국기원설을 시사한다. 이를 위해 그는 우선 중국의 유구성을 논증한다.

(에티오피아·이집트·페니키아·지중해연안의) 많은 학문들이 인도 혹은 중국과 같은 멀고도 유구한 원천으로부터 들어왔다는 이 추정을 보강하기 위해 우리가 알렉산더 이전에 인도의 유구성에 대해 거의 아무것도 모를지라도 중국의 유구성은 어떤 곳에서든 공정한 기록임을 자부하는 최고最古의 것이라는 사실이 커다란 명증성으로 주장될 수 있다. 왜냐하면 예수회 선교사들은 이 기록들이 명백하고 부정할 수 없는 증거들의 이러한 현상을 가지고 4000년 이상 아주 멀리 뻗어 올라간다는 데 동의하고 있기 때문이다. 그래서 저 종교인들조차도 『성서』의 속류적 연대기와 상반되는 것으로 인식함으로써 이 기록들의 진리성을 의심하기보다 (기원270년경에 그리스어로 번역된) 『70인역성서』의 연대기에 호소하여 그럼으로써 중국인

327) Temple, "An Essay upon the Ancient and Modern Learning", 452-455쪽.
328) Temple, "An Essay upon the Ancient and Modern Learning", 455쪽.

들의 기록 속의 현상들을 덜어내는 것으로 만족할 정도다.[329]

이어서 에티오피아·이집트·페니키아로부터 학문을 전달받은 그리스 등 지중해연안의 "많은 학문들이 인도 혹은 중국과 같은 멀고도 유구한 원천으로부터 들어왔다"는 템플의 추정은 소크라테스와 동일한 공자의 '철학혁신'과 연결된다.

우리가 자신의 치세로부터 역사 시대를 시작하려는 욕심에서 물리학과 농업 서적을 제외하고 모든 책을 분서하라고 명령한 중국인 왕들 중 하나(진시황 - 인용자)의 야만적 야심 때문에, 중국의 학문이 어떤 과정을 취했는지, 그 방대한 영토에서 그리고 아주 커다란 시간적 유구성 속에서 이 학문이 어느 정도까지 높이 고양되었는지에 대한 지식을 상실했을지라도, (...) 주목할 만한 것이자 동의되는 것은 중국인들 중 배운 자들의 의견이 현재 존재하듯이, 식자들이 고대에 두 학파로 나뉘어 있었고 이 중 한 학파는 영혼(기氣)의 윤회를 생각했고, 다른 학파는 세계를, 그 덩어리의 부분들이 지속적으로 천 개의 다양한 형상으로 만들어지고 일정한 시간 뒤에 다시 같은 덩어리로 녹아내리는 거대한 금속덩어리에 비교하며 물질의 영원성을 생각했다는 사실, 그리고 중국인들 사이에 자연철학에서 옛날에 쓰인 많은 서적들이 존재했다는 사실, 나아가 소크라테스의 시대와 가까운 즈음에 인간들을 자연에 대한 이런 쓸모없고 밑도 끝도 없는 사색으로부터 도덕에 대한 사색으로 교정하는 (소크라테스와) 동일한 설계를 개시했던, 중국인들의 위대하고 유명한 공자가 살았다는 사실이다.[330]

---

329) Temple, "An Essay upon the Ancient and Modern Learning", 455쪽.

330) Temple, "An Essay upon the Ancient and Modern Learning", 455-456쪽.

여기서 중요한 것은 공자가 "소크라테스의 시대와 가까운 즈음에 인간들을 쓸모없고 밑도 끝도 없는 자연에 대한 사색으로부터 도덕에 대한 사색으로 교정하는 (소크라테스와) 동일한 설계를 개시했다"는 템플의 해석이다. 지중해연안의 "많은 학문들이 인도 혹은 중국과 같은 멀고도 유구한 원천으로부터 들어왔다"는 템플의 추정을 전제할 때, 이 해석은 - 공자가 소크라테스보다 82년이나 먼저 태어났기에 - 소크라테스의 철학개혁이 공자의 새로운 '철학 설계'를 수입한 것이라는 말이다.

하지만 더욱 놀라운 것은 공자의 '철학개혁'이 내용적으로 소크라테스의 그것보다 더 우월하고, 또 소크라테스가 공자의 철학개혁을 모방했을 것이라고 추정하는 점이다. 템플은 일단 소크라테스·플라톤의 그리스적 철학개혁과 공자의 개혁의 차이를 지적하면서 소크라테스의 영혼론의 사적 지향과 대비되는, 인간의 덕성과 공동체의 공적 행복을 지향하는 공자철학의 원리적 우월성을 말한다.

> (공자의 이 계획은) 그리스인들의 성향이 주로 사적 인간들이나 가족의 행복에 쏠려 있는 것처럼 보이지만, 중국인들의 성향은 훌륭한 품성과, 국가나 정부의 지락至樂에 쏠려 있는 것처럼 보이는 점에서 차이가 있다. 중국의 이 국가와 정부는 수천 년 동안 알려졌고 또 알려져 있으며, 정확하게 학자들의 정부라고 불러도 된다. 왜냐하면 학자가 아닌 사람은 국가의 책임을 맡도록 입장이 허가되지 않기 때문이다.[331]

이어서 템플은 리쿠르고스, 피타고라스, 데모크리토스, 에피쿠로스와 마찬가지로 소크라테스와 플라톤도 중국인들과 - 까마득한

331) Temple, "An Essay upon the Ancient and Modern Learning", 456쪽.

옛날부터 천산산맥의 '차마고도茶馬高道'를 통해 중국으로부터 차와 문물을 받아들인 - 인도인들로부터 철학과 제도를 '수입'해서 자기 것으로 활용했을 것이라고 추정한다.

> 나로 말할 것 같으면, 나는 피타고라스가 그의 자연철학과 정신철학 둘 다의 최초 원리들을 이 먼 지역들에서 얻었을 뿐만 아니라, 이집트·칼데아·인도를 여행했던 데모크리토스가 말한 원리들도 (그의 독트린이 나중에 에피쿠로스에 의해 개선되는데) 동일한 원천들에서 유래했을 것이라는 것, 그리고 이 두 사람 이전에, 마찬가지로 인도를 여행했던 리쿠르고스도 세상에 아주 평판이 자자한 그의 법과 정치의 주요 원리들을 거기로부터 가지고 왔다고 아주 믿고 싶다. 왜냐하면 고대 인도인들과 중국인들의 학문과 견해들에 대한 이미 주어진 설명에 주목하는 사람이라면 누구나 (피타고라스·소크라테스·플라톤의 - 인용자) 영혼의 윤회, 4대덕大德(four cardinal virtues), 학자들에게 명해진 긴 묵상, 글자보다 전승에 의한 자기들의 독트린의 전파, 피타고라스가 도입한, 동물적 생명을 가진 모든 육류의 금욕, 에피쿠로스가 도입한, 형식의 영구변동과 결합된 물질의 영원성, 물질의 무통성無痛性, 정신의 평온 등과 같은 모든 그리스 생산물과 제도들의 씨앗들을 쉽사리 저 인도인과 중국인들의 학문과 견해들 가운데서 발견할 것이기 때문이다.[332]

여기서 템플은 가령 요순·탕무·주공·공자의 '대덕론'과 유사한 피타고라스·소크라테스·플라톤의 '대덕론'을 언급함으로써 이들이 공자의 저 '철학개혁' 자체를 수입했을 가능성을 강력히 시사하고 있다.[333]

332) Temple, "An Essay upon the Ancient and Modern Learning", 456-457쪽.

템플의 경우에, 중국에 대한 관심이 공자철학에 대한 열광과 숭배를 야기한 것이 아니다. 아니, 그와 정반대로 공자철학에 대한 그의 열광과 숭배가 그의 '중국 관심'을 유발한 것이다. 그의 중국 관심은 그 당시 프랑스·네덜란드·영국 등의 선진적 자유사상가들로부터 그에게 전염된 '공자열광'에 의해 점화된 것이었기[334] 때문이다.

공자철학에 대한 이런 지식과 열광을 바탕으로 템플은 「영웅적 덕성에 관하여」에서 중국의 교육제도를 상론한다. "중국의 학문은 첫째 그들의 언어의 지식에 있고, 그 다음은 공자와 그의 위대한 4인의 제자들의 저작의 배움, 연구, 실천에 있다. 모든 사람은 이 두 가지 것에서 더 완벽해지는 만큼, 더 존경받고 더 출세한다. 또한 공자의 주요부분들을 자기 기억 속에 보존하고 자기들의 공자의 가르침을 실천함으로써 공자가 깨달아지지 않는다면, 공자를 읽은 것만으로 충분치 않다." 이어서 그는 유학儒學(부학·주학·현학)유

333) 19세기에 쇼펜하우어도 자신의 주저『의지와 표상으로서의 세계』에서 피타고라스·플라톤과 중국철학의 연관성은 아니지만, 피타고라스·플라톤과 인도의 윤회철학의 연관성을 인정한다. "신화적 설명의 저 극치(윤회사상 - 인용자)는 이미 피타고라스와 플라톤이 인도나 이집트로부터 전해 듣고, 경탄 속에서 이해했고, 숭배했고, 적용했고, 우리가 얼마 만큼인지 모르지만 자신들이 믿었다." Arthur Schopenhauer, *Die Welt als Wille und Vorstellung I* [1819], §63 (467쪽). *Arthur Schopenhauer Sämtliche Werke*, Band I (Frankfurt am Main: Suhrkamp, 1986). 『도덕의 기초』에서는 더욱 분명하게 말한다. "... 저 플라톤의 신화(윤회신화 - 인용자)는 칸트가 그 추상적 순수성 속에서 이지적 성격과 경험적 성격의 학설로서 제시한 저 위대하고 심오한 인식의 비유로 간주될 수 있다는 사실과, 따라서 이 인식이 본질적으로 플라톤보다 이미 수천 년 전에 획득되었다는 사실, 아니 이보다 훨씬 더 높이 거슬러 올라간다는 사실을 독자는 인식할 것이다. 왜냐하면 포르퓌리오스(Porphyrios, 232-305)는 플라톤이 이 인식을 이집트로부터 넘겨받았다는 견해를 갖고 있기 때문이다. 그러나 이 인식은 브라만교의 윤회설 속에 이미 들어 있고, 이집트의 성직자들의 지혜는 지극히 개연적으로 이 브라만교로부터 유래하는 것이다." Schopenhauer, *Preisschrift über die Grundlage der Moral* (1840, 개정판 1860), 709쪽. *Arthur Schopenhauer Sämtliche Werke*, Band III (Frankfurt am Main: Suhrkamp, 1986).

334) 참조: Marburg, *Sie William Temple*, 60쪽.

생, 거인擧人(향시급제자), 진사(회시급제자)를 서양의 대학 2년생, 석사, 박사와 비교하며 상세히 분석한다.[335]

■ 중국 내각제에 대한 템플의 분석적 이해

이 과거급제자들이 바로 관원들이 되기 때문에 바로 이 교육논의에 잇대서 템플은 중국의 국가제도와 내각제의 분석으로 들어간다.

> 중국인들의 모든 국무원과 관헌은 이 급제자들로 구성된다. 이들 중에서 문무 양과의 모든 주요 관원과 치자들이 발탁된다. 황제와 지방태수들, 그리고 군대의 장군들은 모든 경우에 이들과 의논한다. 그들의 학문과 덕성은 그들을 모든 공무의 수행과 처리에서 다른 나라들에서의 가장 오랜 실행과 경험보다 더 유능한 것으로 평가받도록 만들어준다. 그들이 군문에 들어가면, 그들은 모든 큰일에 제 생명을 내놓는 점에서 그들의 군부대의 가장 용감한 병사보다 더 용감하고 더 관대한 것으로 느껴진다.[336]

이어서 템플은 니우호프의 분석에 입각하여 중국의 수사적修辭的 '절대'군주를 제도에 의해 실질적으로 자신의 능동적 자문기구에 매인 수동적 군주로 제한하는 중국의 내각제적·관료제적 제한군주정의 특질들 안에서 영국의 내각제 헌정개혁에 응용된 결정적 내용들을 집어낸다.

이에 정부에 대해 말하자면, 중국에는 왕의 교시와 칙령 외에 어떤 다른

335) Temple, "Of Heroic Virtue", 335-336쪽.
336) Temple, "Of Heroic Virtue", 335-336쪽.

법률도 없기에 그것은 절대군주정이다. 이 군주정은 (영국과) 마찬가지로 세습적이고, 여전히 혈통을 따라 다음 세대로 내려간다. 그러나 왕의 모든 교시와 칙령은 그의 행정부처들을 거쳐 담당 부처의 권고나 장주章奏에 의해 작성된다. 그리하여 모든 사안들이 여러 부처에 의해 쟁론되고 확정되고 결정된다. 그 다음 왕에게 상신된 조언이나 주청에 입각하여 왕에 의해 비준되고 서명되고, 이로써 법령이 된다. 국가의 모든 큰 관직은 마찬가지로 여러 개별 부처의 동일한 권고나 장주에 입각하여 왕에 의해 수여된다. 그리하여 어떤 사람도 군주 자신의 기분에 의해, 또는 어떤 대신의 호의에 의해, 아첨이나 부패에 의해 선호되는 것이 아니라, 여러 관청에 의해 진술되어 왕에 대한 권고나 장주를 올리는 실력·학문·덕성의 힘이나 입증에 의해 선호된다.337)

템플은 바로 하늘로부터 천명을 받은 '천자'로서의 절대군주의 '수사적 절대성'을 조금도 훼손하지 않은 채 그 왕권을 소관부처의 장주와 자문에 묶어 수동적 비준권으로 축소시킨 중국의 헌정체제의 이런 특징에서 왕권신수설적 절대군주정을 고집하는 찰스 2세와, '고대헌법론' 이데올로기로 왕권을 제한하려는 의회를 타협시켜야 하는 '불가능한 임무'를 성공적으로 완수할 해법을 본 것이다.

템플은 중국의 왕권을 제한하는 두 기구를 육부관료체제와 내각으로 보았다. 그는 육부를 상론한 데338) 이어 니우호프를 따라 명대의 내각제를 설명한다.

모든 것보다 위에 있는 것은 인원수에서 5명이나 6명을 좀처럼 넘지 않지

---

337) Temple, "Of Heroic Virtue", 337쪽.

338) 참조: Temple, "Of Heroic Virtue", 337-338쪽.

> 만 최상의 현명과 경험을 갖춘 인사들인 주요대신들, 즉 각로들의 회의체(council of the Colaos or chief Ministers)이다. 이들은 큰 예찬을 받으며 다른 중앙부처나 지방정부를 거친 뒤에 마침내 이 최고의 위계로 승진해서, 왕과 직접 면의面議하는 추밀원(Privy Council) 또는 군기처(Junto)에 봉직한다. 왕과의 이 면의는 다른 어떤 관원에게도 허용되지 않는 것이다. 다른 예하부처의 모든 결과보고와 장주는 이 각로들 앞에 제출된다. 이것들은 각로들의 표의票擬에 의해 승인되고, 황제에 의해 서명·비준되고, 이렇게 하여 처리된다. 이 각로들은 언제나 왕국의 가장 귀중하고 가장 유명한 철학자나 현자들의 몇몇 인사들에 의해 보필받는다. 이 현자들은 황제를 보필하고, 모든 장주를 접수하는 데 있어 황제에 복무하고, 황제나 각로들에게 장주들에 대한 자기들의 의견을 올리고, 또한 아주 중요하고 아주 어려운 문제에 대해 그들이 자문 받을 때도 의견을 올린다.[339]

여기서 템플이 각로들이 '추밀원(내각)'만이 아니라 '군기처'에도 봉직한다고 하는 것으로 보아 청대의 내각제를 논하는 것이 틀림없다. 여기서 중요한 대목은 내각이 다른 예하부처의 모든 보고와 장주를 독점적으로 관장하고 황제가 비준하기 전에 각로들의 표의를 통해 장주를 승인·부인하는 포괄적 정책결정권과 능동적 표의권을 보유하는 반면, 황제는 나중에 서명·비준하는 수동적 비홍권批紅權만을 보유한다는 대목이다. 이것은 황제가 피동적 기구인 반면, 능동적·실질적 정책기구는 내각임을 뜻하는 것이다. 그러나 주지하다시피 청조의 황제는 대체로 이런 피동적 기관으로 남지 않고 능동적으로도 행동했다.[340] 각로들을 언제나 보필하는 "왕국의 가장 귀중하

339) Temple, "Of Heroic Virtue", 338-339쪽.

340) 참조: 황태연,「공자의 분권적 제한군주정과 영국 내각제의 기원」, 258-265쪽.

고 가장 유명한 철학자나 현자들의 몇몇 인사들"은 협판대학사·내각학사·시독侍讀학사·시독 등을 말하는 것으로 보인다.

각로를 보필하는 이 "몇몇 현자들"은 "북경에 소재하고 각각 60명으로 구성된 두 회합체(*assemblies*)에서 단원 선발된다"고 말하고 있는데,[341] 이 두 회합체는 청조의 '한림원'을 가리키는데, '두' 회합체라고 한 것은 한漢·만滿 이중의 한림원을 가리킨 것으로 보인다. 이 두 한림원에 대한 기술은 니우호프가 제공한 정보보다 더 많은 것을 담고 있다. 템플이 아마 내각에 특별한 관심을 둔 나머지 다른 서적들도 뒤져 보았던 것으로 보인다.[342] "그들(한림원)은 학문의 모든 일에 채용된다. 그들은 그 안에 필요한 명령을 주고, 모든 공문서를 보관하고, 모든 공문서를 정리하고 요약하며, 국가의 모든 법령을 기록한다. 이들 중 몇몇 사람은 후임 왕으로부터 그의 전임 왕의 시대와 행적을 진술하고 기록하도록 명받는다." 마지막으로 "이들로부터 (그들이 지혜와 덕성의 존경과 명성 속에서 성장하는 만큼) 국가의 관원들과 여러 부처의 자문관들이 뽑혀 점차 승진한다. 이 두 회합체(한림원)의 하나에 속하지 않은 사람은 누구도 결코 각로의 신분에 이를 수 없다."[343] 이 마지막 경직된 기술은 니우호프의 '과장'을 그대로 따른 것이다. 템플은 이런 내각제적 구조가 지방정부에서 유사하게 반복된다는 점도 지적하고 있다.[344]

---

341) Temple, "Of Heroic Virtue", 339쪽.

342) 템플은 니우호프의 책 외에 다른 저서들(Paulus Venetus, Martini, Kercherus의 책, 이탈리아어, 포르투갈어, 네덜란드어 쓰인, 선교사들, 상인, 외교관들의 기타 여행기)도 읽었다고 스스로 밝히고 있다. Temple, "Of Heroic Virtue", 342쪽.

343) Temple, "Of Heroic Virtue", 339-340쪽.

344) Temple, "Of Heroic Virtue", 340쪽.

중국의 정부제도에 대한 이런 설명에 이어 템플은 중국제도에 대한 엄청난 찬사를 쏟아놓는다. 그는 "세계의 어떤 헌정체제에서도 경험할 수 없는 중국의 제도들, 광대한 깨달음과 지혜에 의해 창안된 것으로 보이는 중국의 탁월한 제도들을 다 열거하자면, 끝이 없을 것이다"라고 말한다.[345] "여기서 존경과 존중은 부귀에 주어지는 것이 아니라, 덕성과 배움에 주어진다. 덕성과 배움은 군주와 백성, 이 양편에 의해 똑같이 중시된다. 이런 자질에서 탁월한 사람이 그 때문에만 관직에 진출하는 것은 그토록 많은 다른 나라들을 부패시키고 파괴하는 질시와 불화의 폐해를 방지해준다. 여기에서 모두가 오직 실력에 의해서만 승진을 추구하기에 다른 사람의 승진을 다 실력 덕택으로 돌린다."[346]

이어서 템플은 중국의 '수사적' 절대군주정의 '실질적' 제한성을 정확히 정식화하면서 중국을 유럽인들의 모든 공상적 유토피아를 능가하는 나라로 극찬한다.

> 중국에는 왕이 제정하는 것 외에 어떤 다른 법률도 존재하지 않기 때문에 왕이 세계에서 가장 절대적일지라도, 모든 일이 그의 국무위원회들(내각과 군기처)에 의해 먼저 심의되고 연출되기에 군주의 기분과 감정은 정부의 형태나 행위 속으로 들어가지 않는다. 그러나 남자나 여자들에 대한 그의 개인적 총애는 왕실의 고관직위들 안에서 분배되거나, 왕실에 특별히 할당되어 있는 방대한 수입으로부터, 세계의 궁전에서 나타나는 것 중 최대의 비용과 장엄성을 유지하기 위해 분배된다. 그리하여 어떤 왕도 이보다 더 잘 대접받지 않고, 더 잘 복종받지 않고, 더 많이 존경받지 않고, 더

345) Temple, "Of Heroic Virtue", 340쪽.

346) Temple, "Of Heroic Virtue", 341쪽.

정확히 말하면 더 많이 숭배받지 않고, 어떤 백성도 더 잘 다스려지지 않고, 또한 어떤 백성도 이보다 더 큰 안락과 지락으로 다스려지지 않는다고 참으로 말해도 된다. 이런 토대와 제도 위에서 중국제국은 이런 방법과 질서에 의해 최고로 강력하고 광범위한 인간적 지혜·이성·지략으로 구성되고 관리되고 실제로 다른 사람들의 바로 그 사변적 공상과 유럽적 슬기의 저 모든 상상의 기획, 크세노폰의 제도, 플라톤의 국가, 우리의 현대 문필가들의 '유토피아'나 '오세아나들'을 능가하는 것으로 보인다. 그리고 아마 이것은 이 왕국이 다스려지는 안락·지락至樂과 함께, 그리고 이 정부가 이어져온 시간의 길이와 함께 이 왕국의 방대성과 풍요성, 그리고 인구 많음을 고려하는 어떤 사람에 의해서든 인정될 것이다.[347]

여기서 '유토피아'는 토마스 모어의 『유토피아』(1516)이고, '오세아나'는 제임스 해링턴(James Harrington)의 『오세아나 공화국(*The Commonwealth of Oceana*)』(1656)을 가리킨다. '오세아나'를 복수로 쓴 것은 캄파넬라의 『태양의 나라』(1623), 베이컨의 『뉴아틀란티스』(1627)와 같은 이상국가론들도 염두에 둔 것으로 보인다. 아무튼 템플은 중국제국을 크세노폰·플라톤·모어·베이컨·캄파넬라·해링턴 등 유럽인들의 '모든 상상의 유토피아를 초극하는, 실존하는 유토피아'로 본 것이다.

그러나 템플은 중국의 군사적 약점도 지적하지만 그 정부제도의 탁월성으로 인해 정복자도 하릴없이 중국의 제도를 받아들일 수밖에 없다는 사실을 피력함으로써 군사적 약점도 다시 찬양으로 되돌려 놓는다.

---

347) Temple, "Of Heroic Virtue", 341-342쪽.

내과의사들이 몸 안의 최상급의 건강이 어떤 질병의 가장 큰 위험과 포악에 몸을 노정시킨다고 말하는 것처럼 이 정부나 헌정체제의 완벽함이 타타르족들과 같은 이웃민족에게 중국인들의 상황이 호기가 되고 마는 사태와 연결된 동일한 결과를 낳았다는 것이 사실이다. 왜냐하면 이 타타르족들은 그들의 나라와 삶의 힘듦과 빈곤에 의해 세계에서 가장 용감하고 가장 사나운 민족이고 가장 모험적인 민족이기 때문이다. 다른 한편, 중국적 슬기와 정부의 탁월성은 그들을 큰 안락, 풍요, 사치에 의해 조만간 유약하게 만들고 이럼으로써 그들을 야만적 이웃민족들의 빈번한 기도와 침략에 노정시킨다. 중국인들의 기록에 의하면 타타르족들은 중국의 왕국의 대부분을 각기 세 차례나 정복했고, 중국 안에 오래 자리 잡은 뒤 구축驅逐되었다. 타타르족들은 (...) 30년 이상의 유혈전쟁 끝에 1650년경 전 제국의 완전한 전면적 정복을 달성했다.[348)]

하지만 템플은 여기서 바로 논조를 정반대로 뒤집어 정복자도 중국의 우수한 제도를 계승할 수밖에 없었다는 점을 상기시킨다.

그러나 이 헌정체제와 정부의 강력성은 어떤 상황에서도, 또는 어떤 관점에서도 이 제도에서만큼 크게 현상한 적이 없어서, 이 제도는 내전에 의한 왕조의 여섯 번의 변동과 외부의 야만적 세력들에 의한 네 번의 정복과 같은 거대한 폭풍과 홍수를 안전하게 건너왔다. 왜냐하면 현재의 타타르왕들 아래서 정부는 여전히 동일하게, 그리고 중국인 학자들의 손 안에 계속 이어지고 있고, 이러한 폭풍이나 혁명에 의해 초래된 것처럼 보이는 모든 변화가 한 타타르 왕조가 중국인 왕조 대신에 왕좌에 앉는 것에 불과한 것이고, 도시와 튼튼한 요새들(strong places)이 점차 중국인들의 매너,

348) Temple, "Of Heroic Virtue", 343-344쪽.

관습, 언어 속으로 빠져드는 타타르 병사들에 의해 지켜지기 때문이다. 심지어 적과 침략자들에 의해서도 아주 큰 존경, 아니 더 정확히 말하면 숭앙이 이 지혜롭고 찬미할 헌정체제에 부여되어서, 국내의 찬탈자들과 외부에서 온 정복자들이 둘 다 흉내 내려는 경쟁심으로 다툰다. 이들은 가장 거대한 궁전을 만들고, 이 헌정체제에 가장 많은 지지를 보낸다. 이들은 중국인들의 유구한 헌정체제와 정부의 확립과 보존 외에 그들 자신의 안전과 안락을 백성의 순종에 의해 확보할 다른 방법을 찾지 못하기 때문이다.[349]

'천명론적' 절대군주정, 즉 '왕권은 하늘이 준다'는 '왕권천수론적王權天授論的' 절대군주정의 '레토릭'으로 포장된 '왕권민수론王權民授論'과 '유이불여有而不與·무위남면론無爲南面論'에 기초한 '내각제적' 제한군주정으로 요약되는 중국의 헌정체제는 몽고·만주족의 정복왕조조차도 결국 자기들의 제도로 받아들일 정도로 탁월하다는 말이다.

템플은 이와 같이 공자의 '유이불여·무위남면론'에 기초한 제한군주정 철학에 의해 촉진되고 정당화되는 명·청대 내각제를, 천하가 알아주는 현신의 능동적 통치권과 덕스런 군주의 수동적 비준권의 '분권적 군신공치' 체제로 파악했다. 그는 영국 절대군주의 왕권신수론적 또는 왕권천수론적 수사를 조금도 훼손하지 않으면서도, 아니 이 왕권천수론의 수사를 왕권민수론과 일치시킴으로써 분권적 군신공치를 가능케 하는 내각제적 제한군주정을 '실존하는 유토피아' 중국제국의 핵심제도로 분석해낸 것이다.

349) Temple, "Of Heroic Virtue", 344쪽.

3.3. 윌리엄 템플의 내각제 기획과 영국추밀원 개혁방안

윌리엄 템플은 자기의 중국과 공자에 대한 지식을 나중에 회고적으로 정리한 두 에세이에서 나타나는 이런 탄탄한 중국 지식을 바탕으로 중국내각제를 영국에 도입했다. 그는 1679년 찰스 2세와 함께 극비리에 이 헌정개혁을 협의하고 주도했다. 템플은 찰스 2세에 대해 이 내각제 기획이 중국에서 유래한다는 것을 감추고 그에게 제시한 것으로 보이지 않는다. 그는 찰스 2세에게 이 사실을 감출 필요가 없었을 것이다. 왜냐하면 찰스 2세 자신이 중국을 좋아하고 공자를 존경하는 왕이었기 때문이다.

■ 찰스 2세의 중국애호주의

찰스 2세의 친親중국 성향은 1688년 명예혁명으로 방벌당한 그의 동생 제임스 2세의 중국애호주의와 궤를 같이한다. 『중국철학자 공자』가 파리에서 발간된 해(1687)에 이 책의 출간 사실을 알고 있었던 제임스 2세는 1687년 9월 옥스퍼드대학교의 보들레이언 도서관(Bodleian Library)을 깜짝 방문해 도서관 큐레이터 토마스 하이드(Thoams Hyde) 박사와 이 책에 관해 담소했다. 제임스 2세는 "그래, 하이드 박사, 그 중국인이 이곳에 왔었소?"라고 하문했다. 이에 하이드는 "예, 폐하. 그리고 그로부터 저는 많은 것을 배웠습니다"라고 답했다. 그때 제임스 2세는 "그는 약간 반짝이는 친구였어, 그렇지 않소?"라고 말했다. 이에 하이드는 "그렇습니다"라고 대답하고, 그런데 "중국인, 만주족, 그리고 세계의 그 모든 지역은 시야가 좁습니다"라고 깎아내렸다. 그러자 왕은 그의 말을 못들은 척하며 자기가 "실물 그대로의 그 중국인 초상화를 침실 옆의 방에 걸어두었다"고 의도적으로 동문서답했다. 그리고 나서 왕은 "하이드 박사에게 예수회 신부들에 의해 (4권으로) 번역된 공자경전에 관해 말하고, 이 책이 도서관에 있는지 물었다." 이에 대해 하이드 박사는 그 책이 있다고 하고, "그 책은 철학을 다루었지만 유럽철학 책과 같지 않습니다"고 답했다.[350] 이 정도의 정보로도 제임스 2세가 중국을 좋아하는 왕이었다는 것을 알 수 있다. 동시에 그의 형 찰스 2세도 중국애호자였다고 짐작할 수 있다. 두 왕의 친중국 성향은 그들을 거두어 길러준 친親중국주의자 루이 14세로부터 옮아왔을 수 있다.

이런 까닭에 찰스 2세는 아이작 보시어스와 존 웹을 이어 영국에서 공자철학을 확산시키고 영국에 윤리도덕적 각성을 일으킴으로써 영국 명예혁명의 정치사상적 토대를 만드는 데 기여한 성공회신부 나다나엘 빈센트(Nathanael Vincent, 1639?-1722)를 담임목사로 임명했던 것이다. 그리고 1674년 뉴마켓에서 찰스 2세는 빈센트에게 '영예의 바른 개념'이라는 제목의 설교를 할 기회를 주고, 그의 정신廷臣들과 함께 이 궁정설교를 들었다. 빈센트는 템플처럼 당대 궁정 안팎에서 대담성과 호방함을 구실로 유행하던 종교적·성적 방종주의의 '영예'를 도덕주의적 영예 개념으로 대체하려는 염원이 있었다. 그는 이 설교에서 중국의 덕성을 사례로 들어 버킹엄과 방종한 정신들의 그 성적 성향과 미심쩍 도덕적 정직성을 맹박했다.[351] 찰스 2세는 이 설교를 듣고 감동하여 이 설교를 출판하라고

350) Anthony Wood, *The Life and Times of Anthony Wood, antiquary, of Oxford, 1632-1695*, Vol.III (Oxford: Printed for the Oxford Historical Society at the Clarendon Press, 1894), 236-237쪽.

351) Matt Jenkinson, "Nathanael Vincent and Confucius's 'Great Learning' in Restauration England", *Note and Record of the Royal Society of London*, Vol. 60, No. 1(Jan. 22, 2006), 35쪽.

명했다.[352)]

또한 찰스 2세는 네덜란드출신 중국열광자 아이작 보시어스(Isaac Vossius, 1618-1689)도 유사하게 애호해서 그의 영국 귀화를 허락했다. 자유사상가이자 사상적 급진주의자로서의 보시어스의 명성은 그의 중국전문가 경력과 불가분적으로 얽혀 있었다. 찰스 2세는 보시어스가 중국에 대해 이야기하는 것을 들은 뒤 "그는 성서 안에 들어 있는 것을 제외하고 모든 것을 믿었다"고 농담반 진담반의 풍자적 인물평을 했다.[353)] 영국국왕의 이 인물평은 그의 사상적 급진성을 지적하는 말로 유명하다. 찰스 2세는 보시어스를 이렇게 평하면서도 그의 영국 귀화를 받아들이고 그를 윈저궁 왕립참사회의 봉록성직관에 임명했다. 이런저런 일을 음미해 보면, 찰스 2세는 은연한 중국열광자였음이 틀림없다. 또 그는 또 다른 중국열광자 존 웹을 왕실건축가로 임명했다. 웹은 찰스 2세의 명을 받아 그리니치 공원을 개축했다.

16세(1646)부터 프랑스로 망명하여 루이 14세의 보호 아래 성장하고 교육받았던 찰스 2세는 1660년 왕정복고 후 영국 국왕에 즉위한 뒤 이래저래 그의 주변을 웹, 보시어스, 빈센트, 템플 등 친중국

---

352) 빈센트는 1774년에 가진 조정설교문 「영예의 바른 개념」을 출판하라는 국왕의 명령을 10년이 지난 시점인 1785년, 즉 찰스 2세가 서거하는 해에야 이행한다. 참조: Nathanael Vincent, *The Right Notion of Honour: as it was delivered in a sermon before the King at Newmarket*, Octob. 4. 1674, Published by His Majesties Special Command (London: Printed for Richard Chiswell, 1685). 이 책의 내용에 대한 분석은 참조: 황태연, 『공자철학과 서구 계몽주의의 기원(하)』, 1263-1278쪽; 황태연, 『17-18세기 영국의 공자숭배와 모럴리스트들(하)』 (서울: 넥센 미디어, 2019), 798-811쪽.

353) Jean-Pierre Nicéron, *Mémeires pou servir à l'Histoires des Hommes illustres*, Tom XII (Paris: Chez Braison, Libraire, 1733), 133쪽. Thijs Weststeijn, "Vossius' Chinese Utopia", 207쪽에서 재인용. Eric Jorink and Dirk van Miert, *Isaac Vossius between Science and Scholarship* (Leiden: Brill. 2012).

철학자들로 채웠다. 이 친중국적 주변환경은 찰스 2세에게 중국 내각제 도입을 선뜻 결단하도록 만든 본질적 공감대였다.

■ 템플의 등장과 영국내각제 기획

윌리엄 템플은 "자신의 전문직업 안에서 학자인 것을 정치가의 책무라고 생각한 탁월한 사람"이자, "오랜 연구와 사색을 통해 국내외에서의 영국의 참된 이익을 깨달은" 사람이었다.[354] 이런 까닭에 데이비드 흄은 일찍이 템플을 "철학적 애국자"로 칭송한 바 있고,[355] 다이시(Albert V. Dicey)는 "철학적 정치가"로 예찬한 바 있다.[356] 또한 공자숭배자요 중국마니아로서 템플은 중국제국이 제도 면에서 "유럽적 슬기의 저 모든 상상의 기획, 크세노폰의 제도, 플라톤의 국가, 우리의 현대 문필가들의 '유토피아'나 '오세아나들'을 능가한다"고 극찬하며, 중국제국을 '실존하는 유토피아'로 경탄해마지않았고, 중국 내각제의 기능·구성·작동원리·각신충원 방식 등을 육부관료제·과거제와 함께 세세하게 분석하여 영국에 소개한 사람이다. 그러나 템플은 이 헌정개혁이 중국의 내각제를 참조한 것이라는 사실을 말로든 글로든 명시적으로 밝힌 적이 없었다. 그래도 중국의 선진적 국가제도에 대해 경탄하고 또 이에 대한 충분하고 탄탄한 선진적 지식을 가진 그가 중국 내각제를 영국의 추밀원개혁에 반영하지 않았다고 '단언'한다면, 그것도 중국 내각

---

354) G. M. Trevelyan, *England under the Stuarts* (London·New York: Routledge, 1904·2002), 390쪽; Robert C. Steensma, *Sir William Temple* (Farmingto Hills in Machigan: Twayne Publishers, 1979), 390쪽.

355) David Hume, *The History of England. From the Invasion of Julius Caesar to the Revolution in 1688*, vol. 6 in six volumes (New York: Liberty Fund Inc., 1778·1983), 362쪽.

356) Albert Venn Dicey, *The Privy Council* (Oxford: T. and G. Shrimpton, Broad Street, 1860), 66쪽.

제와 내용적으로 동일한 신추밀원 계획을 두고 이것이 중국 내각제와 전혀 무관한 영국 특유의 생산물이라고 '단언'한다면, 아마 이것은 완전히 오류일 것이다.

한 마디로, 1679년의 헌정개혁은 영국의 기존제도를 중국식 내각제로 재창조하는 식으로 개혁한 '리메이크식의 패치워킹'이었다. 이 개혁내용에는 유럽적 패러다임 안에서 만들어낸 유럽적 발명이나 템플 자신의 독창적 창안으로 도저히 볼 수 없는 중국적 요소와 원리들이 발견된다. 이런 까닭에 당시 대법관 핀치(Heneage Lord Finch)는 찰스 2세와 템플의 추밀원개혁 방안을 "하늘에서 떨어져 폐하의 가슴에 들어온 것처럼 보인다"고 탄복했던 것이다.357)

하지만 템플은 자기의 내각제 설계가 중국의 명대 내각제를 본뜬 것이라는 사실을 공개적으로 밝히기 어려웠을 것이다. 이는 이교도에 대한 관용은커녕 범汎기독교에 속하는 가톨릭도 용납지 않고 개신교의 일파인 칼뱅주의 청교도도 용납하지 않는 당시 영국 국민과 의회의 국교회적 광적 불관용을 고려할 때 이해할 만한 것이다. 당시는 국교회적 의회가 국왕을 가톨릭교도로 의심하고 배격하려는 정국이었고, 성직자들이 심지어 템플의 종교사상까지도 의심하는 분위기였다.358) 이런저런 위험 때문에 '자유사상가' 템플도 중

---

357) Sir William Temple, *Memoirs*, Part III (London: Printed for Benjamin Tooke, at the Middle-Temple Gate in Fleet-street, 1709), 17-18쪽.

358) 이것에 대해 템플은 이같이 회고하고 있다. "대학 안에서의 나의 선거(캠브리지대학교 대표 의원선거)에 관한 한, 그곳에서 있을 수 있는 가장 일반적인 찬동으로 진행되었고, 내가 그쪽에서 관찰하는 어떤 어려움도 없었다. 다만 엘리(Ely) 주교로부터 제기되어 온 어려움이 있었을 뿐이다. 그는 나의 글 「네덜란드에 관한 관찰」의 종교 관련 장절(章節) 때문에 나를 반대한다고 고백했다. 이 글은 그에게 나의 「관찰」이 홀랜드에 있는 것으로 기술하는 종교관용에 찬성하고 있다는 의견을 갖게 했다는 것이다." Sir William Temple, *Memoirs*, Part III. From the Peace concluded 1679, to the Time of the Author's Retirement from Publick Business, publish'd by Jonathan Swift

국 내각제를 모방하여 신추밀원을 설계한 사실을 무덤까지 가져갈 비밀로 감출 수밖에 없었다. 이 철저한 사실은폐로 인해 훗날 영국의 가장 박식한 영국헌법학자 다이시조차도 윌리엄 템플의 '신추밀원' 설계를 "철학적 정치가" 템플 '자신'의 독창적 기획물로 착각했다.359)

윌리엄 템플의 헌정계획의 핵심적 원리는 ①추밀원의 핵심위원직을 국왕과 사적으로 친한 측근들이 아니라 세상이 인정하는 최선의 국가인재와 실력자로 충원하는 것과, ②금후에는 국왕이 반드시 추밀원의 논의와 조언을 거쳐서 칙령을 발령한다는 왕권견제적·분권적·집체적 군신공치였다. 전자의 원칙은 중국의 내각대학사를 세상이 다 알아주는 '가장 귀중하고 가장 유명한' 한림원의 현인집단에서 충원하는 인사원칙을 모방한 것이고, 후자의 원칙은 중국 내각의 능동적 표의권과 황제의 형식적·수동적 비홍권의 분립에 기초한 내각제적 제한군주정의 원리를 모방한 것이다.

후자의 이 원칙은 오늘날까지 영국에서 '추밀원의 자문과 동의에 의해, 그리고 이 자문과 동의를 얻어 행동하는 군주'를 가리키는 헌법기술적 술어인 'King(Queen) in Council'(추밀원 속의 국왕, 즉 추밀원에 의해 제약된 국왕)의 기원이다. 이 'King in Council'은 실은 추밀원에 자문하고 추밀원의 동의를 얻어 행동해야 할 의무에 묶여 점차 의례화되어 가게 될 절대군주를 뜻하고, 그 속뜻은 이 절대군주의 의전적儀典的 권위로 포장되고 치장된 내각의 실질적 행정권을 뜻

(London: Printed for Benjamin Tooke, at the Middle-Temple Gate in Fleet-street, 1709), 65-66쪽.

359) "그것은 다름 아니라 템플 자신이 추밀원에 의한 통치의 구제(舊制)의 이점을 그 시대의 주요 의회지도자들로부터 형성되는, 내각에 의한 통치의 현대적 장점들과 결합시키려는 시도였다"는 것이다." Dicey, *The Privy Council*, 66쪽.

한다. 따라서 내각의 모든 '행정명령'은 "Order in Council'라고 일컬어지고, 'King in Council'의 명의로만 공포된다. 가령 영국 수상의 1887년 10월 4일 행정명령은 다음과 같은 '추밀원 속의 여왕폐하(the Queen's most Excellent Majesty in Council)' 명의의 서명을 단다.

October 4, 1887.
At the court at Balmoral the 15th day of September, 1887.
Present,
the Queen's most Excellent Majesty in Council.[360)]

오늘날 "The Queen's most Excellent Majesty in Council"은 영국 행정부의 공식명칭이다. 유사하게 명예혁명 이후에 '입법권의 행사' 또는 '의회주권(*parliamentary sovereignty*)'은 'King over Parliament'를 부정하는 'The King in Parliament'로 표현된다. 오늘날 'The King in Parliament'는 영국 입법부의 공식 명칭이다. 모든 법률은 'The King in Parliament'(종종 'The Crown-in-Parliament', 풀네임으로는, 'The King in Parliament under God')의 명의로 공포된다. 'The King(Queen) in Court'는 영국 사법부의 정식 명칭이다. 이런 명칭사용은 오늘날도 여전하다.

템플의 개혁 이전에도 영국에 추밀원이 있었지만, 기존의 추밀원은 왕의 측근들로 구성되어 있었고, 인원수가 50명을 넘나들어 기무참예機務參預에 적절치 않았다. 그리고 국왕은 이 추밀원의 조언을 들을 의무가 전혀 없었고, 또 이 추밀원은 자체의 독자적

---

360) Frederic William Maitland, *The Constitutional History of England* (Cambridge: At the University Press, 1908), 406쪽.

논의와 결정을 통해 왕의 의사를 구속할 권한이 전무했다. 영국 국왕은 추밀원 위원들의 수가 너무 많아 기무를 다룰 수 없어서 대여섯 명의 최측근을 따로 불러 비밀리에 이들과 상의하여 기무를 처리했다. 따라서 이 최측근그룹의 존재와 정책논의는 이 인사들이 '세상이 인정하는 최선의 국가인재와 실력자'가 아니었기 때문에 국민과 의회의 의심과 경계의 대상이 되었다. 이런 까닭에 이 최측근그룹은 장롱'을 뜻하는 '캐비닛(cabinet)'으로 폄하되었다. 당시 '*cabinet*'은 늘 의회와 세간에 간신들과 아첨꾼들의 '도당(cabal)'으로 여겨져 매우 위험시되었다.

템플이 헌정개혁에 착수했을 당시에 '*cabinet*'의 폄하적 의미와 이에 대한 세간의 부정적 여론은 국왕과 의회의 첨예한 충돌로 인해 최고조에 달해 있었다. 1679년 찰스 2세는 의회의 탄핵으로 댄비(Danby) 재무경(Lord Treasurer)을 잃은 뒤 기무를 자유롭게 논의할 측근이 한 사람도 없게 되자 네덜란드에 있던 템플을 불러들였다. 『회고록』에서 템플은 이를 이렇게 증언한다.

> 왕이 내게 말한 어떤 것도 모든 일들의 비관적 전망에서 왕이 재무경이 떠나간 이래 그가 믿고 이 일들을 말할 만한 사람이 아무도 남지 않았다고 내게 말했을 때보다 나를 더 많이 움직인 것이 없었다. 그리고 나는 이것이 폐하에게 내가 받을 만하거나 기대할 수 있는 것보다 더 많은 신임을 폐하가 내게 갖게 되는 기회가 되었다고 생각한다.361)

'철학적 애국자' 템플은, 흄에 의하면, 궁전음모에 너무 관심이 없었고 세간에 만연된 보편적 불만과 경계심에 경악했지만, 국왕이

361) Temple, *Memoirs*, Part III, 11쪽.

그에게 부여하는 신임을 거절할 수가 없었다. 그는 왕의 이 특별한 신임을 활용하여 왕에게 특별한 헌정개혁을 건의했다. 그의 첫 번째 건의는 국민의 경계심이 극단적인 만큼 어떤 새로운 처방에 의해 이 경계심을 치유하고 국왕과 백성 양편의 안전에 아주 필수적인 상호신뢰를 회복하는 것이 필요하다는 말이었다. 또 그는 현재의 격앙된 의회에 모든 것을 거부하는 것도, 모든 것을 양보하는 것도 헌정체제와 공적 안녕에 동시에 위험하다고 말했다. 그리고 그는 왕이 그의 추밀원에 백성의 신뢰를 누리는 인물들을 집어넣는다면 의회에 양보할 것이 더 적을 것이고, 부조리한 요구들을 거부해야 하는 경우에도 왕은 추밀원 위원들의 뒷받침을 받아 보다 안전하게 이 요구들을 거부할 수 있게 될 것이라고 설득하고, 대중의 인기가 높은 당파의 수뇌들이 자신들을 추밀원에 넣어준 왕의 호의에 흡족해서 당장 대중의 비위를 맞추려다가 거칠어진 그들의 과격한 주장을 누그러뜨릴 것이라고 조언했다. 왕은 이 논거에 동의했고, 템플과의 협주 속에서, "왕이 스스로 금후에는 추밀원의 조언 없이 어떤 중요한 조치도 취하지 않기로 결정했다고 선언하는 신추밀원(New Privy Council)의 계획"을 수립했다.[362]

템플은 그의 『회고록』에서 이 과정을 다음과 같이 소상하게 기록해 두고 있다.

나는 사안들이 폐하가 어쩔 수 없이 의회와 결별해야 할 위기상황에 몰릴 개연성을 보았다. 하지만 나는 큰 손해의 모험을 무릅쓰지 않으면 이것을 처리하거나 현재의 분위기가 냉정하게 가라앉기까지 또 하나의 의회 없

362) Hume, *The History of England*, vol. 6, 362쪽; Editor, "Life of Author", *The Works of Sir William Temple* (London: Printed by S. Hamilton, Weybridge, 1814), vol. I, xvi쪽.

이 살 권위가 왕권에 남아 있지 않다는 것을 알았다. 그리고 이 두 가지 고려들이 합쳐지자, 왕이 새로운 추밀원을 설치하는 아이디어가 나의 뇌리를 때렸다. 이것은 의회 안에서 가장 많이 가졌고 따라서 왕과 백성들 양쪽에 편안과 평온을 줄 만한 사람들을 추밀원 안에 아주 많이 받아들임으로써 현재의 의회로부터 충분히 신임을 얻거나, 다른 한편으로 분위기가 격앙된 나머지 대항할 수준을 넘어가더라도 왕이 이 추밀원의 수장 위치에서 보다 많은 권위와 나쁜 결과의 보다 적은 위험을 안고 왕 자신의 필요성이나 의회의 무절제가 요구하는 대로 의회를 정회하거나 해산할 수 있는 헌정체제의 아이디어였다. (...) 이 모든 일은 왕과 나 사이에서만 종이 위에 그려가며 협의되고 도출되었고, 이에 관해 토론하고 숙려하면서 약 한 달이 흘렀다.363)

템플은 "새로운 추밀원을 설치하는 아이디어"가 그의 머리를 때렸을 때 실은 불현듯 명·청대의 중국내각제가 번개처럼 그의 뇌리를 스쳤을 것이다.

그런데 템플이 이렇게 자신의 『회고록』에서 이 헌정개혁의 원작자가 자신이라고 밝히고 있지만, 원작자가 기획·추진한 이 신추밀원 안에서 활약한 중심인물들이 - 배우가 시나리오의 바탕이 된 소설의 원작자를 모르는 경우가 있듯이 - 원작자를 잘 몰라서 템플이 아닌 다른 사람들을 기획자로 지목하는 통에 템플의 이 회고담의 신빙성이 의심 받은 적도 있었다. 그러나 더 깊은 연구를 통해 이 일에 가장 정통한 당시 인물들(Sir Robert Southwell, Earl of Alisbury 등)의 제대로 된 증언들도 발견되었고, 여러 논증을 통해 그의 회고담은 움직일 수 없는 사실史實로 입증되었다.364)

---

363) Temple, *Memoirs*, Part III, 13-16쪽.

템플은 신추밀원 구성원칙을 정원을 30명으로 잡고, 이 중 15명은 상하양원에서 가장 현저한 신임과 영향력을 가진 상원의원과 하원의원들 중에서 원칙상 또는 이익상 정부에 대립되지 않는 인물들로 채우고 이들을 국왕이 보다 일반적으로 선택하는 동수의 인물들과 섞는 것으로 구체화했다. 국왕이 보다 일반적으로 선택하는 이 범주의 15명은 형식적 안전장치로 왕실고위관리들로 채우는 것이다.[365]

그러나 템플은 대중적 권위와 영향력의 개념에 중대한 영국적 변형을 가했다. 중국의 군주와 백성은 부귀가 아니라 '덕성과 학식'을 존중했다. 하지만 템플은 중국의 이 덕성·학식 원칙을 버리고, 크롬웰과 크롬웰공화국의 이데올로그였던, 따라서 자신과 같은 왕당파와 찰스 2세의 정적政敵인 제임스 해링턴(James Harrington, 1611-677)의 "권력 균형은 재산 균형에 좌우된다"는 명제를 따랐다. 그리하여 템플은 '덕성과 학식'이 아니라, '부'와 '소득'을 앞세웠다.

> 그러나 이 헌정체제에 필요한 하나의 주요 고려사항은 땅이나 관직에서 나오는 소득이 연간 약 30만 파운드에 달해야 하는, 이 신추밀원의 개인적 부다. 반면, 하원의 부는 좀처럼 도합 40만 파운드를 넘지 않는 것으로 드러난다. 그리고 권위는 땅을 많이 따르는 것으로 얘기된다. 최악의 경우

---

364) 참조: Edward Raymond Turner, "Privy Council of 1679", *The English Historical Review*, vol. xxx (1915), 256-259쪽. 또 다음도 보라: Richard Lodge, *The Political History of England*, Vol. 8 (in 12 volumes). *From the Restauration to the Death of William III, 1660-1702* (London: Longmans, Green and Company, 1910), 161-162쪽의 각주2; J. R. Tanner, *English Constitutional Conflicts of the Seventeenth Century 1603-1689* (Cambridge: Cambridge University Press, 1928, reprinted: 1971, digitally printed: 2008), 243쪽. 뒤에 소개될 모든 저자들도 템플이 원작자임을 전제한다.

365) 참조: Temple, *Memoirs*, Part III, 15쪽.

에 이런 추밀원은 위급한 고비를 당하면 자신의 재산에서 왕권의 어떤 큰 곤궁을 덜 정도로 국왕을 지원할 수 있을 것이다.[366]

그리하여 신추밀원 위원들의 재산합계는 전 하원의원의 부의 4분의 3과 동일했고, 핼리팩스, 선더랜드, 에섹스 3인의 재산합계는 왕보다 많았다.[367] 상술했듯이 템플은 중국에 대한 논의에서 "중국에서 존경과 존중은 부귀에 주어지는 것이 아니라, 덕성과 배움에 주어진다"고 분석한 바 있다. 그러나 템플은 중국내각제를 영국에 도입하는 과정에서 중국의 이 덕성·학식 원칙을 재산·부귀 원칙으로 대체함으로써 중국 내각제 원칙을 어긴 것이다. 이로 인해 바로 당시 런던주재 프랑스대사 폴 바리용(Paul Barillon d'Amoncourt, le marquis des Branges)은, 찰스 2세의 신추밀원은 '추밀원(*des conseils*)'이 아니라, 토지재산에 기초한 '신분제의회(*des Etats*)'라고 비꼬았던 것이다.[368]

이런 재산·부귀 원칙 외에 템플의 신추밀원 계획은 '친親정부 인사들로 신추밀원을 구성하는 원칙'을 수립했다. 이 '구성원칙'은 '상하양원에서 가장 현저한 신임과 영향력을 가진 귀족의원과 하원

---

366) Temple, *Memoirs*, Part III, 13-16쪽.

367) 참조: Osmund Airy, *Charles II* (London·New York: Longmans, Green, and Co., 1904), 358쪽.

368) Temple, *Memoirs*, Part III, 23쪽. 롯지는 "그것은 추밀원이 아니라 신분제의회라고 천명한" 바리용 대사의 비판을 "당대의 가장 훌륭한 비판"으로 평가했다. Lodge, *The Political History of England*, Vol. 8, 162쪽. 반면, 터너는 "나는 (바리용)대사의 말에서 단지 거의 의미 없는 능란한 논평만을 볼 뿐이다"라고 롯지를 비판했다. Turner, "Privy Council of 1679", 253쪽. 그러나 필자는 바리용의 비판적 논평이 템플의 '부(富)' 원칙에 한정된 논평이기 때문에 이 논평을 '당대의 가장 훌륭한 비판'으로 보지는 않지만, '거의 의미 없는 능란한 논평'을 넘어서는 것으로 본다. 바리용 대사의 이 논평은 나름의 비판적 예리함을 갖고 있기 때문이다.

의원들 중에서 원칙상 또는 이익상 정부에 대립되지 않는 인물들'을 선정하는 것이다. 그러나 구체적 인물선정 과정에서 어쩔 수 없이 이 '구성원칙'도 위배하게 된다. 그런데 만약 어떤 인물이 의회에서 가장 현저한 영향력을 가졌지만 동시에 왕과 대립하는 인물인 경우에는 어찌되는가? 나중에 휘그당을 창시하는 섀프츠베리(Anthony 1st Earl of Shaftesbury, 1621-1688)는 당시 가톨릭신자를 왕위계승에서 배제하는 이른바 '배제법' 제정을 둘러싸고 왕과 정면으로 맞서 하원을 주도하는 중심인물이었다. 찰스 2세는 섀프츠베리가 왕정복고에 혁혁한 공이 있는 인물이었지만, 가톨릭문제로 결별한 뒤에 위협적 영향력을 가진 그를 다시 궁전으로 불러들여 '추밀원의장'으로 삼고 싶어 했다. 국교(성공회)파 왕위계승권을 주장하는 섀프츠베리와 친한 몬머스 공작(Duke of Monmouth, 1649-1687, 찰스 2세의 국교파 혼외자식), 에섹스 백작(Arthur Earl of Essex), 선더랜드 백작(Robert Earl of Sunderland)도 이해관계상 왕의 이 계획과 공조관계에 있었다.[369] '의회에서 가장 현저한 인물'이라는 구성원칙에 따를 때, 왕의 이 '섀프츠베리 카드'는 그릇된 것이 아니었다. 그러나 '원칙상 또는 이익상 정부에 대립되지 않는 인물들'이라는 원칙을 따를 때, 그것은 분명 그릇된 카드였다. 이로 인하여 왕과 템플 사이에 한 바탕 갈등이 있었고, 결국 왕의 뜻이 관철되었다.[370] 그러나 훗날 국왕과 섀프츠베리 간의 첨예한 갈등은 '신추밀원'의 권위와 지지기반을 약화시키는 한 요인이 된다.

'섀프츠베리 카드'를 둘러싼 왕과 템플의 갈등을 정밀 검토해보면, 중국식 내각제를 적용한 신추밀원과 관련하여 양자 사이에는

---

369) 참조: Temple, *Memoirs*, Part III, 12쪽.

370) 참조: Temple, *Memoirs*, Part III, 19-21쪽.

분명 신추밀원의 역할을 두고 일정한 이해차이가 있었다. 템플은 신추밀원을 절대군주의 수사적 권위를 조금도 훼손하지 않으면서 실질적으로 절대군주의 권한을 제한하여 의회와의 대립을 완화하는 방법으로 이해한 반면, 찰스 2세는 신추밀원을 정적 섀프츠베리를 '신추밀원의 포로'로 잡아 권력투쟁을 해결하는 해법으로 이해했다. 그러나 역사가 다 아는 바이지만, 권력투쟁은 영원히 없앨 수 없는 것이고, 또 중국 본산지에서도 내각제는 권력투쟁을 해결하는 해법으로 제시된 것도 아니었다. 따라서 양자 간의 이러한 이해의 차이로 인해 신추밀원의 운용은 순조롭지 못했다.

따라서 찰스 2세의 이해를 따르는 어떤 논자는 템플의 헌정계획 자체를 '실패작'으로 보기도 한다.[371] 반면, 훨씬 더 많은 논자들은 템플의 계획이 아니라 찰스의 '정략적' 이해를 실패의 원인으로 보고, 이 헌정개혁의 실패를 찰스 2세나 섀프츠베리의 탓으로 돌리고, 왕권에 대한 견제기구로서의 신추밀원 계획이 지닌 원리적 생명성을 인정한다.[372] 사실, 한 번 공포된 신추밀원의 저 두 원칙은 어디까지나 엄연한 국왕의 공약인 한에서 영원히 지워질 수 없는 것이고, 찰스의 '신추밀원' 원칙이 제임스 2세에 의해 잠시 폐지되었지만 곧 다시 부활될 수밖에 없었다. 미상불, 템플의 계획은 명예혁명 이후 혁명적 분위기 속에서 다시 되살아나 찰스 2세의 내각제를 부활시킨다.

---

371) 참조: Lodge, *The Political History of England*, Vol. 8, 162쪽.

372) 참조: Trevelyan, *England under the Stuarts*, 390쪽; Steensma, *Sir William Temple*, 20쪽; Airy, *Charles II*, 359쪽; Turner, "Privy Council of 1679", 268-270쪽; Harold W. V. Temperley, "Inner and Outer Cabinet and Privy Council, 1679-1783", *The English Historical Review*, vol. xxvii (1912), 685-686쪽.

3.4. 찰스 2세의 「신新추밀원 선언」과 내각제의 탄생

찰스 2세는 템플과의 협의와 기획 및 도상연습을 끝내고 템플의 조언에 따라 측근 3-4명에게 이 계획을 미리 알리기로 결심했다. 템플은 왕이 지명한 핀치, 선더랜드, 에섹스에게 차례로 이 헌정개혁을 자세히 설명해 주었다. 세 사람들은 이 계획을 놀라움과 기쁨으로 받아들였다. 상술했듯이 대법관 핀치는 "그것이 하늘에서 떨어져 폐하의 가슴에 들어온 것처럼 보인다"고까지 표현하며[373] 감탄했다.

■ '신新헌법'으로서의 신추밀원 체제와 구성

마침내 국왕은 추밀원 회의를 공식 소집했다. 1679년 4월 20일 부활절 일요일, 추밀원 위원들은 왕의 조현朝見 명령에 따라 오후에 화이트홀에 모였다. 대법관은 왕을 대신해 선언을 낭독했다. 21일자 추밀원기록에 의하면, 이 선언은 "왕이 그의 왕권과 정부에 아주 중요한 문제에 있어 취한 결정(A Resolution Hee hath taken in a matter of Great Importance to His Crowne & Government)"이고, 보통 알려진 것으로는 "신新추밀원 설치에 관한 선언(A Declaration relating to the Establishment of the New Privy Council)"이다.

이 '선언'에서 찰스 2세는 먼저 기존의 추밀원의 문제점과 불만족스러움을 조목조목 지적한다.

> 이 추밀원의 큰 인원수가 조언을 많은 국가대사에서 필수적인 기밀성과 신속처리에 부적합한 것으로 만들지 않았다면, 이 조언은 더 빈번했을 수 있다. 이로 인해 폐하는 더 적은 수의 당신들을 대외위원회에서 사용하

373) 참조: Temple, *Memoirs*, Part III, 17-18쪽.

고 지난 많은 해 동안 (이런 경우에) 그들 가운데 어떤 소수의 조언만을 쓸 수밖에 없었다. 폐하는 이 과정에서 직면한 불不성공을 안타깝게 생각하고, 이것으로부터 생겨난 사건들의 나쁜 상황에 대해, 그리고 그의 선량한 신민들 사이의 커다란 경계심과 불만을 야기하고 그럼으로써 국왕과 정부를, 우리가 국내외에서 두려워할 이유가 있는 위험에 너무 취약한 처지에 방치한 어떤 불행한 사건들에 대해 지실知悉하고 있다.374)

국왕은 인원수가 많은 기존 추밀원의 기무 부적절성, 소수조언집단('외무위원회')의 불가피한 활용, 다시 여기서 빚어진 ('밀실정치', '음모도당'이라는) 불신과 불필요한 갈등의 문제 등을 솔직히 인정하고 있다. 이어서 그는 신추밀원에 관한 역사적 공약 중 가장 결정적인 항목을 선언한다.

폐하는 이제 이런 것들이 금후에는 지혜롭고 꾸준한 협의(*Wise and Steady Counsels*)의 경로에 의해 방지될 수 있기를 희망한다. (...) 이 목적을 위해 폐하는 그가 지금까지 어떤 단 한 명의 장관이나 사적 조언 또는 폐하의 업무의 일반적 관리를 위한 외무위원회(Foreign Committee)를 써온 관행을 버리고, 인원수에 있어서 국내외의 모든 업무의 협의와 숙고에 적합한 능력을 갖췄을 뿐만 아니라 이 국가를 구성하는 여러 부분들로부터 그들을 선발함으로써 이 나라의 참된 헌정체제에 가장 정통할 수 있는, 따라서 이 국왕과 국가의 모든 국사와 이익에서 폐하에게 가장 잘 조언할 수 있는 추밀원을 구성하기로 결심했고, 또 앞으로, 폐하가 이 나라와 정부의 참된 고대헌제憲制로 여기는 의회라는 자기의 큰 추밀원(His great Council)

374) Charles II, "A Declaration relating to the Establishment of the New Privy Council", Appendix, in: Temple, *Memoirs*, Part III, 3쪽.

의 빈번한 활용과 함께 이러한 (신)추밀원의 항상적 조언(constant advice)에 의해 자기의 왕국을 다스리기로 결정했다.[375]

왕은 능력이 검증되지 않은 측근그룹을 넘어 유능한 인재를 천하에서 구해 추밀원을 구성할 것이라고 공약하는 한편, 무엇보다도 가장 중요한 약속으로서, 금후 왕은 '반드시' 신추밀원의 협의와 조언을 얻어 통치하겠다는 공약을 "꾸준한" 협의와 "항상적" 조언이라는 두 번의 표현으로 천명하고 있다.[376] 또한 이와 별개로, 왕이 의회를 "이 나라와 정부의 참된 고대헌제로 여겨" 향후 의회를 "자기의 큰 추밀원"으로 언급하고 있는 것은 '내각제적 제한군주정'에 대해 왕이 속류휘그들의 소위 '고대헌법론'을 수락한 것을 나타낸다. 이로써 국왕은 자진해서 '의회주의적 제한군주정'을 선언한 셈이다.

이어서 왕은 추밀원의 인원수를 반으로 줄여 30명으로 못 박는다. 그리고 아주 중요한 것으로 5명의 하원지도자를 입각시킨다고

375) Charles, "A Declaration relating to the Establishment of the New Privy Council", 4-5쪽.

376) 그러나 터너는 "왕이 업무수행에서 그의 전 추밀원을 활용하고 밀실(cabinet)위원회를 활용하지 않을 것이라는 그의 선언"은 "왕의 가장 중요한 공약이자, 명백히 동시대인들이 가장 중요한 약속으로 간주한 공약"이라고 말한다. Turner, "Privy Council of 1679", 264쪽. 그러나 섀프츠베리는 템플과 마찬가지로 '신추밀원의 협의 없이는 어떤 칙령도 발하지 않겠다'는 왕의 공약을 가장 중요한 것으로 간주했다. "발언한 첫 번째 양반은 나의 추밀원원장(섀프츠베리)이었는데, 그는 (...) 세상은 폐하가 그의 추밀원의 조언 없이는 아무것도 하지 않을 것이라고 약속한 폐하의 최근 선언에 아주 많이 주목할 것이라고 말했고, 이 선언에도 불구하고 폐하가 추밀원의 조언 없이 의회를 정회했을 뿐만 아니라 조언에 반해서 해산까지 했다고 지적했다." Sir Robert Southwell to the Duke of Ormonde, 19 April 1679. Turner, "Privy Council of 1679", 269쪽 각주 120에서 재인용. 다른 논자들도 같은 의견이다. 참조: Hume, *The History of England*, vol. 6, 362, 369쪽; Trevelyan, *England under the Stuarts*, 390쪽; Maitland, *The Constitutional History of England*, 389쪽.

약속한다.

> 이제 이 추밀원의 더 큰 위엄을 위해 폐하는 상시인원을 30명으로 한정할 것으로 결정하고 추밀원의 더 큰 권위를 위해 당연직 추밀원위원들로서 15명의 폐하의 주요 관리들이 들어 있어야 하고, 나머지 15명에 대해서는 폐하가 귀족의 여러 작위품계로부터 10명을 선발하고, 왕국의 참된 이익을 오해하거나 배반하고 따라서 폐하에게 잘못 조언할 어떤 혐의도 없게 해줄 만한, 이 나라 안에서 알아주는 능력, 중요성, 존경을 갖춘 5명의 왕국 하원의원들을 선발할 것이다.[377]

하원에서 지도적 의원들을 추밀원에 포함시킨 것은 중국 명대의 초기 내각제에서 내각대학사를 황제가 자의로 한림원학사 중에서 선정하는 것과 유사하다. 그러나 이것은 하원의원 중에서 국왕이 자의로 선정하는 점에서 중국의 중후반 내각제에서의 내각대학사 충원방식인 조정회의의 '회추'보다 상향식 민주성이 미흡하다. 이 신추밀원 체제를 왕은 '신헌법(*New Constitution*)'이라고 부른다.[378] 또한 동시에 왕은 모든 중요인사人事도 신추밀원의 조언을 받아 행할 것을 선언한다.

> 현現 추밀원을 지금 당장 해산하면서 폐하는 그가 거명한 모든 관리들을 지명하고 이들에게 폐하가 인원수를 채우려고 의도하는 저 다른 사람들과 함께 - 폐하는 이미 이럴 목적으로 이들 각자에게 보내는 특별한 편지

377) Charles II, "A Declaration relating to the Establishment of the New Privy Council", 5-6쪽.

378) Charles II, "A Declaration relating to the Establishment of the New Privy Council", 9쪽.

에 서명했다 - 아침에 여기서 폐하를 알현하라고 명령한다. (...) 이것은 그가 사용하려고 의도하는 형식이고, 금후부터는 이 편지들이 왕국에 대해 이 큰 존엄성과 중요성을 갖는 책임을 맡을 어떤 사람이든 이 사람을 선발할 시에 어떤 것도 조언 받지 않고(*unadvisedly*) 행해서는 아니 되도록 추밀원에서 서명되어야 할 것이다.[379]

왕은 통치문제와 인사문제까지 추밀원의 협의로 넘겼다. 그러나 오늘날 프랑스 같은 일부 분권형대통령제 민주국가에서도 자문기구와의 협의의 의무가 부과되지 않은 대통령의 독임적(*monicratic*) 결정사안들, 가령 의회해산, 계엄령 선포 등의 비상대권도 추밀원의 협의 사항인지는 논란거리다. 이것을 어떻게 보느냐 하는 문제가 훗날 신추밀원의 존폐를 좌우하게 된다.

이 선언에 따라 1679년 4월 21일 신추밀원이 개원되었다. 신추밀원 위원 명단은[380] 다음과 같다.

---

379) Charles II, "A Declaration relating to the Establishment of the New Privy Council", 9-10쪽.

380) "The Names of the Lords of His Majesty's most Honourable Privy-Council", Appendix, in: Temple, *Memoirs*, Part III, 11-13쪽.

성명	비고
1) His Highness Prince Rupert	
2) Dr. William Sancroft	Archbishop of Canterbury
3) Heneage Lord Finch	Lord Chancellor of England(대법관)
4) Anthony Earl of Shaftesbury	Lord President(추밀원의장)
5) Arthur Earl of Anglesey	Lord Privy Seal(국새상서)
6) Christopher The Duke of Albemarle	
7) James Duke of Monmouth	Master of Horse(司馬官)
8) Henry Duke of Newcastle	
9) John Duke of Lauderdale	Secretary of State for Scotland
10) James Duke of Ormond	Lord Steward of the Household(집사장)
11) Charles Marquess of Winchester	
12) Henry Marquess of Worcester	Lord President of Wales
13) Henry Earl of Arlington	Lord Chamberlain(시종장)
14) James Earl of Salisbury	
15) John Earl of Bridgwater	
16) Robert Earl of Sunderland	Northern Secretary of State(북부국무장관)
17) Arthur Earl of Essex	First Lord Commissioner of the Treasury
18) John Earl of Bath	Groom of the Stole(영대領帶궁내관)
19) Thomas Lord Viscount Fauconberg	
20) The Viscount Halifax	
21) Henry Compton	Lord Bishop of London
22) John Lord Roberts	
23) Denzil Lord Hollis	
24) William Lord Russell	
25) William Lord Cavendish	
26) Henry Coventry, Esq.	Southern Secretary of State(남부국무장관)
27) Sir Francis North	Lord Chief Justice of the Common Pleas
28) Sir Henry Capell, Knight of Bath	First Lord of the Admiralty
29) Sir John Ernley	Chancellor of the Exchequer(재무장관)
30) Sir Thomas Chicheley	Master-General of the Ordnance(병기감)
31) Sir William Temple, Baronet	
32) Sir Edward Seymour, Esq.	
33) Henry Powle, Esq.	

이상 총 33명이다. 3명이 더 많은 것은 왕이 원할 때 왕족, 추밀원의장, 스코틀랜드국무대신을 추가할 수 있는데, 이들은 정원으로 치지 않는다는 예외조항에 따라 정원 외로 늘어났기 때문이다.[381] 여기서 시종장·사마관·국새상서·영대領帶국내관 등 15명의 왕실관원과 2명의 왕족은 정치적으로 의미가 없고, 섀프츠베리·러셀·카벤디쉬·카펠·파월 등 하원의원 5인, 템플·에섹스·핼리팩스·선더랜드 등 국왕측근 4인, 그리고 섀프츠베리가 지지하는 왕위요구자 몬머스 등 도합 10명이 정치적으로 중요한 인물들이다. '수상'개념이 아직 생기지 않았지만, 나중의 통례에 따르면 하원의 실력자이자 추밀원의장 섀프츠베리가 수상이다. 에섹스의 공식직함인 '제1재무경'(First Lord Commissioner of the Treasury, 또는 First Lord of the Treasury)은 봉급이 나오는 관직으로서 훗날 수상에게 주어졌다.

그리고 찰스 2세는 추밀원 안에서 모든 국사의 '자유토론'을 보장하고 '절대비밀'을 선언한다.[382] 또한 국왕은 "추밀원의 이런 변혁"을 상하양원에 "간단한 연설"로 전한다.[383]

> 짐의 경들과 신사여러분, 짐은 내가 지금 오늘 한 일을 여러분들에게 알리는 것을 필수적이라고 생각했다. 그것은 짐이 위원 숫자가 결코 30명을 넘지 않을 신新추밀원을 설치했다는 것이다. 짐은 나에게 조언할 자격이 있고 조언할 능력을 갖춘 인물들을 선발했다. 그리고 짐의 모든 중요하고 무게 있는 업무에서, (짐이 아주 종종 협의할) 의회, 즉 짐의 큰 추밀원의

381) "A Declaration relating to the Establishment of the New Privy Council", 8-9쪽.

382) Charles II, "A Declaration relating to the Establishment of the New Privy Council", 15쪽.

383) Charles II, "A Declaration relating to the Establishment of the New Privy Council", 15쪽.

조언 다음으로 이 추밀원에 자문하기로 결심했다. 나는 두 의회에게 알리지 않고는 이렇게 큰 변화를 일으킬 수 없을 것이다.[384]

여기서도 의회를 '신추밀원'과 구별하여 '큰 추밀원'으로 표현하고 있다. 이것은 영국의 '의회'도 왕의 자문기구에서 유래했다는 것을 알려줌과 동시에, 국왕이 칙령의 독자적 발령의 전통을 폐하고 입법·예산·법령의 발령에서 의회의 '조언', 즉 '의결'에 구속되는 입법차원의 제한군주정을 선언한 것이다. 이것으로부터 훗날 'King in Parliament'라는 의례적 수사로 정당화되고 권위를 얻는 정부감독·예산·입법·내각인사상의 '의회주권'이 발아된다.

의회에 대한 왕의 통지는 관보에 게재되었고, 선언은 대판지大版紙로 발간되었다. 그 날 이후의 수많은 서신들은 이 헌정개혁에 대한 평가와 의견을 담고 있다. 새로운 계획에 대해, 그리고 이 계획을 책임지는 사람, 왕의 의도에 대해 많은 경탄이 일었다.[385] 프랑스대사 바리용은 "영국의 왕이 결심한 것보다 더 큰 변화는 어떤 국가의 정부에서도 일어날 수 없을 것이다"라고 탄복의 논평을 내놓았다.[386] 템플도 이에 대해 기록을 남기고 있다.

이 선언은 나라 안에서 일반적 갈채로 받아들여졌고, 런던금융가에서는 축하의 대형 모닥불로, 아일랜드에서도 같은 모닥불로 받아들여졌다. 네덜란드에서는 동인도회사의 주식이 그것 때문에 즉각, 그것도 아주 많이 올랐고, 네덜란드연합주는 가장 훌륭한 유력자 중의 한 사람인 판레벤

384) *Lords' Journal*, xiii, 530쪽. Turner, "Privy Council of 1679", 252쪽에서 재인용.

385) 참조: Turner, "Privy Council of 1679", 252-253쪽.

386) Christie, Life of Shaftesbury, vol. ii, app., cix쪽, using Barillion's dispatch. Turner, "Privy Council of 1679", 253쪽에서 재인용.

(Van Lewen)씨를 이번 기회에 공사로 영국으로 넘어오게 하려고 의도했다. 프랑스만이 이 선언에 불만을 보였고, 바리용 씨는 그 선언이 '추밀원'이 아니라 '신분제의회'를 만들고 있다고 비꼬았다.[387)]

그러나 하원은 이 선언을 가장 냉담하게 받아들였다. 하원에서는 상반된 의견이 가장 많이 표출되었다. 그리고 그들 중 자칭 '안다니들'은 그것에 대해 모른 체했고, 새로운 비밀의 누출을 기다렸고, 그것이 "새로운 궁전요술"이라고 의심하면서, 그것이 진짜 무엇인지를 말하려면 시간을 두고 지켜봐야할 것이라고 되뇌며 판단을 중지했다. 또 추밀원에 입각되지 못한 사람들은 "궁전제복과 재야제복은 함께 입을 수 없다"고 이죽댔다.[388)]

한편, 찰스 2세는 계획대로 선언 다음날인 4월 22일, 추밀원을 즉각 네 개의 상임위원회로 나누었다. 이것은 상하양원 소속 추밀원 위원들이 들어있는 한, '소수의 밀실그룹'을 활용하지 않을 것이라는 국왕의 공약에 대한 위반이 아니었다. 위원회의 분업 체계는 왕정복고 이전이나 이후나 필수불가결한 것이기 때문이다. 상임위원회는 9명의 정보위원회(Committee of Intelligence), 10명의 아일랜드위원회(Committee of Irelannd), 13명의 탕헤르위원회(Committee of Tangier), 22명의 무역·플랜테이션위원회(Committee of Trade & Plantation)였다. 이 22명의 무역·플랜테이션위원회는 다른 위원회의 위원들이 중복해서 자리를 채웠다. 특정한 중요인물들이 각 위원회의 핵을 형성한 한편, 두 명의 국무장관은 항상 어떤 위원회에든 중복해서 참석할 수 있었다.[389)]

---

387) Temple, *Memoirs*, Part III, 22-23쪽.

388) Temple, *Memoirs*, Part III, 23-24쪽; Airy, *Charles II*, 358쪽.

그런데 '정보위원회'의 중요한 면면, 임무, 그리고 그 운영형태를 보면, 템플이 이 정보위원회를 이전의 밀실그룹이 아닌, 중국식 공식내각으로 기획했음을 알 수 있다.[390] 그러므로 "이 정보위원회의 설립은 국왕과 추밀원의 정부로부터 영국의 내각정부로 발전하는 한 단계를 기록한다". 이 때문에 이 정보위원회의 설치는 "흥미로운" 것이다.[391] 국왕은 정보위원회 위원으로 ①핀치 대법관(lord chancellor), ②섀프츠베리 추밀원장, ③알링턴 시종장, ④에섹스 제1재무경, ⑤선더랜드 북부국무장관, ⑥코벤트리 남부 국무장관, ⑦몬머스 공, ⑧핼리팩스, ⑨템플을 임명했다.[392] 정보위원들의 면면을 볼 때 왕의 측근들(템플, 에섹스, 선더랜드, 핼리팩스, 핀치, 알링턴)과 하원지도자(섀프츠베리) 및 이와 결탁한 왕위요구자(몬머스 공작), 중립적인 중요인사(코벤트리)를 다 망라했다.

■ 신추밀원 내의 '내각'으로서의 '정보위원회'

정보위원회의 임무는 "모든 국내외적 조언을 털어 놓고 숙고하는 것"이고, "정보위원회 위원들이 적절하다고 생각하는 어느 곳에서나, 그리고 적절하다고 생각하는 빈도로 회합할" 수 있었다.[393] 정보위원회는 대내외업무를 가리지 않고 모든 종류의 중요한 업무

389) Privy Council Register, lxviii, 22 April 1679. Turner, "Privy Council of 1679", 264쪽에서 재인용.

390) 다이시는 "계획이 템플 자신에 의해 세밀하게 상술(詳述)되었다"고 말한다. Dicey, *The Privy Council*, 66쪽. 따라서 '내각으로서의 정보위원회'도 템플의 작품으로 보아야 한다.

391) Turner, "Privy Council of 1679", 265쪽.

392) Privy Council Register, lxviii, 22 April 1679. Turner, "Privy Council of 1679", 265쪽에서 재인용.

393) Privy Council Register, lxviii, 22 April 1679. Turner, "Privy Council of 1679", 265쪽에서 재인용.

들을 다루었다.[394] 이것은 실제로 추밀원 업무의 일차적 숙고를 위한 보다 작은 핵심협의체였다. 이런 의미에서 정보위원회는 추밀원 속의 '내각'이었고, 명대 중국 내각과 유사했다.

이 정보위원회는 상당한 시간 동안 일주일에 한두 번 충분히 정규적으로 보통 화이트홀에서, 때로는 윈저궁에서, 또는 햄프턴궁에서 회동했다. 참석율은 좋았고, 7-8명, 또는 9명이나 그 이상의 위원들이 참석하는 수많은 회합들이 있었다. 대법관, 추밀원장, 에섹스의 불참으로 단 한 번 회의가 연기된 적이 있을 뿐이다. 왕은 거의 언제나 출석했다. 때로 국외자들도 불려왔다.[395] 왕과의

---

394) 이 점에서 이 정보위는 "다른 상임위원회들과 현저하게 달랐다". 정보위의 몇몇 특정 위원들은 조커처럼 "모든 위원회에 참여했다". 이들이 나중에 '내각추밀원(cabinet council)'이라 불리는 "자문관들의 핵"이었다. 이 작은 내각(정보위원회)과 전체 추밀원 사이에는 통치나 정책의 일반적 통제에 전혀 참여하지 않은 여러 상임위원회들이 배치되었다. Temperley, "Inner and Outer Cabinet and Privy Council, 1679-1783", 688쪽.

395) 참조: Turner, "Privy Council of 1679", 265-266쪽. 그런데 터너는 이 '정보위원회'를 이전의 '외무위원회'와 동일한 밀실회의로 보고 공약위반처럼 묘사한다. "왕은 더 이상 외무위원회와 같은 밀실회의를 갖지 않을 것이라고 말했지만, 새로운 기구의 의사록은 크게 보면 그것이 새 이름을 단 옛 외무위원회이었음을 보여준다." Turner, "Privy Council of 1679", 265쪽. 게다가 터너는 이 '정보위'와, 이 정보위의 회의를 사전 조율하기 위해 자연스럽게 형성된 템플 중심의 '3인 모임'을 뒤섞고 있다. "이때(1679)부터 줄곧 내각은 오히려 왕의 친구들의 비밀회합, 즉 추밀원 위원들의, 아마 심지어 추밀원의 중요한 위원회의 위원들의 비밀회합이 되는 경향이 있었지만, 추밀원 위원이나 추밀원의 어떤 위원회의 위원들이라기보다 왕의 내밀한 조언자들로서 따로 회동하는 경향을 보였다. 템플에 의하면, 이것은 선더랜드, 에섹스, 그리고 그 자신과 함께 거의 즉시 시작했다." Turner, "Privy Council of 1679", 267쪽. 롯지도 이 모임을 공약위반으로 본다. Lodge, *The Political History of England*, Vol. 8, 162쪽. 다이시는 정보위 설치를 공약위반으로 보고, 템플이 "자기의 창조물에 가한 죽음의 타격"으로 과장한다. Dicey, *The Privy Council*, 67쪽. 그러나 필자는 정보위가 섀프츠베리를 위시한 의원들도 망라했기 때문에 결코 밀실회의로 볼 수 없다고 생각한다. 따라서 전(全) 추밀원의 조언을 받겠다는 공약도 위배하지 않았다고 본다. 왜냐하면 - 후술하듯이 - 모든 분과와 추밀원 전체회의가 분야별로 다 할 일이 배분되었고, 비밀스런 '3인 모임'은 왕이 참석하지 않았기 때문이다. 더구나 조금 뒤 핼리팩스

대면회의, 즉 '면의面議'는 일단 각료들의 특권과 영광이었다.[396] 이 정보위원회의 면밀한 의사록이 지금도 보존되어 있고,[397] 참석자들의 명단도 전해진다.

정보위원회에서는 실질적 숙고와 실질적 활동과 더불어 적잖은 논쟁과 토의가 있었다. 종종 문제가 둘 이상의 위원들에게 맡겨졌고, 이들은 나중에 위원회에 보고하도록 되었다. 다시 대부분의 위원들은 어떤 특별한 업무를 다루는 특별위원으로 임명되었다. 종종 어떤 업무는 추밀원의 다른 위원회에 직접 맡겨졌다. 정보위원회는 대외관계, 조약, 대사들에 대한 훈령, 해외로부터 온 보고들을 다루었지만, 또한 아일랜드와 관련된 문제들, 식민지, 함대, 통행허가, 임명발표, 국내문제 전반을 심의했다. 정보위원회는 중요한 정책문제와 의회와의 관계 방안을 여기서 채택, 심의했다. 중국의 내각이 황제의 '유시'를 초안했듯이 정보위원회는 영국 국왕의 연설문 초안도 작성하고 결정했다. 정보위원회에서 결정된 사항들은 추밀원 전체회의에 회부되었고, 그러면 추밀원은 정보위원회가 발의한 대로 의결했다. 종종 정보위는 추밀원 기록에 아무런 언급이 없는 사항들도 결정했다.[398]

신추밀원 전체회의는 말하자면 명·청조의 '조정朝廷'에 해당하

섀프츠베리, 몬머스까지 '3인 모임'의 회의에 참여하게 되기 때문이다. 따라서 '정보위'든 '3인 모임'이든 결코 '왕의 밀실회의'로 볼 수 없을 것이다.

396) 위에서 보았듯이 템플은 중국내각제에서의 왕과의 '면의'를 각로들의 특별한 특권으로 기술한 바 있다. "이들(각로들)은 큰 예찬을 받으며 다른 중앙부처나 지방정부를 거친 뒤에 마침내 이 최고의 위계로 승진해서, 왕과 직접 면의하는 추밀원 또는 군기처에 봉직한다. 왕과의 이 면의는 다른 어떤 관원에게도 허용되지 않는 것이다." Temple, "Of Heroic Virtue", 338쪽.

397) Register of the Committee of Intelligence, 1679-82, Add. MS. 15643. Turner, "Privy Council of 1679", 265쪽 각주 94를 보라.

398) Turner, "Privy Council of 1679", 266쪽.

고, 정보위는 이 '조정' 안에서 국왕과의 면의할 수 있는 보다 내적 인 위치에 설치된 '내각'이고, 나머지 여러 분과위원회는 명·청대의 육부와 같은 예하 위원회들이었다. 정보위가 결정하면 추밀원 전체 회의나 분과위원회는 의례적으로 이에 따라 의결해서 정보위의 결정을 정부정책으로 공식화했다. 이 공식화 과정은 갈수록 완전히 '의례적' 절차로 변해 갔다. 따라서 정보위의 권위는 명·청대 내각의 권위를 방불케 했다.

그러나 정보위의 이러한 권력지위는 얼마 지나지 않아 더 작은 내부그룹에 의해 의례적 '외피'가 될 상황에 처했다. 정보위는 하원 지도자 섀프츠베리의 입각으로 공적·대외적 신뢰를 담보할 수 있었지만, 위원수(9명 + 당연직 멤버 2명의 국무장관 = 11명)가 영국보다 수십 배 큰 나라인 중국의 명대의 내각인원수(3-6명)에 비해 너무 많아서 추밀원회의의 사전조율이나 의회대책 등 기무사항의 긴밀한 처리에 적절치 않았다. 이로 인해 청대 중국처럼 찰스 2세와 템플은 신추밀원과 원형내각제에 새로운 운영방식이 도입된다. 청대 중국에서는 내각인원수가 너무 많아(12명) 기무가 어려웠기 때문에 옹정제(재위 1722-1735)가 '군기처'를 신설하고 여기에 내각수상과 3-4명의 내각대학사 및 (내각대학사가 아닌) 병부상서 등 2-3명의 군사전문가들을 군기처위원으로 보임하고 이들과 더불어 기무사항을 처리했다.

여기까지 정리하면, 중국 내각제는 17세기 중후반 여러 저작과 보고서를 통해 서양에 알려졌고, 특히 영국의 대정치가 윌리엄 템플에 의해 환호 속에 수용되면서 영국에 적용되기에 이르렀다. 템플은 중국제국을 유럽 철학자들의 모든 공상적 유토피아 기획을 뛰어넘는 '실존하는 유토피아'로 간주했고 공자와 그의 철학을 숭배했다. 또한 그는 중국을 다녀온 선교사들과 특사·여행가의 저작과 보고서들을 통해 명·청대의 중국 내각제를 잘 알고 있었고, 이 내각제에 경탄했다.

템플은 1678년 정치적 궁지에 몰린 찰스 2세의 부름에 응해 그를 도와 국왕과 하원을 타협시키는 획기적 방안으로서 1679년 중국 내각제를 응용하여 '신新추밀원'을 설계하고 관철시켰다. 템플은 왕권신수설을 신봉하며 '절대군주정'을 추구하는 찰스 2세와, '고대헌법론'의 관점에서 왕권을 삭감하려는 의회를 타협시켜야 하는 '불가능한 임무'를 중국내각제의 도입에 의해 성공적으로 관철시킬 수 있었다. 템플은 절대군주의 왕권신수설적 또는 왕위천여론적 '레토릭'을 조금도 훼손하지 않으면서 왕권을 소극적·의례적 비준권으로 축소시킨 명·청대의 내각제에서 그 해법을 찾은 것이다.

「신추밀원 설치에 관한 선언」은 1679년 4월 20일 일요일 발표되었다. 이 선언에서 국왕은 기존의 추밀원을 해체하고 5명의 의회지도자를 포함한 신추밀원을 구성하고, 향후 왕의 모든 칙령을 반드시 추밀원의 조언을 듣고 발령할 것이며 이제 과거의 '외무위원회'와 같은 측근들의 밀실협의체를 활용하지 않을 것이라고 공약했다. 그리고 업무를 효율화하기 위해 추밀원 위원의 수를 50명에서 33명으로 축소하고, '정보위원회' 등 4개의 분과위원회를 설치했다. 그리고 추밀원의장이자 의회의원인 섀프츠베리도 참여시킨 이 정보위원회를 국왕과 면의하는 상임위원회로 운영했다. 이 정보위원회는 명·청대의 '내각'과 거의 동일한 구조와 기능을 갖추고 유사한 역할을 수행했다. 이로써 찰스 2세는 내각제적 제한군주정의 시발점을 이루는 'The King in Council'로 재탄생했다.

그러나 템플과 찰스 2세의 이 원형내각제는 시행과 더불어 바로 변형되고, 국왕과 의회 간의 격렬한 갈등 속에서 뒤틀린다. 심지어 제임스 2세는 이 추밀원 내각제를 철폐하기까지 했다. 하지만 이 원형내각제는 명예혁명과 더불어 다시 부활하여 근대적 내각제로 발전하는 행로를 개척한다.

제4절
찰스 2세의 내각위원회와 영국 의원내각제의 확립

윌리엄 템플과 찰스 2세가 중국식 내각제 원칙을 모방한 '신추밀원'과 '정보위원회'를 설치한 이후 이 제도는 험난한 정치적 갈등 속에서 실제적 운용을 거치면서 적잖은 변모를 겪는다. 우선 찰스 2세는 추밀원위원들의 면모를 부분적으로 일신하고, 템플의 권고에 따라 긴밀한 숙의가 가능한 새로운 조직으로서 '내각위원회(cabinet council)'를 설치함으로써 11인의 '정보위원회'를 '외피화(externalizing)' 시킨다. 찰스 2세의 이 '내각위원회'는 그 규모와 기능 면에서 중국의 명대 내각 또는 청대 군기처에 더욱 근접한 제도였다.

그러나 신추밀원은 잠시 폐지되는 수난을 당한다. 1685년 찰스 2세 서거 후 왕위를 이은 제임스 2세가 왕위에 오르자마자 '신추밀원'과 함께 '내각위원회'를 폐지하고 50인 규모의 유명무실한 옛 추밀원을 복고한 것이다. 그는 찰스 2세의 내각제 이전처럼 단독으로 또는 작은 '밀실그룹'과만 상의하여 칙령을 발하고 정책을 좌지우지했다. 4년 뒤 영국의회는 이에 대항해 명예혁명을 일으켜 제임스 2세를 추방하는 한편, 찰스 2세의 신추밀원을 복원하고 내각위원회를 재설치했다.

이후 내각위원회에서는 영국의 정치동학에 따라 의회에서 영향력 있는 의원 출신 각료가 주도권을 행사하게 되고, 이로써 '왕은 군림하나 통치하지 않는다(*The King reigns but does not govern*)'는 원칙이 점차 불문율로 정착해 간다. 이 불문율은 영국 국정에 문외한이었던 하노버왕가 출신 조지1세가 왕위에 오르면서(1714) 전반적으로 국정에서 물러나자 더욱 확고해진다. 영국의 이 불문율은 명조 내각제를 통해 제도화된, "천하를 영유하고도 이에 간여하지 않는" 순·우舜禹임금의 "유이불여有而不與" 식의 단순한 군림정치,399) 또는 순임금의 "무위지치無爲之治"와400) 상통하는 것이다. 나아가 영국의 국왕은 아예 내각위원들을 일일이 지명하는 것이 아니라, 의회에서 가장 영향력 있는 의원, 즉 의회 다수파를 이끄는 한 의원을 '제1각료(*chief minister*)'로 선택하고, 나머지 각료는 이 '제1각료'로 하여금 알아서 선발하도록 하는 것이 관행화된다. 중국 명대의 발달한 내각제에서 내각대학사가 조정회의에서 '회추會推'되는 단계에 이르렀듯이, 영국의 내각위원회도 위원들이 국왕에 의해 임명되는 것이 아니라, 사실상 영국의회에서 '회추'되는 단계로 발전한 것이다. 얼마 지나지 않아 '제1각료'는 'Prime Minister'이라고 불렸다. 이로써 영국에서도 중국 명대 내각제에서처럼 '수상체제'가 확립되었다. 신추밀원의 첫 단추가 중국식으로 끼워진 까닭에 이후 발전도 중국식 발전단계를 반복한 것이다.

영국에 도입된 중국 내각제의 변화발전이 물론 단지 중국식 발전단계의 반복으로 그친 것은 아니다. 주지하다시피 영국의 내각제는

---

399)『論語』「泰伯」(8-18): "舜禹之有天下也而不與焉".

400)『論語』「衛靈公」(15-5): "無爲而治者其舜也與".

중국에 없었던 의회와의 상호작용 속에서 부지불식간에 의원내각제로 발전하고, 이로써 중국식 내각제를 넘어서 근대 민주주의 시대를 개막했다.

이제 영국에서 중국 내각제를 모방하여 설치된 신추밀원과 내각 기능이 어떻게 발전과 변형을 거듭하여 현대적 의원내각제로 발전하는지를 분석한다. 이 분석 단계에서 영국에 도입된 중국 내각제가 의원내각제로 발전하는 과정의 전모가 선명히 드러난다.

4.1. 찰스 2세의 신추밀원의 운영과 변형

1679년 영국 찰스 2세의 신추밀원을 중국의 명·청조의 내각제 정부와 비교한다면, 찰스 2세의 신추밀원은 '조정朝廷'에 해당하고, 정보위원회(Committee of Intelligence)는 이 조정 속의 '내각'이고, 나머지 여러 분과위원회는 명·청대의 '육부'와 같은 예하 위원회들인 셈이었다. 정보위원회가 결정하면 추밀원 전체회의나 분과위원회는 의례적으로 이에 따라 의결해서 정보위의 결정을 정부정책으로 공식화했다. 이 공식화 과정은 갈수록 완전히 '기계적인' 의례가 되었다. 따라서 찰스 2세의 정보위원회의 권위는 명·청대 내각의 권위를 방불케 했다. 그러나 정보위의 이러한 권력지위는 얼마 지나지 않아 더 작은 내부그룹에 의해 의례적 '외피'가 된다.

■ 정보위원회의 변모와 외피화 추이

정보위원회는 하원 야당지도자 섀프츠베리가 추밀원장(Lord President)으로 신추밀원에 입각함으로 초당파적 신뢰기반을 담보할 수 있었지만, 영국보다 수십 배 큰 나라인 명나라의 통상적 내각인원(3-6명)에 비하면 신추밀원 정보위원회(9+당연직 2명[국무장관], 도합 11명)는 기밀국사 처리를 어렵게 할 정도로 수적으로 너무 많은 편이라서 추밀원회의의 사전조율이나 의회대책 등 기무사항의 긴밀한 처리에 적절치 않았다. 정보위원 선더랜드(Robert Earl of Sunderland) 북부 국무장관(Northern Secretary of State)은 신추밀원 체제가 출범할 당시에 윌리엄 템플에게 그가 다른 국무대신의 관직을 맡든 안 맡든 "왕의 일의 진행과정에서 어떤 다른 사람들과도 구별되는 완벽한 신뢰 속에서 결합할 것을 제안했었다". 이에 대해 템플은 이렇게 회고한다.

> 나는 일반 업무들이 추밀원이나 개별위원회에 얼마나 많이 위임되는지, 그리고 내가 얼마나 많이 이 업무들이 어떤 사적 채널로 들어감이 없이 그렇게 계속 진행되는 것이 적합하다고 생각하고 있는지를 고려할 때 그것의 필요성을 알지 못했을지라도 내가 그것을 아주 기꺼이 받아들이고 싶은 것이라고 말해주었다. 그러나 선더랜드는 2주일 뒤 둘 만의 이 신임信任관계를 바꿔, 에섹스(Arthur Earl of Essex) 제1재무경(First Lord Commissioner of the Treasury)을 이 속에 집어넣을 것을 원하는지를 내게 물어왔다. 나는 그가 아는 것보다 내가 더 잘 안다고 생각한 에섹스에 대한 나의 - 종종 최근의 - 의견을 선더랜드에게 넌지시 통지했을지라도 그것에 동의했다."[401]

템플의 이 회고를 참조하면, 선더랜드·템플·에섹스 3인의 사적 모임은 선더랜드가 주도한 것이고, 템플은 마음속으로 이 관계를 불필요하게 느꼈고, 템플의 원래계획에는 없었던 것임을 알 수

401) Temple, *Memoirs*, Part III, 28-29쪽.

있다. 아무튼 이후 이 3인은 돌아가면서 3인 중의 한 사람의 집에서 매일 한 번씩 한 나절 동안 만났고, "그때 모루 위에 있는 주요 사안들에 관해, 그리고 의회나 추밀원을 위해 어떻게 가장 잘 준비될 수 있는지에 관해 협의했다". 그러나 적어도 몬머스 공의 비호 아래 섀프츠베리의 행동에 의해, 그리고 종교문제에 대한 하원의 일그러진 분위기 때문에 일이 빙퉁그러지고, 핼리팩스(the Viscount Halifax)가 왕의 신임이 어디에 있는지를 깨닫고 불만스러워 하는 것으로 보여서 템플은 선더랜드와 에섹스에게 핼리팩스를 3인 협의그룹 속으로 받아들이자고 제안했다. 이를 두고 이견이 있었지만, 결국 핼리팩스를 받아들여 4인모임을 만들었다. 그리하여 이 넷은 통상적인 만남과 협의에 들어갔다.[402] 4월말 가톨릭 왕위계승자의 왕권을 제한하는 국왕의 양보법안을 협의하는 짧은 시기 동안, 이 4인의 사적 모임은 일시적으로 아주 잘 작동했던 것으로 보인다. 템플은 회고한다.

> 이 모든 업무처리 동안 세 양반과 나는 항상적 회동과 협의를 계속했다. 우리는 폐하의 복무와 왕국의 일반복리를 위한 아주 큰 단결과 아주 공평무사한 노력을 발휘해서, 그들에게 나는 어느 날 회의가 끝났을 때 우리 넷은 영국에서 가장 정직한 4인이거나, 우리는 적어도 서로 서로를 우리들이 세계에서 가장 정직한 사람들이라고 믿게 만들고 있기 때문에 최대의 망나니들일 것이라고 말했다.[403]

4인의 이 사적모임은 점차 사전결정을 통해 정보위원회를 조종

402) Temple, *Memoirs*, Part III, 29-31쪽.
403) Temple, *Memoirs*, Part III, 37쪽.

하게 되었다. 이런 까닭에 데이비드 흄은 이 4인의 사적 그룹을 "모든 국사를 맨 먼저 숙고하는 일종의 밀실회의(cabinet council)"라고 기술했다.404)

그러나 이 4인모임은 오래가지 않아 섀프츠베리와 몬머스 공이 포함되고 템플이 배제됨으로써 새로운 '5인모임'으로 변했다가, 2주만에 다시 원래의 '4인모임'으로 복원되었다. 섀프츠베리와 몬머스 공의 포함으로 사적 모임은 공적 기무기구의 성격을 띠었지만, 신추밀원과 정보위원회의 원작자가 배제되는 일이 벌어진 것이다.

템플의 회고에 의하면, 섀프츠베리는 자신이 왕의 신임 속에도 들어있지 않다는 것을 깨닫고, 추밀원에 대한 신뢰도 발견하지 못하면서 그의 모든 행동과 열망을 하원으로 돌리고, 4인모임을 꺼림칙한 것으로 몰 정도로 열망을 불태워 어떤 식으로든 소동을 일으킬 빌미를 백방으로 찾는 중이었다. 그러나 에섹스와 핼리팩스는 "몬머스 공과 섀프츠베리가 하원에 대해 가진 영향력을 고려하여 제1단계 업무회의 속에 받아들이고 이 목적을 위해 일정한 기간 또는 왕의 일생 동안 요크 공작(Duke of York; 차기 국왕 제임스 2세)의 유배에 관해 그들과 합의하는 것이 필요하다는 의견"이었다. 선더랜드는 이들의 의견을 템플에게 전하면서, 템플의 의사를 물었다. 템플은 이에 적극적으로 반대했다. 첫째, 템플은 몬머스·섀프츠베리와 전혀 관계하고 싶지 않다고 말했다. 둘째, 그는 왕과 그의 동생 요크 공작 사이에 틈이 나는 문제에 결코 관여하고 싶지 않다고 말했다. 그러자 세 사람은 템플을 빼고 몬머스·섀프츠베리와만 만나 협의하기 시작했다. 템플은 그 사이 추밀원에도 드물게 나가

404) David Hume, *The History of England. From the Invasion of Julius Caesar to the Revolution in 1688*, vol. 6 in six volumes (New York: Liberty Fund Inc., 1778·1983), 363쪽.

고 우연이 아니면 그 동료들과 더 이상 만나지 않았다. 우연히 만나면 서로 친절히 대했지만, 새로운 협의모임에서 무엇이 결정되었는지 묻지도 않았고 그들도 전하지 않았다.

그러나 이런 상태는 오래가지 않았는데, 2주 남짓한 기간에 선더랜드·에섹스·핼리팩스는 몬머스·섀프츠베리를 '불합리한' 사람들로 느끼기 시작했다. 몬머스 공과 섀프츠베리는 왕을 모든 사항에서 하원에 굴복시키고 이로써 자기들을 절대적으로 모든 국사의 수장 위치에 두지 않을 수 없도록 왕을 몰아가려고 애쓰며 하원을 설득하려고 했기 때문이다. 그리하여 세 사람은 이에 대해 불평을 하며 이런 불안 속에서 남은 유일한 치유책으로 의회 정회停會의 아이디어를 만지작거리기 시작했다. 템플은 그들의 이런 제안에 동의했고, 이것이 세 사람을 몬머스·섀프츠베리와 절대적으로 결별시킬 것으로 예견했기 때문에 더욱 강하게 동의했다. 템플을 포함한 4인은 국왕에게 의회 정회를 건의하고 추밀원에서 논의하고 의결하기로 합의했다.[405] 그리하여 이 과정에서 4인의 모임은 다시 회복되었으나, 의회지도자들을 놓침으로써 공식성을 갖추는 데 실패했다.

나아가 - 뒤에 상론하겠지만 - 4인의 정치적 미숙과 나태로 이 4인이 추밀원과 국왕을 제대로 보좌하지 못했고 그리하여 왕이 1679년 7월 10일 의회해산을 추밀원 다수의 반대를 무시하고서 명령하는 사태가 빚어졌다.[406] 이후 템플은 달포 정도 자기의 별장 쉰(Sheen)에만 머무르고 궁궐과 추밀원에 출근하지 않았다.[407] 왕은

405) Temple, *Memoirs*, Part III, 38-41쪽.

406) 참조: Temple, *Memoirs*, Part III, 63-64쪽; Hume, *The History of England*, vol. 6, 369쪽.

407) 참조: Temple, *Memoirs*, Part III, 88쪽.

10월 소집하기로 공약한 새 의회를 개회 직전에 1680년 1월로 연기시켰다. 에섹스와 핼리팩스도 낙담하여 4인 모임에 나오지 않았다. 10월 들어 섀프츠베리의 이름이 추밀원 명단에서 삭제되었다. 찰스 2세가 쓴 11월의 한 편지는 말한다. "에섹스는 사임할 것을 생각해왔다. (...) 핼리팩스는 기분이 언짢아 종종 은퇴를 말한다. 윌리엄 템플은 쉰(Sheen)에 머물러 추밀원에 간 적이 없다."408) 선더랜드만 남아 새로 입각한 하이드, 고돌핀 등과 새로운 모임을 만들어 정책협의를 계속했다. 템플은 "이 셋만이 왕의 국무의 기밀과 운영에 들어 있는 것으로 생각되어 '국무원(Ministry)'으로 간주되었다"고 기록하고 있으나,409) 이것은 이전의 4인모임에 비해 무력한 모임이었다. 게다가 그 사이 선더랜드는 왕으로부터 불신을 받았고, 핼리팩스와는 격하게 다투었다. 1681년 1월 24일, 템플·선더랜드·에섹스가 동시에 추밀원 명단에서 몽땅 지워졌다.410) 따라서 정보위원회 배후에서 이 위원회와 추밀원 전체를 이끌었던 템플의 4인 모임은 겨우 3개월 정도 존속하고 사라진 것이다.

내각발달사를 전공한 영국사가 템펄레이(Harold W. V. Temperley, 1879-1939)가 18세기의 전형적 현상으로 규정한 추밀원 속의 '외부내각(Outer Cabinet)'과 '내부내각(Inner Cabinet)'의 분화현상에서411) 템플의 이 4인 모임은 '내부내각'의 맹아적 형태였지만,412) 더 이상

---

408) Henry Sidney, *Diary and Correspondence of the Times of Charles the Second*, vol. i (London, 1843), 183쪽(Sidney to the Prince of Orange, 10 November 1679). Turner, "Privy Council of 1679", 269-270쪽 각주 125에서 재인용.

409) Temple, *Memoirs*, Part III, 87쪽.

410) 참조: Temple, *Memoirs*, Part III, 140-147쪽.

411) Temperley, "Inner and Outer Cabinet and Privy Council, 1679-1783", 682-699쪽.

412) 참조: Turner, "Privy Council of 1679", 267쪽.

발전하지 못했고, 또 왕이 참석하지도 인정하지도 않은 사적 모임인 한에서 어디까지나 '맹아'에 불과한 것이다.

추밀원 정보위원회는 '외부내각'으로 '외피화'될 위험에 처했지만, 결국 '외피화'되지 않았다. 이후 찰스 2세 치하에서 왕이 소집하는 내부그룹이 생겨났지만 왕의 동석 없는 이런 사적모임이 다시 생겨났다는 기록은 보이지 않는다. 오히려 상술했듯이, 정보위원회의 의사록은 저 사적모임이 사라진 뒤에도 정보위가 의회의 정회와 해산을 제외한 모든 국사를 엄청난 양으로 처리한 기록을 보여준다. 따라서 템플 시대에 명실상부하게 '내각'의 역할을 한 것은 왕이 임석하지 않은 저 '4인 모임'이 아니라 왕이 임석한 '정보위원회'였고, 또 이것이 템플의 헌정계획의 원래 취지에 합당한 것이다. (이런 까닭에 흄이 이 '4인모임'을 '밀실회의'라고 기술한 것이다.) 이런 의미에서 이 '4인모임'이 아니라 1679년의 신추밀원 정보위원회가 영국의 '원형 내각'이고, 영국 내각제의 기원인 셈이다.

■ 내각위원회(cabinet council)의 설치

그런데 추밀원의 조언 없이 의회의 정회·해산·소집연기를 반복하던 찰스 2세는 정보위원회와 구별되는, '내각위원회(cabinet council)'라고 불리는 내밀한 기무회의를 설치·운영하기 시작한다. 이때는 'cabinet'이 신추밀원 덕택에 '밀실'의 어감을 잃고 '내각'의 의미를 얻어갈 즈음이었다. 이 '내각위원회' 설치는 아무래도 왕이 추밀원의 의론을 듣지 않고 의회소집 연기 결정을 내린 뒤 템플이 왕에게 진언한 간언, 즉 추밀원 규모 및 인사의 재조정에 관한 최후의 새로운 간언에 기인한 것으로 보인다. 템플은 추밀원 재조정과 국무처리 방법에 대해 이같이 마지막 고언을 한다.

나는 왕에게 감히 왕의 향후 국무처리 절차에 관한 나의 겸손한 조언을 올리고 싶었다. 그것은 폐하가 그의 업무에서 부디 이러저러한 추밀원회의를 활용하고 추밀원의 논의와 조언에 자유를 허용하고, 이것들을 들은 뒤에 폐하가 그의 마음대로 결정해도 된다는 조언이었다. 폐하가 현재의 추밀원의 사람들이나 수가 업무에 적합하다고 생각하지 않는다면, 이 추밀원을 해산하고 20인, 10인, 5인 또는 폐하가 원하는 다른 인원수의 또 다른 추밀원을 구성하고 또 폐하가 원할 때 사람들을 다시 바꾸는 것은 폐하의 권한에 속하는 것이지만, 조언하지 않는 추밀원위원들을 만드는 것이 폐하의 권한에 속하는 것인지는 내가 의심한다는 조언이었다. 그리고 내가 이전 시대나 현재 시대를 관찰해 본 한에서, 나는 그것이 영국에서 폐하의 선왕들에 의해 실행되었거나 기독교세계의 현재 군주들에 의해 지금 실행되고 있는 것인지 의심한다는 것이었다. 그리고 폐하에게 겸손하게 나는 폐하의 큰 공무의 숙고에서 활용하기에 적합하다고 생각할 그런 어떤 추밀원을 구성하라고 조언했다.413)

템플은 여기서 현 추밀원의 규모, 운영형태, 인물들을 왕의 임의대로 재조정하여 새로운 추밀원을 구성하되, "조언하지 않는 추밀원위원들을 만드는 것", 즉 추밀원의 조언을 듣지 않거나 추밀원의 조언을 막는 것은 해서는 아니 된다고 말하고 있다. 한 마디로, 모든 국사를 결정할 때 반드시 추밀원의 협의를 거치는 명·청 내각제의 원칙만은 견지하라는 것이다. 그러나 그는 왕을 자극하지 않기 위해 이것을 영국의 선왕들과 기독교세계의 현재 군주들의 관행으로 돌려 말하고 있다. 과거에도 존재한 적이 없고 또 당시에도 존재하지 않던 영국과 유럽의 '관행'을414) 들먹이는 것이 왕에게

413) 참조: Temple, *Memoirs*, Part III, 91-92쪽.

얼마나 설득력이 있었는지는 알 수 없지만, 템플은 이같이 전한다.

> 폐하는 나의 말을 아주 정중하게 들었고 내가 진언한 어떤 것에 대해서도 전혀 기분나빠하지 않은 것처럼 보였다. 또한 추밀원의 어떤 인사도 기분나빠하지 않고, 오히려 대부분이 그것에 아주 다분히 동조했다.[415]

템플이 공개석상에서 추밀원 재조정을 건의한 것은 왕에게 추밀원 손질의 명분을 주었을 것이다. 그리하여 이미 10월 해임된 섀프츠베리, 그의 조종으로 1680년 초에 동시에 사표를 낸 러셀·카벤디쉬·카펠·파월 등 하원인사들,[416] 새로 입각한 하이드와 고돌핀 등

---

414) 신추밀원 창설과 관련하여 메이틀랜드는 "윌리엄 템플 경이 추밀원을 개혁하여 추밀원이 이전에 보유했던 그 지위로 복귀시키는 계획을 안출했다"고 풀이했다. Maitland, *The Constitutional History of England*, 389쪽. 또 템펄레이는 클래런던의 추밀원 개념을 "헌법상 왕은 추밀원의 자문을 준수하도록 구속되어 있다"는 의미로 해석했다. Temperley, "Inner and Outer Cabinet and Privy Council, 1679-1783", 682쪽. 만에 하나 메이틀랜드의 말이 옳고 클래런던의 추밀원 개념이 템펄레이가 이해한 대로라면, 영국의 전통적 추밀원은 중국 내각제와 거의 같은 것이었을 것이고, 유럽의 관행을 들먹이는 템플의 주장은 빈말이 아닐 것이다. 그리고 '템플의 헌정개혁은 중국 내각제의 모방작품'이라는 필자의 주장은 붕괴될 것이다. 그러나 메이틀랜드는 자신의 말을 뒷받침할 아무런 증거도 대지 않았다. 그리고 템펄레이는 클래런던의 추밀원 개념을 완전 '오해'했다. 영국의 추밀원 위원들은 행정기능 없이 자문만 하는 프랑스의 총신(寵臣)과 같은 존재가 아니라, 자신의 작위·재산 때문에 추밀원에 앉아 있을 권리를 가졌고 행정체계의 일원이라는 것, 그 임명은 '왕의 단독적 선택'에 달려 있다는 것, 왕이 대권을 지키려면 추밀원을 '지원'해야 한다는 것이 클래런던 주장의 전부다. '추밀원의 자문을 들을 국왕의 의무'에 대해서는 일언반구도 없다. 하지만 카알라일은 클래런던이 전통적 국가관행이라고 주장하는 이런 정도의 추밀원 개념도 "실은 이상적이고 역사적 실존을 결코 가진 적이 없다"고 잘라 말한다. E. I. Carlyle, "Clarendon and the Privy Council, 1660-1667", *The English Historical Review*, vol. xxvii (1912), 251-253쪽. 여기에서도 우리는 템플과 찰스 2세의 개혁안에 대해 "하늘에서 떨어져 폐하의 가슴에 들어온 것처럼 보인다"고 말한 당시 대법관 핀치의 경탄을 잊어서는 아니 될 것이다.

415) 참조: Temple, *Memoirs*, Part III, 92쪽.

그간의 인사변동을 추스르고 분위기를 일신하기 위해 찰스 2세는 1681년 일손을 놓은 템플·선더랜드·에섹스를 해임하고 30명을 넘지 않는 선에서 신추밀원을 구성했다. 이와 함께 왕은 템플의 건의대로 정보위원회와도 다르고 템플과 선더랜드의 저 사적모임과도 다른 '내각위원회'를 설치한 것이다.

이 '내각위원회'는 왕의 최종결정이 이 내각의 논의에 구속되고 다시 정보위원회나 추밀원 전체의 정식의결을 거쳐 공식화되는 한에서 옛 '외무위원회' 등과 같은 밀실모임과 달랐다.[417] 그리하여 영국사가 에드워드 터너(Edward R. Turner)에 의하면, 부정적 어감 없이 "곧 내각을 빗댄 비유적 언사는 빈번해졌다". 그리하여 "왕의 친구들 중 하나는 그 기구에 들어간 것을 왕의 추밀원의 가장 비밀스런 구역에 들어간 것으로 언급하고 있다. 이 연간에 내각이 정보위원회나 외무위원회와 구별되는 기구로 간주된 것은 의심할 바 없다." '내각 회의(cabinet meetings)'는 일요일 저녁에 정규적으로 열렸다. '내각위원회'는 처음에 비공개 집담회와 같은 성격의 것에 지나지 않았다.[418] 그러나 왕이 소집하고 왕이 참석하는 점에서 '내각위원회'는 '내부내각'이었고, 정보위원회는 '외부내각'과 같았다. 1681년 이후에도 정보위원회가 계속 작동했음은 남아 있는 1679-1682 연간의 정보위원회의 의사기록이 증언한다.

---

416) Lodge, *The Political History of England*, Vol. 8, 167쪽.

417) 그러나 롯지는 이 '내각위원회' 설치를 '작은 내부위원회 없이 업무를 처리하겠다'는 공약에 대한 위반으로 본다. Lodge, *The Political History of England*, Vol. 8, 162쪽. 그러나 '내각위원회'는 왕의 결정이 반드시 내각의 논의에 매이고 추밀원 기구의 정식의결을 통해 공식화되어 집행되는 한에서 왕이 과거 측근들의 '내부서클'을 통해 얻은 결정을 바로 집행하는 체제와 결정적으로 다르다는 점이 지적되어야 할 것이다.

418) Turner, "Privy Council of 1679", 267쪽.

명예혁명 이후, 특히 1714년 하노버왕가의 개막 이후에도 영국에서 '내부내각'이 인원수가 늘어 커지면 다시 '작은 내부내각'을 꾸리고, '커진 내부내각'은 '외부내각'으로 전락하는 이른바 "외부화" 현상이 반복되었다.[419]

4.2. 윌리엄 템플과 찰스 2세의 중국식 내각제 개혁은 실패했나?

■ 템플과 찰스 2세의 신추밀원의 성패 논란

에드워드 터너는 논문 「1679년의 추밀원」에서 신추밀원의 귀결을 다음과 같이 일회적 '실험'으로 규정하고, '실패'로 평하고 있다.

> 이렇게 실험은 종말을 고했다. 이 실험은 종종 말해져왔듯이 희망 없는 실험이 아니었고, 또한 분명 교조적이고 비실용적인 것도 아니었다. 그것은 시대에 대한 최선의 인식에 부합되게 이루어진 시도였다. 그것은 정치적 상황 때문에, 의회가 왕을 통제하려고 시도했기 때문에, 그리고 결국 추밀원이 'cabinet'에 굴복했기 때문에 - 이것은 그때 보일 수 있는 것보다 지금 더 명백하게 보일 수 있는 사실이다 - 실패로 운명 지어졌다.[420]

에드워드 터너처럼 템플의 헌정개혁을 이렇게 '실패'로 보는 견해들이 간혹 보인다.[421]

---

419) 참조: Edward R. Turner, "The Development of the Cabinet, 1688-1760", *The English Historical Review*, vol. xix (London: Macmillan & Co., 1914), 28쪽.

420) Turner, "Privy Council of 1679", 270쪽.

그러나 템플의 헌정계획의 핵심적 원칙은 ①추밀원의 핵심위원직을 국왕과 사적으로 친한 측근들이 아니라 세상이 인정하고 신임하는 최선의 국가인재와 실력자로 충원하고, ②국왕이 반드시 추밀원의 논의와 조언을 거쳐서 결정하고 명령한다는 분권적 군신공치 원리였다. 따라서 이 두 가지 원칙이 템플이 떠난 이후에도 지켜졌다면, 템플의 개인적 진퇴나 국왕의 정치적 성패와 무관하게, 그리고 의회가 왕을 이기든, 왕이 의회를 이기든, 'cabinet'을 추밀원 안에 설치하든 말든, 템플의 헌정개혁은 실패하지 않은 것이 아닌가? '내각위원회' 체제도 왕이 최선의 인재로 구성된 내부내각의 논의에 따라 결정하고 추밀원 기구의 정식의결을 통해 이 결정을 공식화하여 집행하는 원칙을 지키는 한에서 템플의 표현대로 그 내각의 규모가 '20인, 10인, 5인 또는 왕이 원하는 어떤 다른 인원수'든 상관없이 원칙의 위반이 아니라 그 집행이 아닌가?

■ 중국식 내각제 개혁은 실은 완전한 성공이었다

템플은 『회고록』의 어디에서도 '실패'라는 말을 입에 담지 않았다. 또한 흄을 비롯한 적지 않은 유력한 논자들도 '실패'를 말하지 않는다.[422] 그런데 야당에 의해 지배된 의회의 정회·해산·소집연기 등

---

421) 참조: Dicey, *The Privy Council*, 67쪽; Airy, *Charles II*, 359쪽; Trevelyan, *England under the Stuarts*, 390쪽; Maitland, *The Constitutional History of England*, 389쪽; Steensma, *Sir William Temple*, 20쪽. 그러나 다이시는 실패의 원인을 달리 본다. "템플의 계획은 그 독창성에도 불구하고 철저히 실패했다. 그는 자신의 실패를 왕의 표리부동성의 탓과 추밀원에 섀프츠베리를 입각시킨 탓으로 돌린다. 의심할 바 없이 왕은 이 철학자를 도구로 이용했다. 그러나 팀플의 실패의 원인은 그가 거론하는 어떤 이유들보다도 훨씬 더 깊은 데 있었다. 그것은 너무 많았거나 너무 적었다. 그것이 내각에게는 너무 많았고, 의회에게는 너무 적었다." Dicey, *The Privy Council*, 67쪽. 그러나 필자는 다이시에 맞서 내각 속의 '정보위'는 내각에 안성맞춤이고, 추밀원의 하원의원 5명은 당시로서 파격이었다는 점을 지적하고 싶다.

왕의 대권문제와 관련하여 찰스 2세가 추밀원의 건의를 듣지 않고 결정을 내린 것은 ②의 분권적 군신공치 원리를 위배한 것이 아닌가? 템플의 계획을 실패로 보는 논자들이 이 결정들을 절차상의 '위반'으로 보기 때문에[423] 의회의 정회·해산·소집연기 등과 같은 '국왕의 대권'에 대한 사전고찰은 '공약위반' 여부를 판단하는 데 매우 중요하다.

이 공약위반 여부에 대한 판단은 첫째, 당시 영국에서 의회의 정회·해산·연기, 왕의 사면권, 그리고 왕위문제, 비상상황의 긴급조치, 긴급명령 등이 군신공치의 사안인지, 둘째, 추밀원 논의의 생략이나 불수용이 고의인지, 과실인지, 셋째, 반드시 추밀원의 논의를 거쳐서 결정을 내릴 것이라는 공약의 위배가 실제로 발생했는지, 넷째, 두세 번의 위배를 원칙의 파기, 따라서 계획의 '실패'로 볼 수 있는지 하는 물음들의 관점에서 분석적으로 접근해야 한다. 이 물음들에 대한 답변 여부에 따라 위배여부에 대한 판단이 갈릴 것이기 때문이다.

첫째 물음은 오늘날까지도 논란이 많은 사안이다. 이것은 일부가 왕의 자의적 의지에 달려 있고, 나머지는 가변적인 통념에 달려

422) 참조: Hume, *The History of England*, vol. 6, 362-369쪽; Lodge, *The Political History of England*, Vol. 8, 161-167쪽; Tanner, *English Constitutional Conflicts of the Seventeenth Century 1603-1689*, 243쪽; 템펄레이는 1679년의 개혁을 이후 내각제 발전에 역사적 영향을 미친 "결연한 노력"으로 본다. Temperley, "Inner and Outer Cabinet and Privy Council, 1679-1783", 683쪽.

423) 트리벌라이언은 "추밀원의 조언에 반해서 찰스가 가톨릭왕위배제법안의 통과를 막기 위해 제1차 휘그의회를 정회하고 그 다음 해산했을 때, 진짜 통치기구로서의 템플의 추밀원의 종말이 왔다"고 말한다. Trevelyan, *England under the Stuarts*, 390쪽. 그러나 '정회·폐회'의 원인은 배제법안과 무관하고, 실은 왕의 사면권에 대한 대주교의 심의자격 문제와, 의회가 개회하면 정회 조언자들을 탄핵하려는 섀프츠베리의 보복 의도로 인한 것이었다. 한편, 터너도 추밀원 논의 없는 의회정회·해산을 개혁실패의 가장 중요한 원인으로 본다. 참조: Turner, "Privy Council of 1679", 270쪽.

있기 때문이다. 먼저 영국 의회의 정회·해산·연기는 영국의 오랜 전통과 관습적 의회절차에 관한 영국 국왕의 고유한 대권이었기 때문에, 이 '절차대권'은 너무 유구한 것이어서, 왕이 이것까지 추밀원의 논의에 구속시킨 것으로 생각할 수 없다. 따라서 심지어 찰스 2세의 최대 정적인 섀프츠베리조차도 "이 의회를 해산할 필요성과 같이 아주 명백하고 왕이 아주 완전히 확신한 이런 성격의 일에서는 왕이 추밀원의 다수결적 찬성 없이 결정할 그 권력을 내던질 수 없고, 다른 일들에서는 왕이 다른 군주들만큼 많이 그의 추밀원에 귀를 기울일 것"이라고 푸념함으로써[424] 의회해산과 정회의 권리는 국왕의 대권에 속함 것임을 인정했다. 또 '사면권'은 그 남용을 두고 약간의 논란이 없진 않지만 오늘날도 국가원수의 고유권한이다. 또 왕위추존의 문제든, 왕위계승의 문제든, 왕위와 관련된 문제는 모든 왕이 자신의 정통성과 직결된 문제로 보고 결코 양보한 적이 없다. 세습군주제를 인정하면서도 신하가 이 문제를 너무 건드리는 것은 '역린逆鱗'이기 전에 자가당착이다. 명대 양정화도 왕의 생부를 황제로 추존하는 대례大禮문제를 건드려 - 양정화 자신이 옹립했던 - 세종에게 실각을 당했다. 찰스 2세도 "자기 동생의 왕위 계승이라는 결정적 사항에서는 승복당하지 않으려는 결심"이 확고히 서 있었다.[425] 또 계엄령, 긴급조치, 긴급명령, 의회해산 등과 같은 '비상대권'의 경우에는 오늘날도 프랑스처럼 국가원수의 독임제적(monocratic) 결정에 일임한 경우가 많다. 의회해산을 제외하면 한국헌법도 계엄령·긴급조치·긴급명령령 등 나머지 권한들을 대통령 고유의 긴급권으로 규정하고 있다. 일부 국가

424) Turner, "Privy Council of 1679", 269쪽에서 재인용.

425) Tanner, *English Constitutional Conflicts of the Seventeenth Century 1603-1689*, 243쪽.

를 예외로 하면 이런 문제들은 군신공치의 사안이 되기 어렵다. 따라서 이 모든 문제에서 '국가원수로서의 국왕'이 추밀원의 논의를 우회하여 결정을 내리는 대권을 행사하더라도 상관없다고 생각하는 것도 충분히 가한 것이다. 그런데 영국의 1679년 5월은 국왕의 사면권을 건드리는 하원의 도발로 상하양원 간에 격렬한 충돌이 빚어질 위험에 처해 있었다. 국왕은 이 위험을 하원정회 조치로 해소했다.[426] 따라서 국왕 단독으로 내린 '5월 27일 결정'은 보는 각도에 따라 납득할 만한 것이다.

두 번째 물음, '왕이 추밀원 논의를 생략하거나 수용하지 않은 것이 고의인지, 과실인지'에 대해서도 따져 봐야 한다. 템플과 선더랜드의 4인모임은 의회의 과격한 움직임에 제동을 걸기 위해 이미 정회를 결정하고 이를 추밀원 회의에 붙이기로 합의하고 또 이를 왕에게 권고하기로 했었다. 그러나 템플은 런던에 대해 신경을 꺼버린 채 안이하게 이틀을 시골에서 보낼 정도로 너무나 나태했다. 그 사이 런던에서는 섀프츠베리의 '의회 몰이' 때문에 급박하게 돌아가고 있었다. 템플도 "그것은 추밀원의 논의의 시간이나 통풍구가 허용되지 않았다"고 인정하듯이 긴급조치가 필요했다. 왕은 추밀원의 논의 없이 5·27 긴급조치를 취했다. 템플은 물론 이것도 "하나의 나쁜 부작위"이고 "이것은 통상적 형식에 입각하여 추밀원의 조언으로써 왕의 권위를 갖췄어야 한다"고 생각했지만, 이를 더 문제 삼지 않았다.[427] 따라서 이 긴급조치는 왕의 '고의'였으나, '잘못'은 아니었다. '과실'이라면, 템플의 나태와 안이한 행동거지가 과실이었다. 특히 추밀원의 의사에 반한 7월 10일의 의회해산은

426) 참조: Hume, *The History of England*, vol. 6, 367-369쪽.

427) Temple, *Memoirs*, Part III, 41-44쪽.

4인모임과 왕의 공동과실이었다. 정회된 의회의 개회를 앞두고 섀프츠베리는 에섹스와 핼리팩스를 정회를 건의한 주범으로 보고 개회하면 이들을 탄핵하여 공언한 대로 '참수'하겠다고 벼르고 있었다. 4인모임은 섀프츠베리의 이런 정치공세를 막기 위해 의회 해산에 합의하고 왕의 동의를 얻어 추밀원 전체회의를 소집하기로 했다. 그러나 4인과 왕은 서로 할 것으로 믿다가 막상 사전에 추밀원 위원들에 대한 물밑 설득작업을 전혀 하지 않아 회의에서 다수의 반대에 부딪혔다. 왕은 당황했으나 하릴없이 의회해산 조치를 취할 수밖에 없었다.[428] 이것은 '고의'가 아니라 그야말로 4인의 안이하고 어설픈 정치행각이 빚은 '과실'의 소산이었다. 이런 까닭에 템플도 왕의 이 결정을 유보 없이 수용했다. 템플은 "나로서는 폐하가 그 점에 대해서 누구보다도 더 잘 판단할 수 있다고 생각했기 때문에 왕이 그것을 결정해야 한다고 생각했다"고 회고하고 있다.[429]

다시 왕은 휘그의 압승으로 끝난 총선 후에 제2차 휘그 의회의 10월 개회를 앞둔 시점인 9월, 최근의 정회·해산과 관련된 응보적 조치와, 개원 저지의 경우 가두청원운동을 공언하는 섀프츠베리의 정치공세를 봉쇄하기 위해 1679년 10월에서 1680년 10월까지 개원을 미루는 개원연기안을 추밀원 회의에 붙인 뒤 이들의 찬반논의에 개의치 않고 연기조치를 단행했다.[430] 4인은 왕의 이 결심을 사전에 알지 못했다. 따라서 이 조치는 왕 단독의 '고의적' 결정이었다. 그럼에도 상술된 관점에서 보면, 의회개회 연기 조치는 왕의 대권에 속하는 것으로서 원천적으로 추밀원의 논제가 아니고, 따라서

428) 참조: Temple, *Memoirs*, Part III, 53-64쪽.

429) Temple, *Memoirs*, Part III, 63-64쪽.

430) 참조: Temple, *Memoirs*, Part III, 88-90쪽; Trevelyan, *England under the Stuarts*, 393쪽.

공약위반이 아니라는 해석도 가능하다.

셋째, 반드시 추밀원의 논의를 거친다는 공약의 '위반'이 실제 발생했는가? '5·27긴급조치'는 추밀원의 회의에 붙여질 수 없었지만, '7월조치'와 '9월조치'는 이 회의에 붙여졌다.[431] 이것으로써 왕은 자신의 의무를 다한 것이다. 찰스 2세는 추밀원의 찬반에 구속될 의무까지는 공약한 바 없기 때문이다. 명·청대의 황제가 내각의 '표의'를 유보하고 나름대로 '비홍'할 수 있는 것처럼, 영국 국왕도 반드시 추밀원의 조언을 듣고 결정하겠다는 공약에도 불구하고 이 조언의 찬반주장과 다른 결정을 내릴 수 있는 것이다. 따라서 공약위반 행동은 실제로 발생하지 않은 것이다.

넷째, 두세 번의 공약위반을 원칙의 파기, 따라서 계획의 '실패'로 볼 수 있는가? 설령 두세 번 공약위반이 있었다고 하더라도 이것으로 신추밀원 계획 전체가 '실패'했다고 볼 수는 없을 것이다. 공자도 '군자'란 과오를 저지르지 않는 사람이 아니라, 과오를 저지르지만 이것이 과오인 줄을 알면 즉시 이를 고치는 사람이라고 했다.

그렇다면 템플의 헌정개혁은 성공한 것인가, 실패한 것인가? '대성공'이라고 단언할 수 없을지 몰라도, 실패하기는커녕 실은 완전한 성공이었다. 이상의 분석을 통해 볼 때, 템플의 헌정개혁은 줄곧 쉰으로의 은퇴를 열망하던 그의 진퇴와 무관하게 '성공'한 것이다.

■ 성공의 증좌: 'cabinet'의 긍정적 의미 획득

이것은 찰스 2세 치하에서 'cabinet council'과 'cabinet councilor'라는 어휘는 1679전 이전에는 소수의 무책임한 자문관들의 '밀실회

---

431) 참조: Temple, *Memoirs*, Part III, 61-64, 90쪽.

의'를 함의했던 반면, 1679년 이후부터는 보다 인정된 기구를 뜻하게 된 것에서[432] 분명히 드러난다. 국새상서 프란시스 노스(Sir Francis North) 남작의 동생이자 저명한 전기작가인 로저 노스(Roger North), 1653-1734)는 이를 증언한다.

> 처음에 사적 담화와 같은 것에 지나지 않았던 'Cabinet Council'은 공식회의가 되기에 이르렀고, 대내외적 통치의 대부분의 업무들에 대한 지휘권을 가졌다.[433]

1678년 이전에는 '외무위원회'가 주도한 반면, 그 이후에는 '정보위원회'가 명대의 내각처럼 정부(추밀원)를 주도했다. 이것들은 둘 다 종종 얼추 'Cabinet Council'로 불렸지만, 이전의 '외무위원회'에 대해 쓸 때는 '밀실회의'라는 부정적 어감을 가진 반면, '정보위원회'와 '내각위원회'에 대해 쓸 때는 긍정적·공식적 어감을 가졌다. 정보위원회는 일반적 정책결정을 임무로 삼는 다른 '상임위원회들'과 차츰 명확하게 분화되었다. 이전의 외무위원회는 외교만 다루었던 반면, 정보위원회는 대내외 업무를 전부 다 취급했다. 영국내각발달사 전문사가 템펄레이는 이를 이렇게 종합·정리한다.

> 1679년 템플의 추밀원계획에서는 먼저 추밀원 전체에 의해, 다음에는 이 추밀원의 중앙기구인 정보위원회에 의해 국왕을 통제하려고 시도되었고, 또 섀프츠베리에 의해 국왕의 통제에 활용되었다. 이런 기도는 "대내외적

432) 참조: Temperley, "Inner and Outer Cabinet and Privy Council, 1679-1783", 688쪽.

433) Roger North, *Lives of Norths* (ed. 1826), vol. ii, 51쪽. Temperley, "Inner and Outer Cabinet and Privy Council, 1679-1783", 688쪽에서 재인용

인 모든 조언들을 털어 놓고 숙고하기 위해 그리고 그들이 적절하다고 생각하는 장소에서 그리고 적절하다고 생각하는 빈도로 만나기 위해"라는, 정보위원회의 설치 취지를 담은 '워딩'으로부터 명백하다.434)

그리하여 템펄레이는 "정보위원회와 근대적 내각 사이에는 차이가 거의 없었다"고 결론짓는다.435)

찰스 2세의 재위 최후의 해인 1684년, 'Cabinet'이라 불린 '정보위원회'는 7-8명(Radnor, North, Halifax, Conway, Jenkins, Rochester, Ormond, Godolphin)이었다.436) 찰스 2세가 섀프츠베리를 해임하고 그 뒤부터 추밀원과 내각을 자기 관리 하에 두려고 함으로써 템플의 개혁이 비록 일부 찌그러지고 말았을지라도, 찰스 2세는 끝까지 '신추밀원' 공약을 지켰다. 템펄레이는 "찰스 2세는 그의 치세가 끝날 때까지 추밀원이 35명을 넘는 것을 허용치 않았다. 그리고 추밀원이 왕에 대한 모종의 견제 기구로 남아 있었다는 것은 (...) 분명하다"고 확인해준다.437) 또한 다이시는 템플의 계획에 '내각제로의 이행'이라는 역사적 전환의 의미를 부여한다. "그것은 전全 추밀원에 의한 통치로부터 내각에 의한 통치로의 이행을 특징짓는다. 왜냐하면 1679년부터, 모든 추밀원 위원들에게 왕권의 정치적 행위에 대해 책임을 지게 만들려는 어떤 체계적 기도도 나타난 적이 없기 때문이다."438) 이런 까닭에 템플의 정보위원회와 찰스 2세의 정보위원

---

434) Temperley, "Inner and Outer Cabinet and Privy Council, 1679-1783", 689쪽.

435) Temperley, "Inner and Outer Cabinet and Privy Council, 1679-1783", 689쪽.

436) North, *Lives of Norths*, vol. ii, 53, 62쪽. Temperley, "Inner and Outer Cabinet and Privy Council, 1679-1783", 689쪽 각주24에서 재인용.

437) Temperley, "Inner and Outer Cabinet and Privy Council, 1679-1783", 685쪽.

438) Dicey, *The Privy Council*, 67-68쪽.

회의 내각인 '내각위원회'는 한때 제임스 2세에 의해 폐지되었을지라도 다시 명예혁명과 함께 복원되었고, 이후 발전을 거듭하여 현대적 의원내각제로 완성될 수 있었던 것이다.

4.3. 의원내각제와 수상체제의 성립

템플의 신추밀원과 '정보위원회', 그리고 찰스 2세의 '내각위원회'는 국왕의 공약이나 칙령으로 성립한 것으로서 공식조직이었지만, 법외法外의 조직이었다. 이후 신추밀원을 복원하여 발전한 18-19세기 내각제도도 법에 기초하지 않은 조직이었고, 또 - 상술했듯이 - 오늘날의 내각제도도 여전히 법외 조직이다.[439]

■ 제임스 2세와 명예혁명: 내각제의 파괴와 복원

템플의 내각제가 일정한 복원과정을 필요로 한 것은 이 원형 내각제가 제임스 2세의 4년 폭정 속에서 깡그리 파괴되었기 때문이다. "자의적인 제임스 2세는 1685년 즉위하자 단번에 추밀원의 권한을 종식시키고, 추밀원의 수를 49명으로 늘림으로써 추밀원이 그의 통치에 대한 실질적 견제기구가 되는 것을 막아버린 것이다."[440] 제임스 2세는 추밀원의 인원수를 1.6배 늘리고,[441] 추밀원 전체를 소집하는 것을 중단하고, 추밀원을 여러 분과위원회로 쪼개고, 이것과 별개로 소수의 '밀실모임'을 만들어 이들과만 기무를

439) 참조: Clarke, *Outlines of Central Government*, 66쪽; P. Orman Ray, *Major European Governments* (Boston·London: Ginn and Company, 1931), 30쪽.

440) Temperley, "Inner and Outer Cabinet and Privy Council, 1679-1783", 685쪽.

441) 1688년 추밀원 인원수는 48-49명이었다. 참조: Turner, "Privy Council of 1679", 263쪽; Temperley, "Inner and Outer Cabinet and Privy Council, 1679-1783", 685쪽.

상의하는 구舊통치행태로 되돌아갔다. 그는 국무대신 단 한명에게 결정을 구술하기도 하고 '밀실모임'과 상의하기도 하면서 마음대로 정책을 결정했다.[442] 그리하여 왕을 추밀원에 굴복시킨 템플의 '결연한 노력'의 흔적은 완전히 사라졌다.

따라서 제임스 2세를 타도한 명예혁명 직후, "윌리엄 3세 치하에서는 당연히 추밀원을 위해, 아니 적어도 추밀원의 어떤 대표기구를 위해 권력을 되찾으려는 갱신된 기도(renewed attempt)가 있었다."[443] 그리하여 영국의 명예혁명 의회는 1701년 「왕위계승법(Act of Settlement)」의 한 조항으로 내각제를 부활하고 의회주권을 확립함으로써 의원내각제로 나아가는 물꼬를 텄다.

「왕위계승법」의 원명 「왕권의 가일층적 제한과 신민의 권리와 자유의 더 나은 확보를 위한 법령(An Act for the further Limitation of the Crown and better securing the Rights and Liberties of the Subject)」이다. 이 법률명칭이 보여주듯이 이 법률은 왕위계승 문제의 해결 측면에 못지않게 '백성의 자유와 권리'를 강화하고 이를 위해 왕권을 더욱 제한하는 법규들의 신설 측면에서도 중요하다. 「왕위계승법」은 1701년(신력)에 영국의회를 통과했다. 일단 이 법은 왕위가 내려가는 계통에서 다음 프로테스탄트 왕손을 하노버 선제후의 부인 소피아 공주(잉글랜드의 제임스 1세[스코틀랜드의 제임스 6세]의 손녀, 찰스 1세의 조카)로 규정하고, 그녀 다음은 그녀의 비非가톨릭 상속자에게만 내려가는 것으로 규정했다. 이 법령은 윌리엄 3세와 매리 여왕, 그리고 앤 여왕이 어떤 후손도 생산하지 못한 실패로 인해, 그리고 스튜어트왕가의 다른 구성원들이 모두 다 가톨릭교도인 때문에

442) 참조: Temperley, "Inner and Outer Cabinet and Privy Council, 1679-1783", 682-683쪽.
443) Temperley, "Inner and Outer Cabinet and Privy Council, 1679-1783", 683쪽.

서둘러 제정되었다. 제임스 2세의 자녀들, 즉 제임스 왕자와 로열 공주는 둘 다 가톨릭이었기 때문에 왕위계승 라인에서 배제되었고, 제임스 2세의 누이 앤(찰스 1세의 막내딸 헨리이타의 딸)은 사르디니아의 왕비였으나 역시 가톨릭이어서 계승 라인에서 배제되었다. 하노버의 소피아 계열은 스튜어트왕가 사람들 중 가장 연소했지만, 확고한 프로테스탄트들로 이루어져 있었다. 소피아는 1714년 6월 8일 서거했다. 그리고 앤 여왕은 1714년 8월 1일 서거했다. 앤 여왕의 죽음에 소피아의 아들이 적법하게 조지 1세 영국 국왕이 되었고, 그리하여 영국에서 하노버왕가가 정식 출범했다.

「마그나카르타」나 「권리장전」과 마찬가지로 헌법적 지위를 갖는 이 「왕위계승법」은 근대 영국의 형성에서 진보적·퇴보적 역할을 둘 다 했다. 잉글랜드와 스코틀랜드는 1603년 이래 한 군주를 공유했지만, 분리·통치되는 나라들로 남아있었다. 스코틀랜드 의회는 스튜어트 왕가를 포기하는 것을 영국의회보다 더 싫어했다. 스튜어트 왕가의 구성원들은 그들이 영국 군주가 되기 오래 전에 스코틀랜드 군주들이었기 때문이다. 「왕위계승법」을 수락하라는 스코틀랜드에 대한 잉글랜드의 압력이 1707년 두 나라의 의회통합을 가져온 한 요인이었다.

이 종파적 또는 종교전쟁적 법규는 가톨릭교도가 되었거나 가톨릭교도와 혼인한 사람은 누구든 왕위를 계승할 자격을 잃는다는 것을 재확인하고 있다. 이 법규의 근대적 중요성은 부차적 규정에 있는데, 그것은 영국 정부 안에서의 외국인 군주와 외국인 신하들의 역할과, 의회와의 관계에서 군주의 권력에 제한을 가하는 규정이다.

명예혁명 이래 영국왕위의 계승계통은 제임스 2세가 영국으로부터 프랑스로 탈주해서 왕위로부터 '퇴위'로 귀결되고 제임스 2세의 딸 매리 2세와 그녀의 남편 윌리엄 3세가 제임스 2세의 계승자가 되었다고 선언한 「권리장전」에 의해 규제되었다. 「권리장전」은 또한 계승의 라인이 그들의 후손을 관통하고 그 다음 매리의 아래누이 앤과 그녀의 후손을 관통해 그 다음에 가능한 재혼에 의해 얻을지도 모를 윌리엄 3세의 자손에게도 내려가게 될 것임을 규정했다. 「권리장전」 법안 논쟁기간 동안 상원은 소피아와 그의 후손들을 계승 라인에 집어넣으려고 기도했지만, 수정법안은 하원에서 폐기되었었다.

그런데 매리 2세가 1694년 서거하고, 그 후에 윌리엄 3세는 재혼하지 않았다. 그리고 1700년, 덴마크 앤 공주의 외동아들인 윌리엄 공 글루체스터 공작은 유년기를 넘기지 못하고 11세에 열병으로 죽었다. 그리하여 앤은 왕위 계승라인의 유일한 사람으로 남았다. 「권리장전」은 가톨릭을 왕위에서 배제했는데, 이것은 제임스 2세와 그의 후손들에게만 적용되는 법규였다. 「권리장전」은 앤 여왕 이후의 더 이어지는 계승을 규정하지 않았다. 그리하여 의회는 소피아와 그의 후손에 대한 계승을 정리정돈하고 프로테스탄트 라인의 왕권의 계속성을 보장할 필요성을 느꼈다.

처음에 결정된 종교 및 계보와 함께 1689년 오렌지 공 윌리엄의 즉위는 제임스 2세의 외국인 참모들과 마찬가지로 뒤따라 들어온 그의 외국인 총신들에 대한 편애 문제를 수반했다. 1701년 무렵 외국인들에 대한 영국인들의 경계심은 강했고 이를 바로잡을 조치가 필요한 것으로 여겨졌다.

왕위계승법」은 왕위가 하노버의 소피아와 그 후손들에게 넘어간다고 규정했지만, "교황청 또는 로마교회와 화해하거나 교류를 가지는 또는 가질 모든 사람과 사람들"을 왕위계승 라인에서 "영원히" 배제했다. 그리고 윌리엄 3세와 앤 여왕의 서거 시에만 발효될 8개항의 규정이 추가되었다. 근대적 영국의 형성에 이 8개항은 아주 중요했다.

이 법은 군주가 "영국교회와 같은 종파에 가입해야 한다"는 규정을 두고 있다. 이것은 로마가톨릭 군주의 배제를 확보하려고 의도된 규정이다. 제임스 2세의 전제정과 더불어 그의 가톨릭 문제는 1688년 명예혁명의 주요원인이었고, 종교문제와 연결된 왕위계승 문제의 주요인이었다. 이 계승문제는 윌리엄 3세와 매리 2세의 여왕의 공동왕위 선임으로 해결되었다.

그리고 이 법은 우리의 논의맥락에서 중요한 규정을 포함했다. 이 법의 (4)항목은 "왕국의 법률과 관습에 의해 당연히 추밀원의 관할에 속하는, 이 왕국을 잘 다스리는 것과 관련된 모든 사항과 일들은 거기서 심리되어야 하고, 이에 따라 채택된 모든 결정들은 동일한 것에 조언하고 동의한 추밀원 위원들에 의해 서명되어야 한다"고 규정했다. 이 항목은 찰스 2세의 신추밀원 선언을 부분적으로(특히 "이 왕국을 잘 다스리는 것과 관련된 모든 사항과 일들은 거기서[추밀원에서] 심리되어야 한다"는 대목) 재확인한 것이다. 그리하여 이제 모든 추밀원 의결은 조언하고 동의한 위원들에 의해 서명되어야 했다. 이것은 직접적으로 의회가 정책을 결정한 추밀원위원이 누구인지를 알아 책임을 추궁해야 했기 때문에 생긴 규정이었으나, 기본적으로 이것은 (찰스 2세와 윌리엄 템플이 도입해 5-6년 운영했으나 제임스 2세가 폐지한) 내각제를 복원하는 조치였다.

여기서 결정적인 것은 추밀원의 관할에 들어 있는 모든 정사가 추밀원 안에서 처리되어야 한다는 규정이다. 이것은 찰스 2세가 선언한 내각제 규정, 즉 향후 국왕의 "모든" 정사는 추밀원에서 자문을 받아 결정될 것이라는 찰스 2세의 '1679년 *King in Council* 선언'을 반복한 것이기 때문이다. '모든 추밀원 의결은 조언하고 동의한 위원들에 의해 서명되어야 한다'는 규정은 이 규정대로 실행되지 못했다. 그 전대로 정책결정에 참여한 위원들은 서명을 빼먹기 일쑤였고, 또 이 서명규정 때문에 많은 위원들이 조언을 제공하는 것을 그쳤고, 어떤 위원들은 추밀원 내각회의에 참석하는 것을 중단했다. 이런 이유에서 이 규정은 앤 여왕 치세에 일찍이 폐기되었다.444) 그리하여 의회는 '누가 정책을 결정했는지'를 알아내는 다른 길을 개척했다. 확실한 길은 의원들이 추밀원 내각에 각료로 직접 참여하는 길, 즉 '의원내각제'밖에 없었다. 그러나 이 서명 법규는 그 악영향으로 인해 의도치 않게 '왕의 추밀원 내각제'를 '의원내각제'로 발전시키는 징검다리 역할을 한 셈이다.

「왕위계승법」은 나아가 외국인은 귀화하거나 국적취득자가 되더라도 영국인 부모로부터 태어나지 않았다면 추밀원 위원이나 상하원의 의원이 될 수 없고, 정부관직이나 군대직책을 가질 수 없고 왕으로부터 어떤 토지소유권·보유재산·부동산도 획득할 수 없게 만들었다.

그리고 「왕위계승법」은 왕권과 입법권의 권력분리와 의회의 권한강화를 더욱 선명하게 했다. 왕의 정부의 실직實職 관직을 가지고 있거나 왕으로부터 장려금을 받고 있는 사람은 상하원의 의원이 될 수 없게 만들었다. 이 규정은 하원에 대한 왕권의 영향을 피하기 위해 삽입되었다. 이 규정은 지금도 유효하지만 여러 가지 예외규

444) I. Naamani Tarkow, "The Significance of the Act of Settlement in the Evolution of English Democracy", *Political Science Quarterly*, Vol. 58, No. 4 (Dec., 1943), 551쪽.

정이 부가되었다. 측면효과로서 이 규정은 의원직을 사임하려는 하원의원이 왕의 통제 아래 있는 산관散官(명예관직)을 획득함으로써 사임하는 것을 금지한 오래된 금법을 해결한다는 것을 의미한다. 몇 개의 관직들은 역사적으로 의원직 사임의 목적을 위해 쓰여왔고, 두 관직은 오늘날도 쓰이고 있다. 이 관직 임명은 일반적으로 잉글랜드 중부지방의 영국왕 직할지 칠테른 헌드레드(the Chiltern Hundreds)의 관리자 관직과 노스스테드 장원(the Manor of Northstead)의 관리자 관직 사이에서 왔다갔다 했다. 또한 「왕위계승법」은 국회의 탄핵을 받은 자는 왕의 사면권에 의해서도 구제될 수 없다는 규정을 두었다. 이것도 의회의 위상과 권한을 강화시켜주었다.

그리고 「왕위계승법」은 판사위촉을 받은 자가 '품행방정한 한에서(quamdiu se bene gesserint)' 판사위촉이 유효하다는 규정을 두었다. 위촉받은 자가 점잖게 행동하지 않는 경우에 상하양원에 의해서만 제거될 수 있다. 이 규정은 다양한 군주들이 판사의 판결과 결정에 영향을 미친 좋지 않은 경험들에서 나온 법규였다. 이 규정의 목적은 사법부의 독립을 확보하는 것이었다.

물론 8개항 중 가장 중요한 법규는 - 내각제의 복원을 의미하는 (4)항이다. 그런데 특별한 조치들에 대해 책임을 질 수 있는 자를 알고 싶었던 의회의 욕구를 반영한 이 조항의 조언·결정자 서명 규정은 제대로 지켜진 적이 없다. 그리고 앤 여왕 치세(1702-1714) 초에 이 서명 조항은 폐지되었다. 폐지 이전에 추밀원 내각에 의한 명령과 시행령은 이러저런 국새가 찍혀 서명되어 나오거나 서명 없이 나왔고 종종 전혀 국새가 찍히지 않고도 발령되었다. 빈번히 정부의 시행령과 명령들은 추밀원 위원들의 서명을 달고 있었지만, 때로 문서들은 추밀원 서기만이 서명한 경우도 있었다. 국왕은 항상 조언을 받았지만, 아무도 조언자에게 손을 댈 수 없었다. 더구나 왕은 더 이상 추밀원을 신뢰하지 않았다. 추밀원의 기능은 아주 불확실하게 되었다. 추밀원은 윌리엄 템플이 신新추밀원을 도입해 내각제의 물꼬를 틀었던 초기 단계에서 왕에 의해 임명되고 제어될지라도 주권자에 대한 행정적 보조기구이자 견제기구로 생각되었다.445)

신추밀원(추밀원내각)과 달리 원래의 추밀원은 노르만족의 대위원회(*the Great Council*)의 집행부였던 직할위원회(*the Ordinary Council*)에서 발전되어 나왔다. '대위원회'가 의회의 속성을 띠기 시작하자, '직할위원회'는 더 큰 집회와 구별되는 엄격한 관직기구로 발전했다. 직할위원회의 위원들은 더 이상 배타적으로 이전의 관습대로 속인 남작이나 성직자 남작들로부터 임명되지 않았다. 평민들도 곧 이 기구의 위원으로 임명되었다. 리처드 11세 치세 때 이 직할위원회는 상당히 항구적인 형태를 취했다. 왕의 자문위원들(*councillors*)은 1301년 처음으로 '추밀원(*Privy Council*) 위원'이라는 명칭으로 불렸고, 이 기간에 비밀과 충성의 선서 의무가 모든 위원들에게 부과되었다. 섭정위원회의 책무를 실제로 수행한 헨리 6세 치세 때 직할위원회는 권력의 절정에 도달했다. 원래, 그리고 일차적으로 직할위원회는 콘실리움(*consilium*, 자문기관)과 큐리아(*curia*, 회의)였다. 크고 의심스럽고 어려운 문제들은 왕에 의해 이 위원회에서 심의되었다. 추밀원은 행정적·입법적·사법적 권한과 징세권한을 행사했다. 추밀원은 그 몇몇 위원들이 남작과 주교의 자격으로 이런 권한들에 대한 헌정적 참여권을 가지고 있었을지라도 이 권한들을 왕의 인격으로

---

445) Tarkow, "The Significance of the Act of Settlement in the Evolution of English Democracy", 547쪽.

부터 도출했다. 하지만 왕이 그의 추밀원 안에서 그가 원하는 것을 할 자유가 항상 있는 것은 아니었다. 몇몇 위원들은 관직의 지속적 보유와 세습적 권리에 의해 군주에 대한 견제적 영향력을 행사했다. 하지만 강한 의지를 가진 튜도 왕가는 곧 귀족들의 요구를 많이 무시하고, 보다 많은 평민들을 추밀원에 집어넣음으로써 이 기구를 주권자의 변덕에 순종하게 만들었다. 헨리 8세의 치세 때는 추밀원이 너무 많은 평민들로 구성되었다. 초기 스튜어트 왕가는 튜더가의 정책을 추종했고, 그들의 불법적 행동을 정당화하는 데 추밀원을 이용했다. 청교도혁명은 이 기구의 권한들을 축소시켰고, 왕정복고 이후에도 추밀원은 이전의 중요성을 상당히 되찾는 데 실패했다. 왕정복고 전에도 추밀원 안에 큰 관심을 끌 정도로 아주 중요하고 아주 강력한 외무위원회가 존재했다. 이것은 외교만을 다룬 것이 아니라 다른 모든 정사를 다룬 기구였다. 위원을 소수의 가장 신뢰할 만하고 유능한 장관들로 제한한 이 외무위원회는 모체 추밀원으로부터 많은 업무를 빼앗아 온 작은 효율적 비밀그룹으로 발전했다. 이것은 점차 의심과 비난을 받은 – '밀실추밀원'이라는 나쁜 뜻의 – '내각위원회(*Cabinet Council*)'로 알려졌고, 추밀원에 의한 왕의 견제는 단순한 허위로 전락했다.[446] 그리고 상론했듯이 이런 상태에서 찰스 2세는 의회와 정치적 대결상태에 처해 있었다. 윌리엄 템플의 1679년 신추밀원 기획을 불러일으킨 것은 바로 이런 사태였던 것이다.

의회는 제임스 2세가 찰스 2세의 신추밀원과 이에 속한 내각위원회를 폐지한 뒤 다시 도입한 밀실그룹에 대해 대단히 우려했다. 1689년 하원에서 이에 관한 비우호적 언급이 불거졌고, 2년 뒤에는

446) Dicey, *The Privy Council*, 138쪽.

거기서 다양한 의원들이 왕은 법률에 알려져 있지 않은 기구가 아니라 추밀원과 협의해야 한다고 주장하며 진지하게 그것을 비판했다. 1692년에는 내각위원회에 대해 또 다른 공격이 있었고, 왕에게 주어지는 모든 조언이 문서로 이루어지고 조언자에 의해 서명되어야 한다고 촉구되었다. 결국 의회는 '밀실내각'이라는 골칫거리를 없애기로 결정하고 「왕위계승법」에 저 규정을 삽입한 것이다.

그런데 조지 아담스(George B. Adams)는 서명 규정 때문에 이 (4)항을 이렇게 비꼬았다. "그 규정들 중 하나는 추밀원의 모든 업무가 추밀원 안에서 심의되고, 다른 곳에서, 즉 의심스런 정치기구(*junta*)나 밀실(*cabal*)에서 심의되어서는 아니 된다고, 그리고 추밀원 위원들이 동의한 결정에 자기들의 서명을 붙임으로써 그들의 책임의 증거를 제공해야 한다고 요구하고, 다른 규정은 장관들을 물론 포함해서 왕의 관리들이나 장려금 수령자들의 하원의원 선출을 금지한 것이다. 즉, 의회는 그 자신의 최고성을 실현할 최선의 방법에 대한 개념이 아주 없어서 케케묵은 방법으로 군주정의 형식 아래 공화국을 작동시키기 위해 지금까지 고안된 것 중에서, 또는 명백하게 고안할 수 있는 것으로 보이는 것 중에서 가장 효과적인 수단을 도입하는 진보의 노선을 종식시키려고 고의로 애썼다."447)

그리하여 의회는 서명규정과 관련된 어리석은 오류를 깨달았다. 자문관들과 장관들에 대한 제한은 너무 가혹했다. 많은 이들은 왕에게 조언을 하는 것을 삼갔고, 다른 이들은 회의에 참석하기를 그쳤다. 나아가 앤 여왕과 같은 약한 군주 아래서 의회는 추밀원과 내각위원회 인사에 영향력을 행사했다. 왜냐하면 「왕위계승법」의

---

447) George B. Adams, *Constitutional History of England* (New York: Henry Holt and Company, 1921), 375쪽.

(4)항이 제거하려고 의도한 적폐 치료책은 "아주 우회적인 과정에 의해 장관임명권을 의회로 이양함을 통해" 발견되었다. "이 치료책은 간접적 방법에 의해, 그리고 어떤 지혜도 예견할 수 없었던 사정들의 결합을 통해 산출되었다."448) 그러므로 추밀원 자문위원들의 개인 책임을 내각의 집단 책임으로 옮긴 것은 관습과 실용적 편의였다. "기실 내각은 비정상적 기구였다. (...) 이론적으로 내각은 추밀원의 한 위원회에 불과했고, (...) 그리하여 영국 정부가 정의되지 않는 지위를 가진 사람들의 손아귀에 들어 있다는, 즉 내각이 매일 사용하는 단어이지만 어떤 법률가도 내각이 무엇인지 말할 수 없다는 기이한 결과가 생겨난 것이다."449) 온 시대의 가장 위대한 정치제도들 중의 하나의 자연적 발전을 중단시키고 영국 관습법의 정신을 위배한 것도 「왕위계승법」의 (4)항의 기도였다. 그러나 관습법의 정신에서 현명한 영국의회주의자들은 곧 자기들의 중대한 실수를 깨달았고, 앤 여왕의 치세 초(1705)에 이 서명 규정을 폐지함으로써(4 Anne, c. 8) 그것을 교정했다. 그리고 왕 아래의 관직과 자리를 받은 자를 하원의원직에서 배제하는 조항도 함께 폐지했다.450)

그러나 "이 규정들이 집행되었었더라면 행정에서의 연대와 같은 어떤 것에 대한 저지와 내각의 절대적 폐지를 의미했을 것이다"는 해석이451) 있는데, 이것은 그야말로 지나친 해석일 것이다. 왜냐

---

448) Dicey, *The Privy Council*, 138쪽

449) Dicey, *The Privy Council*, 138쪽

450) Mary T. Blauvelt, *The Development of Cabinet Government in England* (New York & London: The MacMillan Company, 1902), 94쪽; Tarkow, "The Significance of the Act of Settlement in the Evolution of English Democracy", 547쪽.

451) Blauvelt, *The Development of Cabinet Government in England*, 94쪽.

하면 (4)항의 첫 번째 규정은 내각을 복원하는 것이고, 두 번째 서명 규정은 추밀원과 내각을 의회의원이나 의회의 영향 하에 임명된 사람들로 채움으로써, 즉 "장관임명권을 의회로 이양함"으로써 해결했고, 이로써 국가원수의 비준서명과 장관의 부서副署, 그리고 내각의 연대책임이 동시에 달성되었기 때문이다. 그리고 오늘날, 내각책임제 국가든 대통령책임제 국가든 모든 내각명령 또는 국무회의의 결정문에 최고권력자와 주무장관들이 연서명하는 것은 법적 의무이자 관행이기 때문이다. 따라서 「왕위계승법」의 (4)항은 세계사적으로 새로운 헌정체제의 길을 여는 의원내각제의 창설을 향한 영국의회의 헌정적 고투과정의 역사적 변곡점을 이루고 있다고 해야 할 것이다.

한편, 어떤 사면도 하원에 의한 탄핵에 저항할 수 없다는 것을 규정한 「왕위계승법」의 마지막 (8)항은 장관책임의 완전한 보장과 의회 권한의 강화 규정으로서 주권이 왕으로부터 의회로 이동하는 새로운 변화, 또는 '의회주권'의 확립으로 나아가는 진일보의 조치다. 장관에 대한 탄핵은 '왕은 어떤 잘못도 저지를 수 없다'는 독트린에 의거한다. 이 준칙은 겉으로 보이는 것처럼 절대군주정의 기초가 아니다. 이것은 오히려 입헌군주정이 올라서 있는 한 주춧돌이다. 그것은 '정부는 어떤 잘못도 저질 수 없다'거나 '정부가 하는 어떤 짓이든 옳다'는 것을 주장하지 않는다. 이 준칙이 말하는 것은 정부가 잘못을 저지를 때 잘못을 한 것은 왕이 아니라 그의 장관들이라는 것이다. 하지만 이 원칙은 댄비 백작의 탄핵(1678)과 「왕위계승법」(1701)까지 완전히 결정화結晶化되지 않았다. 탄핵의 첫 사례는 왕의 채무를 늘리고 금품강요행위를 했다는 혐의를 받은 라티머와 네빌 경 및 몇몇 평민들에 대해 소추한 1376년의 의회의 탄핵 사건이다. 이들은 기소되고 벌금이 물려지고 투옥이 선고되었다. 하원의 이 조치는 왕의 장관들을 국가의 복지에 해로운 행동 때문에 면직하는 하원의 권리를 시사해준다. 1386년 세금을 착복하고 악정을 저지른 혐의를 받은 서포크 재상의 탄핵은 장관들이 왕에 대해서만 아니라 국민에 대해서도 책임을 진다는 것을 보여준다.452)

그러나 15세기 중반부터 거의 200년 동안 탄핵이 없었다. 의회가 왕에게 너무 굽실거려서 왕권에 도전할 능력을 상실했기 때문이다. 그러나 스튜어트 왕가의 치세에 내부갈등은 전례들을 다시 검토하게 만들었다. 탄핵이 부활했다. 1621년 몸페슨, 미첼, 프란시스 베이컨이 피소되었다. 장관들을 탄핵할 하원의 권리가 재확립된 것이다. 의회의 탄핵권한은 1626년 버킹검, 1641년 스트라포드, 1645년 로드(Laud), 1667년 클래렌든(Clarendon)과 같은 거물 장관들을 소추하는 과정에서 보다 확고하게 확립되었다.453)

1678년 행정에서의 정직·정의 능력의 문제를 포함한 댄비 백작의 심리는 의회에 대한 장관들의 정치적 책임이라는 새로운 관념을 산출했다. 댄비는 찰스 2세가 600만 리브르를 대가로 얻기 위해 의회를 6개월 동안 유예하고 영국 군대를 대륙으로부터 소환하고 영국의 중립을 선언하기로 하는 계획을 프랑스 군주에게 제안하기로 한 베르사유의 영국대사에게 왕의 지시로 편지를 썼다는 죄목으로 피소되었다. 상원은 혐의가 너무 일반적이라는 이유에서 그를 기소하지 않았다. 하지만 찰스 2세는 그를 구하려고 의회를 해산했

452) Tarkow, "The Significance of the Act of Settlement (...)", 558-559쪽.

453) Tarkow, "The Significance of the Act of Settlement (...)", 559쪽.

다. 그리하여 오직 1679년의 새 의회가 공격을 재개하게 만들었다. 댄비에 대한 사권私權상실(권리탁탈)이 통과되었고, 그는 런던탑에 거의 5년 동안 수감되었다. 소추 기간 동안 그에게 하원의 고발에 대해 서면답변을 하라는 명령이 떨어졌을 때 그는 왕으로부터 비밀스럽게 약속받은 사면으로 그가 모든 혐의로부터 자유로워질 것이라고 항변했지만, 하원은 이런 경우에 어떤 전례도 없고 저항으로 비치는 사면은 하원에 의해 설치된 탄핵법정에서 허용되지 않아야 한다고 응수했다. 이 탄핵은 이루어지지 않았다. 이런 만큼 사면의 대권이 미래에 더 이상 탄핵에 장애가 되지 않아야 한다는 법적 원칙이 「왕위계승법」의 (8)항에 의해 최종적으로 확립된 것이다.454)

탄핵권을 둘러싼 투쟁은 "국가 안에서 주권의 소재" 문제를 둘러싸고 벌어진 왕과 의회 간의 투쟁이었다. 마그나카르타 51장처럼 탄핵의 의도는 왕을 내전의 위험 없이 책임지게 하는 것이었다. 탄핵은 모든 낡은 방편 중 가장 효과적인 것이었지만, 이후 변화된 상황으로 인해 장관들이 의회에 의석을 보유하기 시작하고 그 행정기구의 의지에 일차적으로 종속해 있는 상황이 되었을 때 그것은 무용지물이 되었다. 하지만 「왕위계승법」의 (8)항은 "의회주권(*the supremacy of Parliament*)"을 "가능하게 만드는 데" 도움이 되었다.455) 이 의회주권은 왕의 내각제를 의원내각제로 변모시키는 동력이었다.

■ 의원내각제와 수상체제의 형성

영국의 헌정발전에 대한 「왕위계승법」의 기여를 종합하자면,

454) Tarkow, "The Significance of the Act of Settlement (...)", 559-560쪽.

455) Tarkow, "The Significance of the Act of Settlement (...)", 560쪽.

우선 막연하게나마 백성을 대표하는 의회가 1689년 「권리장전」을 제정해 직접적 왕위계승 계통을 깨고 다른 방계왕족들을 국왕으로 선출·임명했다면, 1701년의 「왕위계승법」은 의회의 결정에 대한 왕위계승권의 "완전한" 종속을 전적으로 확립했다고 할 수 있다. 둘째, 「왕위계승법」은 "도전과 확인"의 방법으로 "내각제·각료책임제·의회주권·사법부독립 등 미래 영국의 정치적 민주주의의 핵심 준칙들"을 선명한 결정체結晶體로 만들었다. 이런 의미에서 「왕위계승법」은 마그나카르타를 빼면 「권리장전」과 더불어 영국사에서 가장 중요한 성문법으로 평가될 수 있을 것이다.[456] 특히 「왕위계승법」이 그 (4)항으로 윌리엄 템플과 찰스 2세의 중국식 내각제를 되살린 것은 명예혁명의 정치적 최대 업적에 속한다.

이후 영국의 내각제는 어렵지 않게 현대적 '수상내각제 또는 총리내각제'를 향해 발전해 나갔다. 이 과정은 명대에서 수보首輔 또는 수상내각제로 발전하는 것과 아주 유사한 행로를 보여주었다. 따라서 1679년 템플의 개혁은 영국내각제의 기원임이 틀림없다.

이후 역사는 이 논문의 핵심테제와 깊은 관련이 없으므로 간략하게 서술한다. 하원의 요청으로 네덜란드에서 군대를 몰고 와서 영국 국왕에 즉위한 오렌지 공(Prince of Orange, 1650-1702), 즉 윌리엄 3세(재위 1689-1702)는 영국 사정에 밝지 못했고, 이로 인해 왕은 모든 국내문제에서 내각회의의 실질적 주재자 노릇을 할 수 없었다. 따라서 복잡하고 골치 아픈 국내문제에서 그의 정치적 양보와 이선 후퇴는 불가피한 것이었다. 동시에 영국민들은 대외정책에서 외국인 국왕을 믿을 수 없어서 국왕에 대한 감독과 통제가 불가피하다고 느꼈다. 템펄레이는 이것을 확인한다.

---

456) Tarkow, "The Significance of the Act of Settlement (...)", 561쪽.

모든 영국인들은 외국인 국왕의 집행조치들이 통제가 필요하다는 것을 알았다. 윌리엄 3세의 취향과 성질은 종종 자의적이었지만, 그는 기꺼이 상당한 양보를 했고, 추밀원의 여러 위원회에 일상적 국사와 국내문제를 처리하도록 허용했다. 나아가 그는 심지어 그의 치세 내내 일종의 내각회의를 유지했다. 그러나 왕은 대외문제에 대해서만큼은 장관들이 전체로서 어떤 통제권이라도 행사하는 것을 극단적으로 경계했다.457)

윌리엄 3세는 고국 네덜란드를 위해 루이 14세의 유럽지배를 저지하는 데 심혈을 쏟고 있었기 때문이다. 그러나 이 대외문제에서도 왕의 과욕으로 인해 왕이 추밀원에 구속당하는 중요한 변화가 일어났다. 윌리엄3세는 과욕을 부려 어떤 대외문제에서 국새상서를 압박하여 빈 조약문에 국새를 찍게 만들었다. 이에 불안을 느낀 의회는 이 국새상서를 탄핵한 다음, "추밀원을 그것의 잃어버렸던 지위로 복위시키려는 또 한 번의 시도"로서458) 윌리엄3세 이후 왕위계승을 규정한 왕위계승법(Act of Settlment, 1701)의 조항(§27 c.20)에 "이 왕국의 법률과 관습에 의해 정확하게 추밀원의 관할 내에 있는, 이 왕국을 잘 다스리는 것과 관련된 모든 문제와 사안은 추밀원에서 처리되어야 하고, 이에 따라 취해진 모든 결정은 이 결정에 대해 조언하고 동의하는 추밀원 위원에 의해 서명되어야 한다"는 명문을 삽입했다.459)

그러나 이 조항은 1705년(앤 여왕 4년)에 실제에서 작동할 수 없는

---

457) Temperley, "Inner and Outer Cabinet and Privy Council, 1679-1783", 683쪽.

458) Maitland, *The Constitutional History of England*, 390쪽.

459) Temperley, "Inner and Outer Cabinet and Privy Council, 1679-1783", 683쪽 및 각주3; Maitland, *The Constitutional History of England*, 390쪽.

것으로 폐지되었다. 따라서 이론적으로 군주는 다시 단 한명의 장관의 조언과 서명만 있으면 조치를 취할 수 있었고, 이런 이론과 부분적 실행흔적은 조지 2세(재위 1727-1760)의 치세 말엽까지 남아 있었다. 그러나 실제에서 군주는 50-60명의 추밀원의 명의로 발표된 '장관들의 지시', 아니 10-20명의 '외부내각위원회(outer cabinet council)'에서 발표된 '장관들의 지시'가 아니라, 4-9명의 내부내각에서 나타난 '장관들의 지시'에 굴복하는 것을 "처음에는 편리한 것으로, 그 다음에는 필수적인 것으로 여기게 되었다". 군주 권력의 쇠락은 "외부내각과 내부내각의 발전 속에서의 추밀원의 쇠락을 스케치함"으로써 가장 잘 추적될 수 있다. 매번의 새로운 내부내각은 그 전신의 내부내각의 - 인원확대로 말미암은 - '업무불능(failure)' 때문에 발전되어 나왔다. 찰스 2세 치하에서는 30여 명의 추밀원 전체가 '그래도' 통치하려고 한 경우들이 있지만, 이미 9명의 '정보위원회'가 '내각' 역할을 했고, 새로 설치된 '내각위원회'가 맹아적 '내부내각'으로 이 '정보위원회'를 조종했다. 윌리엄 3세 치하에서 '내각'은 확실히 발전하여 권력 면에서 추밀원을 능가했다.[460] 1690년 윌리엄 3세는 9인의 회의체를 '내각'으로 이끌었는데, 매리 여왕(윌리엄 3세의 왕비)도 이 회의체를 'cabinet council'이라고 불렀다. 윌리엄3세의 치세가 끝나기 전에 이 '내각위원회'는 다시 확실히 확립된 것으로 보인다.[461]

---

460) 윌리엄 3세 치하에서 추밀원은 60명 이상으로 늘어서 효과적인 쟁론과 통제가 불가능했다. 그래도 그것은 유일한 법적 행정부 회의체였다. 왕은 처음에 추밀원 자체를 '정부'로 간주하고 여기서 토의를 통해 정책을 결정하려고 했다. 하지만 그는 곧 이 잘못된 생각을 버리고 별도의 '내각'을 조직했다. 참조: Temperley, "Inner and Outer Cabinet and Privy Council, 1679-1783", 685-6쪽.

461) 참조: Temperley, "Inner and Outer Cabinet and Privy Council, 1679-1783", 690쪽.

앤 여왕 치세(1702-1714)에 '내각위원회'는 인정된 항구적 제도가 되었다. 이 제도의 형태는 적어도 1783년까지 유지되었다. 내각위원회는 왕이 비밀회의에 나오라고 선택한 추밀원위원들로 구성되었지만, 점차적으로 그리고 자연스럽게 내각 서열을 일정한 고위관직에 제한하고 할당하는 관습이 생겨났다. 윌리엄 3세는 아무런 내각회의를 가지지 않은 1694년에도 그는 특정한 고위관리들이 비밀회의에서 회동하는 것을 허용했다. 1701년 선더랜드는 내각에 알맞은 인원수를 10인(9-11명)으로 생각했고, 이들은 모두 고위관리이어야 한다고 제안했다.[462] 그의 제안은 실은 1679년 템플과 찰스 2세의 신추밀원의 '정보위원회' 인원수(9-11명)와 같다. 선더랜드의 주장의 적절성은 내부내각의 되풀이된 외피화와 외부내각과 내부내각의 되풀이된 분리 속에서도 유지된, 앤 여왕과 조지 1·2세의 내부내각의 인원수에서 충분히 증명되었다.[463]

1711년 내각은 12명으로 구성되었고, 선더랜드에 의해 거명된 모든 관리들을 포함했다. 그러나 1714년에는 15명, 1757년에 19명, 1761년에 21명, 1765년에 16명이 되었다.[464] 해가 갈수록 이 기구가 업무처리에 너무 커졌다는 것은 분명하다. 그러자 "숙소가 런던에 있는 모든 사람을 소집한다"는 통지문구로 참여자의 수가 제한

462) "Sunderland to Somers, 1701. 11.", *Hardwicke State Papers*, vol. ii, 461쪽. Temperley, "Inner and Outer Cabinet and Privy Council, 1679-1783", 690쪽에서 재인용. 또 참조: Turner, "The Development of the Cabinet, 1688-1760", 29쪽.

463) 참조: Temperley, "Inner and Outer Cabinet and Privy Council, 1679-1783", 690쪽 각주28.

464) 참조: Temperley, "Inner and Outer Cabinet and Privy Council, 1679-1783", 690쪽. 그러나 터너는 다른 수치를 제시한다: 1711년 11명, 1717년 13명, 1738년 14명 이상, 1744년 15명 이상, 1757년 16명. 참조: Turner, "The Development of the Cabinet, 1688-1760", 29, 30, 32쪽.

되었다. 있으나마나한 캔터베리대주교, 왕실집사장, 시종장 등은 원래부터 내각에 거의 오지 않았지만, "단순히 과거로부터 상속된 큰 이름을 단" 시골 대귀족들(*the great*)은 자연히 스스로 제외되었다. 그리하여 의례적 정원과 적극적 참여자의 수가 크게 갈렸다. 가령 1730년 7월은 7명이 참석했고, 1731년 5월은 5명이 참석했다. 따라서 회의소집 시에 총원의 반 이상이 참석하는 경우는 드물었다. 당연히 월폴(Robert Walpole, 1676-1745; 집권기간 1721-1742)과 국무대신은 "불참하는 경우가 거의 없었다." 이처럼 내각위원회의 '일부'가 분리되어 나와 "실질적이고 효과적인 내각이 되는 경향을 갖는 결과를 낳은 이러한 발전은 시간이 가면서 가장 중요한 회원들만이 입장이 허용된 비공개 내각회의의 방법에 의해 용이해졌다. 비공개 회의는 내각이 왕 없이 원하는 장소에서, 그리고 원하는 방법으로 모일 때 발전하는 법이다."465) 비공개 내부내각 회의에 영어를 모르는 독일출신 조지 1세(재위 1714-1727)가 영국의 국사에 대해 정보부족과 언어불통으로 불참하면서부터466) 의사록이 명·청대의

---

465) Turner, "The Development of the Cabinet, 1688-1760", 32쪽.

466) Maitland, *The Constitutional History of England*, 395쪽. 명대의 내각제가 '面議'에서 '票擬'로 발전했듯이 영국의 '내부내각'도 처음에는 왕의 대면회의에서 사후 서면보고로 바뀌었다. 영국의 내각은 원래 왕과의 면대 하에 모이는 비공개 회의였다. 이것은 윌리엄3세부터 조지1세 때까지 줄곧 그랬다. 그러나 이런 관행은 곧 종식되었다. 조지1세는 영어도, 영국의 나랏일도 몰랐고, 서툰 라틴어 대화마저도 힘들었다. 따라서 왕은 장관들을 통제할 수도, 이들의 보좌 없이 직무를 수행할 수도 없었다. 이 때문에 왕은 참석을 포기하고 사후에 회의결과를 서면으로 보고받았다. 왕의 불참으로 내각회의는 이제 왕궁 안에서 개최될 필요가 없었다. 1720년부터 회의는 대부분 다른 곳에서 열렸다. 가장 통상적인 장소는 수상의 집이었다. Turner, "The Development of the Cabinet, 1688-1760", 33-35쪽. 그리하여 황녀가 어느 날 조지1세에게 말했다. "폐하, 나는 내각이 모든 것을 다하고 폐하는 아무것도 하지 않는다고 그들이 말하는 것을 전합니다." 왕은 미소를 지으며 말했다. "이것은 내가 겪는 모든 고통에 대해 내가 얻는 모든 감사다." *Diary of Lady Couper* (1716. 2. 20.). Turner, "The Development of the Cabinet, 1688-1760", 33쪽에서 재인용.

표의문처럼 왕에게 사후 보고되었다. "회의진행과 결정은 '의사록'으로 기록되었고, 종종 다음 회의 개시 시에 강독되었다. 초고본(*foul copy*)은 보통 국무대신 중의 한 사람에 의해 작성되거나, 자기의 상관에 의해 제공된 거친 메모로부터 국무차관에 의해 작성되었다. 정서본(*fair copy*) 또는 수정본은 국왕에게 보내지는 한편, 다른 필사본들은 주요 멤버들을 위해 만들어지거나, 종종 명백히 멤버 자신에 의해 만들어졌다. 내각에서는 대외적이고 국내적인 것, 식민지, 의회, 외교 등 온갖 문제들이 심의되었다. 이 내각회의는 국왕 연설문의 최종본도 결정했다."467) 국왕은 이 정서본과 연설문을 읽어보고 이 문서에 의례적으로 서명을 했다.

이런 과정을 거쳐 5-10명의 '내부내각'은 실권을 다 장악한 반면, '확대 내각위원회'는 다시 비공개 '내부내각'에 밀려 '외부내각'으로 '외피화'되고 만다. 하지만 확대 내각위원회는 의례화된 '추밀원위원회(committee of council)'와 거의 합체된 '외부내각'으로서 여전히 공식적 권위와 법적 또는 유사법적 지위를 보유했다.468) 앤 여왕과 독일출신 조지 1·2세 치하(1714-1760)에서 '내각'은 다시 형식적 '외부내각'으로 밀려나고 새로운 '내부내각'으로 가는 길을 연다.469) 그리하여 시간이 갈수록 의례적 '명예직' 추밀원, '공식적' 외부내각, '실질적' 내부내각 간에는 점차 엄청난 권력차가 생겨나게 된다. 그래도 1714년 시점에는 '내각위원회'와 '추밀원위원회가 아직 아주 가깝게 서로 접근해 있었다. 따라서 군주에게 조언하기 위해 한 왕의 '밀실(cabinet)'이나 '별실(apartment)'에 회동하는 위원회의

467) Turner, "The Development of the Cabinet, 1688-1760", 41쪽.

468) 참조: Temperley, "Inner and Outer Cabinet and Privy Council, 1679-1783", 690쪽.

469) 참조: Temperley, "Inner and Outer Cabinet and Privy Council, 1679-1783", 683-4쪽.

위원들이 '내각위원회'를 구성하는 한편, 같은 사람들이 추밀원의 국무를 준비하고 결정하기 위해 화이트홀에 모여 '추밀원위원회'를 구성했다.[470] 물론 이 '추밀원위원회'에는 내각위원들만 참여하는 것이 아니라, 내각 밖의 기타 위원회 위원들이 약간 명 더 참여했다. 이렇게 보면, 내각위원회와 추밀원위원회 간의 관계는 명조의 내각과 조정대신회의 간의 관계와 유사했다. 그리고 청조의 내각과 군기처의 관계와도 유사했다. 다만 청의 군기처는 모든 내각대학사들이 다 참여한 것이 아니라, 일부만 참여했다는 점과, 군기처가 내각과 달리 군사기밀업무를 다루고 세력관계상 우위에 있었다는 점에서 달랐다.

1714년 조지 1세의 내각위원회는 15명이었다. 분명히 추밀원위원회의 회의에는 약간 많지만 거의 같은 수가 참여했다. 이제 나라의 집행업무와 행정업무를 넘겨받은 이 두 기구는 동일한 것의 다른 존재방식들로 보일지라도 그 기원과 발전전망에서 근본적으로 달랐다. 추밀원위원회(외부내각)는 추밀원의 본체였고 상당기간 계속 본체로 남아있었던 반면, 내각(내부내각)은 "군주의 기밀 법외法外 회의체(confidential and extra-legal council)"였다. 외부내각이 사실상 내부내각과 동일한 멤버들을 포함했음에도 불구하고, 둘은 이제 상이한 발전노선을 따라 움직이기 시작했다. 추밀원의 중요성이 하락하기 시작하자 외부내각의 권력도 줄어들었지만, 군주의 거대성이 줄어드는 것에 비례하여 군주의 권력은 내부내각이 넘겨받았다. 내부내각은 더 강력해졌다. 1740년 이후 추밀원위원회가 공동자共動者일 수 있지만, 더 이상 내각의 적수일 수 없었다.[471]

---

470) Turner, "The Development of the Cabinet, 1688-1760", 27-8쪽.

471) Turner, "The Development of the Cabinet, 1688-1760", 28쪽.

그리하여 의례적으로 "추밀원은 모든 것을 알지만", 실질적으로는 "아무것도 모르게" 되었다. 이 재치 있는 경귀는 "앤여왕 치하에서는 다 옳지 않을지 모르지만", 하노버가의 조지 1·2세 때는 "실질적으로 옳다"고 할 수 있다.[472]

18세기 대부분의 기간 동안 '외부내각'의 '법적' 또는 '유사법적' 지위에 대해 논란이 있었다. 물론 '추밀원' 자체는 이제 완전히 명예조직으로 전락했을지라도 난공불락의 법적 지위를 가졌다. 그러나 때로 비밀스런 '콘실리아불룸(conciliabulum)'으로 불린 '내부내각'은 법에 거의 알려질 수 없었다. 반면, '외부내각'은 법적 요구권을 가질 수 있었다. '외부내각'은 정례적으로 회동했고, 그것도 왕의 명에 따라 회동했다. 그것은 특히 대외업무를 다루는 경우에 공식적 의사록을 작성했고 이 의사록을 왕에게 제출했다. 외부내각은 다소 공식적인 문서에서 언급되었다. 더구나 하노버가 사람들이 왕위를 계승한 뒤에는 왕이 외부내각에 참석할 수 있었고, 종종 참석했는데, 이것은 이 외부내각에 다소 공식적인 성격을 부여한 일로 보였다.

합법성 문제 또는 왕에 의해 인정된 내각위원회 문제는 1753년 완전한 논쟁거리가 되었다. 합법성 주장은 앤 여왕 치세의 증거를 댔지만, 추밀원의 의장이 주재하지 않는 만큼 위원회는 합법적인 것일 수 없다는 비판에 답하는 것은 어려웠다. 게다가 외부내각 의사록이 기록한 내용이 추밀원기록에는 없었다. 그럼에도 불구하고 장관들은 외부내각의 합법성을 진실로 믿었다. 국왕에 의한 감독, 외부내각 회의에 참가하는 것에 대한 왕의 동의를 얻어야 할 필요성, 그 회의와 의사록의 공식성, 이 모든 것은 이 내각에

472) Temperley, "Inner and Outer Cabinet and Privy Council, 1679-1783", 688쪽.

'반半합법적' 성격을 부여했다.[473]

그러나 20세기형 내각제가 점차 형성되는 19세기 초에, 모든 전문적 재간을 가진 사람들을 다 망라하는 '국무원(ministry)'이라는 새 이름의 기구가 등장했을 때 내각의 법적 성격은 다시 논란이 되었다. 추밀원의 인원수는 명예직으로 변해 전직 장관 및 기타 명예인사 등을 포괄할 정도로 급증했다. 또한 장관의 수도 전문행정분야의 증가로 급격히 늘어났다. 수십 명에 달하는 이 장관들은 '국무원'에 속했다.[474] 하지만 '국무원'의 모든 장관들이 다 추밀원에 속하는 것은 아니었다. 역으로 추밀원 위원이라고 해서 다 장관이 아니었다. 양자는 '부분집합' 관계에 있었다. 그런데 이 양자간의 교집합에 속하는 주요 장관들은 '내각'을 구성했다. 따라서 추밀원 위원이면서 동시에 국무원의 장관을 겸한 수십 명의 사람들 중 10명 남짓한 소수인만이 내각의 일원이었다. 물론 모든 장관은 의원이었고, 모든 내각각료도 다 의원이었다.[475] 따라서 내각은 추밀원의 한 위원회이면서 동시에 국무원의 한 위원회로 비쳐졌다. '국무원'에는 내각 안의 고등법원판사(추밀원의 일원)도 들어 있었다. 이 때문에 1806년 내각의 합법성이 다시 문제시되었다. 이에 대항해서, 내각은 '법에 전혀 알려지지 않은, 특정 추밀원 위원들의 완전 비공식적인 사적 회합'이라는 엄격한 근대적 독트린이 주장되었다. 이 독트린을 바탕으로 고등법원판사는 추밀원위원이므로 추밀원위원들의 사적 모임인 '내각'에 들어갈 수 있다고 논변되었

473) Temperley, "Inner and Outer Cabinet and Privy Council, 1679-1783", 690-692쪽.

474) 1차 세계대전 중에 각료회의 인원은 93명에 달했고, 1929년에는 66명으로 축소되었다. 참조: Ray, *Major European Governments*, 25쪽.

475) 참조: Frederic Austin Ogg, *The Governments of Europe* (New York: The Macmillan Company, 1916), 60-61쪽; Ray, *Major European Governments*, 30, 61쪽.

다. 공격과 방어가 이전과 달리 합법성과 비합법성 테제를 뒤바꿔 주장하는 이 전선 전환은 1783년 이후에 '반합법적 내각'인 '외부내각'이 규모가 커지면서 의례적 외피로 전락하고 그 속에서 생겨난 소수인의 '내부내각'에다 기능과 권력을 다 넘겨줌으로써 완전 폐지되었고, 새로 생겨난 이 '내부내각'이 다시 '내각'이라고 알려졌기 때문에 가능했다. 이 '내각'은 아무런 합법성 요구를 제기하지 않는다.[476)]

이 '내각'은 명대의 내각처럼 (a) 공식문서에서 거의 언급되지 않기 때문에 아마 합법적 또는 유사합법적인 것으로 간주되지 않는다. (b) 이것은 단순히 일상적이거나 예비적인 업무심의만을 위한 기구가 아니다. (c) '내각'은 장관들의 '이너서클'로서 모든 정책에 대해 전반적 통제를 행사할 수 있게 해주는 '위원회 중의 위원회', 즉 '핵심위원회'다. 주된 조치들은 내부내각으로서의 이 핵심위원회에서 결정되었고, 그 뒤에 보다 큰 외부내각에 제출된 다음, 형식적 비준이 요구될 때는 가장 큰 정부인 추밀원에 제출되었다. 그러나 실질적 통제권은 핵심위원회 안에 있었다. 찰스 2세의 '정보위원회' 이래 이 비밀스런 핵심위원회는 '내부내각'으로서 늘 존재했다. 조지 2세(1727-1760) 때는 월폴의 내부내각(비밀·핵심위원회)이 외부내각과의 권력격차를 극화시켰고, 이로 인해 외부내각은 급격히 권력을 잃었다. 비밀 핵심위원회는 늘 외부내각을 희생해서 힘을 불렸다. 가령 1748년, 5명 정도가 자주 회동하던 내부내각은 아무런 의사록도 없었는데, 이 시기에 영국은 이 작은 내부내각에 의해 다스려졌다.[477)]

---

476) Temperley, "Inner and Outer Cabinet and Privy Council, 1679-1783", 692쪽.

477) Temperley, "Inner and Outer Cabinet and Privy Council, 1679-1783", 694-6쪽.

국왕은 내각으로부터 점차 인퇴했고, 영어를 전혀 하지 못하고 또 하노버를 다스리기 위해 자주 런던을 비운 하노버왕가의 조지 1세 치세(1714-1727) 때부터는 거의 인퇴했고, "왕은 군림하나 통치하지 않는다(*The King reigns but does not govern*)"는 불문율이 형성되었다.[478] 그러나 국왕이 아직 명대 중후반의 황제처럼 완전히 의례적 비준자로 밀려나지 않았기 때문에 내각과 왕 간의 마지막 샅바싸움은 남아 있었다. 그리하여 조지 3세(재위 1760-1820) 때 사라진 것 같았던 샅바싸움이 되살아났다.[479] 이때 내부내각을 표결로 이기려고 외부내각을 소집한 왕의 책략은 한때 장관들을 상당히 긴장시켰다. 그리하여 1783년 내각장관들은 왕의 잔여권력을 쳐부술 목적으로 연립하여 내부내각을 형성하고 외부내각을 완전히 폐지했다.[480] 따라서 1783년 이전에 이미 실질적으로 유력한 내각이 형성되어 있었던 것으로 봐야 할 것이다. 1783년부터 내부내각은 명실상부한 권위를 보유하는 유일한 내각이 되었다.[481]

478) 터너는 말한다. "첫 두 조지 국왕 시대는 (...) 내각정부가 영국에서 시작된 시기다. 이 연간에 한때 종복과 자문관이었던 거물 귀족들과 정객들은 왕권의 자문관과 사부가 되었다. 끊임없이 왕은 권력을 잃어버렸고, 마침내는 그 자신이 이것을 자인하고 항의를 그쳤다. 이 시기에 권력은 ... 더 작은 그룹의 강력한 지도자들에게로 넘어갔다. 1760년 시점에 이 과정은 당분간 완결적이었다." Turner, "The Development of the Cabinet, 1688-1760", 27쪽. 이 논문의 27쪽 각주1에는 Lord Hardwick의 '조지2세와의 면담'(1745. 1. 5.)이 소개되어 있다. "'폐하, 당신의 장관들은 당신의 통치도구에 지나지 않습니다.' 이 말은 왕이 더 이상 견딜 수 없는 수준의 것이다. 이에 왕은 미소를 지으면서 씁쓸하게 말했다. '장관들이 이 나라 왕이요.'"

479) 참조: Ray, *Major European Governments*, 8쪽.

480) 원내 연합세력은 팍스(Charles J. Fox, 1749-1806)와 노스(Lord F. North, 1732-1792)였다. 조지3세는 외부내각이 여전히 왕의 공복들도 포함하고 있었으므로, 가끔 외부내각을 소집하여 내부내각을 이기려고 장관들과 샅바싸움을 재현했다. 그러나 이러다가 왕은 오히려 잔여권력마저 잃고 말았다. 팍스와 노스가 힘을 합쳐 1783년 외부내각을 없애 내부내각과 외부내각을 통일시켰기 때문이다. 이로써 '이중내각' 시대는 끝났다.

돌아보면, 찰스 2세의 시대는 왕을 추밀원 안에 묶어 견제하려는 대신들과 의회의 투쟁에 의해 특징지어진다. 윌리엄3세의 치하에서는 내각의 장관들이 처음에 국내정책을 주도하고 나중에는 왕의 대외정책까지도 견제했다. 앤 여왕 치세에는 외부내각이 최초로 확고한 지위를 얻었다. 조지 1세 때는 반대로 월폴의 내부내각이 점차 권력을 얻었다. 그리고 왕이 의회와의 마찰을 피하고 내각이 국무를 수행할 수 있도록 거의 예외 없이 의회 다수파의 리더를 수상으로 임명했고, 이것은 이후 자동화되었다. 그리하여 수상과 내각각료, 그리고 장관들이 - 명나라에서 내각대학사가 조정의 대신회의에서 '회추'되었듯이 - 하원의 다수파에 의해 선출되었다. 이 때문에 의회는 내각에 대한 경계심을 완전히 거두고, 내부내각을 오히려 의회의 '상임위원회' 또는 '분견대'로 여겼다.[482]

---

481) 참조: Temperley, "Inner and Outer Cabinet and Privy Council, 1679-1783", 698쪽. 왕의 자문기구가 추밀원인 것은 법적으로 사실이지만, "새로운 선거, 의회의 정회나 소집, 선언, 추밀원명령의 반포, 청원과 진정의 수락과 거부 등을 위한 공문서 발행과 같은 형식적, 의례적 절차를 제외하고는 추밀원에 남은 지배권력은 거의 없었다. 이 모든 일들은 이전에 그리고 다른 곳에서 내려진 결정의 결과물로서, 이제 항의나 논쟁 없이 관행적으로 이루어졌다." Turner, "The Development of the Cabinet, 1688-1760", 27쪽.

482) 배저트는 몽테스키외가 크게 착각한 '영국의 입법권과 집행권의 분립'이라는 현상은 실은 허상이었다고 말한다. "영국헌법의 유력한 비밀은 집행권과 입법권의 긴밀한 결합, 즉 완전한 융합으로 묘사될 수 있다. 모든 책 속에 쓰여 있는 전통적 이론은, 우리 헌법의 훌륭함은 입법권과 집행권의 완전한 분립에 있다고 하지만, 실은 이 헌법의 장점은 이 두 권한의 독특한 근접에 있다. 연결고리는 내각이다." Walter Bagehot, *The English Constitution* (Oxford: Oxford University Press, 2001·2009), 11쪽. 그러나 오히려 배저트가 몽테스키외의 오류를 반복하고 있다. 몽테스키외는 말한다. "이 국가(영국)는 입법권력이 집행권력보다 더 많이 타락할 때 망할 것이다. 현재 영국인들이 이 자유를 누리는지, 안 누리는지 검토하는 것은 내 일이 아니다. 나로서는 이 자유가 그들의 법률들에 의해 확립되었다고 말하는 것으로 족하고, 나는 더 이상 멀리 구하지 않는다. 이로써 나는 다른 국가통치제도들을 폄하하거나 이 극단적인 정치적 자유가 절제적 자유만을 가진 통치제도들을 창피하게 만든다고

17세기 '왕의 장관들'이 맡았던 관직들이 18세기 '의회의 장관들'의 관직으로 변한 것은 휘그와 토리의 여·야당 형성에 의해 크게 촉진되었다.[483] 수상 중심의 '의원내각제議院內閣制' 또는 '내각책임제(내각연대책임제)'의 맹아가 형성되기 시작한 것이다. 이것으로 근대 유형의 '참된 동질적 의원내각', 그러나 '형태상 법외'의 내각이 형성되는 역사적 기회가 열렸기 때문이다. 따라서 우리가 근대적 내각제도의 참된 출발지점을 발견하는 것은 저 1783년이다. 이 1783년 전에는 식별될 만한 근대적 내각 원칙들 중 어떤 원칙이 구속력을 가진 것으로 인정되었다고 얘기될 수 없다. '내각의 통일성과 연대성'의 원칙은 국왕과의 투쟁 속에서 방편적 필요성으로부터 발전되어 나왔고, 특히 1783년 장관들에 대한 조지 3세의 '연장전'은 이 연대성 원칙의 인정을 강요했다. 이 원칙의 인정은 이 해에 '이중二重내각'의 폐지에 의해 가장 잘 입증되었고, 팍스와 피트(William Pitt)는 이 관행을 계승하여 '내각제적 연대책임'의 본질적 원칙을 확립했다.[484]

이러한 과정과 나란히 '수상'이라는 미약한 지위가 나타나 점차 강화되기 시작했다. 물론 수상이 회의를 주재하거나 어떤 공식적

말하라고 요구하지 않는다." Montesquieu, *The Spirit of the Laws*, Bk.11, Ch.6, 166쪽. 몽테스키외의 이 주장의 취지는 18세기중반의 영국의회가 "극단적인 정치적 자유"를 누리는 것에 대한을 비판이다. 영국의회가 행정부의 실권적 수뇌부도 다 의원들로 채워 행정부까지 완전히 장악하여 집행권을 무력화시키고 삼권분립을 무너뜨릴 정도로 타락하고 극단적이라는 것이다. 몽테스키외는 배저트처럼 여당의원들로 구성된 내각이 의회의 야당과 분리·대립하는 정당제 발전을 몰각하고 있다. 다당제의 발전을 고려하면 입법권과 집행권이 "융합"이 아니고 따라서 두 권한의 분리가 허상이 아니다. 배저트와 몽테스키외는 둘 다 근대적 정당발전을 시야에서 완전히 놓치고 있다.

483) Ray, *Major European Governments*, 9쪽.

484) 참조: Temperley, "Inner and Outer Cabinet and Privy Council, 1679-1783", 698-699쪽.

인, 또는 의심할 바 없는 권위를 행사한 것은 명백하지 않다. 월폴이나 피트 같은 사람은 정말 그의 권위를 느껴지게, 그리고 실질적으로 복종하게 만들 수 있었지만, 이 리더십은 과거 섀프츠베리가 의회에서 구사하던 개인적 리더십처럼 월폴이나 피트의 개인적 리더십이었을 뿐이고, 공식적 권위가 아니었다. 종종 그는 동료들을 어렵게 통제했고, 어떤 때는 전혀 통제하지 못했다. 전 기간 동안 내각의 리더십은 수상 한 사람의 손에 들어 있다기보다 둘 또는 셋의 가장 중요한 멤버, 즉 월폴과 뉴캐슬, 뉴캐슬과 하드위크와 펠햄(Pellham), 뉴캐슬과 피트의 손에 공히 들어 있었던 것으로 얘기될 수 있다.[485]

처음에 군주는 그가 선택한 사람들을 장관으로 임명했고, 당연히 왕의 총애는 왕의 개인적 친구들과 지인들에게 주어졌다. 그러나 시간이 흐르면서 군주는 장관들을 다 직접 선택하는 것이 아니라 '제1각료(chief minister)' 1인을 선택했고, 나머지 각료는 이 '제1각료'가 선발하게 되었다. 왕은 원활한 업무수행을 위해 불가피하게 이 주요장관직에 하원의 다수파를 지휘할 수 있는 인물을 골랐다. 당시 최초로 '주요장관'으로 선택된 인물은 월폴이었고, 월폴은 1721년 제1재무경(First Lord of the Treasury)의 관직을 부여받았다. 그는 그때부터 신문에 '*Prime Minister*'로 알려졌다. 그러나 엄격히 말해서 수상이라는 관직은 예나 지금이나 공식적·법적으로 존재하지 않는다. 이 수상직은 봉급도 없고, 법률에 의해 부과된 어떤 책무도 없다. 수상은 단순히 법률에 의해 설치된 관직 중 하나(보통 '제1재무경')를 보유하여 봉급을 받는다.[486]

---

485) Turner, "The Development of the Cabinet, 1688-1760", 41쪽.

486) 참조: Ogg, *The Governments of Europe*, 62쪽; Ray, *Major European Governments*, 23쪽.

그러나 18세기 내내 의원들과 법조인들은 이러한 지위가 헌법에 알려져 있다는 것을 부인했고,487) 20년 이상(1721-1742) 의회·국무원·내각을 지배했던 월폴조차도 줄곧 자신이 'Prime Minister'라는 것을 부인했다. 그는 심지어 "First Minister 또는 Prime Minister라고 불리는 것에 분개하기"까지 했다.488) 명대 최초의 수보 이현李賢이 '수보'라는 호칭보다 '이부상서'라는 관직명을 더 영예롭게 여겼듯이, 월폴도 'Prime Minister'라는 호칭보다 '제1재무경'이라는 칭호를 더 영예롭게 여겼다. "그럼에도 불구하고 "'Prime Minister'는 월폴이 실제로 보유한, 그리고 뒤에 다른 정치지도자들이 보유하게 된 그 지위를 아주 정확하게 묘사해 준 것이라서, 곧 그것은 영어의 정치용어 안에서 승인된, 고도로 영예로운 용어가 되었다."489)

템플의 헌정개혁 이래 영국에서 '내각'과 '수상'의 기능적 형성과 명실상부한 실권기구로의 발전은 놀랍게도 명대의 내각과 수보의 기능적 형성과 실권기구로의 발전의 흐름을 거의 그대로 반복했다. 중국식 첫 단추가 제대로 끼워지자 그 귀추까지도 유사해진 듯하다.

명·청대에 추밀원인 '한림원'이 있고, '조정朝廷'에는 '대신회의'에 참가할 자격이 있는 문무백관이 있었지만, 실제로 정책을 결정하는 기구는 본래 한림원에서 파견된 4-6명 또는 12명의 '내각'이었다. 이 내각이 '한림원'과 '조정회의'를 대표하는 '중앙정부'다. 내각대학사를 황제가 임명하는 것이 아니라 조정회의에서 회추會推

487) 'Prime Minister'는 벤저민 디스레일리 정부 기간(1874-1880)에 정부문서에 처음 언급되고, 1905년에야 처음으로 영국의 공식적 '서열표(Order of precedence)'에 나타난다.

488) Ray, *Major European Governments*, 10쪽.

489) Ray, *Major European Governments*, 10쪽.

하게 된 이후부터는 내각은 한림원의 대표집단이면서 동시에 조정의 '분견대'가 되었다. 마찬가지로 20세기 초이래 오늘날까지 영국 추밀원 인원은 350명에 달하지만,[490] 'cabinet'이라고 불리는 "비교적 작은 장관들의 이너서클"이 정책을 결정한다. 이 'cabinet'은 "추밀원의 한 위원회"임과 동시에 "국무원의 한 위원회"이고 또 "의회의 상임위원회"로 간주된다.[491]

18세기 내각의 인원은 보통 7-10명이었다. 19세기 전반全般 영국의 내각은 보통 12-14명으로 구성되었다. 그런데 1892년에는 17명, 1900에는 20명으로 늘었다. 여기에는 제1재무경(수상), 재무장관(chancellor of the exchequer), 상원의장을 겸직하는 대법관(Lord Chancellor), 기타 7-8명의 국무위원(secretaries of state), 그리고 추밀원의장, 국새상서 등이 들어 있다. 그러나 내각 인원수는 1915년에 23명으로 최대로 늘었다가, 1916년에는 5명으로 대폭 축소되었고, 1930년에는 다시 20명으로 늘었다.[492]

오늘날도 내각의 인원수는 늘었다가 줄었다가 들쭉날쭉 확장과 축소를 반복하고 있다. 아무튼 내각제는 의회의 추천으로 구성되는 의원내각제로 발전했고, 의회로의 권력이동 및 의원내각제 확립과 더불어 헌정체제는 마침내 민주적 제한군주제로 전환되었다. 처음에 명조의 내각제를 본뜬 영국의 '모방' 내각제는 명예혁명과 이후

490) Ray, *Major European Governments*, 21쪽. 추밀원위원은 세 그룹으로 분류된다. 첫째는 내각각료들, 둘째는 관습에 의해 자격을 얻는 일정한 비정치적 관직의 보유자들, 셋째는 정치, 문예, 법률, 학문 분야에서의 탁월한 인물이나 왕권에 바친 서비스가 뛰어난 인물이다. 추밀원위원은 'Right Honorable'이라는 칭호를 단다. 참조: Ogg, *The Governments of Europe*, 61쪽.

491) Ray, *Major European Governments*, 29쪽.

492) 참조: Ogg, *The Governments of Europe*, 63, 65-66쪽; Ray, *Major European Governments*, 31쪽.

의회발전을 바탕으로 막 바로 명·청조의 '진품' 내각제를 따라잡고, 마침내 넘어선 것이다.

■ 찰스 2세와 템플의 내각제에 대한 회고와 총평

요약하자면, 중국은 명대에 이르러 승상제(재상제)를 폐지하고 황제의 '보정체제'로 '내각'을 설치하여 '수보내각제'로 발전시킴으로써 중국 특유의 제한군주정을 창조했다. 명대에 고도로 발달한 이 내각제는 수사적 '절대군주'의 왕권천수론적王權天授論的 지존성을 조금도 건드리지 않은 채, 천하에서 알아주는 '현신'과, 하늘같은 백성으로부터 왕위를 받은 '성군'이 분담하는 군신공치의 분권적 제한군주정을 가능케 했다. 명조의 흥망은 이 내각제의 성쇠와 궤를 같이 했다. 이런 까닭에 청조도 명대의 내각제를 그대로 계승하여 발전시켰다. 당시 중국 위정자들은 이 내각제를 '무위이치無爲而治'와 '유이불여有而不與'의 이념으로 구현되는 공자의 이상적 군주정(분권적 제한군주정)과 왕권민수론적王權民授論的 권력분립론의 구현으로 이해하고 의식적으로 추구했다.

17세기 중후반 공자철학을 처음 접하고 숭배하던 영국의 대大외교관이자 국왕자문관 윌리엄 템플은 중국제국을 이런 내각제와 육부관료제 면에서 크세노폰, 플라톤, 토마스 모어, 베이컨, 캄파넬라, 해링턴 등 유럽인들의 '모든 상상의 유토피아를 극하는, 실존하는 유토피아'로 극찬했다. 그는 중국마니아의 이런 유토피아적 의식 속에서 중국의 내각제 원칙을 당시 영국의 시대적 요구인 헌정개혁에 적용했다. 그는 '신추밀원'으로 불린 원형 내각제를 설계하고 이를 찰스 2세에게 권하여 실현시켰다. 영국에 처음 제한군주정을 가능케 해준 템플과 찰스 2세의 이 원형 내각제는 명예혁명과

18·19세기를 거치면서 현대 영국의 의원내각제로 발전하여 영국 특유의 현대적 입헌군주정을 낳았다.

영국 내각제 발전의 두 번째 결정적 단계는 조지 1·2세 때(1714-1760)였다. 18세기 영국 국왕의 내각회의 불참과 사후보고 관행이 정착하면서, 내각권이 강화되고 중국의 '수보'·'수상'과 같은 '*prime minister*'가 출현하고 왕이 정치일선에서 인퇴하여 의례적 서명자로 물러앉음으로써 비로소 16세기 명대 가정·융경연간(1521-1572)의 내각제 발전수준에 도달했다. 환언하면, 이때 처음으로 '왕은 군림하나 통치하지 않는다'는 영국의 제한군주제적 불문헌법이 성립했다. 첫 단추가 중국식으로 끼워지자, '왕은 군림하나 통치하지 않는다'는 불문율도 『논어』의 '임금은 영유하나 간여하지 않는다'는 '무위이치無爲而治'의 '유이불여有而不與' 원칙을 그대로 닮은 것이다.[493] 영국의 내각제는 동시에 의원내각제로 발전하면서 군주정을 완전 제압하여 현대의 민주적 입헌군주제를 낳았다. 이로써 영국의 후발·모방 내각제는 원산지 중국의 오리지널 내각제를 넘어섰다. '패치워킹'을 통해 탄생한 '모조품'이 자체발전을 통해 '진품'을 질적으로 능가한 것이다.

그래도 '진품'은 어디까지나 '중국산'이었다. 지금 세상은 영국이 중국의 내각제에 공감하고 이를 모방한 300여 년 전의 이런 '동서 패치워킹' 사실을 까맣게 잊은 듯하다. 심지어 예리한 석학 다이시조차도 현대 영국 법학자들이 그의 저서를 영국 관습헌법의

493) 에임스와 게를라하는 템플과 무관하게 '無爲而治' 또는 '有而不與'를 '왕은 군림하나 통치하지 않는다'는 원리로 옮기고 있다. Roger T. Ames, *The Art of Rulership: A Study of Ancient Chinese Political Thought* (Albany: State University of New York Press, 1994), 29쪽; Hans Christian Gerlach, "Wu-wei(無爲) in Europe - A Study of Eurasian Economic Thought" (2004), 5, 7, 34쪽. (C.Gerlach-alumni@lse.ac.uk. 최종검색일: 2010. 3. 11.).

일부로 대우하는 그의 명성에 걸맞지 않게, 180년이 흐른 뒤에 저술한 책자 『추밀원』(1860)에서 찰스 2세의 '신추밀원'을 '철학적 정치가' 템플의 '독창적' 기획작품으로 착각했다. 20세기 초 극동 제국이 유럽제국과 경쟁적으로 영국의 내각제를 도입할 때 이런 사실을 전혀 몰랐듯이, 19세기말·20세기 초 영국인들도 이런 사실을 완전히 망각했고, 이런 망각상태는 영국인과 서양학자들의 오만한 '잘난 채' 속에서 지금도 계속되고 있다.

그런데 영국의 망각상태는 좀 특이한 데가 있다. 이 '영국적 망각'은, 상업사회의 도래와 강화에 호응하여 비로소 창출된 근대적 '의회'와 '자유'를 까마득히 먼 '게르만 숲속'으로부터 유래하는 유구한 관습적 제도로 주장하는 이른바 '속류휘그들'의 '고대헌법론'과 유사한 '관습 이데올로기로'도 포장되어 있기 때문이다. 상술했듯이 1908년 영국헌법론의 대가 메이틀랜드는 18세기 중국비방자 몽테스키외를 호렸고 오늘날도 그레스 등 속류학자들을 호리고 있는 '고대헌법론'의 이데올로기적 타성에 젖어 템플이 추밀원을 "그것이 이전에 보유했던 그 지위로 복귀시키는" 계획을 안출했다고 허언했다. 또 1912년 템펄레이는 클래런던이 1660년대에 이미 "헌법상 왕은 추밀원의 자문을 준수하도록 구속되어 있다"고 말했다고 오해했다. 영국인들은 그들이 비로소 근대적 필요에 맞춰 만들어나간 '의회'를 까마득한 관습의 '유구성'의 허위 포장으로 감쌌듯이, 다시 내각제도 거짓 유구성의 후광으로 둘러치고 감싼 것이다.

그러나 우리는 윌리엄 템플과 찰스 2세의 개혁방안을 두고 "하늘에서 떨어져 폐하의 가슴에 들어온 것처럼 보인다"고 말한 당시 대법관 핀치의 경탄을 잊어서는 아니 될 것이다. 찰스 2세의 헌정개혁 방안은 영국의 전통에서 발전되어 나온 것도 아니고, 또 템플이 그 독창적 두뇌로 발명한 것도 아니다. 그것은 핀치의 말대로 바로 "하늘에서 떨어진" 것이다. 공자숭배자·중국마니아 템플에게 당시 '하늘'은 바로 '실존하는 유토피아' 중국이었다.

로크가 '의회'로부터 관습적 유구성의 오로라를 거두고 '의회'를 '사회계약의 산물'로 주장하고 흄이 '의회'를 '새로운 상업사회의 산물'로 입증했듯이, 필자는 영국의 원형 내각제를 영국의 오래된 관습의 산물이 아니라, '극동의 산물'로 밝히고자 했다. 근대사 속에서 모든 제도가 서양에서 우리 쪽으로 들어오기만 한 것이 아니다. 들어오기 이전에 먼저 총포화약·종이·인쇄술·나침반·도자기·수채화·장기·화투·아이스크림 등은 말할 것도 없고, 공자철학과 내각제만이 아니라, 만민평등교육(의무교육)·과거제·관료제·자유시장·복지국가·관용사상·신분평등·혁명사상 등 수많은 문물과 제도가 우리 쪽에서 저쪽으로 건너가 서양을 근대화시키고 서양에서 더 정교하게 가공되어 다시 극동으로 되돌아오는 동서간의 '원환적 문명패치워크' 관계가 존재했다. 시차를 두고 오고간 이런 쌍방적 동서 문명교류가 깊이 음미되기만 한다면, 밑도 끝도 없이 거의 종교화된 저 '양물숭배' 풍조는 저절로 시들 것이다.

4.4. 영국내각제의 유럽적 확산

영국 내각제는 훗날 시차를 두고 유럽의 여러 국가로 전파된다. 이때 유럽 각국의 개혁가들과 정치인들은 이 내각제를 중국 내각제에 대한 의식 없이 정치적 선진국 영국으로부터 수입하는 것으로 생각했다. 이런 내각제 도입의 가장 뚜렷한 행로를 보여 주는 나라는 바로 독일의 프로이센이었다. 프로이센의 내각제 채택은 영국내각제의 유럽적 확산의 신호탄이 되었다. 이후 독일로부터 내각제는 오스트리아, 러시아, 프랑스, 이탈리아, 네덜란드, 스웨덴, 덴마크 등지로 확산된다. 따라서 영국내각제의 유럽적 확산에 대한 논의는 프로이센의 내각제 개혁만을 다루는 것으로 족할 것이다.

■ 칼 슈타인과 프로이센 내각제의 맹아

17세기 말 명예혁명 때 부활하여 18세기를 거치면서 의원내각제로, 수상체제로 발전에 발전을 거듭한 19세기 영국의 내각은 12-14명으로 구성된 수상체제의 의원내각제였다. 독일 프로이센이 수상체제의 내각제를 채택한 것은 슈타인-하르덴베르크의 대대적인 국가개혁 과정(1807-1815)에서 이루어졌다. 당시 영국을 잘 알았던 슈타인과 하르덴베르크는 12-14명 정도의 각료로 구성된 19세기 초 영국내각을 모델로 삼았다.

1807년 1월 나폴레옹은 칼 슈타인(Karl Freiherr vom Stein, 1757-1831)을 그의 정책노선에 대한 지지자로 잘못 알고 정부의 수뇌로 임명할 것을 당시 (나폴레옹에게 방금 예나에서 패전한) 프로이센 왕 프리드리히 빌헬름 3세에게 지령한다. 프로이센의 개혁정파들도 슈타인의 소환을 지지했다.

프로이센에서 내각제의 맹아는 슈타인이 개혁책임을 맡는 조건으로 제시한 요청으로부터 생겨났다. 슈타인은 본질적 개혁조치들에 대한 국왕의 무조건적 동의를 나폴레옹과 국왕의 요청을 수락하는 조건으로 걸었다. 이 사전조건은 바로 국왕 밀실 캐비닛시스템의 철폐, 오로지 장관들을 통해서만 이루어지는 통치, 장관들이 왕에게 대면으로 직접 정책을 설명할 권리 등이었다. 그리고 집체적 지도체제(kollegiale Führungsstrukturen)를 주장해온 슈타인은 프리드리히 빌헬름 3세에게 '지도적 장관(*leitender* Minister)'의 지위를 요청했고, 왕은 이를 허락했다. 이로써 슈타인은 군정을 제외한 모든 행정에서 직접적 지시권을 얻었고, 다른 부서들에 대한 통제권을 장악했다.494)

이것은 당시 영국의 수상체제 의원내각제를 본뜬 것이지만, 당시 프로이센에 의회가 없었기 때문에 영국식 수상체제 의원내각제의 정확한 복제는 불가능했다. 슈타인의 내각은 내각과 각 각료가 의회에 대해서가 아니라 단지 국왕에 대해서만 책임을 지는 단순한 '수상내각제'의 맹아에 불과했다.

국가구조의 개혁은 당시 슈타인을 비롯한 개혁가들에게 높은 우선권을 가진 사안이었다. 1806년 이전에는 본래 하나의 통일적 프로이센이 존재하지 않았고, 왕의 인격체에 의해 연결되는 다양한 주州들, 지방들, 국가들이 존재했다. 따라서 통일적 행정도 없었다. 그리하여 부분적으로 업무와 관련되고 부분적으로 지방과 관련된 관청들이 존재했고, 이 관청들의 조정은 아주 어려웠고 거의 제도화되어 있지 않았다. 그리하여 가령 프로이센 전체의 재정상태에 대한 근거 있는 총괄적 개관이 부재했다. 장관이 있었지만 이것과 나란히 왕의 밀실 캐비닛이 설치되어 있었다. 그리하여 왕의 결정은 대부분 밀실의 개인적 자문관과 캐비닛구성원들의 권고에 의존했었다.

슈타인의 시대가 개막되면서 이 프로이센국가들로부터 하나의 통일적 국가가 생겨났다. 슈타인은 옛 밀실 캐비닛시스템도 제거했

---

494) Peter Burg, *Karl Freiherr vom und zum Stein*, Kapitel 5. 'Leitender Staatsmann in Preußen'. Internet-Portal "Westfälische Geschichte" (검색: 2021년 8월 21일).

다. 1808년 슈타인은 업무분할이 불분명한 종래의 관청들과 총집정부(Generaldirektorium)를 부처원칙에 따라 명확하게 분리·조직된 '국무회의(Staatsministerium)'로 대체했다. 가령 내무장관, 외무장관, 재무장관, 법무장관, 전쟁장관(Minister für Krieg)이 왕에게 직접 책임을 졌다. 변화는 그 영향에서 효율적 국가지도부의 창출을 확실히 뛰어넘었다. 프로이센의 후기절대주의는 이제 군주제와 관료제의 이중지배체제로 교체되었다. 이 이중지배체제에서 장관들은 강력한 지위를 확보했다. 개혁시기 1년 동안 장관들은 왕의 영향력도 능가했다. 왕은 오직 그의 장관들과만, 그리고 오직 장관들을 통해서만 다스릴 수 있었다. 슈타인 시대에 영국 수상내각의 등가물인 프로이센 국무회의는 집체적 정책결정기구로 조직되고 집체적으로 의결했다. 슈타인은 부처에 대한 통제권을 가졌지만 다른 장관들에 대한 직접적 통제권을 가지지 못한 '지도적 장관'이었을 뿐이다. 공식적으로 아직 '제1장관(der erste Minister)', 즉 '수상(Prime Minister)'이 없었다. 그래서 필자는 슈타인의 내각을 수상내각제의 단순한 '맹아'에 불과하다고 말한 것이다.

그런데 나폴레옹은 슈타인이 그의 심각한 적수라는 것을 알아차렸다. 그러자마자 나폴레옹은 그를 바로 제거해버렸다. 그리하여 슈타인은 1808년 11월까지 1년 남짓 개혁정책을 펴다가 물러나 망명상태에서 숨어 지냈다.

■ **하르덴베르크의 통치체제개혁과 수상내각제**

슈타인이 물러나고 바로 하르덴베르크(Karl August Fürst von Hardenberg, 1750-1822)가 1808년 12월부터 그 자리를 이어받았다. 하르덴베르크는 슈타인 못지않게 개혁적이었고 또 '리가(Liga)프로젝트'라는 구체적 개혁프로그램을 가지고 있었다. 그는 단순히 '국왕의 승낙'으로 일시 등장했던 슈타인의 수상내각을 통치체제개혁의 일환으로 삼아 법제화했다.

상론했듯이 슈타인은 부처에 대한 통제권을 가졌지만 다른 장관들에 대한 직접적 통제권을 가지지 못한 '지도적 장관'에 불과했다. 그는 공식적으로 '제1장관'으로서의 '수상'이 아니었던 것이다. 하르덴베르크는 이것을 개편했다. 그는 '국가재상(Staatskanzler)' 직책을 만들고 이 직책을 갖고서 왕에 대한 장관들의 접근을 통제했다. 이로써 수상내각제가 완성되었다. 그러나 이 정부제도는 국민을 대표하는 의회가 없었으므로 영국의 의원내각제로 발전하는 것과 아직 거리가 먼 상태였다.

하르덴베르크는 정부 아래의 행정체계도 많이 개혁했다. 그는 오래 준비한 끝에 1815년 프로이센을 10주, 25개 통치지구로 재조직했다.[495] 주와 지구의 산하 정부들도 책임부처를 가진 여러 국무회의 아래로 개편되었다. 이 산하정부들의 각 정부의장(Regierungspräsident)은 포괄적 권한 없이 의장으로서 토의와 의결을 위한 정부집담회를 주재했다. 산하의 정부의장은 중앙의 국가재상의 등가물이었으나 권한은 대폭축소된 것이다.

프로이센의 수상내각제 도입은 주변 독일국가들에 대해서도 모델 역할을 했다. 나폴레옹 점령 기간에 이 수상내각제는 여러 독일 제후국으로 퍼져 나갔다. 제도 자체가 나폴레옹과 무관한 영국제도였기 때문이다. 따라서 수상내각제는 나폴레옹 몰락 이후에도 독일

---

495) . Friedrich Wilhelm, C. Fuerst von Hardenberg, *Verordnung wegen verbesserter Einrichtung der Provinzial-Behörden vom* 30. April 1815. *Gesetz-Sammlung für die Königlich-Preußischen Staaten 1815*, Nr. 9., 85쪽 이하.

땅에서 살아남았고, 1861년 비스마르크(Otto Eduard Leopold von Bismarck, 18215-1898) 재상을 낳은 것이다. 비스마르크는 오스트리아와 프랑스의 나폴레옹 3세를 물리치고 마침내 독일을 통일하여 독일제국을 건국함으로써 '연방재상(Bundeskanzler)'으로서 전全독일에서, 그리고 전 유럽에서 이름을 날린다. 이를 계기로 수상내각제는 독일제국의회의 창출과 발맞춰 절대주의의 마지막 잔재까지도 떨쳐버린 '수상체제 의원내각제'로 발전한다. 비스마르크 재상의 전全유럽적 승리 이후에 '수상체제 의원내각제'도 서구의 공통된 근대적 정부제도로 전 유럽 차원에서 확립된다.

제2장

중국 관료제의 충격과 서구 근대관료제의 탄생

중국의 '관료제'는 행정의 공무담임권을 만민에게 개방하고 공무담임자를 능력검증 필기시험에 의해 선발하고 선발된 관리들을 성적과 상피제相避制에 입각해 관직에 배치하여 행정적 통치업무를 맡기고 임기제에 따라 순환보직하고 인사고과에 따라 승진·좌천시키는 위계적 행정제도다. 관직에 앉아 있는 기간을 기준으로 봉건제 ― 봉록제 ― 관료제를 횡적으로 나열할 때, 봉건제(feudal system)는 봉封해진 구역을 다스리는 관직을 '자손대대로 영구히' '소유상속(세습)'하는(*own-inherit*) 행정제도이고, 봉록제(prebendal system)는 맡겨진 구역을 다스리거나 맡은 업무를 관리하는 관직을 '종신' 동안 점유하는(*possess*) 행정제도이고, 관료제(*bureaucratic system*)는 맡겨진 구역이나 업무를 통치하고 관리하는 관직을 1-7년의 정해진 '임기' 동안만 점유하는 행정제도다. 봉건제는 전근대적 제도인 반면, 봉록제는 전근대에 생겨났지만 오늘날도 교회 관직(주교·추기경 등)에 일부 남아 제 기능을 하고 있다.

서양에서 전근대적 봉건제와 봉록제가 지배하던 시대에 대·소 귀족으로 자리를 잡고 또 이들로만 구성된 봉건적 행정관리와 고위 봉록관에 딸린 중하급 행정관리들과 장교들은 모두 정실주의

(*nepotism*)에 의해 임용되었다. 봉건제와 봉록제가 붕괴되고 아직 관료제가 도입되기 전인 근세에 서양의 행정·군사조직에서는 정실주의적 후원제(patronage)와 엽관제獵官制(spoiled system)가 전반적으로 판을 쳤다. 이에 반해 관료제는 봉건제·봉록제·정실주의·엽관제를 깡그리 제거함으로써 국가행정과 교회·기업행정, 그리고 각종 정치·사회·군사조직의 행정을 혁신한 합리적 행정체계였다. 이런 의미에서 관료제는 유일하게 근대적 행정제도였다.

제1절
공자의 국가철학과
근대 관료제의 확립

1.1. 막스 베버의 반역사적 허언과 역사의 진실

관료제는 고대 중국에서 발생하여 수많은 왕조를 거쳐 발전했고, 마침내 송대에 과거제도·학교제도·관료제도의 개혁으로 완성되었다. 중국의 이 완성된 관료제는 명·청대에 서양에 알려졌고, 18세기 말엽과 19세기에 독일·프랑스·영국·미국 등 서양제국으로 도입되었다.

■ 관료제에 대한 베버의 서구중심주의적 착각과 허언

그러나 막스 베버 이래 '글깨나 읽은' 지식인들은 무식하게 관료제를 서양 고유의 제도로 착각한다.

100여 년 전 20세기 벽두에 막스 베버는 『프로테스탄트 윤리와 자본주의 정신』(1905)의 '서언(Vorbemerkung)'에서 관료제가 서양에서 발전되어 나온 서양 고유의 행정조직이라고 강변했다.

무엇보다도 서구의 근대국가와 근대적 경제의 주춧돌인 '전문 관리(*Fachbeamter*)'는 오직 서구에만 존재했다. 전문적 관리는 어디에서도 서구에서만큼 사회질서에 대해 본질구성적이지 않은 맹아만이 존재한다. 물론 '관리'는, 그리고 분업적으로 전문화된 관리도, 다양한 문화권의 태고대적 현상이다. 그러나 어떤 나라도, 어떤 시대도 근대적 서구와 같은 의미에서 우리의 전체적 실존, 즉 우리의 현존을 밑받침하는 정치적·기술적·경제적 근본조건들을 전문적으로 교육된 관리조직의 거푸집 속에 묶어 넣는 절대적으로 불가피한 구속성을 가지고 있지 않고, 사회적 생활의 가장 중요한 일상기능의 담당자로서의 기술적·상인적인, 그러나 특히 법률적으로 훈육된 관리들을 가지고 있지 않다.[496]

여기서 베버는 "전문관리들"로 조직된 관료제가 서양 고유의 것이고, 중국을 포함한 다른 문명권에 그런 관리들이 존재했다고 한들 그곳의 "전문적 관리는 어디에서도 서구에서만큼 사회질서에 대해 본질구성적이지 않은 맹아들"에 불과했다고 강변하고 있다.

나아가 베버는 『유교와 도교(*Konfuzianismus und Taoismus*)』(1915)에서 중국의 관료제를 사적 지배가문에 딸려 있는 "가산제적家産制的" 성격의 행정조직으로 폄하했다.

가산제적 국가형태는, 특히 전형적 결과를 낳는, 즉 '흔들리지 않는 성스런 전통의 나라'와 '절대 자유로운 자의와 시혜의 나라'의 병립을 수반하는 행정과 사법의 가산제적 성격은 도처에서와 마찬가지로 여기(중국)에

496) Max Weber, "Vorbemerkung", 3쪽. Weber, *Die Protestantische Ethik und der Geist des Kapitalismus*. Max Weber, *Gesammelte Aufsätze zur Religionssolziologie I* (Tübingen: Mohr, 1986).

서도 이 점에서 적어도 특히 민감한 상공업자본주의의 발전을 방해했다.[497]

베버는 중국의 행정과 사법을 이렇게 "가사제적 성격"의 것으로 몰았는가 하면, 중국의 국가체제 전체를 '봉록제'로 몰기도 하고 유교를 (무제한적 관용의 학설이 아니라) '봉록'에나 관심 있는 '주술친화적' 교설로 몰기도 하는 등 오락가락한다.

> 유교는 주술(*Magie*)을 그 긍정적 행운의미(*Heilsbedeutung*)로 그대로 놓아두었다. (...). 세계연관의 거칠고 혼란스런 보편주의적 관념 상태에서, 말하자면 모든 자연과학적 인식이 결여된 상태에서 주술적 전통의 지주支柱 – 이 교설(유교)은 이 주술적 전통의 수수료(봉록)기회에 관심이 있다 – 인 봉록제화(*Verpfründung*)가 이루어지면서 근대적 서구유형의 합리적 경제와 기술이 간단히 배제되어 있었다는 것은 (...) 완전히 명백해졌다.[498]

베버의 이 말은 믿으면 유교는 주술을 허용하거나 방임해서 "봉록"이나 따먹으려고 노리는 치사한 학설로 전락하고, 중국의 관료제는 "가산제적" 관료제에서 "봉록제"로 둔갑한다.

무식한 '안다니' 막스 베버의 이런 호언이 이 지경에 이르면 이것은 단순히 '허언'이 아니라, 실로 '폭언'과 '폭거'라고 할 만한 것이다. 베버는 중국의 과거제를 '문사 관리'로 뽑는 제도로 격하시키고 중국의 '전문관리'를 가산제적 성격의 가신이나 봉록관으로

497) Max Weber, *Konfuzianismus und Taoismus*, 390-391쪽 (VIII: Resultat: Konfuzianismus und Puritanismus). Max Weber, *Die Wirtschaftsethik der Weltreligion. Gesammelte Aufsätze zur Religionssolziologie I* (Tübingen: Mohr, 1986).

498) Weber, *Konfuzianismus und Taoismus*, 513쪽(VII). 괄호 "(봉록)"과 "(유교)"는 인용자.

폄하하고 있다.

상론했듯이 '봉건제'는 관직을 세습적으로 사유하는 제도이고, '봉록제'는 관직을 종신토록 점유하는 제도이고, '관료제'는 관직을 한정된 임기 동안만 점하는 제도다. 그러나 송대 이래 중국의 관리들 중 관직을 세습하거나 종신토록 독점하는 관리는 한 명도 없었다.

그리고 '가산제'는 국가와 영토를 군주가 가문의 가산家産으로 사유私有하는 군주제다. 그러나 중국의 군주제는 왕의 사유재산(내탕, 또는 내수사재산)과 국유재산을 엄격히 분리하는 공적 군주제였다. 이것은 명말의 중국 국가제도를 면밀히 관찰한 마테오리치가 1615년 니콜라 트리고에 의해 출판된 『중국인들 사이에서의 기독교 선교』에서 명확한 기술로 증언한 바다.

> 황제는 행정관들 중 한 사람의 청구에 따른 경우가 아니라면 아무개에 대한 금전수여를 늘리거나 아무개에게 관직을 수여하거나 이 관직의 권한을 늘릴 권한이 없다.[499]

다만 황제는 공공재산과 분리된 황제의 사유재산(내탕)만을 자유로이 처분할 수 있었을 뿐이다.

> 하지만 여기(금전수여에 관한 황제의 권한부재)로부터, 황제가 그 자신의 권위로 황족들에게 상을 줄 수 없다는 결론을 도출해서는 아니 된다. 포상

---

499) Mateo Ricci (Nicolas Trigault, ed.), *De Christiana expeditione apud Sinas* (Augsburg, 1615), Chap V. 영역본: Luis J. Gallagher, *China in the Sixteenth Century: The Journals of Matthew Ricci* (New York: Random House, 1942·1953), 45쪽.

은 자주 있는 일이다. 자기 친구들에게 사적 소득에서 도움을 주는 것은 고래의 관습이지만, 이 상은 공적 재산으로 등록되어서는 아니 된다. 황제가 내린 이런 종류의 선물은 황제의 사유재산(내탕)에서 끌어오지, 공적 기금에서 인출되지 않는다.500)

국가재산과 국가세수를 관리하는 '호부戶部'와, 내탕을 관리하는 '내수사'의 분리는 다른 유교국가 조선에서도 중국과 마찬가지였다.

이런 까닭에 푸펜도르프는 1672-1699년간에 자연법과 국제법을 논하는 가운데 마르티니의 『중국기』를 인용하며 국가재정과 왕실재정의 분리에 관한 논변의 정당성을 중국에서 끌어와 오히려 유럽 군주정들의 국정개혁을 촉구했다.

중국에서 토지의 9분의 1은 황제에게 속한다. 군주를 부양하도록 의도된 이 토지 부분에 의해 나는 몇몇 국가의 군주가 공유토지로부터 그에게 할당된 재화를 얻고 그것의 소득은 군주의 왕국의 비용을 감당하기 위한 것임을 뜻한다. 그리고 군주는 이 모든 것으로부터 나오는 모든 이문을 취해 그것으로부터 그에게 들어오는 것을 그의 마음대로 처분할 수 있다. 그리고 왕국의 법률이 달리 규정하지 않은 경우에 그의 소득으로부터 축적한 것은 그의 사적 가산을 증가시킨다.501)

중국 토지의 9분의 1에서 나오는 세수는 황제의 내탕고에 들어가고, 9분의 8에서 나오는 세수는 호부로 들어간다. 이런 까닭에 푸펜

500) Gallagher, *China in the Sixteenth Century: The Journals of Matthew Ricci*, 45쪽.

501) Samuel von Pufendorf, *Of the Law of Nature and Nations* [*De jure naturae et gentium*, 1672·1699], trans. by Basil Kennett (London: Printed for J. Walthoe et al., The Fourth Edition 1729), 830쪽.

도르프는 유럽에서 '황실재정과 국가재정의 분리'가 정당한 근거를 이역만리 떨어진 중국에서 구하고 있는 것이다. 이후 다른 서구 철학자들도 유럽의 가산제적 군주국들에서 왕실재산과 국가재산을 구분하는 정치철학적 정당성을 중국사례에서 구하기 시작했던 것이다.

그러나 베버는 푸펜도르프보다 230여년 뒤에 태어났으면서도 극서제국이 '황실재정과 국가재정의 분리'를 중국으로부터 수용한 사실에 대해 까맣게 모르고, 또 이 분리가 귀족들의 신분제의회(삼부회)에서 의회제도의 확립에 의해 관철된 것으로 착각하고 있는 것이다. 기가 막힐 노릇이다! 베버는 오늘날 극동의 일개 정치학자에 불과한 필자도 읽은 마테오리치도, 푸펜도르프도 읽지 않은 것이 분명하다. 그럴 정도로 베버의 독서량은 협소하고 빈약했던 것이다.

그리고 베버가 말하는 "가산제적 관료제(*Patrimonialbürokratie*)'는 관리가 지배자(국가·제왕·기업주)에 의해 가산으로 소유된 부자유인(가신이나 노예)인 경우의 관리조직을 말한다. 베버는 스스로 "가산제적 관료제"를 이렇게 정의한다. "계약적 임용, 따라서 자유로운 선발은 관리의 임명원칙이 가장 순수하게 지배하는 곳에서 가장 순수하게 관철되었다. '부자유스런' 관리들(노예, 가신들[Ministriale]) 사무적 권한을 가진 위계적 조직 속에서, 따라서 형식적인 관료제적 방식으로 기능하는 경우에 우리는 '가산제적 관료제'에 관해 언급하고 싶다."502) 그러나 뒤에 상론하듯이 중국 관리들은 자유롭게 과거시험에 응시하여 자발적으로 관직을 얻고 버릴 수 있는 자유인들이었

502) Max Weber, *Wirtschaft und Gesellschaft - Grundrisse der Verstehenden Soziologie* [1922] (J. C. B. Mohr, Tübingen, 1985), 127쪽.

고, 노비들은 과거시험으로부터 배제되었다. 또 만민이 귀천 없이 자유평등해진 청국에서는 만인이 자유롭게 과거에 응시해 합격하면 자유롭게 출사할 수 있었다. 이런 의미에서 중국의 관료제는 근대적 관료제였고, '가산제적 관료제'와 완전히 거리가 멀었다.

결론적으로, 중국의 군주 아래 배치된 관료제는 '가산제적 관료제'가 아니라, '근대적 관료제'였다. 가산제적 국가구조나 가산제적 관리조직은 하·은·주 삼대 이래 '관직 사유'를 범죄시해온 중국에 결코 존재한 적이 없었고, 따라서 존재하지도 않은 가산제와 가산제적 관리조직은 중국자본주의의 자생적 흥기를 방해한 조건도 아니었던 것이다. 베버가 '가산제적 국가구조'를 자생적 자본주의의 저해조건으로 운운한 것은 형용할 수 없이 '지독한 망념'이자 '지독한 망발'인 것이다.

■ 베버의 관료제론에 대한 크릴의 엄정한 비판

그리하여 1964년 헤를리 크릴(Herrlee G. Creel)은 베버의 이런 무식한 허언들을 실로 치밀·정확하게 비판한 바 있다.[503] 그의 이 비판적 논의의 핵심요지는 바로 이것으로 종합된다.

> 베버는 중국 관료제를 근대적 서양의 그것과 다른 관료제로, 즉 '가산제적'·'봉록관적' 관료제로 특징지었다. (...) 그러나 중국 관료제가 어떤 의미에서든 '가산제적'이거나 '봉록관적'이었다는 데 동의하기는 불가능해 보인다.[504]

---

503) Herrlee G. Creel, "The Beginnings of Bureaucracy in China: The Origin of the Hsien", *The Journal of Asian Studies*, Vol. 23, No.2 (Feb., 1964), 155-163쪽.

504) Creel, "The Beginnings of Bureaucracy in China: The Origin of the Hsien", 159쪽 각주19.

중국 관료체제는 송대 초 왕안석의 과거제·학교제 개혁(1070년 3월) 이래 '문사관리들'을 추방하고 '전문관리들'로 채워졌다. 그리고 중국의 국가체제는 봉록제와도 거리가 멀고 가산제와도 거리가 먼 근대적 관료제였다.

크릴은 여기서 나아가 막스 베버의 '근대 관료제의 서구적 유일무이성' 주장을 이렇게 비판한다.

> (...) 나는 증거를 주도면밀하게 정사精査하는 사람은 누구든 이미 한나라 때 중국정부의 패턴이 특이하게 근대적으로 생각되는 유형의 중앙집권화된 관료제 정부와 특기할만한 유사성을 보여주었다는 데 동의하지 않을 수 없다고 생각한다. 이것은 주로 막스 베버의 잘 알려진 연구로부터 나온 관념을 포지한 사람에게 미심쩍게 보일 수 있다. 하지만 중국에 관한 베버의 저작이 서양제도들에 대한 그의 연구의 기저 놓인 것과 비견될 만한 박식함의 체계에 기초하지 않았다는 것은 불행한 사실이다. 베버 자신은 그가 중국전문가가 아니라고 시인했을 뿐만 아니라, 그는 중국전문가의 조언을 얻지도 않았다고 시인했다. 그는 중국문화에 관한 그의 주요연구를 간행함에 있어 그가 '걱정과 지극히 큰 유보로써' 출간했다고 썼다. 하지만 그의 제한된 지식에 관한 이 지각은 베버가 중국 텍스트들의 고도로 독창적인 해석을 시도해 때로 사실과 명백히 반대되는 결과를 산출하는 것을 막지 못했다. (...) 베버의 기여와 좋이 받을만한 명성 때문에 우리는 중국 관료제에 대한 베버의 묘사가 중요한 점에서 사람을 아주 오해시키는 것이라는 사실에 대해 장님이 되어서는 아니 될 것이다. 베버가 공언한 만큼 일찍이 제도로서의 관료제가 실제로 중국에 존재했다는 것에 대해 의심이 표명되어왔다. 중국적 현상들에 대한 베버의 평가에 기초할 때 이러한 의심은 정당화될 수 있을지 모르겠다. 그러나 사실 중국의 관료

> 제는 2000년 전이지만 베버가 인정한 것보다 훨씬 더 많이 우리 시대의 관료제와 유사했다. 가령 한 곳에서 베버는 그가 "서구에서만 완전히 발전되었다"고 말한 관료제의 세 가지 특징을 열거하고 있다. 그러나 이 세 가지가 모두 다 사실상 한대漢代 중국에서 완전히 발전되어 있었다.[505)]

크릴은 베버가 『경제와 사회』에서 여섯 가지로 열거한 관료제의 특징을[506)] 영역본에 따라 '세 가지'로 줄여 말하고 있다. 아무튼 크릴이 1964년에 가한 이 정중하고 따끔한 비판으로 베버가 제기한 관료제의 '서구적 유일무이성' 테제는 지금이라도 깨끗이 청산되어야 할 것이다.

그리고 크릴은 한발 더 나아가 유럽제국은 중국관료제를 모방하여 유럽 관료제를 만들었다고 주장한다. '오만하고 무식하기 짝이 없는' 유럽중심주의자 베버는 중국 관료제의 전적인 복제물인 '합리주의적 근대관료제도'를 근대 독일과 유럽에 특유한 서구문명의 트레이드마크로 오해했지만 그것의 원산지를 중국으로 지목한다.

> 세계문화에 대한 중국의 기여에 관한 평가는 '종이와 화약' 단계를 훨씬 넘어섰지만, 오늘날도 '근대의 중앙집권화된 관료제국가'로 알려진 것에 본질적으로 중요한 기술을 발전시키는 데에서 중국의 역할을 강조하는 경우는 거의 없다. 이것은 다소 신기한 일이다. 그 이유는 어떤 다른 기능보다도 방대한 규모의 복합적 조직이 우리 시대에 더 특징적이기 때문이

---

505) Creel, "The Beginnings of Bureaucracy in China: The Origin of the Hsien", 157-158쪽.

506) 베버는 관료제의 특징을 ①확연한, 법령화된 관청적 권한의 원리, ②독임제(獨任制)적으로 제도화된 관직위계체제의 원리, ③관직수행의 문서성, ④관료의 전문교육, ⑤ 전업(專業)으로서의 관직, ⑥관직수행의 법규구속성으로 열거하고 있다. Weber, *Wirtschaft und Gesellschaft*, 551-552쪽.

고, 중국인들이 아마 가장 중요한 기여를 한 것은 정확히 이 영역에서이기 때문이다.[507]

여기서 크릴은 기실 중국인들이 "근대의 중앙집권화된 관료제국가"의 발전에서 "가장 중요한 기여"를 했다고 밝히고 있다.

크릴은 서양의 관료제가 중국 관료제의 리메이크 작품이라는 이 주장에 잇대서 크릴은 이렇게 자문자답한다.

중국인들이 서양에 관료제적 통치술이 나타나기 수세기 전에 우리 시대의 그것과 유사한 관료제적 통치술을 발전시켰다면, 근대 서양국가의 발전에 영향을 미치는, 이 관료제적 통치술의 전파가 있었는가? 명백히 있었다. 등사우鄧嗣禹교수와 라크(Donald F. Lach) 교수의 연구는 아마 17세기 말엽에 이미 서양에서의 공무원임용시험의 개시에 대한 중국적 선례의 영향을 입증했다.[508]

그리고 "중앙정부에 의해 임명되고 중앙정부에 대해 책임을 지는 관리에 의해 다스려지는 행정단역으로서의 현縣으로 봉건영주가 다스리는 봉토를 대체한 것은 고대중국에서 봉건주의로부터 중앙집권화된 관료제적 통치로의 이행을 표현했다. 그리고 (...) 이 이행은 고대사가들이나 중국전문가들에만 흥미로운 것이 아니다. 그것은 세계사에서 상당히 중요한 사건이다."[509] 크릴은 봉건제를 대체한 중국관료제의 역할을 '세계사적 사건'으로 평가하고 있다.

---

507) Creel, "The Beginnings of Bureaucracy in China",155쪽.

508) Creel, "The Beginnings of Bureaucracy in China", 162쪽.

509) Creel, "The Beginnings of Bureaucracy in China", 163쪽.

그는 베버의 독단적이고 현학적인 허언에 맞서 역사의 소박한 진실을 대변하고 있다.

이처럼 '세계사적 사건'으로 이해되어야 할 중국의 관료제는 왕안석의 개혁 이후 고도로 발전하여 전문관료들의 전국적 위계조직으로 확립되었다. 특히 명말·청초, 즉 17세기 중후반 (유사)노비마저 행방됨으로써 청대에는 과거응시자격이 만민에게 개방됨으로써 관료제의 능력주의 원칙은 완전하게 구현된다. 17세기 중후반에도 서양제국은 관료제에 의해 지배자 또는 통치자의 정책결정을 구체적으로 구현하는 '안정적 행정'이 '일상정치(*everyday politics*)'로서 본질적으로 중요하다는 사실을 전혀 알지 못했다. 서양에서는 17-18세기를 통틀어 오직 중국제국의 국가제도를 분석하거나 평가할 줄 알았던 발리냐뇨·산데와 템플 등 두세 명의 철학자만이 이 사실을 인지했다.

1590년 발리냐뇨와 산데는 중국의 위계적 관료제를 중국제국의 국가적 안정과 평온의 초석으로 이해했다. 발리냐노와 산데는 '중국제국의 평온'을 중국 관료체제의 위계 덕택으로 돌렸다. "백성들은 황제와 치자관리들에게 아주 순종적이고, 이것이 중국의 평온이 기초해 있는 주요 기반이다. 최고위 관리는 황제의 의사에 전체적 복종을 표하고, 하위관리들은 상급관리들의 의사에 복종을 표하고 백성은 하위관리의 의사에 복종하며, 그들 각자는 이에 따라 자신의 처신과 생활방식을 조정한다. 그들 모두가 어떻게 평등하게 살고, 반포된 법률이 어떻게 잘 준수되는지를 보면 경이로울 정도다."[510] 발리냐노·산데는 빈틈없이 작동하는 중국의 중앙집권적

---

510) Alessandro Valignano and Duarte de Sande, *De Missione Legatorum Iaponesium ad Romanum Curiam* [1590]. 영역본: *Japanese Travellers in Sixteenth-Century Europe: A Dialogue Concerning*

관료제의 일직선적 위계체계를 소개하고 있다. 그리고 그들은 이렇게 덧붙인다. "한 명의 황제가 그토록 많은 지방을 지배하는 것을 전제할 때 모든 국사가 어떻게 그가 임명한 그렇게 많은 행정관원들에 의해 처리되는지 놀랄 만하다."[511] 그리고 "상하 종속되는 이 찬탄할 만한 관원들의 위계체제로써 제국 전체를 관통해서 지배하는 평화는 형용하기 어렵다."[512]

윌리엄 템플은 '정책결정' 및 이를 위한 '법의 제정'의 중요성에 맞먹는 '정사와 법률의 일상적 집행'으로서의 '행정'의 중요성을 인식한 '최초의 영국인'이자, 이 '행정'의 관점에서 중국의 탁월성을 인식한 '최초의 영국인'이기도 했다. 그는 1690년경에 집필해 거듭 손질하다가 유고로 남긴 에세이 「백성의 불만에 관하여(Of Popular Discontents)」에서 '훌륭한 행정'의 중요성을 강조하면서 예외적으로 중국제국의 유구한 정부만이 이 행정업무를 감당할 수 있다고 말하고 있다.[513] 이 글은 그 내용에서도 "모든 치자와 관리들이 현자이거나 선인이어야 한다"고, 또는 "그들이 현자이면서 동시에 선인이어야 한다"는 말이나, "최선의 인간들이 다스리는 정부가 최선의 정부"라는 템플의 표현에는 이미 "천하가 공기公器인(天下爲公)" 대동천하에서 "현자와 능력자를 뽑아 쓰는(選賢與能)" 국가를[514] 구상한 유교 정치철학이 배어 있다.

---

the Mission of the Japanese Ambassador to the Roman Curia [1590], edited and annotated with introduction by Derek Massarella, translated by J. F. Moran (London: Ashgate Publishing Ltd. for The Hakluyt Society, 2012), 423쪽.

511) Valignano and Sande, *Japanese Travellers in Sixteenth-Century Europe*, 426쪽.

512) Valignano and Sande, *Japanese Travellers in Sixteenth-Century Europe*, 427쪽.

513) William Temple, "Of Popular Discontents" [1701], 38-39쪽. *The Works of Sir William Temple*, Vol. III (London: Printed for Rivington et al. and by S. Hamilton, 1814).

514) 『禮記』「禮運 第九」.

중국의 관료행정의 우수성을 서양 선교사들은 이미 알고 있었고, 16세기 중반 이래 이 사실을 부지런히 서양에 전했다. 따라서 중국의 관료제의 유래와 발달 및 이와 관련된 유교철학을 논해야 할 것이다.

1.2. 공맹의 국가철학과 중국 관료제의 유학적 기원

■ 근대 관료제의 개념과 8대 특징

관료제는 ①관직을 세습적으로 사유하거나(봉건제) 종신적으로 점유하는 것(봉록제)이 아니라 임기 동안만 점유하는 '임기제', ②연고나 연줄이 닿는 개인들을 관리로 임용하는 정실주의(*nepotism; patronage*)나 엽관제(*spoiled system*)를 척결하고 공적 능력검증을 통해 자유롭게 수신한 전문가, 즉 "현자와 능력자"를 "뽑아 쓰는" 능력주의에 근거한 '임용고시제'(취사제取士制), ③승진과 강등, 영전과 좌천을 근무성적에 근거짓는 객관적 '인사고과제人事考課制', ④직무수행의 법규구속성과 문서성 등을 본질적 특징으로 한다. 관료제의 다른 특징들인 ⑤연고지를 피하는 상피제相避制에 입각한 순환보직, ⑥법령화된 상하품계에 의해 권한범위와 상명하복을 규정하는 엄격한 위계조직(중국의 경우 18품계, 현대 한국의 경우 9계급), ⑦전문인력(현자와 능력자)의 지속적 육성을 위한 학교제도의 확립 등은 위의 네 가지 본질적 특징에서 필연적으로 요청되는 파생적 특징들(순환보직·학교제도)이거나, 다른 행정조직도 얼추 공통되게 지닌 것(위계조직)이다. 관직의 세습적 사유(봉건제)와 종신적 독점(봉록제)을 배제하는 '임기제'라는 첫 번째 특징과, 정실주의와 엽관제를 배제하고 자유로운 전문가를 시험으로 뽑아 쓰는 '취사제取士制'(임용고시제)라는 두 번째 특징이가 결합되면, ⑧관리의 자유로운 무산자無産者로서의 관리의 봉급제이라는 관료제적 특징이 도출된다.

임기제와 취사제의 특징이 결합되어 생겨난 관료제의 이 마지막 여덟 번째 특징은 매우 중요하다. 무산자로서의 관리의 지위는 공기公器로서의 관직에 대한 세습적 사유와 종신적 독점을 배제하는 관직보유의 임기제의 취지에 따라 관리가 관직으로부터만이 아니라 관직수행에 필요한 모든 행정수단으로부터도 분리되었다는 의미에서 무산자라는 것을 뜻한다. 따라서 관직만이 아니라. 관직수행에 필요해서 제공되는 각종 행정수단도 국가의 공유물이다. 즉, 관청건물·부지, 관청의 책·걸상·실내비품·문방도구 등의 행정도구와 행정소모품, 관사와 실내가구, 관리의 행차·부임·귀임·이임·귀향·시찰·순회 등에 따르는 여행경비, 관리의 생계비와 품위유지비 등은 모조리 국가가 공급한다. 이것은 군사적 관료제에서도 마찬가지다. 반면, 봉건제에서는 관직만이 아니라 모든 행정·사법·군사수단을 봉건관리가 세습적으로 사유하므로 봉건관리 자신이 모든 행정·군사수단(무기·화약·군마·군수물자·군량미)을 자비로 마련하거나 공급해야 한다.

바로 관리의 무산자적 지위라는 관료제의 이 마지막 특징으로부터 무산관리에게 생계비와 품위유지비용을 지급해야 하는 '봉급제'가 필연적 요소가 된다. 또한 '자유로운' 무산자로서의 관리의 지위는 관리가 지배자(국가나 제왕, 상공업단체 등)의 행정수단으로 소유되어 있지 않은, 신분적으로 자유로운 전문가이고, 이 자유로운 전문가들이 취사제取士制에 따라 선발시험(임용고시)에 자유롭게 응시하고 자유계약에 따라 자발적으로 관직을 얻어 출사出仕하고 자유롭게 관직을 버릴 수 있다는 것을 뜻한다. 따라서 지배자의 가산으로서의 '부자유인'(가신이나 노예)으로부터 관리를 충원하는 관리조직은 유교적·근대적 관료제가 아니라 '가산제적 관료제(*Patrimonialbürokratie*)'다.[515] 중국의 관료제에서 관리선발시험, 가령 송·원·명대 과거시험에는 자유인만이 응시할 수 있었고, 노비들은 응시할 수 없었다. 그리고 노비마저 완전히 해방된 청국의 과거시험에는 자유·평등한 만민이 다 자유롭게 응시해 관리가 될 수 있었다.

■ **중국 관료제의 고대적 기원**

은나라를 무너뜨리고 주나라를 세운 무왕은 뒤에 상론하듯이 은나라의 마지막 왕 주왕紂王의 죄목 중의 하나로 '관직을 세습시킨' 죄를 들고 있는 것으로 봐서 중국에서 관료제는 하은주 고대국가로부터 유래한 것이다. 그 대표적 증거는 바로 주나라 중앙정부의 관료제를 기록한 『주례周禮』다. 『주례』는 원래 『주관周官』 또는 『주관경周官經』으로 불렸으나 전한 말엽에 경전으로 인정되면서 『의례』·『예기』와 더불어 '삼례三禮'로 일컬어지면서 '주례'의 명칭을 얻고 당대唐代에는 유교의 '십삼경十三經'에 포함되었다. 그런데 『주례』가 저술된 시기를 두고는 논란이 심하다. 고문학파古文學派에서는 주나라 초에 주공周公이 지은 것이라고 말해왔다. 그러나 금문학파今文學派에서는 전국시대에 이루어진 것이라고 주장한다. 또 전한 말엽에 유흠劉歆이 위작僞作한 것이라는 설도 있다. 그러나 이 유흠위작설은 송대 개혁가 왕안석이 『주례』를 자주 들이대자 신법에 반대한 구법당舊法黨과 성리학자들이 퍼트린 허언虛言이었다.

고힐강顧頡剛(1893-1980)이 주장한 전국시대 법가저작설도 근거 없

515) 참조: Weber, *Wirtschaft und Gesellschaft*, 127쪽.

는 허언이다. 그는 『주례』에 통제국가 성격이 있다고 해석하고 『주례』가 전국시대 '법가의 저작'으로 한대에 법가 후예가 법가들의 단편들을 모으고 보충한 것이라고 추정했다.[516] 하지만 오늘날 고증된 바에 따르면 『주례』는 주나라 말엽 춘추시대부터 전래되어 오던 주나라 관제에 관한 기록들이 전국시대에 수집·집성된 책이다. 가령 상앙商鞅의 변법은 정전제를 폐지하고 원전제轅田制를[517] 채택하고 중농억상책重農抑商策을 편 반면, 『주례』는 농업의 기초를 정전제로 삼고 상공업을 농업에 앞세우거나 농업과 대등하게 놓는 '농·상 양본주의農商兩本主義'를 채택했다. 『주례』는 "곡면을 잘 알고 근육으로 다섯 재료를 붙잡아 백성의 기물을 마련하는 것은 백공이라 하고, 사방의 진기한 것을 통하게 해서 이를 취하는 것은 상려商旅라 하고, 근력으로 땅의 재물을 키우는 것은 농부라 한다"고 하여 농부를 공인·상인 뒤에 놓고 있다.[518] 이것만 보아도 고힐강의 법가저작설은 구법당의 유흠위작설만큼이나 일고의 가치도 없는 허언이다.

『주례』는 여러 가지로 보아 주공의 저작으로 보아야 한다. 첫 번째 근거는 『주례』가 전국시대의 저작이라면 춘추전국시대의 제자백가의 저작들처럼 유실된 부분이 전무해야만 할 터인데, 지금 남아 있는 『주례』는 유실된 곳이 너무 많다. 『주례』에 기록된 육관六官(천·지·춘·하·추·동)의 372개 관직 가운데 관직명만 남고 설명내용이 유실된 곳이 모두 34개 항목이다. 이 34개 항목 중 19개 항목은

---

516) 顧頡剛, 「周公禮制的 傳說 和『周禮』一書的 出現」, 『文史』 6(1979). 이근명, 「전통시대 지식인들은 왜 왕안석에 반대했는가?」, 『전북사학』 38(2011), 184쪽 각주 10에서 재인용.

517) '원전제'는 농민이 경지를 사유하고 토지를 자유매매할 수 있게 하는 토지제도다.

518) 『周禮』「冬官考工記」.

'동관사공冬官司空'의 항목들이다. 그런데 이 19개 항목은 한대漢代에 누군가에 의해 '동관고공기冬官考工記'라는 소제 아래 보충되어 있다.

『주례』를 주공의 저작으로 보아야 하는 두 번째 근거는 공자가 "주공의 법전(周公之典)"과 "주례"를 직접 언급하고 있는 점이다. 『춘추좌씨전』은 이렇게 기록하고 있다.

> 계손씨가 전부법田賦法(균제 없이 땅의 크기에 따른 일괄과세법)을 쓰고 싶어 염유를 시켜 공자에게 그것을 묻게 했다. 이에 공자는 "나는 아는 게 없다"고 말했다. 세 번이나 물었지만 공자는 그것으로 그쳤다. 그러자 (계손씨가) "부자夫子께서 나라의 원로이심에 부자의 말씀을 기다려 행하려는데 부자께서 말씀하시지 않음으니 이를 어찌 해야 하니까?"라고 했다. 그래도 공자는 대꾸하지 않고 염유를 개인적으로 불러서 이렇게 말했다. "군자의 행동은 예를 헤아린다. 베풀면 후하게 하고, 일하는 데는 중中을 행하고, 부세賦稅를 거두는 데는 가벼운 것을 따른다. 이같이 한다면 세대수로 거두는 종래의 구부법丘賦法으로도 족하다. 만약 예를 헤아리지 않아 탐욕이 한없는 것을 무릅쓴다면 전부법으로도 부족할 것이다. 또 만약 계손씨가 세법을 시행함에 본받고자 한다면 주공의 법전이 있다. 만약 구차하게 미봉으로 시행하고자 한다면 왜 이 사람에게까지 묻는 것이냐?[519]

---

519) 『春秋左氏傳(下)』, 哀公 11年, 474-475쪽: "季孫欲以田賦, 使冉有訪諸仲尼. 仲尼曰, "丘不識也." 三發 卒. 曰 "子爲國老, 待子而行, 若之何子之不言也?" 仲尼不對, 而私於冉有曰,君子之行也 度於禮 施取其厚 事擧其中 斂從其薄. 如是 則以丘亦足矣. 若不度於禮 而貪冒無厭 則雖以田賦 將又不足. 且子季孫若欲行而法 則周公之典在 若欲苟而行 又何訪焉?"

여기서 "주공의 법전(周公之典)"은 우리가 『주례』라고 칭하는 것을 가리킨다. 공자의 이 말을 중시하면 당시에 이 "주공의 법전"이 엄존했음이 틀림없다. 따라서 34개 항목이 유실된 채 전하는 오늘날의 『주례』는 주공이 짓고 '동관고공기'만이 한대에 보충된 것이다.

여기서 "주공의 법전"을 "본받을 것"을 촉구하는 공자의 말은 그가 "주례"를 직접 언급하며 이 주례를 따를 것을 천명하는 『중용』의 '주례추종' 명제와 일치한다.

> 나는 하례夏禮를 설명했는데 기杞나라에 부족하게 징후가 남아있고 은례殷禮를 배웠는데 송나라에 그것이 남아 있고, 내가 주례를 배웠는데 지금 그것을 쓰고 있으니, 나는 주례를 따르리라.(子曰 吾說夏禮 杞不足徵也, 吾學殷禮 有宋存焉, 吾學周禮 今用之 吾從周)[520]

따라서 "주나라는 하은 2대를 거울삼았으니 문채가 빛나고 빛나도다! 나는 주나라를 따르리라(周監於二代 郁郁乎文哉! 吾從周)" 『논어』의 종주從周 명제도[521] 실은 그 핵심이 주례추종 명제인 것이다.

그리고 『춘추좌씨전』의 다른 기록도 '주례'가 공자만이 짝사랑한 법전이 아니라 춘추시대에 그 위력과 효용이 일반적으로 인정받고 있었는지를 보여준다.

> 제나라 중손추仲孫湫가 (노나라에) 와서 어려움을 살펴보았다. 서책에 '중손'이라고 쓴 것은 역시 그를 좋게 말한 것이다. 중손은 제나라로 돌아가 보고했다. "경보慶父를 제거하지 않으면 노나라의 어려움은 끝나지 않을

520) 『中庸』(二十八章).

521) 『論語』「八佾」(3-14).

> 것입니다." 제공齊公이 물었다. "그를 제거해버리면 이를 어찌할 것인가?" 이에 중손추가 대답했다. "노나라의 어려움 끝나지 않고 그는 장차 스스로 폐거斃去될 것입니다. 임금께서는 그것을 기다리십시오." 제공이 "노를 취해도 되는가?"라고 묻자 중손추는 대답했다. "불가합니다. 아직도 주례周禮를 붙잡고 있습니다. 주례는 근본이 되는 방도입니다. 신은 '나라가 장차 망하려면 근본이 필경 먼저 넘어진 뒤에 지엽이 이를 뒤따른다'고 들었습니다. 노나라가 주례를 버리지 않았으니 임금께서 움직이는 것은 아직 불가합니다. 임금께서는 노나라의 어려움을 안녕하게 만드는 데 힘써 친해져야 합니다. 예를 갖추는 것을 친근히 하고, 무겁고 단단한 것과 가까이 하고, 두 마음을 가진 것을 멀리하고, 혼란을 극복하는 것은 패왕의 전문기술입니다."[522]

중손추는 제나라가 노나라를 호시탐탐 노리고 있지만 노나라가 아직 주례를 시행하고 있기 때문에 공략하기 불가능하다고 판단하고 노나라와의 친교라는 정반대 전략을 제안하고 있다. 경보가 아무리 악정을 펴더라도 노나라가 주례를 유지되는 한 아직 끄떡없다는 말이다. 그만큼 주례는 춘추시대에서도 아직 그만큼 펄펄 살아있는 법전이었던 것이다. 『주례』 저술시기에 대한 논란은 공자의 저 어록들과 『주례』의 이런 역사기록에 대한 참조로 충분히 종결된 것으로 간주해도 될 것이다.

『주례』는 천관天官·지관地官·춘관春官·하관夏官·추관秋官·동관冬官

---

522) 『春秋左氏傳(上)』, 閔公 元年 冬, 219쪽: "齊仲孫湫來省難 書曰 "仲孫", 亦嘉之也. 仲孫歸 曰 不去慶父 魯難未已. 公曰 若之何而去之? 對曰, 難不已 將自斃 君其待之! 公曰 魯可取乎? 對曰 不可. 猶秉周禮. 周禮所以本也. 臣聞之 '國將亡 本必先顚 而後枝葉從之.' 魯不棄周禮 未可動也. 君其務寧魯難而親之. 親有禮 因重固 間携貳 覆昏亂 霸王之器也."

등 육관을 전개한다. 천관은 대재大宰 이하 63관직, 지관은 대사도大司徒 이하 78관직, 춘관은 대종백大宗伯 이하 69관직, 하관은 대사마大司馬 이하 67관직, 추관은 대사구大司寇 이하 64관직, 동관은 윤인輪人 이하 31관직 등 도합 372관직이다. 『주례』는 이 372관직을 망라해 각기 그 직무의 성격과 관장 사항을 서술하고 있다.

『주례』의 관직 규정의 상세함을 보기 위해 천관 직제에 대한 기술만 간단히 살펴보자. 『주례』의 전문前文은 이렇다.

> 왕이 나라를 세우고 방위를 변별하고 위치를 바르게 하고, 나라의 격식을 만들고 관직을 설치하고 직책을 나누고, 이로써 백성의 지극한 법도로 삼고 천관총재天官冢宰를 세워 그 관속들을 이끌고 나라의 정치를 장악하게 함으로써 왕을 보좌하고 나라를 균제하게 한다.[523)]

『주례』는 '총재'를 다시 '대재大宰'로 바꿔 부르면서 대재 이하 63관직을 열거하고 임무를 설명한다. 63관직은 대재는 경卿 1인이고, 소재小宰는 중대부中大夫 2인, 재부宰夫는 하대부下大夫 4인, 상사上士 8인, 중사中士, 16인, 여旅 하사下士 32인, 부府 6인, 사史 12인, 서胥 12인, 도徒 120인이다. 기타 관직도 매번 수명에서 백여 명의 관속이 따른다. 기타 관직은 조정宮正, 궁백宮伯, 선부膳夫, 포인庖人, 내옹內饔(궁내 제사용 제수 요리 담당), 외옹外饔, 팽인亨人, 전사甸師, 수인獸人 어인漁人, 별인鼈人, 석인腊人(포 만드는 관직), 의사醫師(의료 관련 정령政令 관장), 식의食醫(왕의 수라 담당 영양사), 질의疾醫, 양의瘍醫, 수의獸醫, 주정酒正(술 관련 법령 관장), 주인酒人(제주祭酒와 예주禮酒

523) 『周禮』「天官冢宰」: "惟王建國 辨方正位 體國經野 設官分職 以爲民極 乃立天官冢宰使帥其屬而掌邦治以佐王均邦國."

제조), 장인漿人, 능인凌人(석빙고와 하절 얼음 분배 관장), 변인籩人(대나무로 만든 그릇에 먹을 것을 채우는 일 담당), 해인醢人(나무 그릇에 채우는 일 담당), 혜인醯人(나물·채소절임 담당), 염인鹽人, 역인冪人(덮개 담당), 궁인宮人(왕의 침소담당), 장사掌舍(행궁담당), 막인幕人(휘장 담당), 장차掌次(왕의 장막), 대부大府(세수업무 보좌), 옥부玉府(왕의 폐물 담당), 내부內府(공물 소요 담당), 외부外府(화폐출납과 백물반입 담당), 사회司會(六典·八法·八則 관장 부관), 사서司書(지적도·지도 담당), 직내職內(재물과 재화의 용처), 직세職歲(세금지출), 직폐職幣(집행예산의 잔여분 관리), 사구司裘(왕실의 겨울옷), 장피掌皮(가죽옷), 내재內宰(궁안의 일), 내소인內小臣(왕후 출입 시 앞에서 인도), 혼인閽人(왕궁 중문 출입 관리), 사인寺人(왕궁 내규), 내수內豎(궁 안팎으로 명령전달), 구빈九嬪, 세부世婦, 여어女御, 여축女祝, 여사女史, 전부공典婦功, 전사典絲, 내사복內司服, 봉인縫人, 염인染人, 퇴사追師(옥), 구인屨人(신발), 하채夏采(大喪에 초혼 담당) 등 61개 관직이 있다.[524)]

524) 『周禮』「天官冢宰」: 宮正上士二人中士四人下士八人府二人史四人胥四人徒四十人. 宮伯中士二人下士四人府一人史二人胥二人徒二十人. 膳夫上士二人中士四人下士八人府二人史四人胥十有二人徒百有二十人.庖人中士四人下士八人府二人史四人賈八人胥四人徒四十人. 內饔中士四人下士八人府二人史四人胥十人徒百人. 外饔中士四人下士八人府二人史四人胥十人徒百人. 亨人下士四人府一人史二人胥五人徒五十人. 甸師下士二人府一人史二人胥三十人徒三百人. 獸人中士四人下士八人府二人史四人胥四人徒四十人. 漁人中士四人下士四人府二人史四人胥三十人徒三百人. 鼈人下士四人府二人史二人徒十有六人. 腊人下士四人府二人史二人徒二十人. 醫師上士二人下士四人府二人史二人徒二十人. 食醫中士二人. 疾醫中士八人. 瘍醫下士八人. 獸醫下士四人. 酒正中士四人下士八人府二人史八人胥八人徒八十人. 酒人奄十人女酒三十人奚三百人. 漿人奄五人女漿十有五人奚百有五十人. 凌人下士二人府二人史二人胥八人徒八十人. 籩人奄一人女籩十人奚二十人. 醢人奄一人女醢二十人奚四十人. 醯人奄二人女醯二十人奚四十人. 鹽人奄二人女鹽二十人奚四十人. 冪人奄一人女冪十人奚二十人. 宮人中士四人下士八人府二人史四人胥八人徒八十人. 掌舍下士四人府二人史四人徒四十人. 幕人下士一人府二人史二人徒四十人. 掌次下士四人府四人史二人徒

천관 대재의 제1직분은 "나라를 세우는 육전六典을 관장하고 왕을 보좌하여 방국을 다스리는 것이다. 제1법전은 치전治典으로 방국들을 경영하고 관부官府를 다스림으로써 만민의 기강을 세운다. 제2법전은 교전敎典으로 방국들을 안정시키고 관부를 가르침으로써 만인을 흔들어 순화한다. 제3법전은 예전禮典으로 방국들을 화해시켜 백관을 통할함으로써 만민을 사이좋게 지내게 한다. 제4법전은 정전政典으로 방국들을 평장平章하여 만민을 고르게 한다. 제5법전은 형전刑典으로 방국들을 꾸짖어 백관을 상벌로 바로잡음으로써 만민을 규찰한다. 제6법전은 사전事典으로 방국들을 부유하게 만들어 백관에 소임을 주어 만민을 살린다."[525]

여기서 지극히 간략하게 소개된 방대한 관제집官制集『주례』는

八十人. 大府下大夫二人上士四人下士八人府四人史八人賈十有六人胥八人徒八十人. 玉府上士二人中士四人府二人史二人工八人賈八人胥四人徒四十有八人. 內府中士二人府一人史二人徒十人. 外府中士二人府一人史二人徒十人. 司會中大夫二人下大夫四人上士八人中士十有六人府四人史八人胥五人徒五十人. 司書上士二人中士四人府二人史四人徒八人. 職內上士二人中士四人府四人史四人徒二十人. 職歲上士四人中士八人府四人史八人徒二十人. 職幣上士二人中士四人府二人史四人賈四人胥二人徒二十人. 司裘中士二人下士四人府二人史四人徒四十人. 掌皮下士四人府二人史四人徒四十人. 內宰下大夫二人上士四人中士八人府四人史八人胥八人徒八十人. 內小臣奄上士四人史二人徒八人. 閽人王宮每門四人囿游亦如之. 寺人王之正內五人. 內豎倍寺人之數九嬪. 世婦. 女御. 女祝四人奚八人. 女史八人奚十有六人. 典婦功中士二人下士四人府二人史四人工四人賈四人徒二十人. 典絲下士二人府二人史二人賈四人徒十有二人. 典枲下士二人府二人史二人徒二十人. 內司服奄一人女御三人奚八人. 縫人奄二人女御八人女工八十人奚三十人. 染人下士二人府二人史二人徒二十人. 追師下士二人府一人史二人工二人徒四人. 屨人下士二人府一人史一人工八人徒四人. 夏采下士四人史一人徒四人.

525)『周禮』「大宰」"大宰之職 掌建邦之六典以佐王治邦國. 一曰治典以經邦國以治官府以紀萬民. 二曰教典以安邦國以教官府以擾萬民. 三曰禮典以和邦國以統百官以諧萬民. 四曰政典以平邦國以正百官以均萬民. 五曰刑典以詰邦國以刑百官以糾萬民. 六曰事典以富邦國以任百官以生萬民."

주나라 관제를 집대성한 것이다. 『주례』의 이 관직 체계는 중국과 고려·조선의 국가조직과 관직제도에 큰 영향을 미쳤다. 한대漢代에 이미 『주례』의 '육관六官'을 따라 관부官府를 '육부六府'로 나누는 것이 일반화되었다. 수당隋唐 이후로는 중앙정부로부터 지방에 이르기까지 모든 행정 조직이 이吏·호戶·예禮·병兵·형刑·공工의 육부 혹은 육조의 형태로 정비되었다. 또한 주대周代에 제국의 중앙정부와 제후국의 지방정부를 가리지 않고 견지하고 제국과 방국을 두루 일사분란하게 다스린 이 '주례' 덕택에 진·한대 이래 군현제에 기초한 중앙집권국가를 일사분란하게 다스릴 수 있었고, 역대 중국정부들이 중앙집권제적 관료제를 발전시킬 수 수 있었다. 그리하여 관료제는 중앙집권국가의 필수적 기제로 굳어졌다.

무왕이 은나라를 타도한 한 가지 이유로 '관직세습'을 들고 있는 것을 보면, 주나라의 관제를 집대성한 『주례』의 관직과 관리들은 모두 다 '시취試取' 또는 '취재取才'(능력검정시험으로 인재를 선발하는 제도)에 의해 임용된 관료들이었다. 즉, 『주례』의 모든 관직은 세습이 금지된 관직이고, 『주례』의 모든 관리는 능력검정을 마친 선비 관리이거나 전문기능직 관리들이었다는 말이다. 그리하여 각종 유교경전은 관직세습의 금지 원칙을 다각도로 논하고 있다.

그리하여 역대 중국제국과 고려·조선의 중앙집권적 관료제의 발전은 『주례』를 비롯한 여러 유교경전과 불가분적인 것이다. 우선 여러 경전에 의하면, 대동시대 이래, 즉 공자가 태어나기 까마득히 오래 전부터 중국제국의 역대국가들이 국가관직의 세습을 금지했던 것은 확실하다. 오제(황제·전욱·제곡·요·순)시대를 대동大同시대로 규정한 공자는 하·은·주 삼대의 기록을 읽고 이렇게 회고했다.

대도가 행해진 일과 하·은·주 삼대의 영현들(우·탕 임금과 문무왕과 주공)은 내가 직접 겪지 못했지만, 그것에 대한 기록은 남아 있다. 대도가 행해짐에 천하는 공공의 것이고, 현자와 능력자를 뽑아 쓰고, 신의를 익히고 화목을 닦았다. 이것을 대동이라고 일컫는다.[526]

"천하는 공공의 것"이었던 시대에 "현자와 능력자를 뽑아 썼다"는 구절은 관직의 세습제도와 정실주의를 부정하고 능력주의에 입각한 전문관리 선발제도를 말하는 것이다. 따라서 이것은 과거회귀적 이상향인 대동천하에만 타당한 것이 아니라, 토지의 9분의 1에서 나오는 세수를 왕의 내탕고로 귀속시키고 9분의 8에서 나오는 세수는 호부(호조)로 귀속시킨 모든 유교국가에도 적용되는 구절이다. 송대이후 모든 유교국가는 '국가의 공적 행정체제'와 '왕의 사적 내수사조직'이 분리되어 줄곧 서로 갈등을 벌였던 공기公器였고, 관료제에서 관리는 관직을 세습이나 정실로 얻은 자들이 아니라 전문능력을 검증하는 과거시험으로 "뽑은 현자와 능력자"로서의 전문관리들이었기 때문이다.

오제시대 이래 관직의 세습이 금지되었다는 것은 관직세습을 은나라 폭군 주왕紂王의 죄목으로 논단하는 무왕武王의 혁명선언문 「태서泰誓」에서도 확인된다. 공자가 편찬한 『서경』은 무왕武王의 이 「태서」를 전한다.

무왕은 말했다. (...) 지금 은나라의 수受는 위로 하늘에 불경하고 아래로 백성에게 재앙을 내리고 있소. ①술에 빠져 여색을 덮어쓰고, ②포학을

---

526) 『禮記』「禮運 第九」: "孔子曰 大道之行也 與三代之英丘未之逮也 而有志焉. 大道之行也 天下爲公 選賢與能 講信修睦. (...) 是謂大同."

감히 저지르고, ③사람에게 죄를 줌에 친족까지 연좌시키고, ④사람들에게 관직을 줌에 세습시켰소. ⑤궁실, 누대, 연못과 사치스런 옷만을 오로지 밝혀 그대들 만백성에게 잔해殘害를 입혔고, ⑥충량忠良들을 태워죽이고, ⑦애기 밴 부녀를 배를 갈랐소. 이에 황천皇天이 진노해 나의 돌아가신 아버지 문왕에게 명해서 천위天威를 마땅히 엄숙하게 시행하게 하셨으나 큰 공훈을 아직 이루지 못했소. 그래서 나 소인 발發(무왕의 본명 – 인용자)은 그대 우방임금들과 더불어 은나라의 정사를 살펴보았으니, ⑧수는 개전의 마음이 없고 ⑨편히 앉아 상제上帝와 지신地神을 섬기지 아니하였고, ⑩ 선조의 종묘를 버려둔 채 제사를 지내지 않아 제수와 제기가 흉도들에게 넘어가고 있어도, '나는 백성이 있고 천명이 있다'고 말하며 남을 업신여기는 것을 징계하지 않고 있소. 하늘이 아래 백성을 도우려 임금을 만들고 스승을 만드셨으니 오직 그들은 상제를 잘 도와 사방을 사랑하고 편안하게 해야 할 따름이오. 그러니 죄가 있든 없든 내가 어찌 감히 그 뜻을 뛰어넘겠소?

무왕은 은나라 주왕 수受가 범한 11개 죄목 중 네 번째 죄목으로 "관인을 세습시켰다(官人以世)"는 것을 들고 있다.527) 관직세습을 혁명의 한 사유로 지목하는 이 논죄로써 중국에서 관직불세습의 평등주의·능력주의 원칙이 이미 요순시대 이래 국가관직의 유구한 인사원칙으로 확립되어 있었다는 것이 다시 확인된다.

■ **공맹의 유학적 관료제론**

중국의 유구한 원칙에 따라 공자는 '선비는 관직을 세습하지 않고 공력功力(능력)으로 얻는 것'을 공직의 인사원칙으로 재확인한다.

527) 『書經』「周書·泰誓(上)」.

제후의 세자는 나라를 세습하나, 대부는 관작을 세습하지 않고, 부림(使)은 덕으로써 하고 관작은 공력功力으로 하는 것이니, (…) 제후의 대부는 작록을 세습하지 아니한다.(諸侯世子世國 大夫不世爵 使以德 爵以功 […] 諸侯之大夫 不世爵祿)[528]

여기서 '대부'는 벼슬한 선비를 가리킨다. "관작은 세습하지 않고 공력으로 하는 것"이라는 말은 바로 관리선발의 능력주의 원칙을 천명한 것이다. 공자는 여기서 봉건제국 주나라의 법전에 따라 "제후의 세자가 나라를 세습하는 것"을 인정했으나, 진·한제국이 봉건제를 폐하고 군현제도를 도입한 이래 세습관직의 봉건제후도 폐지되고 명·청 때 주나라 봉건제후의 권한을 분권해 가진 지방장관들인 총독·순무巡撫·포정사布政使도 모두 '관료'로 대체되었다.

공자의 이 능력주의 선발·인사원칙으로 중국에서 봉건적 세습귀족의 존립 여지는 정치철학적으로 일찍이 근절되었다. 공자는 국가행정의 중요한 조직원칙으로 관직불세습 원칙의 유구한 국가철학과 능력주의적 관직선발 원칙을 대변한 것이다. 맹자도 오패五霸가 '규구葵丘의 회맹'에서 약정한 5개항의 금법 중 제4명命을 상기시키고 있다.

선비는 벼슬을 세습하지 않고, 관직을 겸직시키지 않고, 반드시 선비를 뽑아 얻고, 대부를 마음대로 살해하지 말라.(士無世官 官事無攝 取士必得 無專殺大夫)[529]

---

528) 『禮記』「王制 第五」(59).

529) 『孟子』「告子下」(12-7).

훗날 '취재取才' 또는 '시취試取'로 불리기도 한 "취사取士"는 사전적 의미에 따라 인재의 능력을 검증하는 시험으로 선비나 무사를 뽑던 일을 가리킨다. 여기서 중요한 구절은 "선비는 벼슬을 세습하지 않고, 관직을 겸직시키지 않고, 반드시 선비를 뽑아 얻는다"는 구절이다. 맹자시대의 '규구葵丘회맹'의 금법도 이와 같이 관직세습금지와 능력주의적 관리선발의 유구한 국가원칙을 재확인한 것이다. 따라서 앞서 시사했듯이 『주례』도 모든 관직의 세습금지·임기제와 임용고시(취재)·인사고과를 통한 관리의 임용·배치·승진의 인사관리를 원칙으로 삼았다고 해석해야 할 것이다.

중국과 공맹의 관직세습금지 원칙과 능력검증을 통한 관리선발 원칙은 곧 만백성에게 공무담당 기회를 개방하고 전문적 능력의 관리를 얻을 목적을 가진다. 동서양을 막론하고 귀족은 관직에 대한 접근로를 영구적으로 장악함으로써, 즉 관직을 세습함으로써 발생한다.[530] 따라서 공맹의 관직세습 금지원칙은 귀족제를 제거하는 금법이기도 하다. 하지만 춘추시대에도 오패五霸가 '규구葵丘의 회맹'에서 선비의 관직세습을 금지하는 금법을 약정해야 할 정도로 세습귀족의 폐절과 억제는 쉽지 않았다. 현자와 능력자를 취하는 원칙이 통용되었음에도 늘 불철저하거나 간헐적이었기 때문이다.

유교적 능력주의 인사원칙을 수용한 한대漢代 중국정부는 뛰어난 극간자極諫者들을 발탁하거나 천거로 관리를 발탁하는 제도를

530) 디드로는 계몽주의 세계관의 홍보사전인 『'백과전서』의 '시민' 항목에서 "귀족이란 조상으로부터 생겨나는 것이 아니라 행정의 최고관직에 대한 공통적 권리로부터 생겨나는 것이기 때문에 참정권을 가진 자유평등한 시민은 모두가 귀족"이라고 말한다. Jean Le Rond d'Alembert, Denis Diderot u.a., *Enzyklopädie. Eine Auswahl* (Frankfurt am Main: Fischer Taschenbuch Verlag, 1989), 92-94쪽.

도입했다. 하지만 이것은 체계적이지 못했고, 대토지를 겸병한 공신귀족들과 토후귀족의 발생을 억제할 수 없었다. 한대 이후에는 수·당대 및 오대십국시대까지 아예 귀족들이 관직을 나눠가졌다.

수·당대에 과거제가 처음 실시되었으나 귀족들의 자제에게만 응시자격이 주어져 귀족들의 관리 공유를 타파하는 것과 무관했고 오히려 이전의 1회적 관직 경력으로도 귀족 지위를 이어갈 수 있는 '사대부士大夫 제도'를 확립하고 공고화시켰다. 당나라 때 등장해 확고하게 자리 잡은 세습적 '사대부'제도는 자손이 과거 급제를 통해 이어가는 것을 원칙으로 삼되, 아직 과거에 급제하지 못한 과거시험을 준비하는 '포의布衣의 독서인'에게도, 즉 아직 경전을 읽고 있는 급제자 후손(이른바 '유학幼學')들에게도 전대가 과거를 통해 얻은 신분을 대대로 물려줄 수 있었던 것이다. 그리하여 이 과거시험 준비생들이 평생 낙방하더라도 요역 면제의 특권을 누렸던 것이다.[531] 또 당대에 사대부의 자손에게는 과거를 거치지 않고 '음서蔭敍' 또는 '음조蔭補'와 '진납進納'의 절차로 출사하는 길도 열려 있었다.[532]

말하자면, 당나라에서 과거제를 통해 벼슬에 나아갈 수도 있었지만 '대부분' 귀족신분의 음보로 관직에 진출하는 것이 '일반적' 관행이었다. 그리고 과거시험에도 귀족 자제들만이 응시자로 천거되었기 때문에 세습귀족의 지위는 과거를 통해 오히려 더 강화되었던 것이다.

과거제는 송의 건국과 동시에 일대 발전을 이루어 크게 개선되어 광범한 계층에 개방되었다. 송대 중국정부는 건국 초부터 당대의

---

531) 참조: 梁鐘國, 『宋代士大夫社會硏究』(서울: 三知院, 1996), 61쪽.

532) 조동일, 『동아시아 문명론』(서울: 지식산업사, 2010), 285쪽.

과거제를 계승하면서도 문벌들의 시험비리 여지를 열어주고 연고의 작용을 용인하는 당대 과거제를 대대적으로 수술하는 한편, 과거를 유일한 입사로入仕路로 단일화해 나가면서 과거를 대체하는 문벌·신분·연고(蔭敍) 등의 입사로를 대폭 좁혔다. 그리고 송대 초에 정부는 시험비리를 없애기 위해 과거시험을 해시解試·성시省試·전시殿試(覆試)의 3단계 시험으로 구분하고 호명법糊名法, 등록법謄錄法, 별두시別頭試를 실시하고, 공권公卷을 폐지함으로써 시험비리와 부패의 소지를 없앴다.[533] '공권'은 고시생이 평소에 시문을 써서 궁중의 석학과 명유의 수중에 들어가도록 하여 이들의 검토를 경로로 지명도를 높여 관직을 얻는 방법우로서 시험관에게 미리 시문을 바쳐 자기홍보 운동을 하던 관행이다.

그러나 송대에도 관리의 충원은 관리의 60-70%가 음보제에 의해 이루어졌다. 3품 이상의 당상관 관료나 그 출신은 20여 년 동안 20명의 친인척을 음보로 출사시킬 수 있었다.[534] 이런 까닭에 당대 이래 새로운 '관료귀족'이라고 할 수 있는 '사대부'의 시대가 송대에도 연장된 것이다. 관원 중에서 이 음보가 사라지고 거의 전원이 과거급제자와 태학졸업자로 충원되기 시작한 것은 송대의 개혁가 왕안석의 1070-71년 과거제·학교제 개혁 이후의 일이었다.

533) 임현숙, 「王安石과 科擧制度改革에 대한 一考察」, 이화여자대학교 1982년 석사학위논문, 5-8쪽. 호명법은 응시자의 이름을 가리는 방법이고, 등록법은 제3자가 응시자의 답안을 베껴 채점하는 방법이며, 별두시는 시험관(考官)의 자손이나 종족 중에 응시자가 있을 경우에는 이 응시자를 별도 장소에서 특별관리하에 시험을 치르게 하는 것이다.

534) 이근명 편저, 『왕안석자료 역주』 (서울: 한국외국어대학 지식출판원, 2017), 240쪽 역주 44).

■ 왕안석의 과거제 개혁과 관료제의 확립

왕안석王安石(1021-1086)은 신종 황제가 그를 국정개혁을 위해 참지정사(1069. 2.)와 재상(동중서문화성평장사, 1070)으로 발탁되기 한참 전인 1058년 「인종황제에게 올리는 언사서(上仁宗皇帝言事書)」를 썼었다. 그는 이 「언사서」에서 무왕이 관직을 세습시킨 것을 은나라 주왕을 타도한 이유 중의 하나로 지목했던 사실史實을 예로 들며 '음보'를 망국의 폐풍弊風으로 강력 비판했다.

> 은택자제恩澤子弟는 학교에서 도학과 육예六藝를 가르치지도 않고 관청에서 그 재능을 고시考試로 묻지도 않으며 부형은 그 행의行義를 보증하지도 않습니다. 그런데도 조정에서는 갑자기 그들에게 관직을 주고 일을 맡깁니다. 무왕이 주紂의 죄를 헤아리기를, "관인을 세습시켰다"고 했습니다. 무릇 관인을 세습시키고 그 재능과 행위를 계고計考하지 않습니다. 이것은 곧 주가 난으로 망한 길이니, 이는 치세에는 없는 것입니다.[535]

그리하여 1070년 왕안석은 음보를 없애고 과거시험 급제자를 관리로 채용하는 것을 대원칙으로 삼은 개혁조치로 '사대부'제도를 타파하고 관원의 특권을 1대에 한정하는 '신사'제도를 도입했다.

왕안석은 국정개혁에서 『주례』를 교과서로 삼았다. 그러나 과거제 개혁은 그의 아이디어 위주로 진행되었다. 그는 1070년 3월부터 과거제도 개혁에 착수했다. 송대 초에 개선된 과거제도 송대 중기에 이르자 많은 문제점을 노정했다. 우선 과거는 승관발재昇官發財의 도구로 전락해 있었고, 성시省試 응시자격을 주던 국자감(태학)도

535) 왕안석, 「上仁宗皇帝言事書」(1058), 240쪽. 이근명, 편저, 『왕안석자료 역주』(서울: 한국외국어대학 지식출판원, 2017), 240쪽 역주 44).

교육기능을 잃고 과거의 부속기구로 전락했다. 과거가 있기 전에는 학생이 운집하고, 과거가 끝나면 태학은 텅 비었다. 또한 과거의 시험문제가 시작詩作, 암기 위주의 묵의墨義, 첩경帖經이었기에 급제자도 실무능력이 없었다. 또한 임금들이 시혜의 의미로 너무 많은 급제자를 양산해 용관冗官들이 너무 많아졌다. 그리하여 송대 중기에는 범중엄·사마광·구양수·소식 등도 과거제 개혁방안을 다양하게 제안하고 있었다.[536]

왕안석은 이들의 여러 개혁안을 종합했다. 1070년 3월 그는 먼저 여러 명경과名經科를 폐지하고 달사과達士科로 통일함으로써 후대 과거의 전형을 이룩했다. 그리고 진사과의 시제試題를 시부詩賦에서 경의經義(경전독해)와 책론策論(정책논문)으로 바꾸었다. 이로써 고시생들에게 치도治道에 관심을 갖게 했다.[537] 그리고 1073년 3월 진사과와 제과諸科에 명법明法을 시험토록 했다.[538] 나아가 진사과 급제자들에게 서리의 일로 여겨 부끄러워하던 율의律義를 시험해 벼슬과 관직을 주는 신과명법新科明法을 실시했다.[539] 이로써 관리들이 최소한의 실무지식을 갖출 수 있는 제도적 장치가 마련되었다.

이후 고위 관직자가 비록 재상이었더라도 그의 아들은 다시 과거시험을 통해 등과해야만 관원이 될 수 있었다. 이 음보(음서)배제 원칙을 지향하는 왕안석의 과거제·학교제 개혁과 관료제 개선은 당대唐代 이래 전통이 된 '사대부'를 '신사紳士'로 전변시키고 귀족제

536) 임현숙, 「王安石과 科擧制度改革에 대한 一考察」, 9-10쪽.

537) 임현숙, 「王安石과 科擧制度改革에 대한 一考察」, 38-42쪽.

538) 劉子健(제임스 류) 저, 이범학 역, 『왕안석과 개혁정책』(서울: 지식산업사, 1991·2003), 19쪽. James T. C. Liu, *Reform in Sung China: Wang An-shih (1021-1086) and His New Policies* (Cambridge: Harvard University Press, 1959·2013).

539) 임현숙, 「王安石과 科擧制度改革에 대한 一考察」, 47쪽.

도를 철폐하는 역사적 전기가 되었다. 이 개혁은 1070-71년에 완료되었다.

그리고 왕안석은 1070년 10월 창법倉法의 도입으로 부정부패의 온상인 서리층胥吏層의 고용제도도 개혁했다. 창법은 서리에게 녹봉을 지급하고 잘못에 대해서는 엄징하며 유능한 서리에게는 일정한 시험을 거쳐 관리로 승진할 수 있는 기회를 주는 서리 관련 법제다.[540] 과거제·학교제 개혁이 고위관료들로 조직되는 상위관료체제를 갱신하는 것이라면, 창법은 서리들로 구성되는 하위관료체제를 개선해 근대적 행정체제로 재창출하는 하부행정개혁법이었다.

관료행정체계의 필수불가결한 최말단 관리층을 이루는 서리집단은 송대에 들어서 그 정치적·서무적庶務的 역할이 더욱 중요해지고 현저해졌다. 재정·재판문제에 관한 행정절차가 복잡다단해지고 인쇄술의 발달로 행정문서가 광범하게 사용되었다. 삼사(호부·전운사·상평사)에만 문서로 가득한 방이 1,080여 개소나 있을 정도였다. 그 결과 방대한 양의 일상적 문서업무를 처리하는 서리들의 문서작성·보관·증빙의 기능은 점차 특수기능이 되었다. 송대 초에는 서리의 공식적 교육·훈련·선발제도가 없었다. 서리는 대부분 기존 서리들의 자제와 친척 중에서 뽑혔다. 중앙관서의 서리는 거의가 수도 주변에서 영구적으로 거주했고, 지방관청의 서리는 대대로 그 지역의 전직 서리집단으로부터 충원되었다. 법적·사회적으로 서리(구실아치)의 지위는 일반관료(벼슬아치)에 비해 아주 낮았으나 실제적 서무행정에서 그들의 역할은 행정의 성패를 좌우할 만큼 아주 중요했다. 그러나 서리들의 녹봉은 미미하거나 아예

540) 제임스 류, 『왕안석과 개혁정책』, 19쪽.

없었다. 중앙관서의 서리는 생계가 불가능할 정도로 적은 녹봉을 받았고, 지방서리는 녹봉을 전혀 받지 않고 잡다한 세수에서 얼마간 뜯어먹으며 생활했다.

관료들은 부임지를 떠돌았으나 서리는 관서의 특정부서에 영속적으로 머물렀다. 관료들은 '탈脫봉건'되었으나 서리들은 '봉건화'되어 갔던 것이다. 서리가 실질적으로 특정부서나 특정지방의 업무와 직접 연계되어 사실상 직책을 세습했기 때문이다. 따라서 서리들은 영속적 근무와 실무지식을 바탕으로 미숙한 관료들의 행정적 정책결정에 늘 영향력을 행사했다. 그러나 이들은 도덕적 자질도 없었고, 승진도 꿈꾸지 않았다. 이들의 주된 관심사는 관료들을 속여 부정한 일을 저지르는 데 있었다. 서리들은 관료의 감독을 피해 재정문제를 조종했으며 일반인들도 이들을 뇌물로 유혹했다. 서리들은 거의 공공연히 상인들과 결탁하고 부패관료와 공모했다.[541]

왕안석은 상부 관료체제의 개혁에 연계해서 관료체제의 뿌리인 서리체제의 개선에도 달라붙었다. 더욱이 그가 추진하는 개혁은 국가행정의 규모와 범위를 확대하는 방향을 취하고 있었기 때문에 서리들에게 더 큰 권한과 재량권을 줄 수밖에 없었다. 따라서 신법의 성패는 서리체제의 개혁 여부에 달려 있다고 해도 과언이 아니었다. 창법의 내용은 다음과 같다.

① 서리의 수적 감축

② 중앙관청 서리의 녹봉 인상, 지방관청의 서리에게 녹봉 신규지급

③ 유능한 서리에게 시험을 거쳐 관료로 승진할 기회 부여

541) 제임스 류, 『왕안석과 개혁정책』, 107-109쪽.

④ 서리에 대한 감독을 철저히 하고 부패 시에는 엄벌[542)]

창법의 '창倉'은 세곡창고를 뜻했는데, '창법'은 서리들에게도 이 '창'의 양곡으로 녹봉을 주는 서리봉급제인 것이다. 왕안석은 이 창법으로 '이사吏士합일' 체제, 즉 서리와 신사의 합일체제의 수립을 지향했다.[543)] 창법은 어느 정도 성과를 거두었다. 창법이 백성의 조세부담을 늘리지 않고도 행정을 공정하고 합리적으로 운영할 수 있는 건전한 기초를 마련했기 때문이다. 서리에 대한 감독 강화와 부정부패에 대한 엄벌은 지방행정의 쇄신을 가져왔다. 이것은 당시 구법당들도 인정하는 바였다.[544)] 서리체제의 개혁은 결국 사회 전반의 청렴화와 투명화에 의해서만 성공할 수 있었다. 창법의 성패가 창법을 시행하는 서리의 손에 달려 있다는 것이 문제였을지라도 창법의 개혁방향은 근본적으로 옳았다. 이로써 왕안석의

---

542) 제임스 류, 『왕안석과 개혁정책』, 107-109쪽.

543) 『續資治通鑑長篇』 卷237, 238쪽. 제임스 류, 『왕안석과 개혁정책』, 109-110쪽에서 재인용.

544) 제임스 류, 『왕안석과 개혁정책』, 110쪽. 창법은 시행 과정에서 문제를 노정했다. 서리의 새 녹봉은 이전에 부정한 방법으로 획득하던 수입의 반도 못되었다. 따라서 착복·금품강요 등 부정부패와 비리는 규모와 빈도가 줄었을지라도 박멸되지 않았다. 이들은 청묘법의 시행 시에 원치 않는 농민에게도 청묘전을 강요하거나, 신설된 500여 개소의 상평창을 백성이 아니라 자신들을 위해 활용했다. 방전균세법의 시행에서도 서리들은 실사·기록·보고 등의 행정권을 오·남용해 부패관료나 겸병지가와 결탁하기도 했다. 채경의 제2차 개혁기에는 신법의 실시와 폐지, 그리고 부활 등이 반복되면서 가령 모역법의 경우 서리들이 재산규모와 역부담액에 대한 판정권한을 오용해 기록들을 은닉하거나 없애버렸다. 시역법의 실시에서도 서리들이 그 법취지를 왜곡하는 통에 중소상인과 소비자들이 반드시 이로운 것도 아니게 되었다. 시역법의 실제 이득은 부패관료와 서리들에게 돌아갔다. 왕안석 신법의 실패 이유 중 하나는 악덕서리와 부패관료의 결탁에 의한 새로운 부정부패와 난정에 있었다. 이런 부패와 난정 추세는 구법당 집권기와 제2차 개혁기에 극심해졌다. 이 서리의 문제는 남송대와 명·청대까지도 풀지 못했다. 참조: 제임스 류, 『왕안석과 개혁정책』, 19쪽.

개혁으로 송대 관료체제는 상부와 하부가 다 근대화되었다.

왕안석의 과거제·관료제 개혁은 ①관직세습·음보 금지, ②전문관리(현자·능력자)의 ③능력주의 선발이라는 세 가지 핵심적 요소에서 공맹의 국가철학과 그대로 부합했다. 따라서 중국의 역대국가가 유교화될수록 왕안석에 결사반대한 구법당 계보의 성리학자들도 그에 의해 개혁된 과거제와 관료제를 다 수용했다. 그리하여 세습적 '사대부' 제도를 완전히 청산한 이후 송·명·청대의 중국은 만인에게 기회가 균등한 개방적 공무담임제도와 비세습적 '신사' 제도를 운영한 것이다. 신사의 면세·면역免役 및 정치사회적 우대의 특권은 종신적이었으나, 과거에 급제한 당사자 1대에 한했다. 그리하여 '신사'의 아들도 다시 과거에 급제해야만 이 신분을 재생산할 수 있었다. 3품 이상 고위관리의 자손에 한해 여전히 음서제도가 허용되기는 했으나, 그 활용도는 '미미'했다.[545]

■ 명·청대 중국에서의 관료제와 과거제의 완성

특히 명·청대에 중국의 관료체제는 더욱 완벽화되었다. 중앙정부에서 내각 밑에 이부吏部·호부戶部·예부禮部·병부丙部·형부刑部·공부工部 등 육부六部가 있었다. 각부의 장은 상서尙書(정2품)이고 차관은 시랑侍郎(정3품)이다. 이 중 이부상서는 '태재太宰', '총재冢宰', 또는 '대총재大冢宰'라고 불렀고,[546] 보통 『주례』에 따라 '이부'는 '천관天官'으로, 이부상서는 '천관天官총재'로 경칭敬稱했다.

545) 참조: 오금성, 『國法과 社會慣行』(서울: 지식산업사, 2007), 183-199쪽; Ho Ping-Ti, *The Ladder of Success in Imperial China: Aspects of Social Mobility, 1368-1911* (New York: Columbia University Press, 1962). 何柄棣(조영록 외 역), 『중국과거제도의 사회사적 연구』(서울: 동국대학교출판부, 1987), 170-171쪽.

546) 참조: 杜乃濟, 『明代內閣制度』, 四七~八쪽.

명조는 수도를 두 개 두는 양경제兩京制를 채택해 북경과 남경에 각각 중앙관료기구를 하나씩 두었다. 양경제 혹은 다경제多京制는 중국 역대국가의 전통이었다. 제3대 황제 영락제(성조)가 북경으로 천도한 뒤부터 남경은 남겨진 도읍지라는 의미에서 '유도留都'라고도 불렸다. 남경은 북경만큼 완벽한 중앙관료체제를 갖추고 있었다. 양경 관료기구의 공통점은 오부, 육부, 도찰원, 대리시, 통정사사 등의 기구를 두었던 것이고, 관원의 품계도 똑같았다. 다른 점은 남경에 내각을 설치하지 않았고 남경의 각 관료기구의 정원이 북경보다 적었다는 것이고, 정관正官은 일반적으로 보좌직이 없었다. 예를 들면 남경의 육부에는 좌시랑을 두지 않았고, 도찰원에도 좌도어사를 두지 않았다. 속관으로 둔 관원도 적었을 뿐만 아니라 전부 두었던 것도 아니었고 책임과 권한도 북경보다 작았다.

홍무제는 권력분립과 상호견제를 위해서, 그리고 관료기구에 대한 왕족과 공신들의 문란한 개입을 막기 위해 많은 공신들을 점차 숙청하는 한편, 자신의 황자들을 각지로 내려 보냈다. 파견된 지역은 주로 국경지방이었다. 홍무제는 이 파견된 황자들을 왕으로 봉하여 공신들로부터 병권을 빼앗아 이들에게 쥐어주어 공신들의 권한을 축소시켰다.

그러나 황제 측에는 공신들이 이미 거의 숙청되어 지략가가 별로 없었고 병력을 거느릴만한 인재도 적었으나, 국경지방의 번왕藩王 측에선 계속 국경경계를 지켰기 때문에 백전노장이 많았고 병권도 강했다. 이러한 이유로 번왕 세력이 황제를 위협할 위험이 커졌다. 이에 제2대 황제 건문제는 삭봉책削封策을 시행하여 많은 번왕들을 귀양 보내거나 서인으로 강등시켰다. 이 조치에 주원장의 4째 아들 주체朱棣(후의 영락제)가 위협을 느끼고 반란을 일으켜 3-4년간의 내전 끝에 1402년 남경을 함락시키고 황위를 차지했다. 이를 '정난靖難의 변'이라고 한다.

그 후 제3대 황제 영락제는 번왕들의 병권을 회수해버리고, 번왕과 황자들을 각지로 분산시켜 단순히 '군림'하며 무위도식하게 만듦으로써 군사·정치적으로 무력화시켰다. 영락제는 황제에 즉위한 이후 다시는 자신과 같은 사람이 나오지 않도록 왕부王府의 권력을 완전히 통제한 것이다. 황태자를 제외한 15세를 넘은 모든 황자는 지방에 거주하며 평생 그곳을 벗어나는 것이 금지되었다. 병권을 비롯한 아무런 권력을 갖지 못하게 했고, 심지어 상업을 비롯한 다른 생업에 종사하는 것도 금지했으며, 지방의 관료들과 교류하는 것조차 통제함으로써 지방 관료체제의 위계질서를 황족의 간섭으로부터 보호했다. 게다가 황족의 신분도 4대에 소멸하게 만들었다. 이 왕부王府 통제제도는 후대에도 그대로 이어졌다.

홍무제는 군사기구도 권력분립의 차원에서 나눠 조직했다. 명대 군사기구는 오군도독부五軍都督府와 태복시太僕寺다. 오군도독부는 중중·좌군·우군·전군·후군도독부로 이루어졌고, '오부五府'로 약칭되었다. '오부'는 각각 좌우도독都督, 도독동지都督同知, 도독첨사都督僉事 등의 정관正官을 배치하고 전국의 병적과 도사위소都司衛所를 관장했다. 오부는 병부와 권력을 분권했다. 병부는 군정을 관할하여 인사이동과 출병에 관여했으나 구체적으로 군대를 다스리지는 않았다. 오부(오군도독부)는 병적을 관할했으나 군대를 움직일 군통수권이 없는 순수한 군軍행정체제였다. 군대를 움직이어야 하는 전시戰時에는 황제가 별도로 총병관總兵官을 파견해 통솔케 했다. '태복시'는 마정馬政을 관장하는 군軍관료기구로 경卿·소경小卿·사승司丞 등의 정관正官을 두었다.

명대에는 일반 백성을 등록하는 민적民籍과 군인의 호적인 군적軍籍이 분리되어 있었다. 군적에 등록된 군호軍戶는 세금을 내는 대신 병역의 의무를 부담했다. 위소衛所는 군사의 편제인데, 대체로 5600명을 1위衛, 1120명을 천호소千戶所, 112명을 백호소百戶所로 설치하고, 각각 위지휘사衛指揮使.천호千戶, 백호百戶 등의 관직을 두어 관장했다. 위지휘사는 도지휘사사都指揮使司의 통제를 받았다.

홍무제는 중앙정부에서 권력의 균형과 견제를 제도화하기 위해 육부와 분립된 '도찰원都察院'을 설치했다. 도찰원은 "백사百司를 규핵糾劾하고 원왕冤枉을 변명辨明하고 천자의 이목耳目으로 각급관리들을 감찰하는 풍기의 관청으로 기능한다". 도찰원의 장관은 '좌도어사左都御使'와 '우도어사右都御使'이고, 정이품으로 보직했다. 각각 차관으로는 '좌·우 부副도어사'(정삼품)가 있었다. 그밖에 '좌우 첨도어사左·右僉都御史'(정사품), 110인의 '13도 감찰어사監察御史'(정칠품)가 있다. 좌·우도어사의 일은 "찰규내외백사지관察糾內外百司之官"이었다.

또 내외의 장주와 상소문을 관장하는 '통정사사通政使司'와, 논죄를 심의하고 형옥의 정령을 되풀이 심문하여 죄를 공평히 하는 일을 맡는 '대리시大理寺'(전국 최고상소법원)을 두었다. '대리(시)경'이 맡는 대리시의 좌우시左右寺가 경기와 13도 포정사의 징역·금고·벌금·구류·과태료 등 형명刑名의 일을 분리해 다루었다. 대리시·형부·도찰원을 합해 '삼법사三法司'라고 불렀고, 중대안건은 이 삼법사가 모여 심리했다.

그밖에 제사를 주관하는 태상시太常寺, 향연을 주관하는 광록시光祿寺, 조정과 역참의 말을 관리하는 태부시太仆寺, 외빈 초치를 주관하는 홍려시鴻臚寺가 있다. 대리시·태상시·광록시·태부시·홍려시는 '오시五寺'로 합칭했다. 그밖에 태자의 보조를 맡는 첨사부詹事府가 있는데, 첨사詹事 1인(정3품), 소참사少詹事 1인(정4품), 부승府丞 1인(정6품)으로 분장된다. 첨사부는 좌우춘방左右春坊, 사경국司经局, 주부청主簿厅을 설치했다.

'한림원'은 현재의 국립대학 부설 대학원에 해당한다. 장관은 정오품 한림학사다. 그밖에 시독학사 2명, 시강학사 2인(종오품), 시독 2인, 시독 2인(정6품)이 있었다. 과거시험의 전시殿試에서 장원壯元을 한 자는 '수찬修撰'의 관직(종육품)을 받았다. 방안榜眼(갑과 2등급제자)과 탐화探花(3등)는 편수의 관직(정칠품)을 받았다. 한림원은 제고制诰·사책史册·문한文翰을 관장하고, 경사经史를 강독하고, 국사들을 수찬修撰했다.

예부 예하의 '국자감国子监'은 교육을 담당하는 중국의 최고 교육기관으로서 오늘날 '대학교'다. 이 국가 최고 교육기관으로서의 대학교는 선진先秦시대로부터 존재한 태고대적 교육기관인데, 오제시대에는 "성균成均"이었고, 우순虞舜시대에는 '상상上庠'이었고, 주대에는 '벽옹璧雍'이었고, 한 대에는 '태학', 수나라 때는 '국자사國子寺'였고, 오래지 않아 '국자학國子學'으로 개칭했다. 이후 줄곧 중국의 대학은 '국자감'이라고 불이었다.

국자감은 창건 이래 국가과거고시의 거행에 대한 지원, 국가의 최우수학도의 교육, 선비자제들의 품행·조절에 대한 규제·관리 등 3가지 기능을 수행했다. 국자감을 관장하는 총장격의 좨주祭酒는 종4품, 부교장 겸 교무주임을 맡는 (부수)사업(副手)司业은 정6품이다. 별도로 오경박사(종8품, 또는 종7품), 조교(종7품), 학정学正(정8품) 등이 있다. 교사校舍로 오청五廳(승건청·박사청·전부청·전적청·당찬청)과 육당六堂(솔성·수도·성심·정의·숭지·엄업)이 설치되었다. 북경으로 천도한 뒤에 남경에는 국자감이 설치되고 '남감南监'이라고 칭하고, 북경국자감은 '북감北监'이라고 칭했다.

'육과六科'는 육부의 시종侍从·규간规谏·보궐补阙·습유拾遗를 관장하고 육부의 백사지사百司之事를 계찰稽察한다. 육부의 도급사중都给事中 각 1인, 좌우급사중左右给事中 각 1인, 급사중 등의 관직이 있다. 육과급사중과 도찰원각도감찰어사를 합칭해 '과도관科道官'이라고 했다.

명대 지방관제도 균형과 견제의 원리에 따라 삼권분립을 구현했다. 원대의 행중서성行中書省이 지나치게 강력한 권한을 가져 원말의 정치를 혼란한 것을 경계하고 대신 지방 정치기구의 권한을 대폭 축소했다. 각 행성의 권한을 민정·재정만을 담당하는 승선포정사사承宣布政使司, 사법·재판·감찰만을 담당하는 제형안찰사사提刑按察使司, 군사담당의 도지휘사사都指揮使司의 3개 기구로 분할한 것이다. '포정사布政使'로 약칭된 '승선포정사承宣布政使'는 행성의 민정과 재정을 주관하였고, 좌우포정사·좌우참의, 좌우참정参政 등의 정관正官을 거느렸다. '안찰사按察使'로 약칭된 '제형안찰사提刑按察使'는 행성의 사법과 감찰을 주관하였고, 부사副使·첨사僉使 등의 정관을 거느렸다. '도사都司'로 약칭된 '도지휘사都指揮使'는 위소를 관장했다. 명조의 이 도·포·안 삼사三使는 각각 성의 군정·민정·사법업무를 나눠 관리했다. 삼사 사이는 서로 관할하거나 예속되지 않았다. 포정사는 주로 이부.·호부의 명령을 받았고, 안찰사는 주로 도찰원과 형부에서 명령을 받았고, 도사는 오부의 관할에 소속되어 병부의 명령을 받았다.

성급省級 이하의 관료행정기구는 부府.주州.주縣의 세 단계로 나뉘었다. 이것들은 다 행정구역이자 관서의 명칭이었다. 그 중 주州

에는 산주散州(속주)와 직예주直隸州가 있었다. 속주는 현으로 보고, 직예주는 부로 보았지만, 품계는 서로 같았다. 부·주·현에는 각각 지부知府·지주知州·지현知縣을 두어 장관으로 삼았다. 북경의 소재지를 '순천부順天府', 남경의 소재지를 '응천부應天府'라고 칭하고, 장관을 '윤尹'이라고 하였다.

그 외에도 명조는 총독總督과 순무巡撫를 통하여 지방에 대한 통제를 강화했다. 영락 연간에 조정의 신하를 파견하여 지방을 순시하게 했는데 이때부터 순무제도가 생겨났다. 이 관직은 황제의 특파관이었다가 나중에 정식관제로 제도화되었다. 이것은 선덕 연간 때 각 성에 늘 순무를 두게 되면서부터 관제로 정착했다.

청조에서 총독은 1개 행성 또는 수개의 행성의 행정·경제·군사를 통할했고, 정식관명은 '병부우시상겸도찰원우도어사 총독모지등처지방 제독군무량향兵部右侍郎兼都察院右都御史 总督某地等处地方 提督军务粮饷'이다. 총독은 '독헌督憲', '제군制軍', '제대制台' 등으로 존칭되었다. 품계는 정2품이나 병부상서 관함을 겸임하면 종1품까지 이르렀다. 총독은 직예총독直隸總督, 양강총독兩江總督, 사천총독四川总督, 민절총독閩浙總督, 운귀총독雲貴總督, 호광총독湖廣總督, 양광총독兩廣總督, 동삼성총독東三省總督, 섬감총독陕甘总督이 있었고, 익서 외에도 명·대에는 하도총독河道总督, 조운총독漕运总督 등 정무를 항목별로 관리하는 총독관직도 있었다.

명초에 현縣 아래의 향촌을 이갑제里甲制로 조직했다. 이갑제란 10개의 호와 1개의 갑수호甲首戶로 구성된 11호가 1갑甲으로, 10갑이 1리里가 되는 형태의 조직으로 징세와 부역의 부과를 목적으로 한 인위적 편제였다. 도시의 경우는 리里가 아니라 방坊으로, 도시 부근은 상廂으로 조직했다. 방과 상 아래에는 모두 도圖로 편성되었다. 명 중엽 이후 사회의 유동성이 증가하고 인구의 이동이 잦아지면서 본래의 이갑제는 붕괴되고 자연촌락을 중심으로 향신鄕紳(지방의 신사)이 주축이 되어 보갑제保甲制를 도입했다.

지방관제를 다시 상세히 규정하면, 제일 먼저 각성各省의 민정民政을 맡는 '승선포정사사承宣布政使司'가 있다. 좌우포정사 각1인, 좌우참정, 좌우참의 등 관리가 따랐다. 포정사는 일성一省의 정사를 관장한다. 포정사는 중앙정부로 들어오면 상서와 시랑에 보임되고, 부도어사副都御史는 매번 포정사로 나갔다.

한 행성의 형명刑名·안핵(상세한 정밀조사)의 일을 관장하는 '제형안찰사사提刑按察使司'는 각 행성行省에 설치되었다. 안찰사 1인에 부사副使와 첨사僉事 등의 관리가 배치되었다. 포정사사와 안찰사사는 일성一省의 최고 행정·사법기구로서 "이사二司"라고 합칭되었다.

명대 중기 이후에는 도어사都御史 파견을 점차 물리치고 총독이나 순무를 내려 보내 한 방면(3-4개 행성行省)의 군정을 총괄하게 했다. 그리고 행성 아래 도道·부府·주州·현縣을 두었다. 총독은 보통 정·종이품 이상의 고위관리의 별칭인 '중당中堂'이라고 불렀다. 포정사사의 참정과 참의가 여러 도道를 나눠 관리했다. 안찰사사按察使司에서는 부사와 첨사가 여러 도를 나눠 관리하고 도를 순시했다. 주州 중 하나는 행성에 예속된 직예주直隶州가 있었는데 이는 부府에 상당했다. 다른 하나는 현縣에 상당한 속주屬州가 있었는데, 이는 부府에 예속되었다. 각주에는 지주知州 1인에 동지·판관同知·判官 등의 관리가 따랐다. 현县에는 지현知县·현승县丞·주부主簿 각 1인이 배치되었다.

각부各府는 부학府學을 설치하고 교육을 관장했다. 교수 1인(종구품), 훈도 4인이 배치되었다. 각현은 현학을 설치했고, 교유教谕·훈도训导 등을 배치하여 학동들을 가르쳤다. 학동은 입학시험을 치른 뒤 부학·주학·현학 등의 '유학儒學'에 재학하며 학업(독서) 중에 있는 자는 '생원生員' 또는 '수재秀才'라고 칭했다.

상술한 대로 군사관제军事官制로는 '오군도독부五军都督府'(中·左·右·前·后軍)가 있었다. 오군도독부는 부府마다 좌우도독·도독동지·도독첨사·경력經歷·도사都事 등의 군직이 있었다. 이 군직들은 이후 점차 공함空衔이 되고, 장병을 통수하는 관직으로 총병總兵·부총병·참장·유격장군·수비 등의 관함이 군병을 대동하는 실권자였다. 북경과 남경의 수도에는 지휘사사가 설치되고 지휘사(정삼품), 지휘동지(종삼품), 지휘첨사(정사품) 등을 배치했다. 또 경위京卫는 '진무사镇抚司'를 설치하고 '진무镇抚' 등의 군관을 두었다. 상직위上直卫의 친군지휘사사에는 금위위锦衣卫·기수위旗手卫·연사좌위燕山左卫 등 26개위個衛가 있었다. 금위위는 황제를 호위·호종扈从했고 정탐의 권한도 가졌다. 각성에는 각성의 군무를 총괄하는 도지휘시사都指挥使司를 두었는데, "도사都司"로 약칭되었다. 명대 중국은 16도사를 설치했다. 13성 외에 요동·대청·만전 등에도 도사를 설치한 것이다. 도사에 배치된 군관으로서 '도지휘사都指挥使'는 정2품, '도지휘동지都指挥同知'는 종2품, '도지휘첨사都指挥佥事'는 정3품이다.

모든 성省, 모든 구역, 모든 도시의 지방 고위관리들, 즉 포정사안찰사·지부知府·지주知州·지현知縣 등은 3년마다 한날한시에 상경하여 북경에서 왕에게 충성을 표한다. 이때 중앙정부의 이부吏部는 참석한 관리와 부르지 않은 관리들을 포함해 전국의 모든 지방관들에 대해 엄격한 심사가 이루어진다. 이 심사의 목적은 특정한 관리들의 공직의 계속보유와 삭탈관직, 승진·좌천·처벌을 정하는 것이다. 이 일괄 인사고과는 인물에 대한 어떤 사사로운 고려도 없다. 이 인사고과는 왕도 변경하지 못한다.

중앙과 지방의 방대한 관료체제의 부패비리를 막기 위해, 또한 황제의 오판을 막기 위해 명조 정부는 관원을 감찰·봉박하는 강력한 언관言官제도를 발전시켰다. 명대정부의 도찰원과 육과급사중은 역대정부의 간쟁기구 중에서 가장 발전된 형태였다.

명조 홍무 13년(1380) 태조 주원장은 송조를 본받아 '간원諫院'을 설치하고 좌·우 사간司諫, 좌·우 정언正言을 두고 모두 기유耆儒로 보임했다. 그러다가 다시 홍무 15년(1382) '간의대부諫議大夫'를 두고 간쟁을 주관하게 했으나, 오래지 않아 폐지되었고, 그 직책은 육과로 흡수되었다. 언관은 명·청대에 감찰어사와 급사중의 통칭이었다. 감관監官과 간관諫官은 고대에 대간臺諫으로 병칭되고, 언관으로 통칭되었다. 감관은 군주를 대표해 "군주의 눈과 귀"로서 각급관리들을 감찰하는 관리였다. 간관은 군주의 과실에 대해 직언과 규권規劝으로 그 개정을 하게 하는 관리다. 중국 고대사회는 중앙과 지방의 감찰을 십분 중시했고 역대국가는 다 이에 상당한 기구와 제도의 구비를 결하지 않았다. 명조는 중국역사상 가장 완벽한 감찰제도와 조직기구를 발전시켰고, 여기로부터 도찰원과 육과급사중이라는 십분 독특한 언관군체言官群体가 탄생했다. 명제의 언관군체의 총인원수는 일반적으로 좌우에 200인의 감찰·봉박관원을 보유함으로써 역대 최다 수준에 도달했다. 명·청대 도찰원 감찰어사와 육과급사중은 질품秩品(품계)이 높지 않은 정도가 아니라 심지어 몹시 낮았지만, 그 정치적 지위는 도리어 높이 돌출했다. 언관들은 여러 가지 특권을 부여받았기 때문이다.

과거제는 공자가 말한 '취사取士'(인재의 전문능력을 검증하는 시험으로 선비나 무사를 뽑는 시취試取)의 여러 제도 중의 하나다. '과거'는 한마디로 관리선발고시 또는 관리임용고시이고, 여러 시험단계가 있고 '전시殿試'에서 종결된다. 명대 과거제의 단계는 송宋·원元의 제도를 계승하여 향시鄕試·회시會試·전시殿試의 3종이었고, 청대는 명대 과거제를 거의 그대로 계승했다. 향시는 각성各省에서 시행하고, 회시는 예부禮部에서 시행하고, 전시는 궁전宮殿에서 시행하였다. 각 현·주·부의 학생은 제거학관提擧學官이 주관하는 세고歲考에 1급으로 합격함으로써 향시에 응시할 자격을 얻는다. 향시에 합격하면 거인擧人이 되고, 회시會試 응시자격을 얻는다. 또 회시에 합격하면 천자가 임석하여 시행하는 전시에 응시한다.

고시내용은 경의經義·소고율령訴誥律令·경사시무책經史時務策 등 유교철학·전문법학·전문정책학의 3종으로, 경의는 사서四書와 역·서·시·예·춘추易·書·詩·禮·春秋의 5경에서 출제한다. 향시와 회시는 각각 3차의 시험을 거친다. 1차는 사서의四書義 세 문제와 경의 네 문제를 작성하는 것이다. 2차는 논문 한 편을 300자 이상 작성하는 것과 율령에 관한 것 한 편, 제도에 관한 것 5조목을 쓰는 것이다. 3차는 경사시무책經史時務策 다섯 문제를 작성하는 것이다. 그중 1차 시험이 가장 중시되었고, 답안 작성은 옛 사람의 문체를 모방하여 격률格律이 엄격하게 정해진 '팔고문八股文'으로 하여야 했다. 팔고문은 왕안석 이래 격식을 정하여, 설명에 편리하고 운율에 맞추어 듣기 좋도록 하기 위해 만들어진 일종의 수사문修詞文이다. (팔고문은 지나치게 규격화로 인해 많은 폐단을 낳았다는 비판이 따라다닌다.)

부학·주학·현학의 입학시험인 '동시童試', 즉 '현시縣試·부시府試·원시院試'에 합격한 학생은 '생원' 또는 '수재'라고도 불렀다. 부학·주학·현학의 학생인 생원에게는 명초 홍무연간에 9품관에 준하는 요역면제특권 등 종신우면優免특권이 부여되었다. 생원은 부학·주학·현학 등의 학교를 졸업하면 국립대학 국자감國子監에 진학할 수도 있고, 부주현의 관청에서 주관하는 '향시鄕試'에 응시할 수도 있었다. 향시급제자는 '거인擧人'이라고 불렸는데 그 자격만으로도 관직에 임명받을 수 있었다. 그리고 국자감 입학자격과 종신우면특권이 부여되었다.

북경과 남경에 설치된 국립 대학교육기관인 국자감에 진학하려면 국자감 입학시험인 '감시監試'를 합격하거나 향시에 급제한 '거인'이어야 했다. 국자감에서 공부하는 국자감 학생은 '감생監生'이라고 불렸다. '감생'도 그 자격만으로 입사入仕가 가능했다. 명대 중하급 관리의 과반이 감생 출신이었다. 감생은 명초부터 향시 응시자격과 함께 생원과 유사한 종신우면특권을 부여받았다. 과거 급제자는 생원生員(수재秀才)·거인擧人·감생監生(공생貢生)·진사(과거 최종합격자) 등으로 등급화되었다.547)

생원(수재): 부학府學·주학州學·현학縣學의 입학시험인 '동시童試'(현시縣試·부시府試·원시院試'의 3단계 시험)에 합격한 학생이다. '동시'는 명·청대의 초급 지방 현·부縣·府고시로서 현·부의 1·2차고시를 통과한 자는 '동생童生'이 된다. '동생'은 기본적 문화지식과 습작写作능력을 구비한 자를 뜻한다. 그러나 책을 아주 많이 읽은 사람들은 이 동시합격자를 "이는 일개 동생이다"고 말하곤 했다.

'원시'는 부주府·州에 있는 '학원学院'이 거행한다. '학원'은 부학府學과 주학州學의 통칭이다. '원시'는 '세시岁试'와 '과시科试'의 두 등급으로 나뉜다. '세시'는 매년 거행하는 동생의 입학고시로서, 합격 후에 '생원'이 되고 '수재'로 통칭한다. '과시'는 학교에 재학하는 수

547) 오금성, 『국법과 사회관행, 182, 203쪽, 오금성, 「신사」, 349-350쪽. 오금성 편저, 『명청시대 사회경제사』(서울: 이산, 2007).

재의 진행고시다. 성적우수자는 바야흐로 아래 일등급의 거인擧人을 시험으로 선발하는 향시에 참가할 수 있고, 성적열등자는 처벌을 받아야 하고 심지어는 생원자격을 박탈당하기도 한다. '과시'는 '녹과录科'라고 칭하기도 했는데 다만 생원을 시취試取해 평민계층으로부터 이탈시킬 요량으로 '사士'라고 칭한다.

청대 순치제 9년(1652)의 '훈사규조训士规条'를 보면, 학교생원에 대해 "부역·병역과 조세를 면해주고 녹미를 후게 주고 (...) 각 아문의 관원들은 그들을 예로써 상대해야 한다"고 규정하고 있다. 그리고 "생원이 중한 사건을 범하면 지방관은 학정學政(청대의 각 행성에 3년 임기로 파견된 교육장관인 제독학정提督學政의 준말, 별칭은 '학사學使' 또는 '학대學臺')에게 먼저 보고하고 퇴학시키는 것을 기다려 응분의 죄를 다스리고, 작은 사건의 송사라면 학교에서 책벌하고 평민과 일체로 동일시하여 처벌할 수 없다"고 규정하고 있다. 즉, 생원에게는 명초부터 9품관에 준하는 요역면제특권 등 종신우면優免특권이 부여되었다. 제독학정 일반은 한림학사나 진사출신의 시랑, 경당京堂·한翰·첨詹·과科·도道·부속 등 경관京官이 담임했다. 직책은 "일 행성의 학교·사습士習·文風의 정령을 관장하는데" 예를 들면 원시를 주관하여 수재를 선발하고 각지의 학관學官들 감찰한다. 각 행성에 1인이 있고 그 지위는 총독·순무의 아래지만 포정사(번사藩使)·안찰사(얼사臬使)와 더불어 동급이고 이들과 합쳐 '번얼학藩臬學'이라고 칭해진다.

생원은 면세·면역특권을 누리고 식름食廩특권(국가의 급여와 의관衣冠)과 정치·사법특권(관원들의 예우, 생원이 관원을 볼 때 무릎을 꿇지 않음, 생원이 범법 시 지방관의 학관보고 의무, 경범죄의 경우 일반백성과 같은 형구로 처벌할 수 없음)을 향유했다. 국가가 식름을 대주는 생원들 중 가장 우수한 자는 '늠생廩生', 차등자는 '증생增生', 학교에 처음 입학해서 녹미를 받지 못하는 생원은 '부생附生'이라고 칭했다.

생원은 부학·주학·현학 등의 학교를 졸업하면 대학(국자감)에 진학할 수도 있고 향시에 응시할 수도 있었다.

거인擧人: 향시鄕試에 합격한 생원이다. '거인'은 그 자격으로서 관직에 임명될 수 있었고 국자감 입학자격이 부여되었으며, 종신우면특권을 누렸다. '향시'는 '대비大比'나 '추위秋闈'라고도 불렀다. 향시는 3년마다 한 차례 거행했다.

향시는 3차까지 치렀는데 음력 8월 9일, 12일, 15일의 시험으로 나뉘었다. 청대 향시의 경우 합격시킬 거인 정수가 중앙으로부터 하달되었고, 각 행성行省에 인구비례에 입각해 배당된 합격자 수는 수십 명에서 백수십 명까지 들쑥날쑥했는데, 전국에서 합격시키는 총수는 1000명에서 1200-1300명에 달했다. 벼슬길로 나갈 자격을 얻는 거인을 선발하는 향시는 명·청대 과거의 가장 어려운 관문 중 첫 관문이었다.

향시를 알리는 방을 명·청대에 '을방乙榜'이라고 불렀고, 진사 자격을 주는 회시會試의 방은 '갑방甲榜'이라고 불렀다. 거인의 수석首席 부류는 '해원解元'이라고 칭했다.

감생監生: 감생은 생원 중에서 뽑혀 국자감에 입학해 독서하는 국자감 학생이다. '감생'은 '태학생太學生', '박사제자원博士弟子員'이라 아칭雅稱되기도 했다. 청대 국자감은 재학생을 '감생'과 '공생貢生'으로 나누었다.

건륭제 이전에 감생에 대해 엄격한 시험이 실시된 뒤 감생은 겨우 허명虛名만을 보존했고, 국자감에서 반드시 학업에 종사는 것은 아니었다. 일반적으로 부·주·현학이 들어가지 않거나 정도正途의 과거를 통하지 않고 향시·사관仕官에 응하고 싶은 자는 모름지기 은전銀錢을 출연出捐·헌납하여 예감출신을 취득했다.

명대에 감생은 거감举监·공감贡监·음감廕监·예감例监으로 사분되고, 청대에는 은감恩监·우감優监·음감·예감으로 사분되었다. 명대의 '거감'은 회시에 응시해 낙방한 거인을 가리켰다. 한림원에서 국자감에 들어와 학업(독서)할 자를 선택한 까닭에 '거감생舉監生'이라고 칭했는데, 사실상 이 감생들은 보통의 생원이 아니라 거인이었다. '공감'은 공생신분으로서 국자감에 입학해 학업을 하는 자를 가리키고 '공감생貢監生'이라고 칭했다. '예감'은 조정이 일이 있어 재정부족으로 관원자제로서 '원례보연援例報捐·연자입감捐資入監'을 연납捐納해서 감생자격을 취득한 자를 가리키는데, '예감생例監生'이라고 불렀다. 또는 부감附監·증감增監이라고도 불렀다. '음감', 즉 '음생廕生'은 대신·관원자제로서 국자감에 들어가 학업에 종사하는 자다. 청대에는 은음恩廕과 난음難廕으로 구분되었고, '음감생廕監生'이라 칭했다. '은음'은 만·한滿漢 자제가 칙령을 받들어 국자감에서 공부했는데, 은조恩詔는 내외 문무품급을 분별하여 음자廕子가 국자감에 입학했다. 문관의 경京4품·외外3품 이상, 무관 2품 이상은 다 아들 한 명을 국자감에 입학시킬 수 있었다. 종실·애신각라愛新覺羅(청조황제와 종씨) 급의 음자는 국자감에 입학할 수 있었다. '난음'은 3품 이상 관원이 임기를 3년을 채웠거나 삼사三司(도지휘사사·포정사사·안찰사사)의 수령, 주·현의 좌이관佐貳官 중에서 공무로 난중難中에 순직한 자가 음자를 한 명을 국자감에 입학시키는 것을 가리킨다. 청대의 '은감'은 한군팔기문관학생漢軍八旗文官學生과 산학算學 만·한재학생은 시험에 의해 국자감에 입학하는 것을 가리키는데, 대신관원의 후예에까지 미쳤고 무생武生·봉사생奉祀生·준수俊秀 중에서 선발해 국자감에 입학한 자들은 '은감생恩監生'이라 칭했다. 청대 '우감'은 3년마다 각 행성의 학정이 총독·순무와 회동하여 문·행文行이 둘 다 우수한 부생附生을 고시考試로 선발하여(행성의 고시를 통과하여 부·주·현학에 붙어 공부한 자) 국자감에 입학시켜 재학하는 자인데 이를 칭해 '우감생優监生'이라 한다.

'명경明經'이라고도 불린 '공생'은 수재(생원) 중 성적우수자로서 북경과 남경의 국자감으로부터 입학 허가를 받아 공부하는 학생들이다. 공생에는 명대에 세공岁贡·선공选贡·은공恩贡과 납공納贡이 있었고, 청대에는 세공·발공拔贡·은공·부공副贡·우공優贡과 예공例贡이 있었다. '세공'은 매년 혹은 2-3년마다 각 행성의 학정學政각 부학·주학·현학 중에서 우수한 늠생을 뽑아 보내 국자감에 승입升入시켜 독서케 하는 학생이다. '발공'은 명대 초에 '선공選貢'이라고 칭했는데, 조정이 규정된 시간 내에 선발하여 국자감에 와서 독서하는 사람이다. 청대 초에 '발공'으로 개칭하고 6년마다 1차 선발하고, 건륭 7년(1742)에는 다시 고쳐 12년마다 1차 선발했다. '은공'은 황제가 즉위나 경축식전 반포 등의 경우에 세공 외에 1차 선발을 더해 뽑는 학생이다. '부공'은 향시에서 부방副榜에 급제한 자를 가리킨다. (명·청대 회시공고에는 '정방正榜'과 '부방'이 있었다.) 이들은 보통 '부방공생副榜貢生'이라고 칭하고, 간칭으로 '부공副貢'이라 했다. 청대에 이르러 정식제도가 되었다. '우공'은 3년마다 각성의 학정이 유학의 생원 중 1차로 수명을 시험으로 뽑았다. '예공'은 명대에 '납공'이라고도 불렀는데, 생원이 원례연납援例捐納(전례에 따른 기부)을 통과하면 공생자격을 얻었다. 청대에 '예공'이라 개칭했다. 이 예공은 부공附貢·증공增貢·늠공廩貢 등으로 나뉠 수 있었다.

'감생'도 그 자격만으로 입사入仕가 가능했다. 명대 중하급 관리의 과반이 감생 출신이었다. 감생은 명초부터 향시 응시자격과 함께 생원과 유사한 종신우면특권을 부여받았다.

진사進士: 거인으로서 최종 과거시험으로서의 '회시會試'와 (최종 등과자의 등수를 가리기 위한) '전시殿試'를 둘 다 통과한 최종과거급제자다. 국자감 졸업생은 회시(중앙의 최종과거시험) 응시자격이 있었고, 회시를 통과하고 황제가 주관하여 궁전에서 실시되는 전시까지 통과한 최종합격자에게는 '진사'의 자격과 칭호가 부여되었다.[548]

'회시会试'는 향시 후차년後次年 2월 9일에서 15일 북경 예부에서 거행하고, 춘위春闈·예위禮闈라고도 부른다. 1·2·3차 회시의 내용은 향시와 동일하다. 명·청대 회시에서는 200-300명의 진사를 합격(录取)시켰다. 회시를 경과하여 녹취录取된(합격한) 거인은 '공사贡士'라고 불렀다. 이 공사가 전시를 경과하여 합격한 자는 진사가 된다. 명·청대 회시공고(갑방)에는 '정방正榜' 이외에 '부방副榜'이 있었다. 부방에 합격한 자는 진사로 치지 않았으되 학교교관 또는 상대적으로 낮은 기타 관직, 또는 국자감에 입학해 감생이 되어 국가의 녹봉을 받았다. '전시殿試'는 명·청대 과거의 최후 고시다. 회시가 있은 지 1개월 뒤인 3월 15일에 거행한다. 전시의 내용은 시무책 한 과목인데 시제試題는 내각대학사가 내어 황제에게 증정한다. 명·청대 전시에서는 일률적으로 낙방이 없었고 다만 등수만을 배정해서 1등은 '장원壯元', 2등은 '방안榜眼', 3등은 '탐화探花'라고 하고 이 세 명을 '일갑一甲'이라고 칭하고, '진사급제進士及第'라고 불렀다. ('장원'은 '정원鼎元' 또는 '전원殿元'이라고도 불렀다.) '제2갑'은 약간 명이고 '진사진출進士進出'이라고 칭했다. '제3갑'도 약간 명이고 '진사출신進士出身'이라고 칭했다.

---

548) 참조: 오금성, 『국법과 사회관행』, 183-184쪽; 오금성, 「신사」, 350쪽.

> 3월 25일 새로운 진사와 전시시험관은 예부에서 황제가 내리는 "은영연恩榮宴"을 즐기고 연회 후에 봉관임용封官任用 단계에 들어간다. 일갑 3인은 일반적으로 한림원의 청요직淸要職을 수여받고, 기타 진사들은 고향으로 돌아가 관직수여를 기다린다. 이 중 우수자도 한림원에 배치될 수도 있다.

종합하면, 현시·부시에 합격한 학생은 '동생'이라고 불렸고, 원시에 합격한 학생은 '생원'('수재')라고 불렸다. 향시에 합격한 생원은 '거인'이라고 불렸다. 회시에 합격한 거인은 '공사貢士'라 불렸다. 전시를 마친 '공사'는 '진사'라고 불렸다.

조선에서 '전시'에서 장원·방안·탐화 3인을 포함한 상위 10여명 급제자는 갑과甲科 등과자라고 불렸고, 그 이하는 을과·병과 합격제로 분류되었다. 장원은 한림원의 '수찬修撰'의 관직(종육품)을 받았고, 방안과 탐화는 편수의 관직(정칠품)을 받았다. 그리고 그 밖의 갑과 합격자들도 얼마 지나지 않아 모종의 중앙·지방 관직을 받았다. 그러나 을과·병과 합격자들은 임용이 늦어졌고, 세월이 흐를수록 더욱 늦어졌다.

명·청대 중국에서도 진사라고 해서 다 벼슬길에 나설 수 있는 것은 아니었던 것이다. 매회 생산되는 최대 359명의 진사들과 전국의 각급 과거급제자들(거인·감생)의 수에 비해 관직이 크게 부족했기 때문에 많은 등과자들이 누적되어 전국에 별도의 계층, 즉 '신사층'을 형성했다. 이들은 벼슬을 얻지 못하더라도 지방자치의 주도자들이 되었다.

청조과거는 명조의 과거제도를 기본적으로 계승했다. 동시에 응시자격을 제안하여, 문지기(门子), 종자(长随), 범인 잡는 심부름꾼

(番役), 죄인 잡는 포리(小马), 하급관노(皂隶), 포졸(马快) 등은 과거에서 배제했다. 개국 초에는 순치연간에 만·한의 2개 과거를 개최해 취사取士했으나, 후에 이를 고쳐 1개 고시로 통합했다. 그러나 만주인과 몽고인의 참가를 특별히 권정하지 않고 과거입사入士의 길을 한인漢人에게 남겨두었다. 만주인과 몽고인의 과거참가는 비교적 쉬운 지름길이 있었지만 최후의 전시의 1·2·3등은 습관적으로 한인에게만 수여되었다. 즉, 소위 "기인(만주인)은 정갑鼎甲(최우수 3인)을 차지않는다"는 것이다. 청조 267년간 112차례의 과거가 거행되어 2만 6000명의 진사가 배출되었지만, 진사 정갑 중에는 단지 세 명만이 만주·몽고인이었다. 그 중 2명은 순치제 때 만주인들이 과거를 따로 치를 때 나온 것이고, 몽고인은 동치제同治帝 때(1865) 유일하게 장원을 했다.

멀리 북송대 왕안석의 과거제 개혁으로부터 형성되어 명대에 완전히 착근된 '신사' 집단은 명대 말기에 인구 5%에 육박하는 사회계층으로 성장했고, 이때 '신사'로 불리면서 명실상부한 사회계층으로서 '신사층'을 이루었다.[549] 19세기 초 '태평천국의 난'(1850-1864) 이전 신사층의 가족 포함 총인구는 약 550만 명에 달했고, 이 난 이후에는 약 720만 명에 달했다. 신사층의 전국적 분포도는 지역적으로 큰 차이를 보였다. '태평천국의 난' 이전과 이후 산동山東지방 인구 대비 신사층의 비율은 0.9%/1.0%, 강소江蘇는 1.3%/2.5%, 절강浙江은 1.4%/5.0%, 복건福建은 1.1%/1.7%, 광동은 1.8%/1.8%, 안휘安徽 0.7%/1.7%, 강서 1.5%/2.4%, 산서 2.5%/1.7%, 하남河南 1.2%/2.0%, 호북 0.9%/2.2%, 호남 1.6%/2.2%, 감숙 1.2%/5.0%, 사천 1.2%/0.6%, 귀주 2.7%/1.8%, 광서 2.4%/4.7%, 운남 3.5%/2.0%였다. 전체적으로

549) 참조: 오금성, 『국법과 사회관행』, 184쪽.

비율이 낮은 곳은 최저 0.6%, 높은 곳은 최고 5%에 달했다.[550] '태평천국의 난' 전/후 전체 인구 대비 8개 지방 신사층의 비율은 1.3%/1.9%였다.[551] 명대 말에 비해 이 비율이 감소한 것은 신사의 수적 감소가 아니라 청대 인구의 폭증으로 인한 것이다.

명·청대 중국에서는 전 인구의 5%대를 넘지 않는 '신사' 신분만이 각종 특권을 누리는 '상층신분'이었다. 청나라는 명나라에서 개시된 이 '신사화' 경향을 정책적으로 더욱 강화했다.[552] '신사'는 관冠·혁대·관복 등 평민과 다른 의상을 차려입었고, 요역徭役을 면제받고, 형법상으로도 예우받았고, 지방관을 보좌할 권한과 사법적 영향력을 행사했다. 그러나 과거시험에 응시해 신사가 될 수 있는 자격은 기존의 신사에게만이 아니라 모든 양민에게도 일반적으로 부여되었고, 과거 응시자격의 이러한 보편적 개방은 과거제를 운영하는 모든 동아시아국가의 공통원칙이기도 했다.[553]

그리하여 명·청대에 양민이 과거에 급제해 신사로 상승한 비율이 오늘날 미국에서 서민과 중산층의 자손이 엘리트층으로 상승하는 비율보다 훨씬 더 높았다.[554] 이것은 명·청대 등과자登科者의 사회

---

550) Chang Chung-li, *The Chinese Gentry: Studies on Their Role in Nineteenth Century Chinese Society* (University of Washington Press, 1968), 113-114쪽.

551) Chang, *The Chinese Gentry*, 164쪽(Table 32).

552) 참조: 최정연·이범학, 『明末·清初 稅役制度改革과 紳士의 存在 形態』(서울: 歷史學會, 1987); 오금성, 「明·清時代의 國家權力과 紳士의 存在刑態」, 『동양사학연구』 제30호(1989. 5.); 오금성, 『국법과 사회관행』, 181-241쪽; 오금성, 「신사」; 조동일, 『동아시아 문명론』, 284쪽.

553) 참조: 오금성, 『國法과 社會慣行』, 183-199, 222-242쪽; 조동일, 『동아시아 문명론』, 287-288쪽.

554) 참조: Wolfram Eberhard, "Social Mobility and Strafication in China", 179쪽. Reinhard Bendix and Seymour Martin Lipset (ed.), *Class, Status, and Power: Social Strafication in Comparative Perspective* (New York: The Free Tress, 1966).

적 분포를 보면 바로 알 수 있다. 순수 양민 출신은 명·청대 등과자 전체의 36.2%를 차지했고, 직계조상 중에 과거급제자가 일부 있던 집안 출신은 11.6%, 과거급제자 집안 출신은 57.3%, 3품 이상 고위 관리를 지낸 과거급제자 집안 출신은 5.7%를 차지했다.[555] 그리하여 "공자의 영향 아래서 중국정부는 줄곧 제국적 민주주의의 정부이었고, 만인은 황제가 되는 야심을 가질 필요가 없을지라도 수상(수보)이 될 기회를 가졌다. 중국에서는 '포의布衣수상(*linen prime minister*)'과 '백가白家 공작(*white house duke*)과 상서尙書'는 대중적 술어가 되었다. '포의'와 '백가'는 그들이 최고관직으로 올라가는 데 있어 출발한 가난한 상황을 가리킨다. 진정으로, 중국은 이 점에서 줄곧 세계에서 가장 민주적인 나라였다."[556]

명·청대 중국사회의 평등화 및 공무담임권의 탈세습화(세습귀족 불용), 국가권력제도의 정치적 선진성과 사회적 진보성은 17-18세기에 서양에 알려지면서 유럽의 귀족제도철폐와 신분해방의 혁명적 동력이 되었다. 그리고 20세기 초반까지 중국은 신분해방의 민주주의 면에서 미국도 앞질렀던 것이다. 관직불세습 원칙과 능력주의 관료제에 의해 관철되고 보장된 주대周代 이래 중국의 평등한 공무담임권은 중국 국가의 행정제도를 2500년 동안 근대적 형태로 발전시키고 유지시켰다. 그리하여 세습적 '사대부' 제도를 없앤 송·명대 중국과 노비·천민까지도 없앤 청대의 중국은 만인에게 기회가 균등한 개방적 공무담임제도와 비세습적 '신사'제도를 운영한 것이다.

---

555) 참조: Eberhard, "Social Mobility and Strafication in China", 128-130쪽.

556) Chen Huan-Chang(陳煥章), *The Economic Principles of Confucius and His School* [1904 written] (New York: Columbia University Longmans, Green & Co., Agents; London: P. S. King & Son, 1911), 92쪽.

■ 고려조 · 조선조 한국에서의 취재取才 제도

중국의 과거제와 관료제는 고려와 조선으로 전파되어 형편에 따라 개량되어 실시되었다. 그러나 고려·조선에서 관리등용이 단지 과거제로만 이루어진 것은 아니었고, 이것은 중국에서도 마찬가지였다. 과거제와 별도로 '취재取才' 또는 '시취試取' 제도가 있었기 때문이다.

'취재'는 간단한 시험으로 전문직 관리를 뽑는 특별임용고시제도로서 이부吏部취재, 예부禮部취재, 병부丙部취재로 구별되었다. 이것은 일정한 신분을 가진 자에게 제한된 한도 내에서 관직을 주기 위해 생긴 제도이다. 이 중 이조취재에는 외방의 수령守令·외교관과 역승驛丞·도승渡丞·서제書題(문서·기록관리자)·녹사錄事(의정부·중추원의 상급구실아치)·도류道流·서리書吏(하급 문서기록관) 및 음자제蔭子弟 등이 대상이었다. 조선에서 외교관·음자제의 취재는 매년 정월에, 녹사 취재는 매년 정월과 7월에, 서리 취재는 3년에 1회, 그 외는 부정기적으로 시행했다. 외교관·도류·서리취재는 조선 후기에 폐지되었다.

수령을 뽑는 취재의 시험과목은 사서오경四書五經 중 1책과 『대명률』, 『경국대전』의 강講(암기)과 치민방략治民方略의 제술製述(논술) 등이었다. 직임에 따라 서산書算(서주書籌)도 시험했다. 외교관 취재는 매년 정월에 40세 이상자에게 사서삼경을, 음자제 취재는 매년 정월에 공신 및 2품 이상의 아들·손자·사위·동생·조카(원종공신인 경우에는 아들·손자)와 실직實職 3품관의 아들·손자 및 이조·병조·도총부·사헌부·사간원·홍문관의 관원과 부장(部將)·선전관을 지낸 이의 아들로서 20세 이상의 청년들에게 응시자격을 주며, 강으로 사서와 오경 중에서 각각 1책씩을 시험했다.

그리고 역승·도승·서제의 취재는 강으로 『경국대전』을 시험하고, 제술로 계본啓本(왕에게 올리는 문서), 첩정牒呈(상관에게 올리는 문서), 관關(동등한 관청 사이에 조회照會 등을 위해 교환되던 문서)의 작성법 중 하나를 시험하고, 서산으로 해서楷書와 행산行算을 시험해 선발했다.

녹사취재는 강으로 사서와 오경 중에서 각각 1책과 『대명률』·『경국대전』을, 제술로는 계본·첩정·관 중에서 하나를, 서산으로는 해서·언문諺文·행산을 시험하였다. 도류취재에는 강으로 사서·오경 중에서 각각 1책과 서산으로 해서를 시험하였다. 서리취재에는 서산으로 해서와 행산만을 시험했는데, 3년마다 여러 읍邑(제주도·평안도·함경도 연변 제외)의 교생校生 가운데 나이가 많고 실력이 떨어지는 자를 도호부 이상에서는 2인, 군 이하에서는 1인씩 정해 뽑되 교생이 없을 경우에는 역役을 필한 평민으로 대치할 수 있었다.

예조취재는 의학·한학漢學·몽학蒙學·왜학倭學·여진학女眞學·천문학·지리학·명과학命課學·율학律學·산학算學을 전공한 기술관 및 화원·도류圖流·악생樂生·악공樂工이 대상이었다. 예조취재의 응시자격은 제학생도諸學生徒(잡학 전문지식을 배우는 학도), 권지權知(임용대기중의 잡과 합격자), 전함前銜(전직경력자) 등이었다. 성적은 분수分數로 계산하여 1·2·3 등으로 나누어 1·2등만 임용하고 3등은 임용하지 않았다. 예조취재에 선발된 기술관은 해당 기술아문의 녹관체아직祿官遞兒職이나 군직체아직軍職遞兒職을 받았으며, 차점자는 외직에 임명되었다.[557]

557) '체아직'은 현직을 떠나거나 쉬는 문무관에게 특별한 경우에 녹봉을 주기 위하여 만든 벼슬이다. 다음의 세 가지 체아직이 있었다. 1)이름만 있는 명예 벼슬이다. 문무 당상관 이상과 춘방(春坊; 세자의 교육을 맡는 관아)의 관원이 임기가 끝난 뒤 적당한 벼슬자리가 없으면 일시적으로 실무가 없는 중추부의 벼슬자리에 보내는

병조취재는 내금위·별시위別侍衛·친군위親軍衛·갑사甲士, 도총부都摠府의 당하관·부장部將·무선전관武宣傳官·파적위破敵衛·장용위壯勇衛·착호갑사捉虎甲士·대졸隊卒·팽배彭排·취라치(吹螺赤)·대평소大平簫·마의馬醫 등 하급장병을 선발했다. 시험과목은 기사騎射, 기창騎槍, 격구擊毬, 무경武經, 목전木箭, 철전鐵箭, 편전片箭 등이었고, 시험시기는 부정기적이었다.

고려시대에는 과거만이 시험을 통한 유일한 입사로入仕路였으나, 조선시대에는 관원은 물론 서리胥吏까지도 시험을 통해 선발하게 되었다. 종래 무시험으로 선임되던 음서蔭敍도 시험을 보는 문음취재門蔭取才로 바뀌었고, 서리들도 종래 무시험으로 선발되던 것이 이과취재吏科取才 시험을 거쳐 선발하게 되었다. 나중에 이과취재는 상급서리를 선발하는 시험을 뜻하는 것으로 의미가 바뀌어, 하급서리를 선발하는 시험을 이전취재吏典取才와 구별해 쓰였다. 이과취재와 이전취재는 세조 때 상급서리가 녹사, 하급서리가 서리書吏로 각각 일원화되었다. 그리하여『경국대전』에는 '녹사취재'와 '서리취재'로 규정되었다.

중국에도 조선과 같은 취재제도가 있었다. 역으로 조선에도 중국과 유사한 과거제도와 관료체제를 고도로 발전시켰다. 또한 유사한 과거제도를 확립했다. 다만 조선에서 등과자과 실직현관의 자손은 4대까지 '유학幼學'으로 인정되어 양반 지위를 유지하는 '시한부 귀족제도'를 운영했다. 그럼에도 조선의 유자들도 중국의 신사처럼 등과한 '선비관리'로서만 나라를 다스릴 수 있었다. 조선에서서도 음서

경우의 한직이다. 2)한 관청의 일이 바쁠 때, 다른 관청에서 와서 집무하는 정원 외의 관원이다. 3)벼슬을 돌려가며 하는 경우로, 한 관청의 정원이 초과되어서 교대로 집무할 때, 벼슬을 쉬는 사람이다.

제도는 거의 실용되지 않았다. 따라서 네덜란드 대학교수 호르니우스(Georg Hornius, 1620-1670)는 17세기 중후반 *Acra Noae*에서 조선도 철인치자가 다스리는데, 당시 "철학자 키치오(Kicio)"가 다스리고 있다고 말하면서[558] 조선을 중국과 더불어 '철인국가'로 찬미했던 것이다.

558) Hornius, *Acra Noae*, 430쪽. Thijs Weststeijn, "Spinoza sinicus: An Asian Paragraph in the History of the Radical Enlightenment", *Journal of the History of Ideas*, Vol. 68, No. 4 (Oct. 2007), 548쪽 및 각주55에서 재인용.

제2절
16-18세기 350년간 서구에 보고된 중국 관료제

중국의 관료제와 과거제는 1550년대부터 19세기 중후반까지 350여 년간 서양으로 줄곧 전해졌다. 전달자들은 여행가·모험가·군인·선교사·상인 등 아주 다양했다. 16세기에는 주로 포르투갈·스페인사람들이 역할을 했고, 간혹 이탈리아사람들도 역할을 맡았다. 선교사들은 대개 동방포교에 관심이 많았던 예수회 가톨릭 신부들이었다. 17세기부터는 공식적으로 중국에 입국하여 거주하며 중국어를 배운 예수회와 도미니크·프란체스코·프랑스외방선교사 신부들의 보고가 줄을 이었고, 19세기부터는 중국에 들어간 개신교 목사나 서양 학자들도 중국 관료제와 과거제를 서양에 알리는 데 기여했다.

1.1. 중국 관료제에 대한 16세기 여행가·선교사들의 보고

16세기에 중국 관료제와 과거제를 서구에 알리는 역할은 한 사람들은 포르투갈과 스페인의 군인·모험가·여행가·선교사들이었고,

선교사들은 대개 동방포교에 관심이 많았던 포르투갈·스페인·이탈리아 출신 예수회 가톨릭 신부들이었다.

■ **포르투갈 무명씨의 최초보고(1555)**

중국의 관료와 관료체제에 대해 최초로 서방에 보고된 해는 1555년이었고, 보고자는 끝내 이름을 밝히지 않고 세상을 떠난 포르투갈 출신 무명씨였다. 이 포르투갈 무명씨는 중국에서 6년간 죄수로 잡혀 감옥살이하면서 중국을 몸으로 체험했다. 그는 익명의 포르투갈 사람이 말라카의 예수회 선교단에서 중국에 관해 진술했고, 이 진술이 보고서로 나온 것이다. 이 보고서가 바로 「6년간 포로로 지낸 한 명사가 말라카 칼리지에서 벨키오르(Belchior) 신부에게 이야기한 중국정보(Enformação da China)」다. 이 보고서 원고의 작성일은 1554년 12월 3일이었다.

이 원고는 1555년 약간 축약된 형태로 스페인어로 번역되어 리스본에서 공간되었다. 이 책은 1556년과 1561년 사이에 포르투갈어·스페인어·이탈리아어로 공간된 예수회 선교사들의 여러 동방보고 수집록에 '리프린트'되어 나갔다. 그리고 저 스페인어 번역본은 프란시스코 알바레즈(Francisco Álvares, 1465-1541) 신부가 쓴 『에티오피아 주재 포르투갈 대사의 이야기』의[559] 1561년판 '부록'에도 '리프린트'되어 실렸다.[560] 따라서 포르투갈 무명씨의 이 「6년간

559) Francisco Alvarez, *Narrative of the Portuguese embassy to Abyssinia during the years 1520-1527* [1540] (London: Printed for Hakluyt Society, 1881).

560) Charles R. Boxer, "Introduction", lvi-1vii쪽. Charles R. Boxer (ed), *South China in the sixteenth century: being the narratives of Galeote Pereira, Fr. Gaspar da Cruz, O.P. {and} Fr. Martín de Rada, O.E.S.A. (1550-1575)*, Issue 106 of Works issued by the Hakluyt Society (Printed for the Hakluyt Society, 1953·2017).

포로로 지낸 한 명사가 말라카 칼리지에서 벨키오르 신부에게 이야기한 중국정보」는 도처에서 리프린트되어 읽힘으로써 남유럽에서 나름대로 아주 유명한 보고서가 되었다.

이 「중국정보」는 중국의 모든 것을 소개하면서 중국의 관료제와 탈신분적 관리선발제도에 대해서도 비교적 자세하고 정확하게 전한다. 포르투갈 무명씨는 중국의 지방행정과 감독관, 그리고 중국의 명실상부한 정치사회적 평등에 대해서도 정확하게 기술한다.

> 모든 도시에는 왕명으로 건조된 고귀한 궁택들이 있는데, 이 궁택에서는 감독업무를 위해 방문한 관리들이 숙박한다. 이 관리들은 (중국인들의 언어 대관大官[Taquoan]이라고 불리는) 지방통치 장관들에 대한 황제의 감독권한을 위임받았다. 지방 통치자들과 어떤 명을 받은 사람들은 학식과 훌륭한 현덕을 기준으로 이것들 외에 어떤 것도 고려치 않고 선발된다. 아들이 아비만큼 유능하면 아비를 이어 관직을 하겠지만, 그렇지 않으면 황제에 의해 공직복무 속으로 받아들여지지 않는다. 도시의 특별한 치자들은 매일 아침 정오까지, 그리고 밥을 먹은 뒤에 해 질 녘까지 앉아서 듣고 모두에게 공정할 의무가 있다.561)

여기서 무명씨는 명대 신사제도의 일단을 정확하게 보고하고 있다. 그는 지식과 현덕에 기초한 중국의 평등한 관리선발제도와 세습귀족 부재가 언급되고 있다. 무명씨의 보고서는 명대 중국에서 아무리 고관대작의 아들이라도 학식과 현덕이 기준에 미달하면 출사의 길이 막힌다고 아주 분명하게 기술하고 있기 때문이다. 세습귀족이 없는 명대 중국의 이 명실상부한 평민사회의 정치적·사회적 평등

561) Major, "Introduction", xli쪽.

은 공자의 "천하에 나면서부터 고귀한 자는 없다(天下無生而貴者也)"는 '태생적 평등' 명제가 관료제와 과거제를 통해 구현된 결과였다.

나아가 무명씨는 중앙에서 지방으로 파견되는 중국 감독관들의 업무와 민본주의적 관료행정에서 시행되던 감독제도와 인사고과제도에 대해서도 상설詳說한다.

> 조정의 관리들은 매년 2회 왕의 명에 따라 내려와 모든 도시에 체재하며 지방관들이 그들의 책무를 잘 수행하고 있는지를 주로 시찰하고, 그들이 폭군적이거나 백성을 억압하거나 제 기능을 불량하게 수행하면 그들을 즉시 삭탈관직하고 그 자리에 다른 사람을 임명했다. 이 감독관들은 모든 성벽城壁을 검증하고, 나쁜 상태면 보수하라고 명한다. 나중에 그들은 중앙세수와 도시의 비용에 관해 청문하고 그것들이 지나치면 조절한다. 고리대금으로 돈을 대부하는 자들은 (입증되면) 그것을 상실하고, 더구나 그 이상의 처벌을 당한다. 이 감독관들이 내려온 도시들에서 그들은 부당하게 학대당한 이들이 그들 앞에 출두하도록 하기 위해 공지를 하도록 한다.[562]

이것은 중앙의 감독관 이야기이지만 그 감독내용에 중국의 민본주의적 인사고과제도가 그대로 드러나고 있다.

또 무명씨는 지방도시의 관료행정을 더욱 깊이 파고들어 자세히 관찰하고 더욱 세밀하게 보고한다.

> 내가 말하고 있는 도시에는 여섯 담당관들이 있는데, 그중 하나는 선임관

562) Major, "Introduction", xli-xlii쪽.

이다. 그리고 세수를 업무로 담당하는 다른 여섯 명의 담당관도 있다. 이들 중 한 담당관은 도둑들이 백성에게 폐를 끼치지 못하도록 매일 밤 부하들을 대동하고 도시를 파수하는 일을 맡고 있다. 다른 담당관들은 철제로 보강된 아주 강한 대문을 여닫는 일을 맡고 있다. 매 도시의 지방관들과 행정관들은 일어난 일들을 조정에 매달 보고할 책무가 있다. 각자 쓰는 것을 서로 짜 맞춘다면 그것이 드나날 수 있도록, 또는 그들이 진실을 말하는지가 드러날 수 있도록 제각기 따로 보고서를 써야 한다. 왜냐하면 황제에게 거짓말하는 자는 사형을 당하기 때문이다. 그러므로 그들은 그들의 보고서에서 그릇된 것을 진술하는 것을 두려워한다. 그리고 그 누구도 사람들에 대한 고려 없이 모두에게 공정하게 행하도록 친척붙이들이 있는 고향 지역에서 다스리지 못한다.563)

무명씨는 지방관과 행정관들이 "제각기 따로 보고서를 쓰도록" 하여 황제에게 진실을 보고하도록 유도하는 행정기법까지 중국의 지방행정을 상세하게 소개하고, 또 "친척붙이들이 있는 고향 지역"에 관리들을 배치하지 않는 중국의 오랜 행정관을 언급함으로써 중국 관료인사의 두 원칙(임기제와 상피제)에 속하는 '상피相避제도'까지도 정확하게 포착해 전하고 있다.

그리고 중국관청에 의해 체포된 범법자로서, 그리고 죄수로서 중국의 재판제도와 형옥제도를 직접 겪은 무명씨는 중국의 공정한 사법·교도행정을 상세히 기술한다. 그는 특히 명대 중국의 사법적 법치주의와 사법적 객관성에 경탄한다.

관리들이 선고하는 판결은 제국의 법률과 합치된다. 그들은 쌍방이 말하

563) Major, "Introduction", xlii쪽.

는 것을 고려하지 않고 자신이 친히 조사한 사건의 진실에 따라 판결한다. 그리고 그들은 6개월마다 이루어진다는 감찰을 두려워해 재판사건에서 아주 정확하다.[564]

그리고 무명씨는 자신이 직접 체험한 교도행정에 대해서도 더욱 자세하게 설명한다.

주요 도시에는 강력한 감옥이 많이 있다. 우리는 죄수들이었기에 이 감옥들 중 6개소에 분산·수감되었다. 다양한 범죄를 저지른 죄수들이 존재하는데, 가장 심각한 범죄는 살인이다. 죄수의 수는 많다. 도시의 인구가 많기 때문이다. 감옥마다 300, 400 또는 500명의 죄수들이 있다. 우리가 있었던 도시의 한 토박이는 그 도시에만 당시 8,000명 이상의 죄수가 있다고 우리에게 말해주었다. 그곳은 이웃지방의 죄수들이 집결되는 대도시이기 때문이었다. 모든 감옥에는 교도관이 매일 밤 점호하는 죄수들의 명부가 있다. 내가 있었던 감옥에는 때로 300명의 죄수가 있었고, 다른 감옥에는 400명이 있었다. (…) 심각한 범죄들은 법정으로 간다. 사형을 선고받고 오는 사람들을 위해 왕은 – 사건을 재심의할 시에 범죄가 저질러진 곳과 더 가까운 곳이기 때문에 지방도시의 지방관들이 죄가 더 적은 것으로 판단한다면 – 사형수들의 생명을 살리고 그들을 유배나 몇 년 동안 또는 종신 동안 왕을 위한 복역에 처할 권한을 지방관들에게 준다. 그들은 누구도 사형에 처하지 않으려고 갖은 수고를 아끼지 않는다. 신민들은 표현할 수 없을 정도로 깊이 황제를 경외한다. 그들은 황제가 그의 제국 안에서 유지하는, 사람들이 나쁘고 악의적이기 때문에 필수적인 엄격한 통치와 사법행정 때문에 황제를 신왕神王(god and king)이라고 부르기

564) Major, "Introduction", xlix쪽.

도 한다.[565]

"황제를 신왕이라고 부른다"는 구절은 "천자天子"라는 호칭을 오해해 오기한 것일 것이다. 이 기술에 따르면 중국 관료들의 사법행정은 공정했고 적중했고 엄격했고 관대했다는 것을 알 수 있다. 죄수로서 중국 감옥에서 몸소 고초를 겪어본 포르투갈 무명씨의 이 공정하고 정확한 보고를 통해 우리는 중국의 지방 관료들이 유학적 형옥刑獄원칙을 그대로 구현하고 있었다는 것을 확인할 수 있다. 『서경』「우서·대우모」에서 순임금이 고요皐陶에게 "형법을 쓰되 형벌을 없애기를 기약하고 백성을 중정中正에 협화協和하도록 한 것은 그대의 공이고 힘씀이라(刑期于無刑 民協于中 時乃功 懋哉)"고 말하자, 고요는 이렇게 대답한다.

> 제왕의 덕에 허물이 없어 아래에 임하심이 간소하고 대중을 다스림이 관대하여, 벌은 후사에 미치지 않고 상은 후세에까지 뻗치고, 과실은 커도 관유하고 고의범죄는 작아도 형을 가하고, 죄가 의심스러우면 가벼이 하고 공은 의심스러워도 무겁게 하고, 죄 없는 사람을 죽이느니 차라리 실패하여 법도를 그르치고, 살리는 것을 좋아하는 덕이 민심을 적시니, 이것들이 관리들을 범하지 않게 작용한 것입니다.(帝德罔愆 臨下以簡 御衆以寬 罰弗及嗣 賞延于世 宥過無大 刑故無小 罪疑惟輕 功疑惟重 與其殺不辜 寧失不經 好生之德 洽于民心 玆用不犯于有司.)"[566]

공자는 같은 취지에서 "예악이 흥성하지 않으면 형벌이 적중하

---

565) Major, "Introduction", xlii-xliii쪽.

566) 『書經』「虞書·大禹謨」(2).

지 못하고, 형벌이 적중하지 못하면 백성이 수족을 둘 곳이 없다(禮樂不興 則刑罰不中 刑罰不中 則民無所錯手足)"고 말했고,[567] 또 맹자는 "왕이 백성에게 인정仁政을 베풀어 형벌을 살피고 수세收稅를 가볍게 하면, 밭갈이를 깊게 하고 김매기를 기쁘게 한다(如施仁政於民 省刑罰 薄稅斂, 深耕易耨)"고 말했다.[568] 무명씨는 중국 사법司法의 중범죄 재심제도와, "사람의 생명을 살리는 것을 좋아하는(好生)" 이른바 유교적 호생사법好生司法까지도 정확하게 포착해 묘사하고 있다.

■ 페레이라의 두 번째 보고(1565)

중국에서 밀수범으로 체포되어 복건성에 죄수로 수감되어 있다가 탈옥해 돌아온 포르투갈 군인 갈레오테 페레이라(Galeotte Pereira)도 1565년의 중국보고서에서 중국의 형벌·사법제도를 극구 찬양하고 있다. 페레이라 보고서는 1565년 약간 압축된 형태로 이탈리아어로 번역되어 베니스에서 공간되었고, 1577년에는 영역되어 리처드 윌리스(Richard Willis)의 『동·서인도 여행기(*History of Travayle in the West and East Indies*)』 속에[569] "수감된 포르투갈 사람들을 통해, 주로 그 나라에 여러 해 죄수로 살았던 좋은 신용의 신사 갈레오티 페레이라에 의해 습득된 중국지역의 보고들(Reportes of the Province of China)"이라는 제하의 글로 실려 출판되었다.

페레이라는 지리적 세부사항에 대한 지식을 바탕으로 중국의 행정과 다양한 정부관직 및 관리들의 명칭을 공정하게 기록하고

---

567) 『論語』「子路」(13-3).

568) 『孟子』「梁惠王上」(1-5).

569) Richard Willis, *History of Travayle in the West and East Indies* (London: By Richarde Lugge, 1577).

있다. 그는 특히 명국의 법정과 감옥의 내부 측면을 자세히 다루고 있다. 그는 그 당시의 감옥 내부의 혹독한 상황과 체형, 그리고 대나무 매와 잔인한 매질 등을 묘사한다. 10대는 피를 맺히게 하고, 20-30대는 살을 몽땅 망가뜨린다. 100대는 치료할 수 없을 정도로 상처를 입는데 모두 뇌물을 주어 피하기 때문에 실제로 100대 매질을 당하는 사람은 없다.

페레이라는 명대 중국의 사법司法제도의 공정성을 찬미한다. 페레이라 일행은 지방 고위관리들의 무고에도 불구하고 사법적 부정의 희생양이 되지 않았기 때문이다. 최고층의 두 무고자들이 오히려 무고죄로 투옥되고 삭탈관직을 당했다. 그리하여 페레이라는 특히 자기들이 이교도였음에도 공정한 재판을 받은 것에 대해 기독교인들의 태도와 비교하며 크게 감탄한다.

> 더구나 로테아(노야老爺; 신사관리)들이 가진, 찬양받을 만한 덕성 하나는 그들이 군주인 것처럼 여겨지는 사람들이어도 면담할 때 매우 인내심이 있다는 것이다. 그들 앞에 끌려나온 우리 불쌍한 이방인들은 그들이 받아쓴 모든 것이 거짓말이고 허위일지라도 하고 싶은 것을 다 말해도 되었고, 우리가 그들 앞에 그 나라의 통상적 예법에 따라 서 있지 않았어도 그들은 아주 참을성 있게 우리를 대해주어서 우리를 놀라게 했을 정도다. 우리는 특히 우리나라에서 검사든 판사든 얼마나 참을성 없이 우리를 대하곤 하는지를 알고 있기 때문이다. 우리의 어떤 판사로부터든 관직의 지휘봉을 빼앗는다면 그들은 중국인들이 이교도라는 사실을 무시하고 어떤 중국인에게도 잘 봉사할 수 있을 것이다. 왜냐하면 기독교인이 자신의 지위를 낮춰 이교도에게 봉사할 수 없다는 것은 명백하기 때문이다. 그들이 이교도인 것에 대해 말하자면, 나는 우리가 죄수이고 외국인인데도 그들

이 우리의 정의를 존중했다는 사실보다 그들의 사법적 정의를 예찬할 더 나은 증거를 알지 못한다. 기독교세계의 어느 도시에서든 우리와 같이 모르는 사람들이 기소된다면 나는 결백한 자들의 주장이 어떤 결말을 얻게 될지 알지 못하기 때문이다. 그러나 이교도 국가에 처한 우리는 도시 전체에서 가장 높은 2인의 고위관리를 큰 적으로 가지고 있으면서도, 그리고 통역사가 없었어도, 또 그 나라 언어를 알지 못했어도 종국에 우리의 큰 적대자들이 우리 때문에 투옥당하고 불공정하다는 이유에서 관직과 명예를 삭탈당하는 것을 보았다. 소문에 의하면, 그들이 죽음을 면치 못하고 참수될 것이라고 한다. 그들이 공정한지, 공정치 않은지를 이제 알겠는가?[570]

페레이라는 중국 사법제도의 공정성과 청문하는 사법관리들의 인내심을 극찬하면서 동시에 기소된 자에게 거의 청문하지 않고 특히 이교도에게는 정의를 보장해줄 리 만무한 자기의 조국 포르투갈과 기독교세계의 엉망진창·중구난방사법제도를 비판하고 있다.

그리고 페레이라는 중국의 신사 관료를 '노야老爺'라고 호칭하면서 상당히 정확하게 기술한다. 당시 중국의 광동·천주泉州 부근에서는 민간인들이 관료를 '노야老爺'(라오예)라고 높여 불렀다. 이 칭호는 조선에서 '나리'라는 말에 해당한다. '노야'는 천주 방언으로는 '라우티아(*lautia*)', 하문廈門 방언으로는 '로티아(*lotia*)'로 발음했다.

---

570) Galeote Pereira, *Certain Reports of China, learned through the Potugals there imprisoned, and chiefly by the relation of Galeote Pereira, a gentleman of good credit, that lay prisoner in that country many years*, 20-21쪽. Done out of Italian into English by R. W. Charles R. Boxer. R. W. Charles R. Boxer (ed), *South China in the sixteenth century: being the narratives of Galeote Pereira, Fr. Gaspar da Cruz, O.P. {and} Fr. Martín de Rada, O.E.S.A. (1550-1575)*, Issue 106 of Works issued by the Hakluyt Society (Printed for the Hakluyt Society, 1953·2017).

따라서 포르투갈사람들은 '만다린'이라는 말을 쓰기 전에 중국 관리를 '*loutea*', '*louthia*' 등 여러 가지로 표기했다. 페레이라는 물질적 측면에 대한 많은 설명 뒤에 마침내 이 '로우테아(*loutea*)'의 지위에 대해서 설명한다.

나는 '로우테아(老爺)'라고 불리는 신사의 일정한 등급에 관해 말할 기회를 가질 것이다. 나는 먼저 이 단어가 무엇을 뜻하는지를 설명하려고 한다. '로우테아'는 우리말(영어)로 'Sir'라는 말에 해당한다. 그리고 신사들 중에 어떤 이가 그의 이름을 부를 때 그는 'Sir'라는 말로 대답한다. 그리고 황제가 어떤 신사를 만드는 것을 말하는 것처럼 그들은 한 로우테아가 만들어진다고 말한다. (…) 신사가 로우테아의 자품을 얻고 그 영예와 칭호에 이르게 되는 방법은 황제의 명에 의해 나머지 관원들과 다른 넓은 반대(鞶帶)와 모자를 받는 것이다. '로우테아'라는 명칭은 이것이 뜻하는 영예의 평등이 함의하는 것보다 더 일반적이고 더 통상적이다.[571]

바로 이어서 페레이라는 로우테아의 능력주의적 선발시험과 관직인사 제도에 대해 언급한다.

중요한 사법(司法) 문제에서 군주에게 복무하는 이러한 로우테아들은 그들의 학식에 대해 이루어지는 시험 후에 그 지위가 수여된다. 그러나 이 도시에서도 그렇듯이 모든 도시에서 아주 많이 존재하는 대대장, 순경, 육지와 바다의 상사, 회계원 등으로서 보다 작은 국사에 복무하는 다른 로우테아들은 조력자로 만들어진다. 이들은 다른 모든 이의 모자와 명칭이 수장(首長) 로우테아들의 그것들과 같은 것일지라도 그들을 무릎 꿇고 섬긴다.[572]

571) Pereira, *Certain Reports of China*, 10쪽.

페레이라는 여기서 신사(진사)를 선발하는 시험제도에 대해 자세히 설명하지는 않고 있지만 적어도 선발시험의 존재를 처음으로 전해 주고 있다.

또한 페레이라는 이 노야(신사)에게 관직을 부여하는 원칙으로 상피제도도 언급한다. "한 성을 다스리는 노야들은 멀리 떨어진 어떤 다른 성으로부터 선발되고 그곳에 그들의 아내와 자식과 재산을 두고 홀몸으로 아무것도 휴대하지 않고 떠나온다."[573] 중국 관료제의 두 원칙은 '상피제'와 '임기제'다. 그런데 여기서 페레이라는 임명받은 관직의 '임기'에 대해서는 언급하지 않고 있다.

아울러 페레이라는 저 포르투갈 무명씨처럼 중국이 '귀족 없는' 평등국가라는 사실을 정확하게 인식한다. 페레이라는 신사제도를 속속들이 잘 알지 못했지만 '노야', 즉 신사관리가 유럽의 세습귀족과 같은 '귀족'이 아니라는 사실과, 왕족 이외에 어떤 귀족신분제도도 인정되지 않는다는 사실을 어렴풋이 감 잡고 있다.

> 나아가 이 황제는 제국의 더 큰 안전과 소동회피를 위해 나라 전체에서 그의 혈족 외에 단 한 사람도 귀족이라고 불리지 않게 했다. 많은 대장원이 존재하며 벼슬살이를 할 동안 귀족처럼 살고 위력적 군주들의 풍모를 갖추는 통치자들이 존재하지만, 이들은 부패할 짬이 없을 정도로 아주 많은 횟수에 걸쳐 이직하고 다른 사람들이 새로이 배치되어 온다. (…) 그러므로 왕만이 귀족이고, 당신이 알았다시피 그 외에, 그리고 그의 혈족인 자들 외에 단 한 사람도 귀족이 아니다.[574]

---

572) Pereira, *Certain Reports of China*, 10쪽.

573) Pereira, *Certain Reports of China*, 18쪽.

574) Pereira, *Certain Reports of China*, 41쪽.

페레이라는 '세습귀족', '평민', 1대에 한정되는 신사의 우면優免특권, 관직의 임기제 등의 정확한 범주를 사용하진 않았지만, 나름대로 "부패할 짬이 없을 정도로 아주 많은 횟수에 걸쳐 이직하고 다른 사람들이 새로이 배치되어 오도록" 만드는 관직 임기제와 세습귀족 부재 사실을 정확하게 기술하고 있다.

■ 멘도자의 상세보고(1585)

1575년 스페인 아우구스티누스회 소속 탁발승 마르틴 데 라다(Martin de Rada, 1533-1578)도 복건성을 오가면서 모은 책들을 바탕으로 작성해 스페인 식민지(필리핀) 총독에게 올린 보고서 「대명이라고 불리는 중국의 풍물에 관한 보고(Relations of the Things of China which is properly called Taybin)」에서 과거제·관료제와 봉건귀족의 부재에 대해 기술한다. 라다는 과거시험에 대해서도 조금 알고 개발새발 기록해 둔다. "좋은 가문의 아무개가 아주 잘 읽을 수 있다는 것이 우리에게 알려질 때 그는 쇄주(JaJu; 祭酒)라고 불리는 사람에게서 시험을 보고 충분히 유능한 것으로 드러나면 학사학위를 받는다. 그들은 2개의 꽃다발을 귀에 걸고, 말에 타 깃발과 고적대를 앞세우고 도시를 가로질러 행진한다. 우리는 복주에서 이들 중 한 사람을 보았는데 그는 고귀한 젊은이였다. 그들은 이 학위를 받고 일정한 사법직무를 수행하기에 적합하다. 읽고 쓸 수 없는 사람은 아무도 (…) 치자나 대리자가 될 수 없기 때문이다."[575] 과거제와 관료제에

575) Martin de Rada, "Relation of the Things of China which is properly called Taybin"[1575], 296-297쪽. Charles R. Boxer (ed), *South China in the sixteenth century: being the narratives of Galeote Pereira, Fr. Gaspar da Cruz, O.P. {and} Fr. Martín de Rada, O.E.S.A. (1550-1575)*, Issue 106 of Works issued by the Hakluyt Society (Printed for the Hakluyt Society, 1953·2017).

대한 라다의 설명은 이처럼 아주 근소하다.

그러나 1585년 후앙 곤잘레스 데 멘도자는 관료제에 대해 상세하게 기술한다. 멘도자는 필립 2세의 편찬 명령으로 출판된 『중국제국의 역사』에서 멘도자는 중국의 능력주의적 관리임용제로서의 경쟁적 과거시험제도, 시험 후 부여되는 질품등급, 관리임명방법, 상피제도(*rule of exile in office*) 등도 설명하고 있다. 그는 "제9절 왕이 각 성省에 배치하는 총독들과 지방장관들, 그리고 이들이 자신들의 통치에서 받는 명령에 관하여"라는 소제목 아래 지방관료제를 설명한다.

> 당신은 파구이아와 톨란치아(남경과 북경)라는 두 성이 어떻게 왕의 최고 내각에 의해, 그리고 내각이 통치하도록 파견한 지방장관에 의해 다스려지는지를 알게 된다. 다른 13개의 성에는 총독이나, 평민들이 '인수안토(Insuanto)'라고 부르는 순무巡撫가 있다. 포정사는 각 성에 지속적으로 주재하고 보통 각 성의 이름과 같은 거대도시에 산다. 그리고 어떤 종류의 행정체계의 관리들과 판단관이든 다 '진사'라고 불린다. 그러나 각자는 그가 수행하는 관직에 따른 특별한 이름을 아울러 가지고 있다. (…) 왕을 대신해 각 성에서 으뜸의 최고치자 노릇을 하는 사람은 총독인데 이를 사람들은 '코몬'(Comon, '중당[中堂]'을 잘못 들은 것으로 보인다 – 인용자)이라고 부른다. 제2등위는 각 성의 순무인데, 총독보다 조금 낮은 권위를 가진 '인수안토'라고 불린다. 포정사도 순무도 없는 도시에 주재하는 행정장관(*corregidor*)은 이 등급의 모든 것을 뜻하는 '투우안'('토퉁[都總]'이 더 가까운 발음임 – 인용자)이라고 부른다. 그들은 어떤 도시에서든 중요한 것은 무엇이든 인수안토라는 상대적으로 높은 치자에게 보고하고 마찬가지로 인수안토는 총독 또는 중당(코몬)에게 보고한다. 다시 총독은 우리가

앞서 얘기한 우편으로 국왕이나 내각에 보고할 의무가 있다. 제3등위는 '포정사布政使'라고 부른다. 이 관리는 왕의 세수를 담당하는 장관이다. 그는 그 밑에 각 성에서 세금을 균제均齊하는 1명의 자문관과 많은 행정관리자들, 그리고 관리들, 심부름꾼들을 거느리고 있다. 이 신분은 그의 모든 관리의 회계보고를 총독에게 제출하고, 총독은 이것에 따라 각 성의 왕의 관리들에게 주어야 할 모든 종류의 봉급과 정상 또는 비상 청구액을 지불한다. 제4등위는 '도독都督'이라고 부른다. 이 관리는 보병과 기마병을 포함한 모든 병사의 사령관이다. 제5등위는 '안찰사'라고 부른다. 안찰사는 민·형사 법정의 총감독관이다. 그는 다른 더 낮은 법정으로부터 그에게 상고되는 것은 무엇에 대해서든 그의 보좌관들과 더불어 다르게 판결한다. 제6등위는 아이타오('하이타오'가 더 정확한 발음임 – 인용자)라고 부른다. 이 관리는 군사위원회의 위원장이다. 수요가 있을 때 병사들을 공급하고 육지에서 필요한 것을 도시와 해안의 수비대의 보충에 공급하듯이 바다를 통항하는 어떤 함대에든 선박과 탄약과 군량을 공급한다. 이 수비대는 성에 들어오는 낯선 사람들을 검문하고 어디서 오는지 등에 관해 알아내며, 안 뒤에는 이것에 관해 또는 필요한 모든 것에 관해 총독에게 보고한다.[576]

총독은 3-4개의 성省을 감독하고, 포정사는 1개성을 담당하는 관리책임자다. 멘도자는 이를 밝히지 않고 있다. 아무튼 그는 명대 중국의 분리되고 전문화된 지방 관료조직을 설명하느라 애를 먹고 있다.

이어서 멘도자는 이 지방 관료조직의 내부구조에 대해 좀 더 상세하게 설명한다.

---

576) Mendoza, *The History of the Great and Mighty Kingdom of China*, Part 1, 100-102쪽.

지방의 이 여섯 관직은 굉장한 권한을 가지고 있다. 이 관직들을 집행하는 이들은 깊은 존경을 받는다. 그들 각자는 굉장한 경험과 근면의 측면에서 선발된 사람들로 이루어진 10인 위원회를 가지고 있다. 이 위원회는 그 관직과 관련된 업무의 시행과 처리에서 각급의 수령들을 보좌한다. 이 10인이 (모든 관직이 아주 질서정연하게 꾸며진 지정된 장소가 있는) 총독의 관저 안에 위치한 위원회 회의에 참석할 때, 그 위원들은 두 부분으로 나뉘고, 다섯은 위원장의 오른쪽에, 나머지 다섯은 왼쪽에 앉는다. 오른쪽에 앉은 위원들은 연장자들이 그만큼 더 많은 우선권을 갖고, 오직 이 점에서만 왼쪽에 앉은 위원들과 다르다. 그들은 금으로 장식된 반대鞶帶를 두르고 노란 관冠을 쓴다. 왼쪽의 위원들은 은으로 장식된 반대를 두르고 파란 관을 쓴다. 금과 은으로 장식된 반대와 노랗고 파란 관을 쓰는 것은 위원들 외에 누구에게도 허용되지 않는다. 위원들과 위원장은 왕의 문장을 금으로 된 가슴과 등 부분에 달고 있다. 그들은 이 문장 없이 그들이 참석해야 하는 어떤 자리에도 나아갈 수 없고, 어떤 것이든 판결하기 위해 법정에 앉아 있을 수도 없다. 그들이 문장 없이 나타나거나 판결한다면 불복종일뿐더러 분명히 그들의 순시 시에 처벌받는다. 이 위원회의 위원장이 사망하면 최연장자인 위원들 중 1인이 직무에서 그의 뒤를 잇고, 중앙의 황제내각에 관해 지난 절에서 내가 설명한 바와 같은 질서를 모든 일에서 준수한다.[577]

지방 각급 단위의 수령들에게 배치된 이 '10인 위원회'는 중앙정부 최상부에 위치한 황제의 '내각'을 본뜬 것이다. 이 '10인 위원회' 설치를 통해 명대 중국은 지방행정에서도 독임제적獨任制的(moncratic) 정책결정제도를 모조리 혁파하고 각급 단위의 지방 관료

577) Mendoza, *The History of the Great and Mighty Kingdom of China*, Part 1, 102-103쪽.

행정을 집체적(collegial) 심의·결정제로 전환시켰다. 18세기에 요한 유스티(Johann H. G. Justi)는 중국 행정체제의 이 집체적 심의·결정제를 높이 평가하며 독일에 도입할 것을 주장한다. 오늘날 한국 정부도 각 부처에 심의관제를 두고 정책방안을 집체적으로 의결議決해 상신하도록 제도화되어 있다.

멘도자는 이 '10인 위원회'의 개개 위원들의 높은 권위에 대해 이렇게 기술한다.

> 어떤 필요에 따라 위원들이 중요한 정보를 전하기 위해 성省의 한 지역으로 들어가는 경우에 위원회의 한 일원이 지정된다. 이 위원은 홀로 가지만, 위원회 전체의 권위를 가지고 있다.[578]

멘도자는 여기서 1인의 위원도 위원회 전체를 대표할 수 있게 한 제도를 설명하고 있다.

멘도자는 1-6등위 수령들 외에 중하급 관리들도 소개하고, 중국 관료행정의 중요한 부분인 사법제도에 대해서도 설명한다.

> 앞서 말한 이 6명의 각급 수령들 외에 (이 왕국의 모든 법정장관처럼 매우 존경받을지라도) 보다 지위가 낮은 다른 관리들이 있는데, 이들은 다음과 같은 관직명으로 불린다. 코톡(Cautoc)은 기수장旗手長이다. 포침(Pochim)은 이등 재무관이다. 포친시는 옥새를 보관한다. 안차치(안찰사按察使)는 시·현의 수령이다. 구이테이, 치아, 토우테이라고 불리는 3명의 관리들이 더 있다. 이들은 법정을 지키고 일주일에 한 번 그들의 관청에서 면담을 연다. 이들이 문을 열어둘 때, 이들이 자리에 있고 청문할 준비가 되어 있으

578) Mendoza, *The History of the Great and Mighty Kingdom of China*, Part 1, 103쪽.

면 재판을 할 것이라는 것을 알리기 위해 대포 네 발이 발사된다. 이들이 범죄적인 것이나 잘못을 발견하면, 즉시 그것을 관리에게 들려서 받아야 하는 형벌이 쓰인 청구서와 함께 좀파우(zompau)라고 부르는 도시의 보통 법정으로 보낸다. 보통재판관 1인이 병사 1,000명을 담당한다. 그는 그 제한도, 관할도 넘을 수 없고, 누구도 그를 대신할 수 없다. 매일 밤 그들은 순찰을 돌며 모두가 자기 집에서 조용히 잠들게 하고 화재를 피하기 위해 촛불이나 등불을 끄도록 한다. (…) 시간이 제한된 뒤에 등불이 발견되면 그들은 아주 가혹하게 처벌받는다. 이것으로부터는 법원에서 보낸 재판관에게 상고하는 것 외에는 상고가 없다. 이 재판관 외에는 정기적으로 와서 기존의 처벌을 무효로 돌리고 민막民瘼이나 타인이 저지른 잘못을 해결해주는 어사御使들밖에 없다. 이 어사는 그들의 언어로 '곰딤(Gomdim)'이라고 부르는데, 모든 억울한 일을 바로잡아 주는 사람이라는 뜻이다. 이 사람은 나머지 모든 사람보다 존경받는다.579)

명대 중국은 각성의 지방행정을 포정사·안찰사·도지휘사에게 삼분시켰는데, 포정사는 '민정民政'을 맡고, 안찰사는 '형명刑名'을, 도지휘사는 '군사'를 맡았다.

멘도자는 '안찰사'와 그 휘하의 재판관들의 높은 덕성에 주목하여 이렇게 기술한다.

판관들은 일반적으로 경이로운 도덕적 덕성을 갖추고 있다. 즉, 판관은 모두 고소자의 말이 성마르고 교만하더라도 인내심을 갖고 그의 말을 들어준다. 그것은 학교에서 그들에게 가르치는 첫 번째 덕목이다. 아주 잘 양육되었고, 법에 의해 명령하는 경우에도 그 언어가 예의 바르다.580)

---

579) Mendoza, *The History of the Great and Mighty Kingdom of China*, Part 1, 104쪽.

또한 멘도자는 중국제국에서 사형사건의 신중한 처리와 관련해 이곳의 인명중시 사법제도도 소개한다.

> 왕은 그의 왕국과 신민들에 대해 이런 영유권을 가졌고, 이 왕국이 그 많은 성省과 도시, 주현州縣을 가질 정도로 방대할지라도 단 한 명의 총독도, 지방장관도, 판관도 그의 선고가 왕과 내각에 의해 먼저 확인되지 않은 채 어떤 사람을 사형에 처할 수 없다. 지연遲延이 상당한 위험을 초래할 실제적 전시戰時는 여기에서 제외된다. 내각은 전시에 총사령관이나 부사령관에게 군율을 위반하거나 잘못을 저지르는 어떤 병사든 참수하거나 교수絞首할 것을 허용한다. 이것을 그들은 왕이나 내각의 동의 없이, 왕실재무관이나 야전장군의 동의만으로 집행해도 된다. 이들은 둘 다 위엄 있는 인물들이다. 그들은 판결에서 합치되어야 하고, 그렇지 않으면 사형을 집행할 수 없다.[581]

어떤 "총독도, 지방장관도, 판관도 그의 선고가 왕과 내각에 의해 먼저 확인되지 않은 채 어떤 사람을 사형에 처할 수 없다"는 것은 앞서 포르투갈 무명씨가 전한 중국의 저 호생好生사법을 말한다.

멘도자는 인명을 중시하는 중국의 법치주의에 대해서도 일반적으로 설명한다.

> 왕은 모든 수령에게 충분한 봉급을 준다. 왜냐하면 소송의뢰인으로부터 뇌물이나 다른 어떤 것을 받는 것은 중형으로 금지되어 있기 때문이다. (…) 왕의 권위에 의해 엄격한 책무를 부여받은 이 재판관들은 술을 마시

---

580) Mendoza, *The History of the Great and Mighty Kingdom of China*, Part 1, 103쪽.

581) Mendoza, *The History of the Great and Mighty Kingdom of China*, Part 1, 100쪽.

지 말고 청문장이나 재판정 안으로 정진하듯 들어가며 또 술을 먹고 선고를 하지 말라는 명을 받는다. 그리고 이것을 어기는 자는 누구든 혹독한 벌을 받는다는 것은 그들 사이에서 관습이다. (…) 아주 중요한 문제나 중대한 인물과 관련된 문제에서 판사는 어떤 정보를 필기하는 일에 있어 공증인이나 대서인을 신뢰하는 것이 아니라, 자신의 손으로 증인의 진술을 받아쓰고 진술된 내용을 중시한다. 이 굉장한 근면성은 재판이 잘못되었다고 불평하는 사람이 거의 없는 이유이자, 위대하고 주목할 만한 덕성인 이유다. 이 근면성은 모든 훌륭한 사법이 모방해야 하는 덕성이다. 많은 동일한 근면성을 활용하지 않는 경우에 생기는 폐를 피하는 것은 이 이교도들이 행하려고 심혈을 기울이는 것이다. 이들은 바른 사법을 수행하는 것 외에 어떤 사람에 대한 존경이나 예외 없이 감내할 만한 가치가 있는 일정한 예방책들을 쓴다.[582]

포르투갈 무명씨도 중국의 법치주의에 대해 멘도자와 유사한 평가를 내렸었다. 그는 이렇게 평했었다. "관리들이 선고하는 판결은 제국의 법률과 합치된다. 그들은 쌍방이 말하는 것을 고려하지 않고 자신이 친히 조사한 사건의 진실에 따라 판결한다. 그리고 그들은 6개월마다 이루어진다는 감찰을 두려워해 재판사건에서 아주 정확하다."[583] 당시 유럽에서 가장 선진적인 나라였던 포르투갈과 스페인에서 태어나 살아온 무명씨와 멘도자가 중국 사법제도에 공히 놀라는 것을 보면, 중국의 법치주의는 전 세계를 통틀어 당대 최고였다고 할 수 있다.

어사 또는 왕이 파견한 감찰관들은 지방감찰 결과를 내각에 보고

---

582) Mendoza, *The History of the Great and Mighty Kingdom of China*, Part 1, 107-110쪽.
583) Major, "Introduction", xlix쪽.

하고 왕은 보고에 입각한 인사고과에 따라 지방장관들에게 상벌을 내린다.

> 이 감찰관은 지방위원회의 제1석에 정좌하고 위원회의 보통 용례에 따라 연설을 한다. 그는 이 연설로 위원회에 그가 내려온 이유를 알리고 감찰 과정에서 어떤 정성과 근면으로 사안들의 진실을 알아냈는지를 알게 한다. 그리고 그 뒤에 숙고된 말로 자기 직무를 잘 수행한 사람들을 모두 칭찬하고 기리며, 그것에 따라 즉시 내각 한가운데에 그들을 앉히고 그들이 의당 받을 만한 것에 따라 포상褒賞을 받을 수 있도록 그들의 훌륭한 근무에 대한 큰 평가를 국왕과 내각에 제출할 것을 약속한다. 동시에 그는 부과된 자기 의무를 소홀히 한 자들을 모두 날카롭게 견책한다.[584]

직무이행이 불량한 관리들을 견책하기도 하지만 훌륭한 근무자들을 포상하기도 하는 중국의 관리평가제도는 나중에 멘도자의 책을 읽은 몽테뉴에 의해 크게 호평받는다.

한편, 멘도자는 제3책 "제10절 총독과 판단관(어사)을 선발하는 방법과 동일한 것을 집행하는 방법이 여기서 밝혀진다"는 소제목 아래 '상피제도'도 설명한다.

> 선발될 사람의 자질과 행동에 대해 특별히 부지런히 알아보는 내각각료들이 부여하는 동의에 의해 왕은 (…) 모든 관리를 임명한다. 이 내각각료들이 스스로 널리 알리는 원칙적 사항은 공정한 사법을 집행할 때 일어날지도 모를, 아니 자기 친구와 친족에 대한 친애 때문이든, 아니면 적에 대해 품고 있는 증오 때문이든 우연히 많이 일어나게 되는 곤란한 일을

584) Mendoza, *The History of the Great and Mighty Kingdom of China*, Part 1, 114-115쪽.

방지할 목적으로 총독, 수령이나 성省 각료가 예정된 지방에 적격의 인물이 아니라는 것이다.[585]

중국 관료제의 상피제도에 관한 멘도자의 이 설명은 프란시스코 알바레즈의 『에티오피아 이야기』(1561)의 부록으로 출간된 동시대 중국 포로 출신 포르투갈무명씨의 책과 페레이라의 중국보고에 의해 앞서 전해졌었다.

■ **발리냐노와 산데의 보고(1590)**

발리냐노와 산데도 중국 관료행정과 관료들의 사법행정에 대해 간명하지만 정곡을 찌르듯이 정확한 내용을 전했다. 상론했듯이 그들은 방대한 중국제국의 경이로운 법질서와 평온을 중국 관료체제 덕택으로 돌렸다.[586] 그들은 빈틈없이 작동하는 중국의 중앙집권적 관료제의 일직선적 위계체계를 소개하고, "한 명의 황제"가 "그토록 많은 지방을 지배하는 것을 전제할 때 모든 국사가 어떻게 그가 임명한 그렇게 많은 행정관원들에 의해 처리되는지"에 대해 "놀랄 만하다"고 경탄했다.[587] 또 그들은 "상하 종속되는 이 찬탄할 만한 관원들의 위계체제로써 제국 전체를 관통해서 지배하는 평화는 형용하기 어렵고, 특히 범죄자들을 길게 늘어 빼는 어떤 법적 조치나 소송 없이 간략한 심문만 한 뒤 태형으로 처벌하는 만큼 더욱 그렇다"고 부연한다.[588]

---

585) Mendoza, *The History of the Great and Mighty Kingdom of China*, Part 1, 105-106쪽.

586) Valignano and Sande, *Japanese Travellers in Sixteenth-Century Europe*, 423쪽.

587) Valignano and Sande, *Japanese Travellers in Sixteenth-Century Europe*, 426쪽.

588) Valignano and Sande, *Japanese Travellers in Sixteenth-Century Europe*, 427쪽.

발리냐노와 산데는 중국 관료제의 두 운영원칙인 3년 임기제와 상피제에 대해서도 정확하게 보고한다. "이 모든 관원이 그들의 관직을 3년 동안 보유하지만, 각 지방의 통치에 임명되는 이들이 그 지방 출신이 아니라 외지인, 즉 다른 지방 출신 사람들인 방식으로 보유한다. 이것은 관원들이 판단을 내릴 때 친척들과 친족들 사이에 처하는 경우보다 훨씬 더 불편부당하고 훨씬 덜 부패할 것이라는 것을 뜻한다."[589]

중국의 일사분란한 중앙집권적 관료제는 그곳에 봉건적 중간 권력체들(봉건영주들과 봉건 세습귀족)을 제거했다. 이 때문에 중국 조세체계도 중앙집권적으로 단일하게 조직되어 있었다. 이에 대해 발리냐노와 산데는 유럽의 봉건제를 비판하는 관점에서 이렇게 기술한다. "자기의 관할범위 내에서 그 자신의 세금을 부과할 권리를 가진 어떤 치자도 없다. 하지만 유럽에는 정확히 그 반대가 (…) 아주 종종 사실이다."[590] 이것은 독자적 조세권을 가진 어떤 봉건적 중간 권력체를 인정치 않은 송대 이래 중국의 중앙집권적 조세체계를 찬양한 것이다.

그리고 발리냐노와 산데는 사법을 담당하는 민정을 관장하는 각성의 포정사, 안찰사, 군사를 관할하는 도지휘사로 삼분된 지방 행정체계의 삼권분립적 관료제와 어사감독관 순무巡撫제도를 상세히 설명한다.[591] 그리고 세습귀족을 소멸시킨, 만민에 대한 국가관직의 평등한 능력주의적 개방에 대해 설명한다. "다양한 행정관을 위한 경쟁이 학문에 유식하고 특히 (...) 제3등급 학위를 얻었다면

589) Valignano and Sande, *Japanese Travellers in Sixteenth-Century Europe*, 427쪽.

590) Valignano and Sande, *Japanese Travellers in Sixteenth-Century Europe*, 417쪽.

591) Valignano and Sande, *Japanese Travellers in Sixteenth-Century Europe*, 426-427쪽.

출생에 대한 고려 없이 만인에게 열려 있다는 사실을 언급하는 것을 빼먹을 수 없다. 행정관원들에 대한 보통백성들의 순종은 관원들의 공개 출두하는 데 따른 화려함과 영광스러움만큼이나 형언할 수 없다."592) 이 구절은 중국의 평등한 사회구조와 관련해서 중요한 기술이다. "제3등급 학위"(최고등급)는 진사를 가리킨다.

이어서 발리냐노와 산데는 이 관리들을 선발하는 과거제도를 설명한다. 이것은 지금까지의 보고서들 중에서 과거제에 대한 가장 정확한 설명이다.

> 이 한문 지식에서의 더 큰 터득에 대해서는 보통 주요 과목에서 세 등급의 학위가 유럽에서 하·중·상으로 사람들에게 할당되는 것처럼 할당된다. 제1등급의 급제자는 '수재秀才(*siusai*)'로 알려져 있고, 제2등급의 학위는 거인(*quiujin*)으로, 제3등급의 학위는 진사(*chinzu*)로 알려져 있다. 각 도시나 성벽이 둘러쳐진 읍면에는 학교(유학儒學 – 인용자)라고 불리는 공공건물이 있고, 제1등급의 학위를 얻기를 바라는 모든 사설의숙이나 사설학교 출신들(사숙私塾 출신 – 인용자)이 거기에 모인다. 그들은 시험관에 의해 그들에게 출제된 한 명제를 부연·상론해야 한다. 각 도시에서 제1등급의 학위는 아주 우아하게, 그리고 보다 정확하게 논하는 자들에게 수여된다. 제2등급의 학위에 지원하는 자들은 제1등급의 학위 소지자들로서 3년마다 성의 대도시나 성도省都에서만 시험을 보고, 그곳에서 또 다른 보다 어려운 명제를 다루는 구두시험을 치르고 보다 어려운 필기시험을 치른다. 사람들의 북새통이 보통 굉장하고 그래서 우리는 광동이라고 알려진 주요 도시에서는 지난해 거대한 군중들 중 많은 사람이 그 시험행사에 몰려들어 외부입구에서 발밑에 밟고 짓이겨져 죽기에 이르렀다고 신뢰할

592) Valignano and Sande, *Japanese Travellers in Sixteenth-Century Europe*, 427-428쪽.

만한 통로로 전해 들었다.[593]

명대 중국에서 평민들은 이렇게 공·사립학교에서 수학하고 이렇게 성황리에 개최되는 과거시험을 통해 각 등급의 학위를 얻음으로써만 고귀해지고 고위관원이 될 수 있었다. 그러므로 중국에는 세습귀족이 부재할 수밖에 없었던 것이다. 발리냐노와 산데는 "통치술은 중국인들의 주요 기술이고, 그들의 모든 학문지식은 이 통치술을 지향하고 있다"고 갈파함으로써[594] 중국의 모든 학문이 올바른 통치를 위해 존재한다는 사실을 분명히 한다.

발리냐노와 산데는 중국의 평등한 공무담임권을 다시 한 번 확인하는 설명을 덧붙인다.

> 내가 얘기한 이 모든 것으로부터 이제 당신은 중국제국의 행정이 대부분 자연적 본성의 본능과 합치된다는 것을 쉽사리 인식할 수 있을 것이다. 왜냐하면 권력의 직책에 앉은 자들이 조야하고 무식한 사람들이 아니라 한자의 사용에 능통한 인물들이고, 이 행정관직에 대한 출사에서 최대의 관심대상은 현명, 정의, 그리고 중국인들이 함양한 다른 덕성들이기 때문이다. 그리고 이 관직을 지망하는 만인에게 길이 어떤 편견도 없이 열려 있기 때문에 이 거대한 제국이 완전한 평화와 평온 속에서 보존되고 있다.[595]

발리냐노와 산데가 이 보고서를 공간한 해인 1590년으로부터 기산

593) Valignano and Sande, *Japanese Travellers in Sixteenth-Century Europe*, 425-426쪽.

594) Valignano and Sande, *Japanese Travellers in Sixteenth-Century Europe*, 426쪽.

595) Valignano and Sande, *Japanese Travellers in Sixteenth-Century Europe*, 430쪽.

起算해서 600년 전 송나라 이래 공맹의 "사무세관士無世官" 원칙에 따라 과거시험을 통해 중앙과 지방의 국가관직을 만인에게 평등하게 개방해서 봉건적 세습귀족을 없애버린 중국의 보편적 평등주의는 16세기 중후반에 이미 이렇게 유럽에 알려지기 시작한 것이다.

간언은 중국 관료제의 본질적 특징 중의 하나다. 발리냐노와 산데는 상례喪禮의 국법을 어기려던 왕에게 간언해 왕의 위법행위를 바로잡은 사례를 들려준다.

> 황제의 특별한 총애를 받는 누구라도, 제국의 행정에서 특별히 중요한 책임을 맡은 누구라도 그의 부모, 즉 그의 아비나 어미의 사망 소식을 듣는다면 즉각 집으로 돌아가 적절한 상례를 치러야 하는 것이다. 그리고 황제가 그의 직책에 그를 계속 붙들어 둘 것을 고집하면, 그 황제 자신은 그래도 백성들에 의해 중국의 국법과 관습을 어긴 위법자로 간주될 것이다. 그리고 이런 일이 한번 실제로 일어났다는 기록이 있다. 어떤 각료와 아주 친밀한 관계를 갖고 자신의 일에서 그를 쓴 황제가 있었다. 황제는 이 각료가 얼마나 필요한가를 아주 잘 알고 있어서 그의 아비가 죽었을 때에도 그를 직무에 붙들어 두기를 원했다. 그러나 중국의 국법에 아주 정통한 또 다른 사람이 있었는데, 그는 이것을 용납하는 것을 거부하고 황제를 가혹하게 탄핵하며 황제를 국법위반으로 비난했다. 황제는 격노해서 그를 즉결처형으로 위협했으나, 그는 조금도 위축되지 않고 발언을 계속했다. 그러자 황제는 그의 결심을 바꿔 그 각료를 아비의 상喪을 치르도록 떠나보냈고, 그 간쟁자를 더 높은 지위로 승진시켰다.[596]

중국인들의 간언제도에 대한 발리냐노·산데의 이 보고를 통해

---

596) Valignano and Sande, *Japanese Travellers in Sixteenth-Century Europe*, 431쪽.

1590년에 이미 유럽인들은 중국에 '살아있는 지존'에 대한 간언의 자유가 언론의 자유로서 법적으로 보장되어 있다는 사실을 처음으로 알게 된다. 관료제에 한 본질적 요소로 딸려있는 이 간언제도는 황제의 권력을 견제하는 여러 견제제도(내각제, 언관제도, 실록제 등) 중의 하나였다.

1.2. 명·청대 관료제에 관한 17-18세기 서구인들의 지식

■ 중국 관료제에 대한 퍼채스의 보고(1613)

새뮤얼 퍼채스(Samuel Purchas)는 17세기 벽두에 『퍼채스, 그의 순례여행(*Purchas, his Pilgrimage*)』(1613)에서 중국의 관료제와 과거제에 관해 주중駐中 선교사들로부터 얻은 정보를 꽤 많이 전했다. 그는 중국 관리의 비세습성에 관해 이렇게 기술한다.

> 약 200년 전에 타타르(몽고족)를 추방한 왕(홍무제 - 인용자)은 모든 구舊귀족·치자를 분쇄하고 이제 왕 외에는 아무도 고귀한 사람이 없는(*none is now great but the King*) (후손들이 지금도 계속 이어가고 있는) 현재의 이 정체政體를 확립했다. 누구에게든 고귀함의 어떤 수단도 남아 있지 않고, 왕족은 정사에 간여하지 않고 있다. 치자들(*governours*)은 그들의 관직을 세습하지도, 그 가족에게 신사(*gentrie*)의 지위나 칭호를 물려주지도 못한다. 그리고 군인들의 지휘권을 쥔 자들은 그들의 임금을 지불하지 않고, 더욱이 그들은 자기 사람들의 재정지휘권을 갖지 못한다. 그리고 그들의 근무지는 (자기들의 고향으로부터) 상당히 더 먼 지방이다.[597]

---

597) Purchas, *Purchas, his Pilgrimage*, 440쪽. '판토하'는 롱고바르디 신부와 중국에 들어와

퍼채스는 "왕 외에는 아무도 고귀한 사람이 없다(none is now great but the King)"는 명제로써 문무백관 관직의 비세습성을 말하고, "그들의 근무지는 (고향에서) 보다 먼 지방이다"는 말로써 관료제의 한 운용원칙인 '상피제'를 기술하고 있다.

그런데 퍼채스는 마테오리치의 치명적 오류에 따라 "중국인들은 공립학교가 없다"고 기술한다.[598] 이 오류는 니콜라 트리고에 의해 출판된 1615년 공간된 마테오리치의 『중국인들 사이에서의 기독교의 포교』에서도 되풀이되고, 다시 니우호프의 『네덜란드연합주의 동인도회사로부터 만주 칸, 즉 중국황제에게 파견된 사절단』(1669)에서도 반복된다. 그러나 이런 오류는 다른 서적들에서는 나타나지 않는다. 그러나 퍼채스는 과거제에 대해 비교적 정확하게 기술한다.

> 중국인들은 공립학교가 없지만, 도시들에는 공적 시험이나 학위수여식이 3년마다 있다. 수험생들은 거기에 응시해 시험을 치르고 이에 따라 선발된다. 선발된 자들은 세 등급이 있다. 첫 등급의 졸업자는 수재(*Siusai*), 두 번째 등급의 졸업자는 거인(*Quiugin*), 세 번째 등급의 졸업자는 진사(*Chinzu*)다. 모든 도시마다 첫 등급의 시험을 실시한다. 두 번째 등급의 시험은 오직 지방의 대도시만이 실시한다. 이 시험에는 첫 등급의 졸업자들이 3년마다 응시한다. 공공관청에서 두 번째로 첫 주제보다 더 어려운 주제의 구두시험을 치른다. (…) 세 번째 등급의 시험은 3년마다 오직 조정에서만 치러진다. 이 단계에서 신사(*Mandarins*) 또는 행정관들(*Magistrates*)을 국법에 대한 약간의 학습 후에 발탁한다. 그들은 시험주제를 쓰는 동안

마테오리치를 도운 디에고 데 판토하(Diego de Pantoja) 신부를 가리킨다.

598) Purchas, *Purchas, his Pilgrimage*, 438쪽.

24시간 그를 감시하는 한 사람과 함께 펜·잉크(붓과 먹을 이렇게 묘사하고 있다 – 인용자), 종이, 그리고 양초를 갖고 방에 갇혀 지낸다. 기록관들은 자기들의 이름을 서명하고 필자의 이름을 붙이지 않은 채 말한 연설을 베껴 쓴 다음, 첫 사본을 봉인한다. 이름 없는 사본은 지명된 시험관들이 정사精査하고 그들이 최선이라고 평가하는 사본들을 추려내고, 이 사본들을 최우수 사본과 비교함으로써 이름과 필자를 공개한다. 첫 등급의 졸업생은 자신과 가족에 대한 부역을 면제받는다. 이것은 그가 계속 공부에 정진한다는 것을 전제하는데, 그렇지 않으면 시험관들은 그로부터 학위를 박탈할 것이다. 노야(Loytia)라는 세 번째 등급의 학위를 받은 졸업생(어떤 사람은 그것을 이름 부르는 것처럼, 또는 우리가 그것을 양식화하듯이 '박사')은 그 사람 집의 문 위에 그 학위를 써 붙여, 만인이 그의 집을 우러르게 한다. 그리고 이것은 그들이 올라갈 수 있는 최고의 고귀한 지위(*Nobilities*)다. (1회에 350명밖에 되지 않는) 동료 학위취득자들 중 장원(*elder-brother*)에게는 기타 경축행사 외에도 개선凱旋 아치가 세워진다.599)

마테오리치의 치명적 오류를 따라서 중국의 각급 공립학교와 국립대학에 대한 설명이 빠뜨렸지만 퍼채스의 과거제 설명은 상당히 알차다.

동시에 퍼채스는 관료제와 관료들의 행태에 대해서도 대단히 정확한 소개를 한다.

만다린(신사)들은 특유한 법적 절차에서 (복장과 언어 면에서) 그들 나름의 습관이 있다. 각성에는 이 만다린들 중에서 (각 도시에서 관리들인 만다린들을 생략하면) 세 부류의 만다린이 있다. 첫째 만다린은 형사 사건들을 다루

---

599) Purchas, *Purchas, his Pilgrimage*, 438-439쪽.

어야 하고, *Gachasu*('按察使'의 그릇된 음역音譯)라고 불린다. 둘째 만다린은 왕의 육성자 또는 재무관이고 *Pushinsa*('布政使'의 그릇된 음역)라고 불리고, 전쟁 군관은 *Chumpin*('總兵'의 그릇된 음역)이라고 불린다. 이 모든 만다린은 각성各省의 *Tutan*('中堂'의 그릇된 음역) 또는 부태수에게 복종한다. 이 모든 만다린은 모두 3년 임기의 관직을 맡고, 항상 부패를 피하기 위해 다른 성들로부터 선발된다. 중국인들은 사인私人과 만다린 양측의 모든 범죄를 심문하는 *Chaien*('都察院'의 오기된 음역)이 있다. 왕이 누구든 만다린의 지위로 또는 더 높은 관직으로 승진시킬 때, 그들의 관습은 자기의 부적합성을 시사하는 비방이나 탄원을 많은 겸손한 거부와 함께 제기하는 것이다. 하지만 믿어지는 것을 원치 않는데, 왕은 따라서 그런 거부를 받아들이기를 거절해야 한다. 공식적 겸손 형식을 그들이 빼먹는다면, 때로 (그들의 의지에 반해서) 왕이 거절하고 또 확실히 거절할 것인 것처럼.600)

퍼채스는 관청과 벼슬 명칭의 음역 오류들에도 불구하고 관직의 직무를 정확하게 기술하고 있다. 그리고 그는 바로 이어서 중국 관료들의 부패성을 지적한다.

반대로 온갖 규정에도 불구하고 그들은 탐욕스럽고 잔인하고 뇌물에 극단적으로 중독되어 있다. 그리고 (종종 그렇듯이) 그들이 뇌물을 발견하지 못하는 경우에는 그들은 언제나 그들 자신의 의지와 이익을 위해 때로 다른 법률과 모순되는 법률도 만든다.601)

중국 관리들의 부정부패와 비리에 대해서 퍼채스의 비판은 이렇

600) Purchas, *Purchas, his Pilgrimage*, 440쪽.

601) Purchas, *Purchas, his Pilgrimage*, 440쪽.

게 과장되리만치 따갑다.

퍼채스는 인명을 아끼고 사람을 살리는 것을 좋아하는 중국의 사법제도가 관대한 편이지만 살인적 금고형과 태형의 잔혹성에 대해 정확하게 기술한다.

> 왕으로부터 내려온 특별한 위임명령에 의하지 아니하고는 아무도 사형을 집행해서는 아니 된다. 그러므로 악당들은 감옥 안에서 소모된다. 그러나 그들은 모종의 곤장을 가지고 사람의 다리를 몇 대의 타격으로 상대방을 절름발이로 만들거나 죽일 만큼 전율적으로 잔혹하게 때릴 권한이 있다. 그러므로 두 명 두 명 열 지어 도끼창(halberd), 철퇴, 전투용 도끼, 쇠줄과 이 곤장으로 무장하고 갖추고서 만다린들에 앞서 가는 50-60명의 사령들을 대동하고 하인들의 어깨로 받쳐 든 화려한 가마 의자를 타고 다니는(이것은 만다린들의 패션이다) 이 만다린들을 왕보다 더 무서워한다. 그 중 어떤 사람들이 그것들과 함께, 그리고 쇠사슬과 곤장의 요란한 소음과 함께 '길을 비키라'고 소리를 지르면 사람들도 개들도 말없는 침묵으로 길을 내준다.602)

퍼채스는 형벌의 잔혹성 때문에 백성들이 만다린을 왕보다 더 무서워하고, 만다린들의 행차가 아주 화려하고 위압적이라고 기술하고 있다.

그리고 퍼채스는 북경과 남경에 근무하는 관리들의 엄청난 규모와 육부의 임무와 그 장長들을 설명한다.

> 중국인들의 도시 한복판에는 이 관리들이 거주하는 궁택들이 있다. 북경

---

602) Purchas, *Purchas, his Pilgrimage*, 440쪽.

과 남경에 있는 이 행정관들은 믿을 수 없을 만큼 큰 집단을 이루는데, 이 중 한 수도는 다른 곳이라면 시민들의 수만큼 많은 2500명 이상의 행정관들을 포함하고 있다. 이들은 하루에 두 번 사건을 청문하고 재판을 집행한다. 북경에는 6개 부처의 장(Presidents)인 동수의 만다린(상서)이 있다. 이 중 첫 번째 행정관은 왕에게 왕국 안의 모든 만다린들의 승진·좌천·교정을 상신하는 가장 방대한 권력을 가졌기 때문에 천관天官총재(the heavenly Mandarin, 이부상서)라고 불린다. 왜냐하면 황제에 의해 확인되거나 취소되지 않을 관직을 가진 만다린은 아무도 없기 때문이다. 두 번째 만다린은 장엄한 인간적 대행사와 신적 제사 양쪽에서 의례를 책임지는 장長(예부상서 - 인용자)이다. 세 번째 만다린은 병부의 장(병부상서)이다. 네 번째 만다린은 중앙재무관(호부상서)이다. 다섯 번째 만다린은 궁궐·도시·기타 행정단위 안의 황제의 건물들의 일반적 측량자와 관리자(공부상서)다. 마지막 만다린은 왕의 아래서 형사문제를 다룬다.603)

퍼채스는 육부의 직무와 그 책임자들의 권한에 관해 간략하지만 비교적 정확하게 기술하고 있다.

퍼채스의 이 설명의 출처는 무엇일까? 그는 책의 발문에서 존 맨드빌(John Mandeville)의 『항해와 기행(*Voyage and Travel*)』, 카스파 드 크루즈(Caspar de Cruz), 핀토, 페레이라, 그리고 중국 예수회선교단에서 마테오리치와 그의 휘하에 있던 롱고바르디와 디에고 데 판토하(Diego de Pantoja, 1571-1618) 등의 보고를 참조했다고 밝히고 있다.

■ 마테오리치의 보고(1615)

마테오리치는 1615년의 『중국인들 사이에서의 기독교의 포교』

603) Purchas, *Purchas, his Pilgrimage*, 440-441쪽.

에서 중국의 학술과 과거시험 절차, 정치와 행정에 대해 퍼채스보다 더욱 상세하게 서술한다.[604] 그러나 마테오리치는 중국의 공립학교와 관련하여 퍼채스에게 그릇된 영향을 미친 그 치명적 오보를 날린다.

우리 서방의 필자들의 몇몇이 진술한 것과 반대로, 교사들이 이런 책들을 가르치고 설명해주는 학교나 공공 학술기관은 없다. 각 학생이 그 자신의 선생을 선택해서 이 선생에 의해 그의 집에서 자비自費로 가르침을 받는다. 이런 개인 교사들은 그 수가 아주 많다.[605]

마테오리치의 이 치명적 오류가 바로 퍼채스의 "중국인들은 공립학교가 없다"는 허위 기술의 궁극적 출처다. 마테오리치의 이 그릇된 보고를 보면, 그가 부잣집에서 고용하는 이른바 '독獨선생'이나, 자유롭게 사립초급학교로 사설私設되었던 중국의 사숙私塾(학당)만을 알았지, 약 9355개소를 상회했던 명·청대 국공립 초급학교 '사학社學'이나[606] 촌사나 씨족단체에서 세운 '의학義學', 각급 공립 중고등학교에 속하는 중국의 '유학'(부학·주학·현학)과 조선의 '향교'와 '사학四學'도 알지 못했고, 국립대학으로서의 중국의 국자감國子監과 조선의 성균관成均館도 전혀 알지 못했던 것이 틀림없다. 국공립학교 부재라는 그의 엉터리 보고는 이래서 생겨난 것이다.

그러나 중앙의 육부와 지방 관료제도에 대한 마테오리리치의

---

604) Gallagher (translator), *China in the Sixteenth Century: The Journals of Matthew Ricci*, 26-41쪽.

605) Gallagher, *China in the Sixteenth Century: The Journals of Matthew Ricci*, 33쪽.

606) Sarah Schneewind, *Community Schools and the State in Ming China* (Stanford, California: Stanford University Press, 2006), 3쪽.

보고는[607] 정확한 편이다. 그리고 그는 중국 관료제의 세 가지 특징적 인사원칙(3년 임기제·상피제·인사고과제)도 정확하게 기술한다. "우리가 논의해온 모든 관리의 임기는 황명에 의해 그 직위에 있도록 확인되거나 승진되지 않는 한 3년이다."[608] 또한 "어떤 관리도 군사수령이 아니라면 그가 태어난 지방에서 관직을 맡아서는 아니 되는 것이 일반적 법률이다."[609]

그리고 마테오리치는 인사고과제에 대해 이렇게 상세하게 설명하고 정확하게 보고한다.

> 3년마다 모든 행성行省, 모든 구역, 모든 도시의 고위관리들, 즉 포정사안찰사·지부知府·지주知州·지현知縣 등은 북경에 소집되어 왕에게 충성을 표해야 한다. 이때 현재한 관리와 부르지 않은 관리들을 포함해 전全 제국의 모든 지방의 지방관들에 대해 엄격한 심사가 이루어진다. 이 심사의 목적은 누가 공직에 남아야 하는지, 얼마나 많은 관리가 제거되어야 하는지, 그리고 승진하거나 좌천당해야 할 관리의 수와, 필요하다면 처벌될 관리의 수를 정하는 것이다. 이 탐색조사에서는 인물에 대한 어떤 고려도 없다. 나는 왕도 감히 공직조사관에 의해 내려진 결정을 바꾸지 못하는 것을 직접 관찰했다.[610]

607) Gallagher, *China in the Sixteenth Century: The Journals of Matthew Ricci*, 46-59쪽.

608) Gallagher, *China in the Sixteenth Century: The Journals of Matthew Ricci*, 56쪽.

609) Gallagher, *China in the Sixteenth Century: The Journals of Matthew Ricci*, 57쪽. 갤러거는 "no judge may hold court in the province in which he was born unless he is a military prefect"로 오역해 이 상피제가 모든 관리에게가 아니라 마치 재판관에게만 적용되는 원칙인 양 만들어놓고 있다.

610) Gallagher, *China in the Sixteenth Century: The Journals of Matthew Ricci*, 56-57쪽.

마테오리치는 몸소 중국 관료제의 객관적이고 엄정한 인사고과제를 직접 확인하고 정확하게 설명하고 있다.

마테오리치는 중국정치의 전체 성격을 학자 출신 문관(선비관료)들로 이루어진 관료체제의 문관통치와 반전평화로 규정한다. 진사와 거인이 제국의 통치를 담당하므로 중국의 통치는 일단 문관통치다.

> 박사학위나 거인의 학위를 얻은 사람들만이 제국의 통치에 참여하는 것이 허용되고, 관료들과 왕 자신의 이익 때문에 이런 후보를 빠트리는 일은 없다. 그러므로 모든 공직은 어떤 인물이 처음으로 공직을 맡든, 문관생활의 영위 속에서 이미 경력을 쌓았든 이 공직을 맡은 인물의 시험된 학문, 현명, 그리고 수완과 함께, 그리고 이것들에 의거해 강화된다. 삶의 도덕적 완결성(*integrity of life*)은 홍무제의 법률에 의해 규정화規程化되어 있다. 그리고 인간적 취약성이나 이교도들 사이에서의 종교적 훈육의 부족으로 인해 정의의 명령을 어기는 경향을 가진 사람의 경우를 제외하고 그 도덕적 완결성은 대부분 준수된다. 모든 행정관은 무관에 속하든 문관에 속하든 관부官父(*Quon-fu*)라고 부르는데, 뜻은 주인이나 아버지를 가리키는 '노야(*Lau-ye* 또는 *Lau-sie*)'다. 포르투갈 사람들은 중국 행정관들을 '*mandarin*'이라고 부르는데, 이것은 아마도 '명령하다(to order)' 또는 '지휘하다(*to command*)'라는 뜻의 *mandando, mando, mandare*에서 왔을 것이다.[611]

마테오리치는 이 문관치세가 바로 군軍에 대한 문관통제(*the civilian control of the military*)로 통한다고 말한다.

> 또 다른 놀라운 사실, 서방과의 차이를 표시하는 것으로서 기록할 만한

611) Gallagher, *China in the Sixteenth Century: The Journals of Matthew Ricci*, 44-45쪽.

가치가 있는 사실은 전 제국이 보통 '철학자들'로 알려진 식자집단에 의해 관리된다는 것이다. 전 제국의 질서정연한 관리에 대한 책임은 전체적으로 그리고 완전하게 그들의 책무와 관심에 위임되어 있다. 군대, 즉 장교와 병사들은 식자들을 깊이 공경하고 그들에게 극히 즉각적인 복종과 존경을 바치며, 드물지 않게 군은 식자들에 의해 학생이 선생에 의해 벌받듯이 규율 잡힌다. 군사정책은 철학자들에 의해서만 기안되고 군사문제도 그들에 의해서만 결정되며, 그들의 조언과 자문은 왕에게 군사지도자들의 그것들보다 더 무게를 가진다. (…) 이방인들에게 훨씬 더 놀라운 것은 그렇게 불리는 이 동일한 철학자들이 지존의 고귀성에 대한 존중에서, 그리고 국왕과 나라에 대한 충성에 관련된 한에서 생사를 가볍게 여기는 점에서 조국의 방어를 특수한 직업으로 가진 사람들을 능가한다는 것이다. 아마 이 지조는 인간의 정신이 글공부에 의해 고상해진다는 사실에 기인할 것이다. 또는 다시 그것은 이 제국의 개국과 창건으로부터 글공부가 제국의 영토확장에 거의 또는 전혀 관심이 없는 백성들에게 더 적합한 만큼 무관직보다 언제나 백성들에게 더 수용적이었다는 사실에서 생겨났을 수도 있다.[612]

"제국의 영토확장에 거의 또는 전혀 관심이 없는 백성들"이 개국 이래 바라 마지않는 중국의 이 국헌적國憲的 문관통치와 – 오늘날은 미국과 유럽제국 등 모든 문명국이 도입해 확립한 – 군에 대한 문민통제는 바로 반전평화주의로 직통한다.

마테오리치는 중국과 서양의 특이하게 다른 점으로 중국의 반反침략·반전 평화주의를 갈파하고 높이 칭송한다. 그런데 이 반전·평화주의는 관료체제에만 기인한 것이 아니라, 공맹철학으로부터도

612) Gallagher, *China in the Sixteenth Century: The Journals of Matthew Ricci*, 44-45쪽.

유래한다.

> 우선, 거의 무한히 광대하고 인구가 셀 수 없이 많으며 온갖 물자가 풍부한 이런 제국 안에서 왕도, 백성도 이웃국가를 쉽게 정복할 수 있을 법한, 잘 무장된 육해군을 가졌음에도 침략전쟁(*war of aggression*)을 벌일 생각을 한 적이 없다는 것은 우리가 그것을 숙고하지 않을 때 대단히 놀라운 일이다. 그들은 그들이 가진 것에 굉장히 만족하고 정복 야욕이 없다. 이 점에서 그들은 유럽의 백성들과 아주 다르다. 유럽인들은 그들 자신의 정부에 수시로 불만족해하고 타민족들이 누리는 것을 탐한다. 서양 국민들은 최고지배의 관념(*the idea of supreme domination*)에 완전히 제정신을 잃은 사이 조상이 자신들에게 물려준 것을 보존할 수도 없는 반면, 중국인들은 수천 년의 기간을 뚫고 조상이 물려준 것을 보존해왔다. (…) 나는 4,000년 이상의 기간을 포괄하는 중국의 역사에 대한 부지런한 연구 후에 이러한 정복에 대한 어떤 언급도 본 적이 없고 또한 그들이 제국의 경계를 확장한다고 하는 것을 들어본 적도 없다고 인정하지 않을 수 없다. 반대로, 박식한 중국 역사가들 사이에서 이 주장과 관련해 자주 물은 질문에 대해 그들의 답은 언제나 똑같았다. '그것은 그렇지 않았고 또 도저히 그럴 수 없었다'는 것이다.[613]

마테오리치는 꼭 집어 지적하지 않았지만, "그것은 그렇지 않았고 또 도저히 그럴 수 없었다"는 중국역사가들의 답변으로 공맹이 반전·평화철학을 오랜 세월 가르쳐왔다는 것에 대한 설명을 가름하고 있다.

문관은 일인지하 만인지상이다. 그러나 과거시험에 의해 주어지

613) Gallagher, *China in the Sixteenth Century: The Journals of Matthew Ricci*, 54-56쪽.

는 그들의 지위와 권한은 위대할지라도 과거시험의 합격자에게만 주어지는 한에서 세습적이지 않다.

이 시험(대과의 1차 시험 – 인용자)이 끝나면 그 결과가 동일한 방법으로, 동일한 장소에서 (…) 공표된다. 유일하게 추가되는 절차는 새로운 박사들이 모두 궁전으로 자리를 옮기고, 여기서 대궐의 수뇌 행정관들의 면전에서, 그리고 때로는 황제의 면전에서 주어진 시제試題에 대한 논문을 작성하는 것이다. 이 경쟁시험(展試 – 인용자)의 결과는 박사들이 행정관직의 세 등급(갑·을·병과 – 인용자) 중 어느 등급에 배정될 것인지를 결정한다. 이것은 저명한 시험이다. 그리고 전적으로 오히려 짧은 필기논술로 이루어져 있다. 정규 박사시험에서 이미 1위를 수여받은 사람은 이 최종시험에서 적어도 3위가 보장된다. 이 최종시험에서 1·2위를 한 사람들은 귀중한 영예의 표식을 받고 그 나머지 인생에 고위관직을 보유할 것이라는 보장을 받는다. 그들이 보유하는 지위는 우리나라의 공작이나 후작의 지위에 준하지만, 그 지위에 대한 권리원천은 세습적 권리에 의해 물려받는 것이 아니다.[614]

중국과 유럽의 사회적 위계질서를 비교하는 이 마지막 말로써 마테오리치는 중국사회의 체제적 평등성과 유럽사회의 고루한 전근대적 불평등을 대비하는 논변을 "그 지위에 대한 권리원천은 세습적 권리에 의해 물려받는 것이 아니다"는 말로 한 쾌에 정리하고 있다.

이 비非세습적 철인哲人문관에 의해 통치되는 중국제국은 대외적 평화주의를 대내의 사회적 관계에도 적용했다. 마테오리치는 말한다.

614) Gallagher, *China in the Sixteenth Century: The Journals of Matthew Ricci*, 54-56쪽.

도시 경계 안에서는 누구도, 군인이나 장교라도, 군사수령이나 행정관이라도 전쟁으로 가는 길이거나 훈련하러 또는 군사학교로 가는 길이 아니라면, 무기를 휴대하는 것이 허용되지 않는다. 하지만 고위행정관들 중 몇몇은 무장호위대를 동반해도 된다. 무기에 대한 중국인들의 혐오감은 이러해서, 여행길에 강도에 대한 보호용으로 필요한 금속 단도를 제외하고 아무도 집 안에서 그것을 가지는 것이 허용되지 않는다. 백성들 사이의 싸움과 폭행은 머리카락을 붙잡고 당기고 할퀴는 것으로 끝나는 것을 빼면 실제로 들어본 바 없다. 그리고 부상과 살해를 통해 위해에 보복하는 행동도 존재하지 않는다. 반대로, 안 싸우려 하고 일격을 되돌려 날리는 것을 삼가는 사람은 그 현명과 훌륭한 용기로 인해 칭찬받는다.[615]

이로써 마테오리치는 중국인들의 대외적·사회적 평화주의가 문관 우위의 관료체제로부터 유래한다는 사실을 상세히 기술했다.

멘도자, 발리냐노·산데, 퍼채스, 마테오리치의 이런 보고들은 곧 유럽의 철학자들에게 새로운 정치철학을 논하고 유럽정치를 비판할 수 있는 논리를 제공해주었다. 가령 로버트 버튼(Robert Burton)은 1621년에 벌써 『우울증의 해부(*The Anatomy of Melancholy*)』에서 바로 그들의 중국 관료제 보고를 근거로 유럽의 귀족제도를 이렇게 비판한다.

중국인들은 철학자와 박사들 중에서 치자를 선발한다. 그들의 정치적 귀관貴官들은 덕스러운 존귀자들과 같은 사람들로부터 발탁된다. 귀족성 또는 고귀성(*nobility*)은 옛 이스라엘에서처럼 직무로부터 나오지, 탄생으로부터 나오지 않는다. 그리고 그들의 직무는 전시와 평시에 나라를 지키고

615) Gallagher, *China in the Sixteenth Century: The Journals of Matthew Ricci*, 58-59쪽.

다스리는 것이지, 너무 많은 자들이 그렇듯이 습격하고 사냥하고 먹고 마시고 도박만 하는 것이 아니다. 그들의 노야(Lau-Sie), 만다린(신사), 선비, 학위자들, 품격에 의해 스스로를 높인 자들만이 나라를 다스리기에 적합한 것으로 생각되는 중국사회의 귀족들일 뿐이다.[616]

이것은 로버트 버튼이 중국 관료제와 과거제에 대한 멘도자·퍼채스·마테오리치 등의 반복된 보고를 읽고, 중국의 신분차별 없는 평등주의와 능력주의를 기준으로 "습격하고 사냥하고 먹고 마시고 도박만 하는" 부패한 유럽 귀족제도를 에둘러, 그러나 매섭게 비판하고 있다.

■ 세메도의 『중국제국기』(1641)와 상세보고

알바레즈 세메도(Alvarez Semedo)는 1641년 『중국제국기』에서 퍼채스와 마테오리치보다 더 상세하게 명나라의 중국의 중앙과 지방의 관료체제를 상세하게, 그리고 정확하게 소개한다.

전 군주국의 국정을 총괄하는 중국의 중앙정부는 그들에 의해 부部(Pu)라고 불리는 여섯 위원회로 나뉜다. 이 육부는 그들이 주재하는 두 궁전에서 다스릴 뿐만 아니라, 최초 운동자에 달려 있듯이 이 두 궁전에 나머지 정부가 달려있다. 모든 것은 각각에 속하는 것에 따라서 믿을 수 없는 종속과 순종의 자세로 이 사람들, 이 명분들, 이 업무들에 복服한다. 이 육부의 각부는 '상서尙書(Chamxu)'라고 부르는 통령을 가졌고 이 상서는 두 명의 보조관원을 거느린다. 왼쪽의 보조관원은 제1관원이고 '좌시랑

---

616) Robert Burton, *The Anatomy of Melancholy* [1621] (New York: Tudor Publishing Company, 1948), 503쪽.

(Co Xi Lam)'이라고 불리고, 오른쪽의 보조관원은 '우시랑(Geu Xi Lam)'의 이름을 달고 있다. 이것들은 우리가 나중에 말할 각로를 빼면 왕국 안에서 가장 주요하고 가장 유익한 관직이다. 그리하여 어떤 행성行省의 총독, 심지어 가장 주요한 행성의 총독도 자기 능력의 탄탄한 증명을 제시한 뒤에 승진되게 되어있을 때 이 육부의 상서가 발탁될 뿐만 아니라 좌우시랑 중 한 관직에 오르게 되어 있다면 스스로가 잘 보살핌을 받고 있는 것으로 여긴다. 유구의 가장 주된 사람들인 이들 외에 같은 부처에 품계가 모두 동등한 10명의 다른 관리들이 있는데, 이들은 여러 관직과 임무에 나눠어 배치되어 있다. 이 관리들에 더해 기록관·필기사·비서·하인·재판장, 그리고 유럽의 우리들에게 통상적이지 않은 많은 다른 직책보유자들로서 크고 작은 다른 관리들이 있다.[617]

세메도는 육부를 이렇게 총괄적으로 설명한 뒤에 각부를 나누어 자세하게 설명해 들어간다. 맨 먼저 '이부吏部'다.

가장 큰 권한과 이익을 가진 첫 번째 가장 주요한 부처는 '이부(Si Pu)'라고 불리는 국정위원회다. 관리들에 관한 전 왕국의 위임명령을 제안하고 이 명령을 바꾸고 촉구하는 것은 이 부서에 속한다. 누구든 한번 관직을 배정받은 뒤에 언제나 단계적으로 더 큰 임무로 승진하기 때문이다. 더구나 그들은 그들 자신이나 아들, 가까운 혈족 등 그들에게 딸린 사람들이 모종의 현저한 잘못을 저지르지 않는 한 정부로부터 배제되지 않는다. 또한 이 부처는 어떤 만다린이 모종의 사고로 자기 관직을 잃는다면 그를 쉽사리 다시 들어오게 하는 것처럼 삭탈관직당한 어떤 사람이든 다시 복권시킬 권한도 있다. 그리고 그들은 이 때문에 아주 많은, 그리고 아주 큰 뇌물

617) Semedo, *The History of the Great and Renowned Monarchy of China*, 124쪽.

을 받는다.[618]

세메도는 그 다음으로 병부·예부·호부·공부·형부 등 나머지 5부를 간명하게 분설分說해 나간다.

두 번째 부처는 '병부(Pim Pu)'라고 불리는 전쟁위원회다. 이것도 국정위원회와 마찬가지로 무관들에 대해서도 권위를 가진 것처럼 모든 문사 행정관들에 대해 권위를 가지고 민병에 속한 모든 잇속 있는 업무를 심사한다. 세 번째 부처는 '예부(Lim Pu)'라고 불리는 의례儀禮위원회다. 이것은 그리 큰 명령권을 가지지도 않고 그리 많은 잇속도 가져오지 않아도 이곳의 만다린들이 한림원(Royal Colledge) 소속이고 거기로부터 각로로 승진할 수 있기 때문에 그만큼 더 상당하다. 각로는 중국 안에서 가장 제일가는 지위다. 문한文翰, 사원, 의전, 제사, 승려, 이방인, 외교사절과 이와 유사한 것들에 관한 만사는 이 부처에 속한다. 네 번째 부처는 '호부(Ho Pu)'라고 불리는 왕의 재산위원회다. 이 부처는 왕의 수입, 세금, 부과금, 염세, 물품세, 공물, 그리고 일반적으로 왕의 영역과 관련되는 모든 것을 살핀다. 다섯 번째 부처는 '공부(Cum Pu)'라고 불리고, 특히 왕의 자녀들을 위하여, 장교들을 위하여 건설되는 궁궐의 공사와 같이 왕의 건물들과 같은 모든 공공공사에 대한 최고 감독기관이고, 건물골조를 위해서만이 아니라 왕과 공공의 서비스를 위하여 성벽·성문·교량·통금나팔·하천준설, 선박과 소형 범선에 속한 모든 것에 대한 최고 감독기관이다. 여섯 번째 부처는 모든 형사사건을 담당하고 처벌을 가한다. 이 부처는 '형부(Him Pu)'라고 불리고, 가장 높은 형사사건들의 재판관이다. 부처들 중 가장 주된 이 육부 외에 '구경九卿(Kieu Kim)'이라고 불리는, 특히 왕실에 속한 여러 관직의

618) Semedo, *The History of the Great and Renowned Monarchy of China*, 124쪽.

다른 아홉 관청이 있다.[619]

이 마지막 설명은 그릇된 것이다. '구경'은 육부상서 외에 더 있는 것이 아니라, 육부상서와 대리시경·통정사(도찰원)좌도어사를 합칭한 것이다. 그리고 구경은 중앙정부의 관철이지 왕실에 속한 것도 아니다.

세메도는 이것으로 육부 소개를 마치고 기타 관청들을 소개한다. 육부 외에 관청들은 대리시, 도찰원, 통정사사 등이 있다.

첫째는 '큰 이유'라고 말하는 대리시(Tai Lisu)라고 불린다. 말하자면 그것은 왕국의 큰 대법관이다. 대리시는 최종소송기관으로서 법정의 재판과 선고를 정밀 검토한다. 아주 중요한 모든 사건들은 여기로 모은다. 그것은 한 명의 장長, 두 명의 부장副長, 10명의 심리관으로 짜인 13인의 만다린으로 구성된다. 두 번째는 광록사(Quan Lo Su)라고 불리고, 이것은 말하자면 왕실의 고위 주연酒宴담당관이다. 왕, 왕비, 궁녀, 환관들을 위해 요리를 제공하고, 왕국의 전 비용을 지출하고, 궁궐의 모든 관리들에게, 그리고 공무로 이곳에 오는 모든 사람들, 또 타국으로부터 오는 외교사절들과 이와 유사한 사람들에게 봉급을 지급하는 일은 그의 책임에 속한다. 광록사는 1인의 장, 2인의 보좌관, 7인의 심의관이 있다. 세 번째는 태부사사太仆寺使(Thai Po Cu Su)이고, 이것은 말하자면 왕의 말을 관리하는 담당관이다. 이 기관은 왕에 대한 서비스를 위한 모든 말을 책임질 뿐만 아니라, 우편郵便역참에 속한 모든 말과, 왕국의 공무에 속한 기타 모든 다른 말들을 책임진다. 이 기관은 1인의 장, 7인의 심의관이 있다. 네 번째(홍려사 - 인용자)는 말하자면 궁궐의 의례와 보완(complement)의 담당관이다. 왕의

---

619) Semedo, *The History of the Great and Renowned Monarchy of China*, 124-125쪽.

공적 행동, 축제, 그리고 다른 시간과 경우들의 모든 제례를 지원하고, 조정 안에서 (...) 드나드는 사람들이 지내는 일상적 의례를 지원하는 것은 이 기관에 속한다. 이 기관은 1인의 장, 2인의 보좌관, 7인의 심의관이 있다. 다섯 번째 기관(태상사)은 보다 특별한 사안에서의 전례典禮의 기관이다. 이 점에서 이 기관은 첫 번째 기관과 다르지만 그 보좌관들에서는 동일한 형태다. 제사, 황릉(sepulchers), 산, 과수원, 이것에 속한 모든 것, 가령 제사를 위한 악사, 악기, 살아있는 동물 등을 관리한다. 나아가 중국은 또 왕에게 상신된 장주章奏와 상소만을 맡는 하나의 부처(통정사사)가 있다. 말하자면 그것은 청원에 대한 판단기관이다. 따라서 이 청원들은 이 기관에 의해 승인되지 않으면 왕에게 올라가지 않는다. 이 부처는 1616년 기독인들의 박해시기에, 우리가 설교한 법률과, 우리에게 가해진 일들에 대한 설명을 제출하고자 할 때 우리의 장주가 통과될 수 없었던 이유였다. 그것은 지금도 이 기관에 의해 배척되고 있다.[620)]

그밖에 세메도는 그 부정확한 음역으로 한자 명칭을 추적할 수 없는 장주·상소 관련 기구들을 언급한다.

여러 책임과 직무를 가진 동일한 형식의 다른 부처가 있다. 상술한 부처들 외에 *Quoli*와 *Tauli*라고 불리는 부처가 두 개 더 있다. 이 부처들은 눈을 여러 행성에 두고 각자가 그들에게 속한 그 일들에 눈을 두고 있더라도 그 부처들의 정확한 직무와 주요 직책은 왕국의 오류와 소란을 감시하는 것이고, 만다린과 그들의 통치의 과오를 알리듯이 황제가 그 어떤 과오든지 범했다면 황제 자신의 과오를 황제에게 알리는 것이다. 누구든 남의 잘못을 말하는 것이 결코 어려운 일이 아니었을지라도 이들은 그 일에서

620) Semedo, *The History of the Great and Renowned Monarchy of China*, 125-126쪽.

특별한 재능을 가졌고, 여러 번 정의가 거의 없을지라도 커다란 자유를 누리며 그것을 한다. 이들의 방법은 (이 두 부처의 장주는 통정사사를 통하지 않기 때문에) 장주를 작성해 황제에게 제출하고 그 다음 당장 그것을 베껴 쓰고(그것을 *Fà' C Heo*라고 부른다), 그 필사본을 하나 공증인에게 보내는 것이다. 이 주문에 맞춰진 공증인들은 많이 있다. 이 공인들은 필사본을 많이 만들어 궁으로부터 바로 다음의 우편으로 전국 각지로 퍼지게 했다. 그리고 이런 방식에 의해 그것은 누가 누구에 대해 이 장주를 제기했는지가, 그 안에 포함된 비행이 어떤 성질의 것이든, 방방곡곡에 알려진다. *Puen*이라고 부르는 이 장주가 공개되자마자 이 장주가 겨냥한 사람은 자기의 뜻에 따라서든, 아니면 자기의 뜻에 반해서든 (후자가 통상적이다) 두 가지 것을 행해야 한다. 첫째는 자기 방어로 장주를 제출하는 것이 아니라 (자기 변명하는 것은 거의 겸손함을 보여주지 않기 때문이다) 그 장주 안에 Tauli가 큰 근거가 있다, 그가 큰 잘못을 저질렀고 지금도 잘못에 빠져 있다고 자신을 속죄하게 하겠다고, 그리고 그는 온갖 굴복에도 불구하고 그에게 내려질 어떤 벌이든 순응한다고 말해야 하는 것이다. 둘째는 당장 관직에서 물러나 부서를 떠나고 그리하여 모든 재판업무를 유예시키는 것, 그리하여 황제가 그의 청원에 응답해서 그것에 대해 기쁨을 표명할 때까지 사람들과 면담도 하지 않고 소송도 끝내지 않는 것이다. 때로 황제의 마음에 드는 청원이면 그는 자기의 관직을 계속 수행한다. 때로 그의 잘못의 성질에 따라 다소 황제의 마음에 들지 않기도 한다. 이 방법이 이성과 양심으로 집행된다면 정의와 나라의 통치에 아주 유익할 것이라는 점은 의심할 바 없다. 반대 측면에서처럼 그것은 까닭 없는 많은 마찰과 치욕이 들어오는 열린 대문이다. 어떤 만다린이든 그의 관직을 수행하고 그의 자리의 의무를 다하는 데 있어 스스로 많은 적을 만드는 결과가 여러 번 나타나고 있다. 이들 중 어떤 사람은 두 부처의 어떤 관리인 어떤 사람과

> 친척이나 친구 등으로서 뭐든 이익을 공유하는 사람이라면 궁궐에 그것에 대한 해명서를 제출해도, 장주는 밖으로 날아가고, 아무도 이 불쌍한 만다린을 돕지 않을 것이다. 그들은 판사, 정부보좌관, 무관으로서 낮은 품계의 만다린들일 때 한방에 쓰러져 땅바닥에 납작 엎드려 있어야 할 것이다. 그들이 거물 만다린이라면 더 많은 어려움이 있다. 그들이 자기들의 결점을 찾아낼 줄 알고, *Tauli*와 *Quoli*가 그들의 발톱 안에 그를 집어넣는다면, 그들은 그를 낙마시킬 때까지 그들을 결코 넘겨주지 않고 황제도 그들을 구할 수 없게 만들 것이다.[621)]

어떤 한자 기관명을 음역했는지 알 수 없는 "*Tauli*와 *Quoli*"는 '육과급사중'이거나 도찰원에서 파견된 '감찰어사'일 수 있다. 르콩트는 감독관을 "Coli"로 음역했는데, 아마 이 "Coli"는 "*Quoli*"와 같은 관원일 것이다. "*Tauli*와 *Quoli*"는'급사중'이나 '감찰어사'가 아니라면 황제 직속으로 환관들이 운영하던 비밀정보기관 '동집사창東緝事廠'의 약어인 '동창東廠'과, '서집사창西東緝事廠'의 약어인 '서창西廠'이 아닐까 생각한다. 그러나 이 '동창'과 '서창'을 어느 지방의 중국어음을 음역했는지 알 수 없이 한자 환원이 불가능하다. 두 기관은 금의위錦衣衛와 합세해 관리들을 제압했고, 나중에 환관이 득세해 내각을 무력화시킨 명조의 악폐로 전락한다. 두 기관과 금의위를 합칭해 '창위廠衛'라고 했다. 위의 긴 글은 세메도가 명대 말엽 중국의 관료제에 대해 얼마나 세세하게 알고 있는지를 잘 보여준다. 그래서 글이 아주 길지만 그대로 국역해 인용했다. 세메도는 이와 유사한 실제사건을 들어서 더욱 상세하게 설명해주기까지 한다.[622)] 그리고 바로 이어서 이 두 기관도 권위로운 내각과

---

621) Semedo, *The History of the Great and Renowned Monarchy of China*, 126-127쪽.

한림원의 아래에 있는 부서에 불과하다고 설명한다.623)

세메도는 내각·육부·사법기관·감찰기관·언관기구로 구성된 중앙정부 아래 배속된 13개 행성行省의 지방 관료체제에 대해서도 상술詳述한다. "각 행성 하나하나가 큰 왕국이다. 행성들의 이 개별 정부는 각 행성의 메트로폴리스나 주요 도시에 소재한다. 각 행성에는 전 행성에 대해 일반적 명령권을 가진 다섯 기관이 있다. 이 다섯 중 두 기관은 최고 권력기관인데, 시와 군현 둘 다의 다른 모든 기관들이 이 최고 권력기관에 복속되어 있다. 그러나 그 두 기관은 저들끼리 다른 기관에 복종하지 않지만 왕과 중앙기관에는 직접 복속되어 있다. 이 두 기관은 많은 다른 관리들을 거느릴지라도 아무 보좌관이나 자문관이 없는 1인의 장(President) 또는 1인 판사로 구성된다."624)

그 다음 세메도는 "이 둘 중 첫 번째 기관이 그들이 *Tut Ham*, 또는 *Kiun Muen*이라고 부르는 행성의 총독(Vice-roy)이다"고 기술하는데,625) '포정사'를 '총독'이라고 잘못 표현하는 것으로 보이고, "*Tut Ham*"과 "*Kiun Muen*"의 음역은 한자로 환원이 불가능한 표기다. '포정사'가 1개 행성의 민정 책임자인 반면, '총독'은 한 방면의 3-4개 행성을 감독하는 상위기관이다. 세메도는 말을 잇는다. "그는 3년 동안 다스리고 정해진 시간에 동헌東軒을 오가는 항구적 직책을 가졌고, 행성에서 일어난 모든 일을 보고해야 한다. 그는 거창하게 화려한 행사와 위엄 있는 의례로 영접된다. 그가 동헌을

622) Semedo, *The History of the Great and Renowned Monarchy of China*, 127쪽.
623) Semedo, *The History of the Great and Renowned Monarchy of China*, 127쪽.
624) Semedo, *The History of the Great and Renowned Monarchy of China*, 128쪽.
625) Semedo, *The History of the Great and Renowned Monarchy of China*, 128쪽.

떠날 준비를 할 때, 그 기관의 많은 관리들이 그를 영접하러 이곳으로 오고, 다른 사람들은 도시에서 도시로 가는 길을 상당히 걸어가서 그를 맞는데, 그는 기마병과 보병을 영광스럽게 대동한다. 그리고 도시에 도착하기 3마일 전에 3000명의 장병을 거느린 장교들이 그를 영접하러 나오고 이들 뒤를 행정관들이 따르고 그 뒤를 무수한 군중집단이 따른다."626)

그리고 세메도는 알 수 없는 "Cha Fven"이라는 기관을 감찰업무를 기술한다. "마찬가지로 절대적인 두 번째 관직은 *Cha Fven*이라고 부르는데, 우리 유럽에는 이에 대응하는 관직이 없다. 그는 말하자면 행성의 시찰관(visitor)이다. 이 관직은 1년간 지속된다. 이 관직은 대단히 활기차고 아주 무섭다. 그는 모든 민·형사사건들과 군정, 그리고 왕의 재산(국가재정)을, 한 마디로 모든 것을 심리할 권한을 가졌다. 그는 방문하여 심지어 총독(포정사)에게도 모든 것에 대해 묻고 정보를 그 자신에게 제공하게 한다. 그는 낮은 만다린과 판사들을 처벌하거나 파직할 수 있다. 사건이 있으면 그는 더 높은 만다린들에 관해 장부를 올려야 하고, 그러면 이 만다린들은 그때부터 조정으로부터 왕의 답변이 올 때까지 죽 직무기능이 정지된다."627) "*Cha Fven*"를 "행성의 시찰관"으로 설명하고 임기를 1년으로 말하는 것으로 보아 "*Cha Fven*"는 '순무巡撫'의 잘못된 음역으로 보인다. 그러나 순무의 감독업무는 한 행성에 국한되지 않고 3-4행성의 공무를 다 감독했다.

세메도는 "처형하기 위해 전 행성에 걸쳐 내려진 사형선고를 검토하는 일이 그(안찰사)에게 속하는 일이다"고 말한다. "그는 기결

---

626) Semedo, *The History of the Great and Renowned Monarchy of China*, 128쪽.
627) Semedo, *The History of the Great and Renowned Monarchy of China*, 129쪽.

수들의 처형을 위해 그에게 그들이 제출될 날짜와 도시를 배정한다. 그리고 그는 거기서 그들의 성명 리스트를 제시받는다. 그러면 그는 붓을 들어 (더 많이 체크하면 그를 잔학하다고 여길 것이므로) 이 중 6-7명을 마크한다. 이들은 당장 처형장으로 이송되고 나머지는 그들이 있었던 감옥으로 돌아간다. 성벽과 성, 공공장소들을 시찰하는 것도 그의 할일이다. 그는 큰 행렬과 화려한 치장으로 행진하고 그 앞에 깃발과 엄격함과 위엄을 나타내는 표장을 들게 한다. 이것은 보통 매년 그렇다."[628]

세메도는 다른 목적의 안찰사도 소개한다. "같은 이름의 또 다른 특무관리가 있다. 이 관리는 황후의 요청으로 때에 따라 만들어진다. 그는 큰 권한과 권위를 가졌지만, 동정과 자비만을 위한 것이다. 그는 행성의 모든 감옥을 시찰하고 경범죄로 수감된 자와 고발자가 없는 자들, 그리고 자기를 자유롭게 할 아무런 수단도 없는 모든 비참한 천민들을 모두 석방한다. 그는 기각된 사건들과 어떤 혜택도 얻지 못할 당사자들을 보호하는 조치를 한다. 그는 부당하게 내려진 선고들을 취소한다. 그는 그 자신이 빈자들의 보호자로 나서고, 한마디로, 그의 전 권위는 자비의 일을 위해 투입된다."[629]

세메도는 지방 재무관을 기술한다. "세 번째 관직은 전 행성에 걸친 왕의 재산의 감독관인 재무관이다. 그는 조정의 호부(Councell of the Patrimonie)에 속해 있다. 그는 2명의 좌우 보좌관을 거느린다. 각 보좌관은 재무관의 재무관의 관부官府의 경내에 그들의 관사와 관청이 있다. 각 보좌관은 관청에 소속된 아주 많은 크고 작은 관리들 외에 여러 책무와 할일을 가진 26명의 하급 만다린들을

628) Semedo, *The History of the Great and Renowned Monarchy of China*, 129쪽.

629) Semedo, *The History of the Great and Renowned Monarchy of China*, 129쪽.

자기 아래 거느린다. 그의 임무는 왕에게 귀속될 모든 종류의 관세·부과세·세금을 감찰하고, 왕의 재산에 속할 모든 도량형 모든 소송사건, 모든 분쟁, 모든 처벌과 선고를 규제하거나, 적어도 그가 원하는 임의의 관청에다 그것들을 이첩하는 것이고, 모든 행정관들에게 일상적 봉급을 주는 것이고, 과거시험을 위한 비용을 제공하고 모든 졸업생들에게 영예의 배지를 준비하고 부여하는 것이고, 공로公路·교량·만다린관부와 해군선박 등과 같은 공공공사에 돈을 지출하는 것이다. 한마디로, 그는 각자 자기 영역을 가진 치자들, 재판관들, Tauli로부터 직접 지출되거나 수령되는 황제의 수입의 모든 것에 대한 최고 감독관이다. 그리고 금액이 결코 적지 않을지라도 언제나 그들은 재무관이 녹여 왕의 인장과 주물공의 이름이 찍힌 한 조각 50크라운 무게의 은피銀皮로 만든 순은純銀으로 지불받아야 한다. 주물공 이름을 찍는 것은 그 은피들 중 어떤 것이든 위조된 경우에 그들은 누구를 고발해야 하는지를 알게 되도록 하는 것이다. 그리고 그 은피들은 이런 형태로 황제의 국고로 돌아와 있다."630)

세메도는 행성의 재정구조도 상론한다. "행성의 세입세출은 세 부분으로 나뉜다. 그 중 한 부분은 도시의 금고에 들어가 있다, 다른 부분은 일상비용을 지출하기 위해 재무관의 돈궤 속에 들어 있다. 이 금고들은 할 수 있는 한 안전하게 만들어진 금고문과 자물쇠 외에 매일 밤 병사들의 항상적 파수로 지켜진다. 세 번째 부분은 조정으로 공개적으로 보내지는데, 강력한 호위대를 동반한다. 이 은은 가운데가 톱질로 켜 뚫려 있고 그 안이 텅 비워진 둥근 나무 조각들 속에 넣어져서 쇠테와 결합되고 그 두 끝은 철판

630) Semedo, *The History of the Great and Renowned Monarchy of China*, 129-130쪽.

으로 꽉 닫혀져 있다. 이 나무 조각마다 그 안에 두 사람이 들 수 있는 양의 은이 운반된다. 전국의 세입은 (그의 1621년에 인쇄된 책에 의해 밝혀진 바와 같이 중국에 많은 해를 산 마테오리치 신부의 추정에 의하면) 1억5000만 크라운이다. 중국의 여기저기를 많이 여행하고 이 제국의 일들을 아는 데 아주 호기심이 많았던 존 로드리게즈 신부는 중국의 네 가지 특기할만한 것들에 관해 써놓은 유고에서 그것은 5500만 크라운밖에 되지 않는다고 말한다. 두 사람을 일치 시키기 위해 나의 의견은 총세입이 마테오리치가 말한 대로 1억 5000만 크라운이라는 것이다. 그리고 로드리게즈 신부가 말하는 대로 조정으로 이송되는 것이 5500만 크라운밖에 안 된다는 것이 나의 의견이다. 이 문제에 관해 내가 그 어떤 부지런한 탐구를 하지 않은 것처럼 나는 무게 있는 이 두 인물의 증언에 아무것도 덧붙이는 것을 삼갈 것이다."631)

'안찰사按察使'라는 장관이 이끄는 '제형안찰사사提刑按察使司'는 각 행성行省의 형명刑名·안핵의 일을 관장했다. 안찰사는 부사副使와 첨사僉事 등의 관리를 거느렸다. 세메도는 이 안찰사사를 "Gan Cha Sci"라고 잘못 음역하며 나름대로 설명한다.

> 네 번째 기관은 안찰사사(*Gan Cha Sci*)라고 불린다. 이 기관은 말하자면 범죄 처벌 관청이다. 그것은 부사와 첨사, *Tauli* 등이 있다. 그리고 모든 행성이 그 도시들의 수에 따라 제각기 주와 현으로 나뉘듯이 이 주현을 감독하고 이 주현에 할당된 여러 곳에서 재판을 하는 것은 이 *Tauli*의 일이다. 이 기관은 악인을 처벌하고 판결을 집행하는 것은 병사들에게까지도, 그리고 해양을 가진 행성이라면 해사海事에까지도 확장된다.632)

631) Semedo, *The History of the Great and Renowned Monarchy of China*, 130쪽.

이어서 세메도는 지방의 다섯 번째 관청으로 각 행성의 교육시험기관을 소개한다. "다섯 번째 관청은 시험을 실시하고 학위 등을 수여하기 위해 학습과 글을 관장한다. 이 관청은 특히 학사(수재=생원) 학위를 받은 모든 학생들을 관리하기 위해 설치되어 있다. 그러나 박사(진사)들은 이 기관의 관할권에서 면해진다. 전 행성을 관장하는 관리가 있는데, 그는 정해진 시점에 모든 도시와 읍면을 방문하여 시험을 시행하고 모든 사람의 행동거지를 파악한다. 그는 뭔가를 발견함에 따라 그들을 힐난하고 꾸짖고 때로 학위를 박탈하지만, 앞서 말한대로 언제나 그들에게 (그들 마음대로) 새로운 시험에 도전할 자유를 남겨 놓는다. 나아가 모든 도시에는 이 관청에 속한 '학문 만다린', 즉 학관學官(*Hioquan*)이라고 부르는 두 관리가 있다. 이들의 관할권은 같은 도시와 그 영역의 학사(수재) 이상으로 확장되지 않는다. 그리고 학관들이 학위를 수여하거나 박탈할 권한이 없고 다만 학사들을 처벌할 뿐일지라도, 같은 도시에 살면서 종종 학사들을 자기 앞으로 불러들이고 그들을 시험하는 까닭에 학사들을 가장 많이 들볶는 것은 이 학관들이다. 그들은 말하자면 담임선생(prefect of class)이다."633)

세메도는 순서를 매겨 소개한 "이 기관들은 모두 전 행성에 대해, 그리고 모든 도시와 향촌과 이에 속한 읍邑에 대해 권위를 가진다"고 총괄하고, 도시 단위의 관료체제까지도 상세하게 설명한다.

> 그러나 도시들은 그밖에 유럽의 우리에게서처럼 별개의 정부를 가진다. 모든 도시에는 네 명의 주요 만다린이 있는데, 하나는 말하자면 도시의

---

632) Semedo, *The History of the Great and Renowned Monarchy of China*, 130쪽.

633) Semedo, *The History of the Great and Renowned Monarchy of China*, 130-131쪽.

통치자인, '지부知府(Chi Pu)'라고 부르는 시장이다. 나머지는 보좌관들이고, 첨사(Thum Chi), 첨판僉判(Thum Phuon), 주관主官(Chu Quon)이다. 이들 모두는 관청을 별도로 가지고 있고 그들에 딸린 높고 낮은 관리들을 거느린다. 이들 외에 각 도시는 시장에 복속되어 여러 관직에 고용된 19명의 보다 낮은 행정관들이 있다. 그들 중 두 관직은 장長 1인과 보좌관 4인이 근무하고, 다른 9인은 단지 장 1인과 보좌관 1인만을 가지고, 다른 8인은 오직 장 1인만 가지지만, 그들은 모두 자기들의 관리, 대리인과, 관청에 속한 편의적 머릿수의 하인들을 가졌다.[634]

도시의 관리수를 열거하는 뒷부분의 숫자 설명은 뭔가 잘못 쓴 것처럼 이해하기 어렵다. 세메도는 현縣과 이갑里甲 단위의 관료제까지도 자세히 설명한다.

현은 판사 1인과 보좌관 3인이 있다. 판사는 지현知縣(Chi Hien)이라고 부른다. 제1보좌관은 현승縣丞(Hum Chim), 제2보좌관은 주부主簿(Chu Pu), 제3보좌관은 Tun Su다. 이들은 제각기 관청을 따로 갖고, 예속 관리들과 서기, 기타 보조원들을 따로 거느린다. 판자는 사형선고를 내릴 수 있지만, 집행할 수는 없다. 도시와 현에 주재하는 이 만다린들 외에 꾸짖거나 비판할 권한이 없고 오직 보고서만 작성하는 다른 만다린들, 말하자면 상주관上奏官들(referendaries)이 있다. 성곽이 거대하고 도시나 현으로부터 멀리 떨어져 있다면 성곽 안에도 이들이 있다. 이들은 관청의 낮은 직급의 서기들로 보통 임명된다. 왜냐하면 비교적 높은 직급의 서기들은 현의 판사의 보좌관에 임명되기 때문이다. 그러나 높고 낮은 관리들이 유럽의 우리 관리들처럼 많은 권한을 가지고 있는 것이 아니라는 점이 부가되어야 한다. 게다

634) Semedo, *The History of the Great and Renowned Monarchy of China*, 131쪽.

가 (중국에 거의 무한히 많고 도시나 현에 사는 것이 아니라 들녘에 사는 노동자들 이나 농부들이 있는) 모든 작은 마을은 수장, 즉 '이장理長(Licham)'이라고 십호반장(Tithing-man)이 있다. 집들은 '십호반장'이라는 장長을 가진 십호반十戶班(Tithing)나 십인대十人隊(Decuries)처럼 10가구(1갑 - 인용자)로 나뉘는데, 이 방식은 통치는 좀 더 용이해지고 징수되는 조세는 보다 확실해진다.[635]

세메도는 명대의 이갑제까지 언급하고 있다. 이갑제는 10가호家戶와 1개의 '갑수호甲首戶'로 구성된 11호가 1갑甲으로, 10갑이 1리里가 되는 형태의 조직으로 징세와 부역의 부과를 목적으로 한 인위적 편제다. 그런데 세메도는 '갑甲首'를 '이장'이라고 하고 있다.

세메도는 각 품계의 관료들의 상이한 복식과 표장表章 등에 대해서 자세히 설명하고,[636] 중국의 교도행정과 형정刑政에 대해서도 상론한다.[637] 그리고 세메도는 "중국에서 통치를 용이하게 하고 바로잡는 몇몇 특별한 것들"을 관료제를 비롯한 15개 항목으로 열거하며 설명을 가한다. 첫 번째는 중국 관료제와 근대 관료제의 공통 특징으로서 관리들의 활동비용을 모두 국가가 부담한다는 것이다. (1643년 당시 유럽에서 대소귀족들은 전쟁수행·행정·사법 등의 공무를 수행하더라도 이에 따른 소요물자와 활동자금, 행정비용, 그리고 교통비용을 모두 자기가 부담했다.)

첫 번째 특별한 것은 왕(국가)이 그의 관리들에게 온갖 비용을 공여하고

635) Semedo, *The History of the Great and Renowned Monarchy of China*, 131쪽.

636) Semedo, *The History of the Great and Renowned Monarchy of China*, 132-135쪽.

637) Semedo, *The History of the Great and Renowned Monarchy of China*, 135-143쪽.

이 방법으로 궁핍으로 인해 여러 인물로 분扮하게 하거나 그들을 채무 속으로 몰아넣을지 모를 모든 이유들을 그들에게서 없애고 동일한 방법에 의해 법률을 더 엄격하게 준수하고 더 올곧게 정의 길을 걷도록 의무지움으로써 관리들의 경비를 책임진다는 것이다. 박사 또는 거인(Licentiate; 석사)나 다른 어떤 학위자가 조정에서 관직을 수여받고 지방 정부에 부임하러 거기를 떠난 뒤, 육해로 여행할 때 선박·수레·말·짐꾼의 고용을 포함한, 그 자신과 하인들과 가족의 모든 비용은 모두 왕(국가)가 지불한다. 그들은 전 여정에 걸쳐 여관에 묵지 않는다. 모든 읍면이나 도시에 그들을 접대하기 위해 지정된 관사가 있는데, 여기에는 꼭 맞는 모든 것이 그들을 위해 마련되어 있다. 그들은 언제나 선발자로 한 사람을 앞서 보내 그들이 도착할 때에 맞춰 모든 것들이 그들의 영접을 위해 제대로 준비되어 있게 한다. 그리고 때로 그렇듯이 그들이 좋은 읍면에 도달할 수 없다는 것이 드러나면, 일정한 장소에 왕이 이 목적으로 지어준, *Yeli*라고 부르는 주택들이 준비되어 있는데, 이 주택에는 그들을 위해 모든 것이 다 갖춰져 있다.[638]

중국 관료제의 이 특징은 앞서 관리와 공적 행정수단 간의 소유권적 분리를 논하면서 이 분리의 필연적 귀결로서 국가(황제)가 관리들에게 모든 행정수단을 제공한다는 말로 상론했던 내용이다. 중국 관료제의 이 특징을 세메도는 정확하게 경험적으로 입증하고 있다.

세메도는 이 설명에 잇대서 관료들에게 부여되는 이런 국가적 혜택의 부작용도 지적한다.

---

638) Semedo, *The History of the Great and Renowned Monarchy of China*, 144쪽.

가장 나쁜 점은 그것이 다 왕의 비용으로 지불되는 것들이기 때문에 모든 것이 필요한 것보다 좀 더 헤프게, 그리고 좀 더 낭비적으로 갖춰져 있다는 것이다. 가령 가족을 태우고 가는 데 10마리의 말이 필요한 경우라면 만다린은 15마리에서 20마리의 말을 요청한다. 마찬가지로 전 여정에 걸쳐 그렇게 많은 사람들 위해 양식糧食이 준비되어 있는데, 마다린들은 최대다수가 이 양식을 돈으로 받는다. 문제는 여기서 그치는 것이 아니라, 더 뻗친다. 그들의 신용과 명성을 자기들의 지갑만큼 챙기지 않는 사람들이 존재하기 때문에, 왕의 지정에 따라 그들이 그렇게 많은 요리와 그렇게 많은 종류의 고기를 가지게 되어 있을 때, 그들은 식량을 더 적게 받고 나머지는 현금으로 받을 것을 명령하고, 그럼에도 이 비열한 짓에 감히 죄의식을 느끼는 사람은 거의 없다. 왕은 관리들의 수행인들의 비용만 제공하는 것이 아니라, 그가 통과하는 읍면에서 읍면으로 대동하는 승마자들, 도보자들과 같이 관리들의 지위의 영예와 품위를 유지하는 데 필요한 것도 제공한다.[639]

그리고 세메도는 관사·가구·동산·하인의 제공 등 관료들의 후생복지에 대한 국가(황제)의 배려를 "중국의 통치를 용이하게 하고 바로잡는" 두 번째 "특별한 것"으로 열거한다.

두 번째 특별한 것은 지방 정부의 소재지에서 관리들이 자가自家가 없는 경우에 황제가 관리들에게 주택(habitation), 풍부한 가구와 동산, 그리고 적지 않은 시동侍童들까지 포함한 솔거·외거의 온갖 하인들도 제공하는데, 가장 작은 읍면의 판사에게도 하인들을 8-10을 허용한다는 것이다. 하지만 하인들은 만다린의 특별한 명령을 내릴 때가 아니면 한꺼번에 모두

---

639) Semedo, *The History of the Great and Renowned Monarchy of China*, 144쪽.

시중 들지 않는다.[640]

그리고 세메도는 신민들에 대한 관료들의 신중한 마음가짐과 (은밀함을 배제하는) 공개적 행동거지를 "통치를 용이하게 하고 바로잡는" 세 번째 "특별한 것"으로 제시한다.

세 번째 것은 만다린들이 신민들을 대하는 데서 아주 신중하고 용의주도하다는 것, 그리하여 결코 누구와도 비밀스럽게 담화거나 대하지 않고 언제나 공개적으로 언행을 하여 모두가 그들이 말하는 것에 대한 증인일 수 있도록 하는 것이다. 그들의 관사는 언제나 안에서도, 바깥에서도 닫혀져 있다. 그들은 (매일 항구적으로 행하고, 언제나 할 일이 있기 때문에 조석으로 여러 번 행하는) 면담을 한 뒤에 퇴청하고, 관사는 만다린을 위해 안에서 닫히고, 그리고 관리들을 위해 밖에서 닫힌다. 그리고 대문들이 그가 밖으로 출타하려고 마음을 먹을 때만큼 종종 열릴지라도 그것은 결코 비밀스럽게 행해지는 것이 아니라, 안에서 드럼을 두드리고 밖에서는 이에 호응하고, 당장 그가 대동할 관리들과 사람들이 모인다. 그들이 다 모이자마자 관사의 문은 열리고 만다린이 밖으로 나온다.[641]

세메도는 관료의 식구와 가솔들이 현지인들과 접하지 않는 것을 중국의 통치를 "용이하게 하고 바로잡는" 네 번째 "특별한 것"으로 제시한다.

네 번째 것은 관리들의 관사의 아무도 아들이든 사촌이든 그들과 같이

640) Semedo, *The History of the Great and Renowned Monarchy of China*, 144-145쪽.
641) Semedo, *The History of the Great and Renowned Monarchy of China*, 145쪽.

거주하는 하인이든 이들이 어떤 뇌물이나 선물을 받을까봐 두려워 밖으로 나가 방문하거나 담화하거나 어떤 업무든 처리해서는 아니 된다는 것이다. 음식공급자, 또는 음식제공자는 바깥에 거주하고, 나머지 관리들과 동일한 관청에 속하고, 관리들에게 그가 사야 할 것을 매일 글로 써서 주었다. 그리고 관사의 대문을 작은 일 때문에 매번 열고 닫는 것이 불편하기 때문에 필요한 모든 것을 받아들이고 내보내는 온갖 회전륜回轉輪(turning wheels)이 있다.642)

이것은 관료들의 가솔과 근무지 주민 간의 은밀하고 부정不正한 접촉을 막기 위한 철저한 조치를 기술한 것이다.

그리고 세메도는 3년 임기제와 상피제를 중국의 통치를 바로잡고 용이하게 하는 다섯 번째 "특별한" 요소로 제시한다.

다섯 번째는 관리들이 한 곳에서 단 3년만 다스린다는 것이다. 이 방법에 의해 그들은 너무 강하게 한 곳에 자리 잡고 직접적 동맹이나 우정을 맺는 것으로부터 방지된다. 아무도 기회가 있을 때 이방인들보다 더 큰 애정과 노력으로 자기 고향을 방어하고 지킬 것이라고 가정되는 군軍지휘관들을 제외하고 자기 고향에서 다스리지 못한다.643)

세메도는 중국의 통치를 바로잡고 용이하게 하는 특별한 요소를 엄격한 관료제적 상명하복의 엄격한 위계질서로 제시한다.

여섯 번째는 만다린들 간에 저 사람에 대한 이 사람의 강한 상명하복이다.

---

642) Semedo, *The History of the Great and Renowned Monarchy of China*, 145쪽.

643) Semedo, *The History of the Great and Renowned Monarchy of China*, 145쪽.

하급자들은 온갖 경의와 순종심으로 상급자를 존경하고, 또한 그들을 예의바르게 예방하고 일정한 정해진 시점에 그들에게 예물을 증정한다.[644]

또 세메도는 동창東廠과 서창西廠의 비밀정보·감시기구 외에 '과도관'(육과급사중과 도찰원의 각도감찰어사)의 존재를 중국의 통치를 바로잡고 용이하게 하는 일곱 번째 특별한 요소로 제시한다.

일곱 번째는 지방통치에 대해 엄격한 감독이 취해진다는 것이다. 왜냐하면 일어난 모든 일에 대한 정보를 취하고 이에 따라 왕에게 이에 관한 조언을 하는 것을 직무로 하는 Tauli 와 Quoli 외에, 각 행성에는 작의 책무에 따라 책망하거나 의무와 부합되지 않는 것에 대해 황제에게 보고하는 자기의 직무를 엄정하게 수행할 목적으로 여러 해 동안이 아니라 새로운 1년마다 내려온 감찰관이 있기 때문이다.[645]

그리고 세메도는 3년마다 1회 실시되는 백관의 북경 소집과 관리들의 통치능력·품행·제가에 대한 인사고과제의 집행을 중국의 통치를 바로잡고 용이하게 하는 여덟 번째 특별한 요소로 제시한다.

여덟 번째는 부분적으로 감찰관들의 정보보고에 의해, 부분적으로는 개인적 심문에 의해 3년마다 제국의 모든 만다린에게 실시되는 일반적 감찰이 있고, 그것은 제국의 모든 지방으로부터 만다린들이 북경에서 황제에게 복종을 표하러 가는 것과 같은 해에 실시된다는 것이다. 이 면담의 실시는 조정 자체에서 누군가를 견책하고 다른 사람들은 강등시키고 또

644) Semedo, *The History of the Great and Renowned Monarchy of China*, 145쪽.
645) Semedo, *The History of the Great and Renowned Monarchy of China*, 145쪽.

다른 사람의 관직을 삭탈함으로써 실시된다. 그들이 처벌받는 주된 원인은 다음과 같은 것들이다.

첫째, 뇌물을 받고 재판을 파는 자들은 관직을 잃고 귀향을 당한다.

둘째, 엄혹하고 잔학하여 사람들을 온갖 인간애를 넘어 처벌하는 자들은 관직과 영예를 둘 다 잃고 폐서인廢庶人된다.

셋째, 통치에서 나태하고 부주의한 자들은 관직을 잃지만 그래도 지위의 표장은 보지保持한다.

넷째, 판결을 하는 데서 성급하고 경솔하고 충분히 신중하지 않은 자들은 가령 치자에서 재판관으로 추락하는 식으로 더 낮은 관직으로 강등된다.

다섯 번째, 너무 젊고 행동이 가볍고 유치한 자들은 마찬가지로 강등되어 더 낮은 직무로 좌천된다.

여섯 번째, 늙어서 주민들과의 면담이나 황제를 위한 다른 복무에서 필요한 수고를 견딜 힘이 없는 자들은 쉬게 하고 자기 집에서 휴식을 취하도록 보내진다. 그리고 이것이 잘못이 아니라 자연의 약화일 뿐일지라도 그것은 최악이다. 왜냐하면 그들은 자기의 노령의 불편을 치유할 수 없고, 이 결함은 시간에 갈수록 증가하고, 그들은 그 결과로서 자기들의 관직으로 복귀할 수 없게 된다.

일곱 번째, 품행과 제가齊家에서 부주의한, 그가 실제로 주재하는 집의 제가에서든, 하인, 친척이나 아들들이 (자기들의 큰 권위 때문에 그들이 얻는 것이 어렵지 않은) 복종을 바치는 자기의 명령에 의해 다스려지는 자기 고향 집의 제가에서이든 부주의한 자들은 자기의 관직을 잃는다.

그리고 세메도는 관리들의 간언諫言제도를 중국에서 선정을 용이하게 하는 아홉 번째 요소로 제시한다.

선정善政을 아주 수월하게 하는 아홉 번째 것은 황제가 만다린들이 말하는 것을 그에게 기분 나쁜 것일지라도 기꺼이 듣고 만다린들은 이것이 그에게 상당히 위험할지라도 황제에게 기꺼이 자유롭게 말한다는 것이다. 그리하여 황제나 만다린이 둘 다 아주 찬미될 정도다. 만다린에게서는 충언의 자유가 찬미할 만하고, 황제에게서는 고분고분 듣는 것이 찬미할 만하다. 다시 만다린에게서는 정의와 선정에 대한 그들의 열의가 찬미할 만하고, 황제에게서는 정의와 선정을 정착시키고 확립하려는 그의 진정성과 바람이 찬탄할 말한 것이다. 그들은 중국 역사에서 이런 사례들이 많은데, 나는 두세 가지만 적어 두고 싶다.[646]

세메도는 이렇게 자유로운 간언 제도를 찬양하고 나서 충성스런 간언의 세 가지 역사적 사례를 든다. 이 중 두 가지를 여기에 옮겨본다.

어떤 성으로부터 진기하게 아름답고 비할 데 없는 자태를 가진 처녀가 황제에게 보내졌다. 그의 전임 황제는 이전에 계략에 빠져 유사한 경우에 말려들었고, 그리하여 아주 큰 피해가 제국에 귀결되었고(유사한 사람들은 아주 좋은 일의 원인인 경우가 드물기 때문이다), 동일한 불상사가 이번에도 염려되었다. 이에 한 각로閣老가 일을 떠맡아 이에 대해 왕에게 말하기로 작정했다. 그는 입장이 허용되자 아주 효과적으로 그리고 설득력 있게 말해서 왕은 그녀를 대궐에 데려오자마자 거부하고 멀리 보낼 것이라고 그 각로에게 말했다. 이에 그 만다린은 "그녀가 대궐에 들어와 폐하께서 그녀를 보게 되고 그녀가 말하는 것을 듣고 폐하의 손이 떨리기 때문에, 그리고 여성들은 마법 없이 홀리는 힘을 가지고 있기 때문에 폐하께서

646) Semedo, *The History of the Great and Renowned Monarchy of China*, 146쪽.

느닷없이 그녀를 즉각 보내라고 말하는 것이 좋을 것입니다"라고 대답했다. "나는 먼저 그녀를 저 대궐문으로 내보낼 때까지 이 대궐문에서 나가지 않을 것입니다." 이것은 그대로 시행되었다.647)

세메도가 소개하는 또 다른 사례는 황제의 '새 잡기' 명령을 반대해서 황제에게 올린 한 신사의 상소문이다.

제국 전체의 수풀을 뒤져 가장 신기하고 가장 아름다운 새를 찾도록 할 정도로 새에 대한 사랑에 아주 사로잡힌 왕이 있었다. 왕이 신하들의 손을 움직이게 하는 원동력인 만큼, 이 새 찾기는 특히 농부들이 밭 갈고 씨뿌리기를 돌보지 못할 정도로 많은 사람들이 계속 새 좇기를 한 성省에 사는 백성들에게 굉장한 노고와 압박을 줄 정도로 시행되었다. 그리하여 이 때문에 그들은 큰 궁핍을 겪기에 이르렀다. 이에 거기 그 성에서 다스리는 사람들보다 백성들에게 대해 더 많은 열성과 측은지심을 가진 한 만다린이 다른 성으로부터 오면서 그 성을 통과하게 되었다. 그는 대궐에 도착하자마자 왕에게 상소문을 제출했다. 그는 이 상소문에서 새 찾기의 작은 중요성과, 이것이 백성에게 야기하는 굉장한 수고와 혼란을 아주 생생하게 설명해서 왕이 그의 호기심을 억제하고 백성들이 새 잡는 것을 그만두도록 명할 뿐만 아니라, 새장과 우리의 문을 열어 새들을 날라 가도록 하라고 명함으로써 이미 잡힌 새들에게도 자유를 주게 했다.648)

상술했듯이 세메도만이 아니라, 발리냐노와 산데도 일찍이 1590년 『로마교황청 방문 일본사절단』에서 상례喪禮의 국법을 어기려

647) Semedo, *The History of the Great and Renowned Monarchy of China*, 146쪽.
648) Semedo, *The History of the Great and Renowned Monarchy of China*, 147쪽.

던 왕에게 간쟁해 왕의 위법행위를 바로잡은 사례를 들려준 바 있다.[649] 발리냐노와 산데의 보고에 이어 중국인들의 간언제도에 대한 세메도의 보고를 통해 16세기 말엽과 17세기 초반에 이미 유럽인들은 중국에 '언론자유의 최고형태'로서 '살아있는 지존至尊'에 대한 간쟁과 상소의 자유가 법적으로 보장되어 있다는 것을 익히 잘 알고 있었다.

세메도는 중국의 엄격한 순찰·경찰제도를 중국의 통치를 바르고 용이하게 하는 열 번째 요소로 기술한다.

> 열 번째 것은 도시, 읍면, 현縣에서 지켜주는 엄격한 경찰보호제도다. 모든 가로에는 한 명의 경찰이 배치되고, 가로가 길면 2명 이상이 배치되는데, 이들은 거기서 일어날지도 모를 소란을 살피도록 지정되어 있다. 마찬가지로 모든 가로에는 *Lemphù*(冷鋪)라고 부르는 일종의 구치소가 있다. 그것은 갑작스런 경우에 범죄자를 어떤 행정관에게 이에 대해 보고할 때까지 수감할 수 있는 '냉포冷鋪(the cold shop)'다.[650]

세메도는 가로의 경찰과 '냉포'라고 부르는 구치소까지 기술하고 있다. 이에 잇대서 그는 매일 밤의 성문을 닫는 통금(인정人定·파루罷漏)제도를 중국의 통치를 바르고 용이하게 하는 열한 번째 요소로 들고 있다.

> 열한 번째 것은 매일 밤 틀림없이 모든 성문이 (...) 닫힌다는 것이다. 가로들도 이 목적을 위해 만들어진 문들로 닫힌다. 그러나 가로는 언제나 닫히

---

649) Valignano and Sande, *Japanese Travellers in Sixteenth-Century Europe*, 431쪽.

650) Semedo, *The History of the Great and Renowned Monarchy of China*, 147-148쪽.

거나, 도시의 모든 구역에서 닫히는 것이 아니라, 어떤 경우에만, 그것도 어떤 특정한 경우와 사건이 일어난 경우에만 닫힌다.[651]

세메도는 사람들끼리의 상호존중의 예의범절과 도덕적 체면문화를 중국의 통치를 바르고 용이하게 하는 열두 번째 요소로 들고 있다.

열두 번째는 영예와 권위의 인물들이 서로서로 큰 존경심을 지니고 있고, 그들 중 누군가 공개적으로 타인과 다투는 것은 크게 체면 깎이는 일로 간주되는 것이다. 그리하여 그들이 혐오와 증오의 이유를 여러 번 가지더라도 밖으로 예의범절을 언제나 지키는 상황이 펼쳐진다. 이 때문에 그들은 마주칠 수 있는 회합을 피한다.[652]

상대방을 서로 존중하고 다툼을 체면이 깎이는 일로 여기는 이 예의범절은 "군자는 싸우는 일이 없다(君子無所爭)",[653] 또는 "군자는 긍지가 있지만 싸우지 않는다(君子矜而不爭)"는[654] 공자의 가르침에서 나온 것이다.

세메도는 무기를 휴대하지 않는 것을 중국의 통치를 바르고 용이하게 하는 열세 번째 요소로 든다.

열세 번째는 군인 외에 아무도 무기를 휴대하지 않고, 군인들도 군에 소집

651) Semedo, *The History of the Great and Renowned Monarchy of China*, 148쪽.

652) Semedo, *The History of the Great and Renowned Monarchy of China*, 148쪽.

653) 『論語』「八佾」(3-7).

654) 『論語』「衛靈公」(15-22).

될 때나 만다린들을 수행하는 때만 무기를 휴대하는 것이다. 반대로 서로 싸우기 쉬운 평민들도 오직 손만을 쓰고, 먼저 상대방의 머리까락을 잡는 사람이 싸움에 이긴다. 아니, 그들은 막대기나 나무 조각 또는 쇠 조각처럼 피나게 할 수 있는 뭔가를 손안에 가지고 있다면 당장 그것을 내려놓고 즉시 손으로 싸운다.[655]

무기를 멀리하고 싸우게 되더라도 상처를 입힐 위험이 있는 물건을 버리고 싸우고, 또 머리카락을 먼저 잡는 것으로 싸움의 승리를 판정하는 중국의 이 평화주의 관습은 부엌칼로 동물을 잡는 "푸줏간도 멀리하는(君子遠庖廚)"[656] 공맹의 반전·평화주의에서 유래한 것이다. 공자는 위나라 영공이 진법陳法에 물었을 때 "예의의 일을 일찍이 들은 적이 있을 뿐이고 군대의 일은 아직 배우지 못했다"고 대꾸하고 다음날 위나라를 떠나버렸다.(衛靈公問陳於孔子. 孔子對曰 俎豆之事 則嘗聞之矣 軍旅之事 未之學也. 明日遂行.)[657] 맹자는 공자의 이 반전反戰·평화의 뜻을 이어받아 이렇게 갈파한다. "어떤 사암이 '나는 진을 잘 친다, 나는 전쟁을 전한다'고 말한다면 이것은 대죄大罪다. 나라 임금이 인을 좋아하면 천하에 적이 없는 법이다. 남면하여 남쪽을 정복하니 북적北狄이 원망하고 동명하며 동쪽을 정복하니 서이西夷가 원망하며 말하기를 '왜 우리를 뒤로합니까?'고 물었다. 무왕이 은나라를 정벌 때 혁거가 300량, 호분虎賁(용사)이 3000이었다. 무왕은 '두려워 말라! 그대들을 안녕하게 함이고 백성을 적대함이 아니다'라고 하니, 그들이 무너지듯 이마를 땅에 대로 머리를 조아렸다.

---

655) Semedo, *The History of the Great and Renowned Monarchy of China*, 148쪽.

656) 『孟子』「梁惠王上」(1-7).

657) 『論語』「衛靈公」(15-1).

무엇을 정벌한다는 것은 바로잡는다는 것이다. 각자가 자기를 바로잡으려고 한다면 전쟁을 어디다 쓰겠는가?"[658] 또 맹자는 "임금이 도道를 향하지 않고 인仁에 뜻을 두지 않는데 이런 임금을 위해 굳이 전쟁을 강행하는 것은 걸桀을 돕는 짓이다(君不鄕道 不志於仁 而求爲之强戰 是輔桀也)"고 말한다.[659] 그래서 맹자는 "군자는 전쟁하는 일이 없어야 하되, 전쟁하면 반드시 이겨야 한다(君子有不戰 戰必勝矣)"고[660] 가르친 것이다.

세메도는 매춘부들을 성안에 거주하지 못하게 하는 것을 중국의 통치를 바르고 용이하게 하는 열네 번째 요소로 든다.

> 열네 번째는 여러 번 큰 소란의 원인이 되어온 매춘부와 고급 창녀들이 성 밖에 살고 그들의 누구도 성안에 거주하는 것을 관용하지 않는 것이다. 그들은 어떤 특별한 집이 있는 것이 아니라, 그들 중 많은 사람들은 그들을 보살피고 통제하는 사람과 더불어 여럿이 함께 사는데, 이 사람은 그들의 거주지 안에서 벌어지는 어떤 소란에 대해서든 보고를 할 의무가 있다.[661]

세메도는 이방인과의 교류를 금지하여 유구한 통치방식을 보존하는 조치를 중국의 통치를 바르고 용이하게 하는 마지막 열다섯

658) 『孟子』「盡心下」(14-4): "孟子曰 有人曰 我善爲陳 我善爲戰. 大罪也. 國君好仁天下無敵焉. 南面而征 北狄怨 東面而征 西夷怨 曰 奚爲後我? 武王之伐殷也 革車三百兩 虎賁三千人. 王曰 無畏! 寧爾也 非敵百姓也. 若崩厥角稽首. 征之爲言正也 各欲正己也 焉用戰?"

659) 『孟子』「告子下」(12-9).

660) 『孟子』「公孫丑下」(4-1).

661) Semedo, *The History of the Great and Renowned Monarchy of China*, 148쪽.

번째 요소로 든다.

> 열다섯 번째는 이방인들이 중국인들에게 새로운 관습과 예법을 전염시켜 그들의 유구한 통치방식을 어지럽힐까봐 제국 내에서 이방인들과 모든 교류를 금지하는 것이다. 이것은 같은 동기에서 스파르타사람들도 부분적으로 지켰던 법이다. 하지만 그들은 다른 왕국들로부터 오는 외교사절들을 금지한 적이 없었고, 이에 따라 이웃 왕들로부터 파견되어 오는 많은 외교사절이 영접되었다. 오직 외교사절들만이 제국의 첫 도시에 도착할 때 행정관들이 그들을 온갖 영예와 존경으로 대접하고 당장 황제에게 이 외교사절들의 도착에 대해 알리는 곳에 머물러야 할 의무가 있다. 그러면 황제는 그들에게 조정으로 들어오라는 허가를 준다. 이런 면허가 없으면 그들은 더 나아가는 것이 허용되지 않는다. 그들은 조정에 오게 되면 특별한 전각에 숙박하는, 그들은 우리가 위에서 이야기한 방식 외의 방법으로 거기로부터 나가서는 아니 된다.[662]

세메도는 이 열다섯 가지 요소를 중국의 통치를 바르고 용이하게 해주는 요소로 열거했다. 그리고 두 가지 추가 요소를 말하는 데 그것은 먼저 공자와 맹자의 오경과 오덕五德을 제시하고, 도덕규범들을 다른 추가요소로 제시한다.[663] 열다섯 가지 요소를 여기서 군이 다 소개한 것은 이 요소의 대부분이 중국 관료제와 유관하기 때문이다.

이어서 세메도는 중국적 관료제에 알맞은 수많은 관리들의 육성을 위한 여러 단계의 과거시험과 학위제도를 상론한다. 그런데

662) Semedo, *The History of the Great and Renowned Monarchy of China*, 148쪽.

663) Semedo, *The History of the Great and Renowned Monarchy of China*, 148-151쪽.

마테오리치와 퍼체스가 중국에 공립학교가 없다고 잘못 보고를 했다면 세메도는 중국에 대학교가 없다고 잘못 보고한다.664) 이런 그릇된 전제 위에서 과거시험을 치르는 '과장科場'을 '학교'로 둔갑시켜 기술한다.

중국인들이 대학이나 특별한 학교가 없을지라도 아주 널찍하고 웅장하고 지극히 화려하게 장식된 고시관考試官과 수험생들을 위한 일반학교가 있다. 이 일반학교들은 그 수가 경이로울 정도로 많다. 이 학교들은 도시와 읍면 안에 있지만, 가장 장중한 학교는 향시(the examination of Licentiats)가 치러지는 행성의 성도省都 안에 있다. 이 구조물은 그곳으로 몰려드는 사람들의 수에 비례한 크기를 가지고 있다. 형태는 모두가 거의 동일하다. 광동의 학교들은 더 크지 않다. 이 학교들은 학위를 받을 사람들이 80명 이상이 아니기 때문이다. 반면, 다른 학교들에서는 100에서 115명이 허용되는 이 수는 큰 차이가 있다. 전 구조물은 담장으로 둘러쳐져 있고 남쪽에 아름답고 호화로운 대문이 있어 대로를 향해 열려 있고, 그곳에 수많은 사람들이 함께 모인다. 이 가로 또는 피아차(Piatza)는 150명이다. 넓은 기하학적 광장들은 각 단壇이 5피트로 되어 있다. 그 안에는 주택들이 없고, 거기서 시험시간 내내 시험을 돕고 엄한 파수를 서는 장병들을 위한 자리들이 있는 회랑과 보도步道만이 있다. 첫 번째 입구에는 대문 안에 수비대의 전각을 거느리고 제1지위의 만다린이 서 있는 큰 전각이 있다. 그 다음은 바로 우리의 교회의 대문처럼 만들어지고 (다 열어야 하는 것이 불편할 때) 두 개의 쪽문으로 열리고 닫히는 대문을 가진 또 다른 담장이 나타난다. 당신이 그 대문을 지날 때, 또 다른 입구나 대문에서 끝나는 완벽한 건축의 석조 교량이 서 있는 물결치는 연못이 있는 큰 마당이 나타난다.

---

664) Semedo, *The History of the Great and Renowned Monarchy of China*, 36쪽.

다른 입구도 관리들의 명시적 명령 없이는 누구도 드나들지 못하게 지키는 장교들에 의해 파수된다. 이 대문 다음에 아주 널찍한 또 다른 안뜰이 뒤따르고, 안뜰의 동편과 서편, 양쪽에 수험생들을 위한 작은 사무실이나 방들이 열 지어 있다. 모든 방은 길이가 각각 네 뼘 반이고(한 뼘은 영국의 9인치다), 나비는 세 뼘 반이고, 높이는 약 사람 키 정도다. 그 방들은 타일이 아니라 트라스(화산암가루)나 회반죽으로 덮여있다. 각 방에는 두 장의 널판자가 있는데, 하나는 그 위에 앉을 수 있고 방에 고정되어 있고, 다른 하나는 움직일 수 있어 책상용이다. 그것을 글씨 쓰는 데 사용하고 난 뒤에 밥 먹을 시간이 되었을 때 그것 위에서 그릇을 얹어놓고 밥을 먹는 용도로 쓴다. 사람의 가슴만이 통과할 정도, 아니, 거의 통과할 수도 없는 넓이의 좁은 입구가 있는데, 이것은 수험생에게로 통한다. 한 줄의 문들은 다른 줄의 뒤편을 향해 열려 있다. 시험이 치러질 때 각각의 이 작은 방 안에는 수험생을 돕고 감시하고 이들에게 봉사하는 군인이 한 명씩 있다. 이 군인은 작은 책상 아래 앉아 있다. 중국인들은 이 군인이 그의 입에 나무 게이지를 물고 있어 말을 할 수도, 학생을 괴롭힐 수도 없다고 말한다. 그러나 만약 그가 고칠 실력이 있다면 그가 그의 의무에 완전히 부합될 가능성은 없을 것 같다.[665]

세메도는 성도省都의 '과장科場'에 대해 이렇게 속속들이 설명하고도 자세한 설명을 또 붙인다.

내가 말한 이 좁은 입구의 끝에는 네 아치 위에 올려진, 모든 방향을 향해 밖으로 난간이 날린 탑이 솟아 있다. 이 탑 안에는 몇 명의 관리들과 높은 사람들이 도와주는 살롱 또는 큰 홀이 있다. 이 관리들은 그들의 시야

665) Semedo, *The History of the Great and Renowned Monarchy of China*, 38-39쪽.

속에 포착된 모든 작은 방 안에서 일어나는 일을 보고하기 위해 거기에 머문다. 이 안뜰의 네 구석에는 어떤 이상한 일이나 소란이 일어나자마자 관계자들에게 그것을 알리기 위해 울리는 종과 드럼이 설치된 네 개의 큰 탑이 있다. 이 탑들 가까이에는 좌석과 책상, 그리고 거기서 수행되어야 할 일을 위한 다른 필수품들로 설비된 큰 홀을 가진 다른 빌딩들이 있다. 여기의 일은 첫 글짓기 시험이다. 여기에는 더 많은 일반관리들이 그 좌석에 앉아 업무지원을 한다. 북쪽을 향한 대문 옆의 홀을 통과하면 다른 안뜰이 보이고 당장 동일한 형태의 또 다른 홀이 보인다. 그러나 그곳의 가구는 더 호화롭고 값비싸고, 고시관의 장長과 보다 높은 관리들을 위해 설비되어 있다. 그 다음은 마찬가지로 방금 말한 사람들과 다른 관리들과 고시관들을 위한 다른 별채들과 숙소들이 있다. 모든 별채는 회의하고 식사하기 위해 홀과 좌석과 식탁이 설치되어 있다. 별채 안의 방 하나에는 하나의 침대, 비단 덮개와 다른 그것들이 지정된 그 목적에 적합한 다른 가구 소재들이 있다. 거기에는 작은 정원과 낮은 나무들과 더불어 보도步道도 있다. 여기에 기록관·서기·시동과 그들 가족의 다른 관리들을 위한 다른 보다 작은 방들이 더해진다. 이 방들 외에 식품저장실·부엌 및 그리 큰 군중의 숙박을 위해 필요한 모든 것과 더불어 만다린과 하급 관리들 및 일반 하인들을 위한 다른 방들이 있다. 모든 것은 찬탄할 정도로 잘 배치되고 질서정연하다.[666]

그리고 세메도는 왕족에 대해 관직에 나아가는 것을 금하고 과거응시 자격을 부인하던 제도를 조금 완화한 것과 노비·부랑자와 매춘부관리자 등을 제외한 모든 평민에게 과거응시자격이 주어진 것에 대해 기술한다.

---

666) Semedo, *The History of the Great and Renowned Monarchy of China*, 39쪽.

오랜 전에는 왕의 왕족과 친인척(the nobilitie and kindred of the King)은 어떤 종류의 관직이나 공적 책무를 맡는 것이 허용되지 않았다. 더욱이 공부한 왕족들이 학위를 얻기 위해 과거에 응시하는 것도 허용되지 않았다. 그들이 제기한 많은 진지한 간청과 반대쪽에서의 반대가 있은 뒤 약 20년 이래 그들은 모든 과거시험에 응시할 특권이 그들에게 주어지도록 만들었다. 그리고 고시관들은 학위를 많은 왕족에게가 아니라 그들 중의 약간 명에게 수여할 의무가 있다. 만다린의 노비(만다린의 가내 노비가 아니라 형부와 법정에서 만다린에 시중드는 노비들), 병사, 경찰대리, 부랑자, 망나니, 밤파(Vampa)라고 불리는 매춘부 관리자와 같이 불명예스런 자들을 제외하고 온갖 유형의, 그리고 온갖 직업의 평민들이 과거 응시가 허용되었다. 마찬가지로 그들은 벌금이나 비행의 죄과가 부과된 사람들도 개전의 정이 충족될 때까지 응시자격이 부여되지 않는다.667)

그리고 세메도는 수재秀才·거인擧人·진사進士 등 세 종류의 학위를 설명한다.

중국인들은 세 종류의 학위 수재(Sieueai), 거인(Kiugin), 진사(Cinsu)가 있다. 우리가 더 잘 이해하기 위해 그 학위가 그들 나름으로 우리의 학사·석사·박사(Batchelour, Licentiate, and Doctour)에 상응한다고 말하고 싶다. 각 학위는 각각의 표장과 영예의 배지가 있다. 학생에 불과해서 어떤 학위도 없는 사람들은 그들에게 속한 어떤 특권도 없지만, 신사로 존경받고, 사람들은 참으로 중시될 값어치가 있는 것을 영예롭게 여길 줄 아는 사람들 사이에서 지식이 중시되는 만큼 그들을 나라의 빛(the lights of their Country)으로 영예롭게 여긴다.668)

---

667) Semedo, *The History of the Great and Renowned Monarchy of China*, 39-40쪽.

중국인이 각종 과거시험(동시·향시·회시)을 통해 수재(생원)·거인·진사의 지위를 따기 전 '학숙學塾'(개인이 사설私設한 사립초등학교 '사숙私塾', 마을공동체에서 출연하여 세운 '의숙義塾' 또는 '의학義學', 촌사에서 세운 공립초등학교 '사학社學'의 합칭)에서 학업 중에 있는 무無학위 학생이나 졸업생도 "나라의 빛"으로 여겼다는 말이 흥미롭다. 중국에서 "지식"은 그만큼 "중시된" 것이다.

이어서 세메도는 "과거시험 방법과 학위수여 방법"에 관해 아주 상세하게 소개한다.

> 학위를 받을 사람들에 대한 시험에서 중국인들이 준수하는 질서와 방법은 아주 호기심을 끈다. 단순한 학생의 첫 시험으로부터 마지막 박사시험에까지 이 시험들은 이 제국에서 가장 중요한 일이라고 여겨진다. 숙명적인 인간들이 최고의 관심으로 목표로 겨냥하는 유일한 징표인 영예와 이익, 이 둘 다의 학위와 관직이 이 시험에 달려 있기 때문이다. 한마디로, 이 둘이 결합된 일자리(옛 속담이 아주 어렵다고 선고한 결합)이 존재한다면, 확실히 그것은 이것(과거시험)이다. 우리는 초장부터 시작할 것인데, 그것은 단순하고 간단한 학생들이 수행하는 것이다. 과거시험 전에 관청에 의해 마침내 공표될 때까지 시험이 있을 것이라는 소문이 먼저 널리 퍼진다. 수여될 학위들과, 학위 도전자들이 많기 때문에 그렇게 많은 무리가 (중앙에서 내려온 - 인용자) 고시관의 시험(the examination of the Chancellour)에 응시자격이 주어지는 것은 불편하다. 적격자와 부적격자들이 둘 다 그 과장科場에 들어가서는 아니 되므로 행성에는 그 과장에 들어갈 사람들이 먼저 성도나 부·현府縣에서 두 개의 사전 시험을 치러 이 방식에 따라 실력을 입증해야 한다는 법령이 있다. 모든 판사는 각각 자기 관할구역 안에서

668) Semedo, *The History of the Great and Renowned Monarchy of China*, 40쪽.

시험을 공고하고 그의 관할지역의 모든 학생들이 모일 날짜를 지정한다. 때로 공립 대학교(publick universitie)의 자리가 그리 큰 무리의 수용에 충분치 않기 때문에 그들은 큰 마당을 좌석과 책상으로 채운다. 그리고 거기서 시험이 치러진다. 재판관은 그들이 작성할 문제를 준다. 그들은 아침에 작성하기 시작해서 밤까지 시간이 허용된다. 그들은 하나의 논술문만을 제출하고 그것을 다 마쳤을 때 담당 관리에게 그것을 건네준다. 이 관리는 논술문들을 모아서 아주 부지런하게 그 모든 논술문을 일일이 검토하고 최선의 논술문들을 골라내 작성자들의 이름을 쓰게 한다. 이 이름 명부는 재판관의 전락의 벽에 붙여진다. 이 명부에 의해서 최고 과거시험에 응시하도록 통과허가를 받을 자들이 누구인지가 알려지게 된다. 그들은 이 허가를 '그들의 현에서 이름이 있음(Having a name in their Village)'라고 부른다.[669]

이것은 '향시鄕試'의 첫 단계에 대한 설명이다. 중앙에서 내려온 "고시관의 시험(the examination of the Chancellour)"이라는 구절에서 '고시관'은 '제거학관提擧學官'을 말하는 것으로 보인다. 그런데 세메도는 앞서 중국에 대학교가 없다고 해놓고서 여기서는 이와 상충되게 "공립 대학교"를 운위하고 있다.

한편, 세메도는 제1차 '향시'를 치른 다음에 뒤따르는 제2·3차 시험에 대해서도 이렇게 상세하게 기술한다.

이렇게 통과가 허용된 논술문들은 그 관리가 친히 성도의 포정사(치자)에게 이송한다. 읍면의 모든 재판관들도 각각 그 자신의 관할구역 안에서 모두 동일한 일을 수행한다. 그리고 각 도시가 두 현으로 나뉘기 때문에

669) Semedo, *The History of the Great and Renowned Monarchy of China*, 40-41쪽.

각 도시는 자기의 두 현에서 성도의 치자 외에 별개의 재판관을 가진다. 그리고 이미 허가를 받은 향촌의 모든 학생들은 함께 모여서 성도의 총집합 장소로 들어간다. 이 장소에서 성도의 통치자는 그들을 다시 시험하고, 이런 차이를 두고 현에서 그에게 주어졌던 것과 동일한 방식으로 그들에게 새로운 문제를 준다. 차이란 더 많은 주도면밀성과 엄숙함, 그리고 근면을 발휘하고 온갖 장소에서 진리를 왜곡시킬 준비가 된 친구들의 중재를 더 적게 허용하는 것이다. 성도의 통치자는 이들 중에서 200명을 추려내 그들의 이름을 그들에게 거의 동일한 방식으로 3차 시험을 치르게 만들 고시관에게 건네준다. 고시관은 그들 중에서 약 20명 또는 25명을 추려내, 이들에게 학위를 준다. 결국, 세 번이나 극히 엄정하게 체질되므로 그들은 마침내 수적으로 소수에 지나지 않게 된다. 그 다음에 그들에게 고시관에 대해서만이 아니라 각 성도에 2명씩 주재하는 '학관學官'이라 불리는 학술장관들에 대해서도 복종해야 한다는 주의와 더불어 표장과 특권이 부여된다. 학관은 학문 담당 만다린이다. 그들의 직무는 각 개인의 품행을 관찰하고 염탐하고 아무렇게나 행동하는 자들을 꾸짖는 것이다. 나아가 그들은 원하면 그들이 좋다고 생각하는 만큼 자주 그들을 다시 시험할 수 있다.[670]

이것은 향시 2·3차를 설명한 것이다. 여기서 '학관'은 '제거학관提擧學官'의 준말이다. 그런데 '학관'은 "학문 담당 만다린"일 뿐만 아니라, 무엇보다도 향시과거 담당 만다린이다.

세메도는 학생들의 공부를 체크하고 상벌을 내리고 학자금을 주는 '제거학관'의 임무와 임무수행 방법에 대해 자세히 기술한다.

---

670) Semedo, *The History of the Great and Renowned Monarchy of China*, 41쪽.

직무상 제거학관(Chancellour)은 행성 전역의 연공을 쌓은 모든 학사들에게 사람을 보내 성도에 집합시켜 시험하고 그들이 공부하고 있는지, 아니면 그들의 직업과 상이한 딴 일에 몰두하고 있는지를 파악해야 한다. 그는 이런 방법으로 면학하는 자를 상주고 게으른 자들을 견책한다. 그들이 중앙광장에 모두 모였을 때, 그는 그들에게 논술 문제를 내준다. 논술문이 다 끝나면 그들의 시험지를 다섯 등급으로 나눈다. 제1등급의 학생들에게 그는 칭찬과 상을 준다. 제2등급 학생들에게는 같거나 조금 적은 칭찬과 상을 준다. 제3등급의 학생들은 침묵으로 지나친다. 제4등급의 학생들은 견책한다. 마지막 등급의 학생들로부터는 학위, 특권, 영예표장을 박탈하고, 그들을 평민들 사이의 지위로 되돌려 보낸다. 하지만 그럼에도 학위를 되찾기 위해 시험에 다시 응시할 자유는 준다. 제1등급의 가장 유능한 자들은 각 도시마다 40명까지 선발한다. 그리고 각 읍에는 20명을 선발한다. 그들이 학자금으로 1인당 8크라운 이상을 받지 않을지라도 황제는 전국에 걸쳐 30만 크라운의 재정을 부담한다. 이것은 아주 굉장한 일이다. 왜냐하면 도시가 444개이고, 현이 1250개이기 때문이다. 이것은 학사 1인이 학위를 획득하기 위해 해야 하는 것이다.671)

그 다음 세메도는 "거인(Licentiate)"을 선발하는 과거(향시)에 대해 좀 더 상세하게 기술한다.

이들의 시험은 각 행성의 성도에서 3년마다 전국에 걸쳐 동일한 날짜에 거행된다. 이 날짜는 통상적으로 8월이고, 이것은 보통 우리의 9월 말경 또는 10월 초다. 시험은 25일이나 30일 동안 지속된다. 수험생들이 3일 이상 시험에 붙들려 있지 않을 뿐이더라도 그 날짜는 상술한 달의 9일,

671) Semedo, *The History of the Great and Renowned Monarchy of China*, 41쪽.

12일, 15일이다. 본本 고시관들은 이들을 돕는 그 구역의 다른 관리들 외에 전 행상에서 가장 굉장한 관리들이다. 그러나 무엇보다도 심지어 조정으로부터 일부러 각 행성으로 내려오는 장관(제거학관)은 가장 굉장한 관리다. 이들은 중앙광장에 집합하는 제1관리들이고, 이들과 더불어 비서, 서기, 경비와 봉사를 위해 배치된 기타 인원들이 집합한다. 수험생들이 필요로 할까 봐 의사들도 집합한다. 왜냐하면 이 활동이 지속되는 동안 어떤 사람도 그들에게 드나들 수 없기 때문이다.[672]

모든 고시관은 유폐상태에 처하는데 밖에는 고사장 안쪽으로 요구하는 것을 제공해주기 위해 상시대기중의 관리가 서 있다. 제거학관만이 유폐상태를 면한다.

바깥에는 안쪽으로부터 요구되는 모든 것을 제공하기 위해 항상 경계하고 있는 관리가 남아있고, 제거학관만이 이 유폐상태로부터 면해진다. 그는 모든 학사들의 공통 사부師傅이기 때문이다. 아주 틀림없이 자기들의 지식과 능력을 확신하는 상당수의 학생들이 있다. 그래서 감숙甘肅(Kiamsi) 성에서는 학생들이 시험을 위해 각방에 가두어진 뒤에 학위를 받을 것으로 생각하는 사람들의 명부를 만든 사람이 있어 그것을 만들어 공개했는데, 그는 선발된 115명 중 단지 6명만 그가 잘못 짚었다.[673]

세메도는 각 행성마다 수천 명의 학사들이 거인선발시험인 향시에 몰려든다고 기술한다.

---

672) Semedo, *The History of the Great and Renowned Monarchy of China*, 41-42쪽.
673) Semedo, *The History of the Great and Renowned Monarchy of China*, 42쪽.

관리들이 집합할 때, (큰 행성과 대학교들에서는 7000명을 상회하는) 학생들은 질서를 지키며 뚜렷한 차이 없이 아침 9시에 과장에 나타난다. (내가 남경[Nankim]의 Sumiam시에서, 그리고 감숙성에서 한번 본 바와 같이, 학사들의 시험장에서는 불미스럽고 불행한 사고와 때로 살인의 혼란이 발생한다.) 입구에서 그들은 몸에 지닌 것을 찾기 위해 모두 검색당하다. 그리고 그들 중 누구에게서 아주 작은 종이쪼가리라도 발견되기만 하면, 그는 당장 밖으로 내쫓긴다. 그들을 검색하는 데서 말썽을 줄이기 위해 그들은 머리카락을 풀어 늘어뜨려야 하고, 다리는 맨발을 벗어야 하고, 신발은 짚신이어야 하고, 외투는 라이닝이나 어떤 굴곡진 접이도 없어야 한다. 그리고 먹물을 담은 뿔 병과 붓은 목에 걸어야 한다. (왜냐하면 우리는 전에 말했듯이 그들이 이것 외에 다른 필기도구가 없기 때문이다.) 그들은 과장에 들어서자마자 작은 방으로 들어간다는 것은 우리가 앞서 말했다. 각자는 방으로 들어가 그를 감시하는 병사를 마주하는데, 이 병사는 작은 책상 아래 두 발을 두고 앉아 있다. 그 다음 그들은 문이 잠기고 병사 경비대를 세운다. 이 경비대는 시험시간 동안 그 가로를 아무도 통과하는 것을 허용하지 않을 정도로 아주 엄하고 엄격한 파수를 본다. 누군가 밖으로 나가는 것은 더욱 엄하게 금지한다. 그다음에 바로 문제가 공개되는데, 이것은 제거학관이 이미 Charam의 하얀 서판書板에 큰 글씨로 써둔 것이다. 이 서판은 작은 집들 사이의 시자로의 네 구석에 공개되어 걸려 있다. 그리하여 모두가 그것을 그의 방으로부터 볼 수 있는데, 문제 또는 주제는 일곱 항목이다. 네 항목은 만인에게 공통된, 그들의 철학자의 사서四書에서 나온 문제이고, 세 항목은 모든 경經(Kim)으로부터, 즉 그 철학자의 학문서적의 모든 부분으로부터 출제된 것이다. 각 학생들은 반드시 이 중 한 문제만을 택해 논술해야 한다.674)

674) Semedo, *The History of the Great and Renowned Monarchy of China*, 42쪽.

세메도는 수험생들이 시험답안지를 작성하는 작문방법까지도 상세하게 소개한다.

각 문제에 대해 학생들은 짧게, 우아하게, 간결하게 쓴다. 그리하여 만인은 어떤 약자도 없이 글꼴이 좋은 정서체 글자로 쓴 7개의 논술문을 작성해야 한다. 나중에 그들이 어떤 것을 수정하거나 교정한다면 그들은 그 수정이 이루어지는 줄 아래에 써야 한다. 그들은 각 논술문을 두 개의 사본으로 필사한다. 하나는 자기들의 아버지와 할아버지의 성명으로 서명되고, 그들에게 좋은 것으로 보이는 헌사獻詞와 함께 그들의 연령을 쓴다. 오직 바깥에만 헌사로 이것들을 봉인한다. 그리고 막 바로 그들은 사본을 받도록 배치된 관리들에게 열린 사본을 건네주고 자리를 뜬다. 봉인된 사본들은 이를 위해 지정된 장속에 그 숫자에 따라 보관된다. 열린 사본들은 작성자의 필체가 알려지지 않도록 그것들을 붉은 글씨로 필사할 특정한 서기들에게 건네진다. 그 뒤에 그 사본들은 고시관들에게 주어지고, 이 고시관들은 그 사본들을 자기들끼리 분배하여 다음 2일 동안 눈곱만큼의 오류도 낙방시키기에 충분할 정도로 아주 엄격하게 사본들을 검토하고 사정査定한다. 나는 당신에게 재미있는 사례를 제시하겠다. 그들의 글자 중에는 말을 뜻하는 '마(Ma)'로 발음되는 글자(馬)가 있다. 이 글자는 세 개의 다른 직선으로 가로질러지는 수직선으로 구성되고 우리의 S자와 같이 가운데가 움푹한 요상凹狀으로 끝나는 하나의 획을 아래에 가진다. 이 요상 안에 그들은 4개의 점을 한 줄로 차례로 넣는다. 그들은 이 글자를 약자로 쓸 때 이 네 개의 점 대신에 하나의 직선만을 그어넣는다. 어느 땐가 논술문에 그 글자를 이 마지막 방식으로 쓴 학생이 있었다. 그래서 그의 논술문이 탁월했을지라도 그가 이 글자를 첫 번째 방식으로 쓰지 않았기 때문에 고시관은 "말은 네 다리가 없다면 걸을 수 없네"라는

말과 함께 그를 떠나보냈다.675)

세메도가 "만인은 어떤 약자도 없이 글꼴이 좋은 정서체 글자로 쓴 7개의 논술문을 작성해야 한다"고 기술한 대목은 '5개의 논술문'으로 고쳐야 할 것이다. 그가 위에서 "각 학생들"은 "반드시" 공자 경전의 모든 부분으로부터 출제된 세 항목의 문제 중 "한 문제만을 택해 논술해야 한다"고 했기 때문이다.

채점이 다 끝나면 그들은 바깥벽에 논술에서 아무 잘못도 하지 않은 사람들의 이름의 큰 목록을 내건다. 이것은 각자의 집으로 돌아갈 그들에게 조언으로 이바지한다. 그들은 부분적으로 수치심을 안고, 그리고 부분적으로는 필연성으로 인해 귀가를 한다. 그들은 다음 시험장에 들어오도록 허용되지 않을 것이기 때문이다.676)

세메도는 1차 시험 합격자에게 실시되는 2차 시험에 대해서 이렇게 설명한다.

두 번째 시간에 그들은 그 달의 12일에 다시 과장에 들어간다. 이 제2차 과장에서 시험은 통치의 문제에서 일어날지 모를 의문과 난제에 관해 세 문제만 주어지는 것을 제외하면 이전과 동일하게 진행된다. 문제는 통치할 때 그들이 어떻게 행동하지, 그리고 황제에게 어떻게 조언할지를 알아보는 문제다. 그다음 다시 이 제2차 논술문의 철저한 사정査定 시에 많은 학생들이 집으로 보내져 3차 시험에서 배제된다. 그들은 그 달의 15일

675) Semedo, *The History of the Great and Renowned Monarchy of China*, 43쪽.

676) Semedo, *The History of the Great and Renowned Monarchy of China*, 43쪽.

이 3차 시험에 들어간다. 이번에는 제국의 법률과 법규집에 관한 세 문제가 주어진다. 이 마지막 시험의 논술문들이 받아들여질 때, 그들은 15일 동안 중앙광장을 닫는다. 이 시간 동안 비교를 통해 골라낸 최선의 학생들이 소수로 줄어드는데, 이들은 진짜 학위를 받을 만한 자격이 있다. 그다음 그들은 이들의 명단을 마지막 정사精査를 하여 그들의 자리와 순서로 그들의 등수를 매기는 제거학관에 건넨다. 일등과 꼴등 간에는 명성에 있어서만이 아니라 어떤 좋은 자리나 벼슬이 조만간 제공되는 점에서도 굉장한 차이가 나게 된다.[677]

세메도는 그가 "석사학위(licentiate)"라고 부르는 '거인 학위'가 주어질 최종 합격자의 발표와 발표를 기다리는 사람들, 그리고 발표 후의 장면에 대해 기술한다.

논술문의 사본에 관해 투입된 마지막 노력이 끝난 직후 그들은 봉인되어 제출된 논술 원문을 개봉하여 기명 헌사에 의해 저자의 이름을 알아낸다. 그들은 이 이름을 점수에 입각하여 일정한 등급 부류로 적는다. 이 목록은 바깥에서 기대하며 머무르던 수많은 사람들의 시선에 공개된다. 누군가는 자기 아들이나 형제 때문에, 또 누군가는 아버지나 친구 때문에, 또 누군가는 자기의 사부나 후원자 때문에 누군가는 단순히 호기심을 만족시키기 위해 머물렀다. 두 뼘 반 너비의 두루마리 종이의 위로부터 바닥까지 큰 글씨로 쓰인 이 이름들이 공개될 때, 석사(거인) 학위를 받을 사람들을 태우고 갈 그만한 수의 말들이 이미 거기에 서 있다. 각 말은 1·2 등의 숫자로 표시되어 있다. 말을 끌도록 배정된 모든 하인들에게 학위자의 이름과 하위자에게 속한 그 장소의 번호가 쓰인 티켓이 주어진다. 하인들

677) Semedo, *The History of the Great and Renowned Monarchy of China*, 43쪽.

은 학위자에게 그의 선발 소식을 알려주고 그로부터 약간의 보상을 청하고 그를 기다리며 성도의 중앙관청으로 가려고 출발할 때까지 그와 머무르기 위해 당장 그를 찾으러 달려간다.(그를 발견하는 것은 쉽지 않다. 그들이 뒤로 물러나 서 있기 때문이다.) 학생들은 그들의 급제소식을 받고 모두 말위에 올라 모두 순서대로 중앙광장에 간다. 그곳에는 황제의 국고의 공급관과 장관이 그들에게 씌워줄 모자·가운·티핏과 부츠와 같은 그들의 지위의 표장들을 가지고 그들을 기다리며 이미 대기해 있고, 그들이 이와 같이 꾸며졌을 때 고시장관(제거학관)에게 감사를 표하기 위해 즉각 나아간다. 고시장관은 언제나 그들에게 사부의 자리에 있더라도 걸어가 그들을 영접하고 그들을 대등한 동료로 대우한다. 그리고 학생들은 그에게 그렇게 종속되고 형용하는 것이 거의 믿어지지 않을 정도의 존경으로 그에게 표한다. 그들 간에는 그들이 마치 진짜 형제인 것처럼 많은 사랑과 우의가 있고, 그들은 그 자체로서 서로를 존경한다. 그 뒤에 다양한 의례가 뒤따르고, 여러 향연이 관리들 전체에 의해 베풀어진다. 내가 기억하는 한 전부 세 차례의 잔치가 있고 모두 아주 호화롭지만, 세 번째는 상당한 이득도 있고, 각자에게 세 개의 상이 차려진다. 첫 번째 상은 다양한 고기들로 덮이고, 두 번째 상은 닭고기, 가금, 사슴고기, 모두 생고기인 기타 살코기로 덮이고, 세 번째 상은 말린 과일들로 덮인다. 그리고 이 모든 것은 그들 마음대로 그들 재량껏 그들의 집에서 소비하도록 그들의 집으로 보내질 것이다.678)

이어서 세메도는 학생들이 거인 학위를 취득하자마자 현저하게 달라지는 지위변동을 기술한다.

678) Semedo, *The History of the Great and Renowned Monarchy of China*, 44쪽.

이 사람들은 학위를 획득하자마자 당장 고귀해지고 공경받는다, 아니 받들어진다. 그리고 어떻게인 줄 내가 모르겠으나 갑자기 부유해진다. 이것 뒤에 그들은 더 이상 걷지 않고, 말등에 타거나 가마를 탄다. 학위자만이 아니라 그의 전체 가족은 신분을 바꾸고, 그는 자기 이웃집들을 구입하고 그 자신을 위해 저택을 짓기 시작한다. 이것은 그들의 많은 이들이 자기들의 고장으로부터 자기들의 등에 도시에서 입을 의복을 짊어지고 먼 길을 도보로 걸어서 왔고 종종 자기들의 손에 최근에 빈한한 오두막집을 수선한 진흙이 묻은 것을 아는 사람에게 더 경이롭게 느껴질 것이다. 나는 이런 유형의 젊은이들 몇몇이 남경으로 오는 것을 목격했다.679)

세메도는 이어서 거인의 진로를 입사入仕와 대과大科준비, 이 두 가지로 나누어 설명한다.

이 엄숙한 행사들이 끝나고 학위자들은 당장 박사(진사)가 되기 위해 궁전으로 갈(전시殿試에 응시할 - 인용자) 준비를 한다. 그런데 그들이 어떤 통치를 맡게 된다면, 그들은 당장 이 자리나 저 자리나 제공받을 것이다. 그러나 그들은 어떤 통치를 수락하면 나중에 박사를 얻는 시험을 볼 권리를 상실한다. 처음에 그것을 시도하는 사람이 아무도 없을지라도 누군가 그것에 성공하여 몇 년을 보내기 시작한다면, 석사(거인)의 타이틀만을 가지고 당장 출세할 마음을 먹고 통치를 받아들이지만, 총독(포정사)의 지위까지 승진할 행운을 얻은 사람들이 몇몇이 발견될지라도 이런 사람들이 아주 높은 고위직까지 승진하는 일은 아주 드물다. 궁전으로의 여정을 위해 그들은 각자 모두 비용을 부담하기 위해 왕의 국고에서 80크라운을 수여받는다. 그리고 (내가 믿을 만한 몇몇 중국인들로부터 들은 바처럼) 모든 개개

679) Semedo, *The History of the Great and Renowned Monarchy of China*, 44쪽.

석사(거인)가 학위를 가진 때부터 궁전에 들어서기에 이를 때까지 왕 앞에 서는 데 들어간 전체 비용이 1000크라운에 달한다는 것은 아주 확실하다. 이것은 전국으로 치면 (나의 설명에 입각하여) 150만 크라운이 된다. 그것은 현자 1명의 육성하여 그들을 그의 왕권의 통치를 가능케 만드는 데 군주에게 아주 많은 비용을 쓰게 한다. 군주는 그들이 충분히 배우는 것을 열망할 정도로 아주 큰 포상을 그들에게 줄 것을 의도한다.680)

세메도는 거인의 다음 행로로 거인에게 국자감 입학자격이 있다는 사실을 빼먹고 있다. 그 대신, 세메도는 3년마다 생산되는 약 1500명의 거인들과 관련된 통계수치들을 비교적 정확하게 제시한다.

3년마다 전국에 걸쳐 만들어지는 거인들(석사들)은 약 1500명 안팎이다. 이 수치는 모든 중앙광장들에서 학위를 획득하는 사람들의 관점에서 큰 숫자가 아니다. 가장 작은 행성 중의 하나이고 그 안에 7500개를 넘지 않는 작은 방을 가진 광동의 중앙광장에서 첫날의 논술문이 약 96148에 달하고, 그것으로부터 지원자들의 수가 얼마나 큰지를 쉽사리 추정할 수 있을 것이다.681)

1차 시험에서 한 수험생이 5개의 논술문을 제출하므로 광동 성에서만 거인을 선발하는 향시응시자는 약1만9230명이다.

그리고 이제 과거시험의 마지막 단계로 세메도는 최고의 학위인 '진사'를 선발하는 대과大科 과거시험을 상술詳述한다. 그는 '진사'

---

680) Semedo, *The History of the Great and Renowned Monarchy of China*, 45쪽.

681) Semedo, *The History of the Great and Renowned Monarchy of China*, 45쪽.

를 '박사'로 간주한다.

> 박사(진사)학위는 우리 달력의 3월에 해당하는 음력 2월에 궁전에서 엄숙하게 수여된다. 그들은 석사학위에서 준수된 것과 동일한 형식에 부합되게 그것을 진행한다. 다만 영예의 표장이 다르고, 고시관들이 더 고귀한 품계라는 것이 다르다. 고시관이 '한림원(Hanlin)'이라고 부르는 왕립학술원의 주장主長들이고 그들의 수장은 수장의 책임을 다르게 이행할지라도 언제나 각로, 즉 황제 일인지하一人之下, 이 제국의 최고권위자다. 이 절차 진행 속에서 왕립학술원의 그들은 결정적 발언권을 가지기 때문이고, 논술 답안지가 그들 간에 분배되고, 첫 번째 선발 후 그들이 선발하고 승인한 사람들은 수장에 의해서도 거부되거나 배척될 수 없기 때문이다. 제국의 모든 석사(거인)들은 신인新人이든 구舊인물이든 이 시험에 대학 응시가 허용된다. 그런데 옛날에는 이 응시자격을 부여하는 예비시험이 없었다. 박사시험의 과장科場에 입장권을 가지기 위해서는 석사(거인)인 것으로 충분한 것으로 쳐졌기 때문이다. 그러나 논술 답안지들 중에는 아주 잘못 작성된 것이 많아서 그것들을 읽어주는 것이 시간낭비이고 작성자들에게 박사학위는커녕 그것에 대한 지원자격도 줄 수 없게 만드는 것들이었다. 그러므로 과거제를 실시한 지 약15년 뒤 이날을 위해 시행되는 또 다른 자격시험이 도입되었다. 이때부터 많은 사람들이 부끄럽고 슬프게도 받아들여지지 않는 일이 벌어진다. 이것은 다른 사람들에게 먹고 노는 데 시간을 낭비하지 않도록 하는 건전한 지침이 되었다.[682)]

세메도는 3년마다 전국적으로 최종 350명의 진사(박사)가 선발되는 것으로 파악했다.

---

682) Semedo, *The History of the Great and Renowned Monarchy of China*, 45-46쪽.

이 시험(회시會試)에서는 350명이 선발되고, 이들에게 박사학위가 수여된다. 모든 점에서 동일한 부츠를 제외하고 영예의 표장은 비용에서나 장식에서 석사(거인)의 그것들과 아주 다르다. 그들은 그들에게 내려지는 치자의 자리에서 언제나 차는 반대鞶帶도 하사받는다. 그러나 이 반대는 그들이 임관하는 관직에 따라 더 풍요롭기도 하고 값비싸기도 하다. 그들은 학위를 받고 영예의 표장을 단 때에 이 목적으로 마련된 황제의 황국 안의 한 홀에 모두 집합하고, 그곳에서 그들은 단 한편의 논문 작성으로 제2차 시험(전시殿試)을 치른다. 문제는 그들이 입사하게 될 통치와 관직에 관한 것이다. 옛날에는 이 시험에서 황제가 친림했지만, 지금은 황제의 명의로 1명의 각로가 참석한다. 시험이 종결되면 그들은 또 다른 홀로 들어가고, 그곳에서 신진 박사들이 황제에게 경의를 표하고, 바로 각로가 황제에게 1등을 한 3인을 소개한다. 그러면 황제는 손수 그들 각자에게 상을 하사한다. 황제가 첫 상을 주는 자는 나머지 모두의 장長이며 뒤에 줄곧 그에게 속하는 특별한 명칭을 가진다. 2등과 3등에게도 마찬가지다. 1등을 그들은 '장원(Chuam Yuen)'이라고 부르고, 2등은 '방안榜眼(Pham Yuen)', 3등은 '탐화(Thoan Hoa)'라고 부른다. 그리고 이 명칭은 아주 크게 평가받고 유명해서 시험 며칠 뒤 그들을 이 이름으로 알지 못하는 사람이 전국에서 거의 아무도 없고 그들의 아버지와 고향의 이름을 모르는 사람도 거의 없을 정도다. 이것은 이처럼 방대한 나라에서 엄청난 경사다. 영예는 공작과 후작의 영예만큼 크다. 전국에 걸쳐 그들에게 쏟아지는 존경 때문만이 아니라 그들의 통치를 위해 배치되는 권위와 신임의 자리 때문에도 그렇다. 이 영예는 옛날 옛적에 다른 방식의 권위를 가진 저 대大귀족들에게 수여되었던 것과 동일한 것인데, 대귀족의 영예는 이 박사들이 지금 지닌 영예에 상응한다.[683]

683) Semedo, *The History of the Great and Renowned Monarchy of China*, 46쪽.

그런데 세메도는 희한하게도 이 '전시' 외에 진사들이 자발적으로 응시하는 별도의 시험이 있다고 말한다.

> 이 의례들이 끝나면 또 다른 시험이 기다리고 있는데, 이 시험은 비록 자발적일지라도 결시缺試하는 사람이 거의 없다. 새로운 문제가 출제된다. 그들은 논문을 작성한다. 이 논문에 따라 왕립학술원(한림원)으로 들어갈 사람들의 선발이 이루어진다. 가장 자격이 있는 자를 30명만 선발한다. 그리고 그들 중 매년 5명을 들어갈 허가를 주고, 그곳에 들어갈 이 적은 수의 사람들만이 언제나 이권이 있는 정부 벼슬을 제공받고 있다. 다른 25명은 그들에게 배정된 특별한 전각들이 있다. 그들은 그곳에 모여 학자들로서 한 각로의 훈육 아래 들어간다.(내각의 속관이 된다는 뜻 - 인용자) 이 각로는 거의 매일 그들에게 무언가를 작성하게 시키고 그들의 학습에 속하는 모든 것과 이론적 통치에서 갈고닦도록 시킨다. 이것은 새 사람들이 들어오는 다음 시험 때까지 계속된다. 그리고 다른 사람들은 나가고 그들의 학위와 연공서열에 따라 궁전에서 가장 중요한 자리를 제공받는다. 그들은 (황제의 명에 의해 짧은 기간 지속되는 제거학관이나 어떤 다른 직책을 맡지 않는다면) 궁전으로부터 결코 나가지 않는다. 그들은 지방총독(포정사)이 되지 않는다. 한림원 사람들만이 각로의 지위를 얻을 수 있기 때문에 총독직은 그들(내각의 속관들) 밑에 있는 것으로 쳐진다.[684]

장원·방안·탐화 외에 나머지 사람들을 위해 30명을 뽑아 자리를 배치하기 위한 별도시험이 또 있었다는 사실은 오늘날의 기록에서는 찾기 어려운 사실이다. 그러나 세메도의 이 1641년 기록은 명대 말기 과거제도의 최종단계를 좀 더 잘 들여다 볼 수 있는 귀한

684) Semedo, *The History of the Great and Renowned Monarchy of China*, 46-47쪽.

기록이다.

세메도는 나머지 진사들의 관직 운세를 설명하는 것으로 이 대과 과거시험에 대한 기술을 마친다. "모든 새 박사들은 연수年數를 마치지 못한 자리가 배치되어 있지 않다면 그 해에 어떤 자리에든 배치된다. 이 무리를 한 자리씩 하도록 만들어주는 것은 같은 해에 전국에 걸쳐 일반적 감찰이 벌어진다는 것이다. 이 감찰에 의해 아주 많은 늙은 만다린의 관직이 삭탈되어 많은 자리가 새로운 사람들을 위해 빈자리로 남게 된다. 이 학위가 아주 높이 평가되는 만큼, 이 기회에 이루어지는 방문, 축하, 향연, 그리고 선물은 거의 믿을 수 없을 정도로 많다. 첫 뉴스를 가지고 온 메신저에게 주어지는 상은 200크라운의 수 곱절 값어치의 상이지만, 보통 50크라운 값어치의 상이다. 세 명의 최우수자에 낀 사람들의 친구와 친척들이 이들의 등과 소식을 듣자마자, 당장 그들은 그들의 도시나 마을에 그들을 위해 광목이나 판지로 만든 목제 아치가 아니라 화려하게 수된手工된 대리석으로 된 개선 아치를 세운다. 이 세워진 아치의 앞쪽에는 이 아치가 받쳐진 사람의 이름, 그가 얻은 벼슬, 박사취득 년도가 새겨져 있다. 한마디로, 세상은 시종 동일한 세상이다. 권력이 없는 자가 진리에 대한 열성에서든, 아첨과 이해타산에서든 찬양받고 박수갈채로 대접받고 그런 자가 이름날 것이라고 생각하는 것은 헛짓이다."[685]

세메도는 중국의 관료제와 과거제를 서양인으로서 누구보다도 정확하게 파악하여 가장 상세하게 서양에 알린 최초의 선교사였다. 이런 까닭에 1641년 스페인어로 출판된 그의 책은 1655년 영역되어 영어권에서도 널리 읽혔다. 그리하여 18세기 초 영국의 관료제

685) Semedo, *The History of the Great and Renowned Monarchy of China*, 47쪽.

논의는 세메도의 이 책에 많이 의거해서 벌어지게 된다. 이후 니우호프도 『네덜란드연합주로부터 중국황제에게 파견된 사절단』(1669)에서도 관료제에 관해 잠시 언급했지만[686] 간략한 것이었고, 또 나바레테도 『중국제국의 보고』(1676)에서 중국의 관료제와 과거제에 관해 간간이 설명했지만,[687] 세메도의 구체적이고 상세한 기술을 능가하지 못했기 때문이다.

■ 마젤란의 중국 관료제(1688)

이후 가브리엘 마젤란, 르콩트, 뒤알드, 이 세 신부들이 각자의 책(1688, 1696, 1735)에서 중국의 관료제와 과거제에 관해 차례로 새로이 상세한 보고를 한다. 먼저 마젤란은 1688년 파리에서 출간되어 같은 해에 바로 영역·출판된 『신新중국기』에서 청대 관료제를 상술詳述하고 있다. 그는 다른 선교사 저술가들이 빼먹은 18등급의 9품관에 대해 맨 먼저 설명한다.

> 전국의 관리들(mandarins)은 9품관으로 구분되고 매 품관은 두 등급(정·종)으로 나뉜다. 가령 이런 관리는 종1·2·3품의 만다린(a Mandarin of the second degree of the first, second or third Order)이다, 아니면 그는 정1·2·3품의 만다린(a Mandarin of the first degree, of the first, second or third Order)이라고 얘기된다. 이 나눔은 황제가 그들에게 그들의 직책에 대한 어떤 고려도 없이 주는 칭호 이상의 것을 뜻하지 않는다. 왜냐하면 통상 만다린들이 그들의 직책의 위계에 따라 정·종 품관(Order Superiour or Inferiour)일지라도 그것은 일반

686) Nieuhoff, *An Embassy from the East-Indian Company of the United Provinces to the Grand Tatar Cham, Emperour of China* (Hague: 1669; London: 1669), 149-156쪽.

687) Navarrete, *An Account of the Empire of China* [Spanish: 1676], 15-28, 63-69쪽(관료제); 64-71쪽(과거제).

적 규칙이 아니다. 왜냐하면 때로 통상 종從품관이 맡아오던 관직을 보유한 사람의 공덕을 보상하기 위해 황제가 그에게 1·2품관의 만다린 칭호를 줄 수도 있기 때문이다. 그리고 다른 한편, 정正품관에 속한 관직에 있는 사람들을 처벌하기 위해 황제는 그를 종품관으로 강등시킨다. 그리고 이 품관들의 지식, 차별, 상명하복은 아주 완벽하고 아주 엄정하고, 전자(正)에 대한 후자(從)의 경의와 복종은 아주 대단하고, 마지막으로 전자와 후자에 대한 제왕의 주권적 권한은 아주 절대적이어서 나는 우리의 세속적 통치나 교회적 통치에 대해 내가 수행해온 모든 탐구 중에서 이것과 비견될 만한 어떤 것과도 조우한 적이 없을 정도다.[688]

이어서 마젤란은 문관의 육부六府와 무관의 오부五部로 이루어진 중앙정부의 11개 부처를 설명한다.

앞 절에서 우리가 말한 최고부처인 내각 외에도 중국황제가 기원전 2000년에 제국의 모든 국사를 나누었고 오늘날까지 잔존하는 11개의 부처가 더 있다. 그것은 육부(Lo pu)라고 부르는 여섯 문관(Learned Mandarins)과, 오부(ù fu)라고 부르는 다섯 무관(Military Mandarins)을 말한다. 이 무관에 대해서는 나중에 말할 것이다.[689]

중국의 육부 관료제가 기원전 2000년에 이미 등장했다는 마젤란의 이 설명은 『주례』에 기록된 주周나라 중앙정부의 육관六官(천관·지관·춘관·하관·추관·동관) 관료제를 말하는 것이다.

---

688) Magaillans, *A New History of China* (1688), 196-197쪽.

689) Magaillans, *A New History of China* (1688), 200쪽.

문관들의 육부의 첫 번째 부처는 이부(Li pu)라고 불리는데, 그 직무는 제국의 모든 만다린을 보살피는 것이다. 이부는 그들로부터 관직을 여탈할 권한이 있다. 두 번째 부처 호부(Hu pu)는 황제의 모든 부세와 세수에 대한 감독권한이 있다. 세 번째 부처 예부(마젤란은 'Lae Pu'라고 표기해야 할 것을 'Li pu'로 잘못 표기하고 있다 - 인용자)는 모든 전례와 의례를 관리하고 정리할 권한이 있다. 네 번째 부처 병부(Pim pu)는 전국에 걸쳐 모든 무기·장병을 보살핀다. 다섯 번째 부처 형부(Him pu)는 모든 범죄를 심리하고 제국의 모든 범법자들을 처벌한다. 여섯 번째 부처 공부(Cum pu)는 황제의 모든 공사와 건축물을 감독하는 권한이 있다. 이 여섯 부처는 조정에 속한 거의 모든 것들에 대한 관할권이 있지만, 행성의 만사에 대해 절대적이다. 행성들은 거리상 바로 눈앞에 있는 것 같지 않을지라도 육부를 무서워하고 육부에 복종한다. 그러나 그 부처들의 권한이 아주 크고 범위가 아주 넓은 점에서, 그 부처들 중 어떤 부처도 자기 부처의 권위를 폭동을 선동하는 데에 써서 반란할 어떤 기회든 잡을까 봐 그들의 업무는 우리가 매일 보듯이, 그리고 우리의 박해 시기의 슬픈 경험에 의해 진실한 것을 깨달았듯이 이 중 어느 한 부처가 나머지 부처들의 개입 없이 부처들에 위임된 업무를 결정할 수 없는 방식으로 조절된다. 이 시기에 우리는 여러 세부사항의 결정을 위해 이 모든 부처로 보내졌다. 이 육부의 각 부처에 속한 전각에는 언제나 홀(堂)과, 'Co li' 또는 감찰관이라고 부르는 만다린을 위한 별채가 있다. 이 만다린은 그의 부처에서 행해진 모든 것을 공개리에 또는 비밀리에 종사精査한다. 그리고 그가 어떤 문란이나 어떤 불의를 발견한다면, 그는 즉각 황제에게 보고한다. 이 만다린은 그의 부처에 종속되거나 이 부처보다 상위에 있는 자가 아니라 우리가 방금 말한 것처럼 감독관 또는 통제관일 뿐이다.[690)]

690) Magaillans, *A New History of China* (1688), 200-201쪽.

마젤란은 육부 및 육부와 지방행성 간의 상명하복 관계를 이렇게 전반적으로 설명한 뒤 육부의 역할과 기타 관련 사항들을 상론한다.

> 육부의 수장들은 관직상의 이유에서 정2품관이다. 그들은 상서(Xam xu)라고 불린다. 가령 예부상서(Li pu Xam xu), 이는 예부의 수장이다. 호부상서(Hu pu Xam xu)는 국가세수 담당 부처의 수장이다. 이 수장들은 각각 두 명의 보좌관이 있는데, 제1보좌관은 좌시랑(Tso xi lam), 즉 왼쪽의 장이라고 부르고, 다른 보좌관은 우시장(Yeu xi lam) 또는 오른쪽의 장이라고 부른다. 이 보좌관들은 종2품관이다. 이 세 명의 장長은 여러 별칭이 있다. 가령 첫 번째 서열의 상서는 대당大堂(Ta tam), 즉 '큰 홀 또는 제1홀'이라고도 불린다. 두 번째 서열의 좌시랑은 좌당左堂(the Hall on the Left Hand)이라고 불리고, 세 번째 서열의 우시랑은 우당右堂(the Hall on the Right Hand)이라고 불린다.[691]

마젤란은 상서와 좌우시랑의 명칭과 서열, 그리고 다른 별칭들까지도 중국의 역사책에서도 보지 못할 정도로 아주 자세하게 소개하고 있다.

그 다음 마젤란은 조정과 가까운 육부 관청의 위치를 들어 이 관청들의 서열을 보여주고 관청 구조물의 내부구조를 설명한다.

> 이 육부는 황제의 조정과 가까운 그들의 서열에 따라 커다란 웅장한 장방형 구조물로 동편에 설치되어 있고, 이 구조물의 측면은 모든 쪽이 화승총 사정거리 1.5배의 길이다. 이 구조물들은 모두 제각기 문·뜨락·별채로 삼분되어 있다. 수장은 중간의 별채를 보유한다. 이 별채는 가로에서 시작하

691) Magaillans, *A New History of China* (1688), 201-202쪽.

여 세 개의 문을 가진 현관을 갖고 다른 문들, 현관들, 안뜰들을 관통하여 널찍한 대당大堂에 다다를 때까지 죽 이어지고, 줄곧 멋진 기둥으로 뒷받침되는 주랑현관과 화랑으로 미화되어 있다. 이 대당에서 상서가 그의 보좌관인 시랑들, 그리고 제각기 특별한 호칭을 가진 많은 기타 만다린과 앉아 있다. 이 기타 만다린들은 일반적으로 대당의 만다린들이라고 불린다. 이 대상 너머에는 또 다른 안뜰이 있고, 이 또 다른 안뜰 너머에는 소당小堂이 있는데, 상서는 어떤 비밀 업무나 특별히 중요한 업무를 검토할 때 시랑들과 함께 이 소당으로 물러난다. 이 소당 너머 양쪽에는 여러 방과 다른 홀들이 있다. 이 방들은 상서, 시랑들과 나머지 만다린들이 휴식을 취하거나 황제가 내려준 고기를 먹을 때 쓴다. 이 방들의 목적은 자기 집으로 갈 필요가 없게 하여 더 많은 시간을 업무의 신속처리에 쓰게 만드는 것이다. 이 홀들은 서기장과 서기, 그리고 기타 낮은 관리들이 쓴다. 그 안에 있는 다른 두 개의 구분된 방과 뜰은 전각을 가진 상위부처에 복속된 하위 부처들에 속한다. 이작은 부처들은 우리가 적절한 때 보여주듯이 그의 인지 아래 일어나는 업무에 따라 다소 수적으로 많다.[692]

30년 가까이 중국에 살면서 중국의 관청을 몸소 경험한 마젤란의 이 상세한 기록은 오늘날 남아있는 사료들에서 볼 수 없는 것들이다. 이런 까닭에 그의 설명을 꼼꼼하게 따라가며 재현할 가치가 있다.

마젤란은 이 육부관청들의 업무진행과 진행방식에 대해서까지도 상설詳說한다.

이 육부 안에서의 업무처리 방식은 이렇다. 어떤 사람이 어떤 볼 일이

692) Magaillans, *A New History of China* (1688), 202-203쪽.

있을 때, 그는 관습이 허용하는 형식과 크기의 종이에 그것을 적는다. 그때 그는 부처의 전각으로 가서 두 번째 대문에서 발견하는 북을 두드리고, 무릎을 꿇고 엎드려 자기의 청원서를 그의 머리만큼 높이 치켜든다. 이 일에 배정된 관리는 이때 그의 서류를 그로부터 가져간다. 그는 이것을 대당의 만다린들에게 가져가고, 이 만다린들은 그것을 상서에게로, 또는 그의 부재 시에는 그의 보좌관인 시랑에게로 가져간다. 상서 또는 시랑은 그것을 읽고 받아들이든가 기각한다. 그들은 그것을 받아들이지 않으면 그의 서류를 청원자에게 다시 보내고, 법정을 이유 없는 소송으로 골치 아프게 한 죄로, 또는 그들이 증오하기에 충분한 어떤 이유로든 호되게 매질당할 것이라고 그에게 여러 번 경고한다. 서류가 받아들여지면 상서는 그것을 이 업무를 맡은 아래 부처에 보내 원인을 검토하고 그들의 의견을 주도록 한다. 이 하위부처가 문제를 검토하고 그들의 판단을 개진한 뒤 그들은 그 서류를 상서에게 다시 보낸다. 그러면 상서는 하위부처의 판단에 뭔가를 덧붙이거나 온건화하거나 아무런 변경 없이 그것을 확인하는 판결을 내린다. 그것이 중대사면 상서는 같은 부처에게 그 사건을 문서로 작성하도록 하고, 이 문서를 그의 시랑들과 함께 읽고 급사중(Mandarin Controler)에게 보내고, 이 급사중은 다시 궁 안에 소재한 최고관청 내각에 보낸다. 이 내각은 그 사건을 검토하고 황제에게 보고하고, 황제는 내각에 지극히 의례히 그것을 재검토할 것을 명한다. 그 다음 내각대학사들은 그 사건을 급사중에게 돌려보내고 급사중은 황제의 지旨를 본 뒤 그것을 상서에게 보낸다. 상서는 그것을 다시 한번 검토하도록 시킨 뒤 급사중에게 돌려보내고 급사중은 내각대학들에게 그것을 보낸다. 그리고 내각대학사들은 황제에게 보내고, 황제는 최종결정을 준다.(내각의 표의판단을 비준한다. - 인용자) 이 최종결정은 동일한 통로로 상서에게 돌려보내지고, 이 상서는 두 당사자에게 통보하고 이렇게 하여 소송은 종결된다. 그것이 지방 행성의 관서가 조정에 보내는 일이라면, 사건관련 문서는 봉인되고 황제의 통제관에게 직접 보내진다. 이 통제관은 그것을 열고 읽은 다음, 상서에게 그것을 보내고, 그는 전에 반복된 것처럼 진행한다.693)

마젤란은 이 설명 뒤에 이 육부 관료체제가 이론적으로 최상의 것이라고 찬양하면서도 가톨릭신부로서의 그의 눈에 악덕자들로 보이는 관리들의 부패한 자질로 인해 망가진다고 혹평한다. "만다린들이 그들의 업무수행에서 법률과 군주의 의도에 부합된다면 중국은 세계에서 가장 행복하고 가장 잘 다스려질 것이다. 그러나 그들이 겉보기에 그들의 형식절차를 엄정하게 준수하는 만큼, 그들의 마음은 위선적이고, 사악하고 잔인하다. 그들의 트릭과 사기는 너무 수적으로 많아서 큰 책 한 권으로도 그것들을 다 담을 수 없다. 그러므로 나는 이것만을 말할 것이다. 탐욕과 부패로부터 자유로운 만다린을 만나는 것은 드문 일이다. 그들은 사건의 정의나 불의를 고려하는 것이 아니라, 가장 많은 돈을 주는, 또는 가장 많은 선물을 주는 사람들을 고려한다. 그리하여 만족을 모르고 살벌하게 구는 재판관들은 생명·신분·영예가 위태롭게 되면 정의나 불의를 중시하는 것이 아니라 다만 신성모독적 탐욕을 배불리는 그 많은 굶주린 늑대들처럼 굴 뿐이다. 그리고 우리가 이에 대해 말한 것은 모든 육부에 공통된다."694) 마젤린은 중국에서 포교를 허용받지 못한 가톨릭신부로서 29년간 살면서 겪은 중국 관리들의 박대에 대해 울분을 쏟아 놓는 것 같다. 당시 중국관리들은 황제와

---

693) Magaillans, *A New History of China* (1688), 203-204쪽.

694) Magaillans, *A New History of China* (1688), 204-205쪽.

내각의 결단이 필요한 포교허용에 대한 가톨릭선교사들의 청원을 차일피일 미루다가 부임해올 다른 관리에게 떠넘기고 신임 관리는 다시 모른 체하며 자주 곤란한 포교문제를 들고 나타나 지방관들을 궁지에 몰아넣는 이 위험천만한 '가톨릭 양이洋夷들'을 지극히 냉대하고 경멸했었다.

그러나 마젤란은 분노를 삭이고 다시 조용히 육부의 개별 부서들을 하나씩 설명해 나간다.

> 이 육부의 첫 번째 부처는 이부吏部라고 불리는데, 이부의 업무는 제국에 상하 만다린들을 공급하는 것, 그들의 잘잘못을 고과考課하는 것, 승진시키거나 강등시키도록 황제에게 보고 하는 것이다. 이 부서에 속한 전각에는 네 개의 다른 예하부처가 있다. 문선사文選司(Ven Sinen Su)라고 불리는 첫 번째 예하부처는 최상의 만다린이라는 영예를 위해 그들에게 필요한 지식과 다른 재능을 갖춘 인물들을 선발하는 부처다. 두 번째 예하부처는 상술한 만다린들의 좋고 나쁜 행동과 품행을 고과하는 고공사考功司(Cao cum su)다. 세 번째 예하부서는 법률문서를 봉인하고 관인을 모든 만다린에게 주고 자기 관청으로 가져오거나 송부된 관인이 진짜인지 위조인지를 검사하는 업무를 관장하는 험봉사驗封司(Nien fum su)다. 네 번째 계훈사稽勳司(Ki hium su)는 황족의 소왕小王들, 중국인들이 훈신勳臣(Hiun chin)이라고 부르는, 현現 왕조가 중국제국을 정복할 때 전쟁에서 큰 공을 세운 공작·후작 등과 같은 대공大公들의 공적을 고과考課하는 것을 업무로 삼는다.[695]

그 다음에 마젤란은 이부의 상세한 각론各論처럼 호부·예부·병

695) Magaillans, *A New History of China* (1688), 205쪽.

부·형부·공부를 각론적으로 상술詳述한다.[696] 그리고 군사조직으로서의 오부五部(오군도총부)에 대해서도 상세하게 각론各論한다.[697]

마젤란은 한림원·국자감 등을 북경 소재의 기타 관청들로 소개한다. 그러나 이 설명에는 크고 작은 오류가 많고 앞의 설명과 상치되기도 한다. 일단 그는 한림원부터 설명한다.

> 중국인들이 거인擧人(Kiu Gin)이라고 부르는 전국의 석사들, 즉 학식으로 유명한 사람들은 북경의 조정에 3년마다 모여 거기서 13일 동안 함께 시험을 치른다. 한 달 뒤에 박사학위는 논술에서 가장 풍부한 재능과 독창성을 발휘한 366명에게 수여된다. 이 젊은 박사들 중에서 황제는 가장 젊고 가장 창의적인 박사들을 선발하여 한림원翰林院(Han Len Iven)이라고 부르는 관청으로 승진시킨다. '한림원'은 학문과 지식이 번성하는 정원 또는 삼림을 말한다. 이 관청은 아주 많은 수의 만다린들을 담고 있는데, 이 만다린들은 제국의 가장 유식하고 가장 활기찬 현자들이다. 이들은 5부류로 나뉘어 다섯 부처를 구성한다. 나는 지루하게 할까 꺼려져서 그 부처들의 명칭과 임무의 기술로 독자들을 괴롭히지 않겠으나, 그들의 기능의 일반적 설명만을 제공할 것이다. 그들은 제국을 물려받을 상속자인 황태자의 가정교사다. 그들은 황태자에게 덕성, 예의범절, 인문과학을 가르친다. 그들은 황태자의 연수年數가 커감에 따라 점차 그에게 참된 통치술과 선행善行방법도 가르친다. 그들은 조정이나 전국에 걸쳐 발생하는 모든 특기할만한 사건들과 후세에 전해질 가치가 있는 모든 사건들을 기록한다. 그들은 제국의 일반적 역사를 편찬한다. 그들은 언제나 서재에 있으면서 여러 주제들에 관해 책을 쓴다. (실록제도를 말하고 있다 - 인용자) 그들은

696) Magaillans, *A New History of China* (1688), 205-215쪽.

697) Magaillans, *A New History of China* (1688), 215-218쪽.

정확히 황제의 학자들이고, 황제는 그들과 자주 여러 학문에 관해 토론하고, 그들 중 여러 명을 선발해 각로(자문관)로 삼거나 그를 다른 관청을 위해 쓴다. 그리고 황제는 일반적으로 기밀과 충성을 요하는 모든 문제의 처리를 이 각로들의 책임에 위임한다. 간단히, 이 관청은 왕립학술원(Royal Academy)이다. 또는 내 말로 하자면, 그것은 언제나 국가와 황제에게 복무할 준비가 되어 있는 현자와 학자들로 채워진 왕립창고(Royal Magazine)다. 첫 번째 부처에 속한 자들은 3품관들이다. 두 번째 부처에 속한 자들은 4품관들이다. 다른 세 부처에 속한 자들은 5품관들이다. 하지만 그들은 낮은 품계에 있을지라도 아주 중시되고 존경받고, 사람들은 그들을 무서워한다.698)

마젤란은 한림원에 대해 일반적으로 설명하면서, 중요한 부처인 실록청 등의 기관명을 빼먹고 있다.

그리고 마젤란은 '국자감'을 대학교로 소개하고 국자감 감생들의 부류를 여덟 가지로 설명한다.

국자감(Gue Thu Kien)이라 부르는 기관은 말하자면 왕립학교, 또는 전 제국의 대학교다. 그것은 두 종류의 업무가 있다. 첫째는 황제가 하늘과 땅과 해와 달에 제사지낼 때, 또는 죽은 그의 신민들 중 어떤 사람에게 그의 위대한 봉사에 보상하기 위해 제사지낼 때 이 기관의 만다린들은 술을 바치는데, 이것은 굉장한 제례로 행해진다. 다음의 업무는 제국의 모든 석사들과 학부생들, 그리고 황제가 어떤 특별한 이유에서 얼마간 석사졸업생과 대등한 칭호와 지위를 기꺼이 수여하고자 하는 모든 학생들을 보살피는 것이다. 이 학생들은 여덟 갈래가 있다. 첫 번째는 학사들이고 유

698) Magaillans, *A New History of China* (1688), 218-219쪽.

식한 자로서 시험을 치르지 못할 나이이거나, 시험을 치렀더라도 박수갈채로 끝마칠 행운을 얻지 못한 '공생貢生(Cum Sem)'이라 불리는데, 황제는 그들을 벌충해주기 위해 그들에게 종신토록 식름食廩을 준다. 음생蔭生(Quen Sem; 아마 Yuen Sem의 오기일 것임 - 인용자)이라고 불리는 두 번째는 그들의 부모의 탁월한 봉직의 이유에서 황제가 시험의 엄격함을 겪는 것을 허용하지 않고 벼슬자리를 주는 대신들의 아들들이다. '은감(Ngen Sem)'이라고 부르는 세 번째 부류는 황제가 즉위 시나 원자元子의 탄생이나 혼인 시에 만다린으로 임용하는 일정한 학생들이다. '우생優生(Cum Sem; 아마 U Sem의 오기일 것임)'이라 불리는 네 번째 부류는 황제가 그들의 굉장한 개인적 공적이나 그들의 선조의 위대한 봉사의 이유로 은총을 하사해 그들에게 지위를 주는 학생들이다. '늠생廩生(Kien Sem? - Rien Sem일 것)'이라 불리는 다섯 번째 부류는 얼마 동안 학사였거나 향시 후에 석사학위를 할 만한 능력이 없거나 아니면 학사학위를 잃을 것이 두려하는 모든 자들을 포괄한다. 이들에게 황제는 일정 액수의 돈을 준다. 황제는 이를 위해 '늠생'이라는 칭호를 하사하는데, 이 칭호는 그들을 영원히 학사학위자로 확인해주고 만다린으로 선발될 수 있는 자격을 주는 것이다. 여섯 번째 부류는 외국어를 배우는 학생들로 구성된다. 그들은 이방인들이 조정에 올 때 통역을 할 수 있다. 황제는 이들을 북돋우기 위해 이들에게 비례하는 수입과 함께 이 칭호를 주고, 상당한 연수 동안 봉직한 뒤에 시험 없이 이들을 만다린으로 임용한다. 일곱 번째 부류는 고관대작들의 자제들로 구성되는데, 이들은 이 기관에서 덕성, 예의범절, 그리고 인문과학을 배우고, 만다린이 될 나이가 될 때 황제는 이들을 이런저런 자리로 승진시킨다. 여덟 번째 부류는 우연적이고 특별한 부류다. 왜냐하면 황제가 황국의 숙녀 또는 '공주(Cum Chu)'라고 불리는 어떤 딸들이 있어 이 딸들을 결혼시킬 의사를 품을 때 북경에서 재능의 전망이 밝고 잘생긴 14-17세 사이의 여러 청년들을 만다린의 자제든 상인이나 빈민의 자제든 가리지 않고 선발하기 때문이다. 예부는 이들로부터 미모와 현명에서 가장 빼어난 청년들을 선발해서 이들을 황제에게 제시한다. 그러면 황제는 그의 마음에 가장 많이 드는 한 청년을 고르고, 나머지 모든 청년들에게 일정액의 돈과 한 필의 비단을 준 뒤 그들을 그들의 부모에게 돌려보낸다. 그러나 이렇게 하여 그의 사위 감으로 선택된 청년들에 관한 한, 그는 그들을 관리하는 예부의 만다린 한 명을 배치하고 그를 이 대학교에 보직하여 훈령을 받도록 한다. 이 대학교의 수장(국자감 좨주)은 4품관이고, 대학의 학생감들인 보좌관들은 5품관이다.[699]

다른 곳에서처럼 여기 감생 부류의 명칭을 알파벳으로 표기하는 데에서도 오류가 많지만, 마젤란은 국자감의 교육기능을 거의 무시하고 관리기능에만 초점을 맞춰 8부류의 감생만을 자세히 설명하고 있다.

그 다음, 마젤란은 백사百司를 규핵하고 원왕冤枉을 변명辨明하고 천자의 이목耳目으로 각급관리들을 감찰하는 풍기의 관청으로 기능하는 '도찰원'을 소개한다.

'도찰원(Tu Cha Yuen)'이라 불리는 기관을 구성하는 만다린들은 조정과 전 제국의 감찰어사들이다. 도찰원의 장관(좌·우도어사 - 인용자)은 육부의 상서와 지위에서 맞먹는다. 그도 2품관이다. 그의 첫째 보좌역은 3품관이고, 둘째 보좌역은 4품관이고, 굉장한 권한을 가진, 아주 수많은 나머지 모든 만다린은 7품관이다. 그들의 임무는 법과 미풍양속이 엄격하게 준수되고 집행되고 또 만다린들이 자기들의 기능을 정확하고 진실하게 수행하고,

699) Magaillans, *A New History of China* (1688), 219-221쪽.

또 백성들이 자기들의 의무를 다하도록 궁궐과 전 제국을 살피는 것이다. 경미한 잘못은 그들이 자기들의 기관에서 처벌하지만, 큰 위법은 황제에게 보고한다. 3년마다 그들은 14명의 감찰어사를, 즉 각 성에 한 명씩 어사를 내보내 일반적 감찰을 실시한다. 감찰어사들은 행성에 들어서자마다 총독이나 다른 상·하급 만다린들보다 더 높고, 이들을 아주 많은 위엄, 권위, 엄격으로 통제하여, 이들이 감찰어사들에게 느끼는 공포가 중국인들 사이의 "쥐가 고양이를 보았다"는 뜻의 "노서견묘老鼠見猫(Lao xu Kien mao)"라는 통상적 속담을 만들어냈다. 감찰어사들이 그들의 관직을 삭탈하고 그들의 인격을 파멸시킬 권한이 있는 점에서 그들이 감찰어사들을 그토록 무서워하는 것은 이유가 없지 않다. 감찰이 끝나면 감찰어사들은 만다린들이 그들에게 주는 40-50만 크라운 내외의 돈을 가지고 조정으로 돌아온다. 왜냐하면 죄가 있는 만다린들은 황제에게 고발당할까 두려워서 아주 아낌없이 출혈을 할 것이기 때문이다. 다른 만다린들은 더 짜지만 그래도 그들에 대한 고발거리를 지어내는 것을 방지하기 위해 준다. 귀경歸京하면 그들은 그들의 약탈품을 그들의 장관과 그의 보좌관들과 나누고 그 뒤에 이들과 황제에게 감찰보고를 제출한다. 일반적으로 그들은 불의와 폭정이 감출 수 없을 정도로 현저한 자나, 덕성과 빈곤 때문에 자기의 탐욕을 채울 수 없는 자들을 제외하고 아무 만다린도 탄핵하지 않는다. 이 감찰은 크고 일반적 감찰이라는 뜻의 '대찰大察(Ta Chai)'이라고 부른다. 제2기관은 중간규모의 감찰관이라는 뜻의 '중찰中察(Chum Chai)'이라고 부르는 두 번째 감찰어사단을 매년 구성한다.[700]

마젤란은 조정 안에 설치된 도찰원都察院의 기타 활동에 대해서도 자세히 소개하고 있다.[701] 그러나 관직명이나 기관명의 알파벳

700) Magaillans, *A New History of China* (1688), 221-223쪽.

표기는 인식하기 거의 불가능할 정도로 제멋대로다. 마젤란은 대리시·통정사·태상시·태부시·태의원·홍려시 등 부대附帶기관들에 대해서도 자세히 설명한다.702)

마젤란은 15개 행성의 지방 관료행정체제와 관직들에 대해서도 상설詳說한다.

> 15개 행성의 하나하나에는 나머지 모든 것을 감독하는 최고기관이 있다. 이 기관의 장관은 여러 다른 명칭과 더불어 *Tu Tam, Kiun Muen, Tu Yuen, Siun Fu*의 칭호를 달고 있었는데, 이 칭호들은 다 우리에게 있어 지방의 지사知事나 총독 이상의 것을 뜻하지 않는다.703)

행성의 민정을 담당하는 '포정사'는 번대藩台, 번사藩司, 목백牧伯, 번헌藩宪, 방백方伯 등 여러 별칭으로 불렸다. 그러나 마젤란이 소개하는 "*Tu Tam, Kiun Muen, Tu Yuen, Siun Fu*" 등의 별칭은 어디서 따온 음역인지 알 수 없다.

> 이 장관들은 황제가 그들을 행성으로 파견할 때 그들을 규제하고 싶은 대로 1품, 2품, 3품이다. 그들은 전평시의 전체적 통치를 위임받고, 민정과 형정에서의 전全 민군民軍업무에 대한 관할권을 위임받았다. 그들은 황제와 육부에 모든 중요한 국사를 보고한다. 다른 한편으로 황제의 칙령과 급전急傳은 육부의 극서들과 더불어 이 기관(布政司)을 향하고, 행성의 모든 만다린은 모든 중요한 업무에서 이 기관을 자주 드나들어야 한

---

701) Magaillans, *A New History of China* (1688), 224-228쪽.

702) Magaillans, *A New History of China* (1688), 228-240쪽.

703) Magaillans, *A New History of China* (1688), 241쪽.

다.[704]

명대 홍무 연간에 포정사는 정2품으로 보임되었다가 정3품으로 강등되었고, 다시 종2품으로 승급되었다. 그러다가 건문 연간에는 정2품으로 돌아갔고, 제3대 영락제 이후에는 줄곧 종2품으로 보임되었다. 청대에도 포정사는 줄곧 종2품이었다. 그러나 명·청대 포정사는 정·종1품인 적이 없었다. 하지만 마젤란은 "이 장관들은 황제가 그들을 행성으로 파견할 때 그들을 규제하고 싶은 대로 1품, 2품, 3품이다"라고 잘못 기술하고 있다.

마젤란은 정해지지 않은 권한으로 두서너 개의 행성을 다스린 '총독'과 행성의 군무를 담당한 '총병總兵'에 대해 기술한다.

> 두서너 개의 행성을 다스리는 다른 총독들이 있는데, 이들은 광동廣東과 광서廣西(Quam Tum and Quam Si) 성의 총독이라는 뜻의 '양광총독兩廣總督(Leam Quam Tsum To)'처럼 '총독總督(Tsum To)'이라 불린다. 광동은 동쪽으로 뻗는 행성을 뜻하고, 광서는 서쪽으로 뻗는 행성을 뜻한다. 중국에는 총독과 같은 다른 관직이 타타르와 접경하는 행성들이나 다른 중요한 다른 지역에 배치되어 있다. 총독 외에도 모든 행성에 감찰(Ngan Tai) 또는 감원監員(Ngan Yuen)이라고 부르는 (...) 감찰어사가 있다. 마지막으로 총병總兵(Tsum pim)이라 불리는 세 번째 상당한 관원이 존재한다. 총병은 행성의 모든 군사력을 지휘하는 1품관이다. 행성들의 행정기관의 이 세 장관은 예하에 여러 하급 만다린들을 거느리는데, 이 만다린들은 업무의 신속처리를 돕는다. 그리고 이 세 총괄기관이 성도省都에 관청을 두고 있어도 그들은 언제나 그곳에 주재하기만 하는 것이 아니라, 업무의 필요에 따라

704) Magaillans, *A New History of China* (1688), 241쪽.

이곳에서 저곳으로 순회를 한다.705)

마젤란은 "총독"과 "총병"에 이어 민정을 총괄하는 "포정사布政使"와 "포정사布政司", 그리고 '안찰사按察使'와 '안찰사按察司'를 설명한다.

성도마다 행성의 통치 전반을 담당하는 두 기관을 가지고 있다. 한 기관은 민정이고, 다른 기관은 형사刑事 사법행정이다. 먼저의 기관은 포정사布政司이고, 그 장관은 정2품관이다. 이 기관에 속한 관청건물은 조정에 있는 관철건물처럼 두 측면, 즉 먼저의 기관(布政司)에 비해 낮지 않지만 이 기관을 지원하는 보좌기구인 두 개의 다른 기관들을 포함하고 있다. 왼쪽에는 가장 유력한 기관으로 '참정(Tsan chim)'이라 불렀고, 2인의 차관이 있고, 이 차관은 둘 다 종3품관이다. 오른쪽의 다른 기관은 '참의(Tsan y)'라고 불린다. 그 기관의 차관들은 둘 다 대등하고 종4품관이다. 이 세 기관 모두에 수령관守令官(?, Xeu lien quen)'이라 불린 굉장한 수의 만다린이 딸린다. 이들의 직무는 모든 민사를 결정하고 행성의 세수를 출납하는 것이다. 형사사법기관은 안찰사按察司(Nghan cha su,)라 불렸다. 3품의 장관(按察使)은 보좌진이 없으나 두 부류의 만다린을 자기 아래 두었다.706)

마젤란은 이 안찰사의 관직구조도 상론한다.707) 그리고 나머지 지방행정기구와 군軍조직에 대해서도 시시콜콜하게 느껴지리만치 자세히 기술한다.708) 중국 관료체제에 대한 마젤란의 보고는 여기

705) Magaillans, *A New History of China* (1688), 241-242쪽.

706) Magaillans, *A New History of China* (1688), 242-243쪽.

707) Magaillans, *A New History of China* (1688), 243-244쪽.

서 일일이 다 옮겨 놓을 수 없다. 다만 그의 보고는 중국 관료제에 대한 선교사들의 보고 중에 가장 상세한 보고라고 여길 만하다는 평가는 덧붙여야 할 것이다.

1688년에 이미 이렇게 시시콜콜할 정도로 자세하게 중국 관료제가 유럽에 전해졌기 때문에 이에 무지한 막스 베버가 관료제를 유럽 고유의 소산이라고 주장하는 것은 언어도단인 것이다. 중국 관료제에 대한 르콩트의 1696년 보도나 뒤알드의 1835년 보고도 못지않게 자세하다.

■ 르콩트의 중국 관료제(1696)

르콩트는 주로 수사적修辭的으로 무제한적인 황제권력을 제한하고 규제하는 간언제도와 실록청, 그리고 이부吏部와 사법행정 등 관료체제에 초점을 맞춰 보고한다. 일단 그는 간언제도를 황제권력을 제한하여 황제를 감정이 아니라 정의에 의해 다스리도록 만드는 세 가지 장치 중 두 번째로 상론한다.

> (...) 모든 만다린은 황제에게 마땅히 바쳐져야 할 그런 경의와 깊은 존경에 부합되는 공손한 방식이라면 황제에게 그의 잘못에 대해 말해도 된다. 이것은 그들이 통상적으로 그것을 하기 위해 택하는 방식이다. 황제의 통치에서 조술헌장祖述憲章에 맞지 않는 것을 어떤 것이든 감지하는 만다린은 그가 황제폐하에 대해 품고 있는 존경을 표한 뒤에 그가 지극히 겸손하고 그의 황제에게 그가 기꺼이 저 성군聖君인 선왕들의 유구한 법과 훌륭한 본보기에 대해 성찰하기를 기원하고 그 뒤에 그의 군주가 어느 대목에서 이 법과 본보기로부터 일탈했다고 그가 염려하는지에 대해 유

708) Magaillans, *A New History of China* (1688), 243-250쪽.

의하게 하는 상소문을 작성한다. 이 상소문은 매일 제출되는 다른 많은 청원서 사이에 끼어 책상 위에 놓인다. 황제는 이것을 읽어야 한다. 그는 이것에 따라 그의 품행을 바꾸지 않는다면 만다린이 그것을 할 열성과 용기를 가진 만큼 종종 다시 염두에 두도록 만들어진다. 왜냐하면 감히 이와 같이 그들의 군주의 격노에 자신을 노정하는 모험을 하는 만다린들은 많은 용기와 열성, 이 양자를 필요로 하기 때문이다.709)

르콩트는 그가 북경에 도착하기 직전에 조정에서 있었던 간언사건을 예로 들어 간언의 효과를 입증한다. 황국에서 수학을 감독하는 관직을 가진 관리가 자기의 업무를 넘어 당시 무예에 한정된 왕자교육을 시정할 것을 청하는 간언을 했고, 이 때문에 그는 삭탈관직되었다. 이에 관여하지 않은 다른 동료 관리들은 1년 봉급의 지급이 정지되었다. 그러나 르콩트는 이 간언제도가 비록 간언자에게 종종 불리하고 위험할지라도 중국에서 오랫동안 시행된 제도이고 황제의 잘못을 시정하는 것으로는 이 간언보다 강력한 것은 없다고 증언한다.710)

르콩트는 실록實錄제도를 황제를 감정이 아니라 정의에 의해 다스리도록 만드는 세 번째 장치로 언급한다.

(...) 군주가 자기의 명성을 조금이라도 중시한다면 그의 역사를 쓰는 방법은 그것만으로 군주를 경계 안에 붙들어 두기에 충분하다. 학식과 불편부당한 공정성 때문에 이 일에 선발된 일정한 수의 사람들이 군주의 행동만이 아니라 그의 말도 가능한 모든 정확성으로 논평한다. 이 사람들은 각자

709) LeCompte, *Memoirs and Observations*, 243쪽.

710) LeCompte, *Memoirs and Observations*, 254-255쪽.

홀로 타인들과 의사소통 없이 사건들이 벌어지는 대로 그것들을 엉성한 종이에 적어서 이 종이(史草)들을 틈새를 통해 이 목적으로 별도로 만들어진 사무실 속으로 집어넣는다. 이 종이에는 황제의 덕성과 잘못들이 동일한 자유와 공평성으로 적혀 있다. 그들은 말한다. "이런 날 군주의 행동은 부적절하고 무절제했고, 황제의 품위에 어울리지 않는 방식으로 말했다. 그가 이런 관리에 과한 처벌은 오히려 정의의 결과 아니라 감정의 결과였다 (...)" 그리고 이런 방식으로 그들은 황제의 행정에서 발생하는 모든 것을 적는다.[711]

르콩트는 이 실록제도의 운영지침과 사관들의 특권에 대해서도 놓치지 않고 언급한다.

그러나 한편으로 공포가, 다른 한편으로 희망이 이 사람들을 군주에 대한 평가보고에서 편파성으로 편향시키지 않도록 이 사무실은 그 군주의 생애 동안, 또는 그의 가족 중 누군가가 보위에 앉아 있는 동안 열리지 않는다. 왕권이 다른 계통으로 갈 때, 이런 일은 종종 일어나는 것인데, 이 모든 헐거운 비망록들은 모아진다. 그들은 진실의 보다 확실한 지식을 얻기 위해 그것들을 비교한 뒤에, 황제가 지혜롭게 행동했다면 후세에게 본보기로 그를 제시하기 위해, 또는 황제가 자기의 의무와 백성의 복리를 게을리하고 이 황제를 백성의 공통된 비난과 악평에 노정시키기 위해 그것들로부터 그 황제의 역사를 작성한다. 군주가 영예와 영광을 좋아하고 백성들이 그에게 이것들을 주도록 백성을 설득하는 것이 아첨과 협잡에 달려 있는 것이 아니라는 것을 알 때 그는 재위기간 동안 내내 그가 어떻게 행동할지에 대해 주의 깊고 조심스러울 것이다.[712]

711) LeCompte, *Memoirs and Observations*, 255-256쪽.

관료제는 법규에 입각한 통치이기 때문에 바로 법치주의 없이는 그것의 성립도, 운영도, 유지도 불가능하다. 르콩트는 이런 관료제의 버팀목인 황제의 법치주의를 보위유지에 대한 그의 "이익"과 황제의 무법·무도에 대한 국민의 혁명적 불관용 정신에서 도출한다.

명성에 대한 애호심보다 훨씬 더 강한 명령권을 가진 이익은 황제를 유구한 관습에 의해 행동하고 법률을 준수하도록 만드는 명성만큼 큰 동기다. 이 관습과 법률들은 아주 전적으로 황제의 이익을 위해 만들어져 있어서 황제가 이것들을 위반하면 반드시 자기의 권위에 상당한 손상을 입히게 된다. 더욱이 그는 새롭고 이상한 법률을 만들면 반드시 그의 왕국을 변동과 혼란의 위험에 노정시키게 된다. 그의 조정 또는 의회(조정회의 - 인용자)의 고관들이 유구한 관습을 아무리 열성적으로 주장하는 것처럼 보일지라도 쉽사리 반항을 하거나 황제의 통치를 황제의 권위를 감소시키는 기회로 활용하도록 유발된다. 역사에 이것과 관련된 사례들이 얼마간 존재할지라도 그런 일들은 좀처럼 발생하지 않고, 그것들이 발생할 때는 언제든 큰길로 그것들의 정당화를 향해 가는 것처럼 보이는 상황이 펼쳐진다. 그러나 중국인들의 성정은 황제가 폭력과 감정에 싸여있거나 그의 책무를 아주 소홀히 할을 때 그의 신민들도 동일한 도착성의 정신에 사로잡힌다. 모든 관료(mandarin)들은 상위권력에 의해 보살핌을 받는다고 느끼지 않을 때 자기들을 그의 행성이나 성도의 주권자로 생각한다. 주요 장관들은 벼슬자리에 앉으면 안 될 사람들에게 벼슬자리를 판다. 지방관들은 그 수만큼 많은 폭군들이 된다. 통치자들은 정의의 규칙을 더 이상 준수하지 않는다. 백성들은 이런 수단들로 억압당하고 발아래 짓밟히고 결과적으로 비참한 백성은 쉽사리 동요하여 반란에 떨쳐 나선다. 무뢰한들은

712) LeCompte, *Memoirs and Observations*, 256쪽.

늘어나고 떼로 무도한 짓을 저지른다. 백성이 거의 셀 수 없을 정도로 많은 지방에서는 수많은 군대가 순식간에 모여 그럴듯한 구실로 공공의 평화와 평온을 어지럽힐 기회만을 기다린다. 이것들과 같은 발단들은 치명적 결과를 일으켰고, 종종 중국을 새로운 주군의 지휘권 아래 옮겨 놓았다. 그리하여 황제가 황위에 자기의 자리를 확립하는 가장 좋고 가장 확실한 길은 4000여년의 경험에 의해 탁월함이 확증된 저 법률들에 대해 정확한 존중과 완전한 복종을 바치는 것이다. 이것은 법이 명하는 통치의 통상적 형태다.[713)]

"법이 명하는 통치"는 곧 법치주의를 말한다. 훗날 데이비드 흄도 활용하게 되는[714)] 이 기술에서 르콩트는 중국인민의 혁명성과 황제의 불가피한 법치주의를 교묘한 방식으로 결합시키고 있다. 그리고 이어서 르콩트는 청대정부의 의정왕대신회의議政王大臣會議, 내각, 육부를 연달아 설명한다.

황제는 두 개의 주권적 국무원을 가지고 있다. 하나는 특별회의체(*Extraodrdinary Council*)'인데(의정왕대신회 - 인용자), 이것은 친왕들로만 구성되어있다. '정규회의체(*Council in Ordinary*)'라고 불리는 다른 하나(내각 - 인용자)는 친왕들을 제외하고 입각한 '각로(*Colaos*)'라고 이름 붙여진 여러 명의 국무대신들을 포함한다. 각로들은 국사를 정밀 검토하고 결재를 받기 위해 황제에게 보고서를 만들어 올리는 사람들이다. 이것들 외에 북경에는 육부가 있는데, 육부의 권위는 중국의 모든 행성들을 지배한다. 이 육부의

---

713) LeCompte, *Memoirs and Observations*, 256-257쪽.

714) David Hume, "Of the Rise and Progress of the Arts and Science" [1742], 66쪽 각주c. David Hume, *Political Essays* (Cambridge: Cambridge University Press, 1994·2006).

각부는 각자 심리하는, 배정된 상이한 업무들이 있고, 각부의 명칭과 그들의 판단에 위임된 것은 다음과 같다.[715]

이어서 르콩트는 육부六部의 각부를 "이부吏部(Liipou)"부터 하나씩 약술한다.

'이부'라 불리는 기관은 모든 만다린들을 관리하고 그들에게 관직을 주고 빼앗고 한다. 호부라 불리는 기관은 재무를 관장하고 수세收稅를 담당한다. 예부라 불리는 기관은 유구한 관습을 관장한다. 종교, 과학과 예술, 외교업무에 대한 관장도 이 기관에 위임되어 있다. 병부라 불리는 기관은 병졸들과 그 장교들을 책임진다. 형부라 불리는 기관은 모든 범죄자들을 심리한다. 공부라 불리는 기관은 모든 공공건물과 황제의 궁택과 궁궐을 관리한다. 이 기관들의 각자는 여러 관직들로 분과되어 있고, 그것들 중 몇 기관은 15개과로 나뉘어 있다. 이 관직들의 수장은 그 기관이 인지하는 저 일들을 최종 감독하는 장관과 두 보좌관에 의해 관리된다. 나머지는 하급관리들이고 한 명의 수장과 여러 명의 자문관들로 구성되어 있는데, 이들 모두는 주요관직의 장관에 복속되고, 이 장관의 결정은 최종적이다.[716]

르콩트는 일찍이 홍무제에 의해 권력의 옹폐壅蔽를 막기 위해 수립되어 청대에도 계승된 중국정부의 권력분립(육부와 군조직의 권력분립)과 '견제와 균형'의 원리에 대해 설명한다.

715) LeCompte, *Memoirs and Observations,* 257-258쪽.

716) LeCompte, *Memoirs and Observations,* 258쪽.

그러나 이 기관들과 같은 유력한 기구들을, 황제의 권위를 약화시키거나 국가에 대해 반역 같은 짓을 감행하는 권력이 그들의 손안에 들어가지 않을 만큼 저 아래에 있도록 유지하는 것이 황제의 이익이기 때문에, 이 육부의 각부가 독자적 판단관으로 관장하는 별도의 책무를 가질지라도 어떤 유의미한 일도 이 육부 전체의 합동지원과 상호협력 없이 완성과 성숙에 이를 수 없도록 짜여있다. 나는 전쟁의 예로 친히 이것을 설명하겠다. 부대의 수, 부대 장교들의 자질, 군의 행군은 제4부(병부)에서 결정하지만, 이들에게 녹을 지불하는 돈은 제2기관(호부)로부터 받아와야 한다. 그리하여 거의 국가에 중요한 어떤 일도 여러 만다린, 또는 종종 모든 만다린의 감독 없이 추진될 수 없게 된다.[717]

르콩트는 관료들을 적절한 수준으로 관리하는 황제의 두 번째 수단으로 과도관科道官 제도(육과급사중과 도찰원)를 소개한다.

이 목적을 위해 황제가 사용하는 두 번째 수단은 육부의 모든 업무처리를 눈으로 감시하는 관리를 각부에 배치하는 것이다. 이 관리는 사실 그 각부에 속하는 관원이 아니지만 각부의 모든 집회에 동석하고 그들의 모든 업무처리에 대해 보고받는다. 우리는 이 관리를 감독관이라고 부를 수 있다. 감독관은 비밀리에 조정에 알리든가, 아니면 자기들의 직무 수행에나 사적 범위 안에서 잘못을 저지른 만다린들을 공개리에 고발한다. 감독관은 아무것도 그의 주목을 피하지 못하도록 그들의 행동과 품행, 심지어 언행까지도 관찰한다. 한번 이 임무를 맡는 감독관은 다른 임무를 위해 그것을 결코 그만두지 않고 그리하여 보다 나은 승진의 희망 때문에 유혹당해 누구에게도 편파적이 되는 일이 없고, 더욱이 그의 벼슬자리를 잃을

---

717) LeCompte, *Memoirs and Observations,* 258-259쪽.

두려움 때문에 놀라서 비행을 저지르는 사람들을 고발하지 않는 일이 없다고 나는 들었다. Coli들이라 부르는 이 관리들에 대해서는 황족의 친왕들도 무서워한다. 그리고 나는 고관 중의 한 사람이 중국의 관습이 허용하는 것보다 조금 더 높은 집을 지었다가 이 감독관들 중 한 관원이 그를 고발할 것이라는 말을 들었을 때 수일 만에 그것을 헐었던 일을 기억한다.718)

여기서 르콩트가 "Coli"로 음역한 관원은 세메도가 "Quoli"로 음역한 감독관과 동일한 관원일 수 있다. 그러나 이들이 '육과급사중'이나 '감찰어사'인지, 아니면 비밀정보기관 '동창'과 '서창'의 요원인지 알 수 없다.

그리고 르콩트는 지방의 관료체제에 대해서도 간명하게, 그리고 나름대로 자세하게 기술한다. 그는 일단 포정사와 총독의 상이한 임무를 설명한다.

지방의 행성行省들에 관한 한, 이 행성들은 두 종류의 통치자의 직접적 관리 아래 놓여있다. 한 유형은 한 행성의 통치권만을 가졌다. 그리하여, 북경, 광동이나 남경, 또는 행성의 성도로부터 약간 떨어진 어떤 다른 도읍에 한 명의 통치자(포정사)가 있다. 이 통치자 외에 이 행성들은 총독(Tsounto)이라 불리는 다른 통치자들의 통치 아래 들어있다. 이들은 두세 개 행성, 또는 때에 따라 네 개의 행성을 관할한다. 유럽에는 이 총괄 관원들의 관할권만큼 넓은 영역을 다스리는 군주는 아무도 없다. 하지만 그들의 권위가 아무리 클지라도 그들은 결코 개별적 통치자들의 권위를 축소시키지 않는다. 이 두 유형의 통치자들 중 각각은 그 행정에서 충돌하거나

718) LeCompte, *Memoirs and Observations,* 259쪽. 괄호는 인용자.

다투지 않도록 잘 정해지고 조정된 개별적 권리를 가지고 있다.[719]

르콩트는 1개 행성의 민정을 다스리는 '포정사'와 두서너 개의 행성의 통치를 감동하는 '총독'의 상이한 기능을 간명하게 설명하고 있다.

이 통치자들은 모두 그들의 여러 관할권 속에 이미 기술된 북경의 그 기관들과 동일한 성질의 많은 기관들을 포괄하지만, 이 북경의 기관들에 복속되고 그리하여 이 기관들의 결정은 최종적이다. 이들 외에 업무를 준비하거나 위임의 범위에 입각하여 종결짓기 위해 여러 다른 하급관리들이 존재한다. 각각 자기 나름의 통치권을 가진 세 종류의 도읍과, 사법을 관장하는 아주 큰 수의 만다린들이 있다. 이런 도읍들 사이에는 제2유형 또는 제2서열의 도읍이 제1유형의 도읍에 복속되듯이 제3유형이나 제3지위의 도읍도 제2유형의 도읍에 종속되는 차이가 있다. 제1서열의 도읍들은 사물의 본성이 요구하는 것에 따라 성도省都의 총괄 관리들의 관할권에 복속되고, 모든 판관들이 그들의 임무가 민정에 속하는 것이더라도 황제의 권위를 가진 통치자(포정사)에 종속된다. 이 통치자는 치자·지사와 심지어 하급관리들의 좋거나 나쁜 자질을 심사하기 위해 때때로 그의 행성의 주요 만다린들을 소집한다. 그는 누가 잘못 행동하는지, 그러므로 누가 삭탈관직이 되는지, 아니면 누가 법정에 출두해야 하여 자기의 정당화를 위해 의견을 개진해야 하는지를 황제에게 알리기 위해 조정에 기밀 속달공문을 보낸다.[720]

---

719) LeCompte, *Memoirs and Observations,* 259-260쪽.

720) LeCompte, *Memoirs and Observations,* 260쪽.

르콩트는 주변의 고위관리, 행성의 주민 등 지방장관(포정사)에 대한 견제장치들에 대해서도 기술한다.

> 다른 한편, 지방장관의 권력은 그 주변에 근무하면서 그를 공공복리를 위해 필요하다고 확신할 때 그를 고발할 큰 만다린들의 권력에 의해 견제된다. 그러나 원칙적으로 그를 망보는 것은 백성이 지방장관이 악을 저지르라고 부탁하거나 억압할 때 그의 제거를 황제에게 직접 상소할 수 있다는 것이고, 또 다른 사람을 그들에게 보내는 명령이 있을 수 있다는 것이다. 3일만 계속되더라도 그가 위험을 무릅쓰고 책임져야 하는 지극히 작은 반란이나 소요가 그의 문 앞에 닥치게 된다. 법률은 소요가 그의 가정 안에서, 즉 그가 책임을 맡은 행성 안에서 발생한다면 그것은 그의 잘못이라고 말한다. 그는 백성들이 자기 아래의 만다린들의 나쁜 관리에 의해 당하지 않도록 그들의 품행을 규제해야 한다. 백성들이 그들의 주군들을 좋아할 때, 그들은 그들을 바꾸고 싶지 않다. 멍에가 힘들지 않을 때 그것을 매는 것은 하나의 기쁨이다.[721]

르콩트도 황제에 대한 백성의 상소를 좌절시키는 중국 정계의 부패상도 지적하고 이에 대항하는 황제의 다른 정보수집 계책인 암행어사제도를 소개한다. "그러나 사인들이 쉽게 조정에 도착할 수 없기 때문에, 그리고 백성의 정당한 하소연이 (특히 치자들이 쉽사리 뇌물로 총괄 관리들을 부패시키고 총괄 관리들이 내각을 부패시키는 중국에서) 언제나 군주의 귀에 닿을 수는 없기 때문에, 황제는 비밀 스파이들(암행어사들 - 인용자), 즉 알려진 지혜와 명성의 인물들을 위아래로 확산시킨다. 이들은 모든 행성에서 교묘한 경영으로 만다

---

721) LeCompte, *Memoirs and Observations*, 261쪽.

린들이 직무수행에서 어떤 식으로 행동하는지에 대해 지방사람, 상인, 또는 다른 사람들로부터 정보를 수집한다. 사적이지만 확실한 정보로부터 얻었을 때, 또는 오히려 거의 우리들을 속이지 않는 공적 목소리에 의해 어떤 소요를 알게 될 때, 그들은 황제로부터 위임받은 황명을 고백하고 그 범죄적 만다린들을 체포하여 심판한다. 그러므로 이것이 그 모든 판관들을 그들의 책무에 달라붙어 있도록 만드는 것이다. 그러나 만주족(타타르족)들이 중국의 주인이 된 이래 이 관리(암행어사)들은 옆으로 제거되었다. 그들의 몇몇이 위임받은 황명을 악용하여 죄인의 잘못을 감춰주기 위해 죄인의 돈을 받고 범죄자로 고발한다고 위협한 결백한 무죄인의 돈을 받고 치부한 까닭이다. 그럼에도 행정관들을 그들의 책무에 묶어두는 그토록 유용한 수단이 완전히 없어지지 않도록 자기 신민들에 대한 온정적 애민정신을 가진 황제 자신이 각 행성을 친히 방문하여 백성의 하소연을 직접 듣는 것을 자기의 의무로 생각했다. 그런 황제는 이것을 그를 만다린들의 공포요, 백성의 기쁨으로 만들 만큼의 근면으로 수행한다."[722]

그리고 르콩트는 황제가 친히 수행하는 암행감사의 사례들 한 사례도 자세히 소개한다.

> 그들은 보고한다. 그의 이런 암행 동안에 그에게 벌어진 아주 다양한 사건들 가운데, 황제는 언젠가 그의 수행원들로부터 분리되었을 때 비통하게 우는 노인을 보고 그에게 눈물을 흘리는 까닭이 무엇인지를 물었다. 그가 누구와 얘기하는지 모르는 그 노인은 말했다. "선생님, 나는 내 인생의 위안이고 온 가족의 보살핌이 집중된 외아들이 있었는데, 한 만주족 만다

722) LeCompte, *Memoirs and Observations,* 261-262쪽.

린이 나로부터 그 아들을 빼앗아 갔습니다. 이것이 나를 현재 절망시켰고 내가 살아있는 동안 나를 그렇게 만들 것입니다. 이토록 가난하고 이토록 친구도 없는 내가 어떻게 그 큰 사람에게 내게 반환을 하라고 강요할 수 있겠습니까?" 황제는 "그것은 당신이 상상하듯이 그렇게 어려운 일이 아니다"고 말했다. "내 뒤에서 일어나서 나를 당신에게 이런 잘못을 저지른 그 사람의 집으로 내리고 가시오." 그 착한 사람은 아무런 의례도 없이 응했고 두 시간 뒤에 그들은 둘 다 이토록 특별한 방문을 거의 기대하지 못한 그 만다린의 집에 도착했다. 그 동안 경호대와 큰 군집의 대관들은 아주 많이 찾은 뒤에 거기로 왔다. 그들 중 어떤 이들은 밖에서 시중들고, 다른 이들은 황제를 여기로 데리고 온 일이 무엇인 줄을 모르고 황제와 함께 들어갔다. 거기서 황제는 그가 고발당한 폭력행위로 그 만다린을 유죄로 선언하고 현장에서 그에게 사형선고를 내렸다. 그러고 나서 아들일 잃은 그 괴로운 아버지를 돌아보고 엄숙하고 진지한 태도로 이렇게 말한다. "당신의 상실에 대해 당신에게 충분히 보상하기 위해 나는 방금 죽은 범죄자의 관직을 당신에게 주노라. 그러나 그것을 공평하게 수행하도록 애쓰시오. 그리고 당신이 이번에 거꾸로 타인들에게 본보기가 되면 안 되니까 그의 범죄만이 아니라 그의 처벌이 당신의 이익으로 입증되게 하시오."[723]

중앙과 지방의 관료체제에 대한 이러한 기술에 이어 르콩트는 중국 관료제의 한 본질적 특징이자 근대 관료제의 본질적 특징인 "취사取士", 즉 실력 있는 전문가를 시험으로 선발하는 관리임용제도로서의 과거제를 다룬다.

르콩트는 과거제의 기술에서 불가피하게 과거제와 직결된 학교

723) LeCompte, *Memoirs and Observations,* 262-263쪽.

제도까지 포함하여 관료임용고시인 과거제 및 인사고과제를 설명한다. 그는 이것을 중국정치의 네 번째 준칙으로 설명하고 있다.

> 정치의 제4 준칙은 어떤 관직자리도 결코 매관매직하는 것이 아니라, 그것을 언제나 공적(성적)에 근거해 수여하는 것이다. 즉, 훌륭한 삶을 살고 부지런한 공부로 나라의 법과 관습에 정통하게 된 사람들에게 수여한다. 이 목적을 위해 후보의 삶과 예절에 관한 정보가 공시되는데, 만다린이 하위관직에서 상위관직으로 승진할 때, 특히 그렇다. 그들이 법률을 이해하는 것에 관한 한, 그들은 그것에 관한 아주 많은 시험과 실험을 겪어서, 무식한 자가 이해할 것이라고 생각되는 것은 불가능할 정도이고, 그들이 취하는 조치들은 그토록 가혹하다.[724]

르콩트는 관료제의 본질적 특징에 속하는 관직임용의 능력시험으로 뽑는 '취시取士원칙'을 확인하면서 특별히 매관매직의 부재를 강조하고 있다. 이것은 당시 프랑스나 영국에서 왕의 행정적·사법적 관리들이 정실주의와 매관매직에 의해 임용되었다는 것을 암시한다. 17세기 중후반 유럽제국은 영국과 프랑스를 비롯하여 중국의 중앙집권제를 모방해 봉건영주(대귀족)의 재판권·행정권·군권軍權을 폐지하거나 약화시키면서 이 행정·조세·사법권과 군권을 중앙에 집중시키고 중앙집권화를 추진하던 중이었다. 이때 영국과 프랑스의 왕들은 이에 따른 행정을 위해 필요한 자신의 관리들을 매관매직으로 임용해 봉건귀족들에 맞서기 위해 크고 작은 작위를 주어 귀족으로 임명했다. 이것이 바로 법복귀족이었다.

724) LeCompte, *Memoirs and Observations,* 280쪽.

르콩트는 전문관료를 능력시험으로 취사取士하는 과거제를 위해 필수적인 학교를 먼저 언급하고 시험을 설명한다.

그들은 자식을 배움을 위해 떼어놓기로 결심하면 한 사부에게 맡긴다. 왜냐하면 중국의 읍면에는 읽고 쓰는 것을 가르치는 학교로 가득하기 때문이다. 읽고 쓰기를 배우는 것은 상당한 연수年數를 요할 것이다. 이 점에서 꽤나 좋은 향상을 보인 청소년은 시험을 치르도록 하위품계의 만다린에게 출두시킨다. 그의 필체가 좋고 한자를 멋있게 쓴다면 그는 서책의 지식에 열중해서 학위를 획득하기 위해 애쓰는 사람들 사이에 받아들여진다. 학위는 우리의 학사·석사·박사에 상응하는 세 종류가 있다. 중국인들의 인생운이 완전히 그들의 역량과 지력(Capacity and Understanding)에 달려 있는 만큼, 그들은 온 삶을 공부에 쏟아 붓는다. 그들은 경이로울 정도로 민첩하게 모든 경전들을 다 외우고, 법률에 관해 논평을 한다. 논술, 능변, 그들의 고대 박사들과 현대 박사들의 우아함과 예의범절에 대한 모방과 지식은 여섯 살부터 예순 살까지 그들의 항업恒業이다. 어떤 사람들에게 있어서는 재능의 신속성과 준비성은 그들에게 아주 많은 노고를 덜어준다. 왜냐하면 어떤 사람들은 다른 사람들이 겨우 개발새발 쓸 수 있는 나이에 박사가 되었기 때문이다. 그러나 이들은 중국인들 사이에서 한 시대에 하나가 나올까 말까한 영웅들이다.[725]

르콩트는 중국의 학교와 과거제 간의 연관성을 비교적 정확하게 짚고 있다. 그러면서 그는 과거시험의 운영을 그 엄격함과 어려움과 함께 상설詳說한다.

---

725) LeCompte, *Memoirs and Observations,* 280-281쪽.

시험은 엄격하고, 문학석사는 행성의 주요 만다린들에 의해 수여된다. 학사는 조정에서 온 고시관에 의해 지원받는 그 만다린들에 의해 수여된다. 박사에 관한 한, 그들은 북경에서만 그것을 수여한다. 그러나 이 학위를 받을 만한 몇몇 사람들이 그렇게 비싼 여정을 감당할 돈이 없기 때문에, 그것에 필요한 것은 국가에 유용하고 유익한 것으로 입증될 수 있는 사람들이 빈곤 때문에 국가에 대한 봉사의 기회를 박탈당하지 않도록 그들에게 무상으로 하사된다.726)

여기서 르콩트는 학사 자리에 석사를 놓고 석사 자리에 학사를 놓는 실수를 범하고 있다.

만인의 자격이나 지위는 논술문을 작성하거나 짜낼 능력으로부터 취해진다. 이 목적을 위해 후보들은 책도 없고, 글을 쓰는 데 필요한 것 외에 어떤 다른 종이도 없이 잠긴 방 안에 갇힌다. 그들이 모든 통신방식을 금지당한 시간 내내 문에는 만다린 수비병들이 배치되고, 이 수비병들의 충직성은 어떤 뇌물로도 부패시킬 수 없다. 제2차 시험은 훨씬 더 엄격하다. 왜냐하면 조정에서 파견된 고시관 자신이 정실(favour)이나 물욕에 경사되지 않을까 해서 그는 시험이 끝날 때까지 어떤 사람과도 만나거나 이야기하는 것이 용납되지 않기 때문이다.727)

르콩트는 황제 임석리에 거행되는 박사시험과 박사학위 수여를 설명한다. "박사 수여에는 종종 황제가 참석한다. 현現 황제(강희제 - 인용자)는 응시자들이 황제의 엄정성과 준엄한 정의 때문만이 아니

726) LeCompte, *Memoirs and Observations,* 281쪽.

727) LeCompte, *Memoirs and Observations,* 281쪽.

라 이런 성질의 어떤 일이든 판단하는 그의 특별한 능력 때문에 난제를 내는 어떤 시험관보다 더 두려워한다. 명사들이 거명될 때, 그들은 황제 앞에 출두한다. 이들 중 세 명의 우수자에게 그는 이들을 나머지와 구별하기 위해 화환이나 어떤 영예의 표장을 하사한다. 황제는 그들 중 몇몇을 뽑아 왕립학술원(한림원)의 멤버로 삼는다. 그들은 제국 안에서 가장 고귀한 평가와 신뢰의 자리로 보임되는 경우가 아니라면 이 한림원으로부터 결코 옮기지 않는다. 그들은 박사로서 친지와 친구들로부터 받는 굉장한 수의 선물들 덕택에 빈곤해지지 않는다. 그들 모두는 황제의 우의를 상당한 이점으로 만들기를 바란다. 그러나 높은 박사학위 수여가 그들을 게으르게 만들어 서재에 해이하게 앉아있지 않도록 그들은 여전히 여러 시험을 치른다. 그들은 이 시험에서 게을렀던 것으로 나타난다면 확실히 가혹성과 비난을 맛볼 것이다. 반면, 그들이 여전히 그들의 공부를 진척·향상시켰다면 합당한 고무와 포상을 맛볼 것이다."728)

이어서 르콩트는 과거시험이 중국의 문화발달에 끼치는 긍정적 영향을 이렇게 평가한다.

(첫째) 적잖은 공공복리가 이 정치원칙의 덕택이다. 게으름과 나태가 반드시 부패시킬 청소년들이 이 항업(과거준비용 학습과 과거시험)에 의해 나쁜 행로부터 벗어나고 그들의 해이한 성향을 추종하기에 충분한 시간을 가지지 못한다. 둘째, 공부는 그들의 지혜를 형성하고 광낸다. 학문과 문학에 결코 입문하지 않는 사람들은 언제나 우둔하고 어리석을 것이다. 셋째, 모든 관직은 능력 있는 사람들로 채워지고, 관리들의 탐욕과 부패한 편애

728) LeCompte, *Memoirs and Observations*, 282쪽.

로부터 생기는 그 불의를 방지할 수 없더라도, 최소한 그들은 무지와 부도덕성에서 생기는 것을 저지하려고 애쓸 것이다. 넷째, 벼슬자리가 주어진 뒤, 황제는 더 큰 정의正義로써 무자격하다고 판단하는 저 관리들을 추방할 것이다. 우리는 진정으로 모든 위반자를 처벌해야 한다. 그러나, 마치 벼슬자리가 오직 증여로만 배치되는 것인 양, 벼슬자리를 주는 군주가 어떤 잡음도 없이 쉽게 그 자리를 이 사람에게서 빼앗아 저 사람에게 줄 수 있을 때, 삭탈관직이 전 재산을 관직을 사는 데 쏟아 부은 가족을 파멸시킨다면 지력이나 열성의 부족으로 그의 관직을 태만히 하고 너무 무르거나 너무 혹독한 만다린을 감내하는 것이 당연할 것이다. 마지막으로, 백성들은 사법행정에 아무런 수수료도 지불하지 않는다. 자기의 관직에 아무런 돈도 지불하지 않고 정해진 봉급을 받는 판관은 법률당사들에게 아무것도 요구할 수 없다. 이것은 모든 가난한 사람들에게도 그 자신의 권리를 추구할 권력을 주고 그를 그의 적수의 풍요에 의해 박해받는 것으로부터 자유롭게 해준다. 그의 부유한 적수도 상대방이 돈이 없다면 정의롭게, 그리고 합당하게 행동할 수 없을 것이다.[729]

르콩트의 이 글은 능력시험에 따른 학위제도, 전문적 능력자의 취사取士, 삭탈관직의 용이성, 대가 없는 사법행정 등 중국의 관료제의 탁월성을 드러내고, 이로써 이치적으로 전 재산을 건 매관매직, 이로 인해 태만한 관직수행자에 대한 삭탈관직의 어려움, 빈자의 사법재판의 불가능 등 유럽의 나쁜 관행을 비판하는 함의를 듬뿍 가진 평가다.

르콩트는 관료제에서 나오는 추가적 이점들을 이방인의 관직임용의 배제, 귀족의 부재, 상업의 번창 등으로 열거하며 이에 대해

729) LeCompte, *Memoirs and Observations,* 282-283쪽.

상론한다. 먼저 이방인 임용 배제의 이점이다.

> 중국인들은 이방인이 그들의 행정에서 어떤 몫을 가지는 것을 조금도 허용하지 않는 것을 제5정치준칙으로 확립했다. 중국인은 이방인에 대한 존중심이 적기 때문에 그들을 아주 거칠게 써먹는다. 그들은 내국인과 외국인의 혼혈이 그들을 창피하게 하고 부패와 소요 외에 아무것도 야기하지 않을 것이라고 상상한다. 여기로부터 패당을 짓고 끝내는 반란을 일으키는 특별한 원한이 생겨난다. 왜냐하면 사람들의 차이는 필연적으로 관습·언어·기질과 종교의 차이를 상정하기 때문이다. 이것으로 인해 그들은 더 이상 동일한 견해로 길러지고 동일한 개념들로 조절된 동일한 가정의 자식이 되지 못한다. 그리고 이방인들을 가르치고 교양하는 데 모든 상상가능한 노력이 쓰인다면, 이방인들은 기껏해야 자식들이 자기들 부모에게 본성상 품는 암묵적 순종심과 온정을 결코 가지지 않을 양자養子에 불과하다. 그리하여 외국인들이 본국인보다 더 잘 숙련되었더라도, 당신이 이것을 중국인들에게 결코 믿게 할 수 없을 거인 바, 그들보다 내국인을 선호하는 것을 자기 나라의 복리로 상상할 것이다. 그리고 소수의 선교사들이 거기에 정주한 것은 기독교에 대해 거의 기적이나 진배없는 것이다.[730]

르콩트의 관찰과 달리 중국정부는 마테오리치가 전하듯이 모든 이방인을 관직에서 배제한 것이 아니다. 이방인 임용의 배제는 과거제에 기초한 중국 관료제의 귀결이었다. 이방인들은 경전 공부를 하지 않아서 과거를 볼 수 없었고 당연히 중국의 관료가 될 수 없었다. 그러나 위그르족 중에는 이슬람을 믿더라도 유교경전을

730) LeCompte, *Memoirs and Observations,* 283-284쪽.

공부하여 다단계의 과거에 등과하여 관직에 출사한 사람도 있었다.

한편, 르콩트는 가톨릭 선교사들의 정주와 포교에 대한 강희제의 허용(1692)을 "기독교를 위한 기적"으로 보면서도 외국인임용 금지 원칙을 기독교 외의 "그릇된" 종교를 막는 좋은 정책으로 풀이한다.

> 반란과 소요를 설교하는 그릇된 종교가 배제될 때 이 정치준칙의 마지막 부분은 극히 좋다. 그것 자체는 당파싸움과 폭동의 산물이지만, 기독교는 그렇지 않다. 기독교의 인간애, 감미로움, 권위에 대한 순종은 만인간의 평화·통일·박애 외에 아무것도 낳지 않는다. 이것은 중국인들이 온 시대 동안 기독교를 함께 실험해보고 확신하기 시작한 것이다. 그들이 기독교를 그들의 국가의 평화와 복리에 도움이 되는 만큼 그들의 영혼의 구제를 위해서도 마찬가지로 필요한 제도로 품안으로 받아들인다면 기독교는 행복할 것이다.731)

그야말로 기독교에 대한 아전인수격의 해석이다. 그러나 르콩트와 동시대인인 피에르 벨은 "인간애·감미로움·순종"과 반대되는 것만을 획책하는 기독교의 불관용적 본질을 비판하고 선교활동 초기에 가톨릭이 세가 약할 때는 감매롭고 순종적이지만 세가 커지면 "평화·통일·박애"를 저해하는 것만 일삼는다고 갈파했다.

르콩트는 정치적 자유·평등에 대한 관료제의 직접적 효과로서의 '귀족의 부재'와 그 부수적 효과로서의 '상업발달'을 상론한다.

> 그들의 제6준칙은, 귀족은 결코 세습적이지 않을 뿐더러, 백성들 간에는 사회적 지위(qualities) 면에서 사람이 수행하는 관직에 의해 생기는 차별을

731) LeCompte, *Memoirs and Observations,* 284쪽.

제외하고는 아무런 차별이 없다. 그리하여 공자의 가계를 제외하고는 전 왕국이 치자와 평민으로 양분된다. 차지借地점유권(Socage-Tenure)에 의해 보유하는 것 외에 어떤 토지도 없고, 승려들에게 배정된, 또는 불상의 사원에 속하는 저런 토지도 없다. 그리하여 인간들만이 아니라 승려들의 신들도 국가에 복服하고, 세금과 부역에 의해 황제의 최고성을 인정해야 한다. 어떤 지방의 총독이나 치자가 죽으면 다른 사람들과 마찬가지로 그의 자식도 총독이 될 행운이 있으나 자식들이 그들의 아버지의 덕성과 창의력을 물려받지 못하면 그들이 보유한 아버지의 성姓은 그렇게 유명하지 않아서 그들에게 전혀 아무런 지위도 주지 않을 것이다.[732]

세습귀족이 존재하지 않는다는 르콩드의 기본취지와 표현법은 훗날 프랑스대혁기의 '인권선언'의 한 구절에도 반영된다. 그리고 그는 이 글로써 간접적으로 서양의 세습귀족의 비판만이 아니라 귀족영지의 면세전통을 비판하고 있다.

나아가 르콩트는 여기서 방향을 바꿔 놀랍게도 '세습귀족의 부재'로부터 중국의 상업 발달을 도출하면서 넌지시 '나태'를 신분의 자랑거리로 여기는 '세습귀족의 엄존'을 서구의 상업미발달의 원인으로 지적하고 있다. "국가가 이 준칙으로부터 얻는 이점은 첫째, 상업이 더 번창하는 상황에 있는 것이다. 귀족의 나태는 상업을 멸망시키는 가장 쉬운 수단이다. 둘째, 황제의 세수가 이 준칙에 의해 증대된다. 어떤 신분도 세금을 면제받지 않기 때문이다. 인두세를 내는 도시에서는 어떤 사람도 면제가 아니다."[733] 르콩트는 예리하게 세습귀족의 부재를 상업발달의 한 요인으로 파악하고

732) Le Compte, *Memoirs and Observations* (1697), 284쪽.

733) Le Compte, *Memoirs and Observations* (1697), 285쪽.

있다. 나아가 그는 만다린까지 투자하는 것을 꺼리지 않는 상업의 보편성을 말한다. "상업은 백성들의 관심사항일 뿐만 아니라, 돈을 가장 잘 굴리기 위해 믿음직한 상인들에게 돈을 투자하는 신사들의 관심사항이기도 하다. 만주인들을 중국으로 데리고 들어온 산서山西(Chensi)의 소왕小王 오삼계吳三桂는 이 사적 방법으로 아주 부강해져서 자력으로 황제를 공격하는 전쟁을 오랫동안 후원할 수 있을 정도였다."[734] 르콩트는 청대 초인 1696년 '신사'가 '상인'과 결탁하고 융해되는 과정을 정확하게 채록하고 있다. 르콩트는 이렇게 하여 거만금의 재정을 장악한 대표적 신사로 산서山西 성의 오삼계吳三桂를 들고 있다. 르콩트의 이 탁월한 관찰과 평가는 '상업과 상인에 대한 중국 관료들의 천시와 억압'을 역사적 사실인 양 주장해온 베버주의자들의[735] 면상을 후려갈기는 말이다.

■ 중국 관료제에 대한 뒤알드의 '종합보고'(1735)

가톨릭신부 뒤알드는 중국에 가본 적이 없었지만, 중국에 선교사로 파견된 동료 신부들이 보내온 서신들과 그들이 발간한 서적들을 본국에 앉아서 널리 수집할 수 있는 조감적鳥瞰的 위치를 활용하여 오랜 작업 끝에 마침내 1735년 전4권의 『중국통사(*The General Histoty of China*)』를 발간했다. 그는 이 방대한 책으로 중국의 다각적 측면들을 더 상세하고, 그리고 본격적으로 전개했다. 그는 이 『중국통사』

734) Le Compte, *Memoirs and Observations* (1697), 290쪽.

735) Etienne Balazs, *Chinese Civilization and Bureaucracy* (New Heaven/London: Yale University Press, 1964), 44쪽; William H. McNeill, *The Pursuit of Power: Technology, Armed Force, and Society since A.D. 1000* (Chicago: Chicago University Pressl, 1982), 31, 36, 42쪽; Paul Kennedy, *The Rise and Fall of the Great Powers - Economic Change and Military Conflict from 1500 to 2000* (New York: Random House, 1987), 7-8쪽.

에서 중국의 학교제도에 곁들여 과거제를 설명한다. 물론 참조하는 책에 구애되어 어떤 선교사 저자가 실언하면 그도 실언하는 약점은 피할 수 없었다. 가령 중국인들이 궁핍으로 인해 유아를 유기하는 풍습이 있다는 그릇된 소문을 믿고 보내온 서한을 옮겨 놓는 것이나, 세메도를 믿고 중국에는 대학이 없다고 그릇되게 기술하거나, 공립초등학교('사학社學' 및 촌사의 '의학義學')를 누락하고 사숙私塾만 소개한 것 등이 그런 것들이다.

뒤알드는 '중국에는 대학교가 없다'는 실언과 함께 과거科擧의 다단계 시험을 소개하기 위해 먼저 '과장科場'을 눈앞에 그려 보이듯이 상세하게 묘사한다.

> 중국에는 유럽에서와 같은 대학교가 없을지라도 대학원생의 시험을 위해 지정된 커다란 기관청사가 없는 성도省都는 없고, 두 수도에는 이 청사가 훨씬 더 크다. 이것은 한 선교사가 그가 살았던 도시의 건축물에 대해 제공한 기술이다. 자리가 허용하는 한에서 그들은 모두 같은 방식으로 지어져 있다. 이 선교사는 이 건축물은 높은 담장으로 둘러쳐져 있고, 입구는 장려하고, 그 앞에는 150보 넓이의 큰 광장이 펼쳐져 있고 수목들이 심어져 있고, 그 안에 시험시간에 그 안을 지키는 장병들을 위한 벤치와 자리가 있다고 말한다. 맨 먼저 당신은 만다린들이 수비대와 함께 자리잡은 큰 뜰 안으로 들어가면, 그 끝에 대문을 가진 또 다른 담장이 있다. 당신이 들어서자마자 물로 가득 찬 호소湖沼가 있는데, 당신은 석조교량을 위로 이 호소를 건너면 제3의 대문에 닿는다. 여기에 서 있는 수비병들은 관리들의 명백한 명령 없이 아무도 안으로 들어가지 못하게 한다. 당신이 이 문을 통과하자마자 당신은 큰 광장을 발견하는데, 이 광장에 들어서는 것은 아주 좁은 통로를 통해야 한다. 이 광장의 양편에 학생들을 그

안에 묶게 할, 4.5피트 길이와 약 3.5피트 너비의 수없이 많은 작은 방들이 있다.[736]

여기서 이 "한 선교사"는 건물과 광장의 여러 측면의 묘사를 볼 때 '세메도'로 보인다.

이어서 뒤알드는 과장에 들어오는 과거응시 학생들에 대한 철저한 몸 검색과 철저한 시험감독, 그리고 고시관들에 대해 기술한다.[737] 그리고 과거시험의 단계에 대해 설명한다.

그들은 젊은 학생들이 하급 만다린의 시험에 지원하기에 적합하다고 생각하면 그들을 정해진 날에 이리로 보낸다. (...) 학습이 모든 행성에서 똑같이 번성할 것이라고 생각할 필요는 없다. 이 행성마다 학생 수가 들쑥날쑥하기 때문이다. 전 행성의 선두에 있는 만다린은 '부윤府尹(Fou yuen)'이라고 불리고, '부府'라고 불리는 것을 다스리는 그는 '지부知府(Tchi fou)'라고 불린다. '지부'는 부府, 즉 제1등 도시의 '유명한 사람'을 뜻하는 '부존府尊(Fou tsun)'이라도 부른다. 현縣의 통치만을 맡는 자는 '지현'이라는 타이틀을 단다. 이 계서階序에 따르면 건창부建昌府(강서성의 도시)에는 한 명의 지부와 두 명의 지현이 있고, 성도 부에는 부윤이 있다. 부윤은 지방관이다. 그리하여 제국의 통치부는 전 제국에 걸쳐 수립되어 있을 뿐만 아니라, 각 행성, 각 부, 각 현에 수립되어 있다. 과거시험으로 다시 돌아오면, 젊은 학생이 만다린시험을 통과할 능력을 갖췄다고 생각되자마자 그가 태어난 곳을 관할하는 지현의 시험부터 시작해야 한다. 가령 건창부의 관할 아래 있는 남창현에는 이 도시의 지현 앞에서 논술을 작성하러 갈

---

736) Du Halde, *The General History of China*, Vol.3, 5-6쪽.

737) Du Halde, *The General History of China*, Vol.3, 6-7쪽.

800명 이상의 학생들이 있다. 이 만다린은 시제試題를 내고 그들의 논술문을 몸소 사정査定하거나 그들의 기관에서 사정하도록 시켜 어느 것이 최선의 논술문인지를 결정한다. 800명 중 600명이 거명되는데, 그러면 그들은 현명縣銘(Hien ming)을 가졌다고 말한다. 즉, 그들이 현縣에 새겨진다는 말이다. 학생수가 6000명에 달하는 현縣도 몇몇 있다. 이 600명은 나중에 새로운 선발을 하는 건창의 지부知府의 시험에 응시한다. 이 600명 중 400명을 밑도는 수가 부명府銘(Fou ming)을 받는데, 이들은 제2차 시험을 위해 거명된다. 여기까지 그들은 아무런 문학학위가 없고, 그래서 그들은 '동생童生(Tong Seng)'이라고 부른다.[738)]

전 행성의 선두에 있는 관리는 '부윤'이 아니라 '포정사'다. '부윤'은 '지부'의 옛 관직명이거나, 성도인 부의 시장을 부르는 관직명이다. 이 초시初試의 설명은 세메도의 그것보다 실로 자세하다. 세메도는 현명, 부명, 동생 등에 대해서 일언반구도 말하지 않았기 때문이다.

각 행성에는 북경에서 온 만다린이 있는데, 그는 임기가 3년밖에 되지 않는다. 그는 '학대学臺(Hio tao)'라고 불리는데, 가장 세련된 행성에서는 '학원學元(Hio yuen)'이라고 불린다. 그는 일반적으로 제국의 큰 기관에 복속된 사람이다. 이전에 그는 몰래 상당한 선물을 주고 선발되었으나, 현재의 황제는 아주 엄혹한 칙령으로 이 폐습을 고쳤다. 그는 3년 재임 기간에 두 건의 시험을 개최해야 하는데, 1차 시험은 서거序舉(Soui cao)이고, 2차 시험은 고거考舉(Co cao)다. 이 목적을 위해 그는 해당 행성의 모든 부를 순회해야 한다. 학대는 부에 도착하자마자 모든 식자가 '제국의 박사'로

738) Du Halde, *The General History of China*, Vol.3, 7-8쪽.

간주하는 공자에게 예를 표한다. 그 다음 그는 고전적 저자들의 명 문장을 몸소 설명하고 후에 시험을 거행한다. '부명' 칭호를 받은 남창현의 400명의 동생은 (...) 같은 부에 속한 모든 다른 현에서 오는 다른 학생들과 함께 학대의 기관에 논술문을 쓰러 간다. 그들은 수가 너무 많으면 두 반으로 나뉜다.[739]

'학대學臺'는 '제독학정' 또는 '제독학사提督學使'의 별칭이다. 학대가 거행하는 시험은 생원(수재)을 뽑는 동시童試의 최종시험이다. 뒤알드는 제독학정 차원의 시험과정에 대한 엄격한 감독, 수재의 특권 등을 추가적으로 자세히 설명한다.

만다린이 논술문의 저자를 아는 것을 막기 위한 방지조치가 최대로 강구되지만, 이 방지조치들이 언제나 충분한 것은 아니다. 학대(제독학정)는 한 현의 400명 중 15명만 지명하고, 이렇게 지명된 사람들은 첫 번째 학위를 취득한다. 그리하여 이들은 진예학進禮學(*Tsin leao hio*) 서재로 들어간다고 얘기된다. 그리고 그들은 수재라 불린다. 그리고 그들은 검은 경계선을 죽 두른 푸른 옷에 은 또는 백랍으로 만든 새를 모자의 꼭대기 위에 단 모자를 쓰는 등 공식 의관을 차려입는다. 그들은 평범한 만다린의 명령에 의해 곤장형을 받지 않지만, 그들이 아무렇게나 한다면 그들을 처벌하는 특별한 통치자를 가진다. 지명받은 15명 중 대부분은 때로 정실이 끼어들지라도 그럴 만한 이유에서 선발된다. 그러나 정실 편향이 발각되면 저 '조정의 특사'는 자기의 명성과 행운을 둘 다 잃게 된다.[740]

739) Du Halde, *The General History of China*, Vol.3, 8-9쪽.

740) Du Halde, *The General History of China*, Vol.3, 9쪽.

무관의 동생童生의 경우도 문관 동생의 경우와 많이 동일하다. 응시생의 인문학을 시험하는 그 동일한 만다린이 군대에 관해 응시생을 시험한다.[741] 그리고 수재선발·관리과정과 수재지위의 박탈 등을 더 자세히 설명한다.

> 학대는 직책상 행성行省을 순회하고 1등급의 도시마다에 여기에 속한 모든 수재들을 집합시킬 의무가 있다. 그는 이 도시에서 그들의 품행을 조사한 뒤 그의 논술을 시험하고 그 학습에 숙달한 사람들을 포상하고 그가 태만하고 부주의하다고 느끼는 모든 수재들을 벌한다. 종종 그는 세밀하게 들어가 그들을 6등급으로 나눈다. 첫 등급은 뛰어난 사람들로 구성된 소수에 불과한데, 학도는 이들에게 1타엘과 비단 스카프 한 상을 선물로 준다, 제2등급의 수재들은 비단 스카프와 소량의 돈을 받는다. 3등급의 수재들은 상도 벌도 없다. 4등급의 수재들은 만다린의 명에 따라 매를 맞는다. 5등급의 수재들은 모자에 장식으로 붙인 새를 잃고, 반半수재에 지나지 않는다. 6등급에 처하는 불운을 맞은 자들은 완전히 학위를 박탈당하는데, 이런 일은 거의 일어나지 않는다. 이 시험에서 사람들은 50-60세 인간이 곤장을 맞는 것을 보는 반면, 그와 더불어 논술문을 쓰는 그의 아들은 갈채와 상을 받는 일이 벌어진다. 그러나 수재, 즉 학사의 경우에 그들의 품행에 대한 모종의 불평이 동시에 일지 않는다면 그들이 논술문 하나만으로 곤장을 맞는 일은 없다. 이 3년마다 있는 이 시험에 오지 않은 모든 졸업생은 그의 칭호를 잃을 각오를 해야 한다. 그의 결석을 용서해줄 구실은 단 두 가지, 병환 또는 부모사망으로 인한 초상이 있을 뿐이다. 마지막 시험에 너무 노쇠한 것으로 보이는 늙은 졸업생은 학위의 온갖 영예를 다 누릴지라도 후에 이 시험에 참석하는 것을 영원히 면제받는

741) Du Halde, *The General History of China*, Vol.3, 9-10쪽.

다.[742)]

그 다음 뒤알드는 '향시'와 '거인'에 대해 설명하는데, '향시'를 초거初擧(Tchu cao)라고 하고 있다.

두 번째 학위(거인)을 획득하려면 그들은 초거라는 새로운 시험을 통과해야 한다. 이 시험은 3년에 한 번만 각 행성의 성도에서 치러진다. 이 시험에는 수재들이 의무적으로 참여해야 한다. 대궐의 두 만다린이 이 시험을 주관하고, 이 시험은 행성의 대관들과 약간 명의 다른 만다린에 의해 관리된다. 조정에서 파견된 첫 번째 만다린은 진초거進初擧(Tchin tchu cao)라고 불리고 한림翰林이어야 한다. 한림은 제국의 일급박사들의 협회에 속한다. 다른 만다린은 부초府初(Fou tchu)라고 불린다. 가령 강서 성에서는 적어도 이 시험에 응시할 의무가 있는 1만 명의 수재가 존재하고, 이들은 반드시 참석한다. 이 1만 명 중 지명되어 거인의 학위를 획득하는 수재들의 수는 60명에 불과하다. 그들의 가운은 네 손가락 넓이의 푸른 테를 두른 검은 색깔이다. 이들 중 수석은 해원解元(Kai yuen)이라는 칭호를 얻는다. 이 학위를 위한 판단관을 부패시키는 것은 쉽지 않고, 어떤 음모가 그런 의도로 실행된다면 이 음모는 아주 비밀스럽게 관리되고 북경에서 그 발단이 있었음이 틀림없다.[743)]

뒤알드는 거인을 '석사(licentiate)'라고 부르고 이제 진사를 '박사(doctor)'라고 부르며 진사선발 과정을 설명한다.

---

742) Du Halde, *The General History of China*, Vol.3, 10-11쪽.

743) Du Halde, *The General History of China*, Vol.3, 11쪽.

그들이 이 학위를 획득했을 때, 그들은 박사로 받아들여지려면 한 단계만 더 하면 된다. 그들은 다음 해에 북경에서 박사학위를 위한 시험을 치르기 위해 가야 한다. 이 첫 여정은 황제가 책임진다. 이 시험에 통과한 뒤 수년 안에 너무 많이 진보했거나 가진 재산이 크지 않아서 거인인 것으로 만족하는 사람은 북경에서 3년에 한 번 시행되는 이 시험에 더 나아가는 것으로부터 면해진다. 거인은 어떤 관직을 가질 수 있고 때로 이 학위의 고참 순서에 따라 일자리를 얻고, 게 중 어떤 이들은 행성의 총독이 되기도 했다. 모든 관직이 그 인사의 공덕을 고려하여 수여되는 만큼 학생이라면 농부의 아들이라도 가장 위대한 고위인사의 자식과 동일하게 총독, 또는 심지어 내각각료(Minister of State)의 존엄한 지위에 도달할 것이라는 희망이 있다. 이 거인들은 어떤 공직을 얻자마자 박사학위 획득을 포기한다.744)

거인이 진사시험을 포기하고 거인으로 남아 관직을 얻을 수 있었는데 뒤알드는 이것까지도 빠짐없이 설명하고 있다. 그러나 '거인'이 국립대학교 국자감에 진학할 수 있는 자격에 대한 언급은 누락하고 있다. 그가 중국에 대학교가 없다고 생각했으므로 어쩌면 당연한 몰각일 것이다. 거인들 중 "어떤 이들은 행성의 총독이 되기도 했다"는 말은 신뢰할 수 없다. 거인은 거의 예외 없이 하급관리에 머물렀기 때문이다. 이어서 뒤알드는 진사선발 시험에 대해 기술한다.

이 거인들은 어떤 공직을 얻자마자 박사학위를 포기한다. 그러나 어떤 관직도 맡지 않은 모든 거인들, 즉 모든 석사들은 내가 앞서 얘기한 바와

744) Du Halde, *The General History of China*, Vol.3, 11-12쪽.

같이 3년마다 북경에 가고, 이것은 '제국시험'이라고 부른다. 왜냐하면 황제가 친히 논술문제의 시제試題를 내고 이 시험에서 그의 관심과, 그가 그들에 관해 받아들이는 정확한 보고를 바탕으로 그들을 판단하는 판단관으로 생각되기 때문이다. 이 시험에 응시하는 석사들의 수는 아주 종종 5000-6000명에 달하고, 이 수數로부터 가장 잘 된 것으로 판정받는 논술문을 작성한 약 300명이 박사학위를 얻는다. 때로는 150명만이 이 학위를 얻었다. 선두의 세 명은 천자의 제자라는 뜻의 천자문생天子門生이라고 부른다. 이들 중 수석은 '장원'이라고 부르고, 차석은 '방안'이라고 부르고, 마지막은 '탐화'라고 부른다. 이 박사들로부터 황제는 일정 수를 골라 1등급의 박사라는 뜻의 '한림翰林'이라는 칭호를 부여한다. 다른 박사들은 '진사(*Tcin seë*)'라고 부른다.[745)]

뒤알드는 여기까지 3단계 과거시험을 비교적 소상하게 설명했다. 그러나 마지막 단계 진사시험이 '회시'와 '전시'로 구분되어 있다는 사실은 누락하고 바로 '전시'를 설명하고 있다. 이어서 뒤알드는 진사에 대한 국가와 사람들의 기대와 대우, 그리고 진사의 출사에 대해 설명한다.

문과에서든 무과에서든 이 영광스런 '진사'라는 칭호를 누가 얻을 수 있든 그는 자신을 견고하게 확립된 사람으로 여겨도 되고, 궁핍을 걱정할 필요가 없다. 왜냐하면 그의 친척과 친우들이 그에게 주는 무한대의 선물 외에도 그는 공정한 길로 가장 중요한 제국관직에 발탁되게 되고, 모든 사람들은 그의 보호를 얻으려고 하기 때문이다. 그의 친우들과 친척들은 그의 고향 도시에 그를 영광되게 하기 위해 그의 이름, 그가 학위를 받은 장소

745) Du Halde, *The General History of China*, Vol.3, 12쪽.

와 일시를 새긴 웅장한 개선아치를 세운다.[746]

뒤알드는 지금까지 설명에서 사용한 학사·석사·박사 용어에 주의의 말을 달고 있다. "내가 언급한 것으로부터 중국의 선비들을 변별하는 세 학위들과 유럽의 학사·석사·박사 간의 비교가 아주 정확한 것은 아니다."[747] 이 비교는 편의상 사용한 것일 뿐이다. 정확히 일치하지 않는 점은 (1) 서양의 학위들이 학교와 관련해서 중국 학위에 비견될 수 있는 것이지만 중국 학위가 포함하는 정치적 관직에 대한 권리·자격과 무관하고,[748] (2) 서양의 학위는 무과武科학위가 없는 점이다.

18세기 초중반에 출판되어 서양 계몽철학자들의 가장 뜨거운 관심거리가 된 뒤알드의 『중국통사』는 1735년까지 출판된 책들 중에서 세메도의 『중국제국기』 다음으로 중국의 과거제도에 대해 가장 상세하게 소개한 책이었다. 따라서 뒤알드만 읽고도 서양인들은 신분제적·정실주의적 관직임용의 문제점을 인식하고 매관매직의 행정체제를 '관료제'로 변혁할 것을 열망하며 근대적 공무원임용고시제를 안출할 수 있었을 것이다.

뒤알드는 중국의 관료체제에 대해서도 상세하게 기술하고 있다. "조정회의(the Great Council)는 모든 내각각로(Ministers of State), 6부의 상서와 보좌관들, 그리고 세 주요기관들(도찰원·통정사·대리시 - 인용자)로 구성되어 있다. 북경에는 내각(Privy Council) 외에도 '육부(Leou pou)'라고 하는 6개소의 최고관청이 있는데, 이 관청의 권한과 권위

746) Du Halde, *The General History of China*, Vol.3, 12-13쪽.

747) Du Halde, *The General History of China*, Vol.3, 13쪽.

748) Du Halde, *The General History of China*, Vol.3, 14쪽.

는 제국의 모든 행성에 미친다. 항시 이 모든 관의 장관이 있어왔고, 이 장관은 보통 1품관이고, 두 명의 보좌관은 2품관이다. 이것은 각각 한 명의 수장이 있고 적어도 12명의 상담관이 근무하는 44개에 달하는 예하 기관들을 계산하지 않은 것이다."[749] 뒤알드가 말하는 육부 상서와 시랑의 품계는 청조를 기준으로 한 것이다. 옹정제 이후 청대 중국정부에서 육부 장관인 상서는 종1품이고, 그 보좌관 좌·우시랑侍郎은 정2품이었다.

이어서 뒤알드는 만주족의 중국 정복 이후에 변화된 관직상황을 말한다. "이런 식으로 관서들이 중국황제 아래 구성되었으나, 만주족이 중국의 주인이 된 이래, 그들은 예하부서에서만 아니라 사위부서에서도 관리들을 두 배로 늘렸는데, 그들은 그 안에서 중국인과 동시도 만주인들을 배치했다. 이것은 정복자의 정치술책이었다. 이것에 의해 정복자는 제국의 관직으로부터 배제된다면 불평할 이유를 가졌을 중국인 관리들의 불만을 사지 않고 만주인들을 공무행정 속으로 들여보내는 길을 찾았던 것이다."[750] 뒤알드는 이 총괄적 설명에 이어서 육부의 여섯 부서에 대한 자세한 각론을 개진한다.[751]

그리고 뒤알드는 이 육부가 황제권을 약화시키지 않도록 하는 권력들의 분립과 균형에 대해 상론한다.

> 그 많은 권력을 가진 이 기관들이 조금씩 조금씩 황제의 권위를 약화시킬 것을 두려워할 이유가 있는 만큼 법률은 이 불상사를 두 가지 방법으로

749) Du Halde, *The General History of China*, Vol.2, 34쪽.

750) Du Halde, *The General History of China*, Vol.2, 34-35쪽.

751) Du Halde, *The General History of China*, Vol.2, 35-38쪽.

방지했다. 1. 이 부처들 중의 어떤 부처도 그들 앞에 주어진 문제에서 절대적 권한을 가지는 것이 아니라 자기의 결정을 집행하려면 타부처의 지원을 얻어야 한다. 가령 군은 병부인 제4부에 복服하지만, 군에 대한 재정지출은 제2부(호부)에 속한다. 그리고 선박, 마차, 천막, 무기 등은 제6부(공부)의 관할로 들어간다. 그리하여 어떤 군사적 기도도 이 상이한 부서들의 협조 없이는 집행될 수 없다. 제국에 속하는 모든 중요한 국사에서도 동일하다. 2. 어떤 것도 육부를 구성하는 행정장관들의 권력을 제어하는 데 있어, 각 부처에서 벌어지는 만사를 관찰하는 관리를 임명하는 예방조치보다 더 유력한 것은 없다. 이 관리의 임무는 모든 회의를 돕는 것이고, 그에게 전달된 모든 문서를 검토하는 것이다. 그는 그 자신이 어떤 것도 결정할 수 없고, 다만 만사를 관찰하고 이에 관한 보고서를 조정에 보내는 감독자일 뿐이다. 그는 직무상 황제에게 관리들이 공무행정에서나 개인적 품행에서 범하는 잘못들에 관해 황제에게 비밀보고를 해야 한다. 어떤 것도 그들의 망보는 경계를 빠져나갈 수 없고, 그들은 황제가 충간忠諫이 필요한 상황에 처할 때 황제도 용서하지 않는다. 게다가 그들은 더 큰 재산의 희망에 의해서도 넘어가서는 아니 되고, 위협에 의해 협박당하지 않도록 그들은 항상 그 자리에 고정되어 있고, 더 유력한 자리로 승진하지 않는다면 결코 자리이동도 없다.752)

뒤알드는 규간規諫·보궐補闕·습유拾遺(결점을 바로 잡음)와 육부사무의 계찰稽察을 맡은 육과급사중을 설명하고 있다. 그는 관리들이 "과도科道(Cotao)"라고 불린 이 급사중을 "극히 무서워한다"고 덧붙이면서 "그들의 용기와 항구성의 놀라운 사례들이 있다"고 급사중을 칭송한다.753) 그런데 급사중을 "과도"라고 부른 것을 보면 어느새

752) Du Halde, *The General History of China*, Vol.2, 38-39쪽.

도찰원각도감찰어사까지 넘어가고 있다. '과도관'은 육과급사중과 도찰원각도감찰어사를 합쳐 부르는 통합 관직명이기 때문이다.

뒤알드는 '과도관'이라는 이 감찰관이 왕족과 훈구대신 및 만주족 총독들에 대해서까지 막강한 권력을 행사한다고 말한다. "그들은 황제의 보호를 받기 때문일지라도 과감하게 왕자, 대공, 그리고 만주족 총독을 봉박해왔다. 그들이 그것이 지혜로운 정부의 공정성과 규칙에 합당하다고 확신할 때 그들의 추적을 그만두기보다 차라리 고집 때문이든 허영 때문이든 심지어 치욕을 당하고, 심지어 자기들의 생명을 내려놓는 것도 충분히 통상적인 일이다. 그들 중의 하 명은 네 명의 각로와 4명의 훌륭한 관리를 강희제에게 고발하고 그들이 관직 인사의 대가로 뇌물을 받았다는 것을 증명하여 그들을 즉각 삭탈관직시켜 천민들 사이의 작은 관리들인 교도소장 지위로 강등·좌천시켰다. 그리하여 이 관청의 관리들에 대해 한 페르시아 조신朝臣이 그의 군주의 관리들에 대해 말한 것, 즉 '그들은 왕이 그 위에 올려놓는 것 외에 아무런 가치가 없는 계산기처럼 나의 주인이신 왕의 손아귀에 들어있다'고 말한다."[754]

뒤알드는 이를 더 부연한다. "관습에 따라 황제가 어떤 부서에 관해 심의하기 위해 이 과도관들의 청원을 그 부서에 조회할 때, 만다린들이 고발될까 두려워서 과도관을 반박하는 일은 거의 없다. 이것은 제국 안에서 이 관리들에게 큰 신뢰를 주는 바로 그것이고, 만인을 자기 의무에 달라붙어 있도록 하는 바로 그것이고, 필수불가결한 상명하복의 질서 속에서 황제의 권위를 유지하는 그것이다. 모든 관료들이 황제의 칙령에 대해서만 아니라 극소한 통지에 어떤

753) Du Halde, *The General History of China*, Vol.2, 39쪽.

754) Du Halde, *The General History of China*, Vol.2, 39-40쪽.

경의를 표하든 황제가 기관을 심문하고 그들이 법에 따라 대답할 때 그들은 비난받지도 않고 어떤 비방도 당하지 않는다. 그러나 그들이 다른 방식으로 대답한다면, 황제의 과도관들은 그들을 고발할 권리가 있고, 황제는 그들을 법을 경한 탓으로 처벌할 권리가 있다."[755]

뒤알드는 친왕들을 감찰하는 기관에 대해서도 언급한다. "북경에는 친왕들이 평민들이 일과 섞이는 것을 원치 않는 친왕들의 일을 감찰하기 위한 목적에서만 설치된 또 다른 기관이 있다. 이 기관의 장관과 관리들은 칭호를 가진 친왕들이지만 예하 관리들은 사무절차의 문서들을 작성하는 일을 맡은 평범한 관리들로부터 선발된다. 이 기관의 등록부에는 황제가족의 모든 자식들이 태어나자마자 등재되고 이 관청에서 그들은 벌을 받을 만한 짓을 했을 때 심리되고 처벌받는다. 합법적 친왕들(Reguloes)은 그들의 합법적 아내 외에 일반적으로 황제가 칭호를 하사하는 셋 이상의 아내를 가지고 자녀를 가지고, 이 아내들의 이름은 이 기관에 등록된다. 적자嫡子 다음에 자리를 잡은 자녀들은 친왕들이 원하는 만큼 많은 수로 가질 수 있는 단순한 정부들에게서 태어난 자녀들보다 더 영예롭게 대우받는다."[756]

뒤알드는 마테오리치의 저술 외에 다른 선교사들의 저술에서 누락된 내용, 즉 문관우위를 한림원의 황태자 교육 기능, 역사편찬 및 경연 기능, 한림원 학사들의 대정치가로서의 역할 등에 의거해 언급한다.

---

755) Du Halde, *The General History of China*, Vol.2, 40쪽.

756) Du Halde, *The General History of China*, Vol.2, 40-41쪽.

나는 제국 수도에 설치된 여러 기관들의 정확한 세부 내용으로 들어가지 않고 이 기관들의 상부에 있는 육부를 대강 언급한 것으로 충분하다. 그러나 나는 그 종류에 있어서 특이하고 우리에게 중국에서 문인들이 얼마나 큰 존경을 받는지를 알려주는 기관을 생략할 수 없다. 3년마다 제국의 모든 석사들은 박사학위를 받으러 북경에 온다. 그들은 13일 동안 함께 엄격한 시험을 치르는데, 이 기관에 입문할 수 있는 사람은 30명 이하다. 이 새로운 박사들 중에서, 한림원이라고 불리는, 내가 말하고 있는 기관을 구성하는 능력과 숙련도를 증명한 사람들을 선발한다. 제국에서 가장 학식 있고 가장 해박한 천재를 가진 사람들을 제외하고 어떤 구성원도 가지지 않은 학술원이다. 이 박사들은 법정 추정상속인인 왕자의 교육을 감독한다. 그들의 직분은 그에게 덕성, 과학, 예의범절, 그리고 선정善政의 큰 통치술을 가르치는 것이다. 그리고 제국의 통사通史 안에서 후세에게 전해질 가치가 있는 모든 중요한 사건들을 기록하는 것이 그들의 일이다. 또 연구에 전념하여 유용한 서책을 만드는 것이 그들의 전문직이다. 이들은 정확하게 학문을 두고 이들과 담화하고 종종 내각대학사들과 육부의 장관들을 이들의 기관으로부터 선발하는 황제의 문사들이다. 이 기관의 구성원들은 큰 존경을 받고, 동시에 사람들이 이들을 아주 경외敬畏한다.[757]

뒤알드는 한림원을 중국제국의 가장 존경받는 '지성의 정수精髓' 이자 통치권력의 최고봉이라고 말하고 있다.

뒤알드는 지방 관료체제에 대해서도 다 정확하지는 않지만 나름대로 장황하게 상설詳說한다. "행성들에 만다린들을 임명하는 것은 황제다. 그들은 황제로부터 어떤 권위든 하사받는다. 이 행성들은

---

757) Du Halde, *The General History of China*, Vol.2, 41-42쪽.

나머지 모든 관리들이 종속되는 2명의 총괄적 관리에 의해 통치된다. 하나는 우리가 '부윤(Fou yoen)'이라 부른다. 이것을 우리는 유럽에서 한 지방의 태수나 지사라고 이름 붙인다. 다른 하나는 그의 예하에 2개, 또는 때때로 3개 행성을 가지고 있기 때문에 그 관할 범위가 훨씬 더 광활한데 '총독(Tsong tou)'이라 부른다. 이 둘은 민·형사의 중요 업무를 결정하는 각 행성의 최고기관의 정상에 있다. 황제는 칙령을 즉각 이 들에게 보내고, 이 둘은 치 칙령을 그들의 관할구역의 모든 도시에 전달하는 것을 책임진다."[758] 뒤알드는 앞에서처럼 성도省都의 치자에 불과한 '부윤'을 행성의 치자로 잘못 소개하고 있다. 행성의 최고치자는 '부윤'이 아니라 '포정사'이다. 이것은 도청소재지 전주의 시장을 자꾸 전라북도 도지사로 착각하는 식의 오류다.

이어서 뒤알드는 '총독'과 지방장관 '포정사'의 업무분할에 관해서도 언급한다.

> 총독의 권위가 아무리 크더라도 이것은 개별 지방관들의 권위를 축소시키는 것이 아니라, 만사는 그 관할범위에 관해 어떤 다툼도 없는 방식으로 규율된다. 각 행성의 최고기관은 그 관할구역 안에 여러 다른 예하 기관들과 업무처리에서 지방관을 보좌하는 일정수의 하급 만다린들을 가지고 있다. 각 행성의 모든 성도에는 두 개의 기관이 설치되어 있는데, 하나는 민정기관이고, 다른 하나는 형정刑政기관이다. '포정사布政司(Pou tching sseë)'라 부르는 첫째 기관은 모두 2품관들인 한 명의 장관과 두 명의 보좌관을 가진다. '안찰사按察司(Ngan tcha sseë)'라 하는 형정기관은 3품관 장관 1명을 가지고, 보좌관 대신에 Ta oli라 하는 두 부류의 만다린을 가진

758) Du Halde, *The General History of China*, Vol.2, 42쪽.

다.[759]

여기서도 오류가 보인다. 명대에는 사법司法과 감찰기능을 겸하는 안찰사按察司에도 한 명의 정3품관 안찰사按察使를 돕는 "부사副使"라 부른 1명의 정4품관 보좌관이 있었다. 그리고 명대에는 그 예하에 정원수 미정의 '첨사'가 있었다. 그 병비兵备·제학提学·순해巡海·청군清军·역전驿传·둔전屯田 등의 일에 각각 전임인원을 두었는데, 이들도 역시 '첨사'의 명칭을 썼다. 그러나 청대에는 부사와 첨사 관직을 없앴다. "Ta oli"는 어느 지방의 사투리 발음을 음역한 것으로 보이는데, 그 한자를 일치시킬 수 없다.

그리고 뒤알드는 지방의 행정구획과 기타 기능직 관서들에 대해서도 기술한다.

> 이 만다린들은 각 행성을 나눈 상이한 구역들의 감찰관들이다. 이 구역들도 별도의 관서들을 가지고 있다. 저 감찰 만다린의 임무는 특히 조정으로부터 명백하게 파견된 감찰관이 없을 때 그것에 관한 보고서를 황제에게 올리는 것이다. 그들 중 '역참도驛站道(? Y tchuen tao)'라 하는 만다린은 황제에게 속하는 각 구역의 국립 여각旅閣·선박과 더불어 역참을 살핀다. 'Ping ti pao'라 불리는 다른 만다린은 군대를 감독한다. 또 다른 만다린은 공로公路의 보수를 감독하고, 다시 또 다른 만다린은 강을 살피고, 다른 만다린들의 직무는 해안을 감찰하는 것이다. 그들은 모두 범죄를 벌할 권한을 가졌고, 말하자면 조정의 육부에 대한 대체물이다.[760]

---

759) Du Halde, *The General History of China*, Vol.2, 42쪽.

760) Du Halde, *The General History of China*, Vol.2, 43쪽.

이어서 뒤알드는 각 행성의 각급 행정구역들과 각급단위의 담당 관리들을 그 품계까지 자세히 설명한다.

> 개별 도시들에 관한 한, 이 도시들은 세 개의 상이한 등급으로 되어있어서 역시 제각기의 행정관들이 있고, 사법을 관리하는 여러 만다린들도 있다. 1등급 도시(성도)의 만다린은 '지부知府'라고 하고, 4품관이지만, 세 명의 보좌관은 6품관과 7품관들이다. 지부는 그 외에 그 영역의 면적과 그 행정구역 안의 도시들의 수에 비례해서 일정한 수의 하급 만다린들을 자기 밑에 두고 있다. 2등급 도시의 만다린은 '지주知州'라고 이르고, 종5품관이다. 그의 두 보좌관은 종6품과 7품이다. 간단히, 제국의 모든 나머지 도시들은 '지현知縣'이라 하는 장長을 가진 관서가 있다. 그는 7품관이고, 그의 두 보좌관은 하나가 8품관이고, 다른 하나는 9품관이다. 모든 행성에 공통된 이 관서들 외에 일정한 장소에 고유한 또는 특별한 기능을 가진 다른 관서들이 있다. 이런 것들은 가령 모든 행성 안에서 자기들이 믿는 사람들에 의해 소금을 분배하고 군주의 세수를 줄이지 않도록 사적 상인들이 소금을 파는 것을 막는 일을 임무로 하는 염관鹽官들이 있다. 이 관서의 수장은 'Yen fa tao'라고 부른다. 유사하게 미곡 세금을 당당하는 총괄 관리도 있고, 특별한 직책을 맡은 여러 다른 관리들이 있다.[761]

뒤알드는 다른 선교사들의 중국기中國記에서 볼 수 없는 중국제국의 관리들의 총수까지도 기술한다. "제국 전역에 분산되어 근무하는 문관의 수는 1만3600여명에 달한다. 중국인들은 연중 4회 이 문관들의 정확한 목록을 인쇄해 발행하는데, 이 목록에는 그들의 이름, 칭호, 출신고향, 그리고 학위를 한 시기들이 쓰여 있다."[762]

---

761) Du Halde, *The General History of China*, Vol.2, 43-44쪽.

뒤알드는 지방의 보고·지휘체계와 지방과 중앙의 관계에 관해서도 기술한다. "하급만다린들인 각 도시의 행정관들은 보통 중요한 일만 관리하는 것이 아니라 유럽인들이 '지방 총재무관(The Treasurer-General of the Province)'라고 부르는 상급 만다린에게 보고해야 하고, 마찬가지로 포정사에게도 보고해야 한다. 이 두 대관大官들은 북경의 육부 외에 어떤 상관도 인정치 않는다. 포정사 위에 있으면서 두세 지방을 관리하는 총독에 관한 한, 그는 동일한 육부에 종속되지만, 그의 관직은 아주 대단해서 상서나 내각대학사가 되는 것이 그에게 전혀 승진이 아닐 정도다. 모든 만다린들은 자기들의 품계의 표장을 극히 부러워하는, 이 표장으로 그들은 평민과 구별될 뿐만 아니라, 다른 식자들과, 특히 자기 아래 서열의 모든 식자들과 구별된다. 이 표장은 그들의 임무에 고유한 문양을 한복판에 그려넣고 화려하게 세공된 장방형의 헝겊 쪼가리다. 그들은 이것을 가슴에 찬다. 어떤 것은 네 개의 발톱을 가진 용이 있고, 다른 것들은 독수리나 태양, 기타 문양들이 있다. 무관들에 관한 한, 그들은 표범, 호랑이, 사자의 문양의 표장을 찬다. 그들은 또한 그들이 차는 거들에서의 구별도 좋아한다."[763] 이 설명에 이어 뒤알드는 중국이 만주풍습을 취하면서 이 거들의 재료가 들소 뿔 등에서 비단으로 어떻게 변했는지에 대해서까지도 시시콜콜하게 설명하고 있다.[764]

뒤알드는 중국제국의 엄격한 관료제적 위계체계 또는 상명하복 관계에 대해서 기술한다.

---

762) Du Halde, *The General History of China*, Vol.2, 44쪽.

763) Du Halde, *The General History of China*, Vol.2, 44-45쪽.

764) Du Halde, *The General History of China*, Vol.2, 45쪽.

제국을 다스리는 여러 권력들 간에 절대적 종속성이 있다. 가장 사소한 관리는 그의 행정구역 안의 만사를 관리하지만, 권력이 더 큰 다른 관리에게 종속된다. 이 다른 관리도 각 행성의 총괄관리들에 종속적이고, 마찬가지로 이 총괄관리들도 수도의 중앙기관들과 육부의 상서들에게 종속적이다. 그리고 육부의 상서들은 모든 다른 관리들을 공포에 떨게 하지만 최고 권력이 소재하는 황제 앞에서 전율한다.[765)]

이어서 뒤알드는 만다린들의 직무분배 방식, 즉 '추첨 방식'에 대해서도 언급한다.

다음은 만다린들의 업무를 분배하는 방식이다. 어떤 인물이 문학학위 세 개중 두 개를 획득했을 때, 그는 공직을 직업으로 할 자격을 갖췄을 때, 식자들의 이 세 종류의 명칭, 즉 학사·석사·박사는 각 학위자들을 서열과 성적에 따라 자리를 분배하는 '예부(Lu Pou)'라 부르는 부처의 기록부에 등재되어 있다. 때가 와서 빈 벼슬자리가 있을 때, 그들은 보통 진사, 즉 박사도 승진시켜 2·3등급 도시의 치자 이상의 것을 만들지 못한다. 어느 때 이 관직들이 4개가 비었다고 가정하면, 그들은 황제에게 이에 대해 알리는 것으로부터 시작해서 목록에 먼저 기재된 4명의 학자들을 부른다. 그 다음에, 그들이 겨우 닿을 수 있을 정도로 아주 높이 놓인 상자 안에 4개의 정부의 지명이 쓰인 4개의 막대기를 넣어 놓을 때, 그들 모두는 순서대로 뽑아서 그의 제비뽑기 배당으로 떨어지는 그 정부를 가져간다. 그 인물이 어떤 종류의 정부를 감당할 수 있는지를 알아내기 위해 공통된 시험 외에 그들은 또 다른 시험을 통과하는 것이다. 말하자면 그 인물이 친구들이나 줄 돈이 있을 때, 중국인들은 가장 좋은 정부를 그들이 계획적

765) Du Halde, *The General History of China*, Vol.2, 45쪽.

으로 유리하게 만든 사람의 제비뽑기 몫으로 떨어지게 만드는 술수가 없지 않다.[766]

중국에서는 전통적으로 진사들의 임지任地 선정 제비뽑기에서도 '사私'가 끼어들었던 것이다. 뒤알드는 이것까지도 지적하고 있다.

뒤알드는 즉각적 복종을 가능케 하는 관료제적 상명하복체계와 각급 지방관리들의 행차를 경이로운 눈으로 바라본다.

단 한 명의 관리, 가령 지부가 그렇게 많은 백성을 쉽사리 다스리는 것은 아주 경이롭다. 그는 단지 길이 교차하는 곳에 붙여진 관인이 찍힌 작은 쪽지로 명령을 발령할 뿐인데도, 백성은 즉각 그에게 복종한다. 이러한 준비된 복종심은 중국인들이 어린 시절부터 양육되는 시기에 주입된, 부모에 대한 저 심심深深한 경의와 무조건적 순종을 그 토대로 삼는다. 그것은 또한 만다린이 그를 황제의 대리인으로 여기는 백성을 향해 그의 품행 방식으로 일으키는 경의로부터도 생겨나온다. 백성은 만다린이 그의 관청에서 정의를 시행할 때 무릎을 꿇고만 만다린에게 말한다. 그리고 그는 좀처럼 대규모 수행원과 장엄한 행렬 없이는 공공장소에 나타나지 않는다. 그는 마찬가지로 화려하게 의관을 하고 그의 외양은 장중하고 근엄하다. 여름이면 4인이 무개無蓋의 금박 가마로, 그리고 겨울이면 비단으로 덮인 가마로 그를 태워 가는데, 그의 관청의 모든 관리들이 앞서 나아간다. 이 관리의 의관은 아주 특별한 패션이다. 이 관리들은 양쪽에서 가로를 줄지어 행하고, 몇몇은 앞에 비단 우산을 들고 가고, 다른 사람들은 때때로 구리대야를 두들기며 가고, 큰 목소리로 백성들에게 호령하여 저

766) Du Halde, *The General History of China*, Vol.2, 45-46쪽.

지방관 관리가 지나갈 때 경의를 표하도록 한다. 어떤 사람은 큰 채찍을 휴대하고, 다른 사람들은 긴 장대나 쇠사슬을 들고 가고, 이 모든 악기들의 무서운 소음은 당연히 벌벌 떠는, 그리고 그의 명령에 불복종한다면 그의 교정조치를 피할 수 없다는 것을 아는 사람들을 전율하게 한다.[767) 그리고 뒤알드는 이렇게 덧붙인다. "그리하여 지방관이 나타날 때 가로에 있는 모든 사람들은 아무 방식으로나 그에게 인사를 함으로써가 (이것은 비난 받을 만한 친근성[친압]일 것이다) 아니라, 한쪽으로 물러나서 두 발을 모으고 차렷 자세로 서서 팔을 아래로 내림으로써 존경을 표한다. 그들은 만다린이 지나갈 때까지 그들이 가장 존경스럽게 생각하는 이 자세를 풀지 않는다."[768) 뒤알드의 이 기록에서 놀라운 점은 지방수령이 행차할 때, 각종 덜떨어진 영화에서 묘사하듯이 백성들이 땅에 머리를 박고 엎드려 있는 것이 아니라, 차렷 자세를 취하고 꼿꼿이 서 있었다는 것이다.

한편, 뒤알드는 지현과 총독의 행차를 비교함으로써 지방관 행차의 화려함의 차이를 보여준다.

지현 같은 5품의 만다린이 이렇게 화려하게 행진한다면, 총독이나 포정사의 행진의 장려함은 적어도 어느 정도이어야 했겠는가? 그는 언제나 100명의 수행원을 데리고 다니는데, 이 긴 행렬은 전혀 당황스럽게 하는 것이 아니다. 만인은 그의 직책을 알기 때문이다. 이 행차의 한 가운데에서 그는 의례적 관습에 덮여서, 그리고 8명의 가마꾼들이 어깨로 받쳐 든 멋진 금박의 큰 가마에 높이 들려져 출현한다. 맨 먼저 행차를 알리기 위해 구리대야를 두드리는 두 솥뚜껑 고수鼓手가 나타난다. 그 다음에 포정사

767) Du Halde, *The General History of China*, Vol.2, 46-47쪽.

768) Du Halde, *The General History of China*, Vol.2, 47쪽.

의 영예 칭호를 큰 글씨로 쓴 표장 깃발을 든 8명의 기수가 온다. 그 다음에는 용·호랑이·피닉스와 나르는 거북이 및 기타 동물들과 같은 그의 관직의 본래적 상징이 그려진 기치, 이 만다린의 특성이 큰 금박 글자로 쓰인, 높이 치켜든 큰 삽 모양의 보드를 든 8명의 관리들이 온다. 다른 두 명이 노란 비단의 큰 양산을 드는데, 한 명은 이 양산을 세 배 키 높이로 치켜들고, 다른 한 명은 양산을 넣는 케이스를 든다. 말 탄 두 명의 궁수가 주요 경호대의 선두에 선다. 은 술로 장식된 큰 갈고리로 무장한 경호원들은 4열종대로 선다. 다른 두 열의 무장 인원이 따르는데, 이 중 어떤 사람은 긴 핸들을 가진 철퇴를 들고, 다른 사람들은 손이나 뱀 모양의 철퇴를 들고, 또 다른 사람들은 큰 망치와 초승달 모양의 전부戰斧로 무장했다. 다른 경호원들은 예리한 도끼를 들고, 일부는 전자와 같이 곧은 낫으로 무장했다. 군인들은 세 날 도끼창이나 도끼를 휴대하고, 두 명의 짐꾼은 포정사의 관인官印을 담은 일종의 멋진 가방을 짊어진다. 만다린의 접근을 알리는 다른 두 명의 솥뚜껑 고수, 군중을 떼어놓기 위해 회초리로 무장한 두 명의 관리가 따른다. 이들 뒤에는 용 모양의 갈고리 달린 철퇴를 든 두 사람, 많은 수의 재판관들이 따르는데, 곤장을 치는 채찍이나 납작한 장대로 무장한 일부 재판관들, 사슬·채찍·단검·대검으로 무장한 다른 재판관들, 두 명의 기수와 이 대열을 지위하는 대장이 따른다. 이 모든 수행원이 스크린 모양의 큰 부채를 든 관리를 자기의 몸 가까이에 대동하고 시동과 하인에 둘러싸여 가마에 탄 포정사에 앞서 간다. 그리고 여러 경호원들이 그를 뒤따른다. 이 중 일부는 철퇴로 무장하고, 일부는 긴 손잡이 사브레 칼로 무장했다. 이들 뒤에는 여러 표장과 신호기가 말 등에 탄 하녀들과 함께 온다. 만인은 날씨 때문에 만다린이 모자를 바꿔 써야 한다면 상자 곽에 든 두 번째 모자와 같은, 만다린이 쓸 어떤 필수적인 것을 휴대한다.769)

포정사 행차의 이 세세한 광경은 오늘날 재현할 수도 없고, 또 이렇게 자세한 기록도 찾아보기도 힘들다. 1735년 중국 지방수령들의 행차 광경에 대한 뒤알드의 이 세밀한 묘사는 귀중한 것이다. 이런 이유에서 이 긴 묘사를 그대로 인용했다. 뒤알드는 지방수령들의 야간행차도 기술한다. "그가 밤 시간에 여행할 때 그들은 유럽에서처럼 횃불을 드는 것이 아니라 여러 개의 큰 산뜻한 랜턴을 든다. 이 랜턴 위에는 대문자로 만다린의 칭호와 품계를 써서 만인에게 이 만다린이 받아야 할 경의를 불어넣어서 행인들은 멈춰 서고 앉아있던 사람들은 존경하는 자세로 일어서게 한다."[770]

그리고 뒤알드는 이어서 사법행정과 같은 지방수령들의 임무를 보완적으로 더 기술한다.

> 모든 현 또는 모든 주의 수령은 사법행정을 수행하고, 모든 가정으로부터 황제에게 바치는 공물을 수납하고 우연히 살해된 사람들과 절망해서 자기 자신에게 폭력적 손을 댄 사람들의 시체를 친히 검시해야 한다. 한 달에 두 번 그는 관할구역의 모든 주요 인사들에게 면담기회를 주고 일어나는 만물만사에 대한 정확한 정보를 갖춰야 한다. 배와 선박의 배표를 나눠주거나 아주 많은 백성들 사이에서 거의 계속 발생하는 불평과 고발을 청문하는 것도 마찬가지로 그의 직무다. 모든 소송은 그의 법정 앞으로 오고 그는 그가 유죄라고 판단하는 사람을 가혹한 태형으로 벌한다. 한마디로, 그는 범죄자들에게 사형선고를 선언하지만, 그의 선고는 그의 위에 있는 다른 만다린의 선고와 마찬가지로 황제가 재가할 때까지 집행될 수 없다.[771]

---

769) Du Halde, *The General History of China*, Vol.2, 47-48쪽.

770) Du Halde, *The General History of China*, Vol.2, 48-49쪽

뒤알드는 그러나 지방관들의 이 엄청난 권위와 위세도 백성의 여론에 의해 통제되고 좌지우지된다는 것을 잘 알고 있었다.

이 만다린들의 권위가 아무리 방대할지라도, 그들은 백성의 아버지라는 명성을 얻지 못하고 백성의 행복을 증진하는 것 외에 다른 욕심을 가진 것처럼 보인다면 자기의 벼슬자리를 유지할 수 없을 것이다. 그리하여 백성을 행복하게 만드는 것은 훌륭한 관리가 기뻐해야 할 일이다. 이러한 것이 누에를 키우고 비단을 짜는 데 숙련된 사람들이 그의 행정구역 안에 정주하게 하여 이런 식으로 도시를 부유하게 만드는 그런 만다린은 보편적 갈채를 받았다. 또 다른 만다린은 폭우가 쏟아지는 가운데 사람들이 강을 건너는 것을 금지하는 것으로 만족하지 못하고 그 자신에 강둑 위에 자리를 잡고 종일 거기에 서서 그의 존재에 의해 어떤 성급한 사람이라도 비참한 방식으로 죽는 것에 몸을 던지는 것을 방지했다. 너무 가혹하여 자기 관할하의 백성들에게 어떤 큰 애정도 가지고 있는 것처럼 보이지 않는 만다린은 포정사가 3년마다 대궐로 보내는 정보보고 속에 기록되는 것을 피할 수 없다. 이것만으로도 그의 관직을 삭탈하기에 충분할 것이다. 죄수가 구류상태에서 죽는다면, 만다린이 그의 살해를 꾀하도록 종용당하지 않았다는 것에 대한, 그가 그를 몸소 방문하여 의사를 보내고 그에게 모든 본래적 치유책을 다 제공했다는 것에 대한 증거가 가득해야 한다. 왜냐하면 황제는 통지를 받고 감옥에서 죽은 모든 사람들과 이들의 죽음의 방식에 관해 구에게 주어진 보고서를 가지고 있기 때문이다. 황제는 그가 받는 조언에 따라 종종 특별 재판을 명한다.772)

771) Du Halde, *The General History of China*, Vol.2, 49쪽

772) Du Halde, *The General History of China*, Vol.2, 49-50쪽

그리하여 지방수령들은 자연재해·재앙 등과 같은 각종 재해 시에 백성들에게 특별히 애민정신을 발휘하는 특별조치와 결정들을 내리게 된다. "만다린들이 주로 백성에 대한 애틋한 사랑을 베풀어주는 척하는 일정한 경우들이 있는데, 그것은 그들이 한발, 한해寒害, 수해, 지진, 또는 메뚜기 떼와 같은 충해蟲害 기타 재해로 인한 흉년과 천재, 화재, 계절적 빈궁貧窮(춘궁기와 하궁기夏窮期)를 두려워할 때다. 그 다음으로 만다린들은 애정이나 관심에서든, 위선에서든 그를 인기 있게 만들 수 있는 어떤 짓도 망각하지 않는다. 그들이 문인들이어서 불교와 도교의 우상들을 증오할지라도 최대다수의 지방관들은 사찰에 대한 장엄한 방문을 빼먹지 않는데, 비나 좋은 날씨를 보내달라고 간청하기 위해 이번에는 관습과 반대로 도보로 간다. 이런 종류의 재해가 나면, 지방수령들은 일반적 금식을 규정하고 푸줏간이나 요리사들이 고기를 팔지 못하게 중형으로 금지하는 명령의 방을 공공장소에 붙이게 한다. 그러나 그들은 자기들의 상점에서 공공연하게 고기를 팔 수 없지만, 저 명령이 준수되도록 감독하는 관청 사람들에게 몰래 적은 돈을 찔러주고 사적으로 고기를 판다."773)

뒤알드는 사찰을 찾아 기우제를 올리는 지방관의 관행을 특정 행성들의 예를 들어 더 고주알미주알 상설詳說한다. 그리고 절의 불상이 이 간절한 소원을 들어주지 않을 때 지방관이 불상을 재판하고 내동댕이치고 괴롭히는 관행까지 자세히 묘사한다.774) 또한 관료들이 한 달에 두 번 백성들에게 품행에 관해 가르치고, 이것이 그의 임무의 아주 본질적인 부분이어서 어떤 종류의 범죄가 그의

---

773) Du Halde, *The General History of China*, Vol.2, 50쪽

774) Du Halde, *The General History of China*, Vol.2, 51-58쪽

행정구역 안에서 저질러진다면 그가 이 범죄에 대해 책임을 져야 한다는 것도 뒤알드는 기술하고, 도둑질이나 살인사건이 나면 이것을 잡아내야 하고 그렇지 않으면, 관직을 내놓아야 한다는 것, 자식이 아비를 죽이는 패륜범죄가 나면 해당 행정구역의 모든 관리들이 삭탈관직을 당한다는 것, 자식이 잘못하면 그 아비를 사형선고로 벌하는 것에 대해서도 언급한다.[775)]

아울러 뒤알드는 민복民福을 중시하는 중국의 관료제적 질서를 찬양하기도 하고, 몇몇 부패한 관리들을 비판하기도 한다. "모든 만다린들이 그들의 감정을 만족시키는 것 아니라 이러한 규칙에 부응한다면, 중국 법률에 의해 확립된 탁월한 질서에 비할 것은 아무것도 없을 것이고, 어떤 나라도 이나라보다 더 행복하지 않을 것이라고 확언할 수 있을 것이다. 그러나 수많은 관리들 중에서 자기의 행복을 이승의 임무 속에 집어넣고 자기에게 기쁨과 희열을 주는 모든 것을 따르고, 이성과 정의의 보다 신성한 법률들을 소홀히 하고 이 법률들을 사적이익에 희생시키는 점에서 아주 신중하지 않은 몇 사람이 언제나 존재하는 법이다."[776)]

뒤알드에 의하면, 지방 관리들은 자기들의 화려한 생활과 사치를 유지하기에 충분한 봉급을 받지 못한다. 그래서 관리들은 가끔 백성을 갈취하고 박해한다. 그런데 법률은 관리들을 테두리 안에 가두고 백성을 강탈로부터 보호하려는 "여러 지혜로운 예방조치"로 이 불온한 악정을 금지했다. 당시까지 다스리던 옹정제는 훨씬 더 효과적인 치료책을 마련하려고 노력했다. 옹정제는 그들의 봉급 액수를 증액시키고 그자신부터 어떤 선물도 받지 않을 것이라고

---

775) Du Halde, *The General History of China*, Vol.2, 60-61쪽

776) Du Halde, *The General History of China*, Vol.2, 61쪽

선언하고 관리들에게 자기 마땅한 몫 이상의 것을 받는 것을 법률에 명시된 형벌로 금지했기 때문이다. 이 법은 8온스의 은을 받거나 부당하게 쥐어짜내는 만다린이 사형으로 처벌하라고 명하고 있다고 뒤알드는 말한다.[777]

또한 뒤알드는 이것 외에도 백성들에 대한 관리들의 박해와 부패를 막는 다른 여섯 가지 요소를 든다. 첫째, 백성들이 박해에 신음하다가 소요를 일으키면, 소요의 책임을 그 행정구역의 지방관에게 묻는다는 것이다. "어느 행성行省에서 일어나는 아무리 작은 동요라도 포정사 탓으로 돌려진다. 그리고 이 동요가 즉각 진정되지 않는다면, 그는 거의 확실하기 자기의 관직을 잃는다. 법률은 "포정사는 거대한 가족의 수장 같고, 그가 예하의 관리들을 다스리고 이들이 백성을 박해하는 것을 저지해야하기 때문에 가정의 평화가 어지럽혀진다면 이것은 그의 잘못이다"고 규정하고 있다. 뒤알드는 "멍에가 힘들지 않다면 백성들은 이 멍에를 투덜대지 않고 짊어지지만, 그렇지 않다면 그들은 그것을 벗어던지려고 꾀할 것이다"고 말한다.[778]

둘째, 뒤알드는 상피제相避制를 누구보다 자세히 소개한다. 중국의 관료제 법률은 "어떤 사람도 그 자신의 고향도시나 심지어 그의 가족이 거주하는 행성에서도 대민對民 관직을 가져서는 아니 되고, 보통 그는 이직하기 전에 동일한 곳에서 여러 해 동일한 관직을 보유하지 않는다"고 규정하고 있다. "따라서 그는 그를 편파적으로 만드는 방식으로 그 지방의 백성과 어떤 특별한 우정도 맺지 못한다. 그리고 그와 함께 다스리는 거의 모든 만다린이 그에게 모르는

777) Du Halde, *The General History of China*, Vol.2, 61-62쪽

778) Du Halde, *The General History of China*, Vol.2, 62쪽

사람들인 만큼, 그가 그들에게 부탁을 들어줄 어떤 이유를 갖는 경우는 드물다. 그들이 그에게 그의 고통 행성과 가까운 행성에 자리를 준다면 그는 적어도 그곳으로부터 50리그(약241km) 떨어진 곳에 살아야 한다. 이유는 관리가 공공복리 외에 다른 것을 일절 추구해서는 아니 되기 때문이다. 그는 그의 고향에서 관직을 수행한다면 분명 이웃과 친구들의 청탁에 시달릴 것이고, 아마 그의 판단에서 편향되어 다른 사람들에게 불의를 저지르거나 전에 그에게 또는 그의 친척들에게 위해를 가한 자들에 대한 복수의 원칙에서 행동할 것이다. 그들은 이 멋진 인사원칙을 아들, 형제, 조카 등이 그의 형제, 삼촌 등이 상급관리인 곳에서 부하 관리로 근무하는 것까지 확장해 적용한다. 가령, 이 사람이 3등급 도시의 수령인데, 황제가 같은 행성에 포정사로 그의 맏형을 보내려고 할 때면, 이 때문에 동생은 대권에 이 사실을 알려야 하고 대궐은 그에게 또 다른 도시에서 그가 이전에 가졌던 것과 동일한 급의 수령직을 준다. 이 규정의 이유는 형이 상관으로서 동생에게 혜택을 주고 그의 잘못에 대해 봐주거나 눈감아주지 않도록 하는 것이고, 또는 동생이 형의 존엄한 지위와 보호의 그늘 아래 자기 관직을 덜 공정하고 덜 엄정하게 수행하지 않도록 하는 것이다. 다른 한편으로 형제가 형제에게 고발을 제기하도록 강요되는 것은 아주 힘들 것이다. 이 불상사들을 피하기 위해 그들은 서로에 대해 종속되는 자리에 있는 것을 허용치 않을 것이다. 내가 상관인 아버지, 형, 삼촌에 대해 말한 것은 하위관리인 아버지, 형, 삼촌과 관련해서 고위관리인 아들, 형제, 조카, 한마디로 모든 가까운 친척들에 대해서도 마찬가지로 적용된다."[779]

---

779) Du Halde, *The General History of China*, Vol.2, 62-63쪽

셋째, 3년마다 시행되는 인사고과의 작성이다. "3년마다 그들은 제국의 모든 관원들에 관해 일반적 평가를 매기고 그들이 통치에 대해 가진 좋은 또는 나쁜 자질을 사정査定한다. 모든 고위관리들은 마지막 정보가 제출되어 있기 때문에, 또는 그들이 관직에 있었기 때문에 하위 관리의 품행이었던 것을 사정하고 각자에게 칭찬이나 질책을 담은 평가를 매긴다. 가령 3등급 도시의 수령은 그 아래 3-4명의 작은 관리들을 거느리고 있는데, 그는 이들에게 평가를 매기고 이 평가를 그가 종속된 2등급 도시의 수령에게 발송한다. 자기 아래 여러 관리들을 가진 이 수령은 이 평가를 검토하고, 그의 지식에 입각하여 이에 동의하든가 다른 것들을 더한다."[780]

2등급 도시의 수령은 3등급 도시의 모든 수령들로부터 평가를 받을 때 3등급 도시의 수령들에게 평가를 매기고, 성도에 주재하는 행성의 총괄 관리들에게 그 행정구역 안의 모든 관리들의 목록을 발송한다. 이 목록은 그의 손을 통해서 포정사의 손으로 넘어가고, 포정사는 그것을 비밀리에 검토한 뒤 그것을 그 자신의 논평과 함께 조정으로 보내, 주무부처가 제국의 모든 관리들에 대해 정확한 지식을 갖추고 그들의 공적에 따라 그들 포상하거나 처벌할 수 있도록 한다.[781]

"포정사는 이 사정査定이 진행되는 2개월 동안 아무도 만나지 않고, 어떤 방문도 받아들이지 않고, 그의 아래 있는 사람들로부터 어떤 편지도 받지 않는다. 그는 그가 위대한 덕자德者로 보일 수 있는, 그리고 그가 공덕 외에 어떤 것도 고려하지 않는다는 것을 입증하는 것으로 보이는 이런 조치들을 취한다." 그리고 뒤알드는

780) Du Halde, *The General History of China*, Vol.2, 64쪽

781) Du Halde, *The General History of China*, Vol.2, 64쪽

포정사가 작성한 평가서의 샘플을 보여준다. "관리들의 이름과 그들의 관직의 칭호 아래 포정사들은 '그는 돈을 탐내는 인간이다, 그의 처벌은 너무 가혹하다, 그는 백성을 거친 방식으로 대한다', 또는 아니면 '그는 너무 연령이 많아 더 이상 그의 관직을 수행할 수 없다', '또 다른 자는 오만하다, 성격이 이상하다, 변덕스럽다, 정서가 불안정하다', '또 다른 사람은 퉁명스럽고, 감정적이고, 자기를 제어를 할 줄 모른다' 마찬가지로 '또 다른 사람은 그의 통치방식이 취약하다, 백성들이 복종하도록 만들 줄 모른다', 또는 아니면 '그는 느리고, 일 처리에서 뒤처지고, 법률과 관습을 잘 알지 못한다' 등을 기입한다."782) 뒤알드는 정보자료를 어디서 구했는지 인사고과에 대해 실로 세밀하게도 묘사하고 있다.

포정사가 작성한 이 인사고과는 중앙의 육부에서 관직의 승진·재임再任·영전·좌천·삭탈 등을 결정하는 자료로 쓰인다. "평가 목록(인사고과)이 북경에 도착할 때 이것을 접수받은 주무부서는 그것을 검토하고 각 관리들에 배정되는 포상과 처벌을 적어 넣은 뒤에 포정사에게 되돌려 보낸다. 그들은 나쁜 성적을 받은 자들로부터 관직을 삭탈하고 칭찬을 받은 자들을 더 높은 관직으로 영전시킨다. 가령 3등급 도시의 수령이었는데 자기의 역량을 입증한 자는 2등급 도시의 관리자로 승진시킨다. 그는 이 도시를 감당할 재능이 있는 것으로 보인다. 정·종의 등급을 올리고 내리는 것으로 만족하는 다른 경우도 있다. 관리들은 품계 앞에 오르고 내리는 정·종의 등급을 놓아야 한다. 가령 '나, 이 도시의 정3품 수령, 또는 종3품 수령은 명령하고 지명한다' 등. 이런 방식으로 백성들은 관리가 받아야 마땅한 상벌을 안다. (18등급에서) 10등급이 오른(종4품관)으로 승급

782) Du Halde, *The General History of China*, Vol.2, 64-65쪽

한 사람은 그도 곧 고위관직에 올라갈 것이라는 희망을 가질 여지가 있다. 다른 한편, 10등급 강등된 관리는 관직을 잃을 것을 두려워할 이유가 있다."783)

백성들에 대한 관리들의 박해와 부패를 막는 네 번째 요소로 뒤알드는 암행어사제도를 다. "총괄 지방관이 예하 도시의 개별적 수령들에 의해 뇌물로 부패하고 그리하여 백성을 박해하는 관리들의 불의를 눈감아주는 만큼 황제는 때때로 지방으로 비밀리에 감찰어사를 파견한다. 이 암행어사는 도시로 들어가고 지방수령이 백성을 접견하는 동안 마찬가지로 관청으로도 들어간다. 그는 능란하게 기술자들과 백성들에 의해 지방수령이 그의 관직 수행에서 어떤 식으로 행동하는지를 알아내고 이런 비밀스런 정보수집 후에 그들이 어떤 무질서를 발견하면 그는 그의 지위의 표장을 꺼내들고 자신이 황제의 어사임을 선언한다. 그의 권위가 절대적인 만큼 그는 잘못한 지방관의 접견과정을 즉시 정지시키고 법률의 가혹한 규정에 따라 그를 처벌한다. 아니면 불의가 악명 높지 않다면, 그는 정보를 황국으로 보내 조정에서 무엇을 해야 할지를 결정하게 한다."784) 뒤알드는 그때로부터 수년 전 광동에 파견된 암행어사의 활동사례를 들어 암행어사의 실상에 대해 상세하고 묘사해주고 있다.785)

백성들에 대한 관리들의 박해와 부패를 막는 다섯 번째 요소는 황제 자신의 순행이다. 뒤알드는 말한다. "지방의 감찰어사들이 상당한 관리들이고 인품이 알려질 만큼 좋을지라도 어사들도 때로

783) Du Halde, *The General History of China*, Vol.2, 65-66쪽

784) Du Halde, *The General History of China*, Vol.2, 66쪽

785) Du Halde, *The General History of China*, Vol.2, 66-67쪽

권력을 남용할 수 있고, 그가 죄인의 불의를 눈감아주고 이 죄인을 이용해 치부할 유혹을 받는다. 그러므로 황제는 어사들이 스스로를 경계 서도록 하기 위해 그들이 전혀 생각지 못할 때 특정한 행성들을 몸소 가서 그 자신이 직접 그들의 수령들에 대한 백성들의 정당한 하소연을 청문한다. 군주가 자신을 인기 있게 만들고 싶어 하는 이런 종류의 감찰방문은 그렇게 적게 잘못하지 않은 관리들을 전율하게 한다. 1689년 전임 황제 강희제는 남부 행성들을 순행하면서 소주, 양주, 남경을 지났다. 그의 근위대와 약3000명의 신사들이 수행했다. 그들은 성기省旗, 각종 깃발, 덮개, 양상, 다른 치장들을 무수히 들고 황제를 영접하러 나왔다. (...) 황제는 양주에서 선박 안에 숙박했고, 다음 날 말을 타고 들어갔다. 가로는 카펫이 깔렸다. 황제는 주민들에게 관리들이 그렇게 하라는 명령을 내렸는지 물었다. 주민들은 대답했다. '그들은 그런 명령을 받지 않고 자발적으로 그것을 했고, 황제 폐하께 경의의 공적 증거를 표하고 싶습니다.' 황제는 이 답변에 아주 만족한 것으로 보였다. 가로는 사람들과 어린이들로 아주 가득 차서 말이 거의 통과할 수 없었다. 황제는 매순간 멈춰서 그것을 즐기는 것처럼 보였다. 소주에서는 가로의 포장도로 위에 카펫을 깔았다. 이로 인해 황제는 도시 입구에서 하마下馬하게 되었다. 황제는 백성들의 것인 그토록 많은 고운 비단을 망가뜨리지 않도록 말을 멈추라고 명했다. 그는 그를 위해 준비된 행궁行宮으로 걸어서 가서 이틀 동안 그의 주어駐御로 그 도시를 영예롭게 했다. 이런 종류의 순행에서 황제는 자신이 백성의 보화요 아버지라고 선언하고 정당한 불평 원인들이 존재하는 경우에 지방관들을 향해 신속하고 가혹한 사법司法이 집행된다. 르콩트 신부는 전임 황제 강희제가 자신을 지방관들에 대해 막강한 존재로 비치게 만들고 마찬가지로 백성들에게 사랑받게 만든 이런 사법행위와 가혹성의 사례들 중 하나를 이야기 했다."[786] 그러고 나서 뒤알드는 노인에게 외아들을 빼앗아간 지방관리를 처형하고 그 관리의 관직에 그 노인을 임명한 강희제의 판결과 집행조치에 관한 르콩트의 전언을 자세히 옮겨 싣고 있다.[787]

지방관들의 박해행위와 부정부패를 막는 여섯 번째 요소는 언론보도에 의한 통제다. "한마디로, 북경에 매일 인쇄되어 거기서 모든 행성으로 확산되는 신문보다 관리들을 질서 속에 붙들어두고 그들이 저지르는 잘못을 방지하는 데 더 훈육적이고, 더 유력한 것이 없다. 그 안에는 통치와 관련된 것만 실린다. 그리고 중국정부가 절대군주정인 만큼, 그리고 지극히 사소한 사건들도 황제 앞으로 가져오는 만큼, 신문은 관리들을 그들의 관직수행에서 지도하고 식자들과 평민대중을 가르치는 데 아주 유익한 것만을 싣고 있다. 가령 그것은 삭탈관직을 당한 관리들의 이름과 그 이유가 담겨있다. 황제의 공물을 수거하는 데 태만하거나 그 공물을 탕진한 것이 이유이거나, 또 다른 경우는 처벌에서 너무 관대하거나 너무 가혹한 이유다. 후자는 박해 때문이고, 전자는 그가 해야 하는 만큼 다스리는 재능의 결여 때문이다. 어떤 관리든 상당한 관직으로 승진하거나 강등된다면, 또는 어떤 잘못 때문에든 그가 황제로부터 받아야 하는 연봉이 박탈된다면, 이것은 즉각 신문에 보도된다. 신문은 마찬가지로 사람들이 처형된 모든 형사사건들을 전하고 마찬가지로 이동한 관리들의 자리를 채우는 관리들의 이름들, 이런 저런 행성에서 일어난 재해, 황제의 명에 따라 그곳의 지방관들에

786) Du Halde, *The General History of China*, Vol.2, 67-69쪽

787) Du Halde, *The General History of China*, Vol.2, 69쪽

의해 주어진 원조도 전한다. 신문 또한 군인들의 생계에 지급된 지출액, 백성의 생필품, 공공공사, 군주의 시혜 등을 싣는다. 거기에는 황제에게 그의 처신과 결정에 관해 상신된 최고관청들의 간언들도 실려 있다. 그들은 신문 안에서 백성의 마음속에서 모방심을 불러일으키고 노동의욕과 농지경작을 위한 열성으로 그들을 다스리는 사람들을 고취하도록 황제가 땅을 가는 날을 언급한다. 또한 북경에서 대관들의 화합의 시간도 언급하고, 그들의 책무에 관해 가르침을 받을 모든 주요 관리들도 언급한다. 당신은 거기서 제정된 법률과 새로운 관습도, 황제가 관리들에게 내린 칭찬과 견책도 발견할 수 있다. 가령 이런저런 관리는 아주 좋은 평판을 얻지 못했고, 그가 고치지 않는다면 그는 처벌받을 것이다. 간략히, 중국 신문은 관리들에게 백성들을 그들이 해야 하는 대로 다스릴 방법을 가르쳐주는 데 매우 유용하다. 이런 이유에서 관리들은 그것을 항상 읽는다. 이 방대한 제국 안에서 벌어진 모든 공공사건을 보고하는 만큼, 신문의 최대부분은 제국이 품고 있는 사실들에 관해 관찰한 것들 중 관리들의 처신을 지도하는 내용을 쓰는 데 전념한다. 황제에게 상신된 것, 또는 황제 자신으로부터 나온 것만이 인쇄된다. 신문을 책임지는 사람들은 감히 거기에다 점 하나를 덧붙이지 못하고 체형의 고통에 관한 그들의 반성도 덧붙이지 못한다."[788)]

뒤알드는 1726년의 한 사건을 소개한다. 1726년 어느 관청의 기록자, 또는 역참관청에 일하는 또 다른 기록자가 허위로 드러난 세부사항들을 신문에 실은 것 때문에 "사형 선고를 받았다". 형사법정이 그 판결을 근거지은 이유는 황제 폐하에게 존경을 표하지 않았다는 것이었다. 법률은 황제 폐하에 대한 존경을 표하지 않는

788) Du Halde, *The General History of China*, Vol.2, 69-71쪽

자는 누구든 죽음을 당해야 마땅하다고 선언하고 있다.[789] 이 구절은 전문적 중국비방자 몽테스키외가 중국황제가 자기에게 존경을 표하지 않았다는 사소한 이유로 사람을 처형한다는 식으로 무고하는 데 악용하고 우려먹은 구절이다. 그러나 뒤알드의 이 묘사는 '처형'당했다는 것이 아니라, "사형 선고를 받았다"는 것이고, '집행'에 대해서는 기술하지 않고 있다. 그러나 사형집행은 중국에서 매우 드문 일이었다. 게다가 뒤알드는 황제에 대한 불경한 언동이 무엇인지 말하지 않고 있다. 하지만 그것이 2017년 서울 강남구의 한 여성구청장이 그랬듯이 '문재인은 빨갱이(공산주의자)다'는 수준의 불경 보도 또는 명예훼손 보도라면 오늘날도 처벌받을 것이다. 만주족의 중국정복이 100년도 되지 않은 그 시절에는 "황제는 이족夷族(오랑캐)이라도 관대하시다"는 기사 정도라면 오늘날 '문제인은 빨갱이다'는 수준의 불경한 명예훼손적 표현이었을 것이다.

뒤알드는 중국의 공직자 관련 법률이 관리들에게 사사로운 접촉과 유흥을 금한다는 말로 지방관들의 박해행위와 부정부패를 막는 요소에 대한 기술을 마친다. "결론을 지으면, 법률은 관리들에게 대부분의 평범한 유흥을 금한다. 그들은 친구들을 대접하고 친구들에게 연극을 공연해주는 것을 허락받지 않았고, 특정한 때에만 허락되었다. 그들은 놀음, 산책, 사적 방문에 빠진다면, 또는 공공회의에서 친구를 지원한다면 운명의 위험을 무릅써야 할 것이다. 그들은 그들 자신의 궁택의 보다 사적인 공간에서 취할 수할 수 있는 것 외에 어떤 다른 유흥도 추구하지 않는다."[790] 뒤알드는 중국의 법률이 관원들에게 멸사봉공 정신을 주입시키는 측면을

789) Du Halde, *The General History of China*, Vol.2, 71쪽
790) Du Halde, *The General History of China*, Vol.2, 71쪽

부각시키고 있다.

뒤알드는 이렇게 상세할 정도까지 샅샅이, 아니 고주알미주알 중국 관료제의 긍정적 측면과 부정적 측면을 서양인들에게 알리고 있다. 따라서 18-19세기 서양 계몽철학자와 입법자들은 여기서 다룬 포르투갈 무명씨, 페레이라, 라다, 멘도자, 발리냐노와 산데, 퍼채스, 마테오리치, 세메도, 마젤란, 르콩트, 뒤알드 등의 보고만 죽 훑어보아도 중국의 과거제와 관료제를 나름대로 알고 평가하면서, 봉건적 지방할거와 분열, 행정체계의 귀족적 엽관성과 매관매직, 후견·정실주의 등 서구의 낙후한 국가행정 상태를 비판할 수 있었다. 이런 까닭 17-18세기에 존 웹, 윌리엄 템플, 유스터스 버젤, 프랑수와 케네, 요한 유스티 등은 중국의 관료제를 극구 찬양하고 관료제를 유럽에 도입할 것을 주장했던 것이다.

서양 철학자들은 봉건영주들이 아니라 국가시험(과거시험)으로 검증된 유학자 박사들이 다스리는 중국의 관료제적 통치체제를 철인통치체제로 찬양했다. 선교사들은 17-18세기에 조선에 들어오지 않아서 조선의 관료제에 대해서는 전하지 않았다. 하지만 네덜란드에서 영국으로 귀화한 유럽의 선각자 아이작 보시어스(Isaac Vossius, 1618-1689)는 「중국의 예술과 과학에 관하여」(1685)에서 "중국과 코리아(Corea) 백성들은 철학자를 임금으로 가졌다는 견해"를 피력했다.[791] 이 견해에는 네덜란드 라이덴대학교 독일인교수 게오르크 호르니우스(Georg Hornius)도 동의했다. 호르니우스는 이미 *Acra Noae*('노아에의 꼭대기', 1666)라는 책에서[792] 조선도 철인 군주가

791) Thijs Weststeijn, "Spinoza sinicus: An Asian Paragraph in the History of the Radical Enlightenment", *Journal of the History of Ideas*, Vol. 68, No. 4(Oct., 2007), 548쪽.

792) Georgius Hornius, *Arca Noae, sive historia imperiorum et regnorum` condito orbe ad nostra tempora* (Leiden: Officina Hackiana, 1666). '노아에'는 시칠리 내륙의 도시명이다.

다스리는 나라이고 "철학자 키치오(Kicio)"가 통치하고 있다고 말하면서[793] 조선을 중국과 더불어 '철인국가'로 찬미했다. 이 "키치오(Kicio)"는 라틴어 "Kicius"의 독일식 변형으로 보인다. 보시어스와 호르니우스는 틀림없이 마르티니(Martino Martini)의 『중국기中國記(*Sinicæ Historiæ*)』(1658)를[794] 읽었을 것이기 때문이다.

마르티니는 이 책에서 공자가 기원전 500년경에 활동했어도 공자 자손들이 오늘날도 굉장한 경의를 받으면서 살고 있다고 말하면서 중국에서는 정말로 더 많은 유사한 사례들이 발견된다고 언명한 뒤, 그 사례가 "특히 *Corea*의 지금 군주들의 사례"라고 말한다. 이 군주들이 "*Kicius*로부터 계보적으로 죽 내려왔기" 때문이라고 한다. "이 *Kicius*는 기원전 1122년에 그의 탁월한 학문 때문에 이 왕국을 받았다. 이것에 의해 *Kicius*의 후손들이 지속적 계승 속에서 2790년 동안 *Corea* 왕국을 누렸다."[795] 여기서 '*Kicius*'는 '기자箕子'를 음역한 것으로 보이고, 왕조와 관련된 기술은 무왕이 기자를 조선에 봉했다는 사마천의 '기자조선'을 말하는 것이다. "*Kicius*의 후손들이 지속적 계승 속에서 2790년 동안 *Corea* 왕국을 누렸다"는 기술은 물론 두말할 것 없이 황당한 과장이자 오류다. 여기서는 이것이 문제가 아니라, 호르니우스가 말하는 "키치오(Kicio)"가 마르티니의

---

793) Hornius, *Acra Noae*, 430쪽. Thijs Weststeijn, "Spinoza sinicus: An Asian Paragraph in the History of the Radical Enlightenment", *Journal of the History of Ideas*, Vol. 68, No. 4 (Oct. 2007), 548쪽 및 각주55에서 재인용.

794) Martinus Martinius (Martino Martini), *Sinicæ Historiæ*, Decas Prima (Amstelaedami: Apud Johannem Blaev, 1659).

795) Martinius, *Sinicæ Historiæ*, 102쪽. 이 문장은 존 웹의 영역을 다시 국역한 것이다. John Webb, *The Antiquity of China, or An{sic!} Historical Essay, Endeavoring a Probability that the Language of the Empire of China is the Primitive Language* (London: Printed for Obadiah Blagrave, 1678), 89-90쪽.

'*Kicius*', 즉 '기자'를 가리킨다는 점이다. 따라서 보시어스와 호르니우스의 코리아 철인국가론은 그가 조선도 유교적 관료제를 확립한 유교국가라는 것을 이미 알고 있었던 것을 말해준다.

조선의 정치·군사·교육·지리·풍속을 소개한 『하멜표류기』(1668)를 읽은 존 로크도796) 조선의 관료제를 알고 있었을 것이다. 이 책을 불역본(1670)으로 읽은 것 같은 로크는 자기가 작성한 "A Catalogue and Character"에서 이 책을 이렇게 소개하고 있다. 이 책은 "제주도(the isle of Quelpaert) 해안에서 1653년에 발생한 네덜란드 선박의 난파에 관한, 코리아(Corea) 왕국의 기술을 겸한 보고서책. 이 책은 스스로를 그때 망실된 선박의 서기라고 부르는 사람에 의해 원래 네덜란드어로 쓰였다. 그는 저 나라에서 13년을 살았고 마침내 몇몇 다른 사람들과 함께 탈출했다. 그것은 불역될 가치가 있다고 생각되었고, 지금은 마침내 영역되었다. 이 책은 중국의 동편에 있고 땅의 작은 목에 의해 위력적인 제국과 연결된 반도인 *Corea*에 관한 여태 존재하는 유일한 보고다. 코리아가 멀다는 것 외에도 저자가 우리에게 코리아 사람들이 어떤 이방인들도 허용하지 않는다고 말해주기 때문에 우리가 이 나라에 대해 아주 많이 낯선 사람들이라는 것은 놀랄 일이 아니다. 또는 누군가가 그가

---

796) 로크는 자신이 작성한 "A Catalogue and Character of Most Books of Voyages and Travels"에 헨드릭 하멜(Hendrick Hamel)의 『하멜 표류기(*An Account of the Shipwrck of a Dutch Vessel on the Coast of the Isle of Quelpaert*)』(1668)를 싣고 있다. 이 책은 네덜란드어로 쓰이고 1668년 출판되었고, 불역본은 1670년 파리에서 나왔다. 영역본 *An Account of the Shipwrck of a Dutch Vessel on the Coast of the Isle of Quelpaert*는 최초 발행년도를 정확히 확정할 수 없으나 늦어도 1681년 전에 나왔다. (로크의 저 Catalogue가 1681년 전에 쓰였기 때문이다.) John Locke, "A Catalogue and Character of Most Books of Voyages and Travels", 563쪽. *The Works of John Locke*, Vol.10 in 10 volumes (London: Prinred for Thomas Tegg et al., 1823; 1963, reprinted by Scientia Verlag Aalen).

당한 것과 같은 불행을 당해 코리아 사람들의 손아귀에 떨어진다면 그 사람들은 그가 한 것과 같은 기적적 탈주를 할 수 없다면 결코 집으로 돌아올 수 없다. 이 보고 자체는 번역자가 쓴 특별한 역자 서문(불역자 서문을 말하는 것으로 보임 - 인용자)을 싣고 있는데, 독자의 주목을 요한다."[797]

또한 "중국제국·중국타타르·코리아·티베트의 지리적·역사적·연대기적·정치적·자연적 기술을 포함한다"는 긴 부제를 단 뒤알드의 『중국통사』(1735)도 강희제로부터 관직을 받는 신부 레지(Pere Jean-Baptiste Regis, 1663-1737)의 두 논문 「조선왕국에 관한 지리적 관찰(Geographical Observations on the Kingdom of Corea)」과 「조선약사(An Abridgement of the History of Corea)」를 옮겨 싣고 있다.[798] 이 두 글을 통해서도 서양인들은 조선이 중국의 국가제도를 수용한 유교국가이고, 따라서 조선의 통치제도도 관료제일 것이라는 사실을 충분히 잘 알고 있었다.

---

797) Locke, "A Catalogue and Character of Most Books of Voyages and Travels", 563쪽.

798) Pere Jean-Baptiste Regis, "Geographical Observations on the Kingdom of Corea"; "An Abridgement of the History of Corea". P. Du Halde, *The General History of China. Containing a Geographical, Historucal, Chronological, Political and Physical Description of the Empire of China, Chinese-Tartary, Corea and Thibet*, Vol. 4 (London: Printed by and for John Watts, 1736), 381-428쪽.

제3절
중국 관료제의 서천과 서구 관료제의 탄생

서양에서 관료제의 도입은 오랜 세월에 걸쳐 이루어졌다. 관료제의 성립을 위해서는 첫째, 지방을 분할·장악한 봉건귀족들을 약화시키거나 제거하는 중앙집권화가 이루어져 영주들의 행정권이 폐지되는 것과 동시에 왕명을 받은 관리들로 이루어진 새로운 중앙집권적 행정조직이 중앙과 지방의 행정권을 넘겨받아 전국을 통일적으로 다스리는 중앙통제적 행정체제가 이룩되어야 했다. 둘째는 매관매직·정실주의·후견제도로 임명된 이 관리조직이 정치철학적·도덕론적·행정적·정치경제적(시무적)·법률적 전문지식을 검증하는 필기·논술시험에 의해 선발되어 임기제와 인사고과제에 입각해 관리됨으로써 '관료화'되어야 했다.

첫 번째 중앙집권체제의 확립은 나라마다 진행방식이 달랐다. 영국은 중국의 영향 아래 영국 국왕들은 16세기 말엽과 17세기 초에 영주재판권을 약화시키다가 결국 폐지하는 대신 중앙의 삼부회를 의회로 전환시켜 중앙정치에 관심을 가진 대귀족들을 의회에 집결시키고 입법권과 사법권을 의회에 양보했다. 이와 동시에 중앙과 지방의 행정체제를 정실주의와 후견제도에 의해 중소 귀족들로 채웠다. 독일은 18세기에 프로이센과 오스트리아를 중심으로 중앙집권화가 추진되고 유사한 행정제도가 들어섰다. 그러나 독일과 오스트리아는 좀 더 일찍, 즉 18세기 초반과 말엽에 관리들을 필기시험의 공무원임용고시를 도입함으로써 정실주의 행정제도를 관료제로 변혁시켰고, 그리하여 영지를 가진 귀족과 융커들의 차남·삼남들에게 시험을 통해 관료로 진출하는 길을 터주었다.

프랑스에서는 루이 14세가 17세기 중후반부터 중앙집권화를 강력하게 추진하면서 매관매직·정실주의 행정제도가 들어섰다. 그러나 중국식 관리임용고시는 프랑스혁명 이후 여러 번의 시도 끝에 19세기 초에야 도입되었다. 영국은 19세기 중후반에야 공무원임용고시법이 제정되었고, 미국은 더 늦게 19세기 말엽에야 영국을 뒤따라 중국적 관료제를 도입했다.

영국·프랑스·독일에서 이러한 중앙집권화와 국가행정체제의 변혁이 일어난 것은 중국의 관료제를 알게 된 철학자들의 정치적 계몽 역할이 컸다. 이 정치적 계몽사상 속에서 유럽제국의 귀족들은 격하되었고, 중국의 과거제와, 이 과거시험을 통해 선발된 철학자들이 운영하는 관료제는 한껏 추켜세워졌고, 이와 동시에 이 관료제를 도입해야 한다는 사상적 흐름이 강력하게 대두하면서 신분제·정실주의·매관매직의 폐지와 관료제 도입에 대한 정치적·사회적 합의와 요구가 커졌기 때문이다.

3.1. 계몽철학자들의 중국 관료제 찬양과 도입 주장

■ 중국 관료제에 대한 웹의 예찬(1669)

서양에서 선교사들의 각종 중국기中國記를 읽고 최초로 중국 관료제를 극구 찬양하며 영국의 개혁을 요구한 철학자는 존 웹(John Webb, 1611-1672)이었다. 웹은 명예혁명이 일어나기 20년 전인 1669년 『중국제국의 언어가 원시언어일 개연성의 입증을 시도하는 역사적 논고(*An{sic!} Historical Essay, Endeavoring a Probability a Probability that the Language of the Empire of China is the Primitive Language*)』를[799] 출판했다. 그는 당대 유명한 건축가인 조운스(Inigo Jones)의 조력자로서 윌튼 하우스(Wilton House)를 공동 설계했고 찰스 2세의 명을 받아 그리니치 공원을 개축한 왕실건축가이자 근왕적勤王的 철학자였다. 『중국제국의 언어가 원시언어일 개연성의 입증을 시도하는 역사적 논고』는 9년 뒤 제목이 『중국의 유구성, 또는 중국제국의 언어가 원시언어일 개연성의 입증을 시도하는 역사적 논고』(약칭: 『중국의 유구성』, 1678)로 바뀌어 재간행되었다.[800]

웹은 공자철학의 기독교신학적·합리주의적 해석에 따라 중국의 군주정을 '이성理性국가'로 예찬하는 감격 속에서 지자들이 다스리는 중국의 관료제를 찬양하고 중국황제를 '철인왕'으로 소개한다.

중국인들의 정부정책에 관한 한, 나는 키르허가 전하는 것을 주로 말할

799) John Webb, *An{sic!} Historical Essay, Endeavoring a Probability that the Language of the Empire of China is the Primitive Language* (London: Printed for Nath. Brook, 1669).

800) John Webb, *The Antiquity of China, or An{sic!} Historical Essay, Endeavoring a Probability that the Language of the Empire of China is the Primitive Language* (London: Printed for Obadiah Blagrave, 1678).

> 것이다. 세상에서 어떤 군주정이 바른 이성(right reason)의 정치적 원리와 명령에 따라 구성된 적이 있다면, 그것은 중국군주정이라고 감히 말해도 된다. 왜냐하면 만사가 선비 또는 지자들의 통치와 권력 아래 있는 만큼, 또한 전 제국의 국사가 이 지자들의 손을 거쳐야만 처리되는 만큼 그 왕국에서는 만물만사가 아주 위대한 질서 속에 놓여 있는 것으로 드러나기 때문이다. 글과 학문에서 아주 많이 배운 식자들만이 어느 정도의 영예에 도달할 수 있을 따름이다. 한마디로, 중국인들의 왕은 철인이고, 철인은 왕이라고 말할 수 있다. 세메도는 이 왕들이 만사를 훌륭한 통치, 화합, 평화, 가정의 평온, 그리고 덕행에 가장 많이 기여하는 방식으로 배열한다고 말한다. 이런 까닭에 그렇게 거대한 제국이 말하자면 단지 하나의 잘 다스려진 수도원인 것처럼 보인다고 그는 우리에게 말한다.[801]

여기서 웹은 자신의 합리론적 관점에서 인덕을 최고로 치는 공자의 '군자치자' 개념을 4덕 중 지혜(소피아)를 최고로 치는 플라톤의 지성주의적 '철인치자'로 오독하면서까지 중국의 군주정을 극찬하고 있다. 공자의 덕성주의적 '군자' 개념을 지성주의적 '철인치자'로 둔갑시키는 이런 합리론적 오해는 처음에 주로 예수회 선교사들에 의해 조장되었지만,[802] 나중에 라이프니츠·크리스티안 볼프 등 합리론 계통의 철학자들에게서도 종종 반복된다.[803]

아무튼 중국의 군주정을 선비들의 통치와 행정제도에 의해 제약

---

801) Webb, *The Antiquity of China*, 92-93쪽. 세메도의 관련 부분은 Semedo, *The History of the Great and Renowned Monarchy of China*, 86-87쪽에서 인용한 것이다.

802) 참조: Clarke, *Oriental Enlightenment*, 41쪽.

803) 참조: Gottfried W. Leibniz, "Remarks on Chinese Rites and Religion" (1708), §9쪽. Leibniz, *Writings on China* (Chicago·LaSalle: Open Court Publishing Company, 1994); Wolff, *Rede über die praktische Philosophie der Chinesen* [1721·1726], 13쪽.

된 최상의 제한군주정으로 소개하는 웹은 중국의 정책·법률·통치술도 최상의 것으로 찬미한다.

> (유럽에서) 우리의 그것들처럼 소홀히 집행되지 않는 정부의 정책, 치자들의 통치술, 백성을 위한 법률에 관한 한, 고래로 또는 지금까지 알려진 제국도, 왕국도, 공화국도 중국제국과 경쟁할 수 없다.[804]

이런 중국열광과 감격 속에서 웹은 심지어 고대 스파르타의 신적 입법자 리쿠르고스가 중국을 방문했을 것으로 추정하기까지 한다.[805] 또한 그는 중국을 정복하고 청나라를 세운 만주족도 중국 고래의 우수한 법제와 명나라의 제도를 그대로 계승할 수밖에 없었다는 사실도 적시한다.[806]

존 웹은 공자를 예찬하고 공자의 도덕철학과 중국의 교육제도를 약술한다.[807] 그는 위에서 보았듯이 관료제를 '지자의 통치'로 표현한다. 그는 청조가 중국의 전통적 과거시험과 관료체제를 계승한 것에 대해 말한다.

> (...) 중국인들이 그들의 상황이 아무리 재앙적이었을지라도 그들의 모국어나 옛 학문에서 어떤 침해도 입지 않았다는 것은 명백하다. 왜냐하면 중국제국을 정복하고 그들 자신의 지배 아래 안착시킬 때 정책도, 유구한 정부형태도 바꾸지 않았기 때문이다. 그들은 오히려 중국 선비들이 이전

804) Webb, *The Antiquity of China*, 206-207쪽.

805) Webb, *The Antiquity of China*, 207쪽.

806) Webb, *The Antiquity of China*, 132-135쪽.

807) Webb, *The Antiquity of China*, 99-102쪽.

처럼 도시와 행성들을 다스리는 것을 허용하고, 박사학위 수여와 한자 시험들을 이전에 그들이 익숙하게 누렸던 대로 그들에게 맡겼다. 이런 시험들에서 우리의 대학교에서 박사학위와 같지만 그럼에도 훨씬 더 많은 근면과 혹독함으로, 그리고 진정으로 굉장한 가혹성으로 그들은 어떤 숙달자들이 후보로서 출사를 위해 지원하는 자들에 문학과 한문 측면에서 어울리는지를 시험한다. 그들의 언어의 학습뿐만 아니라 우아함은 글로 쓰인 책들에 의한 한문의 공부에 있다.808)

여기서부터 존 웹은 세메도를 인용하여 중국의 과거제를 세밀하게 더 부연한다.

그리하여 그들이 시험관이 내는 주제에 관한 논술을 작성하는 데서 가장 엄정하게 참된 한자를 쓰지 않는다면 (...) 그들은 아무리 침착한 자세가 뛰어나더라도 학위를 취득하지 못한 채 탈락한다. 그럼에도 보통 3년마다 개최되는 다음 시험에서 다시 학위취득을 다시 시도할 자유는 있다.809)

이어서 웹은 니우호프와 마르티니를 인용하여 중국과거와 지방행정을 더 논의한다.

그러나 이 시험절차와 중국의 유구한 통치방법을 만주인들이 추인한 것에 대하여 니우호프는 그의 말로 당신을 더 만족시킬 것이다. (...) 그의 개요는 마르티니에 의해 확인된다. 그는 만주인들이 중국인들의 정치적 통치를 전혀 바꾸지 않았다고 말한다. 아니, 그들은 주현州縣과 행성들을

808) Webb, *The Antiquity of China*, 133-134쪽.

809) Webb, *The Antiquity of China*, 134쪽.

다스리는 중국 철학자들의 평소 관습을 허용했다. 그들은 배운 사람들을 확증하기 위해 쓰인 것과 동일한 시험도 남겼다. (...) 그리고 중국인들은 그들의 유구한 헌법체제를 정복에 의해 바뀐 것처럼 보이기는커녕, 중국인들이 이미 진정으로 그들이 수많은 시대 동안 함께 사용했던 야만적 풍습을 얼마간 버리도록 만주인들을 유도했다고 마르티니는 우리에게 말해주고 있다.[810]

여기서 웹은 관료제적 통치체제의 명·청대간 불변적 계속성을 거듭 주장하고 있다. 그는 마르티니에 의거해[811] 코리아의 통치체제도 중국과 유사하다고 말한다.

공자가 기원전 500여년 재세在世했어도 그의 자손들은 그래도 많이 아직 남아 있고, 오늘날도 굉장한 경의를 안고서 살고 있다. 이것은 중국 외에 하늘 아래 어느 곳에서 어떤 가문도 다시 얘기되지 않기에 이것은 논평할 가치가 있는 것이다. 중국에서는 정말로 더 많은 유사한 사례들이 발견될 수 있다. 특히 *Corea*의 지금 군주들의 사례다. 이 군주들은 *Kicius*로부터 계보적으로 죽 내려오기 때문이다. 이 *Kicius*는 기원전 1122년에 그의 탁월한 학문 때문에 이 왕국을 시바(*Cheva*) 가문출신인 중국 최초의 황제인 *Faus*에 의해 책봉받았다. 이것에 의해 *Kicius*의 후손들이 지속적 계승 속에서 2790년 동안 *Corea* 왕국을 누렸다.[812]

이 글에는 오류가 많다. 중국 최초의 황제는 '황제黃帝'이고, 사마

---

810) Webb, *The Antiquity of China*, 134-135쪽.

811) Martinius, *Sinicæ Historiæ*, 102쪽.

812) Webb, *The Antiquity of China*, 134-135쪽.

천에 의하면, 기자箕子를 조선에 봉한 임금은 황제(Faus)가 아니라 주나라를 세운 '무왕'이다. 그리고 '황제'도, '무왕'도 에티오피아의 시바 여왕의 핏줄이 아니다. 다만 여기서 알 수 있는 것은 '*Kicius*'가 'rlwk箕子'를 가리킨다는 것이다. 따라서 웹은 호르니우스처럼 조선이 관료제를 확립한 유교국가라는 것을 이미 알고 있었던 것이다.

존 웹은 "중국인들이 아메리카를 자주 오갔다"고까지 말한다.[813] 이렇게까지 중국을 극구 예찬함으로써 그가 노리는 것은 무엇인가? 영국을 중국처럼 변혁하는 것이다. 웹은 중국과 공자 예찬을 통해 실은 영국을 계몽하고 영국의 전반적 국정개혁을 요구하고 있는 것이다. 웹이 활동한 때는 명예혁명(1688)이 일어나기 10-20년 전의 시기였다. 웹이 공자철학과 중국의 능력주의적 정치문화를 알리고자 한 개인적 열정은 찰스 2세의 정실인사에 대한 그의 뼈아픈 경험과 실망에서 나왔다. 찰스 2세는 정실주의에 휩쓸려 웹에 대한 일련의 관직 약속을 번번이 어겼고 그릇된 인사를 바로잡으리라는 그의 기대도 저버렸다.[814] 『중국의 유구성』의 전편에 걸쳐 웹은 중국선비들이 향유하는 성적주의적·능력주의적 보상을 찬양하고 어떻게 "선비들 사이에서 가장 가난한 사람도 배움으로 자격을 얻기만 한다면 최고지위로 승진할 수 있는지"를 설명하고 있다.[815] 자신의 쓰라린 경험 때문에 중국정치와 철학을 논하는 그의 모든 집필활동은 의도치 않게 명예혁명을 준비하는 활동이 되었다고 해도 과언이 아니다.

---

813) Webb, *The Antiquity of China*, 119쪽.

814) Rachel Ramsey, "China and the Ideal of Order in John Webb's *An Historical Essay* …", *Journal of the History of Ideas*, Vol. 62, No.3 (Jul., 2001), 485-486쪽.

815) Webb, *The Antiquity of China*, 50쪽.

따라서 웹은 찰스 2세에 대한 헌사에서 요임금·순임금 같은 '성군이 되라'고 압력을 가했다. 웹은 중국어를 아담과 이브가 쓰던 에덴동산의 타락하지 않은 순수언어로 입증하는 책『중국제국의 언어가 원시언어일 개연성의 입증을 시도하는 역사적 논고』를 왕정복고 기념일이자 국왕의 탄신일인 1668년 5월 29일자로 찰스 2세에게 헌정했는데, 그는 '헌정서신(Epistle Dedicatory)'에서 이렇게 운을 뗀다.

새로운 발견들은 군주들의 삶을 유명하게 만들고, 그 후손들을 강력하게, 그 신민들을 부유하게 만듭니다. 그래서 폐하께서는 지극히 현명하게도 그들을 북돋아주시고 계십니다. 이것은 당신의 백성들의 마음속에서 동일한 것을 수행할 정신을 일으키고 있습니다. 중국의 유명한 황제 한무제漢武帝(Hiavouus)에 대해 '왕의 덕은 바람과 같고 신민의 덕은 곡초穀草와 같아서 풀은 바람이 움직이는 쪽으로 다 고개를 숙인다'라고 한 말이 폐하에게서 완전히 검증되고 있습니다.[816]

그리고 웹은 이 '헌정서신'의 말미에서 다음과 같이 찰스 2세를 축원한다.

"천지의 주님이 당신을 축복하고 인도하고 보호하며, 당신을 요임금(Jaus)처럼 경건하게, 우禹임금(Yuus)처럼 지혜롭게, 지금까지 보고 들은 마케도

---

816) Webb, *An Historical Essay, Endeavoring a Probability that the Language of the Empire of China is the Primitive Language*, "The Epistle Dedicatory". "왕의 덕은 바람과 같고 신민의 덕은 곡초(穀草)와 같아서 풀은 바람이 움직이는 쪽으로 다 고개를 숙인다"는 말은『論語』「顔淵」(12-19)의 "君子之德風 小人之德草. 草上之風 必偃"을 옮긴 것으로 보이는데, 이것은 공자가 한무제에게 한 말이 아니라 계강자에게 한 말이다.

> 니아의 알렉산더보다 더 많은 민족들에게 승리의 왕관을 씌운 정복의 검을 가진 한무제처럼 승승장구하게 만들고, 순임금(Xunus)처럼 당신의 모든 백성을 사랑하게 만들고, 당신의 모든 백성을 중국백성들만큼 공공심 있게 만들어주기를 소망합니다.[817]

이것은 찰스 2세에 대한 '축원'이라기보다는 요·순·우임금 같이 성군聖君이 되라는 일종의 '압력'이었다. 그런데 '바람 같은 왕의 덕' 이야기는 실은 "군자의 덕은 바람이고 소인의 덕은 풀이니 풀은 위로 바람이 불면 반드시 눕는다(君子之德風 小人之德草 草上之風必偃)"는[818] 『논어』의 말이고, 또 이것은 공자가 한무제에게 한 말이 아니라 노나라의 실세 계강자季康子에게 한 말이다. (한무제는 공자보다 400년 뒤의 임금이다.)

아무튼 중국의 관료제적 통치체제는 마르티니·세메도·니우호프 등의 선교사와 외교관들에 의해 그저 풍물소개 정도의 의미를 가졌으나, 존 웹에 이르면 벌써 계몽과 변혁의 논조로 도입이 요구되고 있었다. 한 마디로, 18세기 변혁사조로서의 계몽주의는 이미 1669년의 웹으로부터 비롯된 것으로 보인다.

■ 윌리엄 템플의 중국관료제론(1690)

윌리엄 템플은 중국의 내각제를 도입하는 것만을 주장한 것이 아니라, 웹처럼 중국 관료제를 찬양하고 그 도입을 주장했다. 상론했듯이 템플은 '정책결정' 및 이를 위한 '법의 제정'의 중요성에

---

817) Webb, *An Historical Essay, Endeavoring a Probability that the Language of the Empire of China is the Primitive Language*, "The Epistle Dedicatory".

818) 『論語』「顔淵」(12-19).

맞먹는 '정사와 법률의 일상적 집행'으로서의 '행정'의 중요성을 인식한 '최초의 영국인'이자, 이 '행정'의 관점에서 중국의 탁월성을 인식한 '최초의 영국인'이기도 했다. 템플은 「영웅적 덕성에 관하여」에서 중국의 정치·행정제도에 대한 엄청난 찬사를 쏟아놓는다. 그는 "세계의 어떤 헌정체제에서도 경험할 수 없는 중국의 제도들, 광대한 깨달음과 지혜에 의해 창안된 것으로 보이는 중국의 탁월한 제도들을 다 열거하자면, 끝이 없을 것이다"라고 전제한다.[819] 그리고 템플은 1690년경에 집필해 거듭 손질하다가 유고로 남긴 에세이 「백성의 불만에 관하여(Of Popular Discontents)」에서 행정의 중요성을 이렇게 강조한다.

그러나 법률들은 그것들이 먼저 잘 합의되고 제정되며, 그다음으로 계속 잘 집행되게 된다면 사람들 간에 질서를 유지하는 데 이바지한다. 불만·무질서·내부이반은 전자(입법)의 결여나 실패로 인한 것보다 후자(집행)의 결여나 실패로 인해 훨씬 더 빈번하게 생겨난다. 어떤 탁월한 입법자나 원로원이 어떤 탁월한 헌정제도를 고안하고 제정할 수 있다지만, 누구도 이것을 시행하고 뒷받침하는 데 필요한 모든 치자와 관리들이 현자이거나 선인이어야 한다고, 또는 그들이 현자이면서 동시에 선인이라면 그들의 관직이 요구하는 그런 배려와 근면, 열성과 활기를 가져야 한다고 규정할 수 없다. 지금, 어떤 헌정제도도 그렇게 완벽하지 않고 법률이 그렇게 정의롭지도 않다면, 게다가 행정이 나쁘고 무식하거나 부패해 있고, 너무 엄격하거나 너무 태만하며, 너무 소홀하거나 너무 가혹하다면, 정부의 본래적 통치구상과 헌정제도의 취약성이나 결함으로 인한 것보다 더 정당한 불평불만의 기회가 주어질 것이다. 왜냐하면 최선의 인간들이 다스리

819) Temple, "Of Heroic Virtue", 340쪽.

는 정부가 최선의 정부(*those are the best government where the best men govern*)라고 아마 유사한 성격의 다른 주제들만큼 많은 이유에서 결론지어질지도 모르기 때문이다. 그 종류의 도식을 그대로 둔다면 악인이 다스리고 일반적으로 국가관직에 고용되어 있는 정부들은 나쁜 정부들이다. 하지만 이것은 우연에 의해서만이 아니라 자연적 성향에 의해서도 천지만물이 당하는 천하의 악이다. 이 악은 거의 변경될 수도 없고, 더구나 이야기에서 나타나는 기초들 가운데 가장 깊고 지혜로운 기초 위에 수립된 중국제국의 유구한 정부에서가 아니라면 우리가 책에서 읽은 한에서 변경된 적도 없었다.[820]

여기서 템플은 '훌륭한 행정'의 중요성을 강조하면서 예외적으로 중국제국의 유구한 정부만이 이 중요한 행정업무를 감당할 수 있다고 말하고 있다. 이 글은 그 내용에서도 "모든 치자와 관리들이 현자이거나 선인이어야 한다"고, 또는 "그들이 현자이면서 동시에 선인이어야 한다"는 말이나, "최선의 인간들이 다스리는 정부가 최선의 정부"라는 템플의 표현에는 이미 "천하가 공기公器인(天下爲公)" 대동천하에서 "현자와 능력자를 뽑아 쓰는(選賢與能)" 국가를[821] 구상한 유교 정치철학이 그대로 배어 있다.

이어서 템플은 중국의 왕권을 제한하는 두 기구를 육부관료체제와 내각으로 보았다. 그는 육부를 상론한다.

국가의 모든 고귀한 관직들은 마찬가지로 왕에 의해 그의 여러 관서들의 동일한 권고와 청원에 따라 수여된다. 그리하여 누구도 군주 자신의 기분

---

820) Temple, "Of Popular Discontents" [1701], 38-39쪽.

821) 『禮記』「禮運 第九」.

에 따라서도 승진되지 않고, 어떤 장관의 편애에 의해, 부패의 아첨에 의해서도 승진되지 않고, 성적·배움·덕성의 힘 또는 발현에 의해 승진된다. 이 승진은 여러 부처들에 의해 평가되어 왕에 대한 권고나 청원을 얻는다. 1등급 관리들은 항상 왕궁에 소재하는, 전 제국을 다스리는 중앙정부의 관리들과 포정사·행정관·관리 등 지방 관리들이다. 첫째, 북경의 제국수도에는 6개 상이한 부처들이 있다. 또는 몇몇 저자들이 확인하는 바대로, 하나의 큰 부처가 여섯 개의 더 작지만 구별되는 지부로 분할된다. 이 부처들의 본성이나 임무에 관해서는 필자에 따라 약간의 차이가 나타나기도 한다. 그러나 가장 일반적으로 합의되는 점은 이 육부의 첫 번째 부처가 전국의 모든 관리들을 배움과 성적에 따라 선발하는 국가의 부처(이조)라는 것이다. 두 번째 부처는 전체 세수와, 이 세수 안에서 또는 세수로부터 만들어지는 수입과 지출을 감독하는 재무부다. 세 번째 부처는 사원들과 이 사원에 속하는 제사, 축제, 의례, 그리고 학습과 이를 위해 배정된 학교와 대학을 책임진다. 네 번째 부처는 모든 군사업무와 영예, 그리고 왕명에 의해 그들을 대표하여 발령되는 화전和戰의 모든 업무를 처리하는 전쟁의 부처다. 다섯 번째 부처는 모든 조정건물 또는 공공건물, 그리고 함대를 책임진다. 그리고 여섯 번째 부처는 민·형사상의 모든 사건을 담당하는 재판정 또는 사법의 부처다.[822)]

템플의 이 육조 각론은 니우호프의 『북경사절단』(1665)에 의거한 것으로 보인다. 이어서 템플은 육조와 기타부서를 이렇게 총괄한다.

이 부처의 각각에는 1명의 장관과 두 명의 보좌관, 또는 1급기기가 있다. 이 중 하나는 오른쪽에 앉고, 다른 하나는 왼쪽에 앉는다. 이들은 부처의

822) 참조: Temple, "Of Heroic Virtue", 337-338쪽.

토론과 명령을 요약하고 기록한다. 이들 외에 각 부처에는 10명의 상담관들이 있다. 이 부처들에 의해 전 중국제국은 이 제국을 구성하는 모든 개별 왕국들을 경유해 통치된다. 그리고 그들은 각 행성에 특별한 관리들, 감독관들과 서기관들을 두고 이들로부터 항상적 보고를 받고 이들에게 왕국의 여러 행성에서 일어난 모든 사건과 중요한 업무에 관한 항구적 훈령을 하달한다. 이 육부 외에 여러 개의 보다 작은 관서들이 있다. 가령 왕의 여인들의 일을 위한, 왕의 왕실과 왕실 형평법과 사법을 위한 부처들이 있다.[823]

템플은 중국 내각제에 대한 분석과 함께 이렇게 내각제를 분석하고 있다. 이 두 제도의 분석 후에 그는 중국제국을 유럽의 모든 유로피아론을 능가하는 '실존하는 유토피아'로 극찬한다.

여기서 존경과 존중은 부귀에 주어지는 것이 아니라, 군주와 백성, 이 양편에 의해 똑같이 중시되는 덕성과 배움에 주어진다. 이런 자질에서 탁월한 사람이 그 때문에만 관직에 진출하는 것은 그토록 많은 다른 나라들을 부패시키고 파괴하는 질시와 불화의 폐해를 막아준다. 여기에서 모두가 오직 실력에 의해서만 승진을 추구하기에 다른 사람의 승진을 다 실력 덕택으로 돌린다. (...) 이런 토대와 제도 위에서 중국제국은 이런 방법과 질서에 의해 최고로 강력하고 광범위한 인간적 지혜·이성·지략으로 구성되고 관리되며 실제로 다른 사람들의 바로 그 사변적 공상과 유럽적 슬기의 저 모든 상상의 기획, 크세노폰의 제도, 플라톤의 국가, 우리의 현대 문필가들의 '유토피아'나 '오세아나들'을 능가하는 것으로 보인다. 그리고 아마 이것은 이 왕국이 다스려지는 안락 및 지락과 함께, 그리고 이 정부

823) 참조: Temple, "Of Heroic Virtue", 338쪽.

가 이어져온 시간의 길이와 함께 이 왕국의 방대성, 풍요성, 인구 많음을 고려하는 어떤 사람에 의해서든 인정될 것이다.[824]

템플이 여기서 말하는 "유토피아"는 토마스 모어의 『유토피아』(1516)이고, "오세아나들"은 제임스 해링턴(James Harrington)의 『오세아나 공화국(*The Commonwealth of Oceana*)』(1656)을 가리킨다. '오세아나'를 복수로 쓴 것은 캄파넬라(Tommaso Campanèlla, 1568-1639)의 『태양의 나라(*La città del sole*)』(1602), 베이컨의 『뉴아틀란티스』(1627)와 같은 이상국가론도 아울러 가리키려고 의도한 것으로 보인다. 그러나 캄파넬라의 『태양의 나라』는 토마스 모어의 플라톤주의적 이상국가와 중국제국을 뒤섞어 비벼 놓은 것이고,[825] 베이컨의 『뉴아틀란티스』는 당대의 과학기술선진국 중국을 모방한 '과학기술 이상국가'다.[826] 아무튼 템플은 중국제국을 크세노폰·플라톤·모어·베이컨·캄파넬라·해링턴 등 유럽인들의 '모든 상상의 유토피아를 능가하는 '실존하는 유토피아'로 본 것이다.

템플이 중국의 내각제·관료제 분석을 근거로 중국을 '실존하는 유토피아'로 극찬한 의도는 내각제만이 아니라 관료제도 영국에 도입할 것을 촉구한 것이다. 앞서 분석했듯이 템플은 중국 내각제를 영국에 정착시키는 데 성공했으나, 관료제를 영국에 도입하는 계획은 기획하지 않았다. 이런 계획은 영국의 강고한 귀족제와 귀족들의 정실주의적 후견제를 고려할 때 실현가능이 없었기 때문

824) Temple, "Of Heroic Virtue", 341-342쪽.

825) 캄파넬라와 『태양의 나라』의 내용에 대해서는 참조: 황태연, 『공자철학과 서구 계몽주의의 기원(1)』 (파주: 청계, 2019), 588-589, 598쪽.

826) 베이컨의 『뉴아틀란티스』에 대한 분석은 참조: 황태연, 『17-18세기 영국의 공자숭배와 모럴리스트들(상)』 (서울: 넥센미디어, 2020), 484-496쪽.

이었을 것이다. 영국에서 관료제의 확립은 웹과 템플의 촉구에도 불구하고 19세기 중후반까지 미루어진다.

그러나 영국에서 웹과 템플 외에도 중국의 관료제는 '철인통치론'의 관점에서 공자철학과의 관련 속에서 계속 찬양된다. 대표적 철학자는 나다나엘 빈센트(Nathanael Vincent)다. 빈센트 신부는 1685년 조정설교 출판본 『영예의 바른 개념(*The Right Notion of Honour*)』에서 "모든 고귀성이 그럴만한 덕성와 지식으로부터 나오는 곳, 왕족 외에 아무도 나면서부터 고귀한 사람은 없고(*none are born great but those of Royal Family*), 그럴 만한 경우에만 사람들이 영예를 얻어 출세하는 곳은 그 제국(중국제국)이다. '유교(*Jukia*)'라고 불리는, 그들의 주요 학파는 국사國事와 도덕적 덕목들의 실천에 마음을 쓰는 것만을 책무로 여긴다."827) 또한 빈센트는 이에 잇대서 중국 관리들의 정신을 지배하는 철학이 공자철학임을 밝힘으로써 중국 관료제와 공자철학의 관계를 분명히 한다. "공자는 그 나라사람들에 의해 아직도 아주 굉장한 존경 속에서 받아들여져서 언제나 고위관리의 관직이 이 시대까지도 부세를 면제받아왔던 공자 가문에 속한 사람들에게 수여되었다. 공자의 책들은 전국에 걸쳐 곳곳에서 읽히고 있고, 그의 철학은 중국의 모든 주요도시에서 가르쳐진다."828) "모든 고귀성이 그럴만한 덕성와 지식으로부터 나오는 곳, 왕족 외에 아무도 나면서부터 고귀한 사람은 없고 그럴 만한 경우에만 사람들이 영예를 얻어 출세하는 곳은 중국제국이다"는 빈센트의 말은 과거제와 관료제적 정치제도를 아울러 요약하고, "그의 철학은

827) Nathanael Vincent, *The Right Notion of Honour: as it was delivered in a sermon before the King. At Newmarket, Octob. 4. 1674*, Published by His Majesties Special Command (London: Printed for Richard Chiswell, 1685), "Annotation", 15-16쪽.

828) Vincent, *The Right Notion of Honour*, "Annotation", 24쪽.

중국의 모든 주요도시에서 가르쳐진다"는 구절은 관리로서의 영예와 출세의 근거인 "덕성과 지식"이 공자의 도덕·정치철학이라는 것을 보여주고 있다.

■ 유스터스 버젤의 중국 관료제 찬양(1731)

중국의 관료제에 대한 분석과 찬양에서는 유스터스 버젤(Eustace Budgell, 1686-1737)을 빼놓을 수 없다. 그는 1731년 『스파르타 왕 클레오메네스에게 보낸 서한(*Letter to Cleomenes King of Sparta*)』에서 이렇게 말했다.

> 잘 다스려지는 모든 정부에서 준수해야 할 준칙, 즉 나라의 모든 명예공직과 수익공직은 실제적 성적에 대한 보상으로 주어져야 한다는 준칙이 있다. (…) 어떤 현대 정치가든 이 준칙이 비록 그 자체로서 탁월할지라도 영국처럼 그토록 크고 인구가 많은 왕국에서는 지켜질 수 없다고 생각하는 사람이 있다면, 나는 이런 정치가에게, 바로 지금, 이 영광스런 준칙이 전 세계에서 가장 크고 가장 인구가 많은, 그리고 가장 잘 다스려지는 제국에서 아주 엄격하게 지켜지고 있다는 사실을 알려주고 싶다. 나는 중국을 말하고 있다.[829]

이어서 버젤은 "중국에서는 진정으로 재능과 학식을 가진 사람이 아니라면" 정부 안에서 "어떤 공직도 수행할 수 없다"고 부연했다.[830]

---

829) Eustace Budgell, *A Letter to Cleomenes King of Sparta* (London: Printed for A. Moore near the Paul's, 1731), 91쪽.

830) Budgell, *A Letter to Cleomenes King of Sparta*, 97쪽.

나아가 버젤은 『스파르타 왕 클레오메네스에게 보낸 서한』에서 영국 고전주의자들의 심기를 건드리는 이런 종류의 비교로 가득 채웠다. 그는 가령 중국의 객관적 역사기록제도(실록제도) 및 사초史草와 기록내용의 비밀유지 제도, 상소제도, '언론의 자유' 등을 영국의 열등한 관행들과 대비시켰다.[831] 그리고 1730년대와 1740년대 사이에 공자와 중국정치문화를 인용해 월폴 내각을 공격하는 것은 비일비재한 일이었다. 여러 잡지에서 익명의 논객들은 중국의 준칙과 우화들을 활용해 당시 영국정부를 비판하고 훈계했다.[832]

유럽 지식인들의 관심을 끈 중국의 관료제적 행정제도 중에서 버젤은 특히 과거시험과 간관諫官제도를 중시했다. 그는 이 두 제도와 대비해 휘그당의 정실주의적 부패정치를 비판하는 논지를 그의 이상한 편지 『스파르타 왕 클레오메네스에게 보낸 서한』에서만이 아니라, 마찬가지로 이상한 편지인 『스파르타 왕의 수상 울리크 뒤프레(*Ulrick D'Ypres*) 각하께 보내는 서한』(1731)에서도 반복했다.[833] 88쪽의 이 작은 책자는 그 출판 당년에 재판을 찍을 정도로 순식간에 팔려나갔다. 여기서 그는 중국의 간쟁의 자유를 끌어대며 언론의 자유를 역설하면서,[834] 중국의 사관史官과 언관言官의 '언론의

---

831) 참조: Appleton, *A Cycle of Cathay*, 125쪽.

832) 참조: Appleton, *A Cycle of Cathay*, 126쪽.

833) Eustace Budgell, *A Letter to His Excellency Mr. Ulrick D'Ypres, Chief Minister to the King of Sparta* (London: Printed for S. West, 1731).

834) "나는 언론의 자유가 법 위에서 놀 수 있는 어떤 사악한 장관의 가장 끔찍하고 가장 폭군적인 행동이든 막아낼 가장 그럴싸한 것이고, 상식과 통상적 수완이 있는 장관과 자신의 행동을 방어할 만한 장관은 언론의 자유를 두려워할 필요가 없다는 것을 보여주려고 애써 왔습니다. 나는 이 자유가 현재 중국, 세계에서 가장 크고 가장 부유하고 가장 잘 다스려지는 제국에서 어떻게 완전하게 향유되고 있는지를, 그리고 그것이 어떤 식으로 황제 자신의 삶과 행동에 가장 강력하고 가장 효과적인 견제이게끔 만들어지는지를 보여주었습니다." Budgell, *A Letter to His Excellency Mr.*

자유'를 논한다.[835]

또 유스터스 버젤은 중국의 통치술과 신사紳士제도를 아주 정확하게 설명한다.

> 나는 보시어스 씨의 중국 찬양이 약간 너무 과장되었을지라도 이 제국이 전 유럽을 합친 것보다 훨씬 더 많은 인구를 가지고 있다는 것이 아주 명백하다는 사실, 중국인들이 종鍾, 화약, 자석. 나침반 사용, 인쇄술을 이런 것들 중 어떤 것이든 유럽에 알려지기 수 세기 전에 그들 사이에 가지고 있었다는 것이 확실하다는 사실, 그러나 그들이 오늘날에도 다른 모든 나라를 능가한다고 보편적으로 인정받는 것은 통치술(*the art of government*)이라는 사실을 입증했습니다. 나는 중국에서는 어떤 인간이든 탄생에 의해 신사(*gentleman*)가 아니라는 것, 자기 자신의 자질과 배움에 의해 신사(*mandarines, or gentlemen*)가 된다는 것, 어떤 사람이 아주 참으로 영예로운 지위로 들어오는 것이 허용되기 전에 실제로 신사(만다린)가 될 자격을 갖췄는지를 시험하는 데 극도의 신경과 공정성을 발휘한다는 것, 습성과 언어에서 이 특출난 만다린들 중에서 가장 중요한 관리들이 문·무관의 용도에 발탁된다는 것, 왕위 자체도 세습이 아니라는 것, 황제가 여러 아들이 있다면 이들 모두 중에서 가장 능력 있는 최연소자를 찾는다면 그를 승계자로 채택한다는 것, 그렇게 광대한 제국을 다스리기에 적합한 능력을 갖춘 아들이 없다면 황제는 (...) 어떤 다른 사람을 선택해 그를 승계하도록 한

Ulrick D'Ypres, 14-15쪽.

835) "나는 언론의 자유가 이 영광스럽고 행복한 헌정체제의 가장 근본적인 부분이라는 것, 황제 자신은 자신의 영예나 명성에 조금도 고려하지 않더라도 그의 모든 과오가 중국의 실록에 개진되고 기록될 것임을 철저히 확신케 됨으로써 그의 높은 지위에 참으로 어울리는 방식으로 행동하지 않을 수 없다는 것을 입증했습니다." Budgell, *A Letter to His Excellency Mr. Ulrick D'Ypres*, 70쪽.

다는 것을 입증했습니다.[836]

여기서 버젤이 "*mandarines*, or gentlemen"라고 표현해서 '중국신사(만다린)'와 '젠틀맨'을 등치시키는 데 주목해야 할 것이다. 이것은 도덕적 의미 없는 세습적 혈통귀족층인 '젠트리(*gentry*)'신분의 일원을 가리키는 영국의 '젠틀맨'이 18세기에 도덕군자를 이상으로 추구하는 중국 '신사'의 삶을 동경하면서 도덕적 의미를 띤 '젠틀맨', 즉 오늘날의 '신사'로 격상되는 것을 보여준다. 장자상속제가 견지되는 영국에서 '젠트리'는 공·후·백·자·남작 등의 대귀족(*the great*)의 차남·3·4남 아들들과 그 후예 및 기사·기사보의 후예로 구성된 장원지주 신분이었다.

버젤은 중국에서는 진정으로 재능과 학식을 가진 사람만이 정부 안에서 공직도 수행할 수 있는 중국의 준칙과 관련해서 특히 '과거시험'을 중시했다. 앞서 보았듯이 그는 중국의 이 정치제도와 대비해 휘그당의 정실주의적 부패정치를 비판하는 논지를 『스파르타 왕의 수상 울리크 뒤프레 각하께 보내는 서한』(1731)에서도 반복한다. 그는 중국의 '관료·신사제도'를 아주 정확하게 이해하고 있었고, 이를 바탕으로 영국의 혈통귀족적 '젠틀맨'을 비판한 것이다. 버젤이 중국의 '신사(만다린)'와 영국의 '젠틀맨'을 동일시하는 것은 18세기 영국 논객들이 도덕군자를 이상으로 추구하는 중국 '신사'의 삶을 동경하면서 아무런 도덕적 의미 없는 단순한 세습귀족을 가리키는 영국의 '젠틀맨'이 도덕적 의미를 띤 '젠틀맨', 즉 오늘날 '신사와 숙녀(*gentlemen and ladies*)'라고 호칭할 때의 그 '신사'로 격상되는 것을 바라고 있음을 보여준다.

---

836) Budgell, *A Letter to His Excellency Mr. Ulrick D'Ypres*, 69-70쪽.

『스파르타 왕의 수상 울리크 뒤프레 각하께 보내는 서한』의 이런 중국정치 관련 내용들은 중국정치를 예찬하면서 이것을 바탕으로 영국정부의 언론출판의 자유의 제한조치를 비판하고 비판적 언론 출판의 자유를 확대하고 '혈통적 젠틀맨'을 중국의 '신사적 관료'로 바꾸려는 의도를 담은 것이다. 이런 내용을 담은 책자가 순식간에 팔려나갔다는 것은 중국정치를 활용한 정치비판이 당시에 아주 인기 있고 아주 주효했다는 것을 증명해 준다.

버젤은 중국을 이용하는 정치풍자를 본격화하기 위해 1733년 『벌, 또는 보편적 주간 팸플릿(*The Bee; or, universal weekly pamphlet*)』이라는 잡지를 창간했다. 버젤은 이 주간지에다 "한 주간에 위트 있고 잘 쓰인 모든 논고들"을 모아 리프린트했다. 『벌』은 한 동안 큰 인기가 있었다. 그는 다른 잡지들과의 논쟁 한복판에서 중국과 관련된 수많은 기사들을 이 팸플릿에 인쇄했다. 제18호부터는 "광동으로부터의 편지"를 「외국지역의 문헌 상태」라는 제목 아래 내보내기 시작했다. 이 편지들은 실제로 광동에서 온 것이 아니고, 1729-1731년간 프랑스에서 발간된 『감화적이고 신기한 서간들』의 19·20호에서 발췌한 것들이었다. 버젤은 발췌된 서간으로 정치비판을 하면서 "벌은 꼬리에 침을 달고 있다"고 선언했다.[837] 이 때문에 『벌』은 3주간 정간을 당하기도 하고 제자를 바꾸기도 했다. 『벌』은 중국을 이상화하는 과도한 찬사들을 쏟아 부었다. 가령 중국에서는 관보가 유럽의 신문과 달리 아주 엄격하게 사실과 진실에 기초해 있어서, 사실로부터 벗어난 기사는 극형감이라는 것이

837) Fan Cunzhong(范存忠), "Chinese Fables and Anti-Walpole Journalism", 250-251쪽. Adrian Hsia (ed.), *The Vision of China in the English Literatur of the Seventeenth and Eighteenth Centuries* (Hong Kong: The Chinese University of Hong Kong Press, 1998).

다.[838]

또 버젤은 중국에서는 백성들이 황제의 약점이나 무능력에 의해 결코 비참해지는 일이 없다고 말한다. 왜냐하면 자질과 학식을 가진 사람 외에 아무도 왕위에 오르지 못하기 때문이라는 것이다. 중국 황제는 결코 '전제주'가 아니라 간쟁諫諍을 받아들이고 또 고취하기까지 하는 '군자치자'다. 황제는 그에게 올라온 모든 상소에 응답하고 만다린과 주요각료들에 대한 고발을 제기하는 미천한 신민이 있으면 항상 이런 신민의 말에 귀를 기울인다.[839] 특히 이것은 버젤의 흥미를 유발했음이 틀림없다. 그는 1730년 궁전에서 무릎을 꿇고 조지 3세에게 "월폴이 그에게 저지른 잘못과 불의"에 대해 청원한 적이 있었기 때문이다.[840]

영국에서 혈통귀족적 '젠틀맨들'은 명실상부한 치자들이었다. 왜냐하면 영국은 왕이 다스리고 중국은 황제가 다스리지만, 영국 국왕과 중국 황제가 둘 다 공공생활에서 한 축을 담당하는 신사와 젠틀맨의 도덕적 또는 합법적 권위에 의해 견제되는 것으로 생각되었기 때문이다. 그러나 영국에서 이 권위는 '법률적'이었던 반면, 중국에서는 '도덕적'이었다. 영국 의회의 권력과 신민의 자유는 1688년의 명예혁명과 1689년의 뒤따른 법적 문서들에 의해 재확인되었다. 영국인들은 중국에서 황제의 권력남용을 견제하는 '학자 관료들'의 권력이 근본적으로 '도덕적'이지만 그럼에도 그만큼 실

---

838) Eustace Budgell, *The Bee; or, universal weekly pamphlet* (London: Collected Ed., 1737), ii, 998-999쪽. Fan Cunzhong, "Chinese Fables and Anti-Walpole Journalism", 251쪽에서 재인용.

839) Budgell, *The Bee; or, universal weekly pamphlet* (London: Collected Ed., 1737), ii, 797-798쪽. Fan Cunzhong, "Chinese Fables and Anti-Walpole Journalism", 251쪽에서 재인용.

840) Fan Cunzhong, "Chinese Fables and Anti-Walpole Journalism", 251쪽.

재적인 것이라고 생각했다. 황제와 학자관료들은 다 공자 도덕철학에 대한 깊은 이해를 갖고 있기 때문이다.[841] 그리하여 버젤은 말한다.

> 나는 (...) 중국인들이 통치술에서 다른 모든 국민들을 능가할 수 있도록 되어있다는 것에 주목했다. 중국에서 황제는 절대적이지만, 황제가 복종하지 않으면 아니 되는 단 두 가지 것, 즉 황제가 일말의 덕성·명예심·후함이 있다면 그의 모든 행위에 대해 충분한 견제가 될 만한 것이라고 중국인들이 생각하는 장치가 존재한다. 그것은 황제가 자신이 살아있는 동안 반드시 자신의 과오에 대해 청문하는 것과, 그의 사후에 과오들을 기록되게 하는 것이다. 그리하여 중국제국의 기본법에 의해 만다린들은 황제에게 예를 갖추되 명백한 언어로 그들이 황제의 행위 중에서 무엇이 잘못인지를 간언하도록 허용되어 있어서, 우리는 그들이 그들의 군주의 명예와 나라의 복리 때문에 필요하다고 생각할 때면 언제나 그들은 이 특권을 반드시 활용한다고 확신한다.[842]

나아가 버젤은 귀족신분과 신분차별이 존재하는 영국에서 말하기 거북한 내용도 언급한다. "나는 중국에서는 어떤 사람도 태생에 의한 젠틀맨이 아니지만 만다린(신사) 또는 젠틀맨은 자신의 재능과 배움에 의해 그것이 된다. 이 신사는 중국제국의 기본법에 의해 황제에게 황제의 행동이 어긋난다고 생각하는 것은 무엇이든지 공손하지만 명백한 말로 간언하도록 허용되어 있다."[843] 여기서

---

841) 참조: Edmund Leites, "Confucianism in Eighteenth-century England: Natural morality and social reform", *Philosophy East and West* 28 (No. 2 April 1978), 150쪽.

842) Budgell, *A Letter to Cleomenes King of Sparta*, 170-171쪽.

"나는 중국에서는 어떤 사람도 태생에 의한 젠틀맨이 아니지만 신사 또는 젠틀맨은 자신의 재능과 배움에 의해 그것이 된다"는 말은 영국의 젠트리계층이 영국 귀족들의 신분제적 지위를 부정하거나 무력화시키는 방향으로도 쓰일 수 있는 내용이다.

영국의 재야 젠틀맨(*country gentleman*; 야당신사)들은 조정朝廷 젠틀맨들(*court gentlemen*, 장관·조정측근 등 여당신사)을 왕의 총애를 받으려는 경쟁에 의해 부패한 자들로 간주했다. 또한 18세기 중반 금융혁명으로 금융자본이 급성장한 후에 조정 젠틀맨들은 금융계와 유착했고 금융계는 조정의 요구에 따라 돈으로 일부 의회 의원들을 유혹해 조정 의원(여당의원)으로 만들었다. 재야의원(야당의원)들은 이것도 부패로 간주했다. 지식·덕성·애국심이 지배하는 대신 돈이 횡포를 부리기 시작했기 때문이다. 그리하여 시간이 갈수록 영국의회를 중심으로 모인 재야 젠틀맨들은 중국을 선망했다. "중국은 이러한 횡포로부터 자유로운 것으로 보였다. 부가 아니라 학식이 황제의 공무 속에서 승진할 수 있는 자격을 주었다. 그리하여 영국의 학식 있는 재야 젠틀맨들은 중국의 '신사'를 자신들의 카운터파트로 여길 수 있었던 것이다."[844] 중국의 과거제와 신사들의 능력주의적 관료제에 대한 영국 젠틀맨과 지성계의 선망의식은 19세기 중반까지도 아련한 여진처럼 사라지지 않는다.

그리스·로마문화를 추방하고 마냥 공자와 중국을 찬양하는 18세기 영국의 공자숭배 분위기 속에서 당연히 영국의 '젠트리'가 선망하고 본받으려는 도덕적 인간상도 고대 그리스와 로마의 '철인전사哲人戰士' 또는 지혜로운 '철인치자'로부터 '도덕군자'를 지향하는

---

843) Budgell, *A Letter to Cleomenes King of Sparta*, 171쪽.

844) Leites, "Confucianism in eighteenth-century England", 151쪽.

극동의 '신사'(만다린)로 바뀌었다. 그리하여 조지 1·2세의 치세 기간 (1714-1760)에 영국의 세습적 젠트리 신분집단은 포르투갈 상인들이 '만다린'이라고 부른 극동의 '신사'를 젠트리의 정치도덕적 이상으로 추구하고 모방하며 중국의 선비문화 속에 몸과 마음을 깊이 적신 한편, 일반 영국인들은 젠트리층에 대해 그 지위를 '세습'에 의해서가 아니라 '덕성'과 '학식'에 의해 갖추라고 요구했다. 영국 젠트리 신분은 중국 선비의 군자 이상을 '영국화'함으로써 마침내 시민 일반의 도덕적 이상으로서 근대적 '젠틀맨'이라는 정중하고 점잖은 인간상을 산출했다. 이와 동시에 영국 젠트리의 일원으로 간주되어온 '젠틀맨'은 점차 혈통귀족이 아니라, 중국식의 '덕스런 신사'로 관념되었다. '영국 신사'는 이렇게 중국의 '신사紳士', 즉 극동의 '선비군자'를 모델로 근대에야 만들어진 것이다. 이런 까닭에 18세기말과 19세기부터 '영국젠틀맨'은 한국·중국·일본에서 '영국신사'로 국역·중역·일역해도 거의 정확한 번역이 되는 상황이 도래하고, 이와 동시에 '젠틀맨'이라는 단어가 혈통적 세습귀족층과 무관한 임의의 다중多衆을 높여 부르는 '*Ladies and Gentlemen!*'이라는 호칭이나 '국제신사'라는 말에서 보듯이 세계적으로 보편화되는 계기를 맞게 된다.

사냥·주색잡기·노름에 빠지고 매음굴이나 드나드는 영국의 혈통귀족적 '젠틀맨'은 원래 오늘날의 '점잖은 신사'라는 의미가 전혀 없었다. 역사적으로 젠틀맨은 영국 '젠트리' 신분집단에 속한 일원을 가리켰다. '젠트리'는 원래 요먼(*yeoman*)보다 높은 층위에 있는 귀족의 하위집단을 가리킨다. 그러나 영국에서 '귀족(*the nobility*)'은 장자상속제에 따른 공작·후작·백작·자작·남작 등 전통적 세습귀족 신분(*peerage*)로, 즉 '대인大人(대귀족)들(*the great*)'로 국한되었다. 이 작위를 세습하지 못한 이 귀족층의 차남·삼남·여식·서자 등으로 태어난 사람들은 '젠트리'로 불렸고, 동시에 이 '젠트리'라는 말은 젠트리층이 대대로 자식을 낳아 독자적 혈통을 형성해나가면서 지주사회(*landed society*)의 모든 소귀족들을 싸잡는 칭호로 일반화되었다. 그리고 이런 의미에서의 '젠트리'의 용법은 오늘날까지 계속되고 있다. 하지만 이 용법은 오직 점진적으로만 생겨났다. 16세기 후반과 17세기 주석가들은 즐겨 전통귀족신분을 '*nobilitas major*(대귀족)'이라고 기록하고, 기사騎士·에스콰이어·젠틀맨들을 '*nobilitas minor*(소귀족)'이라고 기록했고, 1611년 이후에는 준남작(남작과 기사 사이의 신분)도 이 '소귀족'에 포함시켰다. ('에스콰이어'는 젠틀맨 서열보다 높고 기사서열보다 낮은 토지소유 젠트리의 구성원들에게 부여되는 존칭이었다. 그러나 법률가 윌리엄 블랙스톤은 1826년 "한때 왕에 의해 에스콰이어 칭호로 불리는 영예를 얻은 모든 사람들은 종신 이 영예에 대한 권리가 있다"고 설명함으로써 세습신분의 의미를 희석시켰다.

그래서 일반 어법에서 '젠트리'는 타국의 귀족과 동의어가 되면서 일반적으로 '소귀족층(*lesser nobility*)'을 뜻하는 것으로 쓰이게 되었다. 이후 '젠트리'는 그 개념범위가 확장되면서 '(소)귀족'과 점차 호환互換할 수 있는 칭호가 되었고, 이 두 술어는 상호보완적인 말이 되었다.[845) 즉, '젠트리'는 전통적 대귀족(공작·후작·백작·자작·남작)을 제외한 나머지 자잘한 귀족집단, 즉 지대地代로만 먹고 사는 '소귀족 토지계급'을 뜻하게 된 것이다. 그리하여 젠틀맨의 범주는 대귀족의 모든 '차남·삼남'이나 준남작·기사·에스콰이어,[846) 그리

845) Peter Coss, *The Origines of The English Gentry* (Cambridge: Cambridge University Press, 2003), 2쪽

고 이들의 차남·삼남·여식들도 다 포함하게 되었다.

그리하여 종합하면 '젠트리'는 대귀족의 문장紋章을 패용할 권리를 획득한 적이 없는 오랜 혈통귀족 가계로서 세습된 사회경제적 지위에 의해 토지재산(장원제)을 유지하고 성직자의 상층지위로 진출하던 소귀족층이다. 따라서 영국에서 '젠트리'는 작은 장원을 세습하기 때문에 늘 '지주 젠트리(*landed gentry*)'를 뜻했다. 반면, 공작·후작·백작·자작·남작 등의 대귀족은 장자상속법에 따라 장자가 칭호와 지위를 세습으로 이어받고 가문의 문장을 패용할 자격이 있었고 실제로 다 문장을 패용했다.

'요먼(*Yeoman*)'은 조선의 '요호부민饒戶富民' 또는 '평민지주'와 유사했다. 14-18세기에 요먼은 토지를 소유하는 농민이었다. 그들의 부와 토지소유의 규모는 변동이 심했다. 그들의 평균 보유토지 면적은 100에이커(600마지기) 이상이었다. 따라서 요먼은 신분적으로 일반 농부보다 위에 있었다. 그러나 가난한 요먼은 좀 부유한 농민과 구별하기 어려웠다. 요먼은 종종 '소지주' 또는 '중산층 농민'으로 기술된다. 젠틀맨은 이 '요먼'보다 신분적으로 높은 소귀족이었다.

그러나 세월이 더 흐르면서 '젠틀맨'은 '젠트리'와 더불어 '세습적 지배계급'을 대표하는 단어로 변질되어 '귀족'이라는 단어와 완전히 동의어가 되었다. 그래서 14세기에 존 볼(John Ball) 휘하의 반란군들은 "아담이 땅 파고 이브가 베 짤 때 도대체 누가 젠틀맨이었나?"라고 연호했었다. 이것은 젠틀맨이 '세습귀족 일반'을 뜻한다는 것을 보여줌과 동시에 이름 그대로 행동이 '젠틀해야(점잖아야)

---

846) '에스콰이어'는 기사의 방패 잡이로서 기사지원자로부터 기원했다. 사회적 신분으로는 기사 바로 아래다.

만 젠틀맨'이라는 새로운 탈脫세습적·탈신분적 젠틀맨 개념에 대한 요구가 같이 들어있는 외침이다. 젠틀맨의 능력과 도덕성을 논란하기 시작한 것이다. 그러나 젠틀맨으로부터 정치적·전통적 '세습성'을 제거하고 나면 젠틀맨의 정치적·도덕적 내용을 무엇으로 채울 것인가? 18세기 초 영국 논객들은 젠틀맨에 대한 이 정치적·도덕적 요구를 정책적·학술적·문예적 실력과 덕성을 테스트하는 과거시험에 의해 선발된 중국 '신사'의 도덕적 이미지와 실력으로 채운다.

아일랜드 개신교파 젠트리의 일원인 리처드 스틸(Richard Steele, 1672-1729)이 맨 먼저 이 방향으로 '젠틀맨' 또는 전통적 '젠틀맨' 개념을 학식적·덕성적 능력주의로 혁신하려고 시도한다. 그는 중국 정원론을 정열적으로 전파한 그의 사상적 동지 조지프 애디슨(Joseph Addison)과[847] 함께 1709년 *The Tatler*지, 1711년 *The Spectator*지를 창간하고 다시 1713년 그와 *The Guardian*지를 창간한 것으로 보아 애디슨과 함께 중국열풍과 공자찬미 분위기에 같이 젖어있던 지식인이었다. 1709년 스틸이 문필·언론활동을 시작하기 반세기 전부터 영국에서는 공자의 태생적 평등명제가 영국 국왕의 담임목사 빈센트의 입에서도 오르내리고, 신사의 지위와 특권이 세습 없이 신사 본인에게만 한정되는 중국의 평등사회가 예찬되고 있었던 것이다. 이런 분위기 속에서 1710년 8월 스틸은 *Tatler*지에서 이렇게 천명한다.

> 젠틀맨의 호칭은 어떤 사람의 환경에 붙여져서는 아니 되고, 그 환경 속에 들어 있는 사람의 품행에 붙여져야 한다(*The appellation of Gentleman is never to*

847) Joseph Addison, "On the Pleasure of the Imagination". *The Spectator*, No. 414 (June 25 1712). *The Spectator*, Vol. V in six vol.s (New York: D. Appleton & Company, 1853).

be affixed to a man's circumstances, but to his Behaviour in them).[848]

그리고 스틸은 2년 뒤 1713년에 다시 호라티우스·주버날 등을 인용하면서 "참된 고귀성은 덕성에 있지, 탄생에 있지 않다(*true nobility consists in virtue, not in birth*)"고 천명한다.[849] 이 명제는 중국에서 "아무도 태어나면서부터 고귀한 사람이 없다"는 빈센트 신부의 명제를 반복하는 것처럼 보인다.

그리고 새뮤얼 존슨(Samuel Johnson, 1709-1784)은 1735년 자기가 번역한 한 책의 역자 서문에서 "완전히 예절바르지 않고 모든 과학에 완전히 능하지 않은 어떤 중국인도 없다(*no Chinese {without being} perfectly polite, and completely skilled in all sciences*)"고 쓰고,[850] *The Gentleman's Magazine* 1738년 8호에서는 「군주와 신민에 있어서의 놀라운 본보기(Remarkable Example in a Prince and Subject)」 제하에 '유벌러스(*Eubulus*)'라는 필명으로 "중국인들보다 많이 얘기되고 이들보다 더 적게 알려진 민족은 세상에 없다"라고 화두를 던지면서 이렇게 말한다.

주의 깊은 독자는 뒤알드의 숙독 중에 이런 기분 좋은 감정들을 다 느낄 것인바, 중국 현자들의 도덕적 준칙과 지혜로운 가르침을 읽을 때 차분한, 평화로운 만족감을 느낄 것이다. 덕성이 모든 장소에서 동일하다는 것을 발견할 것이고, 도덕성이 단순히 관념적이고 선악의 분별이 전적으로 키메라라고 단언하는 저 거친 추론자들을 새로운 경멸감 속에서 바라볼 것

848) Richard Steele, "From my own apartment, August 4." *The Tatler*, No. 207 (5 August 1710). Donald F. Bond (ed.), *The Tatler*, 3 Vols., Vol. 3 (Oxford, 1987).

849) *The Guardian*, No.137 (18. Aug. 1713), 161쪽.

850) Samuel Johnson, "Preface". Father Jerome Lobo, *A Voyage to Abyssinia* [1735], Translated from the French by Samuel Johnson (London: Printed for Elliot and Kay, 1789).

이다.[851]

이 '거친 추론자들'이라는 표현은 로크의 도덕적 상대주의 또는 도덕무정부주의를 비판한 것이다. 그리고 이어서 존슨은 부연한다. "독자는 중국의 통치와 헌정체제를 알게 될 때 신기함이 제공하는 모든 기쁨을 즐길 것이다. 고귀성(귀족성)과 지식이 일치하고, 배움이 상승하는 만큼 신분이 상승하고, 출세가 덕스런 근면의 결과인 나라, 어떤 인간도 무지를 위대함의 징표로, 나태를 고귀한 태생의 특권으로 여기지 않는 나라가 존재한다는 것을 발견하고는 깜짝 놀랄 것이다."[852]

그리고 존슨은 버젤처럼 중국의 간언제도에 대해서도 놀란다. "독자의 놀람은 그가 맛볼 정직한 장관들에 대한 기술에 더욱 고조될 것이다. 이 장관들은 비록 믿음직스럽지 않게 보일지라도 이 중국 군주정 안에서 한 번 이상 출두해 군주에게 국가의 법으로부터의 그 어떤 일탈에 대해서든, 군주 자신의 안전이나 백성의 행복을 위태롭게 한 행동상의 그 어떤 과오에 대해서든 간언하는 모험을 감행해왔다. 그리고 독자는 이런 식으로 간언을 들었을 때 그 장관들을 호통 치지도, 위협하지도, 걷어차지도 않는, 그리고 잘못을 고집피우는 것을 장엄하다고 생각하는 것이 아니라 중국 군주의 자격을 가진 정신의 고귀성으로 자신들의 행동을 기꺼이 이성·법률·도덕성의 시험에 붙이고 논변에 의해 뒷받침할 수 없는 자기 행동을 방어하기 위해 자신의 권력을 사용하는 것을 수치로 여긴

---

851) Samuel Johnson (Eubulus), "Remarkable Example in a Prince and Subject", *Gentleman's Magazine* 8 (July, 1738; London, Printed by E. Cave), 365쪽.

852) Johnson (Eubulus), "Remarkable Example in a Prince and Subject", 365쪽.

황제들에 관해 읽을 것이다."[853] 이것은 중국을 대단히 이상화하는 것이다. 하지만 존슨은 여기서 참으로 진지하다. 이것은 중국만을 바라보며 쓴 글이 아니라, 다른 쪽 눈으로는 '한심한' 영국의 정치와 도덕을 깔보면서 쓴 글이다. 왜냐하면 영국에는 가령 전통적 도덕의 기초를 문제 삼는 로크 같은 '거친 추론가'도, 이신론자도, 무신론자도 있었고, 자기 장관들을 호통 치고 위협하고 걷어찬 고집스런 군주도 많이 있었기 때문이다.[854]

■ 볼테르의 '법치주의의 보루'로서의 관료제(1756)

한편, 공자를 숭배한 유럽의 계몽주의 대문호 볼테르는 1756년 『제諸국민의 도덕과 정신에 관한 에세이』에서 '중국은 법치를 모르는 전제정이다'는 몽테스키외의 중국비방을 반박하면서 중국의 육부 관료제를 법치주의의 보루로 내세운다.

> 엄격한 시험을 거쳐 구성원들을 선발하는 상호종속된 거대한 관청체계에 의해 모든 일이 처결되는 정부보다 더 나은 정부를 인간정신은 분명 상상할 수 없을 것이다. 중국에서 만사는 이 관청이 다스린다. 육부는 제국의 모든 관청의 정상에 위치한다. 첫 번째 관청은 지방의 모든 만다린을 감독한다. 두 번째 관청은 재정을 관장한다. 세 번째 관청은 (…) 예법·학문·예술의 행정을, 네 번째는 전쟁업무를, 다섯 번째는 범죄와 관련된 재판 업무를, 여섯 번째는 공공 공사의 감독을 관장한다. 이 모든 관청의 업무 결과는 최고 관청들로 보고된다. 이 최고 관청들 아래 북경의 44개 관청

853) Johnson (Eubulus), "Remarkable Example in a Prince and Subject", 365쪽.

854) 참조: Fan Cunzhong, "Dr. Johnson and Chinese Culture", 270쪽. Adrian Hsia (ed.), *The Vision of China in the English Literature of the Seventeenth and Eighteenth Centuries* (Hong Kong: The Chinese University of Hong Kong Press, 1998).

이 속해 있다. 지방의 만다린도 제각기 관청에 의해 지원받는다. 이러한 행정체계 아래서는 황제가 자의적 권력을 행사하는 것이 불가능하다. 일반적 법률은 황제로부터 나오지만, 통치의 헌정제도에 의해 어떤 일도 법률에 훈련되고 투표에 의해 선발된 일정한 사람들에게 자문하지 않고는 이루어질 수 없다. (...) 오늘날 사람들의 생명, 명예, 복지가 법률에 의해 보호되는 나라가 있다면, 그것은 바로 중국제국이다.[855]

볼테르는 중국의 관료제적 법치주의와 법치적 관료제에 대한 이런 찬양으로써 몽테스키외의 중국전제정 비방을 반박하고 있다. 볼테르는 중국 관료제의 법치적 기능을 「A B C, 또는 A B C 사이의 대화 - 첫 번째 대담. 홉스·그로티우스·몽테스키외에 관하여(The A B C, or Dialogues between A B C - First Conversation. On Hobbes, Grotius and Montesquieu)」에서도 반복한다.

나는 중국에 가 본 적이 없으나 중국을 여행한 사람들을 20여명을 만나보았다. 그리고 나는 이 나라에 대해 언급한 모든 저작들을 다 읽어 봤다고 생각한다. 나는 (…) 다양한 종파의 우리 선교사들이 보낸 만장일치의 보고서들로부터 중국이 자의적 의지에 의해서가 아니라 법률에 의해 다스려진다는 것을 알았다. 나는 북경에 42개 산하 관청에 대한 관할권을 가진 육부가 있다는 것을 안다. 나는 이 6개소의 최고 법정이 황제에게 상언上言을 하면 그것이 법률의 효력을 갖는다는 것을 안다. 나는 제국의 먼 변경에 사는 길거리 짐꾼이나 숯 굽는 사람이라도 황제에게 보고하는 북

855) Voltaire, *Essai sur les moeurs et l'esprit des nations et sur les principaux faits de l'histoire, depuis Charlemagne jusqu'à Louis XIII*, Vol. III [1756] (Pris: Chez Lefevre, 1835): Tome XI, Chap. I, "De la Chine au XVIIe siècle et au commencement de XIIIe".

경의 최고 법정으로 재판 기록이 상신된(그리고 재가된 -인용자) 경우에만 처형이 집행된다는 것을 안다. 이것이 자의적이고 폭군적인 통치인가? 황제는 로마에서 교황이 경배되는 것보다 더 경배된다. 그러나 존경받는다고 해서 법률 없이 군림해야 한단 말인가? 중국에서 법이 군림한다는 유력한 증거는 이 나라가 유럽 전체보다 더 많은 인구로 채워져 있다는 것이다. (…) 로마의 추기경이 중국의 황제보다 더 전제적이라는 것은 절대적으로 확실하다. 왜냐하면 로마의 추기경은 불가류不可謬이고 중국 황제는 그렇지 않기 때문이다.[856)]

볼테르가 보기에, 청대 중국의 관료제는 이와 같이 중국에 '법 없는 전제정'을 배제하고 '법치적 군주정'을 보장하는 기본요소였다. 중국 관료제의 법치적 기능에 대한 볼테르의 이 긍정평가와 찬양조의 강조는 기실 유럽의 귀족적 정실주의 행정조직에 대한 비판이기도 하다.

■ 케네의 중국 관료제 찬양(1767)

볼테르에 이어서 '유럽의 공자'로 불린 프랑수아 케네(François Quesnay, 1694-1774)도 1767년 『중국의 (계몽)전제정(*Le Despotisme de la Chine*)』에서 중국의 관료제와 과거제를 다시 한번 상론하고 찬양한다. 그의 논의는 중복되기도 하고 두서없기도 하지만 아주 상세하다. 일단 케네는 중국의 학습과 과거제부터 논한다.

---

856) Voltaire, "The A B C, or Dialogues between A B C - First Conversation. On Hobbes, Grotius and Montesquieu", 97-98쪽. Voltaire, *Political Writings* (Cambridge: Cambridge University Press, 1994·2003).

중국 자녀들이 초등학습을 마치면 더 높은 교육을 향해 나아가는 자녀들은 존경받는 선비계층으로 올라가기 위해 학위를 얻는 과정을 시작해야 한다. 세 가지의 학위를 받는 사람들만이 고귀함을 누릴 수 있다. 학위를 받지 못한 사람들은 백성들 사이에 흩어져 모든 공직으로부터 배제된다. 세 계급의 학자들은 고귀해져도 되는데, 이것은 그들이 받은 세 가지 상이한 학위에 조응하는 것이다. 학위를 획득하기 위해 지원자들은 여러 시험을 치러야 한다. 그들은 그가 태어난 행정구역의 행정관 앞에서 첫 번째 시험을 겪는다. 3년마다 행성을 두루 감독하는 것이 학도學道(Hsüeh)의 의무다. 각각의 성도省都에서 학도는 모든 지방 학사들을 소집한다. 그는 그들의 품행에 관해 정보를 수집하고, 그들의 논술을 시험하고, 진보와 능력을 보인 자를 상주고, 게으르고 열성을 보이지 않는 자를 벌준다. 이 3년마다의 감독에 나타나지 않는 학사는 병이나 부모의 상례를 이유로 용서받지 못한다면 그의 지위를 박탈당하고, 평민이었던 그의 지위로 되돌려 보내진다.[857]

케네는 행정관원으로 입사入仕하는 거의 유일한 관문인 중국 과거시험의 첫 단계를 이렇게 담담하게 요약·소개하고 있다.

그리고 케네 선교사들이 서양의 석사에 빗댄 '거인' 자격을 얻는 향시에 대해 설명한다.

석사 학위인 두 번째 학위를 획득하기 위해서는 각 행성의 성도에서 3년에 한 번 개최되는 시험을 통과해야 한다. 조정에서는 명시적으로 이 시험

857) François Quesnay, *Le Despotisme de la Chine* (1767), 영역본: *Despotism in China* , 200-201쪽. Lewis Adams Maverick, *China - A Model for Europe*, Vol. II (San Antonio in Texas: Paul Anderson Company, 1946)의 부록.

을 주재하도록 두 명의 고시관을 보내는데, 이 시험장에는 행성의 고위관리들도 참석한다. 모든 학사들은 현장에 나와야 한다. 때로는 학사들의 수가 만 명까지 달하지만, 이 중 거의 60 명도 석사학위를 따지 못한다. 석사들의 장의는 네 손가락 너비의 파란 테를 둘렀고, 그들의 모자의 술은 금이다. 석사는 다음 해에 박사학위를 위해 경쟁하러 북경으로 상경해야 한다. 황제는 이 여정의 비용을 댄다. 석사 지위에 자신의 야심을 제한하는 석사들은 북경으로 가는 여정을 하지 않고, 그래도 이것이 관직을 얻는데 지장이 되지 않는다. 때로 단순히 이 석사 지위에서 성적이 높은 것만으로도 고위직에 오른다. 공인工人의 아들이라도 이 경로로 태수가 되는 것으로 알려졌다. 그러나 그들은 공직을 수락하자마자 박사학위에 대한 후보지위를 포기하게 된다.[858]

이어서 케네는 선교사들의 비교법에 따라 진사를 박사에 빗대면서 문과대과大科 과거시험을 설명한다.

관직을 취하지 않은 모든 석사들은 3년마다 실시되는 '제국고시(examen impérial)'이라 불리는 시험을 보러 북경에 모이도록 요구된다. 황제 자신이 논술의 주제를 결정한다. 그는 과장科場에 가깝게 임석하고 결과의 엄정한 사정査定을 요청한다. 그리고 황제는 최종 판단관으로 간주된다. 시험 집회는 종종 5000-6000명의 지원자을 포함하고, 이 중 150명만이 박사학위를 수여받을 수 있다. 톱3인은 '하늘의 제자들'을 뜻하는 '천재명현天才明賢(Tien-tzu Men-hsing)'의 이름을 단다. (보통은 '장원'이라고 부른다.) 황제는 그들 중에서 제1급 박사를 뜻하는 '한림'이라는 타이틀을 수여하는 일정 수의 사람들을 선발한다.[859]

858) Quesnay, *Despotism in China*, 201쪽.

두세 군데 오류가 보인다. 우선 케네는 회시와 전시를 구분하지 않고 뒤섞고 '전시'만 설명하고 있다. 그리고 1등만을 '장원'이라고 하는데, 1-2-3등을 다 '장원'이라 잘못 말하고 있다. '천재명현天才明賢'을 'Tien-tse Men-mg'라고 잘못 표기하고 있다.[860] "Tien-tzu Men-hsing"은 매버릭(Lews A. Maverick)이 수정한 것이다.[861]

> 한림들은 조정에서 특별한 기관을 구성한다. 그들의 기능은 아주 영예롭다. 그들은 역사를 쓰는 것을 책임지고, 중요한 국사에 관해 황제의 자문에 응한다. 이 기관으로부터 학사·석사학위 지원자들을 시험하러 행성들로 파견되는 시험감독관들이 선발된다. 다른 박사들은 '진사'라 불린다. 황제는 새로운 박사들에게 각각 은 사발, 푸른 비단 파라솔, 장려한 가마를 선물한다. 영광스런 박사 타이틀을 획득한 중국인은 곧바로 빈곤을 이제 걱정할 필요가 없다. 이 타이틀은 그에게 안전책이다. 그의 친척과 친구들로부터 무수한 선물을 받는 것 외에 그는 가장 중요한 국가 관직에 임용될 것을 확신하고 만인은 그를 보호하려고 한다. 그의 가족과 친구들은 그를 영예롭게 하기 위해 반드시 그의 이름과 박사학위를 취득한 날이 새겨진 아름다운 개선 아치를 세운다.[862]

케네는 중국의 관료체제 속으로 임사하는 관문인 과거제도를 이렇게 요약해서 소개한다.

그 다음 케네는 청대중국의 중앙과 지방의 전체 행정체계를

---

859) Quesnay, *Despotism in China*, 202쪽.

860) 프랑수와 케네(나정원 역), 『중국의 계몽전제정』 (서울: 엠-애드, 2014), 104쪽(불어원문).

861) Quesnay, *Despotism in China*, 202쪽.

862) Quesnay, *Despotism in China*, 202-203쪽.

여러 차례 설명한다. 먼저 그는 육부를 주권적 관청으로 소개하고 육부의 각부처에 대한 각론을 전개한다.[863] 그리고 그는 육부간의 업무분업과 필수적 협력 구조를 통한 '견제와 균형' 관계를 논하고,[864] 다시 육부의 분업관계과 상호의존성을 또 다시 논하고 이 견제와 균형, 분업과 의존의 원리를 군대의 관리와 통솔과 유지 등에서 다시 확인한다.[865] 그는 방대한 중국제국의 순항은 바로 이 육부관료체제에 의해 된다고 평가함으로써 관료제의 기능적 효율성과 위력을 말한다. "이토록 방대한 나라에서 재정행정, 군대 통솔, 공공공사의 관리, 관리들의 선발, 법률과 관습의 유지, 사법행정은 이 주요관청들의 기능의 자유로운 발휘를 요구한다는 것을 이해하는 것은 쉽다. 이것이 대권과 지방행성에서의 수많은 신사관리들을 필수적으로 만들었던 것이다."[866]

그리고 케네는 청대 중국의 육부의 관리들 각각 한인·만주인이 각각 동수로 배치되는 점도 밝힌다. "육부의 각 부처는 두 장관과 4명의 보좌관, 24명의 상담관으로 구성되는데, 이 24명 중 12명은 만주인, 12명은 중국인이다. 모든 중요한 일을 최종 처리하는 이 육부 아래에 아주 수많은 예하 부처들이 발견된다."[867]

케네는 지방의 행성들의 전국적 관료체제도 언급한다. "행성들에 관한 한, 이것들은 두 종류의 태수들에 의해 직접 관리된다. 낮은 태수는 오직 한 행성만 다스리고, 그 성도에 주재하지만, 이 동일한 지방태수들은 두서너 개의 행성을 한꺼번에 다스리는 '총

---

863) Quesnay, *Despotism in China*, 219쪽.

864) Quesnay, *Despotism in China*, 218-219쪽.

865) Quesnay, *Despotism in China*, 226-227쪽.

866) Quesnay, *Despotism in China*, 219쪽.

867) Quesnay, *Despotism in China*, 227쪽.

독'이라 부르는 치자에게 복服한다. 이 치자들의 권한이 무엇이든 그들 각자의 권리는 아주 잘 조절되어서 관할범위에 대한 갈등은 일어나지 않는다. 중국의 황제가 이러한 방대한 제국의 국사를 개인적으로 들여다보고 그가 빈 자리에 임명할, 또는 임명을 받기를 꾀하는 관리 집단의 복종을 받을 시간이 있다고 생각하는 것은 어려울 것이다. 그러나 이 경이로운 질서가 거기서 지켜지고, 법률들이 모든 어려운 난제들을 아주 잘 대비해 놓아서 하루에 두 시간이면 황제가 모든 책무를 수행하기에 충분한다."868) 케네는 지방의 관료체제를 다시, 그러나 더 상세하게 논한다.

> 각 행성의 성도에는 모두 북경의 육부에 복속되고 해성의 포정사와 총독의 지휘를 받는 여러 민·형사 관청과 그들에게 할당된 일을 다루는 보다 작은 관할권을 가진 수많은 기관들이 있다. 모든 도시들도 사법행정을 하는 행정관들과 예속 관리들이 있다. 그리하여 3등급 도시들은 2등급 도시에 종속되고, 이 2등급 도시는 다시 1등급의 도시들의 관할권 안에 들어 있다. 행성의 판관들은 황제를 대표하고 특별한 존경을 받는 총독 휘하에 있다. 그러나 이 총괄 관리의 권위는 국리國利에 이롭다고 판단한다면 그를 고발할 수 있는 주변의 다른 관리들의 권한에 의해 제한된다.869)

이것은 중국 관료제의 특유한 관직위계를 설명한 것이다. '중국적' 관료제의 기본원리이고 베버가 '근대적' 관료제의 공통된 기본원리로 확대한 '관료의 행정수단 무소유' 원칙과 이로 인해 필수적

---

868) Quesnay, *Despotism in China*, 227-228쪽.

869) Quesnay, *Despotism in China*, 228-229쪽.

인 '관료의 행정수단과 생계의 공적보장' 원칙을 논한다.

> 주권자를 큰 가족의 가장으로 간주하는 중국정부의 유구한 원리에 따라 황제는 그의 관리들의 모든 필수품들을 제공한다. 행성의 부세賦稅 부분은 온갖 다양한 행정관과 기타 유급직원들의 봉급으로, 빈자·노인·병약자의 생계지원으로, 군부대의 지출로, 공공공사의 비용으로, 제국의 역참과 모든 공로의 유지비로, 과거시험 비용와 학위지원자들의 여행비로, 황실의 남녀황족을 부양하는 비용, 황제가 재해를 당한 행성들에 하사하는 구호금으로, 황제가 탁월함을 고취하고 좋은 본보기를 드러내기 위해 분배하는 포상으로, 그리고 국가를 위해 누구든 어떤 국익을 얻거나 예외적 행동으로 특출나게 된 사람들의 훌륭한 봉사를 인정하는 가운데 소비된다. 지방으로부터 궁궐로 소환되거나 궁궐이 행성으로 파견하는 관리들은 그 수행원들과 더불어 여행비 전액을 지급받고, 그들이 필요한 선박과 마차를 공급받는다.[870]

그리고 케네는 중국 관리들이 웅장한 관청과 화려한 관사를 보장받는다는 점을 별도로 강조한다.

> 중국의 민간 건물들이 그 인테리어가 잘 정비되어있을지라도 소박하다고 기록되어 왔다. 공공건물, 특히 공로를 따라 지어진 공공건물은 아주 다르다. 관리들의 건축물에는 놀라운 장엄성이 있고, 특별한 보살핌이 그것들의 유지에 바쳐진다. 건축물의 안전에 경탄할만한 관심이 기울여지고, 여행자와 무역업자, 그리고 파발꾼의 편의와 안전에 비용을 대하는 데는 아낌없다.[871]

870) Quesnay, *Despotism in China*, 221-222쪽.

무기와 전비, 그리고 관청·재판정 등 행정수단과 행정비용을 자기의 창고에서 대야 하는 프랑스 귀족들의 봉건적 처지를 잘 아는 케네는 중국 관리들이 봉급과 여행비만이 아니라 장엄한 관청과 관사까지 제공받는 것을 부러워하고 있다.

또한 케네는 중국관료제의 세 가지 기본원칙인 임기제·상피제·인사고과제 등을 찬양조로 논한다.

> 치자는 그의 잘못에 의한 것을 제외하면 평화가 교란될 수 없는 대가족의 가장으로 간주된다. 또한 그는 아무리 작은 폭동에도 책임을 지고, 폭동선동을 즉시 진압하지 못하면 적어도 관직을 잃게 된다. 그는 예하 관리들도 그 자신과 같이 거기에서 공공복리만을 보존해야 하기 때문에 그들이 사람들을 박해하는 것을 막아야 한다. 이 때문에 법률은 같은 도시나 행서에서 태어난 사람을 도시의 만다린으로 임명하는 것을 금한다. 더구나 치자는 그가 편향될까 봐 오랜 시간 동안 자기 직책을 가지고 있는 것이 허용되지 않는다. 그리하여 같은 행성 출신의 다른 관원들이 대부분 그에게 미지의 인물들임을 알기에 그는 그들을 선호할 이유가 거의 없다.[872]

"치자는 그가 편향될까 봐 오랜 시간 동안 자기 직책을 가지고 있는 것이 허용되지 않는다"는 구절은 임기제를 말하고, "같은 도시나 행서에서 태어난 사람을 도시의 만다린으로 임명하는 것을 금한다"는 구절은 상피제를 말한다. 그러나 앞서 선교사들이 전했듯이 케네는 상피제가 더욱 넓게 해석되어 적용된다는 것도 밝힌다.

---

871) Quesnay, *Despotism in China*, 221-222쪽.

872) Quesnay, *Despotism in China*, 250쪽.

어느 만다린이 그의 출신 행성과 경계가 접하는 행성에서 관직을 획득하면, 그곳은 최소한 50리그(150마일, 약241km) 떨어져 있는 도시에 있어야 한다. 그리고 예방조치는 하급 만다린이 그의 형, 삼촌, 또는 다른 친척이 상위 관직을 보유하는 지방에 배치되지 않을 정도로까지 확대 적용된다. 왜냐하면 그들은 공모해서 불의를 저지를 수 있기 때문이고, 상급 관리가 그 자신의 형제 등에게 불리한 책임을 묻기가 곤란하기 때문이다.[873]

그리고 케네는 중국의 관료행정에 특징적인 '인사고과제'를 홍미롭게 상론한다.

3년마다 모든 만다린에 대한 일반 평가가 이루어지는데, 통치에 대한 그들의 좋거나 나쁜 자질이 정밀 검토된다. 예를 들어, 3등급 도시의 모든 고위 관리는 각각 그의 부하들을 사정査定한다. 그들이 작성한 메모는 이것을 변경하거나 확인하는 2등급 도시의 상급 관리에게 상신된다. 2등급 도시의 만다린은 자기의 행정구역에 있는 3등급 도시의 모든 만다린의 메모를 받았을 때 거기에 자신의 메모를 첨부한 다음, 그 목록을 성도에 주재하는 총괄 만다린들에게 보낸다. 이 목록은 이 총괄 만다린들의 손에서 포정사에게 넘어가는데, 포정사는 그것을 홀로 검토한 뒤에 다시 그의 4인 보좌관과 함께 검토하여 자신의 메모와 함께 대궐로 보낸다. 이렇게 해서 제1 부처(이부)는 제국의 모든 관청에 대해 정확한 지식을 갖고 상벌을 내릴 위치에 있게 된다. 최고부처는 메모를 검토한 뒤에 즉시 포정사에게 보고된 만다린들에게 상이나 벌을 주라는 명령을 하달한다. 포정사는 통치에 대한 태도의 주제에서 지극히 가벼운 견책이 담긴 평가를 받은 만다린들에게서도 관직을 박탈하고, 칭찬을 받은 만다린들을 더 높은 관

873) Quesnay, *Despotism in China*, 250-251쪽.

직으로 승진시킨다. 그리고 공중에게 이 삭탈관직과 포상, 그리고 이 조치들의 이유를 알리는 데 굉장한 노력을 기울인다.[874]

케네는 중국제국의 관료체제에 입사한 관리들 개개인의 자격과 존엄의 상징에 대하여 상세하게 논한다.

우리는 만다린이 되려면 박사로 이어지는 다양한 학위를 취득해야 한다는 것을 보았다. 정치적 통치는 이 학자적 만다린들에게 위임된다. 제국 전역에서 그들의 수는 1만3000명에서 1만4000명이다. 상대적으로 높은 3품관의 관리들은 가장 유명하고, 황제는 이들로부터 각로, 즉 국가각료들, 육부의 장관(상서), 행성과 대도시의 태수(포정사), 그리고 제국의 다른 모든 중요한 관리를 선발한다. 다른 품계의 관리들은 재정과 사법의 부처 안에서의 종속적 지위를 보유하고, 그들이 사법행정을 책임지는 소도시에서 다스린다. 이 하위의 여섯 품관들은 앞의 세 품관보다 열위에 있고, 이 세 품관은 그들을 곤장으로 매질할 수 있다. 만인은 모두 그들을 평민과, 그리고 다른 선비들과도 구별해주는 존엄의 배지를 극히 부러워한다. 이 배지는 가슴에 단 사각형의 옷 조각이다. 이것은 사치스럽게 세공되었고 그들의 직무를 상징하는 표장의 한복판에 위치한다. 표장은 네 개의 발톱을 가진 용이고, 다른 표장들은 독수리나 태양 등이고, 무관들이 단 표장은 사자, 호랑이, 표범 등을 가지고 있다.[875]

이어서 케네는 관료제적 행정체제의 조직적 상호의존성과 수직적 위계성을 논한다. "국가를 통치하는 이 다양한 권력 사이에

874) Quesnay, *Despotism in China*, 251쪽.

875) Quesnay, *Despotism in China*, 235쪽.

상호의존성이 있는 반면, 가장 작은 중요한 관리도 그의 관할권 안에서 전권을 가지지만, 다시 더 광범한 권력을 가진 다른 관리에게 열등하다. 이 후자는 각 행성의 총괄 관리들에 종속하고, 이 총괄 관리들은 다시 북경의 주권적 부처들(육부)에 복종한다."[876] 이 모든 관리들은 황제의 권위에 의거하고 각자 상이한 관인官印들을 가진다.

> 이 행정관들은 모두 황제만큼 비례적으로 존경을 받고, 그들은 황제의 위엄을 대표한다. 백성들은 법정에서 관리들에게 오직 무릎을 꿇고만 말한다. 행정관들은 행정구역 안의 모든 관리들을 동반하고 당당한 의전을 갖춰서 행차하는 경우가 아니면 공공의 장소에 결코 모습을 드러내지 않는다. 그들의 권위의 징표 중에서 우리는 제국의 옥쇄를 잊어서는 아니 된다. 황제의 옥쇄는 약 4-5인치의 정밀한 사각형 벽옥碧玉이다. 황제는 이 재질의 돌을 가질 수 있는 유일한 사람이다. 공公들에게 영예로운 인장은 금제다. 1·2·3품계의 당상관 관리들의 인장은 은제다. 당하관들의 다른 관리들의 그것은 한낱 구리나 납이다. 인장의 크기는 보관자인 관리의 서열에 달려있다. 그의 궁택을 떠나는 지방관의 행차보다 더 장려한 것은 없다. 그는 200여 명을 수행원으로 거느린다. 그것으로부터 황제가 동반하는 화려함은 어떤 것일지 판단할 수 있다.[877]

황제의 위位를 비롯한 모든 관리의 품계에 따른 의전과 권위, 그리고 옥쇄와 상이한 관인, 화려한 행차에 대한 설명이다.

한편, 케네는 중국의 관리들이 이런 권위와 존엄을 누리기 위해

---

876) Quesnay, *Despotism in China*, 235-236쪽.

877) Quesnay, *Despotism in China*, 236쪽.

얼마나 노력해야 하는지도 설명한다.

> 그러나 모든 만다린들이 누리는 권위에도 불구하고 그들은 자신들을 '백성의 아버지'로 입증하는 노력을 기울이지 않으면, 그리고 애정의 진정성을 증명하지 못하면 관직에 남아있는 것이 아주 어렵다. 포정사는 3년마다 행성 안의 모든 관리들에 관해 중앙관서에 보내는 보고서에 어느 관리가 이 점에서의 결손으로 기소된 사실을 반드시 기록할 것이다. 이 평가는 그의 삭탈관직을 야기하기에 충분할 것이다. 관리들이 백성들에 대해 극도의 애정을 쏟는 어떤 특별한 경우가 있다. 이것은 수확에 대한 두려움이 있을 때나, 어떤 역병의 위협이 닥칠 때다. 이러한 때에 그들이 사원을 관통해 가서 고행의 본보기를 보이며 비공식적 의관을 하고 이런 상황에 처방되는 일반적 단식을 엄격하게 지키는 것이 보인다. 관리가 백성을 보호하기 위해 관직에 있는 만큼 그는 어제나 어떤 시간에도 그들의 말에 귀를 기울일 용의가 있어야 한다. 어떤 사람이 정의로운 판결을 위해 그에게 올 때, 그 사람은 재판이 열리는 방 가까이에 있는 북을 크게 친다. 이 시그널에 그 관리는 아무리 바쁠지라도 만사를 제쳐놓고 그 소청을 청문聽聞해야 한다.[878]

케네는 중국의 관리들이 권위만 누리는 것이 아니라 이에 비례하여 감당하기 힘들 만큼 무거운 의무도 있다는 것을 명시적으로 보여주고 있다.

그러나 케네는 관리와 백성의 관계에 이런 권위와 의무의 관계만이 아니라 도덕적 '리더십'의 관계도 있다는 것을 언급한다. 그는 중국 관리의 백성교화의 기능을 말한다.

878) Quesnay, *Despotism in China*, 236-237쪽.

백성을 가르치는 것은 여전히 관리들의 주요기능 중 하나다. 매월 1일과 15일 모든 지방 관리들은 행사에 모이고, 그들 중 하나가 백성 앞에서 연설을 한다. 주제는 아버지의 자애, 효도적 순종, 행정관에 대한 공경, 그리고 무엇보다도 평화와 단결의 유지에 관한 것이다. 황제 자신도 때때로 궁궐의 고위 관리들의 집회를 명하고, 북경 관청의 제1품관들에게 그들에게 경전에서 가져온 주제로 강의를 하라고 명한다.[879]

케네는 동시에 중국 관리들이 준수해야 할 도덕적 생활양식에 대해 언급한다.

법률은 관리들에 대해 도박·도보·마실 등 여러 유흥에 참여하는 것을 금한다. 그들은 궁택 안에서 자신들을 위해 준비할 수 있는 것 외에 다른 레크레이션도 즐기지 않는다. 그들은 마찬가지로 선물을 받는 것도 금지되어 있다. 선물을 받거나 요구하는 죄를 발각당한 관리는 관직을 잃는다. 선물이 은 8온스에 달하면 그는 사형의 형벌을 받는다. 그는 그의 고향도시에서, 심지어 그의 고향 행성에서 관직을 받지 못한다. 그가 활동하는 곳은 그가 태어난 고향도시부터 50리그 멀리 떨어져야 한다.[880]

여기에 잇대서 케네는 이 상피제의 원칙을 부자, 형제, 삼촌 관계에까지 확대·적용하는 것을 다시 논한다.[881] 그리고 관리들의 동정을 알리는 관보를 다시 설명한다. "마지막으로, 공무행정과 관련된 모든 사람들을 의무의 트랙 안에 붙들어 두는 데는 북경에서 매일

879) Quesnay, *Despotism in China*, 237쪽.

880) Quesnay, *Despotism in China*, 237-238쪽.

881) Quesnay, *Despotism in China*, 238쪽.

발간되어 모든 행성들에 걸쳐 배부되는 관보보다 좋은 것이 없다. 그것은 60-70쪽의 소책자로 구성되어 있다. 어떤 기사도 제국 바깥에서 일어나는 어떤 사건도 다루지 않는다. 삭탈관직된 관리들의 이름과 그 치욕의 이유를 거기서 읽을 수 있다."[882)]

나아가 케네는 백성에 대한 지방관들의 박해와 권한남용, 그리고 부정부패의 위험을 막기 위해 그들의 권한을 제어하는 행정감독관 또는 행정검열관 제도에 대해서도 여러 번 상론한다.

> 모든 관리들은 조정에서 각 행성에 파견하는, 'Koli'('감찰어사'의 잘못된 음역표기)라고 부르는 감독관에 의해 더 제어·견책된다. 이 통제관에 대해 품는 공포는 아주 일반적이어서 "쥐가 고양이를 보았다"라는 속담을 낳을 정도다. 이것은 이유가 없지 않은데, 이것은 이 검열관들은 죄지은 모든 관리들로부터 서열과 지위를 박탈할 권리를 가지고 있기 때문이다. 이 검열관들은 황제에게 특별한 보고서식으로 관리들의 잘못에 대한 정보를 보고한다. 이런 잘못들에 대한 소식은 제국 전역에 걸쳐 퍼뜨려지고, 이부吏部로 조회된다. 이부는 통상적으로 죄 있는 자들에게 선고를 내린다. 간단히, 이 감찰어사들의 권위는 아주 굉장하고, 그들의 가혹성은 그들의 권력만큼 강고하다. 황제 자신도 그의 행동이 국가의 규정과 법률을 훼손할 경우 이 감찰어사의 검열로부터 안전하지 않다. 중국의 역사는 감찰어사들의 대담함과 용기의 놀라운 사례들을 제공한다.[883)]

나아가 케네는 지방관의 은밀한 권한남용과 박해를 막기 위해 파견되는 암행어사와 황제 자신의 순행을 논한다.

---

882) Quesnay, *Despotism in China*, 238쪽.

883) Quesnay, *Despotism in China*, 229쪽.

나아가 황제는 감찰어사들을 이따금 행성들로 파견한다. 이 감찰어사들은 백성들에 대한 정보를 얻고, 관리들이 법정을 여는 동안 관청으로 몰래 들어간다. 그리하여 이 감찰어사들은 관리들의 비리를 밝혀내는 즉시 그의 관직의 표장을 보여주고 그의 권위가 절대적인 만큼 즉시 행동하여 법에 따라 범인을 엄중히 처벌합니다. 그러나 범법이 심각하지 않은 경우 그는 자신의 정보를 대궐에 보내고, 이것과 관해서는 대궐이 어떤 조처를 취할지 결정합니다.[884]

그리고 케네는 황제가 지방행정의 감독에서 감찰어사만 믿지 않고 자신이 행성들을 여행하며 백성의 고충을 직접 듣는 순행을 상론한다.

황제는 이 감독관 또는 감찰어사들을 주요 관리들 중에서 선발하고 또 이들 자신도 극히 높은 덕성을 가진 덕자들로 인정받을지라도 오류에 대한 안전조치로, 그리고 뇌물로 부패할까 봐 이 감찰어사들이 조금도 예상할 수 없을 때 다양한 행성으로 순행하여 치자들에 대한 백성들의 불평불만에 관해 직접 정보를 구할 기회를 택한다.[885]

그리고 르콩트가 처음 들려준 이야기, 즉 어느 행성에서 비통하게 우는 노인을 발견하고 그의 억울한 사연을 듣고 관련된 만다린을 벌한 강희황제의 순행 이야기를 들려준다.[886]

케네는 중국의 처벌을 가혹하다고 비판하는 몽테스키외의 중국비

884) Quesnay, *Despotism in China*, 252쪽.

885) Quesnay, *Despotism in China*, 252쪽.

886) Quesnay, *Despotism in China*, 252-253쪽.

방에 맞서 권력 오·남용에 대한 중국 황제의 가차 없는 처벌을 옹호한다.

> 정부가 은밀한 권력오용을 주도면밀하게 막고 위반자들을 가혹하게 처벌할 때 저 오용들이 정부 탓으로 돌려서도 아니 되고, 또한 범죄자들에게 가해지는 처벌도 정부 탓으로 돌려져서는 아니 된다. 평화를 침해하는 사람의 폭력은 그것을 억압하는 정부의 결함이 아니다. 아니면, 인간애를 더럽히는 반란적 인간들이 최선의 정부를 헐뜯을 구실로 통할 수 있는가?[887] (그러나) 권력의 오·남용을 관용하는 것은 의심할 여지 없이 정부의 잘못이다. 모든 권력남용은 악이기 때문이다. 그러나 권력남용을 당하는 정부가 이 남용을 비난하고 권력남용을 끊지 못하는 사람들에게 모든 시민에게 허용된 개인보호 이상의 것을 제공하지 않을 때, 이것은 잘못인가? 진정으로, 특히 권력남용이 국가 안의 시민적 질서를 위협하는 것이 아니라 필요 이상의 윤리나 환상적 경신성輕信性의 소수의 항목에만 있는 경우에 남용을 뿌리뽑는 중에 폭력의 회피를 정당화해줄 특별한 고려가 있을지도 모르겠다. 왜냐하면 이 남용들은 특별한 사상을 지지하는 사람들에게만 한정된 만큼 무지에 따라다니는 수많은 다른 편견들처럼 관용될 수 있기 때문이다.[888]

케네는 중국정부가 국가권력의 오남용을 가혹하게 처벌하는 것을 몽테스키외에 맞서 정당화하는 반면, 중국정부가 사상·종교의 자유와 관련된 권력 오·남용을 국가의 기본법을 해치지 않는 한 폭력적 탄압 없이 관용하는 것을 옹호하고 있다.

887) Quesnay, *Despotism in China*, 253쪽.

888) Quesnay, *Despotism in China*, 253-254쪽.

케네는 중국의 사법행정을 도찰원 소속의 감찰제도나 황제의 순행보다 더 높이 찬양한다.

어떤 사법도 사법행정이 이루지는 (중국적) 방식보다 더 찬탄할 만한 것은 없다. 판관이 책임 없는 정해진 일상업무의 사항처럼 제공되는 만큼, 그리고 그의 봉급이 고정된 만큼, 바른 재판을 얻는 것은 아무런 비용이 들지 않는다. 통상적인 일들에서 개인은 상급법원에 상고할 수 있다. 그리고 가령 도시거주자는 그가 적합다고 여긴다면 그가 사는 곳의 관원이나 지주知州·지현知縣에게 호소하는 것이 아니라, 그의 행성의 포정사에게, 또는 심지어 총독에게 직접 보고해도 된다. 상급 재판관이 사건을 일단 심리하면, 하급 재판관들은 이 사건이 그들에게 되돌아가지 않는 한 이 사건심리에 참여할 수 없다. 모든 재판관은 작은 관리들에 의한 필수적 심문과 다양한 재판절차 뒤에 자신의 정의 감각이 촉구하는 대로 선고를 내린다. 자기 소송을 패배한 사람은 때로 악한 의도로 소송을 제기한 죄로, 또는 온갖 공정성 증거에 맞서 자기의 경우를 방어한 죄로 태형이 선고된다. 중요한 문제에서는 포정사의 판결로부터 북경의 (형부의) 대법정에 상고할 수 있다. 이 최고법정들은 때로 자신이 선고를 내리기도 하는 황제 폐하에게 보고한 뒤에만, 즉 모든 적합한 심문을 한 뒤에만 선고를 한다. 선고문은 황제의 명의로 작성되고, 그 집행을 감독할 책임이 있는 지방 행성의 포정사에게 하달된다. 이 형식의 결정은 돌이킬 수 없다. 그것은 신성한 명령의 이름을, 즉 시비 걸 수 없는 '황칙'의 이름을 달고 있다.[889]

세상의 "어떤 사법행정도 사법행정이 이루지는 (중국적) 방식보다 더 찬탄할 만한 것은 없다"는 케네의 찬사를 보면, 1767년까지만

889) Quesnay, *Despotism in China*, 229-230쪽.

해도 재판의 삼심제도가 완비되지 않았던 것으로 보인다. 따라서 이것은 유럽사법에 비할 때 진솔한 찬사이면서도 동시에 중국의 사법제도에 따른 유럽사법제도의 개혁을 촉구하는 비판적 요구이기도 하다.

나아가 케네는 바로 현장에서 내려지기도 하는 중국 사법행정의 신속성을 긍정적으로 평가한다.

> 형사사건에 관한 한, 그들은 민정 사안보다 더 많은 문서를 요구하지 않는다. 행정관이 사건을 알자마자 현장에서 죄인을 처벌할 수 있다. 그 자신이 가로에서, 그리고 어떤 집안에서, 또는 공로 위에서 어떤 문란행위의 목격자라면, 또는 노름꾼, 취객, 왈패를 만난다면, 더 이상의 고심 없이 그의 수행원들에 의해 막대기로 20-30대 때리도록 하고, 그런 뒤에 제 갈 길을 계속 간다. 하지만 죄인은 그에게 당한 사람들에 의해 그래도 법정에 소환될 것이다. 그러면 그의 재판은 적절한 때에 진행되어 엄격한 처벌에 의해서만 종결된다. 황제는 모든 형사사건들을 정밀 검토하는 위임관리를 임명한다. 종종 이 위임관은 그들의 판단이 그의 판단에 도움을 줄 수 있도록 사건을 상이한 관청에 조회한다. 형사사건은 서로 복속된 5-6개 관청을 통과할 때만 종결된다. 이 관청들은 각각 새로운 소송절차를 밟고 피고와 목격자들의 생활과 품행에 관한 정보를 확보한다. 이 지체遲滯가 결백한 사람을 긴 기간 동안 청장 속에서 녹초로 만들지만, 언제나 그를 박해로부터 구해준다.[890]

케네는 선교사들이 줄곧 전해온 중국 사법행정의 인명 중시 철학과 신중한 절차를 특별히 자세하게 분석하고 있다. 이것은 그가

890) Quesnay, *Despotism in China*, 230-231쪽.

중국의 사법제도를 유럽 사법제도 개혁의 모델로 생각했음을 알게 해준다.

또한 케네는 중국에서 신사관리들은 태형에 처해지지 않는다는 것을 전제하고 관원과 신사들이 중죄를 범해서 태형에 처벌되어야 한다면 태형 집행 전에 관직과 지위를 박탈한다는 점까지도 논한다. "심지어 만다린의 신분도 태형으로 면해지지 않지만 행정관은 앞서 격하되어야 한다. 어떤 만다린이 포정사의 명령에 의해 이런 매질을 받도록 선고받았다면 그는 그의 행동을 황제나 이부吏部 앞에서 정당화할 특권이 있다. 이것은 포정사의 권력남용을 막는 제동장치다."891)

그리고 케네는 중국 관료제의 한 전통인 '간언諫言' 제도와, 황권을 제한하는 관료제의 엄격한 객관적·사무적(정밀기계적) 작용기제에 대해 상론한다. 그는 먼저

> 제국 안에 지배자의 확인 없이 법률의 효력이 힘을 가질 수 있는 결정을 내리는 관청은 없다. 황칙은 관행이나 공공복지를 위반하지 않을 때, 그리고 칙령이 행성의 행정책임자인 포정사에 의해 등재되고 행성의 관할지역 전역에 결쳐 공포된 뒤에 취소불가능한 영구적 법률이 된다. 그러나 심지어 황칙이나 법률조차도 주권적 부서 안에 등재된 뒤에만 제국 안에서 효력을 얻는다. 이를 증명하는 증거는 『감화적 서한들(*Lettres édifiantes*)』의 15권 284쪽에서 볼 수 있다. 선교사들은 기독교에 우호적인 황지皇旨로부터 이것이 등록되고 통상적 정식절차와 형식을 갖추지 않았기 때문에 아무런 혜택도 볼 수 없었다.892)

---

891) Quesnay, *Despotism in China*, 232쪽.

892) Quesnay, *Despotism in China*, 214쪽.

케네는 우연적·자의적 황칙을 배제하는 이 엄격한 공식적·객관적·사무적·정밀기계적 관료행정체계의 속성을 몽테스키외의 중국 전제정론에 대항하여 다시 반복한다. "예수회 선교사들이 기독교에 우호적인 칙령을 중국황제로부터 받아냈지만, 이 칙령은 이것에 법률의 효력을 줄 수 있는 공식절차를 갖추지 못했기 때문에 무효였다는 것은 참이다. 몽테스키외 씨의 진술에도 불구하고 한 사람의 의지는 그러므로 중국에서 선교사들의 성취를 용이하게 해줄 만큼, 더욱이 이 전제체제에 그들의 온전한 희망을 걸도록 그들을 유도할 만큼 충분히 결정적이지 않다."[893] "사물의 본성상 악정惡政은 중국에서 즉각 처벌받는다"는 몽테스키외 자신의 말에 따르더라도 중국황권은 독재적이지도 전제적이지 도 않기 때문이다. 케네는 이 논의를 통해 중국제국이 관료제적 제한군주정, 또는 내각제와 관료제에 의해 개명된 '계몽전제정'임을 입증하고자 하고 있다.

그리고 이에 더해 케네는 황제까지도 견제할 수 있는 중국의 절대 자유로운 간언제도를 설명하고 찬양한다.

> 황제에 대한 간언의 관습은 중국법률의 이해를 항시 고취했고, 부처와 고위관리들이 자유롭게, 그리고 용감하게 실행했다. 황제는 그의 권력을 중도적으로 절제하는 것이 그 권력을 파괴하기보다 오히려 권력을 증대시키는 것이라는, 진실하고 대담한 훈계를 받는다. 그리고 그의 칙명들 중 이러저러한 것들이 백성의 복지에 반하기 때문에 그것들을 취소하거나 수정해야 한다는 훈계도 받는다. 또 그의 총애를 받는 자들 중 하나가 백성을 박해함으로써 그의 사랑을 남용하고 있으니, 이 총애를 받는 자의 책임을 박탈하고 그의 위반을 벌하라는 훈계도 받는다. 황제가 이 간언을

893) Quesnay, *Despotism in China*, 244쪽.

존중하지 않거나 황제가 공적 대의를 옹호할 용기를 발휘한 관리들에게 불쾌감을 표하는 일이 발생한다면, 황제는 경멸 속에 추락할 것이고, 그 관리들은 최고의 찬사를 받을 것이다. 그들의 이름은 불후의 명성을 얻고 온갖 방식의 영예와 칭찬으로 영원히 경축될 것이다. 심지어 몇몇 사악한 황제의 노골적 잔학행위도 이 관대한 행정관들을 단념시키지 못했다. 그들은 간언을 올린 첫 번째 개인들이 겪은 것과 같은 가장 잔학한 종류의 죽음의 위험에 한 명씩 차례로 몸을 던졌다. 저 전율적 본보기들은 그들의 열정을 감소시키지 못했다. 그들을 폭군이 그들의 용기에 감명을 받아 그들의 주장에 굴복할 때까지 하나씩 하나씩 몸을 던졌다. 그러나 포악하고 다루기 힘든 황제들은 중국에서 드물었다. 그들의 정부는 야만적 정부가 아니다. 중국의 기본적 헌법은 황제와 완전히 독립적이다. 폭력은 거기에서 혐오당하고, 주권자들은 이와 아주 반대되는 행동유형을 고수한다.[894]

케네는 "주권자 자신이 그를 그의 과오를 깨닫지 못하게 방치하지 말라고 (관리들에게) 권고한다"고 하면서 간언을 권장하는 황제의 이런 유시諭示를 소개한다.

최근의 황제 중의 하나는 자신의 붓으로 빨갛게 쓴 유시에서 그들의 품계에 따라 상소를 올릴 권리를 가진 모든 관리들에게 국리國利에 기여할 모든 것을 맑은 정신으로 성찰하고 그에게 그들의 아이디어를 전하고, 황제 자신의 행동에서 그들이 비난받을 만한 것으로 느낀 어떤 것이든 제한 없이 비판하라고 간권懇勸했다. 주권자들에 의한 이런 권장은 빈번하다.[895]

894) Quesnay, *Despotism in China*, 214-215쪽.

다른 어떤 기관보다 명·청대 중국의 도찰원과 그 소속의 감찰어사는 단순히 지방의 감찰만 수행한 것이 아니라 특히 황제와 공公들(황족)에 대한 간언을 담당했다. 케네는 이에 대해 말한다.

> *Coli*라고 부르는 감찰관들은 면밀하게 조사하고 황제와 혈족의 공들 앞에서도 겁내지 않는다. 이 감찰관들은 특별한 상소문으로 관리들의 과오를 황제에게 알린다. 상소문은 제국 전역에 걸쳐 올라오고 통상적으로 죄인을 벌하는 이부吏部에 조회된다. 감독관의 권한은 아주 크고, 그들의 결의는 그들의 권력에 맞먹는다. 황제의 행동이 국가의 법과 규칙을 위반할 때는 황제 자신도 그들의 감찰로부터 면해지지 않는다. 중국역사는 그들의 놀라운 대담성과 어려움의 사례들을 제공한다. 대권이나 관청들이 그들의 고소의 재판을 피해가려고 시도한다면, 그들은 책임을 다시 떠맡고, 어떤 것도 그들을 그 기도로부터 돌려놓을 수 없다. 그들 중 어떤 사람은 지체에 의해 용기를 잃지 않고 또 위협에 굴하지 않고 2년간 대궐의 고관에 의해 후원을 받는 어떤 포정사를 설득했다. 그리고 그들은 최종적으로 대권을 강요하여 백성들을 기분 나쁘게 할 것을 두려워하여 피소자로부터 그의 지위를 박탈하도록 했다.[896]

케네는 중국의 이 간언과 감찰제도를 높이 평가했다. "중국보다 더 많은 자유를 누리며 주권자에 대해 간언을 할 수 있는 어떤 다른 나라도 아마 없을 것이다."[897] 이것으로써 중국의 관료제에

---

895) Quesnay, *Despotism in China*, 215쪽.

896) Quesnay, *Despotism in China*, 215쪽.

897) Quesnay, *Despotism in China*, 215쪽.

대한 케네의 분석과 평가는 종결된다.

케네는 중국 황제가 "천자天子", "신성한 제왕" 등의 의례적·수사적修辭的 칭호로 하늘높이 추켜세워지지만 황제의 권력이 적대적인 것이 아니라 자연법적 윤리와 부자지간의 헌법적 쌍무관계에 의해 제한된 권력임을 다른 곳에서 지적한다. "중국 정부의 헌정체제는 주권자의 악행을 저지하고 주권자에게 그의 정통적 행정 속에서 선행善行의 최고권력을 보장해주는 반박할 수 없는 명확한 방식으로 자연법에 기초해 있다." 그리고 "중국 황제는 (백성들의) 이 순종을 그의 신민들에게 폭정을 가하는 식으로 남용하지 않는다. 백성들이 주권자에게 충성적 복종을 보이는 만큼, 황제가 다시 백성들을 아버지처럼 사랑해야 한다는 것은 백성들 사이에서 일반적으로 확립되어 있다(그리고 본질적으로 국가헌법에 기초해 있다). 더구나 지배자는 아주 점잖게 다스리고, 그의 부성애를 더욱 빛나게 만드는 방법을 연구한다."[898]

케네의 『중국의 계몽전제정』은 보도 신부가 창간한 『시민일지』라는 중농주의 기관지에 1767년 봄부터 4회에 걸쳐 연재된 논고들을 같은 해에 하나로 묶어 출판한 책이다. 따라서 내용은 다소 중복되고 두서가 없다. 그러나 이 책은 당대에 중국의 내각제에 대해 가장 자세하게 소개하고 분석하고 논평한 것이다. 케네는 중국의 이 관료제와 내각제, 윤리와 법치주의, 철학과 학교제도, 농본주의, 자유시장경제 등을 다 설명하고 나서 중국을 미래 유럽 건설의 '모델'로 삼아야 한다고 주장했다. 따라서 그는 중국식 관료제도 행정체제의 '모델'로 유럽제국에 권한 것이다. "지금까지 우리는 자연법 지식에 기초한 중국이라는 거대한 제국의 정치적·도덕

898) Quesnay, *Despotism in China*, 225-226쪽.

적 헌정체제를 보여주었다. 중국은 바로 이 자연법 지식의 결과물인 것이다. 우리는 여행가들과 역사가들의 진술을 글자 그대로 따랐는데, 이들의 대부분은 제 눈으로 직접 본 목격자들이고, 그들의 지성과, 특히 그들의 보고서들의 일치성은 그들이 완전히 신뢰할 수 있다는 것을 증명해 준다. 이 명백한 사실들은 이 마지막 절에서 읽을 요약의 토대로 기여한다. 이 요약은 모든 국가에 모델로 쓰일 만한 중국적 독트린의 체계적 다이제스트일 뿐이다."[899] 케네는 프랑스 관료제의 구축을 위해 봉건지주 귀족들에게 공직을 받아들여 그들의 위신을 높이라고 촉구한다.[900] 케네의 마음속에서 중국 관료는 "프랑스 귀족을 위한 모델"로 간주된 것이 틀림없어 보인다.[901] 그리하여 한 마디로, "중국이 케네의 모델이었던"[902] 까닭에 중국의 관료제는 케네가 꿈꾼 프랑스의 근대적 관료제의 모델이었던 것이다. 케네에서 있어 유럽의 개혁은 '유럽의 중국화·한국화'였다. 따라서 그는 중앙집권화와 동시에 필수적으로 요청되는 프랑스와 유럽제국의 중외中外 행정체제를 근대적으로 변혁하는 모델로 임용고시에 입각한 중국의 능력주의적·객관적(사무적)·정밀기계적 '관료제'를 제시한 것이다. 이것은 케네만의 생각이 아니라, 웹·템플·버젤과 요한 유스티 등 거의 모든 계몽철학자들의 생각이기도 했다.

899) Quesnay, *Despotism in China*, 264쪽.

900) Quesnay, *Despotism in China*, 287-288, 301-304쪽.

901) Lewis A. Maverick, "Introduction to Volume II", 136쪽. Lewis A. Maverick, *China: A Model for Europe* (San Antonio in Texas: Paul Anderson Company, 1946).

902) Walter W. Davis, "China, the Confucian Ideal, and the European Age of Enlightenment", *Journal of the History of Ideas* (1983, Vol. 44, No. 4), 546쪽.

■ 요한 유스티의 중국관료제론(1754-1762)

요한 유스티(Johann H. G. Jusiti, 1717-1771)는 케네와 거의 같은 동시대에 독일에서 크리스티안 볼프를 이어 중국의 관료행정을 모델로 삼아 '관방학(*Kameralismus*)'을 전개했다. 청년 유스티는 일찍이 중국 관료제를 연구하고 후에 독일개혁을 위해 관방학적 관료제를 전개한다. 일찍부터 중국연구를 시작한 유스티는 볼프가 죽던 해(1754년)에 이미 중국 공무원제도에 관한 랑베르(Claude-François Lambert)의 불어논문을 번역해 「공무원의 상벌과 관련된 중국인들의 뛰어난 제도」라는 제목으로 출판했고,903) 1758년에는 중국의 관료제에 관한 두 편의 논문을 발표했다. 두 논문 중 하나는 중국의 인사고과제를 높이 찬양하고 이 제도의 도입을 논한 「관리들의 신상필벌의 필요성」이고,904) 다른 하나는 「관리들의 포상과 처벌에 관한 중국인들의 우수한 제도들」이었다.905) 또 그는 중간 시기인 1755년 공맹의 양민론을 관방학의 관점에서 해석한 『경제·관방학』(1755)이라는 소책자를 출판한 바 있다.906) 이 책자에서 유스티는 '경제·관방학'을 "국가능력에 대한 대규모 살림살이를 가르치는 학문", 또

903) Ulrich Adam, *The Political Economy of J. H. G. Justi* (Oxford/ Berlin: Peter Lang, 2006), 178쪽.

904) Johann H. G. Justi, "Die Notwendigkeit einer genauen Belohnung und Bestrafung der Bedienten eines Staats", 102-114쪽. Johann H. G. Justi, *Gesammelte politische und Finanzschriften über wichtige Gegestände der Staatskunst, der Kriegswissenschaft und des Cameral - und Finanzwesens*, Bd.1 (Koppenhagen und Leibzig: Auf Kosten der Rorhenschen Buchhandlung, 1761).

905) Johann H. G. Justi, "Vortreffliche Einrichtung der Sineser, in Ansehung der Belohnung und Bestrafung vor die Staatsbedienten", 115-131쪽. Justi, *Gesammelte politische und Finanzschriften* …, Bd.1.

906) Johann H. G. Justi, *Abhandlung von den Mittel, die Erkenntnis in den Oeconimischen und Cameral-Wissenschten dem gemweinen Wesen recht nützlich zu machen* [*Oeconimische und Cameral-Wissenschten*] (Göttungen: 1755).

는 "나라의 보편적 능력이 어떻게 유지되고 증식되고 나라의 행복이라는 궁극목적을 위해 어떻게 이성적으로 활용되는지에 관한 조치를 우리에게 제공해주는 학문"으로 정의한다.907) 그의 관료제 연구는 이후에도 계속된다.908)

유스티는 1762년 마침내 『유럽정부와 아시아정부의 비교(*Vergleichungen der Europäischen mit den Asiatischen {...} Regierungen*)』에서 케네가 『중국의 계몽군주정』에서 그랬듯이 중국의 군주정, 정부제도, 군주들의 치장·사치·소비, 사법행정, 군대, 행정, 왕자의 교육 등을 다루고 중국의 정치제도와 관행을 상세하게 설명하고 여기에 유럽의 불완전한 제도를 대비시키는 식으로 기술된다. 저 '서문'에 의하면, 저서의 의도는 "백성들과 유럽국가들의 일반적 행복에 대한 관심을 일깨우고", 서양에서의 개혁의 불꽃을 일으키는 것이다. 말하자면, 이 책은 중국을 모델로 삼는 '계몽'의 목적을 지닌 계몽주의 저작이었다.909)

유스티는 『유럽정부와 아시아정부의 비교』에서 중국 황제의 여러 가지 덕목, 중국정부의 온화한 성격, 교육제도, 황제의 단순한 도구가 아니라 황제에 대한 견제기구로서의 내각과 육조의 정부체계, 농본주의, 복지(구휼)정책 등을 극찬한다. 유스티의 중국찬양은

---

907) Justi, *Oeconimische und Cameral-Wissenschten*, 5-6쪽.

908) 이에 관해서는 다음 글도 참조하라: Johanna M. Menzel, "The Sinophilism of J. H. G. Justi", *Journal of the History of Ideas*, Vol. 17, No. 3 (June 1956), 301쪽; Davis, "China, the Confucian Ideal, and the European Age of Enlightenment", 541쪽; Adam, *The Political Economy of J. H. G. Justi*, 178쪽; 황태연, 『공자와 세계(2)』, 579-583쪽; 황태연, 「서구 자유시장론과 복지국가론에 대한 공맹과 사마천의 무위시장 이념과 양민철학의 영향」, 『정신문화연구』, 2012 여름호(제35권 제2호 통권 127호), 381-382쪽.

909) Menzel, "The Sinophilism of J. H. G. Justi", 304쪽.

뒤알드·볼프·볼테르 등의 중국 찬양을 능가했다. 그는 이 책에서 중국처럼 국가 일반의 목적을 '국민의 행복'으로 설정하고 여기로부터 '양민'과 '교민'의 '양호국가'론의 핵심이념들을 개발해냈다.[910]

유스티는 『유럽정부와 아시아정부의 비교』에서 중국 황제의 권력 행사를 국민의 복지증진 쪽으로 돌리고 제약하는 관료제적 방법 등의 소개에 할애했다.[911] 여기에는 왕조실록의 객관적 기술을 보장하는 사관史官제도와, 임금에게 간언하고 이 간언을 신하의 의무로 삼은 간쟁기구(과도관제도)와 상소제도, 그리고 신문고제도 등에 대한 분석도 포함되었는데, 유스티는 이 제도들을 찬미하면서 왕에게 아부만 하는 유럽의 조정기록관을 대비시킨다.[912] 유스티가 인상적으로 여기고 찬양한 중국의 제도는 만민평등 교육제도와 이 교육제도를 관리선발제도와 결합시킨 과거제도, 입신양명立身揚名의 이념, 세습귀족의 부재 등이었다. 그래서 그는 중국에서 귀족제도가 관료제에 의해 대체되어 사라진 점을 들어 중국제국을 세계 최고의 국가제도로 찬양한다. "나는 세습귀족을 알지 못하는 중국 헌정체제를 주저 없이 우리 지구상의 가장 합리적이고 가장 지혜로운 헌정체제라고 선언한다."[913]

그리고 유스티는 중국행정제도들에 대한 이런 논의를 바탕으로

---

910) 참조: Davis, "China, the Confucian Ideal, and the European Age of Enlightenment", 541쪽; Menzel, "The Sinophilism of J. H. G. Justi", 303쪽.

911) Johann H. G. Justi, *Vergleichungen der Europäischen mit den Asiatischen und anderen, vermeintlichen Barbarischen Regierungen* (Berlin/Stetten/Leipzig: Johann Heunrich Rüdiger Verlag, 1762), 333-412쪽.

912) Justi, *Vergleichungen der Europäischen mit den Asiatischen (...) Regierungen*, 21쪽.

913) Justi, *Vergleichungen der Europäischen mit den Asiatischen (..). Regierungen*, 466쪽. 다음도 참조: Justi, *Oeconimische und Cameral-Wissenschten*, 16쪽.

보통교육제도와 공무원임용고시제도를 독일과 유럽에 도입할 것을 강력 주장한다.[914] 또한 그는 중국의 관원임기제, 친인척이 있는 행정부처와 연고지에 관원을 발령하는 것을 피하는 상피제, 과거시험 과목과 평가방법, 모든 관리들의 근무평점을 보도하는 관보, 관원신상필벌제 등도 상세하게 기술하고 다시 유럽에 도입할 것을 제안다.[915] 유럽을 향해 그는 "고위관리들이 관할지 안에서 저질러진 살인이나 강도질에 연루된 용의자들을 6개월 내에 체포하지 못하면 이 관리들을 상당한 감봉처분으로 처벌하는 중국인들의 지혜로운 절차를 모방하는 것을 무엇이 가로막는가?"라고 반문한다.[916]

유스티는 특히 단독관리에 의해 관리되는 독임제獨任制의 인격적 행정보다 중국의 '부서' 단위의 비인격적 집체적 결정제도를 찬미했다. "중국의 지방에서는 집체적 심의제도(Collegialische Verfassung)가 시행되고 모든 관원과 태수들은 정사를 돌볼 때 자문과 동의를 구해야 하는 보좌관위원회를 자기 옆에 두고 있다."[917] 유스티에 의하면, 중국은 독임제적 단독관원이 아니라 '심의위원회'가 다스린다. 또한 군주의 관료기제가 '자동적으로' 훌륭한 통치를 보장한다. 반면, 유럽에서는 국가의 통치가 각 관리의 '개인적 성격'에 좌우되었다. 따라서 유스티는 이 중국의 관료체제를 도입

914) Justi, *Vergleichungen der Europäischen mit den Asiatischen (..). Regierungen*, 463-492쪽.

915) Justi, *Vergleichungen der Europäischen mit den Asiatischen (..). Regierungen*, 49-50, 59-60, 445-448쪽.

916) Johann H. G. von Justi, *Staatswirtschaft oder Systematische Abhandlung aller Oeconomischen und Cameral-Wissenschaften*, 1. Teil von zwei Teilen (Leipzig: Verlags Bernhard Christoph Breitkopf, 1755), §118(125쪽).

917) Justi, *Vergleichungen der Europäischen mit den Asiatischen (..). Regierungen*, 53쪽.

할 것을 강도 높게 주장한다.[918)]

유스티의 학문적 촉구와 업적으로 독일은 유럽제국에서 최초로 공무원임용고시를 도입한다. 이렇게 하여 18세기 말에 '정밀기계' 처럼 작동하는 독일 관료제가 탄생했다. 그리하여 독일 융커들에게 남아도는 그들의 차남·삼남들을 독려하여 프로이센 관료체계 속의 벼슬자리에 밀어 넣을 기회를 열어주었다. 이를 통해 프로이센 관헌국가는 융커들을 체제 속에 간단히 통합할 수 있었다. 훗날 저 '오만하기 짝이 없는' 유럽중심주의자인 막스 베버가 근대 독일과 유럽에 특유한 서구문명의 트레이드마크로 오해한 '합리주의적 근대관료제도'는 중국 관료제의 전적인 복사물이었던 것이다.

3.2. 서구의 관리임용고시 입법과 근대 관료제

17세기 말과 18세기 서구제국의 군주들은 중국의 중앙집권제와 관료제에 대해서 잘 알고 있었다. 그리하여 그들은 너나없이 이르면 17세기 중후반부터 중앙집권화를 추구하고 중앙행정기구를 확립해나갔다. 그러나 중앙의 행정기구와 중앙에서 파견된 지방 행정기구는 정실주의적 관원들로 채워졌다. 이 정실주의적 관원들은 돈 많이 내는 부자들에게 관직을 파는 정부의 매관매직賣官賣職제도를 통해 관직을 사들인 특권 부르주아지의 자식들, 근왕적 귀족들이 후견제도에 의해 밀어 넣은 차남·삼남 귀족들과 가신들, 그리고 왕족 출신들이었다. 따라서 이 정실주의 행정기구를 근대적 관료제로 변혁하는 것은 능력주의적 관리임용을 위한 중국식의 임기제·필기시험제도·인사고과제를 도입하기만 하면 거뜬히 완결

918) 참조: Menzel, "The Sinophilism of J. H. G. Justi", 308-309쪽.

될 수 있었다.

그러나 근대적 관료제를 완성하는 종결적 조치의 개시, 즉 임기제·공무원임용고시·인사고과제도의 도입은 귀족적 후견제도와의 충돌만이 아니라, 재정수입을 늘리려는 적자 정부의 필수불가결한 매관매직 관행과의 충돌 때문에 실로 '중앙집권화'보다 더 지난至難한 과제로 남았다. 그리하여 18세기 말까지 서유럽제국 중 어느 나라도 임기제와 공무원임용고시를 도입하는 데 성공하지 못했다. 임기제와 관리임용고시에 입각한 관료제로의 돌파는 독일의 새로운 맹주로 떠오른 프로이센 관헌국가에서 달성된다. 잠시 시사했듯이 프로이센과 독일제국은 볼프·유스티 등의 중국관료제 연구와 중국적 관방학 발전에 힘입어 18세기 초반과 말엽에 관리임용 필기시험과 임기제 및 인사고과제에 기초한 근대적 관료제를 확립했다.

■ 서구제국의 중앙집권화와 정실주의 관료제의 등장

서유럽 각국이 중앙집권화를 달성한 시기는 각기 달랐다. 지방귀족의 영주재판권(행정권·사법권·군사권)을 박탈하여 중앙정부에 귀속시키는 변화는 영국·프랑스·프로이센·오스트리아의 순서로 일어난 것으로 보인다. 예외적으로 영국은 중국 중앙집권제의 영향 없이 헨리 7세(재위 1485-1509) 이래의 절대군주 시기에 지방 대귀족들(공작·후작·백작·자작·남작)로부터 왕권을 강화하여 영주재판권을 박탈하는 대신, 중앙의 삼부회를 의회로 전환하고 의회의 권한을 강화해 주었다. 대귀족들은 절대군주 시대를 맞아 영주재판권을 포기하는 대신에 군주를 제약하는 중앙권력체로서의 중앙의 삼부회를 의회로 발전시키는 왕의 조치에 동조하여 일단 의회의 예산권으로 군주의 지상 상비군을 통제·무력화시켰다. 그리고 찰스 1세(1625-1649)와의 갈등 속에서 대귀족들은 군주의 입법권을 박탈하고 의회의 입법권을 강화했다.

찰스 1세 이후 영국에서도 정치발전은 친親중국적 철학자들의 영향으로 추진된다. 이것은 프랑스·독일·오스트리아에서도 마찬가지였다. 서유럽제국의 군왕들은 친중국적 왕사들과 목사·신부들에 에워싸여 있었고, 또 대개 그들 자신이 친중국적이었다. 일단 중국문화와 공자철학의 정수를 적극적으로 이해하고 숭배하는 많은 계몽철학자들은 유럽 군주들의 조정 안에서 힘 있는 위치에 있었다.919) 트리고 신부는 마테오리치의 중국 소개 글들과 중국선교 관련 유고遺稿를 이탈리어에서 라틴어로 번역해 출판한 『중국인들 사이에서의 기독교 선교』(1615)를 바이에른 선제후 윌리엄 5세 '경건왕'에게 헌정하고, 키르허 신부가 『삽화를 곁들인 중국 해설』(1667)을 레오폴드 1세 신성로마제국 황제에게 헌정했다. 트리고가 윌리엄 5세를 잘 알고 키르허가 레오필드 1세를 잘 알았기 때문에 이런 헌정행위는 단순한 인사치레가 아니었다. 1640년경 환희 속에서 "거룩한 공자님이시여, 우리를 위해 기도해주소서!"라고 외칠 뻔했던920) 프랑스 자유사상가 라 모트 르 베예는 국내에서 중앙집권화에 박차를 가하고 극동에 대해 프랑스의 개입 노선을 펼쳤던 루이 14세의 왕사王師였다. 공자를 예수의 반열로 끌어올린 크리스티안 볼프(Christian Wolff)의 제자 장 드샹(Jean Deschamps)은 황태자

919) Walter Demel, "China in the Political Thought of Western and Central Europe, 1570-1750", 58-59쪽. Thomas H. C. Lee, *China and Europe: Images and Influence in Sixteenth to Eighteenth Centuries* (Hong Kong: The Chinese University of Hong Kong Press, 1991).

920) François Bernier, "Introduction à la lecture de Confucius, Extrait de diverses pièces envoyées pour étrennes par M. Bernier à Madame de la Sablières", *Journal des Sçavans* (7 juin 1688) [pages 25-40], 39쪽.

시절 프리드리히 2세의 왕사였다.

게다가 중국과 관련된 모든 것에 관심을 갖고 극동 선교를 물심양면으로 후원한 여러 가톨릭 군주들의 관심은 중국의 동료들과 친밀한 접촉을 유지했던 예수회의 왕실 고해신부들에 의해 더욱 고무되었다. 1674년 영국 찰스 2세 앞에서 「영예의 바른 개념」이라는 조정설교를 통해 중국과 공자의 철학을 설파하고 『대학』의 발췌문을 처음으로 영역해 영국독자들에게 소개한 나다나엘 빈센트는 찰스 2세의 조정목사였다. 라 체즈(La Chaize) 신부는 루이 14세의 고해신부였고, 중국에 11년간 체류했던 예수회 선교사 밀러(Balthasar Miller, ?-1742)는 비엔나의 마리아 테레지아 황후(1717-1780; 재위 1740-1780)의 고해신부였다.[921] 그리고 예수회 신부 프란츠(P. Frantz)는 테레지아의 아들로서 황위를 계승한 요셉 2세(재위 1764-1790)의 철학교사였다.[922] 볼테르는 프리드리히 2세·에카테리나 2세 등 유럽의 여러 국왕들의 친구이자 멘토였다. 프랑수와 케네는 루이 15세의 최측근이었다. 이 모든 사상가들은 국왕과 국가최고층을 통해서 근대적 국가개혁을 권려하고 실현시켰다.

동시에 라이프니츠·볼프·볼테르·케네 등 세속적 철학자들은 중국 정치철학을 유럽 군주들에게 전했고, 자신들의 제언을 수용하는 군주들을 '철인왕'으로 극찬했다. 프리드리히 2세는 즉위 직후인 1740년 볼프의 저서를 읽은 뒤 볼프에게 "세계의 지도교사이고 세계의 군주들의 가정교사인 것은 철학자들의 임무다"라고 써 보냈다.[923] 또한 존 웹, 윌리엄 템플, 섀프츠베리, 존 트렝커드, 토마스

921) Demel, "China in the Political Thought of Western and Central Europe, 1570-1750", 58-59쪽.

922) Adam, *The Political Economy of J. H. G. Justi*, 141쪽.

고든, 매슈 틴들, 새뮤얼 존슨, 유스터스 버젤, 올리버 골드스미스, 데이비드 흄, 아담 스미스 등 영국 계몽철학자들과 모럴리스트들은 자국의 정계와 사상계에서 음양으로 중국의 정치문화와 공자철학을 대변했고, 라 모트 르 베예, 피에르 벨, 에티엔느 드 실루에트, 쟝 프랑수와 멜롱, 니콜라 보도, 르 마르키 다르장송, 알브레이히트 폰 할러, 요한 유스티 등 셀 수 없이 많은 대륙의 계몽철학자들도 중국의 정치사상과 관용적 종교문화를 대변했다.

17세기 중후 이래 이런 계몽주의의 흥기 속에서 프랑스에서는 영국과 달리 중국의 영향으로 중앙집권화가 진행되었다. 프랑스의 대귀족은 영주재판권을 고수하고 오랫동안 중앙의 삼부회를 방치한 채 "대귀족이 국가다"라는 봉건적 기치를 견지하며 사사건건 군주의 권력강화에 저항했다. 그러나 상비군을 갖추고 군사적 왕권을 강화한 루이 14세는 "내가 국가다"(즉, "왕이 국가다[*L'état, c'est moi*]")는 기치로 대귀족을 공격하고 중국의 선례에 따라 중앙집권화를 밀어붙여 임명귀족들의 중앙 사법체계와 정실주의적 행정체제를 확립해나갔고 이로써 영주(지방대귀족)들의 조세권·영주재판권·서무행정권을 삭감하고 끝내는 박탈하여 지방대귀족을 증오하며 무력화시켜 나갔다.

■ 오스트리아의 요셉 2세의 중앙집권화 · 관료제화 기도

오스트리아 요셉 2세(재위 1764-1790)도 지방귀족들을 미워하며 그들의 무력화를 은밀히 추구했다. 프로이센 독일제국의 경쟁적

923) J. D. Preuss (ed.), *Oeuvre de Frederic le Grand* (Berlin: 1850), XVI, 179쪽. Donald F. Lach, "The Sinophilism of Christian Wolff (1679-1754)", *Journal of the History of Ideas*, Vol. 14, No. 4 (Oct., 1953), 565쪽에서 재인용.

형제국가 오스트리아의 황제 요셉 2세(재위 1764-1790)도 프리드리히 2세 못지않게 중국을 애호하는 계몽군주였다. 그는 1769년 8월 19일 중국황제의 춘경기 쟁기질 의식을 모방해 매렌(Mähren; 체코의 모라비아 지방)의 마을 슬라프코비츠(Slavkovitz)에서 쟁기로 한 뙈기 땅을 갈았다.[924] 프랑스의 황태자(훗날 루이 16세)가 밭갈이를 한 지 두 달 만의 일이었다. 황제의 철학교사 예수회 신부 프란츠(P. Frantz)[925] 등 요셉 2세 주변에 있던 여러 친親중국적 왕사들이[926] 권고한 밭갈이 행사였다.[927] 요셉 2세는 계몽사상의 진흥보다 중국식 국가개혁의 실행에 더 중점을 두었다. 그의 치열한 개혁정책들은 '요셉주의(*Josephismus*)'라고 불린 실제적 독트린의 구현으로 특징지어진다. 이전에 합스부르크 조정의 중요한 국가지도자들이 프랑스에서 당시 유행하던 개혁적·급진적 정치사상의 여러 흐름을 흡수하고 행정조치를 다수 반포했을지라도 이 조치들은 1760년대 초에 드러나기 시작한 요셉 2세의 정책만큼 진보적이지 않았다.

요셉 2세의 개혁방안들을 뜯어보면 그가 얼마나 지방 대귀족들에 대해 적대적이고 또 중앙집권화를 열망했는지를 알 수 있다. 그는 일시적으로 독재권력을 행사해서라도 대귀족들, 즉 나라가

---

924) 참조: Susan Richter, "Der Monarch am Pflug – Von der Erweiterung des Herrschaftsverhältnisses als erstem[sic!] Diener zum ersten Landwirt des Staates", *Das Achzehnte Jahrhundert*, 34, no. 1 (2010), 40쪽. Maverick, *China - A Model for Europe*, 125-126쪽.

925) Adam, *The Political Economy of J. H. G. Justi*, 141쪽.

926) Stefan G. Jacobsen, "Limits to Despotism: Idealizations of Chinese Governance and Legitimations of Absolutist Europe", *Journal of Early Modern History*, 17 (2013), 350쪽.

927) 1995년 오스트리아 도시 블랑스코의 한 광에서 쟁기질하는 군주의 부조가 새겨진 주철접시가 하나 발견되었는데 시민들은 이를 기념해 기념비를 세웠다. 이 접시를 그대로 복제한 거대한 자연석의 이 기념비석은 역사적 장소인 슬라프코비츠에 세워져 1995년 11월 23일 제막되었다. Richter, "Der Monarch am Pflug", 60쪽.

망해도 신경 쓰지 않고 지방에서 소小군주처럼 군림하는 '큰 신하들'을 무력화시키고 싶어 했다.

요셉 2세는 안톤 카우니츠 재상이 최초로 국가평의회(*Staatsrat*)를 창건한 직후 1764년 간략한 개혁 프로그램으로 작성한 그의 「레브리스(*Rêveries*; 꿈)」에서 이 국가평의회에 아주 큰 관심을 보였지만, 이것을 그 자체로서 충분히 급진적인 것으로 보지 않았다.[928] 요셉 2세는 중국제국에 어떤 세습귀족도 없다는 사실을 잘 알고 있었기 때문이다. 이런 까닭에 그는 제국의 미래를 확보하기 위해서는 정부가 핵심 장애물인 귀족적 관직보유자들을 제거해야 할 것이라고 생각했다.

> 우리의 행동을 지도해야 할 두 가지 제1원칙은 (첫째,) 국가에 좋은 가능한 모든 것을 행할 수 있는 절대권력, (둘째,) 이 국가를 외국의 원조 없이 유지할 수단들이다. 이 두 목적을 달성하기 위해 나는 이것을 제안한다. (...) 대귀족들의 콧대를 꺾고 그들을 무력화시키는 것이다. 왜냐하면 나는 국가가 어찌 되는지를 신경 쓰지 않고 자기들 편한 대로 사는 작은 왕들과 큰 신하들이 존재하는 것이 아주 유익하다고 믿지 않기 때문이다. (...) 나는 우리가 (대귀족들이 지배하는) 지방들을 개종시켜 내가 스스로 제한하는 '제한 전제정(*despotisme lié*)'이 얼마나 그들에게 유익한 것인지를 알게 만들기 위해 작업해야 한다고 생각한다. 이 목적을 위해 나는 그들 자신의 이익을 위해 그들과 협의 없이 만사를 처결할 전권을 10년 동안 (내게 양보하기를) 그들에게 청하는 협정을 지방들과 맺는 것을 목표로 해야 한다. (...) 많은 개인들은 그것으로 인해 행복하지 않을 것이지만 국민의 주요 몸통이 이 부분보다 우선시되어야 한다. 내가 그것을 획득하자마자

928) Jacobsen, "Limits to Despotism", 378쪽.

나는 귀족들을 공격해야 할 것이다.[929]

요셉 2세는 "이것이 전제정의 냄새를 풍기지만, (내가 이미 말한 바의) 절대권력 없이 (...) 국가가 행복하거나 주권자가 위대한 것을 행할 수 있는 지위를 얻는 것은 불가능하다"고 생각했다.[930] 여기서 '행복'은 라이프니츠·볼프·유스티가 극동의 '국리민복國利民福' 개념을 본떠 말하는 백성의 그 행복 또는 그 복지다.[931]

요셉 2세가 강조한 핵심논점은 '개인적 능력', '개인적 성적'이라는 능력주의 원칙이다. "백성들이 편안한 환경에서 사는 유일한 길이 고된 노동으로 국가에 대한 복무 속에서 일어나는 것이라는 것을, 그리고 유일한 진정한 성적이 추천, 가문, 또는 조상의 성적도 고려치 않는다는 것을 안다면 – 이름 외에 아비의 아무것도 갖지 않은 무가치한 신민들을 거느린 국가에 포상이 부담을 주지 않을 만큼 아주 오랫동안 국가에 봉사해온 아비를 포상하는 것만이 가장 공정하기 때문이다! –개인적 성적이 모든 것이다."[932] 극동에서 아들이 과거를 통해 정부관리로 출사하는 '입신양명'을 이루면 국가는 아비에게 세금과 부역을 면제해주고 산관散官 벼슬을 수여함으로써 아비를 영예롭게 했다. 따라서 영예와 칭호가 세습되는 유럽과 반대로 극동에서는 영예가 아비로부터 자식에게로 내려가는 것이 아니라, 아들로부터 아비에게로 올라갔다. 요셉이 아비의

929) Joseph II, "Rêveries"(translates from the original French), 169-170쪽. Derek Beales, *Enlightenment and Reform in 18th-Century Europe* (London: I. B. Tauris, 2005), Appendix [169-176].

930) Joseph II, "Rêveries"(translates from the original French), 169쪽.

931) Jacobsen, "Limits to Despotism", 379쪽.

932) Joseph II, "Rêveries"(translates from the original French), 170-171쪽.

이름으로 아들에게 특권을 세습시켜 아들을 놀고먹도록 하는 것이 아니라 "아비에게 포상한다"고 말하는 것은 아들이 능력을 길러 국가에 발탁됨으로써 입신양명해 아비를 영광되게 하는 것이 "효의 마침(孝之終)"이라는 공자의 효경론을 원용한 것이다. 요셉 2세는 오스트리아 사회를 중국처럼 관료제적 성적(공적)주의·능력주의 사회로 만들기로 작심한 것이다.

요셉이 「레브리스」를 작성한 청년시절 그의 교육적 배경은 「레브리스」의 사상적 지침이 무엇인지 알 수 있게 하는 단서를 제공한다. 그의 '능력주의적·관료제적 제한군주정론'의 출처는 중국이었다. 그에게 정치사상을 주입한 사부는 크리스티안 벡(Christian August von Beck)이었다. 요셉 2세는 벡이 그로티우스와 푸펜도르프의 책과 프리드리히2세의 『반反마키아벨리론』에서 발췌해서 만든 개요서를 읽었었다. 이 개요서에는 벡의 주석이 달려 있었다. 벡은 중국정부제도와 비교할 때마다 드 마르시(François Marie de Marsy)의 『중국현대사(*Histoire Moderne des Chinois*)』(1754)를 인용했다. 자식에 대한 부모의 책임과 관련해서는 정치와 도덕의 구분이 없는 중국제국의 온정주의적 구조를 끌어왔다. 그는 변동하는 중국왕조들을 특징짓는 "이 모든 준칙들이 다 탁월하다"고 분명하게 결론지었다. 그래서 중국에서 "주권자의 지배는 온화해지고 전제적이지 않게 된다"는 것이다.[933] 다른 통치형태들에 대한 그의 논의에서 볼프·볼테르 등과 연관성은 생각보다 컸다. 그는 모든 종류의 지배의 전체적 질이 "일반적 복지"의 관점에서 측정되어야 한다고 가르치고 있다.[934]

933) Christian August von Beck, "Kern des Natur- und Völkerrechts", 199쪽. Hermann Conrad (ed.), *Recht und Verfassung des Reiches in der Zeit Maria Theresias* (Köln: Springer, 1964).

934) Beck, "Kern des Natur- und Völkerrechts", 217쪽.

여기서 중국제국을 유독 "비할 데 없는 헌정체제(*unvergleichbare Verfassung*)"를 가진 것으로 특칭하고, 중국 헌정체제가 이런 내재적 품질을 갖춘 이유는 "치자들의 현명"에 근거한다고 설명한다.935)

특별한 점에 관하여 벡이 드 마르시의 『중국현대사』에서 인용하는 구절은 수세收稅를 위해 귀족들이 아니라 신사관리들을 여러 지방에 투입하는 방식을 취급하고 있다. 이런 구절이 반복되기 때문에서 요셉 2세는 과거시험에 의해 성적주의로 선발된, 귀족과 판이하게 다른 '신사관리'(만다린)를 잘 이해했을 것이고, 중국의 행정이 귀족을 포함하고 있지 않다는 '사실'을936) 정확하게 캐치했을 것이다.

흥미로운 것은 요셉 2세의 철학교육을 담당한 왕사가 유스티에게 중국연구를 하도록 고무했던 바로 프란츠 신부였다는937) 사실이다. 프란츠는 중국으로부터 유럽으로 건너오는 선교사들의 보고서를 직접 볼 수 있는 국제적 연관을 가지고 있었다.

요셉 2세는 이런저런 교육경로로 중국을 이상화할 수 있는 정보와 자료들을 접했다. 프란츠와 벡은 참주정으로 부패·타락할 위험 없이 절대권력을 견지하는 것이 가능하고 정당하고 건전하다고 반복적으로 가르치면서 중국제국의 오랜 통치전통을 인용했다. 수법은 중국의 상황을 흉내내는 것, 즉 오로지 건전한 도덕적 원칙을 체득한 사람만이 권력을 쥐도록 하는 것이었다. 이것은 귀족의 권력을 반대하고 지성적·실천적 능력을 유일한 구성요소로 삼는

935) Beck, "Kern des Natur- und Völkerrechts", 270쪽.

936) François Marie de Marsy, *Histoire Moderne des Chinois, des Indiens, des Persans, ds Turcs, des Russiens & des Américaims*, T.1 (Paris: Chez Saillant & Nyon [...], 1754), 210-211쪽.

937) Adam, *The Political Economy of J. H. G. Justi*, 36쪽 각주37.

관료제적 행정질서 구축을 추구하는 요셉 2세의 논변에 힘을 실어 주었다.[938)]

요셉 2세는 「레브리스」를 작성한 지 2년 뒤, 즉 집권한 지 1년 뒤(1766)에 또 하나의 프로그램 텍스트 「오스트리아 군주정의 상태에 관한 논고(Denkschrift des Kaisers Joseph über den Zustand der Österreichische Monarchie)」(1765)를 썼다. 이 글에서 그는 국가평의회를 경험하고 나서 현실의 벽에 절망한 나머지 그의 「레브리스」를 포기한다고까지 주장하고 있다. 그는 국가평의회를 해체할 의도를 비치면서 카우니츠를 제외하면 나머지 장관들은 기득권에만 집착하는 '무용지물들'이라고 쓰고 있다.[939)] 이 글에서 그가 볼테르 등 계몽사상가들의 비현실적 주장에 실망한 것처럼 말하는 대목도 나오지만 그래도 그의 이 「논고」는 여전히 그의 청년기에 배운 지식 틀을 벗어나지 않고 있다.[940)] 그리고 요셉 2세의 개혁정책에서 명시적으로 일일이 확인할 수는 없지만 행정개혁·농업개혁 등 1760년대 후반의 개혁들은 보다 명백한 중국 연관성을 보여준다.[941)] 그러나 오스트리아에서도 프로이센에서처럼 18세기 말엽 관원임용시험제도의 도입을 이룩할 수 없었다.

18-19세기까지도 중국과 조선의 과거제와 관료제는 그 자체가 세계사적 예외로서 선진적이고 근대적인 공무행정제도였다. 유럽

---

938) Jacobsen, "Limits to Despotism", 381쪽.

939) Joseph II, "Denkschrift des Kaisers Joseph über den Zustand der Österreichische Monarchie" [1765], 360쪽. A. Arneth (ed.), *Maria Theresia ud Joseph II* (Wien, 1868). Jacobsen, "Limits to Despotism", 382쪽에서 재인용.

940) Jacobsen, "Limits to Despotism", 382쪽.

941) Joseph II, "Denkschrift, Jacobsen, 353쪽. Jacobsen, "Limits to Despotism", 383쪽에서 재인용.

제국과 미국은 중국의 이 과거제와 관료제로부터 근대적 공무원임용고시제와 관료제를 발전시켰다. 하지만 불행히도 그 '무식한' 막스 베버는 관료제를 유럽 고유의 산물로 착각했고, 그 '유식한' 미셸 푸코는 필기시험을 '유럽적 근대의 고유한 산물'으로 착각했다. 그러나 분명한 것은 독일·프랑스·영국 등 서구제국諸國은 중국의 과거제와 관료제로부터 필기시험 형태의 공무원임용고시를 통해 관리를 충원하고 임기제와 인사고과로 운용되는 관료제를 발전시켰고, 미국도 서구제국과 동일한 행로를 걸었다는 것이다. 그런데 특이한 점은 모든 중국제도의 수용과 구현에서 미국이 늘 서구제국을 앞질렀으나 공무원임용고시와 관료행정제도의 확립에서는 예외적으로 서구제국에 뒤졌다는 사실이다. 아무튼 미국은 19세기말 뒤늦게 공무원임용고시의 도입을 통해 정실주의적·엽관적 행정체제를 혁신함으로써 관료제적 근대국가체제를 완성한다. 그리고 미국은 중국의 문관우위 원칙을 받아들여 군軍에 대한 문민통제 제도를 가장 튼실하게 확립했다. 중국의 과거제와 관료제는 그 자체로서 유례없이 선진적이고 근대적인 공무행정제도에 속했다. 이런 까닭에 독일은 18세기말 볼프·유스티 등의 중국식 관방학에 힘입어 중국 관료체제와 과거제를 도입했다.942) 상론했듯이 유스티는 1754년 이미 중국 관료제에 관한 랑베르(Claude-François Lambert)의 프랑스 논문을 번역해 「공무원의 상벌과 관련된 중국인들의 뛰어난 제도」라는 제목으로 출판했고 4년 뒤에는 중국의 관료행정체제에 관한 두 편의 글을 발표했다. 프랑스는 독일의 중국식

942) 볼프의 관방학에 관해서는 참조: 황태연, 『공자와 세계(2)』(파주: 청계, 2011), 577쪽; 황태연, 「서구 자유시장론과 복지국가론에 대한 공맹과 사마천의 무위시장 이념과 양민철학의 영향」, 『정신문화연구』 제35권 제2호 통권 127호(2012년 여름호), 380-381쪽.

관료제와 공무임용시험제도를 도입했다.[943] 독일이 가장 먼저 중국 관료제를 도입했고, 또 19세기 내내 정밀한 관료제로 유명해졌기 때문이다.

■ 프로이센의 경우

독일의 관료제 도입과정은 역사적으로 면밀하게 추적될 수 있다. 중국 관료제에 대한 독일인들의 관심은 크리스티안 볼프와 요한 유스티에 의한 관방학의 창설과 시기를 같이한다. 앞서 시사했듯이 유스티는 중국 관료제에 대한 면밀한 분석적 논의를 바탕으로 보통교육제도와 공무원임용고시(고등문관시험)제도를 독일과 유럽에 도입할 것을 주장했다.[944] 또한 그는 중국의 관원임기제, 친인척이 있는 행정부처와 연고지에 관원을 발령하는 것을 피하는 상피제, 과거시험 과목과 평가방법, 모든 관리들의 근무평점을 보도하는 관보, 관원신상필벌제 등 관료제와 관련된 내용을 상세하게 설명하고 유럽에 도입할 것을 주장했다.[945]

나아가 유스티는 특히 단독관리에 의해 관리되는 독임제의 인격적 행정보다 중국의 '부서' 단위의 비인격적 심의제도에 관해 중국의 지방행정에서는 집체적 심의체제가 시행되고 모든 관원과 지방관들은 정사를 돌볼 때 자문과 동의를 구해야 하는 위원회를 자기 옆에 두고 있다고 말한다.[946] 중국의 행정은 독임제적 단독관원이

---

943) 프랑스에서 중국과거제를 모방한 공무원임용고시는 1791-1792년에 도입되었다. 참조: Ssu-yü Têng(鄧嗣禹), "Chinese Influence on the Western Examination System", *Harvard Journal of Asiatic Studies*, Vol. 7, No. 4 (Cambridge, 1943), 283, 302쪽.

944) Justi, *Vergleichungen der Europäischen mit den Asiatischen (...) Regierungen*, 463-492쪽.

945) Justi, *Vergleichungen der Europäischen mit den Asiatischen (..). Regierungen*, 49-50, 59-60, 445-448쪽.

아니라 '집체적 심의위원회'에 의해 이루어진다. 그리하여 군주의 관료기제가 '자동적으로' 훌륭한 통치를 보장한다. 반면, 유럽에서는 국가의 통치가 각 관리의 '개인적 성격'에 좌우되었다. 따라서 유스티는 이 중국의 비인격적·사무적 관료체제를 도입할 것을 강도 높게 주장했다.[947] 이런 논의를 바탕으로 행정개혁을 통해 "정밀기계"처럼 작동하는 독일 관료체제가 형성된 것이다.

그러나 저 '오만하면서도 무식하기 짝이 없는' 유럽중심주의자 베버는 중국 관료제의 완전한 복제물인 '합리주의적 근대관료제도'를 근대 독일과 유럽에 특유한 서구문명의 트레이드마크로 오해한 것이다. 앞서 미리 살펴보았듯이 서구인들의 이런 일반적 무지와 오해에 대해 헤를리 크릴(Herrlee G. Creel)은 일찍이 이것을 신랄하게 비판했었다.[948] 그리고 크릴은 서구 관료제의 형성에 대한 중국 관료의 영향을 등사우鄧嗣禹(Ssu-yü Têng)와 라크(Donald F. Lach)의 연구로 확인해주었다.[949] 그는 중국의 관료제적 선례를 세계사적 차원에서 '중요한 사건'으로 결론지었다.[950] 그리고 이런 맥락에서 크릴은 '근대 관료제의 서구적 유일무이성'에 대한 베버의 주장을 비판했다.[951] 우리는 중국 관료제의 역사적 서천西遷과정을 면밀히 추적할 수 있다.

프로이센 독일은 18세기 초반 프리드리히 빌헬름 1세 치세(재위 1713-1740)에 이미 중국식 관료제와 과거시험제를 부분적으로 도입

946) Justi, *Vergleichungen der Europäischen mit den Asiatischen (..). Regierungen*, 53쪽.

947) 참조: Menzel, "The Sinophilism of J. H. G. Justi", 308-309쪽.

948) Creel, "The Beginnings of Bureaucracy in China", 155쪽.

949) Creel, "The Beginnings of Bureaucracy in China", 162쪽.

950) Creel, "The Beginnings of Bureaucracy in China", 163쪽.

951) Creel, "The Beginnings of Bureaucracy in China", 157-158쪽 및 159쪽 각주19.

했다.[952] 프로이센 독일은 유럽에서 제일 먼저 관리선발 제도의 개혁에 시동을 걸었고 마침내 1770년대에 이 개혁을 완료했다.[953] 이 제도개혁에서 유스티의 핵심주장은 중국처럼 공무원임용시험 제도를 국가행정부 안에서 직책을 얻는 유일한 방법으로 확립하는 것이었다. 그리하여 프리드리히 2세의 프로이센 정부는 1770년 중국의 과거제를 모방해 행정요원 선발과정에서 최종결정을 내리는 '고등고시위원회(*Ober-Examinationskommision*)'를 설치했다. 이 개혁으로 적어도 공식적으로는 필요한 능력을 갖춘 어떤 프로이센 시민에게든 국가관리가 될 기회가 열렸고, 귀족층의 지위가 상대적으로 약화되었다.[954] 중국의 과거제를 모방해 행정체계에 능력(성적)주의 원리를 도입하는 개혁과정은 이미 1760년대 초에 시작되었지만, 무려 10여년이 흐른 1770년대에야 비로소 중요한 결실을 낳은 것이다.[955]

프리드리히 2세 때 처음 도입된 프로이센 관료제는 슈타인-하르덴베르크 개혁과정(1808-1815)에서 중요한 변화와 발전을 보인다. 이 시기에 사법과 행정이 궁극적으로 분리되었다. 그리하여 관료의 행정작용에서 뭔가 피해를 입은 사람들은 이의제기권이 있기는 했으나, 이에 대해서는 관료체제 안에서 행정재판으로 결정되었다.

---

952) 등사우(鄧嗣禹)는 독일의 공무원임용고시제도의 이른 도입을 모른 채 '1800년 이전에 유럽에 필기시험이 없었다'고 일반적으로 확언하는 오류를 범했다. Têng, "Chinese Influence on the Western Examination System", 272쪽. 등사우의 이 오류는 일찍이 더크 보드도 지적한 바 있다. Derk Bodde, "Henry A. Wallace and the Ever-Normal Granary", *The Far Eastern Quarterly*, Vol.5, No.4 (Aug., 1946), 426쪽 각주31.

953) Jacobsen, "Limits to Despotism", 376-377쪽.

954) Hans-Eberhard Mueller, *Bureaucracy, Education, and Monopoly: Civil Service Reforms in Prussia and England* (Berkeley: University of California Press, 1984), 56-57쪽.

955) Jacobsen, "Limits to Despotism", 377-378쪽.

행정에 대한 사법적 통제가 아직 부재했던 것이다. 물론 더 심해진 문서화, 즉 행정과정의 문서적 기록은 비공식적 행정행위의 가일층 적 제한을 의미했다. 이 관료적 행정의 내부조직은 나중에 다른 독일국가들과 대기업에 견본이 되었다.

슈타인·하르덴베르크 개혁기간에 직업관료층은 본질적으로 뚜렷하게 주조되고 마침내 완성되었다. 프로이센 국가는 중국제국처럼 종신토록 넉넉한 정규적 봉급을 지불했다. 이로써 부수입과 독립적이고 뇌물거래에 덜 취약한 관료층이 탄생했다. 그러나 국가 고용주는 종신적 안전을 보장하는 것과 연관하여 무조건적 충성과 헌신도 요구했다. 관료제적 특권화와 충성적 기율화는 이처럼 긴밀하게 결합되었다. 경력규정, 복무계획, 일정한 학교졸업과 결부된 채용의 자격조건들, 그리고 상세한 임용시험 훈령들이 생겨났다. 이로써 지원자들 간의 경쟁이 치열해졌다. 동시에 채용은 결정권을 가진 사람의 호감이 아니라, 완전히 객관적 기준에 의해 결정되었다. 게다가 이런 규정의 실행으로 성적주의 또는 능력주의(Leistungsprinzip)는 더욱 강화되었다. 보다 높은 벼슬자리에 대한 귀족적 지원자들도 이제 이 능력주의 원칙을 벗어날 수 없었다. 이렇게 행정의 근대화는 행정의 철저한 관료화와 동일시되어 진행되었고, 물론 1848년 3월혁명 이전에 벌써 자유주의로 위장한 귀족들의 공론장에서 "더 모든 것을 삼투하는 관료화"라는 비판이 나오기 시작했다.[956]

슈타인과 하르덴베르크의 중요한 목표는 특히 전국을 행정법으로 삼투하는 것이었다. 특히 향촌에서는 국가 이외에 지금까지도 이런

---

956) Manfred Botzenhart, *Reform, Restauration und Krise. Deutschland 1789-1847*. (Frankfurt am Main: Suhrkamp, 1985), 47쪽 이하.

삼투를 가로막는 귀족적 특권들이 남아 있었다. 1812년의 지방경찰 칙령(Gendarmerie-Edikt von 1812)으로 향촌지구는 마을·중소도시·농장지역 등의 영역단위들에 대한 통일적 행정제도로 창출되었다. '지구(Kreis)'는 처음에 국가통제에 직접 편입되었다. 정점에는 이제 귀족적 향촌회의가 아니라 폭넓은 전권을 가진 임명직 지구관리자가 서 있었다. 여기에 주민의 대표자들로서 6명의 지구대의원들이 부설되었다. 귀족의 영주재판소 또는 가산제법정(Patrimonialgerichte)은 국가의 법원 행정기구에 의해 대체되었다. 장원주의 경찰권도 경찰서의 도입으로 제한되었다. 이 '제한'이라는 말이 보여주듯이 귀족의 특권들이 결정적으로 약화되었어도 그 깊은 뿌리는 여전히 잔존했다.

그리하여 지구 행정의 개혁은 지구의 귀족적 특권에 대한 개혁가들의 이 관료주의적 공격인 한에서 나폴레옹의 몰락 후 반동복고적 비인체제의 성립으로 유럽 전체가 반동화되자 귀족층의 막장 저항에 부딪혀 궁극적으로 좌초되었다. 1816년 지구의 행정은 다시 영도적 지위를 차지하게 된 향촌회의의 위원들을 통상적으로 그곳에 뿌리를 박고 살아온 장원주의 대오에서 선발하는 것으로 변질되었다. 이것은 결국 귀족의 향촌권력을 다시 강화시키는 것으로 귀착되었다.957)

■ 영국의 공무원임용고시제의 뒤늦은 도입(1870)

영국 입법자들이 처음 중국 과거제를 모방한 공무원임용시험제도를 인도식민지에서 도입한 것은 1855년이었고, 이것을 영국 본토에까지 일반화한 것은 1870년이었다.958) 등사우鄧嗣禹(Ssu-yü Têng)

---

957) Thomas Nipperdey, *Deutsche Geschichte 1800-1866; Bürgerwelt und starker Staat* (München: C.H.Beck, 1983), 36-38쪽.

의 추적에 의하면, 영국에서의 "공무원임용고시는 인도식민지에서 발전된 다음, 본토의 공무행정에 적용되었다"고 말한다.[959]

등사우는 고대 이집트, 고대 그리스·로마 세계, 중세와 근세 유럽에는 중국·한국식의 공무원임용시험은커녕 어떤 유형의 필기시험도 알려진 바 없었다는 사실을 주장했다.[960] 유럽에서 "학교 필기시험은 18세기까지도 알려지지 않은 것으로 얘기된다. '시험의 나라' 독일조차도 예외가 아니다." 그리고 "국가고시제도의 보편적 채택은 19세기의 일이다. 18세기에는 국가고시제도의 맹아 이상의 것이 거의 발견되지 않는다."[961] 그러나 등사우의 이 일반적 확언은 오류다. 독일과 오스트리아에서는 앞서 한 각주에서 지적했듯이 1730년대에 프리드리히 빌헬름 1세가 이미 중국의 과거제를 모방해 필기시험에 입각한 공무원임용고시제의 도입을 개시했고,[962] 1770년대에는 '고등고시위원회'의 설치를 통해 고등고시제도가 완성되었기 때문이다. 물론 시사한 바대로 고시에 의한 공무원의 채용은 특채를 원하는 귀족들의 저항으로 늘 미진했다. 프리드리히 2세 때 처음 도입된 프로이센 관료제는 슈타인-하르덴베르크 개혁과정(1808-1815)에서 중요한 변화와 발전을 이룩했다.

---

958) 중국의 과거제를 모방한 영국의 공무원시험제도의 도입에 관해서는 참조: Ssu-yü Têng(鄧嗣禹), "Chinese Influence on the Western Examination System". *Harvard Journal of Asiatic Studies*, Vol. 7, No. 4 (Cambridge, 1943), 277-305쪽.

959) Têng, "Chinese Influence on the Western Examination System", 301쪽. 이 주장에 대해서는 다음도 참조: Creel, *Confucius*, 278쪽 및 305쪽. 장張(Y. Z. Chang)도 등사우와 유사한 의견을 피력한다. 참조: Y. Z. Chang, "China and the English Civil Service Reform", *The American Historical Review*, XLVII, 3 (April 1942), 539-544쪽.

960) Têng, "Chinese Influence on the Western Examination System", 267-270쪽.

961) Têng, "Chinese Influence on the Western Examination System", 272쪽.

962) Derk Bodde, "Henry A. Wallace and the Ever-Normal Granary", *The Far Eastern Quarterly*, Vol.5, No.4 (Aug., 1946), 426쪽.

그러나 독일과 오스트리아 이외의 프랑스·영국·미국 등 구미歐美 국가들은 관료주의적 행정개혁으로 귀족들의 저항을 완전히 제압하고 그들의 특권을 근절하지도 못했고, 여러 차례의 반동으로 개혁은 후퇴했으며, 18세기와 19세기 초반까지도 필기시험에 입각한 공무원임용고시도 완전히 확립하지 못했다. 중국식의 공무원 경쟁시험 원칙은 많은 논란을 겪으며 19세기 중후반에야 어렵사리 법제화되었다. 이런 나라들에서는 아편전쟁의 패배(1842)로 중국의 매력이 거의 사라진 시기에 임용고시의 도입이 시도되었기 때문이다.

등사우는 필기시험에 기초한 공식적 공무원임용시험에 관한 한, 프랑스는 첫 번째 혁명기인 1791년에 이 공무원임용시험을 채택했고, 독일은 1800년경에, 그리고 영국의 인도식민지 정부는 1855년에, 영국본토는 1870년에 인도식민지제도를 모든 공무행정에 적용했다고 말한다. 그리고 유럽에서 학교 필기시험은 18-19세기에 발전했고, 공무원임용고시는 1840-1880년대에 이루어졌다고 결론 짓는다.[963] 그리고 미국은 랠프 에머슨을 비롯한 여론지도층의 지지를 얻어 1883년 뒤늦게 영국의 중국식 공무원임용고시 제도를 채택했다고 종합한다.[964] 그러나 필기시험에 기초한 공식적 공무원임용시험이 독일에서 1800년에 시작되었다는 등사우의 말은 그릇된 것이다. 독일과 오스트리아에서는 프리드리히 2세와 요셉 2세가 1760년대 말과 1770년대부터 경쟁적으로 중국식 고등고시를 도입하는 행정개혁을 단행했기 때문이다.

학교 필기시험이든, 공무원임용고시든 둘 다 동아시아의 과거제

---

963) Têng, "Chinese Influence on the Western Examination System", 275쪽.

964) 미국에서 중국과거제와 영국제도를 모방한 공무원임용고시제가 제도화된 것은 1883년이다. Têng, "Chinese Influence on the Western Examination System", 306-308쪽.

를 모델로 삼은 것이다. 미셸 푸코가 '유럽적 근대성'의 고유한 기율화 수단으로 오해하고 계보학적 분석을 시도한 '시험', 즉 필기 시험은[965] 실은 머나먼 중국에서 유래한 제도였던 것이다.

일찍이 퍼채스(1613), 마테오리치·트리고(1615), 로버트 버튼(1621), 빈센트(1685), 템플(1687) 등은 중국의 신분평등과 실력주의 관료제를 자세히 설명하고 있다. 18세기 영국의 중국열풍의 여진은 19세기 중반까지도 부분적으로 유지되었고, 이 여진 속에서 영국 입법자들은 1855년 중국 과거제를 모방한 공무원임용시험제도를 도입해 1870년 일반화하는 데 성공한 것이다. 상술했듯이 고대 이집트, 고대그리스·로마 세계, 중세와 근세 유럽에는 18세기 후반까지 중국·한국·월남식의 공무원임용시험은커녕 어떤 필기시험도 알려진 바 없었다. 영국에서 공식적 공무원임용시험은 영국 본국이 아니라, 영국의 인도식민지 정부가 1855년에 먼저 도입했다. 영국본토는 1870년에 인도식민지의 공무원제도를 모든 공무행정에 적용했다.[966]

등사우는 1870년 영국의 행정개혁 입법을 주도한 노스코트(Straffod Northcote)와 트리벨리언(Charles Trevelyan)이 공무원임용고시를 중국에서 가져온 것에 대해 함구했을지라도 공무원제도의 개혁과 관련된 "동시대 목격자들"은 모두 이구동성으로 "그들의 공무원임용고시에 대한 중국적 영향을 원하던 사람이든 원하지 않던 사람이든 명백히 시인했고", 또 "영국 공무원고시제도는 중국의 과거제도에 의해 상당한 정도로 영향을 받았다"고 말했다.[967] 장張

965) Michel Foucault, *Surveiller et punir: La naussance de la prison* (Paris: Editions Gallimard, 1975). 독역본: *Überwachen und Strafen: Die Gebeurt des Gefängnisses* (Frankfurt am Miain: Suhrkamp, 1977·1989), 238-279쪽.

966) Têng, "Chinese Influence on the Western Examination System", 272, 275쪽.

(Chang)은 등사우의 이 주장에 다음과 같은 논거를 제공했다. "①중국 과거제도는 영국에 잘 알려져 있었다"는 것이다. "②그 시기의 정기간행물과 의회논쟁에서 경쟁시험 관념은 중국과 연결되어 있었다"는 것이다. "③의회 안팎에서 시험은 중국제도라고 주장되었고, 또 이것이 부인된 적이 없었다"는 점이다. "④중국 외에 어떤 나라도 이전에 경쟁적 공무원임용고시를 시행하지 않았다"는 것이다.968) 장張의 이 논거 제시는 중국만이 아니라 중국제도를 도입한 고려와 조선, 그리고 안남(베트남)에서도 이전에 경쟁적 공무원임용고시를 시행했다는 것만 보완한다면 전적으로 옳은 말이다.

영국의 정치제도적 근대화는 중국 내각제, 중국식 관료제, 필기시험, 공무원임용고시의 도입, 세습귀족신분의 사회경제적 약화와 정치적 퇴출, 국민국가(평민국가)의 강화 등이었다. 공자철학의 영향 아래에서 이신론이 득세함으로써 사회가 탈脫기독교화되고 세속화됨에 따라 윤리도덕이 탈脫종교적으로 변해 '계시도덕'에서 '본성도덕'으로 바뀌었고, 이와 동시에 영국의 세습적 젠틀맨은 '도덕적 신사'로 근대화되었다.

중국의 과거제와 신사들의 능력주의적 관료제에 대한 영국 젠틀맨과 지성계의 선망의식은 19세기 중반까지도 아련한 여진처럼 사라지지 않았다. 이 아련한 여진 속에서 영국 입법자들은 중국 과거제를 모방한 공무원임용시험제도를 도입해 일반화할 수 있었

---

967) Têng, "Chinese Influence on the Western Examination System", 305쪽. 등사우의 이 주장에 대해서는 크릴도 전적으로 동조한다. Herrlee G. Creel, *Confucius – The Man and the Myth* (London: Routledge & Kegan paul LTD., 1951), 278쪽. 장(Y. Z. Chang)도 등사우와 기본적으로 동일한 결론을 내놓았다. 참조: Chang, "China and the English Civil Service Reform", 539-544쪽.

968) Chang, "China and the English Civil Service Reform", 544쪽.

던 것이다.

■ 프랑스 공무원임용고시의 지지부진(1881-92)

프랑스에서의 공무원임용고시는 탈레랑이 1781년 처음 발의했다. 하지만 이 공무원임용고시는 프랑스혁명의 발발로 지연되다가 1791-1792년에야 시행되었다. 하지만 이것은 세월이 흐르자 흐지부지되고 말았다. 프랑스정부는 공무행정의 발전이 이렇게 난항을 거듭하자 1840년 독일의 고등고시제도를 시찰하도록 독일에 사절단을 파견하여 이곳의 관료제와 고등고시제도를 배워왔다. 이를 통해 비로소 근대적 관료제가 프랑스에도 도입되어 정착했다.

다른 한편, 인도차이나의 프랑스 식민지에서는 버마와 인도에 시행된 영국 공무원고시제도가 도입되어 쓰였다. "프랑스 교육은 진정으로 경쟁적 문관 과거시험의 중국적 원칙에 기초했고", 또 "경쟁시험에 의해 충원되는 공무행정의 사상은 의심할 바 없이 그 기원을 중국 과거제도에 둔 것이다".[969]

■ 미국의 공무원임용고시와 중국식 문관우위제도

미국은 1883년 영국의 중국식 임용시험을 도입함으로써 비로소 공무원임용고시를 제도화했다. 상술한 바와 같이 영국의 공무원임용고시제를 그 기원에서 공개경쟁시험을 통해 관원을 충원하는 중국 과거제의 영향을 받은 것으로 보는 것은 합당한 것이다. 미국의 공무원제도를 역사적으로 추적한 등사우의 연구에 의하면, 미국은 1883년 공무행정제도를 "대체로 영국으로부터 받아들이고 부분적으로 독일로부터 받아들였다". 이 때문에 미국 공무행정에

---

969) Têng(鄧嗣禹), "Chinese Influence on the Western Examination System", 283, 302쪽.

대한 중국의 영향을 상론하는 것은 거의 불필요하지만, "영국을 경로로 한 중국의 영향"과 별도로 "미국 공무행정에 대한 중국의 직접적 영향"도 받았다는 것에 대한 뚜렷한 증거들이 존재한다.970) 이 때문에 미국의 중국식 관료제의 채택과정에 관해 좀 더 상세하게 분석할 가치가 있다.

미국의 중국식 공무원제도의 도입은 1768년 연속적으로 있었던 세 가지 사건과, 1770년에 나온 한 권의 책에 의해 촉진되었다. 하나는 공무행정제도의 중국식 혁신을 권고한 로드아일랜드 출신 의원 토마스 젠키스(Thomas A. Jenckes)의 의회보고서 제출이고, 다른 하나는 젠키스의 법안을 지원하는 랠프 에머슨(Ralph Emerson)의 보스턴 연설이고, 또 하나는 중국의 과거시험을 분석하고 찬양한 윌리엄 마틴(William A. P. Martin)의 논고이고, 책은 중국 과거제를 찬미하고 미국에 이 과거제를 도입할 것을 촉구한 윌리엄 스피어(William Speer)의 1870년 서적이다.

등사우에 의하면, 미국에 근대적 공무행정제도를 권고한 사람은 토마스 젠키스였다. 그가 1868년 5월 14일 의회에 제출한 비용절감공동선별위원회(Joint Select Committee on Retrenchment)의 보고서는 "중국에서의 공무행정(Civil Service in China)"에 관한 한 장章을 포함하고 있다.971) 이것은 미국의 관료제가 중국의 영향을 영국을 통해 간접적으로만 받은 아니라 직접 중국의 제도를 수입한 것이라는 명백한 증거다.

랠프 에머슨은 1868년 여름 보스턴에서 개최된 「중국사절단을 경축하는 연회에서의 연설」에서 젠키스의 법안을 언급하면서 중국

970) Têng, "Chinese Influence on the Western Examination System", 306쪽.

971) Têng, "Chinese Influence on the Western Examination System", 306쪽.

의 과거제와 관료행정을 극찬한 바 있다.

> 이 순간 중국은 정치의 항목에서 우리의 관심을 끕니다. 나는 내 주변의 젠틀맨들이 로드아일랜드 주의 존경하는 젠키스 씨가 두 번 의회를 통과시키려고 시도한 법안을 가슴에 담고 있으면서 공직 후보자들이 먼저 동일한 직책을 위한 문필적 자격에 관한 시험을 합격할 것을 요구하리라고 확신합니다. 자, 중국은 무분별한 관행을 이렇게 본질적으로 교정한 점에서 영국과 프랑스만이 아니라 우리도 앞질렀습니다.972)

1868년 여름의 이 연설에서 에머슨은 아편전쟁의 패배(1842)로 중국이 이미 국제적으로 망신당한 상황에서도 여전히 중국의 관료제적 통치를 신뢰하고 극찬하고 있다. 그가 "젠키스 씨가 (...) 공직 후보자들이 먼저 동일한 직책을 위한 문필적 자격에 관한 시험을 합격할 것을 요구한다"는 말과 "중국은 무분별한 관행의 이 본질적 교정에서 영국과 프랑스만이 아니라 우리도 앞질렀다"는 말은 중국의 과거제를 두고 하는 말이다. 에머슨은 미국의회가 공무원임용고시를 도입할 때도 다른 여론지도층의 지지를 모아 영국의 중국식 공무원임용고시제도를 받아들일 것을 적극 권고하고 성원했다.

북경소재 중국국립 동문관同文館대학교 총장을 맡고 있던 윌리엄 마틴(중국명 丁韙良)은 1868년 10월 보스턴의 미국동방협회(American Oriental Society)에서 "중국의 경쟁시험"에 관한 논고를 강독했다. 이 논고가 미국에서 행정개혁운동에 자극을 주었을 것이라는 것은

972) Ralph W. Emerson, "Speech at the Banquet in Honor of the Chinese Embassy"(1868, Boston), 472-473쪽. *The Complete Works of Ralph Waldo Emerson*, Vol. XI, ed. by Edward Waldo Emerson [Centenary Ed.] (Boston and New York: Houghton Mifflin, 1903-1903-12).

거의 확실하다. 이 논고는 중국의 과거제도를 이해하기 위해 읽을 만한 가치가 있을 만큼 훌륭했다. 이 논고의 앞부분에서 마틴은 영국에서 제기된 것과 같은 반대가 미국에서도 있을 것으로 예상하고 예방조치를 하고 있다. 이 논고는 *North American Review* 1870년 10월호에 게재되었고, 그의 1880·1881년 저작집에 리프린트되었다.[973]

1870년 윌리엄 스피어 판사는 *The Oldest and the Newest Empire – China and the United States*라는 책을 써서 중국의 과거제를 찬양하고 미국정부에 의한 과거제 채택을 촉구했다.[974] 그는 "빈천한 자의 자식도 배움에 의해 고귀해지고, 배움이 없으면 고귀한 자의 자식도 평민과 섞인다"는 유명한 중국 속담도 소개한다.[975] 같은 해에 오거스터스 맥도너프(Augustus R. Macdonough)는 Harper's Monthly Magazine에 공무행정 개혁에 관한 논문을 발표했다. 1872년 리처드 그레이브스(Ricahrd H. Graves) 선교사는 *Overland* 8월 호(1872)에 게재한 "Chinese Triennial Examinations"이라는 논고에서 여러 유형의 국가관리 충원방식을 비교한 뒤 "중국에서 왕위 이하의 모든 국가관직은 모든 신민에게 개방되어 있다. (...) 관리들은 경쟁시험에 의해 선발되고 (...) 그들의 성실성에 따라 승진되거나 강등된다"고 쓰고 있다.[976]

그러나 이러한 지지여론에서도 불구하고 1768년 하원에 제출된 공무행정개혁 법안은 1870년대 내내 통과되지 못했다. 의회의 다수

---

973) Têng, "Chinese Influence on the Western Examination System", 307쪽.

974) William Speer, *The Oldest and the Newest Empire – China and the United States* (Cincinnati: National Publishing Company; Chicargo: Jones, Junkin & Co., 1870), 115-120, 538-541쪽.

975) Speer, *The Oldest and the Newest Empire – China and the United States*, 115쪽.

976) Têng, "Chinese Influence on the Western Examination System", 307쪽.

는 개혁안을 비웃었다. 그래도 공론은 이 개혁운동에 계속 호의를 표했다. 영국에서처럼 많은 엽관제와 정실주의 옹호자들은 이러한 개혁안을 중국적인 것, 이국적인 것, "비非미국적인 것!"으로 간주해서 공직후보자의 공직적합성을 결정하기 위한 시험의 활용에 대해 항의했다. 이 시험들은 이론에서 옳더라도 실천에서 이 공직후보자 선발방법은 작동하지 않을 것이라는 것이다. 중국에서 관리들은 부패로 악명 높고 돈으로 어떤 관직이든 살 수 있다는 것이다. 그러나 또 다른 이들은 유럽제국은 중국이 이론들을 제대로 실천하지 못했기 때문에 이 방법 전체를 기각하기보다 중국으로부터 경쟁시험제도의 관념을 채택해 차라리 각국의 필요에 맞춰 발전시켰다고 주장했다.

이런 논란 속에서도 공무행정위원회는 1873-1874년에 제출한 보고서에서 "중국의 종교나 제정帝政제도를 추천하려는 어떤 의도도 없이 우리는 동방세계의 가장 계몽되고 가장 영속적인 정부가 공직후보자의 공직 적합성에 관한 시험을 도입했었다는 사실이 왜 공자가 정치도덕을 가르쳤었다는 사실, 그리고 이 대륙이 황무지였던 세기들 동안 중국인민이 책을 읽었었고 나침반과 화약과 구구단표를 사용했었다는 사실이 우리 국민으로부터 저 편의를 박탈하는 것보다 (...) 그 장점을 미국 국민으로부터 더 많이 박탈하는지를 이해할 수 없다"고 천명했다.977)

이것은 분명히 다른 나라들의 경험, 주로 영국의 경험을 서술할 길을 열기 위해 반대를 피하려는 아직 훌륭한 외교적 언사다. 이 보고서가 서론적 언사의 아이디어를 그의 논고에서 거의 동일한

977) House Executive Document, 43rd Congress, 1st Session (1873-1874), Doc. No. 221, 24쪽. Têng, "Chinese Influence on the Western Examination System", 308쪽에서 재인용.

표현들을 사용한 윌리엄 마틴 총장으로부터 가져왔다는 것은 명백하다. 미국에서 공무원임용고시 법안은 1883년 마침내 의회를 통과했다. 시의적절한 지지발언들, 에머슨과 같은 영향력 있는 인사들의 권고, 그리고 의회보고서들에 포함된 중국 과거제에 관한 자료 등을 증거로 우리는 미국 의회가 공무원임용고시의 채택과정에서 중국의 과거제와 관료제를 직접 참조했다고 말할 수 있다. 이것은 물론 1870년 중국 과거제를 '공무원임용고시'의 형태로 수용한 영국적 선례의 영향이 더 직접적이었다는 것을 전제로 하는 말이다.[978] 중국의 모델 역할이 아편전쟁 이후 힘을 잃었기 때문에 영국의 선례가 반대파들을 잠재우는 데 결정적 역할을 했을 것이기 때문이다. 아무튼 영국을 경로로 해서 중국 과거제와 관료제를 받아들였든, 중국에서 과거제와 관료제를 직수입했든, 공무원임용고시에 기초한 미국의 관료제는 'Made in China'인 것이다. 미국은 1883년 이 중국식 관료제를 채택함으로써 비로소 근대국가로서의 완전한 면모를 갖추게 되었다. 이것은 조선과의 외교관계를 수립한 지 1년 뒤의 일이었다.

영국과 미국은 근대적 관료제의 확립에서 독일과 프랑스보다 뒤졌지만, 중국식 문관우위(문민통제) 군사원칙은 이 나라들보다 먼저 확립했다. 문관우위 군사원칙은 삼대三代 이래 중국의 전통적 군사철학에 속한다. 이 원칙은 오늘날 서구국가들에게서 일반적으로 통용되는 근대적 군사원칙이 되었다. 미국은 건국 이래 '군의 문민통제(*civilian control of the military*)'를 군사원칙으로 확립하고 국방부 장·차관과 육·해·공군성 장·차관 등 군통수부의 최고위 관직에 정실인사로 정치인과 민간전문가들을 임명함으로써 문민사회에 대한

978) Têng, "Chinese Influence on the Western Examination System", 308쪽.

군의 충성심을 확보했다.

중국의 문관우위(문민통제) 군사원칙은 일찍부터 유럽에 잘 알려져 있었다. 마테오리치는 트리고가 출판한 『중국인들 사이에서의 기독교 선교』에서 '무관에 대한 문관의 우위'라는 관료제적 원칙으로부터 '군軍에 대한 문관통제(*civilian control of the military*)' 원칙을 설명한 바 있다.[979] '군에 대한 문관통제' 군사원칙은 '백성의 자유'를 수호하는 원칙 중의 하나다. 관료제적 문관우위와 국가통치에서의 무관 배제의 원칙은 유교국가의 공통된 국가경영원리다.

고려 때의 무신정권이나 일본의 막부정치 같은 군사독재국가의 출현을 막는 이 원칙은 인정仁政을 국가의 존재이유로 삼는 유교적 인정국가론의 기본정치철학에서 나온 것으로서 국가를 관대한 무위無爲국가로 유지시키는 원칙이었다. 따라서 백성의 활동영역에 무소불위로 개입하는 군사정권과 정형政刑과 공포 위주의 '유위이치有爲而治'를 삼가는 이 국가운영 원칙은 무위이치無爲而治를 통해 백성을 자유방임함으로써 '백성의 본연적 자유'를 수호하는 제도로 기능했다. 따라서 문관우위와 '군에 대한 문관통제'는 정부가 군사독재로 전락하는 것을 저지해 이 '무위이치' 제도를 수호하는 원칙이었다. "제국의 확장에 거의 또는 전혀 관심이 없는 백성들"이 개국 이래 바라마지 않는 중국의 이 국헌적國憲的 문관통치와 '군에 대한 문민통제'는 또한 반전反戰·평화주의를 유지시켜 백성의 생명과 자유를 지켜주었다.

봉건적·귀족주의적 상무尙武정신은 오랜 세월 유지되어 온 유럽 전통에 속한다. 영국 의회는 17세기 이래 의회의원들을 위협하는 국왕의 상비군을 꺼렸고, 하원의 예산권을 이용해 국왕의 상비군을

---

979) Gallagher, *China in the Sixteenth Century: The Journals of Matthew Ricci*, 44-45쪽.

축소시키거나 상비군에 대한 의회의 통제권을 확보하려고 애썼다. 그리고 평시에는 아예 상비군을 두지 않으려고 했다. 따라서 상비군 문제와 군의 통수권 문제는 국왕과 의회 간에 오랜 다툼거리였다. 이런 다툼 속에서 중국으로부터 전해진 '관료에 의한 군의 통제'라는 문민통제 군사원칙은 의회에 아주 유리한 논제가 되었다.

그리하여 이미 17세기 후반부터 영국의회는 최고위 군통수부(해군성·육군성 장관직 및 차관직)을 무관으로 임명하는 것을 점차 기피하기 시작했다. 가령 영국 찰스 2세 치세 때 1679-1680년간 의회는 해군성장관(the First Lord of the Admiralty)을 순수문민 출신 하원의원 헨리 카펠 경(Sir Henry Capell, 1638-1696)으로 임명했고, 1670-1674년간 병기감(Master-General of the Ordnance)도 순수문민 출신 하원의원 토마스 치첼리 경(Sir Thomas Chicheley, 1614-1699)으로 임명했다. 이로써 영국은 오랜 전통의 봉건적·귀족적 상무정신을 타파하려고 했다. 그러나 영국은 18세기까지도 이 문관우위 군사원칙을 일관되게, 그리고 완전하게 관철시킬 수 없었다.

중국식 문민통제 군사원칙을 명시적으로 이론화하려고 시도한 철학자는 지금까지 밝혀진 바에 의하면 흄이었다. 1852년의 「완벽한 공화국의 이념」에서 흄은 이런 이론적 맹아를 선보이고 있다.

> 행정부 치자들은 모든 대령과 그 이하 장교들을 임명한다. 상원은 대령 위의 모두(장군과 장차관 – 인용자)를 임명한다. 전시에 장군들은 대령과 그 이하 장교들을 임명하고, 장군의 임관은 12개월로 족하다. 그러나 그 후에는 그 부대가 속한 카운티의 행정부 치자들로부터 그 임관을 확인받아야 한다. 치자들은 카운티 부대에 속한 어떤 장교든 삭탈관직할 수 있다. 그리고 상원은 복무중의 어떤 장교에 대해서든 동일한 것을 행할 수 있다. 치자

들은 장군의 선택을 확인하는 것을 적합지 않다고 생각한다면 그들이 기각하는 장교 대신에 다른 장교를 임명할 수 있다.[980]

영국에서 흄의 이 맹아적 문민통제 아이디어는 군軍수뇌부를 문민·문관출신으로 임명하는 중국식 문관우위 군사원칙으로 발전하는 것과 나란히 나온 것이다. 가령 1845년 당시 영국 하원은 해군성차관을 순수문민 출신 하원의원 조지 해밀턴 경(Lord George Hamilton, 1845-1927)으로 임명했고, 1885년에는 해밀턴을 해군성장관으로 승진시켰다. 이후 이 군대수뇌부의 문관임명은 하나의 원칙으로 확립되었다. 가령 1906년부터 1915년까지 10년간 영국 해군성장관은 하원의원 윈스턴 처칠(Winston Churchill, 1874-1965)이었다.[981] 영국은 이같이 17세기말 이래 육해군 최고통수부에서 무관을 점차 배제하고 문관우위 원칙을 수립하고 오늘날까지 견지해왔다.

미국은 독립·건국과 동시에 중국식 문관우위·문민통제 군사원칙을 영국처럼 점진적으로가 아니라 일거에 혁명적·전면적으로 관철시킨다. 이로써 미국은 오랜 세월 유지되어 온 무력을 숭상하는 유럽 전통의 귀족적 상무정신을 완전히 타파했다. 제퍼슨의 영향 아래 1776년 6월 12일 제정된 「버지니아 권리장전」은 서구세계에서 최초로 제일 먼저 제13항에 문민통제 군사원칙을 이렇게 명문화하고 있다.

모든 경우에 군은 문민권력에 대한 엄격한 복종 하에 있어야 하고 문민권

---

980) David Hume, "Idea of a Perfect Commonwealth" [1752], 226-227쪽. Hume, *Political Essays* (Cambridge: Cambridge University Press, 1994).

981) 참고로 2015년 현재 영국 육군성장관은 순수문민 출신 여성하원의원 페니 모르다운트(Penny Mordaunt)다.

력의 통치를 받아야 한다.(*that in all cases the military should be under strict subordination to, and governed by, the civil power.*)

그리고 제퍼슨은 1개월 뒤 채택된 「독립선언문」에서 군軍을 문민권력의 통제로부터 벗어나게 만든 것을 영국국왕에 대한 혁명적 탄핵사유들 중에 하나로 나열하고 있다. "그는 군을 문민권력과 독립적인 것으로, 그리고 문민권력보다 더 우위에 있는 것으로 만드는 척했다.(*He has affected to render the Military independent of and superior to the Civil power.*)" 그리고 제퍼슨은 상술한 바와 같이 제3대 대통령 취임사에서 중국식 문관우위 군사원칙을 "군사적 권위에 대한 문민적 권위의 우위(*the supremacy of the civil over the military authority*)"로 천명한다.[982] 제퍼슨은 이로써 「버지니아 권리장전」과 「독립선언문」에 명시된 '군에 대한 문민통제' 원칙을 재확인한다.

이 '문관우위' 원칙은 미국에서 일체의 군사쿠데타와 군사정부를 영구히 추방했다. 반면, 군에 대한 문민통제를 굳건하게 확립하지 못한 서구제국에서는 나폴레옹의 군사쿠데타, 1930년대 스페인에서의 프랑코의 군사쿠데타와 군부독재, 1970년대 포르투갈과 그리스의 군사쿠데타와 군부독재를 겪고, 남미제국도 무수한 군사쿠데타와 군부독재를 겪었다.

따라서 영국과 미국으로부터 점차 여타 민주국가들로 확산된 중국의 관료제적 '문관우위 군사원칙'은 근대 민주국가에 필수불가결한 근대적 군사원칙으로 올라섰다. 군사쿠데타와 군부정권이

982) Thomas Jefferson, "First Inaugural Address" (March 4, 1801), 문단 4. 2008 Yale Law School, Lillian Goldman Law Library. The Avalon Project in Law, History and Diplomacy.

지구상에서 거의 자취를 감춘 21세기에는 문관우위 군사원칙이 실로 근대국가의 한 원칙으로 완전히 자리를 잡았다고 할 것이다. 오늘날 문관우위 원칙은 군국주의를 막는 한 방책으로도 중시되고 있다. 이것은 2015년 6월 10일 일본자위대가 문관우위 규정을 폐지한 새로운 인사원칙을 채택하고 봉건시대로 퇴행하자, 국제사회가 이에 대해 일제히 우려를 표명한 것에서도 알 수 있다.

제3장

유교적 학교제도의 충격과
서구 근대학교의 탄생

중국에서 초중등학교와 대학교는 하·은·주나라로부터 유래하기 때문에 중국 학교제도의 기원은 태고대적인 것이라고 말할 수 있다. 그런데 학교의 중요성이 국가차원에서 강조되고, 학교가 만민에게 평등하게 개방되고 내실을 갖춰 발전하게 된 것은 공자와 맹자의 평등주의 정치·사회철학, 즉 유학 덕택이다. 공자는 인간의 본성적 평등을 갈파함과 동시에 학습과 교습(교육)의 개인적 차이에 의해 이 본성적 평등이 깨질 수 있는 위험도 함께 갈파했다. 따라서 그는 만민·평등교육을 동시에 주장했다.

공자의 이런 평등주의 정치철학과 만민평등교육론의 바탕 위에서 맹자는 하·은·주대의 학교제도를 상기시켜 전국시대에도 학교교육을 역설했다. 그는 인정仁政을 펴는 시무론(정치경제학)의 차원에서 특히 기술·직업교육도 중시했다. 맹자의 이 학교교육론은 왕안석의 학교개혁에 의해 완성된다. 이런 토대 위에서 명·청대에는 학교제도가 과거제도의 발달과 함께 고도로 발전할 수 있었다.

이 명·청대 중국의 초급·중급·대학의 3단계 학교제도는 선교사들의 수많은 중국기中國記에 의해 속속들이 서양에 알려지게 된다. 존 웹, 윌리엄 템플, 프랑수아 케네 등 유럽의 계몽철학자들은 여러 중국기를 통해 소개된 중국 학교를 보고 이를 찬양함과 동시에 중국의 근대적 학교를 모델로 유럽국가에도 국공립학교를 세울 것을 꿈꾼다.

크롬웰 공화국의 이론가 존 밀턴은 유럽의 근대적 학교 창설을 꿈꾸는 수준을 넘어 이를 위한 실천적 청사진을 기획한다. 토마스 제퍼슨은 밀턴의 청사진을 계승·발전시켜 신생국가 미국에서 근대적 학교제도를 더욱 실천적으로 기획하고 입법화를 추진했다. 그러나 이 입법화 노력은 부분적으로 실현되는 것으로 그친다. 그러나 이후 미국의 교육가들은 제퍼슨의 실천적 학교계획을 끝내 완전히 실현시킨다. 이렇게 하여 3단계 학제의 근대적 학교가 탄생한다.

제1절
공자의 평등이념과 만민평등교육론

중국에서 대학교 단계에까지 이르는 3단계 학제의 학교제도는 하·은·주나라 이래 존재해 왔다. 말하자면 중국 학교제도는 태고대로부터 기원한 것이다. 학교의 이런 태고대적 전통의 연장선상에서 공자는 인간의 본성적 평등과 동시에 차등적 학습(교습)에 의해 본성적 평등이 훼손될 수 있는 위험도 함께 갈파했다. 따라서 만민·평등교육을 동시에 주장함으로써 솔성率性의 도를 갈고닦는 수도修道라는 '교습'을 통해 본성적 평등을 교화教化의 차원에서도 재산출하고자 했다. 공자가 염두에 둔 교과목은 윤리·도덕만이 아니라 유비무환有備無患 차원에서의 전쟁술도 포함한다. 이에 따라 역대 중국제국은 유학화儒學化되면 유학화될수록 학교의 중요성을 국가 차원에서 강조하고, 학교를 만민에게 평등하게 개방하고 고도로 발전시켰다.

공자의 평등주의 정치철학과 만민평등교육론의 기반 위에서 하·은·주대의 학교제도를 상기시키고 학교교육을 역설한 유교철학자는 바로 맹자였다. 맹자는 공자처럼 전쟁에 반대했지만 방어전쟁에서 '필승'을 위한 전쟁술의 교육도 염두에 두었지만 인정仁政국가 차원에서 특히 기술·직업교육도 중시했다.

공자와 맹자의 교육·학교론을 국가제도로 구현하고 완성한 개혁가는 바로 송대의 왕안석이었다. 이런 토대 위에서 명·청대에는 학교제도가 과거제도의 발달과 함께 고도로 발전할 수 있었다.

1.1. 인간의 본성적 상근성相近性과 만민평등교육

공자는 본성적·태생적 평등을 주창했다. 공자는 "인간의 본성은 서로 가깝고" 또 "본성은 서로를 가깝게 한다"는 "성상근性相近" 명제로써 본성적(자연적) 평등을 말하고, 천하에 '나면서부터 고귀한 자는 없다'는 "무생이귀자無生而貴者" 명제로써 태생적·생득적 평등을 말했다. 공자의 평등이념은 이 "성상근"과 "무생이귀자"의 두 테제에 근거하고, 만민평등교육론과 능력주의 관직임용원칙으로 정치사회적으로 구현된다.

■ 공자의 본성적 평등론과 후천적 차등화론

공자는 인간이란 귀하거나 천하게 태어나는 것이 아니라, 스스로를 절차탁마하여 고귀해지는 것이라고 생각했다. 상지上知와 하우下愚, 즉 천재와 천치를 제외하면, 인간은 지성과 감성, 그리고 도덕적 존엄성과 타고난 능력 면에서 본성적으로 가깝고 비슷한 존재다. 다만 후천적으로 학습·교습의 유무有無와 많고 적음을 통해 얻게 되는 도덕과 지식의 차이가 사람들을 상하좌우로 서로 멀어지게 만들 따름이다.

공자는 인간 본성의 유사성과 연습·학습·교습의 차별화 작용을 이렇게 간명하게 표현한다.

> 본성은 서로 가까우나 학습이 서로 멀어지게 한다. 다만 상지上知와 하우下愚만은 (학습에 의해서도) 바뀌지 않을 뿐이다.(子曰 性相近也 習相遠也. 子曰 唯上知與下愚不移)983)

얼핏 간단해 보이는 이 말은 생각할수록 아주 복잡하고 난해하다. 보통사람들은 본성상 상근相近한(서로 유사한) 존재자들이다. 두 명제로 이루어진 이 글은 일단 이런 인간들의 본성적 상호유사성에 초점을 맞춰 읽을 수 있다. 여기로부터 우리는 쉽사리 인간의 본성적(자연적) 평등을 도출할 수 있다.

그러나 "습상원習相遠"은 서로를 멀어지게 만든다는 점을 말하고 있다. "습상원習相遠"의 "습習"은 고대한문에서 '생활상의 습관習慣'(버릇)을 가리키기보다 '되풀이하여 익힘' 또는 '되풀이하여 익히게 함'을 뜻하는 연습·학습·교습을 뜻했다. 따라서 "습상원"의 '습'은 "학이시습지學而時習之"의 '학습學習'과 거의 같은 의미다. "배우고 때맞춰 이 배움을 되풀이하여 익히는 것"은 자기 자신의 심신을 갈고닦는 '수신修身'과 같은 뜻이다. 이런 의미에서 '학습'은 곧 '수신'이고, "습상원"의 '습習'은 학습을 통한 '수신', 즉 '습득習得'이기도984) 하다. 즉, '습상원習相遠'은 학문과 기술의 습득이 서로를 멀어지게 한다는 뜻의 '습득상원習得相遠'이다. 사람은 학문과

---

983) 『論語』「陽貨」(17-2).

984) "습득(習得)"의 사전적 의미는 "학문이나 기술 따위를 배워서 자기 것으로 하는 것"이다. 습득은 학습과 기술의 익힘의 뜻을 이미 않고 있다.

기술의 습득 여부와 격차에 의해 서로 달라져 불평등해진다는 말이다. 따라서 "성상근야性相近也 습상원야習相遠也" 명제를 완역하면, 이 명제는 "본성은 서로 가깝지만, 습득習得은 서로 멀다", 또는 "본성은 서로를 가깝게 하지만, 습득은 서로를 멀어지게 한다"로 옮기는 것이 나을 듯하다.

그리하여 "성상근야性相近也 습상원야習相遠也" 명제를 "습득習得(연습·학습·교습)이 서로 멀어지게 한다(習相遠)"는 뒷부분에 초점을 맞춰 읽으면 뜻은 복잡해진다. '습상원'에 따라 읽으면 '성상근'의 본성적 평등 명제와 반대로 사회적·후천적 불평등과 차별의 정당성이 부각되기 때문이다. 공자의 "습상원" 명제는 이렇게 보기보다 난해한 내용을 담고 있다.

인간들은 타고난 본성의 견지에서 서로 비슷한 반면, '학습'의 양적·질적 차이는 인간들을 서로 다르게 만든다. 이렇게 보면 '본성'과 '학습'은 마치 상반되게 작용하는 것처럼 보인다.

그러나 학습 또는 교육의 목적은 어디까지나 본성을 개발하고 완성하는 '진성盡性'이다. 따라서 학습은 본성을 실현하여 인간을 본성과 가까워지게 만드는 것이다. 이렇게 보면 본성과 학습은 합치된다. 학습의 목적은 다문다견(경험)을 통해 배운 것을 되풀이하여 익힘으로써 '본성'을 개발해 '습성'으로 만드는 '체득'이다. '습성'은 학습을 통해 '본성'을 개발하여 완성하여 얻어지는 결실이다.

본성은 본성적 능력, 즉 '본능'이다. 그러나 다윈은 인간의 일정한 본능을 '완전본능, '반半본능', '잠재본능(잠재적 본성)'으로 나누었다. 필자는 최근의 과학적 연구의 결과를 반영하여 여기에 '조건부 본능'을 추가한다. 본능은 아기가 태어나자마자 젖을 빨 줄 아는 것은 '완전본능'이다. '조건부 본능', '반본능', '잠재본능'은 이와 다르다. '조건부 본능'은 일정한 '나이'를 조건으로 하거나 '경험'을 조건으로 해서만 발화하는 본능이다. 인간의 감정과 감각은 생후 2-3개월이 지나야 생겨난다. 기어 다니는 능력과 공감능력은 생후 6개월을 넘어야 나타난다. 1세 전후가 되어야만 걸을 줄 안다. 철이 드는 것, 즉 '지능'이 생기는 것은 만3-5세 전후다. 또 다른 형태의 '조건부 본능'은 뱀이나 벌레에 대한 공포본능 같은 것이다. 뱀과 벌레에 대한 이 공포본능은 뱀이나 벌레에 한 번이라도 물려보거나 이것들을 보고 무서워하는 사람을 직접 한 번이라도 관찰한 '경험'이 있어야만 발화된다. 이 공포본능의 발화는 '단 한 번'의 경험으로 족하다.

'반半본능'은 도덕능력과 언어능력처럼 일정한 무의식적·의식적 "확충"(교육과 학습)을 요한다. '반본능'은 사회생활을 통해 무의식적으로 개발되기도 한다. 그러나 언어능력은 의식적 학습의 노력으로 완성되지 않으면 800단어 안팎에서 말을 구사하는 촌부·촌로의 언어능력처럼 불완전한 채 남아 있다. 도덕적 본성도 모자관계의 공감과 소통, 그리고 사회생활을 통해 발화되고, 초超집단적 교류와 경험 차원에서의 도덕적 학습과 수신적修身的 연습을 통해 민족애와 인간애 차원으로까지 고도로 발달하고, 그렇지 않으면 자기집단 외에 모든 인간집단을 적대하고 학대하는 소집단의 폐쇄적 도덕으로 찌부러질 것이다.

'잠재본능'은 하늘을 나는 마루운동 등의 고난도 체능, 악기연주, 고등수학 능력, 외국어능력, 철학적 사색능력 등과 같이 무의식적 사회생활로는 조금도 개발하지 못할 '잠재능력'이다. '잠재본능'은 피땀 흘려 개발하지 않으면 '불능'이나 다름없는 것이다.

인간의 본성이 이렇게 다층적이기 때문에 "습상원"은 사람들을 엄청나게 다르게 만들 수 있는 것이다. 그래서 인간의 본성은 실현·미실현, 확장·미확장, 변형·왜곡·사장死藏의 가능성이 얼마든지 있는 것이다. 이 점에서 본성은 매우 '탄력적'이다. 그러나 동시에 학습과 체득적 습성화의 본질은 본성을 개발하는 진성盡性, 즉 본성이나 본성적 잠재력을 실현하고 확장하고 변형하는 '본성의 완성'이다. 따라서 모든 학습과 수신은 본성의 실현·확장·변형가능성의 일정한 경계 안에서만 가능한 것이다. 아리스토텔레스도 본성 속에 전혀 지니지 않은 것을 아무리 되풀이하더라도 습성화할 수 없다고 말한 바 있다.[985] 나아가 아리스토텔레스는 인간이 어떤 행동·감각운동성(*sensomotor*)·판단감각·사고방식을 익히고 길들이려면 인간의 본성 안에 이 행동·감각·사고방식이 '본능'으로 주어져 있거나 적어도 반半본능이나 잠재능력으로 주어져 있어야 한다고 덧붙였다.[986]

---

985) Aristoteles, *Die Nikomachische Ethik*, übers. von Gigon (München: Deutscher Taschenbuch Verlag, 1986), 1103a14-26. "어떤 본성적 성질도 습관에 의해 바뀔 수 없다. 가령 아래로 추락하는 것이 돌의 본성인데, 네가 돌을 수만 번 공중으로 던져 올려 위로 올라가도록 길들이려고 노력하더라도 돌을 위로 올라가도록 길들일 수 없다. 또한 불은 아래로 내려오도록 길들일 수 없다. 또한 이런 식으로 행동하는 본성을 지닌 그 밖의 어떤 것도 저런 식으로 행동하도록 길들일 수 없다. 따라서 (가령) 덕성은 본성에 의해 우리 안에 산출되어지는 것도 아니고 반성에 반해서 산출되는 것도 아니다. 본성은 우리에게 덕성을 받아들일 능력(*capacity*)을 주는데, 이 능력은 습성화에 의해 완성된다." 번역은 기곤(Gigon)의 독역문과 Leo Classical Library의 래컴(H. Rackham)의 영역문*Nicomachean Ethics* (Cambridge, MA.: Harvard University Press, 1934)를 번갈아 참조했다.

986) Aristoteles, *Die Nikomachische Ethik*, 1103a27-b7. "더구나 우리에게 본성에 의해 우리에게 속한 모든 것에서 일단 상응하는 능력을 가지고 나중에야 작동을 전개하는데, 이것은 감각능력들에서 명백하다. 왜냐하면 우리는 많이 보고 많이 들음으로써 이 감각능력들을 획득하는 것이 아니라, 우리는 우리가 그 감각들을 애당초 가지고 있으니까 그것들을 작동시킨 것이지, 작동시킴으로써 비로소 그것들을 내 것으로 얻은 것이 아니기 때문이다. 이에 반해 덕목들은 우리가 사전에 그 덕목들을 발휘함으로써 획득하는데, 이것은 그 밖의 능력들에게 타당하다. 왜냐하면 우리가 배움을 통해 할 수 있는 것을 우리는 바로 그것을 행함으로써 배우기 때문이다. 우리는

학습 또는 교육을 통해 인간은 덕성을 이룬다. 덕성은 '윤리적 덕성'과 '비윤리적 덕성'으로 대별되고, 이 '비윤리적 덕성'은 신체적 덕성과 지적知的 덕성으로 분화된다. 신체적 덕성은 종류에 따라 기량(솜씨)·기술·체능·무덕武德이라고 부르고, 지적 덕성은 '지덕智德'('학덕')이라고 한다. '윤리적 덕성'은 '도덕'이라고 한다. 학습에 의한 덕목의 획득은 완전본능의 온전한 발현, 반半본능의 확장, 본성적 잠재능력의 개발 등 다양한 방식으로 이루어진다.

맹자가 말하는 "확충(擴而充)"이 바로 반본능이나 잠재본능을 확장하고 개발하는 학습과 수신이다.[987] 도덕능력(도덕감정과 도덕감각)은 언어능력처럼 그 자체로서 완전본능이 아니라 반본능인 까닭에 반본능을 확충하는 학습이 없다면 '도덕'에 이를 수 없다. 이것은 아기 때 홀로 버려져 언어능력을 확충하지 못한 사람이 언어를 말할 수 없고, 또 청소년기에 발견되어 사회로 복귀하여 언어를 익히더라도 끝내 완전한 언어를 구사하지 못하는 것과 같은 것이다. 이런 까닭에 인간들에게서 도덕 수준의 차이가 성인聖人과 범인의 차이만큼 그리도 크게 벌이지는 것이다. 인간들의 언어 수준도 마찬가지로 크게 벌어진다. 달변이 있는가하면 눌변이 있고, 교언이 있는가 하면 말더듬이가 있고, 아름다운 문장을 쓰고 엄청나게 창의적으로 어휘를 조립해 내는 문장가, 대문호, 시선詩仙, 시성詩聖이 있는가 하면 글을 잘 쓰지 못하는 일반대중도 있고, 모국어도

건물을 지음으로써 건축가가 되고, 기타를 연주함으로써 기타리스트가 된다. 마찬가지로 우리는 정의롭게 행동함으로써 정의롭게 되고, 정심 있는 행동을 통해 정심 있게 되고, 용감한 행동을 통해 용감해진다. 국가공동체에서 일어나는 것도 하나의 증거다. 왜냐하면 입법자들은 시민들을 바른 행동을 하도록 길들임으로써 덕스럽게 만들기 때문이다. 이것은 모든 입법자의 의도다. 이것을 하는 데 실패한다면 이것은 실책이다. 이것이 훌륭한 헌정행태를 나쁜 헌정형태와 구별해주는 것이다."

987) 『孟子』「公孫丑上」(3-6).

더듬는 말더듬이가 있는가 하면 6-7개국어를 구사하는 학자들도 있다.

'수신'으로서의 '학습'의 본질은 반복적 '익힘'을 통한 일종의 '길들이기', '습성화'다. '익힘'을 통한 '습성화'는 무엇인가? '습성화'는 '체득體得'이다. 그래서 공자는 '덕德'을 '득得'이라고, 그것도 '몸(身)으로 득하는 것'이라고 말했다. 공자는 예악의 학습을 두고 이렇게 말한다.

> 예악은 둘 다 득이고, 이것을 일러 덕이 있다고 하니, 덕은 득이다(禮樂皆得謂之有德 德者得也).988)

고대 한자어에서 '덕德'은 그 발음이 '득得'과 같은 것에서 알 수 있듯이 '득得'을 어원으로 삼는다. 나아가 공자는 윤리적 '덕德'은 원래 '체득體得', '몸으로 얻는 것(得於身)'이라고 부연한다.

> 예禮로써 장유를 체현하는 것은 덕이라고 하는데, 덕은 몸으로 얻는 것이다. 그래서 옛날에 도를 학술한 자들은 행동으로 득신得身했다. (禮以體長幼曰德, 德也者 得於身也 故曰 古之學術道者 將以得身也)989)

따라서 윤리적 덕은 올바른 도덕적 행동(덕행)과 도덕판단의 습성화이고, 습성화는 '체득'이다. 이렇게 보면 '득신', 또는 '체득'은 '수신修身'과 같은 말이다. 수신을 통한 '신득身得'은 바로 습성화의 뜻을 내포하는 '체득體得'과 동의어이다. 신득 또는 체득은 '습성'을 낳는

---

988) 『禮記』「樂記 第十九.

989) 『禮記』「鄕飮酒義 第四十五」.

다. 이 '습성'은 단순히 여든까지 가는 습관이 아니라, '본성' 차원으로까지 침착沈着한 능력이다. 말하자면, 도덕적 수치감에 얼굴과 몸의 피부가 붉어지는(blushing) 신체변화로까지 표현되는 도덕감정, 또는 꿈꾸거나 만취해서도 발휘되는 언어구사 능력과 같은 '제2의 본능'이다.

종합하면, 덕성의 차이도 습득의 수신에서 생겨나는 것이다. 종합하면 '습득'을 위한 '수신'은 '득신'이다. 즉, '체득體得'이다. 따라서 득신을 통한 '습득'(학문과 기술의 반복적 익힘)은 '수修'(갈고닦음)와 같은 말이다. 이런 이유에서도 '습상원習相遠'은 곧 '습득상원習得相遠'이다.

인간들은 수신 여부와 정도 차이에 의해 달라지고 불평등해져 이에 입각해서 정당하게 서로를 차별한다. 우리는 훌륭하거나 뛰어난 사람을 칭찬하고 포상하는 반면, 부도덕한 자를 삿대질하고 법도 무시할 정도로 부도덕한 자는 심지어 투옥하거나 처형하기도 하고, 공부 못하는 성적 불량자를 입학入學·입사入仕·入社에서 배제하기 때문이다. 그리고 수신 여부와 정도차이에 따라 사람들을 불평등하게 대하는 이 차별은 종종 도덕적으로 정당화되기까지 한다.

그런데 "성상근습상원性相近習相遠" 테제의 관점에서 이 인간차별이 혈통세습적 '신분차별'로까지 넘어가더라도 정당한 것인가? 즉답하면, 공자의 "성상근습상원" 테제는 혈통세습적 신분제에 의한 인간차별을 배격한다. 신분제는 인간부류들 간에 본성의 차이가 있다는 것을 전제로 혈통 자체를 차별하여 신분을 세습시키는 점에서 "인간의 본성은 서로 유사하다"는 "성상근性相近" 명제와 정면충돌하기 때문이다. 따라서 공자의 "성상근" 테제는 이미 신분제를 부정하는 것으로도 읽어야 할 것이고, 이를 전제로 해서만 다른 논의들이 이어질 수 있다.

■ **본성적 평등과 후천적 차등의 예외: 천재와 천치**

그런데 공자는 "성상근性相近"과 "습상원習相遠", 이 두 명제에 공히 예외를 설정하고 있다. "유상지여하우불이唯上知與下愚不移(다만 상지와 하우만은 바뀌지 않을 뿐이다)."[990] 이 명제를 "성상근"에 적용하면, 이 명제는 "상지"와 "하우"의 지능요소는 학습에 의해 변치 않을 정도로 본성적으로 구별되어 멀다는 '성상원性相遠'의 의미를 함의하고, 역으로 이 지능요소를 제외한 인간의 기타 능력들, 즉 신체·예술·유희·도덕능력에 대해서는 '성상근·습상원' 테제가 그대로 타당하다는 것을 함의한다. 그리고 "다만 상지와 하우만은 바뀌지 않을 뿐이다"는 이 명제를 "습상원"에 적용하면, 이 명제는 "상지"와 "하우"의 지능차이가 본성적 차이이기 때문에 '상지'는 학습이 불량하더라도 '중지中知'나 '하우'로 추락하지 않는 반면, '하우'는 비록 평생 고도로 학습하더라도 '중지'나 '상지'로 상승하지 못한다는 명제를 내포한다. 아울러 "단지 상지와 하우만은 바뀌지 않는다"는 명제에는, 상지와 하우, 즉 천재와 천치를 제외하고 '수재·범재·둔재는 학습노력에 따라 수재는 천재로, 범재는 수재로, 둔재는 범재로 한 등급씩 상승할 수 있다'는 뜻도 내포되어 있다. 즉, 백성의 대다수를 차지하는 '중지자中知者'(수재·범재·둔재)는 '천재·천치'의 극소수자들과 달리 학습을 많이 하면 천재의 생각을 이해할 정도로 '천재'에 가깝게 접근하고, 학습을 게을리하거나 아예 학습하지 않으면 '천치'에 가까워진다. 천재와 천지는

---

990) 『論語』「陽貨」(17-2).

학습과 교육에 의해 지적으로 변하지 않는 반면, 보통사람(수재·범재·둔재)은 학습과 교육에 의해 변한다는 말이다.

'상지'는 "나면서부터 아는 자(生而知之자)"인 성인聖人의 신적 지혜를 가리키는 반면, '하우'는 "곤란해도 배우지 않고(困而不學)" 그럭저럭 제 앞가림을 하며 살아가는 '일반백성'에도 들지 않는, 고등동물의 지능에 가까운 저능아(백치·천치)를 가리킨다. 왜냐하면 주지하다시피 공자는 학습과 관련하여 "나면서부터 아는 자는 상이고, 경험에서 배워하는 자는 그 다음이고, 곤란해서 배우는 자는 또다시 그 다음이고, 곤란해도 배우지 않는 백성이 최하다"는 명제로[991] 인간들을 네 부류로 구분하거나 "중등 이상인 자에게는 상등의 지혜를 말해줄 수 있으나 중등 이하인 자에게는 상등의 지혜를 말해줄 수 없다"고[992] 하여 세 부류로 나누면서도 '하우'를 빼놓고 있기 때문이다. 스스로 "곤란해도 배우지 않아서" 교육제도를 통해 강제로 가르쳐야만 하는 일반백성은 '생이지지자生而知之者', '학이지지자學而知之者', '곤이학지아困而學之者'와 비교해서 '최하'이지만, '하우자下愚者들'은 아니다.

앞서 논했듯이 "천자에서 서인에 이르기까지 하나 같이 수신을 근본으로 삼는다"는 『대학』의 명제나, "백성이 도道를 배우면 부리기가 쉬어진다", 또는 백성을 부자를 만들고 나서 "백성을 가르친다(教之)"는 명제들을 비롯한 공맹의 수많은 "교민教民" 명제들에서[993] 보듯이 공맹은 늘 "교민"을 역설한다.

---

991) 『論語』「季氏」(16-9): "生而知之者上也 學而知之者次也 困而學之又其次也 困而不學 民斯爲下矣."

992) 『論語』〈雍也〉(6-21): "子曰 中人以上 可以語上也 中人以下 不可以語上也."

993) 공자는 "선인이 백성을 7년 가르치면 전쟁도 할 수 있다(善人教民七年 亦可以卽戎矣)", 또는 "백성을 가르치지 않고 전쟁을 시키는 것을 일러 백성을 버리는 것이라

일반백성이 "곤란해도 배우지 않는" 사람들임에도 공맹이 "교민"을 역설한 것은 일반백성이 "바뀌지 않는" 하우자들이 아니라는 것을 전제한다. "곤란해도 배우지 않는" 일반백성은 억지로라도 가르치면 향상의 변화를 보일 것이지만, 가르치지 않으면 금수 수준의 '하우자'에 가까워진다. 그래서 맹자는 "사람이 도가 있는데, 포식하고 따뜻하게 입고 편안하게 지내는데도 교육이 없으면 금수에 가까워진다"고 갈파한 것이다.[994] 이것을 통해서 공자가 '하우'를 말할 때 '하우'가 일반백성 외의 극소수 천치·백치들을 가리킨 것임을 알 수 있다.

■ **'성실'에 의한 선천적 지능차이의 극복**

이런 까닭에 교육과 학습을 설파하는 공자의 모든 교민 명제들은 '상지자'와 '하우자'를 뺀 '중지자 대중'을 염두에 두고 한 말로 해석해야 할 것이다. '중지자들'은 "경험에서 배워 알거나 곤란해서 배우는" 사람들이거나 "곤란해도 배우지 않는" 일반백성들이다. 그런데 '중지자들' 간의 선천적·태생적 지능 차이도 아주 크다. 공자에 의하면, 중지자들 중 어떤 사람은 누군가 백 번에 할 수 있는 일을 한 번에 능히 해내고, 누군가 천 번에 겨우 할 있는 일을 열 번에 해내기 때문이다. 그러나 공자는 중지자들 간의 이런

고 한다(以不教民戰 是謂棄之)"고 논변하면서 백성교육을 역설한다. 『論語』「子路」(13-29)(13-30). 또 맹자는 백성에 대한 기술·도덕교육을 강조한다. "후직은 백성에게 농사를 가르치고 오곡을 심고 가꾸게 했는데 오곡이 익자 백성이 육성되었다. 사람이 도가 있는데, 포식하고 따뜻하게 입고 편안하게 지내는데도 교육이 없으면 금수에 가까워진다. 성인이 이를 우려하여 설로 하여금 사도가 되어 백성에게 인륜을 가르치게 했다.(后稷教民稼穡 樹藝五穀 五穀熟而民人育. 人之有道也. 飽食煖衣逸居而無教 則近於禽獸. 聖人有憂之 使契爲司徒 教以人倫)" 『孟子』「滕文公上」(5-4).

994) 『孟子』「滕文公上」(5-4): "人之有道也, 飽食煖衣逸居而無教 則近於禽獸."

태생적 능력 차이는 남이 한 번에 하는 것이면 나는 백 번 하고 남이 열 번에 해내는 것이면 나는 천 번에 하는 '지극히 성실한' 수신(학습)에 의해 무의미한 수준으로까지 없앨 수 있다고 주장했다. 이것을 다른 관점에서 이해하면, 성실하게 배운 자는 안 배우거나 못 배운 자들에게 천재나 다름없는 사람이고, 범재라도 성실히 배우면 제 머리를 믿고 안 배운 수재를 능가할 수 있다는 말이 된다. 같은 이치로 수재는 천재와 비슷해지거나, 게으른 토끼를 추월한 부지런한 거북이처럼 능가할 수도 있다.

그래서 공자는 "성실하면 밝고, 밝으면 성실하다(誠則明矣 明則誠矣)" 고 갈파한다.995) 여기서 '밝음'은 천도의 변함없이 명확한 '현현顯現'을 가리키기도 하고, 천도와 인도를 밝히는 인간의 '명지明知'와 자신과 세상을 밝게 빛내는 '명덕明德'을 가리키기도 한다. '명덕'이 자신을 빛낸다고 한 것은 "덕이 자신을 윤내고 마음을 넓어지게 하고 몸을 펴지게 하기(德潤身 心廣體胖)"996) 때문이다.

또 공자가 '성실'과 '밝음'을 결부시킨 것은 한두 번의 불성실한 동작이 아니라 일정한 운동 또는 행동의 유구한 지속을 뜻하는 '성실'만이 천도의 불변적 현현을 보장하고, 단기간의 깊이 없는 학도學道나 일순간의 벼락치기 공부가 아니라 부지런한 학습과 오랜 수신을 종신토록 성실히 하는 것만이 인간의 명지와 명덕을 보장하기 때문이다. 천도와 본성은 스스로 성실하고 이 자연적(본성적) 성실을 통해 밝게 현현하고, 자신이나 남을 가르치는 교육은 스스로 본성을 따르는 도道를 밝혀(명지와 명덕을 체득해) 성실히 하는 것이다. 그래서 공자는 "자성自誠해서 밝은 것을 일러 본성이라고

995) 『中庸』(二十一章).

996) 『大學』(傳6章).

하고, 자명해서 성실한 것을 일러 교敎라고 한다(自誠明 謂之性 自明誠 謂之敎)"고 갈파했다.997) 본성을 '본능'과 '반본능(+잠재능력)'으로 구분한 것이다.

나아가 공자는 인간이 의식적으로 "성실히 하는 것(誠之者)"을 '박학·심문·신사·명변·독행'으로 풀이하고, 이것을 다시 백 번, 천 번의 반복 학습과 연결시켜 인간들 간의 능력 차이를 없앤다.

> 성실한 것(誠者)은 천도이고 성실히 하는 것(誠之者)은 인도다. 성실한 것은 힘쓰지 않아도 적중하고 생각지 않아도 얻어 중도를 따르고 받아들이니 성인이다. 성실히 하는 자는 좋은 것을 골라 그것을 굳게 붙잡는 것이니, 널리 배우고, 자세히 살펴 묻고, 신중히 생각하고 명확하게 변별하고, 독실하게 수행하는 것이다. 배우지 않음이 있을지언정 배울진댄 능하지 않으면 (배움을) 그만두지 않고, 묻지 않음이 있을지언정 물을진댄 알지 못하면 그만두지 않고, 생각하지 않음이 있을지언정 생각할진댄 얻지 못하면 그만두지 않고, 변별하지 않음이 있을지언정 변별할진댄 명확하지 않으면 그만두지 않고, 수행하지 않음이 있을지언정 수행할진댄 독실하지 않으면 그만두지 않는다. 남이 한 번에 능하면 자기는 백 번하고, 남이 열 번에 능하면 자기는 천 번 한다. 만약 이 도에 능하면 어리석어도 반드시 밝아지고 유약해도 반드시 굳세질 것이다.998)

---

997) 『中庸』(二十一章).

998) 『中庸』(二十章): "誠者 天之道也, 誠之者 人之道也. 誠者 不勉而中 不思而得 從容中道, 聖人也. 誠之者 擇善而固執之者也. 博學之 審問之 愼思之 明辨之 篤行之. 有弗學 學之 弗能弗措也, 有弗問 問之 弗知弗措也, 有弗思 思之 弗得弗措也, 有弗辨 辨之 弗明弗措也, 有弗行 行之 弗篤弗措也. 人一能之 己百之, 人十能之 己千之. 果能此道矣 雖愚必明 雖柔必强."

따라서 '상지자'와 '하우자'를 제외하면 인간의 능력은 본성상 서로 비슷하고 개인들 간의 크지 않은 태생적 능력 차이는 성실한 수신으로 균등화될 수 있다. 저절로 알든 노력해서 알든 그 결과적 실효성은 동일하기 때문이다.

따라서 공자는 어떻게든 지식과 성공을 성취하기만 하면 선천적 능력 차이가 큰 의미가 없다고 말한다.

> 혹은 나면서부터 알든(或生而知之), 혹은 경험에서 배워 알든(或學而知之), 혹은 생계가 곤란해서 어쩔 수 없이 알든(或困而知之), 뭔가를 안다는 것에서는 동일한 것이다. 혹은 천성에 편안해서 행하든, 혹은 이로워서 행하든, 혹은 힘써 억지로 행하든, 그 성공에서는 동일한 것이다.[999]

공자 자신도 결코 "나면서 아는 자(生而知之者)가 아니라 지난 경험을 중시해 힘써 이를 탐구한 사람",[1000] 즉 '경험에서 배워 아는 자(學而知之者)'일 뿐이라고 고백한 바 있다. 그럼에도 불구하고 주지하다시피 공자는 스스로에 대해 기술한 바와 같이 "도를 학습하는 데 게으르지 않고, 뭇사람을 가르치는 데 싫증내지 않고, 발분發奮해서 밥 먹는 것을 잊고, 즐거움으로 시름을 잊고, 장차 늙는 줄을 알지 못했다."[1001] 그는 이럴 정도로 '학이지지學而知之'하고 "하학이상달下學而上達"해서[1002] 마침내 '생이지지生而知之'하는

---

999) 『禮記』「中庸」 제20장, "或生而知之 或學而知之 或困而知之 及其知之一也. 或安而行之 或利而行之 或勉强 而行之 及其成功一也."

1000) 『論語』「述而」(7-20): "學道不倦 誨人不厭 發奮忘食 樂以忘憂 不知老之將至."

1001) 司馬遷, 『史記世家』「孔子世家」. 『논어』에는 "學道不倦 誨人不厭"이 빠진 채 소개되어 있다. 『論語』「述而」(7-19).

1002) 『論語』「憲問」(14-35): "我非生而知之者 好古敏以求之者也."

성인의 반열에 접근한 인류의 스승이었다. 그러므로 개인적 능력 차이는 발분망식發奮忘食할 정도로 성실한 '학도學道'에 의해 해소시킬 수 있는 것이다. 이 성실한 '학도'에 의한 중지자들 간의 개인적 능력차를 해소할 가능성은 일반적으로 선천적이지 않은 능력을 적어도 후천적으로 획득하기 위해 배울 수 있는 '잠재적 학습능력'이 중지자中智者들에게 본성상 갖춰 있다는 것을 함의한다.

그러나 "다만 상지와 하우만이 바뀌지 않는다"는 공자의 명제를 숙고해보면, 인간의 지능은 학습에 의해 후천적으로 변치 않을 만큼 본성적으로 차이가 나는 반면, 도덕·예술·유희·신체능력에 대해서는 '성상근·습상원' 테제가 그대로 타당하다.

한편, "다만 상지와 하우만이 바뀌지 않는다"는 공자의 명제는 인간들의 개인적 지능 간에 본성적 차이를 인정하는 명제다. 그렇다면, 앞서 도출한 '성상근性相近'과 신분제 간의 정면충돌 테제는 그래도 타당한 것인가? 물론 이 테제는 본성적 지능차이를 인정하는 만큼 완화되어야 할 것이다. 그렇다고 '상지자들'과 '하우자들'이 제각기 혈통에 기초한 세습신분을 구성할 수 있는가? 이것은 불가능하다. 첫째, 3000년에 한 명 나올까 말까 한 요임금 같은 성인급의 상지자는 특정한 역사적 시대 안에서 거의 없다고 봐야 하고, 저능한 장애인으로서의 하우자들은 일국一國에서 수백·수천 명에 지나지 않아서 혈통신분을 구성할 수 없다. 신분제는 한두 명, 또는 수십·수천 명의 본성적 유사인간들이 모여 만들어내는 것이 아니라 적어도 수십만 명, 나아가 수백만 단위의 가문들이 이루는 것이다. 한 마디로, 상지자와 하우자는 수적 희소성으로 이내 별개의 신분을 이루지 못한다. 둘째, 하우자는 "곤란해도 배우지 않는" 일반백성 같이 다다익선多多益善의 필수 인간들이 아니라,

소소익선少少益善한 불필요 인간들이기 때문에 혈통집단으로 재생산되기 어렵다. 왜냐하면 어느 사회에서나 하우자는 없을 수 없지만 하우자인 만큼 경제적으로 스스로를 재생산하기 불가능해서 혈통으로서는 끊임없이 자연스럽게 도태되기 일쑤이기 때문이다. 이런 까닭에 공자가 "단지 상지와 하우만이 바뀌지 않음"을 인정했을지라도 '성상근性相近'과 신분제 간의 정면충돌 명제, 또는 '공자의 "성상근" 테제는 신분제를 부정한다'는 명제는 거의 그대로 타당하다고 결론지을 수 있다.

■ **반半본능으로서의 인간의 도덕능력**

상술한 바대로 공자가 인간의 지능에 대해서만 선천적 차이를 인정했다는 것은 지능을 제외한 신체·예술·유희·도덕능력에 대해서는 '성상근·습상원' 테제가 그대로 타당하다는 것을 함의한다. 신체적 장애는 대개 후천적이고 몸의 어느 부위에 선천적 신체장애를 가지고 태어난 장애인의 경우에도 몸의 나머지 부분은 정상이다. 예술능력의 경우에도 선천적 절대미감을 가진 타고난 예술인들이 있고 타고난 음치가 있어 선천적 차이가 인정되지만 예술 자체가 일반인들에게 '진지한(*earnest*) 문제일 수 있을지언정 결코 경제적 생계나 도덕처럼 '심각한(*serious*)' 문제는 아니라서 예술능력의 천성적 차이는 인간들에게 결코 '심각한 문제'를 야기할 수 없다. 유희능력의 경우에도 그렇다.

그러나 도덕능력은 '반본능'이다. 따라서 도덕능력은 언어능력처럼 학습하지 않아도 일상적 사회생활을 통해 무의식적으로 개발된다. 따라서 도덕군자가 아니라 보통백성의 도덕능력은 인간들 간에 선천적 차이가 거의 없고, 본성상 서로 유사하다.[1003] 이것은 곤란해도 배우지 않는 '둔재'나 심지어 '하우'의 경우에도 거의 예외 없이 타당할뿐더러 이들의 경우에 오히려 더 타당한 것 같다. 한 마디로, 인간은 정신적 능력만 보면 지성적 개인차보다 도덕적 개인차가 더 적다. 지능지수가 60-70 정도의 하우자는 자기가 부리는 지능적 한계의 영향을 전혀 받지 않기 때문에 왕왕 높은 지능수준으로 인해 도덕성을 교란당하는 천재나 수재보다 더 착하다.(가령 영화화될 정도로 효성스럽고 친절한 충청남도의 '맨발의 기봉이') 이것을 보면, 인간의 선천적 도덕본능은 상지와 하우 간의 엄청난 선천적 차이를 보여주는 '지능'과 달리 비교적 균등하게 타고난다.

그런데 신체·예술·유희·도덕능력의 "성상근性相近" 명제에서 가장 중요한 것은 도덕본능의 본성적·선천적 성상근性相近 명제다. 그러나 이 도덕능력에도 마치 지능 차원에서의 상지와 하우와 같은 '본성적 예외자'를 인정해야 할 것이다. 도덕본능(도덕의 본성적 능력) 차원에서 지능 차원의 '상지'에 해당하는 사람은 역설적으로 저 '맨발의 기봉이' 같은 지능적 '하우자'일 것이다. 그러나 이보다 중요한 예외자는 맹자가 말한 인면수심人面獸心의 '비非인간'이다. 맹자는 "측은지심이 없으면 비인非人이고, 수오지심이 없으면 비인이고, 사양지심이 없으면 비인이고, 시비지심이 없으면 비인이다."[1004] "비인非人"은 단순히 '사람이 아니다'로 옮길 수도 있으나

1003) 지능을 제외한 인간의 본성적 도덕·미학능력과 재능은 본성 차원에서도 인간들 간에 유사하지 않고 사상(四象)으로 구분된다. 따라서 태양인은 인자로 타고나고 소양인은 의자로 타고나고, 태음인은 경제적 지자로 타고 나고, 소음인은 예자로 타고난다. 이런 통에 사상인의 수신방향도 사상체질에 따라 다르다. 이에 대해서는 참조: 황태연, 『사상체질, 사람과 세계가 보인다 - 이제마의 인간과학과 문화이론』(서울: 넥센미디어, 2021).

1004) 『孟子』「公孫丑上」(3-6): "無惻隱之心 非人也 無羞惡之心 非人也 無辭讓之心 非人也 無是非之心 非人也."

이것은 이렇게 단순하게만 생각할 문구가 아니다. 고래로 사람들은 '인면수심의 비인간'을 알고 있었고 맹자도 이런 존재를 알고 있었을 것이기 때문이다. 이것을 고려해서 이 '비인非人'은 '인면수심의 비인간'으로 이해해서 원문 그 대로 '비인'으로 직역할 수 있다. 측은지심·수오지심·사양지심(3대 도덕감정)과 시비지심(도덕감각)이 없는 사람은 '인면수심人面獸心의 비인간'이다.

이들은 오늘날 '사이코패스'라고 불리는데, 보통사람보다 지능이 좀 높은 편인 사이코패스는 본성적 결손으로 인해 선천적으로 공감능력이 없이, 그리고 도덕감정과 도덕감각 없이 태어난다. 이 선천적 도덕결손은 지능 차원의 선천적 '하우'와 유사한 결손인 셈이다. 현대 정신의학에 의하면 사이코패스는 각국 국민의 4%에 가까운 비중을 차지한다.[1005] 사이코패스적 도덕결손이 지능적 '하우'와 다른 점은 하우가 학습에 의해 초등학교 지식도 주입할 수 없는 반면, 사이코패스는 지능지수가 비교적 더 높고 단순감정과 감각(칠정과 오감) 및 파블로프 조건반사 차원의 습관화(체득) 본능이 정상이기 때문에 '교육과 포상(의 기쁨)에 의한 선행의 반복학습'과 '처벌(의 육체적 아픔)을 통한 악행에 대한 인지학습'을 통해 도덕성을 체득(습관화)해 도덕행위를 모방적으로 수행하도록, 또는 적어도 부도덕한 행위를 하지 않도록 변화시킬 수 있다는 것이다. 따라서 하우자나 정신병자에게는 도덕적 책임을 물을 수 없는 반면, 사이코패스에게는 분명하게 도덕적 책임을 물을 수 있고, 물어야 한다. 사이코패스의 부도덕을 매번 엄히 처벌해 고통을 느끼게 함으로써만 사이코패스에게 도덕적 행위를 길들일(체득케 할) 수 있기 때문이

1005) 사이코패스의 정의와 판별방법에 관한 상론은 참조: 황태연, 『감정과 공감의 해석학(1)』 (파주: 청계, 2015·2016), 147-149, 489-497, 803-804, 832-836쪽.

다. 우리나라에서 200만 명에 육박하는 사이코패스가 다 연쇄살인범이 되지 않는 것은 이들을 붙잡아 처벌하는 경찰과 사법司法 덕택이다.

결론적으로, 사이코패스를 제외하면, 인간은 항상 확고한 선심善心을 가지고 있고 선한 것 외에는 하지 않으려고 애쓰고, 이렇게 애쓰는 한, 정신적 허약성이나 지능박약, 지식부족 때문에 선한 인간의 자격을 결코 상실하지 않는다. 만인은 누구나 선한 사람으로 대우받고 존경받을 동등한 도덕적 자격이 있다. 어떤 인간이 이 동등한 도덕적 자격을 잃게 되는 것은 오직 자신의 악행 때문이다. 따라서 자신의 악행으로 인해 이런 도덕적 자격을 잃지 않는 한, 만인은 선한 인간으로 대우받고 존경받을 만하다. 그러므로 만인은 본성적으로 이런 식으로 존경받을 만한 동동한 몫이 있고, 만인은 죄를 짓지 않는 한, 언제나 동등하게 선한 사람으로 상정되어야 한다. 한 마디로, 만인은 죄악을 저지르지 않을 경우에 항상 동등하게 선한 사람으로 대우받고 존경받아야 하는 것이다. 공자의 "성상근" 테제는 바로 이런 의미인 것이다.

■ 반본능적 도덕능력과 사회적 평등의 관계

이러한 논의 중에 중요한 물음이 하나 제기된다. 공자가 본성의 상근성에도 불구하고 학습에 의해 인간들이 서로 달라진다고 하고, 지능의 경우에는 본성 차원에서도 천양지차를 인정하고 맹자가 비인간(사이코패스)의 존재를 인정한 마당에, "천하에 나면서부터 귀한 자는 없다(天下無生而貴者也)"는[1006] 공자의 명제가 성립할 수 있는가? 이 명제는 "천하에 나면서부터 귀한 자도, 천한 자도 없다

1006) 『禮記』「郊特生 第十一」.

(天下無生而貴者與賤者也)"는 명제로 자연스레 확장된다.

그런데 이 "귀천貴賤"이라는 말은 가치 차원의 평가와 대우를 담고 있다. 귀천의 가치는 언제나 지적 '진리'나 예술적 '미美'가 아니라 도덕적 '선'이다. 따라서 저 명제는 실은 "천하에 나면서부터 도덕적으로 고귀하거나 비천한 자는 없다"는 명제다. 만인은 본성 차원에서 귀하지도 천하지도 않게, 즉 상하차이 없이 거의 균일하게 도덕적이고, 이런 까닭에 인간적으로 존엄하다. 본성 차원의 이 도덕적 평등명제는 '지능'과 무관하기 때문에 인간들 간의 엄청난 본성적(선천적) 지능 차이에도 불구하고 얼마든지 가능하다. 그리고 본성 차원의 도덕적 평등명제는 본성 차원에서 도덕성을 결한 인구 4%의 사이코패스의 존재에 의해 무너지지 않는다. 사이코패스는 하우자와 달리 후천적 상벌기제로 교정가능하기 때문이다.

따라서 일반적으로 우리는 "천하에 나면서부터 귀한 자는 없다"는 공자의 인간평등 명제가 인간들이 공히 동일한 인간성을 지녔다는 사실에 기초한다고 생각한다. 그런데 이 동일한 또는 유사한 '인간성'은 우리의 위 논의에 의하면 지능(*intellectual power*)이나 유희능력 또는 예·체능을 뜻하는 것이 아니라 인간을 인간답게 해주는 '도덕성'을 뜻한다. 사람들은 그 본성적 도덕성 또는 도덕적 천성에서 동일(유사)하다. 도덕적으로 고귀한 사람과 비천鄙賤한 사람의 차이는 후천적 학습·수신에 따라 생긴 것이다. 태생적으로 가지고 나오지 않고 학습과 수신에 따라 후천적으로 생기는 귀천은 개인의 노력에 따라 한 세대 안에서 변화가능하기 때문에 대대로 변치 않는 혈통에 근거한 항구적 신분을 만들 수 없다. 신분이 불가능하다면 인간들은 서로 유사한 본성적 도덕성의 동일성, 차라리 상근성相近性 때문에 서로 평등하게 대해야 한다.

'평등'은 이와 같이 본성 차원의 단순한 도덕적 동일성(상근성)이 아니라 이 동일성보다 더 많은 것이다. '평등'은 도덕적 동일성에 근거하지만 이 도덕적 동일성을 넘어 동등한 '대우'라는 가치평가 의식을 내포하기 때문이다. 평등의 반대는 '차등', '불평등'이다. '차등'은 단순한 '차이'가 아니라 이 차이를 근거한 인위적 '차별대우'를 내포한다.

그러나 서양철학은 단순한 동일성을 '평등'과 동일시하고 단순한 차이를 '차등'과 동일시한다. 동일성에 기초한 서양의 인간평등론은 인간의 본성적 차이가 입증되면 즉각 쉽사리 파괴되어 인간차등론으로 뒤집힌다. 이로 인해 서양에서는 오랜 세월 신분제적·인종주의적 인간불평등·차등론이 득세했다. 불행히도 인구어印歐語에서는 *equality*, *égalité*, *Gleichheit*, *igualdad*, *uguaglianza* 또는 *egualglianza*, ισότης, 등은 모두 '동일성'과 '평등'을 동시에 의미한다. 따라서 인구어에서 '동일성'과 '동등성(평등)'은 구분할 수도, 변별할 수도 없다. 서양 정치철학의 평등론은 바로 이 차이를 없애버리는 이 무분별한 인구어의 의미론적 강제(*semantical compulsion*) 때문에 제대로 발전하지 못하고 역사적·정치적으로 망가지기를 반복했다.

"하늘 아래 같은 것은 없다"는 속담이 있듯이, 천하에 동일한 사람은 한 사람도 없고 모든 인간은 어느 면에서든 제각기 다르다. 따라서 인간들 간의 본성적 '동일성' 자체가 아직 인간들 간의 정치적·사회적 '평등'을 뜻하거나 본성적 '차이'가 '불평등(차등)'을 뜻하는 것이 아닌 것이다. 그런데도 아리스토텔레스 등은 '습상원習相遠'을 슬쩍 '성상원性相遠'으로 변조해 인간의 이성능력의 본성적 차이에서 주인과 노예의 신분적 차등과 남녀불평등을 바로 도출했다. 그러나 이 논변은 동일성을 평등성으로 동일시하기 때문에 오류인 것이다. 이 논변에 따르면, 인간들 간에 이성능력이나 도덕능력의 작은 현상적 차이만 있더라도 이 작은 현상적 차이를, 아니 작은 후천적 차이까지도 선천적 차이로 변조하고 이 변조된 선천적 차이로부터 신분적·인종적 불평등을 도출하고 정당화할 수 있을 것이다. 아리스토텔레스, 유럽의 귀족주의자들, 니체, 그리고 인종주의자들과 나치스가 바로 그랬다. 나치스의 인종주의와 홀로코스트는 대대로 이어지는 서양 특유의 철학적·정치사상적 오류의 전통에 서 있는 것이다.

반면, 데카르트와 홉스는 본성적 도덕성을 제쳐놓고 이성적 지능(지혜 또는 현명)만을 유일시해 인간들 간의 이성능력 또는 지능의 동일성을 조작하고 지능이 동일하지 않더라도 각자가 이것을 인정하지 않으려고 하므로 정치적 평화를 위해 인간들의 지능적 동일성 또는 지능적 차이에 대한 각인의 이러한 불인정으로부터 평등을 도출한다.1007) 그러나 이 논변은 세 가지 이유에서 오류다. 첫째,

---

1007) 홉스는 말한다. "자연은 인간을 심신 능력에서 평등하게 만들었고, 이래서 한 사람이 종종 육체적으로 명백히 더 강하거나 타인보다 더 재빠른 정신을 가진 것으로 드러날지라도, 모든 것이 함께 합산될 때 인간과 인간 간의 차이는 어떤 사람이 그것을 근거로 다른 사람이 자기처럼 제기할 수 없는 어떤 혜택을 요구할 만큼 상당한 것이 못 된다. 왜냐하면 육체의 힘에 관한 한, 최약자도 비밀책략에 의해서든 타인들과의 동맹에 의해서든 최강자를 죽일 만큼 충분한 힘을 가지기 때문이다. 정신 능력에 관한 한 (...) 나는 인간들 간에 힘의 평등보다 더 큰 평등을 발견한다. 현명은 오직 경험일 뿐이다. 평등한 시간은 이 현명을 평등하게 만인에게 부여하고, 이 일에서 만인은 평등하게 현명을 응용한다. 이러한 평등을 아마 믿을 수 없는 것으로 만들 수 있는 것은 거의 모든 인간들이 대중들보다 (...) 더 큰 정도로 가지고 있다고 생각하는 자신의 지혜에 대한 헛된 자만일 뿐이다. 왜냐하면 인간의 본성은 그들이 아무리 많은 다른 사람들이 더 슬기롭거나 더 달변이거나 더 배웠다고 하더라도 자기들처럼 아주 지혜로운 사람들이 많다고 거의 믿지 않기 때문이다. 자기들의 지력(*wit*)은 손에 쥐고 있고, 남의 슬기는 멀리 있다. 그러나 이것은 인간들이 이 점에서 불평등하다기보다 평등하다는 것을 입증해준다. 통상, 모든 개개인이 자기 몫에 만족한다는 사실보다 더 표 나게 평등한 분배는 없기 때문이다." Thomas Hobbes,

심신능력의 차이, 특히 지적 '차이'를 '차등'으로 착각하는 것과 마찬가지로 심신능력의 동일성, 특히 지적 동일성을 '평등'으로 착각하기 때문에 오류이다. 둘째, 공자의 말대로 인간의 지능(지성=이성)은 본성상 상지, 중지, 하우 간에 천양지차가 존재하기 때문에 오류다. 셋째, 인간적 평등의 근거를 인간의 도덕적 품성(도덕적 인간성)에서 구하는 것이 아니라 인간의 지적 능력에서 구하기 때문에 오류다. 지능이 아니라 도덕성이 인간을 동물과 구별해준다. 지능의 동일성에 근거한 인간평등론은 자기 머리가 남보다 더 좋다고 우기지 못하는 심약한 둔재들이 있음을 입증하는 심리검사나 IQ검사로 개인들 간 태생적 지능 차이가 입증되고 공인되면 즉각 아리스토텔레스주의적·인종주의적 인간차등론으로 둔갑한다.

오로지 도덕성만이 인간을 동물과 구별해준다. 이 구별은 '본질적' 구별이 아닐지라도 적어도 '확연한' 구별이다. 동물들은 도덕능력 외의 다른 능력에서 인간보다 훨씬 더 민첩하고, 또 도덕성이 전혀 없지도 않지만. 그러나 동물의 도덕성은 가장 어리석은(下愚) 인간이나 자기 죄를 아는 불인不仁·불선不善한 인간들의 도덕성보다 더 미약하고 모호하다. 가령 사이코패스를 제외한 인간들의 입장에서 볼 때 동물들 중 가장 도덕적으로 행동하는 것으로 보이

Leviathan or The Matter, Form, and Power of a Commonwealth Ecclesiastical and Civil [1651], 110-111쪽. *The Collected Works of Thomas Hobbes*. Vol. III. Part I and II. Collected and Edited by Sir William Molesworth (London: Routledge/Thoemmes Press, 1992). 그리고 홉스는 부연한다. "자연이 인간들을 평등하게 만들었다면, 이 평등은 인정되어야 한다. 그게 아니고 자연이 인간을 불평등하게 만들었더라도, 스스로를 평등하다고 생각하는 인간들이 평등의 조건이 아니면 평화상태로 들어가려고 하지 않기 때문에 그러한 평등은 인정되지 않을 수 없다. 그러므로 나는 이것을, 만인이 타인을 자기의 자연적 동등자로 승인하는 것을 제9자연법으로 설정한다. 이 지침의 침파는 오만이다." Hobbes, *Leviathan*, 140-141쪽.

는 개(犬)나 침팬지도 이기적 정의감(부당한 차등대우에 대한 억울함)이 없지 않지만 미약하고, 사회적 정의감(다른 개가 당하는 부당한 차등대우에 대한 공분)은 더욱 미약하다. (반면, 사람들은 자기에 대한 부당한 차등대우에 아주 민감하고 극히 억울해하며 격노하고, 다른 사람이 당하는 부당한 차등대우에도 일제히 크게 공분하고 어떤 사람은 의분에 길길이 뛰는 투사가 되기도 한다.) 그리고 주인에 대한 개나 원숭이·침팬지의 충성심은 인간보다 강렬한 것처럼 보인다. 이 동물들의 충성심은 이것들이 폭군이나 도척盜跖과 같은 인간들에게도 똑같이 충성스러운 점에서 애착(*affection*)이나 아부(*flattery*)와 구별되지 않을 만큼 모호하다. 한마디로, 도덕성에서 인간과 동물은 연속성보다 불연속성과 단절성이 더 현저하다. 따라서 도덕성이 인간을 동물과 확실하게, 즉 단절적으로 구별해준다는 명제는 어떤 경우에도 견지될 수 있다.

반면, 지능은 인간 일반을 동물과 구별해주는 것이 아니라 동물과 가깝게 만든다. 자기 얼굴을 인지하는 침팬지·코끼리·돌고래 등 고등동물들의 지능은 인간 백치의 지능과 맞먹는다. 세 개의 컵 중 하나에 콩을 넣고 이 컵들의 나열 순서를 재빨리 뒤섞어 콩이 든 컵을 알아맞히는 게임을 수십 번 반복해도 매번 정확히 그 컵을 알아맞히는 천재견犬의 지능은 같은 게임에서 매번 틀리는 인간 둔재, 심지어 인간 범재의 지능도 능가한다. 따라서 서양철학자들이 보통 생각해온 것과 정반대로 지능은 인간을 동물과 연속적으로 만드는 요소일 뿐이다. 환언하면, 지능으로는 동물과 다른 인간의 일반적 동일성을 구획할 수 없다. 오로지 도덕성만이 인간을 동물과 불연속적으로 구별해준다

공자철학은 태생적 평등을 인간의 본성적 '도덕성'에 근거한 '동등대우'로 풀이하고, 후천적 차등을 수신에 따른 도덕적 존비尊

卑(귀천)에 근거한 '불평등대우'('귀천')로 풀이한다. 이로써 공자의 평등철학은 지능의 동일성과 차이성을 중시해 지성적 동일성과 차이성을 평등과 차등으로 착각하는 저 그릇된 서양철학적 평등·불평등 논의의 전통을 단번에 삼제芟除한다.

하지만 평등은 본성 차원의 도덕적 동일성에 근거한 '동등 대우' 의미를 내포한다. 따라서 '평등'은 인간들이 서로를 본성적으로 차별 없이 동등하게 대해야 한다는 도덕적 당위를 담고 있다. '평등'에는 '동일성'을 넘어 이미 '등권等權 대우'의 요청이라는 도덕적 당위의 가치가 담긴 것이다. 인간들은 신체적·지성적 능력이 모자라는 행동보다 도덕성이 모자라는, 즉 부도덕한 행동을 더 경멸한다. 반대로, 인간들은 신체적·지성적·예술적 능력이 유사한 인간보다 도덕적 자질이 유사한 인간을 더 많이 자기들의 동류로 인정한다. 그러나 사이코패스를 논외로 할 때, 인간본성 차원의 도덕적 자질은 상론했듯이 신체적·지성적 측면보다 서로 더 근사하다. 신체적으로 인간들은 키다리와 난쟁이, 장사와 허약자, 건강과 병약 간의 차이와 같이 엄청난 차이가 존재하고, 지성적으로는 천재(신동)·준재·수재·범재·둔재·백치의 차이와 같이 엄청난 또는 굉장한 차이가 존재하지만, 도덕적으로는 별 차이가 없다. 왜냐하면 신체적 약자라도 도덕적 자질 면에서 강자에 못지않고, 백치도 도덕적 자질 면에서는 천재 못지않거나 때로 천재를 능가하기도 하는가 하면, 범재와 둔재도 도덕성에서 수재·준재·천재에 결코 뒤떨어지지 않기 때문이다. 한 마디로, 인간들은 본성상 지성적·신체적 능력에서 엄청나게 또는 굉장히 다른 반면, 도덕적 자질 면에서는 본성상 거의 동일하거나 매우 유사하다. 이것이 바로 평등의 본성적 근거, 인간들 간 동등대우의 결정적·본질적 근거다.

'차등'은 그것이 정당한 차등이라면 도덕적 행위의 차이에 근거하는 차별대우를 뜻한다. 도덕행위의 차이는 본성으로부터 기인起因하는 것이 아니라, '습상원習相遠'의 후천적 요인들로부터 기인한다. 따라서 도덕적 자질에 기인基因한 차별대우의 정당성, 즉 차등의 정당성은 본성적 평등의 정당성의 테두리를 벗어날 수 없다. 즉, 인간은 다른 인간을 도덕적으로 차별대우할 수 있지만, 이 차별대우는 인간의 본질적 평등(대등대우)을 전제로 인정하고서 집행할 수 있을 뿐이다. 이 도덕적 차별대우는 포상에서 처벌에까지 크게 벌어진다. '포상'은 다시 칭찬·칭송·상장·상금·훈작·숭배 등으로 차이지고, 처벌은 견책(핀잔·비난·경고·규탄), 처분(감봉·강등·해임·해고), 형벌(벌금형·금고형·징역형·극형)로 상승한다. 도덕적 차별대우는 어떤 행위의 도덕적 상점賞點과 벌점罰點에 따라 이와 같이 엄청난 차이를 보인다. 그럼에도 불구하고 이 도덕적 차별대우는 평가의 절차와 결정과정에서 처벌 받는 자를 다른 인간들과 동등하게 대우해야 하는 것이다. 도덕적 차별대우가 인간의 본성적 평등 또는 본질적 동동대우를 상위가치로 인정하지 않는다면, 그것 자체가 정당성을 잃고 악행이 되고 말 것이다.

도덕적 "습상원習相遠"에 기인한 도덕적 차별대우는 '경우에 따라' 정당한 것이고, 도덕적 "성상근性相近"에 기인한 인간의 본성적 평등은 '본질적으로' 정당한 것이다. 그런데도 도덕적 차등의 정당성이 정당한 본성적 평등의 테두리를 벗어나 상위명제로 독립한다면, 주인-노예 차등론, 전근대적 서양의 신분제로 직통하거나, 고비노·체임벌린·니체·히틀러의 인종주의로 흘러가고 만다. 반면, 도덕적 차등의 정당성이 본성적 평등의 정당성을 상위가치로 준수한다면, 즉 "습상원習相遠" 명제가 "성상근性相近" 명제를 존중한다면,

모든 논의는 도덕적 차등을 최소화하려는 학습과 수신을 위한 인간 교육론으로 나아가게 되는 것이다.

도덕적 "성상근性相近"에 근거한 인간의 본성적 평등은 보편적 인간성(인간다움)에 근거한다. 보편적 '인간성'은 바로 본성적 도덕성이다. 만인은 이 본성적 도덕성 때문에 존엄하고 이 도덕적 존엄성 측면에서 평등한 것이다. 인간은 학습과 수신에 의해 도덕적으로 귀해지거나 수신하지 않거나 불량하게 수신하면 비천鄙賤해질 수 있으나 도덕적 본질에서 평등하게 태어난다. 본성적 도덕성으로서의 인간의 인간성은 인간의 본질이고, 이 본질 때문에 만인은 평등하게 존엄하다.

말하자면 지능이나 예술성 또는 유희성이 아니라 오로지 인·의·예·지의 도덕성만이 인간의 도덕적 본성으로서의 도덕적 성정性情(본성적 측은·수오·공경·시비지심)의 확충으로서 인간성(인간다움), 즉 인간의 본질을 구성한다. 따라서 공자는 "인仁은 인간다운 것이다(仁者人也)"라고 천명하고,[1008] 맹자도 "인이라는 것은 인간다운 것이고, 이것을 종합해 말하면, 도道다(孟子曰 仁也者 人也, 合而言之 道也)"라고 갈파한다.[1009] 사람의 '인仁'의 곧 '인도人道'라는 말이다. 그리고 맹자는 "인간은 사지를 가진 것처럼 이 사단(仁之端, 義之端, 禮之端, 智之短)을 가지고 있다(人之有是四端也 猶其有四體也)"고 함으로써[1010] '인간다움'이 도덕적 자질을 가진 모든 인간에게 동일하게 있다고 거듭 강조하고 있다. 한 마디로, 모든 인간들은 신체능력이나 이성능력에서가 아니라 도덕적 본성 또는 본성 차원의 도덕적 존엄성에

1008) 『中庸』(二十章).

1009) 『孟子』「盡心下」(14-16).

1010) 『孟子』「公孫丑上」(3-6).

서 평등한 것이다. 따라서 인간들은 서로 근사한 이 도덕적 인격성(인간다움) 또는 도덕적 존엄성 때문에 천부적 인권도 동등한 것이다. 이것이 바로 인간의 '인격적 평등'이고, '인격적 평등'은 '도덕적 평등'이다. 그리고 이 '도덕적 평등'은 본성적(*natural*)이므로 '도덕적 평등'은 항상 '자연적·본성적 평등(*natural equality*)'을 낳는다.

이런 까닭에 맹자는 "성인도 백성과 동류다(聖人之於民 亦類也)"라고 천명하고, "하늘이 백성을 낳은 이래 공자보다 성대盛大한 경우는 아직 없었음(自生民以來 未有盛於孔子也)"에도 공자도 "인간의 동류에서 나온 것이다(出於其類)"라고 갈파했다.[1011] 같은 취지에서 맹자는 "순임금은 천하에 본보기가 되었고 후세에도 전해질 수 있을 것인데 나는 오히려 시골사람임을 아직 면치 못했으니 이것이야말로 근심할 만한 것임(舜爲法於天下 可傳於後世 我由未免爲鄕人也 是則可憂也)"을 인정하면서도 그럼에도 불구하고 "순임금도 사람이고 나도 역시 사람이다(舜人也 我亦人也)"는 인격적 동등성을[1012] 불변적 사실로 전제했던 것이다. 따라서 누구나 스스로 성인처럼 인간답게 거룩해지는 길은 자기의 인간적 본성과 무관한 그 무슨 종교적·미신적·주술적 가치관을 받아들여 신봉하며 인간을 멀리하는 형이상학적 구도자의 길이 아니다. 공자는 말한다.

> 도는 사람과 멀지 않으니, 사람이 도를 하면서 사람을 멀리하는 것은 도라고 볼 수 없다. 『시경』(「豳風·伐柯」)은 "도끼자루를 베네, 도끼자루를 베는데(도끼자루를 만들려고 나무를 벤다는 뜻 – 인용자), 그 도는 멀지 않으니 도끼자루를 잡고 도끼자루를 베는 것이네"라고 노래한다. 곁눈질로 보니 오히

1011) 『孟子』「公孫丑上」(3-2).

1012) 『孟子』「離婁下」(8-28).

려 멀게 여겨지는 것이다. 그러므로 군자는 사람으로서 사람을 다스리면서 고치고 또 고친다.[1013]

따라서 인간답게 고귀하고 거룩해지는 길은 인간과 멀리 떨어진 높은 곳에 있는 도를 찾아는 종교적·미신적·주술적 구도求道의 길이나 형이상학적·고답적 개똥철학에 있는 것이 아니라, 자기의 타고난 인간 본성을 완전히 발현하는 연습·학습·수신·득신을 통해 과오를 고치고 고쳐 자신을 갈고 닦고 깎고 다듬어 본성을 완성하는 '진성盡性'에 있는 것이다.

인간은 누구나 수신하면 고귀해지고 전혀 수신하지 않으면, 또는 가령 플라톤·아리스토텔레스·데카르트·칸트·헤겔 등의 합리주의 철학, 스콜라철학, 성리학, 기타 각종 형이상학적 공리공담, 학문을 빙자한 종교와 주술, 마르크스주의, 베버주의 이론의 학습 등 불량한 학습으로 악행과 악한 사고방식을 체득하고 정당화하면 비천鄙賤해진다. 그래서 피에르 벨, 섀프츠베리, 크리스티안 볼프, 라이프니츠, 볼테르 등 유력한 계몽철학자들은 모두 다 공자의 영향으로 합리주의와 지성주의를 버리고 경험주의와 덕성주의로 넘어갔던 것이다.

이를 뒤집으면, 누구나 수신하거나 악습을 습득하기 이전에는, 즉 태어날 때는 고귀하지도, 미천하지도 않을 정도로 도덕적으로 균일한 성정을 지녔다는 말이다. (여기서 '성정性情'은 '타고난 본성적 감정과 감각'을 뜻한다.) 다시 되풀이하자면, 나면서부터 천하거나 귀

1013) 『中庸7』(十三章): "子曰 道不遠人 人之爲道而遠人 不可以爲道. 詩云 伐柯伐柯 其則不遠 緝柯以伐柯 睨而視之 猶以爲遠. 故君子 以人治人 改而止." "改而止"는 직역하면 "(과오를) 고치고 또 이에 산다"이나, '그것에 산다'는 것은 '그것을 계속 되풀이한다'는 것이다. 그래서 "고치고 또 고친다"로 의역해서 문리(文理)를 순조롭게 만들었다.

한 사람은 없다. 심지어 왕자나 공주, 황자皇子나 황녀도 고귀한 품성을 갖고 태어나는 것이 아니다. 거지도 비천한 품성을 가지고 태어나지 않는다.

■ 도덕적 '습상원'을 상쇄시키는 만민평등교육

상론했듯이 도덕적 "습상원習相遠"에 기인한 도덕적 차별대우는 '경우에 따라' 정당한 것이고, 도덕적 "성상근性相近"에 기인한 인간의 본성적 평등은 '본질적으로' 정당한 것이다. 그럼에도 불구하고 아리스토텔레스나 고비노·체임벌린·니체·히틀러처럼 "습상원習相遠"에 근거한 도덕적 차등의 정당성을 도덕본성적 평등의 선차적 정당성을 초월해 상위명제로 독립시킨다면, 논의는 고대그리스의 주인-노예의 본성적 차등론, 전근대적 서양의 신분제나, 인종주의 등으로 직통하고 만다. 반면, 도덕적 차등의 후천적 정당성을 도덕적 평등의 선천적 정당성 아래 복속시킨다면, 즉 도덕적 견지에서 "습상원習相遠" 명제를 "성상근性相近" 명제의 심급 아래 위치시킨다면, 모든 논의는 학습과 수신을 통해 도덕적 차등을 최소화하려는 데 개인적·정치적 관심의 초점을 맞추게 된다. 학습과 수신을 통해 도덕적 차등을 최소화함으로써 도덕적 차원의 '성상근'을 구현하는 견지에서 '만민교육'은 필수불가결한 국사國事가 된다.

공자는 천자의 맏아들인 '원자元子'를 두고도 태생적 평등론을 피력한다. 앞서 부분적으로 인용된 이 명제는 "본성은 서로 가깝다(性相近)"는 명제의 관점에서 읽어야 한다.

> 천자의 원자도 평범한 사내(士)일 따름이다. 천하에 나면서부터 고귀한 자는 없다(天下無生而貴者也). 대를 이어 제후를 세우는 것도 선대의 현덕을 수

덕修德했기 때문이고, 사람들에게 주는 벼슬의 위계화도 덕성의 감쇄 때문이다.[1014]

이 "천하무생이귀자야天下無生而貴者也"의 명제는 상론했듯이 "성상근性相近"의 취지에 따라 "천하에 나면서부터 고귀한 자도 없고, 나면서부터 비천한 자도 없다"고 확장해 이해해야 할 것이다. 간단히, 왕후장상도 그 씨가 따로 있는 것이 아니다. 참고로, 1613년 새뮤얼 퍼채스(Samual Purchas) 신부는 "천하무생이귀자야天下無生而貴者也" 명제가 실현된 명대 중국의 정치현실을 "왕 외에는 아무도 고귀한 사람이 없는(*none is great but the King*) 나라"로 표현한다.[1015] 그리고 1685년 나다나엘 빈센트(Nathanael Vincent) 영국성공회 신부는 중국에서 "왕족 외에 아무도 나면서부터 고귀한 사람은 없다(*none are born great but those of Royal Family*)"로 표현한다.[1016] 그리고 선교사로서 중국에서 포교활동을 했던 루이 르콩트(Louis Le Comte) 신부는 1696년 "천하무생이귀자야" 명제를 보다 노골적으로 "참된 고귀성은 혈통이 아니라 공덕에 있다(*True Nobility does not consist in Blood, but in Merits*)"로 의역했다.[1017]

천자의 원자(맏아들)도 나면서부터 고귀한 자가 아니라고 갈파하는 공자의 명제는 공자의 '성상근性相近' 철학의 극적 표현이다. 이 극적 표현은 '유인무류有人無類(인간이 있으면 유별類別은 없음)' 철학이라고 이름지어야 할 것이다. 천자의 원자도 나면서부터 고귀한

1014) 『禮記』「郊特生 第十一」(11-24): "天子之元子 士也. 天下無生而貴者也. 繼世以立諸侯 象賢也, 以官爵人 德之殺也."

1015) Purchas, *Purchas, his Pilgrimage* [1613], 440쪽.

1016) Vincent, *The Right Notion of Honour*, 15쪽.

1017) Le Compte, *Memoirs and Observations*, 215쪽.

자가 아니기 때문에 그 이하의 모든 국가관리들도 당연히 나면서부터 고귀한 자일 수 없다. 만인은 고귀하게 태어나지도 않지만, 물론 비천하게 태어나지도 않는 것이다. 현재 비천한 서민도 나면서부터 비천한 것이 아니었다. 반半본능적 도덕능력에서 본성이 서로 비슷한 만인은 귀천 없이 사회적·도덕적으로 평등하게 태어난다. 천재와 천치(인구의 도합 0.001% 미만), 사이코패스와 반半사이코패스(인구의 도합 8% 미만)를 제외한 만인은 정신적·사회적·도덕적 본성과 품성의 관점에서의 이 자연적 유사성과 평등성을 바탕으로 삼아 격물치지格物致知·성의정심誠意正心으로 자기 자신을 갈고닦아서 그 덕성과 학식을 인정받아 도덕적으로 스스로를 고귀하게 만든 수신자修身者만이 비로소 고귀할 수 있는 것이다.

따라서 천자로부터 서민에 이르기까지 만인은 자기의 정신과 신체를 수신해서 스스로 교화해야만 지적·사회적·도덕적으로 고귀한 사람이 될 수 있다. 덕성을 갖추지 못한 자는 그가 평범한 백성이라면 공무와 정치적·사회적·경제적 역할을 담당할 수 없다. 그가 군주라면 잔학한 폭군이나 비천한 암군·혼주로 전락할 것이고, 끝내는 백성들에 의해 방벌되고 천하에 의해 죽임을 당할 것이다. 왕자와 황자라도 배워야 고귀해질 수 있다. 그래서 학문에는 왕도王道가 따로 없다고 하는 것이다. 임금과 백성을 가리지 않고 누구나 여일如一하게 '도를 배우고(學道)'하고 '수신'해야 한다.

자기 자신의 심신을 갈고닦는 수신을 해야 하는 점에서는 천자도 서민과 마찬가지인 것이다. 『대학』은 말한다.

천자로부터 서인에 이르기까지 하나 같이 다 수신을 근본으로 삼는다.(自天子以至於庶人 壹是皆以修身爲本)1018)

이 명제는 한편으로 서민백성도 천자와 동등하게 수신할 권리가 있다는 교육의 기회균등을 뜻하는 것으로 해석될 수도 있지만, 다른 한편으로는 천자도 서인처럼 태어난 뒤 수신하지만 않으면 동일한 미몽未蒙 상태에 처해 있어 도덕적으로 서인과 동등하다는 '태생적 평등'을 함유한 명제로 해석할 수도 있다. 이런 까닭에 맹자는 성인도, 공자도 백성과 동류에서 나왔다고 갈파한다.

> 기린은 달리는 짐승과 동류이고, 봉황은 비조와 동류이고, 태산은 언덕과 동류이고, 하해河海는 흐르는 물과 동류이고, 성인도 백성과 동류다. 그 동류 중에서 출중하고 그 무리 중에서 발군하니, 백성이 생긴 이래 공자보다 훌륭한 분은 아직 없었다.1019)

그리하여 맹자는 "순임금도 인간이고 나도 역시 인간이다(舜人也 我亦人也)"고 천명함으로써1020) 지적·사회적 능력과 도덕능력에서 인류의 보편적 동일성을 불변적 사실로 전제했던 것이다.

임금과 서민은 출중하고 발군한 성인이 되기 위해서만이 아니라 평범한 임금과 백성이 되기 위해서도 유소년 시절만이 아니라 종신토록 부지런히 수신해야 하는 것이다. 임금과 백성은 도덕적으로 고귀해지기 위해 수신을 동일하게 필요로 하는 점에서 처지가 동일하고 또 도덕 수준도 등위에 있는 것이다. 나아가 유소년 시절의 수신과정이 어느 정도 종결된 단계에서 임금이 서인보다 더 좋은

1018) 『大學』(經文首章).

1019) 『孟子』「公孫丑上」(3-2): "麒麟之於走獸 鳳凰之於飛鳥 太山之於邱垤 河海之於行潦 類也, 聖人之於民 亦類也. 出於其類 拔乎其萃 自生民以來 未有盛於孔子也."

1020) 『孟子』「離婁下」(8-28).

수신 환경을 얻은 까닭에 서인보다 더 높이 학덕과 인덕을 수덕할 수 있을 것이지만, 서인 중에는 언제나 임금 못지않게 또는 정무에 바쁘거나 천성이 게으른 임금보다 더 높이 수도修道한 신하들이 나오기 마련이다. 서인대중 속에는 동량棟梁 감들이 수두룩하기 때문이다. 이 점에서 "천자로부터 서인에 이르기까지 하나같이 다 수신을 근본으로 삼을" 기회가 주어진다면, 예악과 학문·기술의 습득의 결과에서도 천자와 서인은 그 수준이 크게 다르지 않을 것이다. 그러나 임금 또는 치자의 인덕仁德과 학덕의 중요성은 치자의 생각과 판단이 만백성의 행·불행과 직결되므로 아무리 강조해도 지나치지 않을 것이다.

이와 같이 인간이 서로 유사한 지적·사회적·도덕적 본성을 타고난다는 태생적 평등론은 치자도 일반 백성과 마찬가지로 수신해야만 고귀해질 수 있다는 보편적 수신론 또는 만민교육론으로 귀결된다. 치자와 백성이 공히 수신해야 한다는 이 보편적 수신론은 치자와 백성에게 공히 교육기회가 주어져야 한다는 만민평등교육론으로 통한다. 이 만민평등교육은 만백성에게 평등하게 각급 학교의 입학기회와 입학시험 기회를 주고 모든 합격자를 차별 없이 가르치는 학교제도, 만백성에게 평등하게 응시자격을 주고 급제자들을 국가관리로 임용하는 과거제도, 과거시험의 급제여부와 성적에 따라 과거급제자들에게만 동등하게 입사入仕기회를 보장하는 공무담임제도 등과 연쇄적으로 연결된다. 만민평등교육과 기회균등한 학교제도, 기회균등한 공무담임제와 기회균등한 과거제 등은 능력주의 관료제를 확립하고 궁극적으로 관직세습제를 분쇄하고, 그 결과로서 세습적 관직독점에 착근된 귀족제도를 근절시켜 신분제도를 해체시킨다. 만민에게 학교입학자격과 과거응시자격을 개방하고 오로지 과거급제자들에게만 성적순에 따라 관직을 부여하는 제도는 바로 도덕적 '성상근性相近'과 도덕적 '습상원習相遠' 명제의 두 가지 정당성을 둘 다 충족시키는 것이다.

인간의 도덕적 본성의 평등은 학습기회의 불균등으로 인한 지적·사회적·도덕성 격차의 확대("習相遠")를 저지하기 위해 '만백성'에게 인성人性의 개발·완성("盡性")의 기회를 보장하는 교육기회의 균등을 요청한다는 말이다. 인간들의 서로 가까운 본성을 구현하는 학습과 교육은 '본성의 서로 가까움'에 못지않게 중요하다. 맹자는 "서시西施라도 불결함을 뒤집어쓰면 사람들이 다 코를 막고 지나가지만, 여느 악인이라도 목욕재계하면 상제께 제사를 올릴 수 있는 것이다"고 말했다.[1021] 맹자는 이 말로써 타고난 본성적 자질 못지않게 심신을 갈고닦는 수신이 중요하다는 것을 표현하고 있다.

교육이란 무엇인가? 주지하다시피 『중용』은 "천명은 본성이라고 하고 본성을 따르는 것을 도道라고 하고 도道를 닦는 것을 교육이라고 한다(天命之謂性 率性之謂道 脩道之謂教)"고 천명한다.[1022] 본성은 저절로 스스로 성실히 해서 스스로를 밝게 드러내 보이지만, 교육은 반대로 의식적으로 인간이 스스로를 밝게 알고 개발해서 성실하게 만드는 것이다. 그래서 『중용』은 말한다. "스스로 성실해서 밝은 것은 본성이라고 하고, (본성을) 스스로 밝혀서 성실한 것은 교육이라고 한다. 본성은 성실해서 밝고, 교육은 밝혀서 성실하게 만든다. (自誠明 謂之性, 自明誠 謂之教. 誠則明矣 明則誠矣)"[1023] 여기서 "밝음"은 '명지

1021) 『孟子』「離婁下」(8-25): "孟子曰 西子蒙不潔 則人皆掩鼻而過之 雖有惡人 齊戒沐浴 則可以祀上帝."

1022) 『中庸』(1章).

1023) 『中庸』(二十一章).

明知'와 '명덕明德'을 말한다. 명지는 천도와 인도를 밝히고, 명덕은 자신과 세상을 빛낸다. 이에 대해 맹자는 이렇게 주석한다.

> 자기의 마음을 다하는 것(盡其心者)은 자기의 본성을 아는 것이고 본성을 아는 것은 하늘을 아는 것(知天)이다. 자기의 마음을 보존하는 것은 자기의 천성을 기르는 것(養其性)이고 하늘을 섬기는 방도다.[1024)]

따라서 천명을 좇아 마음의 안정을 얻은 군자는 자기의 학도學道와 백성교육을 천직으로 중시한다. 따라서 공자는 "늙어가는 줄도 모르고(不知老之將之)" "학도學道하는 데 게으르지 않고 뭇사람을 가르치는 데 염증내지 않았던 것이다(學道不倦 誨人不厭)."[1025)] 여기서 중요한 것은 특별한 인간을 가르치는 데 염증을 내지 않은 것이 아니라 "뭇사람"을 가르치는 데 염증 내지 않았다는 대목이 중요하다. 이는 신분차별 없는 백성교육을 함의하고 있기 때문이다. 뛰어난 제자를 특별한 신분층에서 얻는 것이 아니라 '천하'에서 얻어 가르치는 것은 군자의 큰 즐거움이다. 맹자는 "군자의 두 번째 즐거움은 천하의 영재를 얻어 교육하는 것이다(二樂也 得天下英才而教育之)"라고 광포廣布한다.[1026)]

맹자는 자신을 교육하는 방도를 다섯 가지로 논한다. "군자가 교육하는 방도는 다섯 가지다. 때맞춰 내리는 비처럼 자신을 교화하는 것(有如時雨化之者)이 있고, 덕을 이루는 것이 있고, 재능을 통달하

1024) 『孟子』「盡心上」(13-1): "孟子曰 盡其心者 知其性也. 知其性 則知天矣. 存其心 養其性 所以事天也."

1025) 司馬遷, 『史記世家』「孔子世家」. 『논어』에는 "學道不倦 誨人不厭"이 빠진 채 소개되어 있다. 『論語』「述而」(7-19).

1026) 『孟子』「盡心上」(13-20).

는 것이 있고, 의문에 답하는 것이 있고, 사숙私淑하는 것이 있다. 이 다섯이 군자가 교육하는 방도다."1027) "때맞춰 내리는 비처럼 자신을 교화하는 것"은 "경험에서 배워 그것을 때맞춰 되풀이 익힌다(學而時習之)"는 『논어』의 두 번째 구절과 통한다. 이 "학이시습지學而時習之"는 새로운 지식을 가져다준다. 따라서 '학이시습지'는 곧 "온고이지신溫故而知新"과 같다. 과거의 경험을 거듭 데우면 새것을 알 수 있다. 그리고 "경험을 거듭 데워 새것을 알면(溫故而知新) 스승이 될 수 있다(可以爲師矣)."1028) 한편, "덕을 이루는" 방도는 '수덕修德' 이다. "재능을 통달하는 것"은 '수련修練'이다. "의문에 답하는" 방도는 '탐구·심문審問이다. 그리고 "사숙하는 것(私淑艾)"은 어떤 성인이나 사부의 학문을 그 제자들에게서 간접적으로 문도聞道하는 것이다. 맹자도 "공자의 문도門徒가 될 수 없어서 여러 사람들에게서 공자를 사숙했다".1029) 이 다섯 가지 방도의 교육은 스승 군자가 제자를 교육하는 방도만을 말하는 것이 아니라, 선비가 자기 자신을 교육하는 방도도 포함한다.

인간의 본성적 상근성相近性(평등성)은 만백성에게 인성의 개발·완성 기회를 동등하게 보장하는 교육기회의 균등을 요청한다. 그리하여 공자는 『대학』「수장首章」에서 "천자로부터 서인에 이르기까지 하나 같이 다 수신을 근본으로 삼는다"고1030) 갈파한 것이다. 이 명제는 만민이 수신해야 함을 말하는 것임과 동시에 만민에게 균등한 교육기회를 보장하는 취지로도 읽을 수 있다.

1027) 『孟子』「盡心上」(13-40): "孟子曰 君子之所以教者五 有如時雨化之者 有成德者 有達財者 有答問者 有私淑艾者. 此五者 君子之所以教也."

1028) 『論語』「爲政」(2-11).

1029) 『孟子』「離婁下」(8-22): "予未得爲孔子徒也 予私淑諸人也."

1030) 『大學』(經文首章): "自天子以至於庶人 壹是皆以修身爲本."

교육에서 기회 균등을 보장하는 취지에서 공자는 차별 없는 만민평등교육을 직접 논급한다.

교육이 있으면 유별類別은 없다.(子曰 有教無類)[1031]

교육이 있다면, 그것은 반드시 차별 없는 만민평등교육이어야 한다는 말이다. "습상원習相遠" 명제에 주목하면, 학습과 교육은 불균등할 때 오히려 신분적 불평등을 야기하고 영구화시키는 요소가 된다. 가령 존 로크는 귀족교육과 빈민교육을 두 개의 논고로 나눠 차별적으로 기획함으로써 영국의 신분제를 새로운 형태로 영구히 재생산하는 반동적 교육론을 내놓았다.[1032] 반면, 공자의 차별 없는 만민·보통평등교육론은 "습상원" 경향을 상쇄시켜 신분차별의 생성을 원천 봉쇄하고 기존의 신분차별을 없애는 견인차가 된다. 이런 까닭에 토마스 제퍼슨은 로크와 반대로 중국식 만민평등교육을 민주공화국의 주춧돌로 간주하고 줄기차게 주장했다.

공자는 "유교무류有教無類"의 만민평등교육 원칙을 범죄 전과前科가 있는 사람에게까지 무차별적으로 적용했다. 호향互鄉 사람들과는 함께 말을 나누기가 어려운데 그곳에서 온 한 동자가 공자를 뵙자 문인들이 의아해 했다. 그러자 공자가 말했다.

1031) 『論語』「衛靈公」(15-39).

1032) John Locke, *Some Thoughts on Education*, §135 ("Excuse"). *The Works of John Locke*, vol. 9 (London: Printed for Thomas Tegg, 1823; Aalen, Germany: Reprinted by Scientia Verlag, 1963); John Locke, "An Essay on the Poor Law", 190쪽. Locke, *Political Essays*, ed. by Mark Goldie (Cambridge: Cambridge University Press, 1997).

> 그가 진보하는 것을 인정하고 퇴보하는 것을 인정치 않는 것인데 어찌 그를 심히 대하겠느냐? 사람이 자기를 정결히 하고 나아감에 그의 정결함을 돕는 것이다. 그렇다고 해서 이것이 그의 과거까지 봐주는 것은 아니다.[1033]

공자는 전과자에게 가르침을 주어 그가 정결해지는 것을 돕는 것이 그의 전과까지 눈감아주는 것은 아닐지라도 전과자가 과거를 뉘우치고 몸을 정갈히 해서 전진하려고 하면 전과자의 정결함을 지원해야 한다고 생각해서 호향의 동자도 만나준 것이다. 공자의 이 전과자 교육은 인간들 간에 차별이 없어야 한다는 '유교무류有教無類' 사상을 확대해 실천한 것이다.

그런데 공자가 "백성은 따르도록 할 수 있어도 그것을 알게 할 수 없다(民可使由之 不可使知之)"고[1034] 하면서도, 차별 없는 교육을 말하는 것은 모순이 아닌가? 여기서 "알게 할 수 없다"는 대목은 '원리를 다 알게 할 수 없다'는 의미로 이해해야 할 것이다. 백성들도 가르치면 예법절차와 법률, 공식과 법칙들을 얼마간 암기해 따라 하게 할 수 있지만 암기한 예법절차와 법률, 각종 공리·공식·법칙 등의 철학적 원리까지 다 알게 할 수는 없다. 그러나 소인대중으로서의 백성들이 예법절차와 법률, 공식과 법칙들에 대한 초등 지식들을 배운다면 국가의 합당한 요구와 지도를 따라야 할 때 국정의 이치를 어느 정도 이해하는 까닭에 쉽사리 자발적으로 따르게 할 것이다. 그래서 배운 백성은 다스리기 쉬운 법이다. 공자는

1033) 『論語』「述而」(7-29): "互鄕難與言 童子見 門人惑. 子曰 與其進也 不與其退也 唯何甚? 人絜己以進 與其絜也. 不保其往也."

1034) 『論語』「泰伯」(8-9).

천명한다.

> 군자가 학도하면 뭇사람을 사랑하고, 소인이 학도하면 부리기 쉽다.[1035]

맹자는 공자의 이 명제를 부연하여 정치적·실무적 관점에서 임금의 스승(君師) 기능을 부각시킨다.

> 태학(대학)은 하·은·주 삼대가 공유했는데, 다 인륜을 밝히는 방도였다. 위에서 인륜이 밝으면 소민은 아래에서 친애한다. 왕다운 자(王者)가 일어서면 반드시 사람들은 그를 본받을 것이다. 그러므로 왕다운 자는 스승다운 것이다.[1036]

왕다운 자는 사람들이 그를 본보기로 삼아 배우기 때문에 백성은 왕다운 자를 스승으로 삼아 배우며 따라한다. 그렇기 때문에 인륜의 법도를 배운 백성은 정사의 순리와 백성의 도리를 알고 정당한 국역國役을 자발적으로 이행한다. 백성의 도리를 배워 아는 백성은 국가의 지도를 자발적으로 따르기 때문이다.

"유교무류" 명제가 "천자로부터 서인에 이르기까지 하나 같이 다 수신을 근본으로 삼는다"는 명제"와 결합되면, 공자의 교육론은 만민평등교육론으로 귀결된다. 따라서 공자의 만민평등교육론은 농민·상공신분의 교육을 방기한 플라톤의 치자교육이나 아리스토텔레스의 유한有閑계급(노예소유주)교육론, 로크의 신분차별교육과

1035) 『論語』「陽貨」(17-3): "君子學道則愛人 小人學道則易使也."

1036) 『孟子』「滕文公上」(5-3): "學則三代共之 皆所以明人倫也 人倫明於上 小民親於下. 有王者起 必來取法. 是爲王者師也."

같은 반反인민적 차등·제한교육을 본질적으로 능가하는 것이다. 공자의 이 만민평등교육론은 바로 교육·문화복지정책으로서의 그의 교민론教民論과 이음새 없이 연결된다.

그러나 공자는 '유교무류' 명제에도 불구하고 남녀교육을 남녀 유별하게 기술한다. 공자는 우선 남자의 교육과 인생행로에 관해서 말한다.

> 남자 10세는 나가서 바깥의 스승에게 취학해 바깥에 자면서 육서와 역사를 배우고 비단 저고리와 바지를 입지 않는다. 예절은 처음(처음에 가르친 것)을 따르고 조석으로 어린이의 예절을 배우고 스승에게 청해 죽간의 진실을 익힌다. 13세는 음악과 송시誦詩와 무용舞踊을 배운다. 성동成童(15세 이상)이면 주송周頌 무편武篇의 시에 붙여 춤을 추고 활쏘기를 배운다. 20세에는 관을 쓰고 예법을 베우기 시작하고 갖옷과 비단옷을 입어도 되고 대하大夏의 시에 붙여 춤을 추어도 된다. 효제를 도탑게 행하고 박학하나 가르치지 않고 안에 두고 밖에 드러내지 않는다. 30세에는 아내를 얻고 비로소 남자의 일을 관리한다. 정해진 방향 없이 널리 배우고 벗에게 겸손하나 뜻을 본다. 40세는 비로소 출사하고 정사에 대해 안출해 생각을 발표해서 도가 합하면 임금에게 복종하고 불가하면 떠난다. 50세는 대부의 명을 받아 관정官政에 복무한다. 70세에 치사한다.[1037)]

남자는 30세에 아내를 얻어 가정을 꾸리고 40세에 비로소 출사한

1037) 『禮記』「內則」(12-52): "十年 出就外傅 居宿於外 學書記 衣不帛襦袴. 禮帥初 朝夕學幼儀 請肄簡諒. 十有三年 學樂 誦詩 舞勺. 成童 舞象 學射御. 二十而冠 始學禮 可以衣裘帛 舞大夏. 惇行孝弟 博學不教 內而不出. 三十而有室 始理男事. 博學無方 孫友視志. 四十始仕 方物出謀發慮 道合則服從 不可則去 五十命爲大夫 服官政. 七十致事."

다고 말하고 있다. 남자는 아주 늦게야 비로소 성인이 되는 셈이다.

공자는 여자의 양육과 인생행로에 대해서 비교적 짧고 소략하게 기술하면서 여성이 남자보다 10년 먼저 성인이 되는 것으로 말한다.

> 여자는 10세가 되면 밖에 나가지 않는다. 여자교사(姆)가 온순하고 정숙함과 청종을 가르치고 길쌈을 가르치고 누에고치에서 실 뽑는 것, 명주를 짜는 것을 가르친다. 여자 일을 배워 의복을 공급한다. 제사를 살펴보고 술과 장을 따르고 콩과 채소절임과 젓갈을 그릇에 담고, 제례를 차리는 것을 돕는다. 15세는 비녀를 꼽고, 20세는 시집을 간다. 일이 있으면 23세에 시집간다.[1038]

여자는 남자보다 7-10년 먼저 결혼한다. 그리고 여자는 10세에 집안출입이 금지되고 교육내용이 거의 노동교육이다. 반면, 남자는 거의 다 정치적 출사를 위한 정치학 교육이거나 군사교육이다. 공자는 남녀를 공히 교육시켜야 한다고 생각했으나 교육 내용을 이렇게 유별有別하게, 아니 차별적으로 조직한 것이다.

1.2. 유학적 교민(교육·문화)복지 이념과 고대 학교제도

■ 공맹의 교민이념

공자는 백성을 가르치는 '교민敎民'을 '부민富民'에 버금가는 국가

1038) 『禮記』「內則」(12-54): "女子十年不出. 姆教婉娩聽從 執麻枲 治絲繭 織紝組紃. 學女事 以共衣服. 觀於祭祀 納酒漿籩豆菹醢 禮相助奠. 十有五年而笄, 二十而嫁. 有故二十三年而嫁."

의 두 번째 존재이유로 삼았다. 공자가 위나라에 갔을 때 염구가 마차를 몰았다. 공자가 "사람이 많구나!"라고 말했다. 그러자 염구가 "사람이 이미 많으면 또 무엇을 여기에 더해야 하는가요?"라고 물었다.

> 이에 공자가 "그들을 부유하게 만들어야 한다"고 답했다. 이에 염구가 "이미 부유하다면 또 무엇을 더해야 합니까?"라고 물었다. 이에 대해 공자는 "교육해야 한다"고 답했다.[1039]

나아가 맹자는 "훌륭한 교육", 즉 "선교善教"를 "선정善政"보다 더 중하게 생각했다.

> 선정은 선교로 사람의 깊은 마음을 얻는 것만 못하다. 선정은 백성들이 두려워하지만 선교는 백성이 좋아한다. 선정은 백성의 재물을 얻지만 선교는 민심을 얻는다.[1040]

정부의 선정은 아무리 잘해도 세금을 필요로 하고 또 과세와 징세를 포함하는 통치행위다. 반면, 정부의 교육은 백성에게 아낌없이 베풀어주는 교문教文복지에 해당한다.

교민은 백성을 부리기 쉽게 만들기 위한 윤리교육만을 뜻하는 것이 아니다. 공자는 능히 국방의무도 짊어질 수 있게 하는 군사교육도 염두에 두었다.

1039) 『論語』「子路」(13-9): "子適衛 冉有僕. 子曰 庶矣哉! 冉有曰 既庶矣 又何加焉? 曰 富之. 曰 既富矣 又何加焉? 曰 教之."

1040) 『孟子』「盡心上」(13-14): "善政不如善教之得民也. 善政 民畏之 善教 民愛之. 善政得民財 善教得民心."

선인이 백성을 7년간 가르치면 백성도 역시 전쟁에 나갈 수 있다.(子曰 善人教民七年 亦可以卽戎矣)1041)

공자는 "교민敎民" 없이 백성을 전쟁에 내보내는 것은 치자의 범죄행위로 본다. "백성을 가르치지 않고 전쟁을 하면 이것은 백성을 버리는 짓이라고 한다.(以不教民戰 是謂棄之)"1042) 공자는 백성을 가르치지 않고 전쟁에 내보내 백성을 죽이는 것을 학살로 단죄한다. "교육하지 않고 (전쟁에 내보내) 죽이는 것을 학虐이라고 한다.(不教而殺謂之虐)"1043) 유사하게 맹자도 백성을 교육하지 않고 부리는 것을 '앙민殃民'(백성에게 해를 끼치는 짓)으로 본다. "백성을 교육하지 않고 쓰는 것을 일러 백성에게 해를 끼치는 짓이라고 하는데, 백성을 해치는 것을 요순의 치세는 용납지 않았다."1044)

이 말은 백성을 다스리든 전쟁에 내보내든 반드시 먼저 백성을 가르쳐야 한다는 것을 함의한다. 공맹철학에서 교민은 정치의 당연한 부분인 것이다. 그렇지 않는 정치는 '앙민·학정'이다. 백성교육은 플라톤·아리스토텔레스의 야경국가와 달리 공맹국가의 존재이유이자 의무다. 그리고 백성을 교육하지 않고 백성 노릇을 요구하는 것은 백성을 학대하는 국가범죄다.

■ 공자와 플라톤의 대립적 교육론

공자와 맹자의 만민평등교육론은 고대그리스의 소크라테스·플

1041) 『論語』「子路」(13-29).

1042) 『論語』「子路」(13-30).

1043) 『論語』「堯曰」(20-2).

1044) 『孟子』「告子下」(12-8): "不教民而用之 謂之殃民, 殃民者 不容於堯舜之世."

라톤·아리스토텔레스의 천재·여가餘暇교육론과 적대적일 정도로 대립적이었다. 일단 지식개념부터 공자는 소크라테스와 대립적이었다. 소크라테스의 '지식'은 본유지식으로 모든 것의 본질에 대한 절대적 확실성을 얻으려는 '사이불학思而不學'의 합리적 변증술(논증)로 얻어지지만, 공자의 '근도近道'로서의 지식은 '다문다견多聞多見'의 경험으로 배우고 '궐의궐태闕疑闕殆'하는 '온고지신溫故知新'의 '학이사지學而思之'로 얻어진다. 모든 덕德은 이런 경험적 배움을 얼마간 요구한다. 그래서 공자는 '호지자好知者', 또는 소크라테스의 '애지자愛智者'(철학자)도 경험적 배움이 없으면 사람들을 호려 세상을 흐리게 한다고 말했던 것이다.[1045)]

경험적 배움이 없으면 어떤 덕성이든 다 각기 폐단으로 전락하는 법이다. 인간적 덕을 이루는 데 '학식'은 없는 것보다 나은 것이지만, '경험'과 '현명'은 반드시 필요한 것이기 때문이다. 따라서 공자는 경험에서 배우지 않는 것("不好學")으로 인해 생기는 '육폐六蔽'를 지적한 바 있다.[1046)] 이와 같이 덕행에는 '경험'과 경험적 '현명'이 필수적인 것이고, '주학이종사'에서 얻은 '학식'은 금상첨화다. 경험으로 확충되는 '현명'과, 경험지식을 사유로 가공해 얻어지는 '학식'은 둘 다 다문다견의 박학심문을 출발점으로 삼는다.

또한 소크라테스와 플라톤은 4덕 중 비윤리적 '지혜'를 최고로 치고 '지자의 지배', 즉 '철인치자'를 주장했다. 반면, 공자는 '지덕智德'을 4덕 중 말석에 놓고 '지덕'에 지배의 정통성을 부여하지 않았다.

1045) "지(知)를 좋아하면서 경험적 배움을 좋아하지 않는다면 그 폐단은 (사유가) 방탕해지는 것이다.(好知不好學 其蔽也蕩)" 『論語』「陽貨」(17-8

1046) 『論語』「陽貨」(17-7): "好仁不好學 其蔽也愚. 好知不好學 其蔽也蕩. 好信不好學 其蔽也賊. 好直不好學 其蔽也絞. 好勇不好學 其蔽也亂. 好剛不好學 其蔽也狂."

공자는 비윤리적 덕목인 '지덕' 외에도 이보다 더 중요한 윤리적 덕목인 사덕(인·의·예와 도덕적 지덕)을 갖춘 '군자의 덕치'를 주장한다.

공자와 소크라테스 간의 이러한 지식개념의 차이는 지적 능력의 개인차에 대해 제각기 다르게 대응하는 것으로도 나타난다. 소크라테스는 인간들을 지적으로 차별하고 인간들 가운데 천성적으로 지력이 우수한 천재를 선발해 교육하는 관점을 취한다. 그러나 공자는 지적 능력에 차등이 있음을 인정하지만, 일정 범위의 차등은 성실(誠之者)로 평준화시킬 수 있다고 생각하고 베이컨처럼 천재적 지성에 관심을 두지 않고 수신·교육·경험의 보편성을 강조한다.

수신·교육경험을 통해 지식을 쌓는 데는 상론했듯이 천부적 두뇌 차이로 인해 큰 편차가 나타난다. 인간의 타고난 지적 능력은 데카르트나 홉스의 평등주의 주장에도 불구하고 결코 평등하지 않다. 보다 더 정밀한 지능측정법이 개발된 오늘날 이것을 부정하는 우자(愚者)는 이제 없을 것이다. 그래서 우리도 "오로지 상등의 지혜(上知)와 하등의 어리석음(下愚)만은 변하지 않는다"는 공자의 명제를 천착했던 것이다. "중등 이상인 자에게는 상등의 것을 말해 줄 수 있으나 중등 이하인 자에게는 상등의 것을 말해 줄 수 없다."1047) 상론했듯이 공자는 '생이지지'하는 신적 성인이 상등이라면, 배워서 아는 학자는 중등(中等)이고, 먹고살기 위해 어쩔 수 없이 배우는 전문기술자는 그 다음의 중등이고, 먹고 살기가 곤해도 배우지 않는 자는 하등으로서 바로 일반백성이라고 말하기도 했다.1048) 새로운 정보나 재미거리에 호기심이 많고 이를 즐기지만 뭐든 학술적인 것이면

1047) 『論語』「雍也」(6-21), "子曰 中人以上 可以語上也. 中人以下 不可以語上也."

1048) 『論語』「季氏」(16-9), "孔子曰 生而知之者 上也. 學而知之者 次也. 困而學之 又其次也. 困而不學 民斯爲下矣." [斯: 이 사].

배우기를 거부하는 일반인들을 생각해보라. 문제는 이 하등의 '곤이불학자困而不學者'들인 것이다.

지적 능력의 차이에 따른 공자의 이 사람 분류는 아리스토텔레스와 흡사하다. 아리스토텔레스는 어떤 일을 탐구해 알아낼 때는 우리에게 이미 알려진 것으로부터 출발해 본성적 제1원리(아르케)의 앎으로 나아가야 한다고 생각한다. 이런 까닭에 고귀함과 정의正義, 그리고 정치학 일반에 관해 제대로 듣고자 하는 사람은 훌륭하게 살아야 한다.

> 제1원리는 사실이다. 따라서 이것이 충분히 분명해졌다면 더 이상 이유를 밝힐 필요가 없다. 이렇게 살아온 사람은 제1원리를 이미 체득하고 있거나 나중에라도 쉽게 이해할 것이다. 이도 저도 아닌 사람은 헤시오도스(Ησίοδος)의 다음 시구를 명심해야 할 것이다. '모든 것을 스스로 깨달은 사람은 최상이고, 훌륭한 말씀을 하는 사람을 따라 배우는 사람도 우수한 사람이라네. 허나 스스로 깨닫지도 못하고 다른 사람으로부터 들은 것을 마음속에 명심하지도 않는 사람은 아무 쓸모없는 사람이라네.'1049)

지적 능력의 차이에 대한 인식은 이처럼 동서고금의 철학자들에게 공통된 인식이다.

오늘날도 유능한 사람들만이 열심히 면학해 스스로 깨닫고 위인을 따라 배워 철학을 말하고 이해할 수 있다. '곤란해도 경험에서 배우지 않는 자들'은 철학을 등진 일반 백성이다. 이런 까닭에 공자는 "백성은 따르게 할 수는 있어도 알게 할 수는 없다"고 말했던 것(子曰 民可使由之 不可使知之)이다.1050) 따라서 치자 입장에서 의무적

1049) Aristoteles, *Die Nikomachische Ethik*, 1095b5-14.

국민교육을 마친 백성에게는 '알게' 하는 것이 아니라 서로 '믿게' 하고 덕과 예를 보급해서 예법을 행할 수 있게 하는 것이 중요하다. 백성이 믿으면 '하게' 할 수 있기 때문이다. "백성의 믿음(民信)"은 국가의 '최후 보루'다.[1051] 대중의 지력에 대한 공자의 이 평가는 오늘날에도 본질적으로 변함이 없는 '대중'의 수준에 적합한 말이다. 대중이 군자나 중등인들과 같이 학식을 갖출 수 있다면, 국가에 법과 정형政刑이 필요 없을 것이다.

플라톤도 이 문제에 대해 공자와 유사한 견해를 피력한다. 나라에는 남녀를 가리지 않고 '가장 훌륭한 사람들'과 '더 못한 사람들'이 있고 이 '가장 훌륭한 사람들'에게는 수호자들(퓔라케스φύλακες)과 치자들(아르콘테스ἄρχοντες)로 육성하기 위한 최상의 교육이 베풀어진다. 이들은 이런 교육을 감당할 지능을 가지고 있다. 그러나 '더 못한 사람들'인 대중은 이럴 지적 능력이 없다. 따라서 플라톤은 백성교육을 거론치 않는다. 플라톤은 지적 능력이 부족한 사람들에 대한 교육의 효과를 부정하기 때문이다. 그는 기억력이 없어서 "배우기 힘들고" 잘 잊어버려 "머릿속이 망각으로 가득 찬" 사람들은 "아주 많은 수고를 하고도 성취하는 것이 적어" "배움을 싫어하게 되고" 애지愛智할 수 없다고 말한다. 따라서 플라톤은 "대중이 애지하는 것(철학하는 것)은 불가능한 일이다"라고 못박는다.[1052]

아리스토텔레스도 대중의 지적 능력에 대해 유사한 견해를 피력한다. "이성적인 말로는 대중에게 진정 고결한 것을 사랑할 고상한

1050) 『論語』「泰伯」(8-9).

1051) 『論語』「顔淵」(12-7): "子貢問政. 子曰 足食 足兵 民信之矣. 子貢曰 必不得已而去 於斯三者何先? 曰 去兵. 子貢曰 必不得已而去 於斯二者何先? 曰 去食. 自古皆有死 民無信不立."

1052) Plato, *Politeia*, 456d; 486c·d; 494a.

품성을 가르칠 수 없다. 대중은 천성적으로 경외감이 아니라 불안감에 복종하고 수치심 때문이 아니라 벌 때문에만 나쁜 짓을 삼가기 때문이다. 그들은 감정에 살고 자신들에게 맞는 기쁨과, 기쁨이 자신들에게 마련해 주는 것을 좇고 그에 대응하는 고통으로부터는 도망친다. 그러나 고결함과 진정한 기쁨에 대해서는 개념조차 없다. 그들은 이것들을 맛본 적이 없기 때문이다." 또 "일반적으로 감정은 이성적인 말에 복종하는 것이 아니라 힘에 복종한다." 따라서 "다중多衆은 이성적인 말에 복종하기보다 강제력에 복종하고 고결한 것에 복종하기보다 처벌에 복종한다." 그러므로 대중들을 강제해 고결한 것을 습득하도록 하고 할 일을 하도록 할 법률이 필요하다. "특정한 현명(현덕)과 지성에서 나오는 이성적인 말로서 법률은 강제력을 가지고 있기" 때문이다.[1053] 대중은 순수한 이성적 말로 가르칠 수 없고 강제력을 갖춘 말로만 억지로 주입할 수 있다는 말이다. 아리스토텔레스의 강제적 '법률'은 공자의 예법과 정형政刑에 해당한다. 그리하여 공감정치를 강조하고 만민평등교육을 말하는 공자와 달리 아리스토텔레스는 철학을 할 수 있는 사람들을 '스콜레(σχολή, 여가)'를 가진 유한有閑계급으로 한정했다.

1053) Aristoteles, *Die Nikomachische Ethik*, 1179b11-16; 29-30; 1180a4-5. 공'현명(현덕)'은 '프로네시스(Φ ρ ό ν η σ ι ς)'의 번역어다. 소크라테스는 '소피아(σ ο φ ί ά)', '프로네시스', '에피스테메(ἐ π ι σ τ ή μ η)', '누스(ν ο ύ ς)'를 지혜·지식의 의미로 혼용하지만, 아리스토텔레스는 상술했듯이 '프로네시스'를 실천적 지혜로, 소피아·에피스테메·누스는 주로 이론적 지혜·지식·지성의 의미로 쓴다. 그런데 유사하게 공자는 '지(知·智)'를 대체로 이론적 지혜·지식의 의미로 쓴다. '지(知·智)'의 반대말은 '우(愚)'와 '몽(·蒙)'이다. 반면, '현(賢)'은 실천적·경험적 의미로 쓴다. '현'은 '사리와 시비에 밝아 일을 잘 처리하는 자질'이라는 뜻이다. '현'의 반대말은 대개 '못남(不肖)'이다. 따라서 '프로네시스'를 '현명(賢明)'으로 옮기고 이를 체득해 습성화한 것을 '현덕(賢德)'으로 옮긴다. 이것이 '프로네시스'의 영역어(practical wisdom; prudence)를 중역한 '실천적 지혜'보다 정확성 면에서 나은 것 같다.

그러나 주지하다시피 공자는 사람들 간의 지적 능력 차이를 인정할지라도 소크라테스, 플라톤, 아리스토텔레스와 달리 저런 정도의 지적 능력의 차이를 성실로 극복할 수 있다고 주장했다.1054) 또 공자는 어떻게든 지식을 이루기만 하면 이런 선천적 능력 차이가 큰 의미가 없다고 말한다. "혹은 나면서부터 알든(生而知之), 혹은 경험에서 배워 알든, 혹은 곤궁해서 할 수 없이 알든, 뭔가를 안다는 것은 매일반이다. 혹은 천성에 편안해서 행하든, 혹은 이로워서 행하든, 혹은 힘써 억지로 행하든, 그 공효功效는 매일반이다."1055) 공자 자신도 결코 "나면서 아는 자(生而知之者)가 아니라 지난 경험을 중시해 힘써 이를 탐구한 사람"이었을 뿐이다(子曰 我非生而知之者好古敏以求之者也).1056)

물론 최하의 어리석은 자가 최상의 천재를 노력으로 극복할 수는 없을 것이다. 그러나 앞서 공자가 중등 이상인 자에게 상등의 지혜를 말해 줄 수 있다고 했듯이, 수재(중등 이상인 자)와 천재 간의 지적 차이는 성실한 노력으로 극복될 수 있다. 공자 자신이 '생이지지자'가 아니라 독실한 노력으로 성덕聖德을 이룬 대표적 인물이다. 그렇다면 중등 이하인 자, 즉 둔재(하등의 어리석은 자)도 범재(중등의 능력의 가진 자)와의 차이를 독실한 노력으로 극복할 수 있을 것이다. 이에 대해서는 이미 충분히 상론詳論했다. 이런 한에서 교육의 기회는 만인에게 평등하게 열려 있어야 할 것이다.

1054) 『禮記』「中庸」 제20장, "人一能之 己百之 人十能之 己千之. 果能此道矣 雖愚必明 雖柔必强.(남이 한 번에 할 수 있으면 나는 백 번을 하고, 남이 열 번에 하면 나는 천 번을 해야 한다. 과연 이 도에 능하면 비록 어리석어도 꼭 밝아지고 비록 유약해도 굳세어진다.)"

1055) 『禮記』「中庸」 제20장, "或生而知之 或學而知之 或困而知之 及其知之一也. 或安而行之 或利而行之 或勉强 而行之 及其成功一也."

1056) 『論語』「述而」(7-20).

다시 확인하지만, 공자는 그래서 "천자에서 서인에 이르기까지 하나같이 다 수신을 근본으로 삼는다(自天子以至於庶人 壹是皆以修身爲本)"는 『대학』 수장首章의 보편적 수신 원칙으로 바로 만민평등 교육을 선포했던 것이다.[1057] 개인의 능력이 천차만별이라도 배우려고 하는 사람이라면 누구에게든 배움과 교육을 차별 없이 베풀어야 한다. 그러므로 공자는 "가르침에는 차별이 없다(有敎無類)"고[1058] 천명했던 것이다. 교육에는 인종·지위·신분·능력·지역 등의 차이에 근거한 어떤 사람 차별도 없다는 말이다. 천자에서 일반 서민에 이르기까지 다 수신을 근본으로 삼아야 하기 때문이다. 말하자면, 수신교육에는 왕도王道도 없지만 차별도 없다. 가령 더불어 말 섞기가 어려운 돼먹지 못한 사람들이 사는 악명 높은 '호향互鄕' 지방에서 온 한 동자가 공자를 알현하자 제자들이 이를 보고 의아하게 생각했다. 이에 공자는 "나는 사람이 진보하는 것을 지지하고 퇴보하는 것을 지지하지 않는데 어찌 유독 그에게 심하게 대하느냐? 그의 왕년을 (옳았다고) 감싸 주지는 않지만, 사람이 자기를 깨끗이 하고 진보하면 나는 그 깨끗함을 지지하노라"라고 말했다.[1059] 그러므로 공자는 "속수束脩의 예를 행하는 사람(평민과 천민) 이상의 사람들을 내가 가르치지 않은 적이 없다"고 말했다.[1060]

1057) 『禮記』「大學」, 首章.

1058) 『論語』「衛靈公」(15-39).

1059) 『論語』「述而」(7-29): "互鄕難與言 童子見 門人惑 子曰 與其進也 不與其退也 唯何甚? 人潔己以進 與其潔也 不保其往."

1060) 『論語』「述而」(7-7): "子曰 自行束脩以上 吾未嘗無誨焉." '속수의 예'는 '최소한의 예'를 말한다. '束脩'는 육포묶음이다. 고대에는 사람들이 처음 만날 때 예물을 주고받았는데, 신분에 따라 제후는 옥, 卿은 염소, 대부는 기러기, 士는 꿩 등을 예물로 주었고, 평민 이하는 육포묶음을 주고받았다. 따라서 '속수의 예를 행하는 사람 이상'이란 평민과 천민 이상의 모든 사람들을 가리킨다. 『論語注疏』, 96쪽; 류종목, 『논어의 문법적 이해』, 222쪽 참조.

이처럼 공자는 귀족과 양반 자제의 특권으로서의 교육을 물리치고 만민평등교육을 일관되게 주장한 것이다. 공자의 이 만민평등교육 철학과 중국의 의무적 학교교육 제도는 16-19세기에 서양에 전해져 소크라테스·플라톤·아리스토텔레스의 불평등교육론(플라톤의 천재교육과 아리스토텔레스의 노예소유주교육론)을 분쇄하고 서양제국에 의무교육론과 보통학교제도를 정착시킨다.

■ 만민평등교육을 위한 고대중국의 학교제도

태고대로부터 중국에서는 국가가 학교를 세우고 백성을 체계적으로 교육했다. 『주례』는 교민敎民을 지관사도地官司徒의 일로 보고 대사도大司徒의 직무로 12가지 도덕·기술·직업교육을 열거하고 있다.

> 일, 사례祀禮로써 공경을 가르쳐 백성들이 분수 넘치는 짓을 않게 한다.
> 이, 양례陽禮로써 사양의 예를 가르쳐 백성이 싸우지 않게 한다.
> 삼, 음례陰禮로써 친애를 가르쳐 백성들이 원한을 갖지 않게 한다.
> 사, 예악禮樂으로써 화합을 가르쳐 백성들이 괴리되지 않게 한다.
> 오, 의전儀典으로써 변등辨等하여 백성들이 월권하지 않게 한다.
> 육, 풍속으로써 안전을 가르쳐 백성들이 늘어지지 않게 한다.
> 칠, 형벌로써 적중함을 가르쳐 백성들이 사납게 굴지 않게 한다.
> 팔, 서약誓約으로써 구휼을 가르쳐 백성들이 업신여기지 않게 한다.
> 구, 헤아림으로써 절도를 가르쳐 백성들이 족함을 알게 한다.
> 십, 세사世事로써 능력을 가르쳐 백성들이 직업을 잃지 않게 한다.
> 십일, 현명으로써 관작을 제도하여 백성들이 덕을 신중히 하게 한다.
> 십이, 쓰임으로 봉록을 제도하여 백성들이 공업功業을 일으키게 한다.
> (...) 12개 땅의 산물을 변별하고 그 종류를 알아 가색·수예稼穡樹蓺를 가르

친다.[1061]

그리고 『주례』는 행정단위를 나누어 관청에서 그 주민들에게 교육을 실시하고 인재를 발굴·추천하는 것에 대해 기술한다.

정월 초하룻날 아침에 방국 국도와 비읍鄙邑에 가르침을 반포하여 교상敎象의 법을 대궐과 관청에 현시顯示하고, 만민이 10일(挾日) 동안 보게 했다가 거두어들인다. 이내 방국의 국도와 비읍에 교법敎法을 시행하고 각각 백성을 다스리는 방도를 가르치게 한다. 5가家를 비比가 되도록 명령하고, 서로 보장하게 하여 5비를 여閭로 만들고, 서로 사랑하게 하여 4여를 족族으로 만들고, 서로 장례를 돕게 하고 5족을 당黨으로 만들고, 서로 구제하게 하여 5당을 주州로 만들고, 이들을 서로 진휼하게 하여 5주를 향鄕으로 만들고 서로 대접하게 한다. (...) 향에서는 세 가지 것으로 만민을 가르쳐 인재를 선발한다. 첫째는 지·인·성·의·충·화知仁聖義忠和의 육덕이고, 둘째는 효·우·화육·혼인·책임·구휼孝友睦婣任恤의 육행이고, 셋째는 악·사·어·서·수樂射御書數의 육예다. (...) 오례五禮로 만민의 허위를 막고 그들에게 중도를 가르친다. 육악六樂(황제·요·순·우·탕·무왕의 음악)으로 만민의 격정을 막아 그들에게 화합을 가르친다.[1062]

1061) 『周禮』「地官司徒·大司徒之職」: "一曰以祀禮教敬則民不苟 二曰以陽禮教讓則民不爭 三曰以陰禮教親則民不怨 四曰以樂禮教和則民不乖 五曰以儀辨等則民不越 六曰以俗教安則民不愉 七曰以刑教中則民不虣 八曰以誓教恤則民不怠九曰以度教節則民知足十曰以世事教能則民不失職十有一曰以賢制爵則民愼德十有二曰以庸制祿則民興功. (...) 辨十有二壤之物而知其種以教稼穡樹蓺."

1062) 『周禮』「地官司徒·大司徒之職」: "正月之吉始和 布教于邦國都鄙 乃縣教象之法于象魏 使萬民觀教象挾日而斂之 乃施教法于邦國都鄙 使之各以教其所治民. 令五家爲比 使之相保五比爲閭 使之相受四閭爲族 使之相葬五族爲黨 使之相救五黨爲州 使之相賙五州爲鄕 使之相賓. (...) 以鄕三物教萬民而賓興之. 一曰六德知仁聖義忠和 二曰六行孝友睦婣任恤 三曰六藝禮樂射御書數. (...). 以五禮防萬民

『주례』는 국가관리에 의한 만민교육을 이렇게 상세히 기술하고 있지만, 그 교육내용이나 각급 학교에 대한 기록은 담고 있지 않다. 따라서 이에 관해서는 다른 역사서와 공맹을 참조하는 수밖에 없다. 『대대예기大戴禮記』의 「보전保傅」에는 "황제가 태학에 들어가 스승을 받들고 도를 물었다(帝入太學 承師問道)"는 구절이 나온다고 한다. 주나라에는 일찍이 '태학'이라는 명칭이 있었음을 알 수 있다. '태학太學'은 '대학大學'이라고 하기도 하고 '국학國學'이라고 하기도 했고, 간단히 '학學'이라고도 했다. 순임금의 나라에서 대학은 '상상上庠'이라고 했고, 하나라 시대에는 '동서東序'라고 했고, 은나라 때는 '우학右學' 이라고 했고, 주나라 때는 '벽옹辟雍' 또는 '동교東膠'라고 했다.[1063] 주나라의 '태학'이라는 명칭은 중앙에 설립된 대학을 가리켰다.

공자는 주대의 학교에 대해 이렇게 말한다. "25가구(=여閭)에는 숙塾을 두고, (여閭보다 큰) 마을 당黨에는 상庠을 두고, 수術에는 서序를 두었다. 나라에는 학學을 두었다.(古之敎者 家有塾 黨有庠 術有序 國有學)"[1064] "가유숙家有塾"은 '집에 숙을 두었다'는 말이 아니다. 앞서 소개했듯이 "5가家를 비比가 되도록 명령하고, 서로 보장하게 하여 5비를 여閭로 만든다"는 『주례』의 기록을 참조하면 25가구가 '여'다. "가유숙家有塾"의 '가'는 25가구를 가리킨 것으로 보아야 한다. 5가구, 즉 '비比'는 '숙'(학당·서당)을 두기에 너무 작으므로 25가구(여)에 '숙'(학당·서당)을 두는 것으로 해석하는 것이 합당하다. '숙'은 당연히 초급과정일 것이다. 공자는 '당黨'은 500가구(인구 약3000명)로 구성되고, 여기에는 '상'이라는 중급과정의 학교를 설치했다고 말한다. 그리고

之僞而教之中. 以六樂防萬民之情而教之和."

1063) 이상옥 역저, 『禮記(上)』「王制」, 329-330쪽 주해.

1064) 『禮記(中)』「學記」, 195쪽.

'서序'가 있었다는 '術'는 '수'로 읽는다. '수'는 공자의 기록에서 국도國都 다음의 행정단위로 열거되고 있다. 그러므로 '수'는 '향鄕'의 다른 명칭으로 보인다. '향'은 1만2500가구(약7만5000명)다. 향에 설치된 '서'는 규모가 '상'보다 크지만 같은 내용을 가르치는 중급과정의 학교였을 것이다. 그리고 "나라에는 학學을 두었다"는 구절은 '국도에 대학을 두었다'는 말이다. 따라서 주대에 이미 초급(숙)·중급(상·서)·대학으로 이루어진 3단계 학제의 국공립 학교제도가 뚜렷이 나타나고 있다.

그런데 맹자가 주나라만이 아니라 하·은나라까지 거슬러 올라가 교校·서序·상庠·대학 등 학교의 고대사를 말한다.

> (하·은·주나라는) 상·서·학·교庠序學校를 설치하여 그들을 가르쳤다. 상庠은 기름(養)이고, 교校는 가르침(教)이고, 서序는 활쏘기(射)다. 하나라는 '교校'라고 하고, 은나라는 '서序'라고 하고, 주나라는 '상庠'이라고 했다. 대학은 하·은·주 삼대가 공유했다. 다 인륜을 밝히는 곳이었다.(設爲庠序學校以敎之 庠者 養也 校者 敎也 序者 射也. 夏曰校 殷曰序 周曰庠. 學則三代共之. 皆所以明人倫也.)[1065]

"하나라는 '교校'라고 하고, 은나라는 '서序'라고 하고, 주나라는 '상庠'이라고 했다"는 구절은 하·은·주의 중급과정의 학교만을 말한 것이다. 하나라의 '교'는 '서서西序'라고도 불렸고, 은나라의 '서'는 '좌학左學'이라고도 했다. 그리고 주나라의 '상·서'는 '우상虞庠'이라고도 불렸다.[1066] 따라서 맹자는 초급학교를 빼놓고 설명하고 있다. 그리고 주나라는 중급학교에 '상'이라는 명칭만 쓴 것이 아니

1065) 『孟子』「滕文公上」(5-3).

1066) 이상옥 역저, 『禮記(上)』「王制」, 329-330쪽 주해.

라, 행정단위(당·향)의 크기에 따라 '상'과 '서'를 둘 다 나눠 사용했다. 그리고 오역이 계속되어온 "학즉삼대공지學則三代共之"는 '삼대가 배움을 공유했다'는 말이 아니라, "삼대가 대학을 공히 두었다"는 말이다. 앞서 애기했듯이 대학·태학은 '학'으로 약칭되었기 때문이다. 이것은 "나라(국도)에는 학을 두었다(國有學)"는 공자의 말에서 바로 입증된다.

공자는 주나라 시대 '사도司徒'의 역할과 '대학'의 공부과정을 '취사取士'와 결합시켜 설명한다. 먼저는 "사도는 육례를 닦아 민성民性(백성의 품성)을 조절하고 칠교(부부·부자·형제·군신·장유·붕우·빈객)를 밝혀서 민덕民德을 흥하게 하고 팔정(음식·의복·기예·기구·도度·양量·수數·제制)을 정비하여 음행사치를 방비하고, 도덕을 하나로 만들어 풍속을 같게 한다."1067) 그리고 공자는 주나라의 취사과정과 대학 입학과 수학, 그리고 졸업 후 입사를 설명한다. "사도는 향鄕에 명하여 우수한 선비(秀士)를 논정하여 그들을 사도에게 올리게 한다. 이들을 '선사選士'라고 한다. 사도는 선사들 중 우수한 자를 논정하여 그들을 대학에 올린다. 그를 '준사俊士'라고 한다. 사도에게 올라간 자들은 향鄕에서 부세를 징세하지 않고, 대학에 올라간 자들은 사도가 과하는 요역에도 징발되지 않는다. (부세를 면제받는) 이들은 '조사造士'라고 한다. 악정樂正은 사술(시·서·예·악의 술)을 받들어 사교(시·서·예·악의 가르침)를 세운다. 선왕의 시·서·예·악에 순응하여 조사들에게 봄·가을에 예·악을 가르치고 여름·겨울에 시·서를 가르친다. 왕의 태자과 왕자, 군후羣后의 태자, 경대부와 원사元士(천자의 선비)의 적자, 나라의 준사·선자는 다 이곳에 들어온다. 무릇 대학입

1067) 『禮記(上)』「王制」, 42구절(이상옥, 313쪽): "司徒修六禮以節民性, 明七教以興民德. 齊八政以防淫, 一道德以同俗."

학은 연령순으로 한다."[1068]

나아가 공자는 대학졸업 후에 졸업생들에 대한 대우와 벼슬 부여에 대하여 기술한다.

> 장차 대학을 나오면 소소小胥·대서大胥·소악정小樂正이 가르침을 따르지 않는 자를 가려 대악정에게 고하고 대악정은 왕에게 고하고 왕은 삼공·구경 대부·원사에게 명하여 대학에 들어가게 한다. 그래도 불변하면 왕이 친히 대학을 시찰하고, 그래도 불변이면 왕이 3일 동안 거둥하지 않고 그들을 원방으로 방축한다. 서방은 '극棘'이라고 하고 동방은 '기寄'라고 한다. 종신 상대하지 않는다. 대악정은 조사들 중 우수한 자를 논정하여 왕에게 고하고 사마에게 그들을 올리니, 이들을 '진사進士'라고 한다. 사마는 관재官材를 변론辨論하여 진사 중 현명한 자를 논정하여 왕에게 고하고 그 논정을 확정한다. 논정 연후에 그들에게 벼슬을 내리고 임관 연후에 그들에게 작위를 주고, 지위가 정해진 뒤에 그들에게 녹을 내린다.[1069]

대학입학 자격은 왕의 태자과 왕자, 제후의 태자, 경대부와 원사의 적자, 나라의 준사·선자 등이고, 대학졸업생 중 우수한 자는 '진사'로 칭해지고, 그들 중 '현명한' 진사들은 벼슬을 받았다. 이처

1068) 『禮記(上)』「王制」, 42구절(이상옥, 316-317쪽): "命鄕論秀士 升之司徒 曰選士. 司徒論選士之秀者 而升之學曰俊士. 升於司徒者不征於鄕, 升於學者不征於司徒 曰造士. 樂正崇四術 立四教. 順先王詩書禮樂 以造士春秋教以禮樂 冬夏教以詩書, 王大子王子 羣后之大子 卿大夫元士之適子 國之俊選 皆造焉. 凡入學以齒."

1069) 『禮記(上)』「王制」, 42구절(이상옥, 317-318쪽): "將出學, 小胥大胥小樂正簡不帥教者 以告于大樂正, 大樂正以告于王, 王命三公九卿大夫元士皆入學. 不變 王親視學, 不變 王三日不擧 屛之遠方. 西方曰棘, 東方曰寄, 終身不齒. 大樂正論造士之秀者 以告于王, 而升諸司馬, 曰進士. 司馬辨論官材 論進士之賢者 以告於王而定其論. 論定然後官之, 任官然後爵之, 位定然後祿之. "

럼『예기』에 기술된 주대와 학제와 취사取士 제도만 보아도 이미 송명청대의 학교제도와 과거제의 원형이 뚜렷하게 파악될 수 있다.

동시에 중국의 학교는 태고대 이래로 교육 이외에 노인공경의 도덕의식을 높이기 위해 양로養老의 예를 베푸는 곳이기도 했다. "무릇 양로를 유우씨(순임금)는 연례燕禮(당堂에 올라 일헌一獻을 하고 돌아와 앉아 모두 밥 먹지 않고 술을 마시는 식의 예)로써 했고, 하우씨(우임금)는 향례饗禮(희생을 올리지만 먹지 않고 술잔을 가득 채우지만 마시지 않고 내내 서서 치르는 식의 예)로 했고 은나라 사람들은 식례食禮(밥과 안주가 있으나 술을 마시지 않는 식의 예)로 했고, 주나라는 이것들을 고쳐서(춘하에는 연·향례, 추동에는 식례를) 겸용했다. 50세 노인은 향鄕에서 양로의 예를 행하고, 60세는 나라(국도)에서 양로하고, 70세는 대학에서 양로하는 것은 천자에서 제후에까지 달했다.(凡養老 有虞氏以燕禮, 夏后氏以饗禮, 殷人以食禮, 周人修而兼用之. 五十養於鄕 六十養於國 七十養於學 達於諸侯.)"1070)

'향鄕'에서나 '국도'에서 양로의 예를 한다는 말은 '하상下庠' 또는 '상·서庠序'라고 부르는 중급학교("소학")에서 예를 치른다는 말이다. 국도에도 중급과정의 학교 '상·서'가 있기 때문이다. 공자는 이 점을 분명히 해준다. 그리고 '국로國老'(경대부로서 치사致仕한 노인)와 서로庶老에 대한 경로의 예는 모두 다 학교에서 치른다.

> 유우씨는 국로를 상상上庠(순임금 때의 대학)에서 국로 양로의 예를 하고, 서로庶老는 하상(순임금의 때의 중급학교)에서 양로했다. 하우씨는 국로를 동서東序(하나라의 대학)에서 양로하고, 서로는 서서西序(하夏의 교校)에서 양

1070)『禮記(上)』「王制」, 48구절(이상옥, 325쪽).

> 로했다. 은나라 사람들은 우학右學(은의 대학)에서 국로를 양로하고, 서로는 좌학左學(은의 서序)에서 양로했다. 주나라 사람들은 동교東膠(주의 대학)에서 국로를 양로하고, 서로는 우상虞庠(주의 상·서)에서 양로했다. 우상은 나라의 서교에 있었다.[1071]

공자의 이 기술은 우·하·은·주나라가 양로의 예를 '국로'와 '서로'를 나눠 모두 대학과 교·상·서(중급학교)에서 치렀다는 것을 보여준다. 양로의 예는 또 하나의 중요한 '교육'이었기 때문에 학교에서 주관했다는 해석이 가능하다.

이러한 전통 속에서 중국의 역대 정부는 여러 가지 명칭으로 '태학'을 비롯한 학교를 설치하고 발전시켜 선비를 양성하고 관리로 채용했다. 한나라는 '태학'을 시작하여 수도의 중앙에 '학궁學宮'을 설치하고 '태학'을 대학의 정식명칭으로 삼았다. 한나라 이후에는 태학은 명칭이 유학을 정통학문으로 삼는 '국학'으로 바뀌었다. 서한에서는 태학을 장안에, 동한에서는 낙양에 두었다. 동진東晉은 건강建康(남경)에 태학을 설치하고, 이와 별도로 공경대부의 자제를 가르치는 '국자학国子学'을 두었다. 그러나 국자좨주国子祭酒가 국자학과 태학을 통일적으로 관장했다. 남북조 시대를 거치면서 수나라 때 '국자감'으로 개칭하고 '태학'과 통합했고, 이후 계속 청대까지 국자감이라 불렸다.

한반도에서는 고구려시대에 처음 '태학'을 설치하고, 신라 때는 '국학'을 설치했다. 고려는 국자감을 두었고, 조선은 '성균관'을

1071) 『禮記(上)』「王制」, 50구절(이상옥, 328쪽): "有虞氏養國老於上庠, 養庶老於下庠. 夏后氏養國老於東序, 養庶老於西序. 殷人養國老於右學, 養庶老於左學. 周人養國老於東膠, 養庶老於虞庠. 虞庠在國之西郊." 같은 구절은 『禮記』「內則」(32구절)에도 다시 나온다.

설치했다.

또 '숙'에서 '서'에 이르는 교육기관을 합해 '소학'이라 하는데, 여기에는 왕공으로부터 서민의 자제에 이르기까지 8세가 되면 모두 입학했다. 국도의 '대학'에는 천자의 원자와 차자 이하 왕자로부터 공경대부와 원사元士의 적자嫡子와 일반백성의 우수한 자제에 이르기까지 15세가 되면 모두 입학했다.[1072] 신분차별 없는 만민평등교육은 고대 극동아시아제국의 오랜 전통, 오랜 제도였고, 이 전통의 확대·계승이 공자의 지론이었던 것이다. 주나라 중기의 숙과 상·서와 대학의 3단계 학제의 교육체계는 작은 변형을 거쳐 청나라 시대에까지도 계속 이어져 내려왔다. 한반도의 삼국시대로부터 조선시대에까지 이르는 학교제도도 이와 대동소이했다.

이런 논의로서 분명해진 사실은 중국에서 백성교육은 태고로부터 국가의 본업이었다는 것이다. 18세기까지 서양에서는 교회가 세운 수도원과 신학교 외에 국가가 백성들에게 일반지식을 가르치기 위해 세운 학교가 존재하지 않았다. 서양에서 일반교육을 실시하는 국·공립학교는 18세기에 명·청대 중국으로부터 전해진 것이다.

1072) 朱熹, 『大學·中庸集註』, 15쪽. 주희의 해석에 대한 논란이 없지 않으나(가령 정약용의 비판), 우리 맥락에서는 중요하지 않다.

제2절 중국의 3단계 학제와 학교의 발달

중국의 초기근대적 국·공립교육제도는 1071년 송대 왕안석에 의해 완성되었다. 왕안석은 태고대적 백성교육과 국·공립학교 전통을 계승하되, 이것을 공맹의 유학적 학교이념에 따라 온 백성에게 개방하는 방향의 획기적 개혁을 단행했다.

2.1. 송대 왕양명의 학교개혁

■ 왕안석의 인치 · 법치의 유학적 동등중시론

왕안석王安石(1021-1086)은 법치(예치)보다 '택인擇人'과 '인치人治'를 우선시하고 '인치'를 '법치' 못지않게 중시했다. 이것은 공자의 유학적 관점을 그대로 따른 것이다. 주지하다시피 공자는 예치를 강력하게 설파했지만, 동시에 인치를 강조했기 때문이다.

공자의 '예치론'은 오늘날의 '법치주의'에 해당한다. 공자는 먼저 예치를 강조한다.

자기를 잘 다스려 예를 회복하는 것은 인의 실천이다. (치자가) 하루 자기를 잘 다스려 예를 회복하면 천하가 인에 귀의한다. 인의 실천이 자기로부터 말미암지, 남으로부터 말미암겠는가? (...) 예가 아니면 보지 말고, 예가 아니면 듣지 말고, 예가 아니면 말하지 말고, 예가 아니면 움직이지 말라. (子曰 克己復禮爲仁. 一日克己復禮 天下歸仁焉. 爲仁由己 而由人乎哉? [...]顔淵曰 請問其目. 子曰 非禮勿視 非禮勿聽 非禮勿言 非禮勿動)1073)

그러나 동시에 공자는 '인仁'을 '예禮'보다 더 강조했다. "사람이면서도 불인하다면 예를 어찌할 것인가?(子曰 人而不仁 如禮何?)"1074) 그리하여 공자는 인간과 인치를 예禮 못지않게 강조했던 것이다. 공자는 말한다.

문무의 정사가 방책에 반포되어 있다. 그 사람이 있으면 그 정차가 일어나고, 그 사람이 없으면 그 정사가 종식된다. 인도는 정사에 힘쓰고, 지도는 나무에 힘쓴다. 무릇 정사란 (남의 새끼를 업어 키우는) 나나니벌이다. 그러므로 정사를 하는 것은 사람에 달려 있으니, 사람을 몸으로 취하고, 몸을 도로 갈고닦고, 도를 인仁으로 닦는 것이다.(子曰 文武之政 布在方策 其人存則其政擧 其人亡則其政息. 人道敏政 地道敏樹 夫政也者 蒲盧也. 故爲政在人 取人以身 修身以道 修道以仁)1075)

따라서 왕안석이 택인과 인치를 중시한 것은 공자의 유학적 핵심사상을 반영한 것이다. 왕안석은 법치 못지않게 택인擇人·인치人治를 이렇게 강조한다.

1073) 『論語』「顔淵」(12-1).

1074) 『論語』「八佾」(3-3).

1075) 『中庸』(二十章).

맹자가 (선왕의 도 없이) '한갓 법만으로는 스스로 행할 수 없다'고 한 것은 이를 두고 한 말이 아닌가? 그런즉 지금의 급무는 인재에 있다.1076)

또한,

그렇더라도 재위자在位者가 제대로 된 인물이 아닌데 법을 믿고 통치를 행하면 예부터 지금까지 잘 다스린 경우가 없었다. 재위가 다 제대로 된 인물을 얻었음에도 일일이 법으로 그를 속박해 그로 하여금 제 뜻을 행할 수 없게 해도 예부터 지금까지 아직 잘 다스린 경우가 없었다. 무릇 사람을 취함이 상세하지 않았고 부림이 합당하지 않았고 그 배치가 오래되지 않았는데 또 일일이 법으로 속박하므로 비록 현자가 재위하고 능력자가 재직해도 불초·무능력자와 거의 다름이 없게 된다.1077)

왕안석은 택인과 인치를 이렇게 중시한 만큼 택인의 대상이 될 수 있는 선비들을 제대로 기르는 것을 중시할 수밖에 없었다. 따라서 그가 백일장이나 문예시험에 치우친 과거시험을 유학적 정치철학·시무정책학 시험으로 전환시키고 또 '문예학교들'을 이런 정치철학·시무정책학을 가르치는 학교로 개혁하는 것은 당연한 행보였다.

■ 왕안석의 학교개혁

왕안석은 1069년 2월 참지정사參知政事에 임명된 직후 개혁관청으로 '제치삼사조례사制置三司條例司'를 설치하고 그해 7월 균수법,

---

1076) 왕안석, 「上仁宗皇帝言事書」(1058), 214(원문), 215쪽. 이근명 편저, 『왕안석자료 역주』 (서울: 한국외국어대학교 지식출판원, 2017).

1077) 왕안석, 「上仁宗皇帝言事書」(1058), 241-242(원문), 242쪽.

9월 청묘법, 1070년 농전수리법 등의 발표를 기점으로 방전균세법·시역법·고역법(모역법)·보갑법·보마법 등 일련의 신법을 쏟아냈다. 그리고 그는 마침내 1071년 9월 학교개혁을 단행했다.

왕안석은 국자감에 삼사법三舍法을 적용해 학교제도를 전반적으로 개혁·정비했다. 대학의 학사學舍를 3개를 두는 삼사법은 원칙적으로 주학州學에 일정한 연한年限 동안 재학한 주학생들 중 보시補試(입학시험)를 합격한 입학생을 가르치는 외사外舍, 매년 1회 공시公試를 합격한 외사졸업생을 받아들여 가르치는 내사內舍, 2년 1회 사시舍試를 통과한 내사졸업생을 받아들여 가르치는 상사上舍를 분설分設하는 법이다. 그리고 학생정원은 외사생 2000명, 내사생 300명, 상사생 100명 등 도합 2400명으로 증원되었다. 국자감 또는 태학에는 주판관主判官과 10인 직강直講을 배치했다. 그리고 학생들의 학업평가를 엄격히 관리하기 위해 매월 시험을 실시하고 상사생 중 학술우수자(상·중·하등생 중 상등생)에 대해서는 관직을 부여하고, 중등생에게는 성시省試를 면제하고, 하등생에게는 현시縣試를 면제해 주었다. 이 삼사법과 신新학제는 과거를 거치지 않고도 태학졸업증만으로도 관계官界에 진출할 수 있는 길을 열어주었다. 그리하여 태학은 과거제와 독립된 별도의 인사로入仕路로서의 정치적 의미를 갖게 되었다.1078)

삼사법은 이 태학내부 시험으로 과거시험을 대체해 교육제도와 관료선발제도를 통합한 것이다. 그리하여 학교제도 개혁으로 국자감과 주학州學·부학府學·현학縣學들은 체계화된 국립대학과 주립 중급학교로 거듭남으로써 각급행정단위에 조응하는 근대적 국·공립

1078) 임현숙, 「王安石과 科擧制度改革에 대한 一考察」, 이화여자대학교 1982년 석사학위논문, 33-37쪽.

학교의 효시가 되었고, 과거시험을 통해 얻은 인재만큼 또는 이보다 더 실력 있는 관리를 선발할 수 있는 길을 열었다. 그리고 수도의 각종 학교에는 무학武學·율학律學·의학 등을 새로운 과목을 설치했다. 이와 병행해서 북방의 후진지역에는 다수의 주현州縣학교를 신설했다. 왕안석은 궁극적으로 삼사법에 의해 과거제를 완전히 대체하려고까지 계획했다.1079)

2.2. 명·청대 중국과 조선조 한국의 학교제도

명·청대는 새로운 학교제도가 발전했다. 명·청대 중국의 학교제도는 초등학교 '학숙學塾', 중고등학교 '유학儒學', 대학교 '태학太學(국자감)'의 3단계 학제로 조직되었다. '학숙'은 촌사에서 세운 공립초급학교 '사학社學', 개인이 사설私設한 사립초등학교 '사숙私塾', 마을공동체에서 출연하여 세운 '의숙義塾' 또는 '의학義學'을 통칭하는 학교 이름이다. '유학'은 현학縣學, 주학州學, 부학府學을 합쳐 부르는 중급학교 명칭이다. 태학은 '국자감'이라 불렀다.

■ 명·청대 중국의 학교제도

명태조는 역사상 최초로 중국의 공립초등학교로 촌사村社마다 어린이를 가르치는 '사학社學(community school)'을 세웠다. 가난한 학동을 가르치기 위해 마을사람들이나 종친회 등 단체가 세운 사립초등학교 '의학義學' 또는 '의숙義塾'은 '사학'과 본질적으로 달랐지

1079) James T. C. Liu (劉子健), *Reform in Sung China: Wang An-shih (1021-1086) and His New Policies* (Cambridge: Harvard University Press, 1959·2013). 제임스 류 (이범학 역), 『왕안석과 개혁정책』 (서울: 지식산업사, 1991·2003), 19쪽.

만, '의학'이 '사학'보다 더 진정으로 자선적인 '공동체 학교' 노릇을 했다. 그러나 또 사학이 마을사람들에게 더 가까운 학교 기능을 하는 경우도 있었다. '의학'과 '사학'은 시간이 흐르면서 서로 뒤섞였다.[1080] 현縣 차원 이상의 행정단위에 설치된 '유학'은 중고급교육을 제공했고, 명대 중반 이후에는 일반적으로 학생등록 장소로 간주되었고, 과거시험을 준비시켰다.

명대의 공립학교 '사학社學'은 각급 관보를 통해 확인한 바에 따르면 전국적으로 약 9355개소에 달했다.[1081] 명대 초에 사학은 어린이들에게 법률을 가르치는 제국帝國의 기관으로 나타났고, 명대 중반에는 치안과 인재충원을 위해 지방수령들에 의해 눈에 띄게 후원받는 학교로 발전했고, 명대 전성기에는 지방총독들에 의해 설립되었고, 명대 후기에는 주도권이 사학 차원으로 이동한 형태를 취했다.[1082]

중국에는 이 '사학'과 '의학' 외에도 사립 초급학교가 있었는데. 그것은 6세 이상의 어린이들을 가르치는 학교로서의 '사숙私塾'이었다. 사숙의 훈장을 '숙사塾師'라 불렀다. '사숙'은 숙사가 세운 사설 '학당學堂'이다. 보통 '사숙'은 마을사람들의 의연금으로 세운 사립 '의학(의숙)' 및 관립의 '사학社學'과 합해 '학숙學塾'이라고 불렀다. 고려와 조선에서는 중국의 '사숙' 또는 '학숙'을 주로 '서당書堂' 또는 '학당'이라고 칭했다. '사숙'은 책을 많이 읽은 '독서인'이나 동시童試급제생인 '수재秀才'(생원), 과거시험 낙방자, 퇴직관

1080) 참조: Sarah Schneewind, *Community Schools and the State in Ming China* (Stanford, California: Stanford University Press, 2006), 3쪽.

1081) Schneewind, *Community Schools and the State in Ming China*, 3쪽.

1082) Schneewind, *Community Schools and the State in Ming China*, 4쪽.

리, 학교 중퇴자들이 '숙사'가 되어 대개 부업이나 소일거리로 어린 이들을 가르쳤다. 이 때문에 사숙은 사립학교라도 학비가 없었고, 공자가 말한 '속수束脩의 예'에 따라[1083] 학부모들이 훈장에게 인사 치레의 예물을 바치는 소소한 답례로 수업료를 갈음했다.

중국의 '사숙'은 사설 초급학교였지만 때로 보습補習학교로도 이용되었다. 입학생들은 6-8세의 아이들이었다. 일반 백성은 돈을 모아 숙사를 초빙하는 경우가 많았고, 부잣집 자제들은 가정교사 식으로 거주하는 숙사를 모시기도 했다. 즉, '독선생獨先生'이었다. 사숙은 '동관童館'과 '경관經館' 및 양자를 겸하는 사숙으로 나뉘었다. 동관의 교학 종지宗旨는 주로 계몽과 식자識字이고, 사숙을 보습 학원으로 이용하는 과거시험 준비생들이 배우는 경관의 교학내용은 과거시험과 유관한 사서삼경과 『좌전』이었다. 연령이 많은 자들은 고문古文을 읽고 붓글씨를 익히고 시문을 지었다. 수업연한은 각자의 수요에 따라 정해졌다.

사숙의 용도는 청대에 큰 변화를 보였다. 청대에 지방의 각급 '유학儒學'(부학·주학·현학)이 유명무실해지자 사숙은 서원과 더불어 청소년들이 진정으로 독서하고 교육을 받는 장소가 되었다. 청대에 사숙은 의연금으로 세워진 의학(의숙)과 나란히 도처에 설치되어 크게 확산되었다. 청대에도 사숙은 보통 사인이 세우고, 의학은 마을사람들이나 때로 독지가들이 세웠다. 청대에도 양자를 합해

1083) 공자는 "속수(束脩)의 예를 행하는 사람(평민과 천민) 이상의 사람들을 내가 가르치지 않은 적이 없다(子曰 自行束脩以上 吾未嘗無誨焉)"고 말했다. 『論語』「述而」(7-7). '속수의 예'는 '최소한의 예'를 말한다. '속수(束脩)'는 육포묶음이다. 고대에는 사람들이 처음 만날 때 예물을 주고받았는데, 신분에 따라 제후는 옥, 경(卿)은 염소, 대부는 기러기, 사(士)는 꿩 등을 예물로 주었고, 평민 이하는 육포묶음을 주고받았다. 따라서 '속수의 예를 행하는 사람 이상'이란 평민과 천민 이상의 모든 사람들을 가리킨다.

'학숙學塾'이라고 칭했다. 청대에는 이런 학숙이 크게 성했고, 사학社學과 나란히 성시城市와 시골 어디에나 편재했다. 경비의 출처에 따라 구분되는 학숙은 첫째, 부귀가문이 숙사를 초빙해 집에서 자제들에게 독서를 가르는 것은 '교관敎館' 또는 '좌관坐館'이라고 불렀다. 둘째, 지방이나 촌락, 종친회가 금전과 학전學田을 출연해 교사를 초빙함으로써 빈한한 자제들을 가르치게 한 것은 '촌숙村塾', 또는 '족숙族塾' 또는 '종숙宗塾'이라고 칭했다. 이것들은 다 의숙의 일종이었다. 셋째, 스승이 사인으로서 사숙을 설립해 생도를 교수敎授하는 학교는 '문관門館', '가숙家塾', '학관學館', '서옥書屋'이라고 불렀다. 숙사 중에는 향시나 감시監試에 낙방한 수재나 동시童試(수재 시험)에 낙방한 늙은 재수생이 많았다. 학숙은 초급교육기관과 보습학원을 겸했기에 학생들의 입학연령에 사실상 제한이 없었다. 보통 5-6세에서 20세 전후의 연령들이 다 들어와 배웠다. 거개는 12-13세 학생들이었다. 학생 수는 적으면 1-2명, 많으면 30-40명에 달했다.

가령 1886년(광서 12년) 수재 축성륙祝星六이 세우고 숙사로서 가르친 유하留下((현, 다시가茶市街))의 '서계사숙西溪私塾'은 학교를 열 때 학생이 20여명이었고, 최고 전성기에는 40여명에 달했다. 숙사는 일반적으로 1인이었는데, 큰 촌숙에서는 여러 명이었다. 학생이 입학한 후에는 숙사가 개별적으로 가르쳤다. 학숙의 교육을 마친 학생들은 부학府學·주학州學·현학縣學 입학시험인 '동시童試'에 응시했다. 부학·주학·현학은 중급학교(중고등학교)였다.

중국 부모들은 아들을 초급학교에 보내 교육을 받도록 해야 할 의무가 있었다. 이 의무는 전국의 모든 지방관들이 백성들에게 훈계하는 내용 중의 하나였다. 명·청대 중국에서 보통학교 교육은 의무교육이었던 것이다. 이것을 어기는 부모는 지방관들에 의해 징치懲治되었다. 명·청대 중국에서 "백성의 교육은 관리의 주요기능들 중 하나"였기[1084] 때문이다. 강희제는 1691년 지방관들이 매월 2회 백성들에게 교육을 베푸는 정치전통과 행정관례를 법제화하는 "16개항의 성칙聖勅"을 발령했다. 이 성칙의 항목은 나중에 옹정제에 의해 추가되어 더 늘어났다.[1085] 이 중 제6성칙은 "그들은 유소년들이 학교에서 훌륭한 도덕을 배우도록 갖은 방법으로 공립학교들을 고취하는 것"이었다.[1086]

한편, 학숙을 마친 학생들이 '동시'에 합격한 뒤 입학하는 각급 중급학교는 '유학儒學'이었는데, 행정단위에 따라 부학·주학·현학이라고 나눠불렀다. 각급 행정단위 부府·주州·현縣에 설치된 중급학교 부학·주학·현학은 모두 학생들에게 무상교육과 무상숙식 및 일정액의 학비를 제공하는 국·공립학교였다.

부학에는 중앙에서 파견된 '부교수府教授'가 배치되었다. '부교수'는 관학교육의 일을 관장했다. 『청사고·직관지清史稿·職官志』에 의하면, 부학에는 정7품의 부교수와 종8품의 훈도가 각 1인씩 배치되고, 주학에는 정8품의 학정學正과 훈도가 여러 명 배치되었다. 그리고 현학에는 정8품의 교유教諭와 훈도가 여러 명 배치되었다. 교수·학정·교유는 생도의 과업상의 근면과 태만을 훈칙하고 품행의 우열을 평가하고 학정과 훈도가 그것을 돕는 것을 청문했다. 송대 이래 '교수教授'는 관직명이었다. 청대에는 각부各府와 직예청에 교수를 설치해 학교현장에 파견되어 교육을 관장하도록 했다. 청대

1084) Quesnay, *Despotism in China* [1767], 196쪽.

1085) Quesnay, *Despotism in China* [1767], 196-198쪽 및 각주.

1086) Quesnay, *Despotism in China* [1767], 197쪽.

에 전국적으로 부府의 교수는 190인이었다.

부학·주학·현학의 입학시험인 '동시'에 합격한 학생은 '생원'또는 '수재'라고도 불렀다. 부학·주학·현학의 학생인 생원에게는 명초 홍무연간에 9품관에 준하는 요역면제특권 등 종신우면優免특권이 부여되었다. 생원은 부학·주학·현학 등의 학교를 졸업하면 대학(국자감)에 진학할 수도 있고, 부·주·현의 관청에서 주관하는 향시鄕試에 응시할 수도 있었다. 향시급제자 '거인擧人'은 상론했듯이 그 자격만으로도 관직을 받을 수 있었다. 그리고 국자감 입학자격을 부여받았으며 종신우면특권을 누렸다.

명나라 지방행정 구역은 행성·부·주·현의 내지와, 분변分邊·위소衛所 등의 변강邊疆으로 나뉘었다. 내지의 행정구역에는 행성을 제외하고는 모두 학교가 설치되었다. 부학府學·주학州學·현학縣學 등이 그것이다. 변강에는 '위학衛學'을 설치했다. 내지와 변경의 공립학교를 통칭하여 '유학儒學'이라 했다. '유학'은 전국적으로 1579개소에 달했다. '위학'은 4개 위衛 또는 2-3개의 위가 하나의 학군이 되어 1개가 설치되었다. 전국 493개 위에 180여개 소의 위학이 있었다. 부학·주학·현학은 각각 규모가 달랐지만 상하의 구별 없이 중앙의 국자감에 진학할 자격을 인정받았다. 영종 정통제 원년에 제조학교관提調學校官을 설치하여 고시와 교관을 감독하고 학생들을 훈도하는 일을 담당케 했다. 학생은 3개 등급으로 나누어 1등급을 국비장학생인 늠선생廩膳生, 2등급을 증광생增廣生, 3등급을 부학생府學生이라 하였다. 신입생은 부학생이 되며, 연말시험인 세고歲考의 성적에 따라 증광생·늠선생으로 승급하였다. 이처럼 승급함으로써 정식 학생자격을 얻는데, 이러한 학생이 많을 때는 7만여 명에 달했다. 홍무 초년에 교과과정이 확정되어 학생은 각각 일경一

經식을 전공하고, 예·악·사·어·서·수를 분과分科하여 배웠다. 지방학교의 직업교육은 경위무학京衛武學·위무학衛武學·의학醫學 및 음양학陰陽學 등 4종이 있었다. 경위무학과 위무학은 각 위衛의 무장武將의 자제가 입학할 수 있었고, 고시考試는 병부兵部에서 주관했다. 홍무 17년에 창설된 의학은 부정과府正科·주전과州典科·현훈과縣訓科 등의 학관學官이 있었다. 음양학은 원나라 제도를 전승한 것으로 역시 홍무 17년에 설립했고, 부정술府正術·주전술州典術·현훈술縣訓術 등의 학관이 관장했다.

최고학부 국자감은 북경과 남경, 두 군데 있었다. 대학교육기관인 국자감에 진학하려면 국자감 입학시험인 '감시監試'를 통과하거나 향시에 급제한 '거인'이어야 했다. 국자감에서 공부하는 국자감 학생은 '감생監生'이라고 불렀다. '감생'도 그 자격만으로 입사入仕가 가능했다. 명대 중하급 관리의 과반이 감생 출신이었다. 감생은 명초부터 향시 응시자격과 함께 생원과 유사한 종신우면특권을 부여받았다.

수隋나라로부터 기원한 국자감은 북경에 설치된 원·명·청대 최고 교육기관으로서 중앙의 국립대학이었다. 북경 국자감 교사校舍는 안정문安定門 안(현 북경시) 국자감로國子監街)에 소재했다. '북감'으로 약칭된 북경국자감에 대칭해서 '남감'으로 약칭된 남경 국자감은 영락제 때 극성했으나 만주군이 남경을 군사점령한 뒤 그 세가 약화되었다. 순치 7년에는 남감을 '강청부학江廳府學'으로 개칭했다. 소재지는 현재 강소성 남경시 계롱산鷄籠山 옆이다.

국자감 학생들에게 무상교육과 무상숙식, 그리고 학비와 용돈이 지급되었다. 명대 국자감 편제는 교장을 맡는 종4품의 좨주祭酒 1인, 부교장 겸 교무주임을 맡는 정6품의 사업司業 1인, 학생풍기규찰을 맡는 훈도주임으로서 승건청繩愆廳의 정8품 감승監丞 1인, 정正교수를 맡는 박사청의 오경박사 5인(종8품), 솔성·수도·성심·정의正義·숭지崇志·광업廣業 등의 육당六堂에는 부副교수를 맡는 조교 15인(종8품), 일반 교사敎師를 맡는 학정學正 10인(정9품), 학록學錄 7인(종9품)으로 조직되었다. 그리고 행정보조 기관으로서 공문수발 및 관리를 담당하는 전부청典簿廳(국자감비서처)에 전부典簿 1인(종8품), 도서관원으로 근무하는 전적청典籍廳(국자감부설도서관)에 전적典籍 1인(종9품), 식당을 주관하는 장찬청掌饌廳(국자감부설식당)에 장찬掌饌 2인이 부가된다. 국자감좨주와 사업은 다 한림원에서 선임되었다.

■ **청대 국자감 편제**

청대 국자감 편제는 좀 더 복잡하다. 국자감 관리감사 대신大臣 1인은 만·한滿漢 내각대학사·상서尙書·시랑侍郎 안에서 간택·선발해 임명한다. 종4품의 좨주祭酒는 만·한滿漢 각 1인이고, 정6품의 사업司業은 만·몽·한滿蒙漢 각 1인이고, 승건청 감승繩愆廳監丞은 만한 각 1인(정7품)이고, 박사청 박사(종7품)는 여러 명이다. 육당六堂은 조교 각 1인(종7품), 솔성·수도·성심·정의사당四堂은 학정 1인이 배치되고, 숭지·광업이당二堂은 학록 1인(정8품)이 배치된다. 팔기관학八旗官學 조교는 만주 2인, 몽골 1인이 맡는다. 교습은 만주 1인, 몽골 2인, 한인漢人 4인이 맡는다. 번역을 담당하는 필첩식筆帖式(번역·통역관)은 만주군 4인, 몽골군과 한군漢軍 각 2인이다. 러시아어를 가르치는 아라사관俄羅斯館은 만·한조교 각 1인, 유구학琉球學은 한인 교습敎習 1인이다. 전부청에는 전부典簿 만·한 각1인, 전적청 전적典籍에는 한인 1인(종9품)이 배치된다. 40여명의 이 간부들에 더해 부엌일꾼·청소부·심부름꾼·잡일꾼 등 100명에 가까운 일반

보조원들이 추가되어 국자감은 직원 100여명이 근무하는 비교적 큰 관청이었다.

'감생監生'이라 칭한 국자감의 학생은 거감擧監·공감貢監·음감蔭監의 3가지가 있었다. '거감'은 향시에 급제한 거인擧人으로, '공감'은 지방학교의 생원生員 중 우수자로 추천되어 입학한 자들이었다. '음감'은 고급관리 및 외척의 자제로 국자감에 입학한 사람들이다. 경제景帝 때는 전쟁으로 재정이 긴급할 때 곡식과 말을 바친 사람의 자제를 국자감에 입학시켰는데, 이를 '예생例生'이라 하였다. 한편 감생의 학생정원은 일정치 않아 많을 때는 9천900명에 이르렀다. 교과목은 사서오경 외에 설원說苑·율령律令·서수書數 및 활쏘기였다. 수업연한은 통상 4년이고, 졸업 후에는 능력에 따라 벼슬했다.

국자감 외에 북경에는 다른 유형의 대학교로서 '종학宗學'이 있었다. '종학'은 귀족학교로서 태자, 대신과 장군의 자제, 종실의 자제로서 10세 이상 20세 미만의 소년이 입학했다. 학과는 사서오경·사감史鑑·성리서性理書 등이고, 문자교육과 도덕교육이 병중竝重되었다. 교육은 왕부王府의 장사長史·기선紀善·반독伴讀·교수敎授 가운데서 학행學行이 우수한 자가 담당했다. 5년간 학습하여 성적이 좋으면 벼슬을 했다.

국자감졸업생으로서 과거시험의 최종합격자는 중앙의 최종과거시험 '회시會試'를 치르고 연이어 '전시展試'를 치렀다. 상론한 대로 국자감 졸업생은 '회시' 응시자격이 있었고, '회시'를 통과하고 황제가 주관하는 '전시'까지 치른 과거최종합격자에게는 주지하다시피 '진사'의 지위와 칭호가 부여되었다.

■ 조선조 한국의 학교제도

500년 조선조 한국은 실질적으로 중국보다 "훨씬 더" 유교적인 "의국義國(Righteous Nation)"이었다.[1087] 따라서 유학적 학교제도도 더 철저하게 발달해 있었다. 조선은 10가구 사는 마을만 되어도 보통 7-8세에서 15-16세 사이의 어린이와 소년들이 다니는 '서당書堂'이 있었다. 곳에 따라 '학당學堂'이라고도 불린 '서당'은 사설私設이었고 시설·자격·인원에 국가의 규제가 없었기 때문에 전국 어디에서 누구나 자유롭게 설치할 수 있었다. 따라서 서당은 크고 작은 마을마다 셀 수 없이 많았다.

그러나 조선 초에 학교제도가 바로 정착한 것이 아니다. 세종은 1418년 성균관의 정원미달을 걱정하고 지방관들에 의한 향교유생들의 동원을 금지한다. "학교는 풍속과 교화의 근원이니, 서울에는 성균관과 오부학당五部學堂을 설치하고 지방에는 향교鄕校를 설치하여, 권면勸勉하고 훈회訓誨한 것이 지극하지 않음이 없었는데도, 성균관에서 수학受學하는 자가 오히려 정원에 차지 않으니, 생각건대 교양하는 방법이 그 방법을 다하지 못한 때문인가. 사람들의 추향趨向이 다른 데 좋아하는 점이 있는 때문인가. 그 진작振作하는 방법을 정부와 육조에서 검토 연구하여 아뢸 것이다. 더구나 향교의 생도生徒는 비록 학문에 뜻을 둔 사람이 있더라도, 있는 곳의 수령이 서역書役을 나누어 맡기고 빈객을 응대하는 등, 일에 일정한 때가 없이 부려먹어 학업을 폐하게 하니, 지금부터는 일절 이를 금지한다."[1088] 세종의 이 유시에서 나중에 서울의 '사학四學'으로

1087) 참조: Odd Arne Westard, *Empire and Righteous Nation - 600 Years of China-Korea Relations* (Cambridge, Mass; London: The Belknap Press of Harvard University Press, 2021), 22-26, 31-32, 37, 84쪽.

1088) 『세종실록』, 세종 즉위년(1418) 11월 3일 기유 12번째 기사.

정리된 중앙의 중급학교가 처음에 '학당'이라 불린 것을 알 수 있다. 그리고 이 유시에서 세종은 사립초급학교인 '서당'과 사립 중·고급학교인 '서원'의 설립을 장려한다. "그 유사儒士들이 사적으로 서원書院을 설치하여, 생도를 가르친 자가 있으면, 위에 아뢰어 포상하게 할 것이다(其有儒士私置書院 敎誨生徒者 啓聞褒賞)."[1089]

이후 조선조 한국의 3단계 학제 학교는 익히 알려진 바대로 중국과 유사한 형태로 확립된다. 중국과의 차이는 조선에 국·공립 초급학교인 '사학社學'이 없었다는 점이다. 조선에서는 초급학교가 다 사립학교로서 '서당'이었다. 그러나 서당은 수업료가 '사실상' 무상이었기 때문에 누구나 다닐 수 있었다. 학생 또는 학부모들이 공자의 예법에 따라 작은 선물이나 예물로 인사치레를 하면 서당의 스승인 '훈장'은 그 자식들을 받아들여 가르쳤다. 주지하다시피 공자는 "속수束脩의 예를 행하는 사람(평민과 천민) 이상의 사람들을 내가 가르치지 않은 적이 없다"고 말했다(子曰 自行束脩以上 吾未嘗無誨焉).[1090] '속수의 예'는 '최소한의 예'를 말한다. '속수束脩'는 육포묶음이다. 고대에는 사람들이 만날 때 예물을 주고받았는데, 신분에 따라 제후는 옥, 卿은 염소, 대부는 기러기, 士는 꿩 등을 예물로 주었고, 평민 이하는 육포묶음을 주고받았다.[1091] 따라서 '속수의 예를 행하는 사람 이상'이란 평민과 천민 이상의 모든 사람들을 가리킨다. 이처럼 공자는 만민평등교육의 원칙에 따라 귀족과 양반 자제의 특권으로서의 교육을 물리치고 수업료 없는 교육을 주창한 것이다. 이에 따라 조선 서당의 수업료는 공짜(가난한 서민의 우수한 자제)에서 엄청난 고액(멍청한 양반

1089) 『세종실록』, 세종 즉위년(1418) 11월 3일 기유 12번째 기사.

1090) 『論語』 「述而」(7-7).

1091) 참조: 『論語注疏』, 96쪽.

자제)에 이르기까지 천차만별이었다.

서당의 학생 수도 5-7명부터 100-200명까지 들쑥날쑥 천차만별이었다. 공부를 원하는 만민의 자제는 이 서당에서 반상차별 없이 초등교육을 받았다. 18세기 중후반과 19세기 전반에 걸쳐 조선의 서당 수는 2만 1천여 개소, 훈장은 2만 5천 명 이상, 학동은 26만여 명에 달했을 것으로 추산된다.[1092]

서당을 마친 학생들은 일정한 입학시험을 통해 서울의 '사학四學'이나 이와 동급인 지방의 '향교鄕校'라는 전액 국비의 무상교육무상숙식 공립학교에 입학했다. '사학'과 '향교'에는 중앙에서 '교수敎授(종6품)'와 '훈도訓導(정9품)'가 파견되었다. 학생들은 향교와 사학에 반상차별 없이 입학할 수 있었다. 다만 양반의 자제는 '동재同齋', 서민의 자제는 '서재西齋'에서 배웠다. 그러나 동재와 서재 간에는 수업 내용에 차별이 없었다. 차별은 내외양사內外兩舍 학생들 간에만 있었다. 지방 '향교'와 서울 '사학'에는 16세 이상이면 누구나 입학해 청강할 수 있었는데, 이 청강생들은 '증광생增廣生'이라고 불렸고 '외사外舍'에서 배웠다. '내사內舍'에는 시험을 통해 뽑힌 학생들이 배웠는데, 이들은 '내사생'이라고 불렸다. 1918년의 집계에 따르면, 일제가 수많은 향교를 없앤 뒤에도 전국에는 335개에 달하는 향교가 잔존했다. 오늘날 우리가 쓰는 '학교'라는 말은 서울의 '사학'과 지방의 '향교'를 합해 '학교'라고 부른 데서 유래했다.

이 '학·교'를 마치고 '소과小科' 시험을 통과한 진사와 생원들은 입학시험('성균시成均試')을 통과하면 전액 국비의 국립기숙학교인 대학 또는 태학에 입학했다. 조선의 대학은 오제시대의 태학 명칭인 '성균成均'에서 따와 '성균관'이라고 불렸다. 성균관의 정원은

1092) 참조: 황태연, 『한국 근대화의 정치사상』(파주: 청계, 2018), 369-370쪽.

세종 이래 200명으로 고정되었는데 진사·생원 출신들이었지만, 이들 외에 결원을 보충하는 '승보升補'라는 입학시험에 합격한 자와 '음서蔭敍'로 입학이 허가된 자로 이루어진 특별입학생들이 있었다. 생원·진사는 '상재생上齋生', 특별입학생은 '하재생下齋生'이라고 불렀다. 성적이 좋은 성균관 유생들이 아니라 출석률 좋은 성균관 유생들에게만 대과大科 초시(초시·복시·전시 중 1차 시험)의 응시 자격이 부여되었다.

제3절
중국 학교제도에 관한 가톨릭 선교사들의 보고

중국의 3단계 학제의 학교제도는 늦어도 명·청대에 선교사들의 서신과 보고서적들을 통해 서양으로 전해지기 시작했다. 중국 학교에 대한 최초 보고들은 멘도자·발리냐노·산데 등 이베리아·이탈리아 선교사들과 모험가·여행가들의 16세기 후반 보고들이었다. 그 뒤 중국학교에- 대한 마테오리치·퍼채스·세메도 등의 보고들이 있었다. 그러나 이들의 보고는 치명적 오류에 속했다. 이 보고들은 이베리아 사람들의 초기 보고보다 못한 형편없는 오보들이었다. 그러나 17-18세기의 중국기中國記들은 고도로 발달한 중국 학교제도에 대해 이구동성으로 비교적 정확한 관찰들을 보고했다.

3.1. 명대 학교제도에 관한 정확한 최초 보고들

■ 멘도자의 1585년 최초 보고

후앙 멘도자(Juan Gonzalez de Mendoza)는 1585년 『중국제국의 역사』에서 "당신은 이 제국에서 읽고 쓸 줄 모르는 사람들이 아주 극소수라는 것을 발견할 것"이라고 말한다.1093) 그것은 중국 황제가 학교를 전국적으로 마을마다 보급하고 이에 대한 감독을 제일 중시하기 때문이라고 밝힌다.

황제는 모든 도시에 자비自費(국비)로 학숙學塾이나 학교(colleges or schooles)를 두고 있다. 그 곳에서 학생들은 읽고 쓰는 것을 배우고 나아가 자연철학이나 도덕철학, 천문학, 국법, 기타 진기한 과학을 공부한다. 이 학교에서 가르치는 사람들은 더 나은 사람을 찾을 수 없을 정도로 모든 부문에서 탁월하지만 특히 읽기와 쓰기에 탁월한 사람들이다. 왜냐하면 아주 가난하지 않으면 읽고 쓰는 것을 배우지 않는 사람은 아무도 없기 때문이다. 그 이유는 중국인들 사이에서 읽기와 쓰기를 둘 다 할 수 없는 사람은 형편없는 사람으로 평가받는 데 있다. 대단한 수의 학생들이 더 높은 학습단계로 진학해서 그들이 뭔가 얻을 수 있다면 할 수 있는 갖은 노력을 다한다. 그것이 '노야老爺', 즉 '신사'의 칭호나 다른 학위를 받는 가장 확실한 최선의 길인 것이다. (...) 중국황제는 크고 작은 학숙들로 매년 감독관을 파견해 학생들이 어떤 혜택을 얻고 있는지, 선생들이 어떤지를 훌륭한 통치에 관한 다른 사항들과 함께 파악한다."1094)

1093) Mendoza, *The History of the Great and Mighty Kingdom of China*, 120-121쪽.
1094) Mendoza, *The History of the Great and Mighty Kingdom of China*, 122-123쪽.

"이 감독관들은 황제가 모든 성省에 자비로 세운 (...) 학숙과 학교를 여러 번 방문해 학생들을 시험하고 그 학습에서 덕을 쌓은 모든 학생들을 진학하도록 고취하고, 반대되는 학생들은 매를 치고 감옥에 가두거나 퇴학시킨다." 그리고 "충분하다고 여겨지는 학생들"에게는 "학위수여와 포상"을 한다.[1095]

멘도자는 지방파견 감독관의 업무들 중 가장 중요한 업무가 학교 감독이라고 기술한다.

> 황제와 내각은 우리가 말한 이 감독관들을 파견해 각 성을 감독한다. 그들에게 맡겨진 일 중 가장 큰 일은 상술했듯이 황제가 모든 주요 도시에 설치한 학숙과 학교의 감독이다. 이 감독관들은 과정을 끝마치고 동일한 과정을 공연할 능력과 충분한 자격을 갖춘 학생들에게 학위를 수여하거나 이들을 졸업시킬 특별권한을 가졌다. 그들은 어떤 사법이나 통치 업무를 맡을 능력이 있다면 이 학생들을 '신사'로 승급시킨다.[1096]

그밖에 상론했듯이 멘도자는 감독관이 부府·주州·현縣에서 실시하는 향시鄕試와 시험결과에 따라 학위를 수여하는 과정을 상세히 설명하고 '노야' 학위를 얻은 자에게는 '신사'의 지위가 부여된다고 부연하면서 '노야'는 유럽의 '박사'에 해당하는 것이라고 해설한다.[1097] 이와 같이 멘도자는 퍼채스나 마테오리치보다 30여 년 전 이미 명대중국 학교에 대해 정확한 보고를 했었다.

1095) Mendoza, *The History of the Great and Mighty Kingdom of China*, 116쪽.
1096) Mendoza, *The History of the Great and Mighty Kingdom of China*, 124쪽.
1097) Mendoza, *The History of the Great and Mighty Kingdom of China*, 125쪽.

■ 발리냐노와 산데의 1590년 보고

5년 뒤인 1590년 발리냐노와 산데도 『로마교황청 방문 일본사절단』에서 중국의 학교를 정확하게 파악하고 이렇게 소개한다.

모든 도시와 읍면에, 그리고 심지어 작은 마을에도 어린이들에게 글자를 가르치는 봉급 받는 교사들이 존재한다. 우리의 보다 통상적인 필체에서 우리의 경우에도 정말로 그렇듯이 한자의 수가 무한대이기 때문에 유아기와 어린 나이부터 어린이들은 책을 손에 쥔다. 하지만 이 임무에 재능이 거의 없는 것으로 판명되는 어린이들은 다시 책을 빼앗고 상업이나 수공기예에 전념하도록 하지만, 기타 어린이들은 학문에 아주 진지하게 헌신해서 주요 책들에 놀랍도록 달통하고 얼마나 많은 한자들이 어떤 지면에 서든지 존재하고, 이 글자, 저 글자가 그 지면에서 어디에 놓여야 하는지를 당신에게 쉽사리 말해줄 정도다. (...) 지금 각 도시나 성벽이 둘러쳐진 읍면에서는 학교라 불리는 공공건물이 있고, 제1등급의 학위를 얻기를 바라는 모든 사숙(private college) 출신이나 학교 출신들이 거기에 다 모인다."1098)

산데는 광동 근처에서 마테오리치와 함께 주재하다가 돌아와 이 책을 썼다. 그럼에도 그는 마테오리치와 정반대로 이처럼 정확한 보고를 하고 있다.

3.2. 퍼채스 · 마테오리치 등의 치명적 오보들

중국에서 학교는 과거제와 결합되어 있었기 때문에 여러 선교사

1098) Valignano and Sande, *Japanese Travellers in Sixteenth-Century Europe* [1590], 425쪽.

들이 중국에서 과거제만 보고 학교의 존재를 모르는 경우가 있었다. 이로 인해 이들은 '중국에는 (국·공립)학교가 없다'는 헛소문을 내게 된다.

■ 퍼채스(1613)와 마테오리치(1615)의 오보

17세기 벽두에 헛소문을 처음으로 내기 시작한 신부는 새뮤얼 퍼채스였다. 그는 1613년에 낸 『퍼채스, 그의 순례여행』에서 "중국인들은 공립학교가 없지만, 도시들에는 공적 시험이나 학위수여식이 3년마다 있다"고[1099] 오보誤報하고 있다. 이 오보는 이름을 확인할 수 없는 어떤 선교사의 책에 기인한 것이다.

이 헛소문의 확산에 기여한 것은 마테오리치였다. 마테오리치는 1615년에 출판되어 유럽에서 『중국인들 사이에서의 포교』에서 중국에 학교가 없다고 잘못 보고한다.

> 우리 서방의 몇몇 필자들이 기술한 것과 반대로, 교사들이 이런 책들을 가르치고 설명해주는 학교나 공공 학술기관은 없다. 각 학생이 그 자신의 선생을 선택해서 이 선생에 의해 그의 집에서 자비自費로 가르침을 받는다. 이런 개인 교사들은 그 수가 아주 많다.[1100]

마테오리치는 중국에 국·공립학교가 있다고 보고한 "우리 서방의 몇몇 필자들"의 보고를 그릇된 것으로 부정하면서까지 '중국에 학교가 없다'고 단정하고 있다. 마테오리치의 그릇된 서술을 보면, 그가 부잣집에서 고용하는 이른바 '독선생'만 알았지, 촌사에서

1099) Purchas, *Purchas, his Pilgrimage*, 438쪽.

1100) Gallagher, *China in the Sixteenth Century: The Journals of Matthew Ricci*, 33쪽.

세운 공립초급학교 사학社學과 사립초급학교 '사숙'의 존재도 몰랐고, 중국의 공립 중급학교 부학·주학·현학도 알지 못했고, '대학교'로서의 중국의 남·북경 국자감도 알지 못했던 것이 틀림없다.

■ 세메도의 혼란스런 보고(1641)

마테오리치의 예수회 선교단에 속했던 알바레즈 세메도는 1641년에 낸 자신의 책 『중국제국기』에서 마테오리치의 이런 그릇된 단정에 짓눌려 중국에 대학교(University)가 없다고 잘못 보고한다. "그들은 그들이 함께 공부하는 대학교가 없다. 하지만 능력 있는 모든 사람들은 자기들의 자식을 위해 한 명의 선생을, 그리고 자식들의 나이 차이가 크다면 때로 두 명을 자기 집으로 모셔온다."[1101] 그런데 그는 여기다가 이와 모순되는 이런 보고를 덧붙이고 있다.

> 그럼에도 보다 평민적인 신분의 자식들을 위한 학교들이 많이 있다. 이 학교들에서 선생들은 이런 훌륭한 자질이 있다. 그들은 그들이 아주 잘 가르칠 수 있는 것 이상으로 대가를 받지 않는다. 그들은 선생들은 마치 학교로 온 적이 없는 양 학교로부터 나가지 않을 것이다. 이것은 각 선생이 학생들의 진보를 위해서라기보다 그의 자신의 돈벌이를 위해 많은 학생들을 가지려고 애를 쓴 유럽에서 너무 자주 드러나는 것과 같지 않다. 한 인간은 결코 유능하지 않은 것으로 치면 진정 여전히 한 인간에 불과하다. 그러므로 (유럽에서는) 그들의 학생들의 몇몇이 학교를 알지만 그들에게 알려지지 않는 일이 발생하는 것이다. 이 폐단이 중국에서는 회피된다. 각자는 아주 잘 설명할 수 있는 것 보다 더 큰 어떤 비용부담도 짊어지지 않는다. 각 선생은 그가 잘 가르칠 수 있는 것보다 많은 학생을 받지

1101) Semedo, *The History of the Great and Renowned Monarchy of China*, 36쪽.

않는다. 그는 하루 종일 학생들과 같이 있고, 아주 장중하게 처신하고 밥 먹을 때가 아니라면 학교로부터 나가지 않는다. 그들 중 누군가 멀리 떨어져 산다면 식사를 학교로 가지고 온다. 그들의 노는 날과 방학시간은 새해의 시작 즈음의 단 15일과 1월과 7월의 며칠뿐이다.[1102]

세메도는 앞서 마테오리치가 말한 '독선생'만 언급했다가 여기서는 모종의 학교를 말하고 있다. 그리고 그는 심지어 마을과 가문의 '의숙義塾'과 비슷한 것도 언급한다.

그들이 장성해서 이 기초과정을 통과했을 때, 그리고 그들의 부모들이 각 학생들에게 별도로 선생을 제공할 능력이 없을 때, 몇몇 친척과 이웃들은 힘을 합쳐 공부과정 중에 그들과 매일매일 밥을 함께 먹고 그들 모두로부터 많지는 않지만 지방의 관습에 따라 다소 차이가 나는, 매년 40-50크라운에 달하는 봉급을 받는 선생을 공동으로 모셔온다. 보통 봉급은 그들이 그에게 어떤 축제날에 마련해주는, 스타킹·신발 및 이와 같은 물건 등으로 된 선물 외에 10크라운에서 20크라운이다. 선생들은 (최고로 고귀한 신분의 사람의 집일지라도) 식사 때는 학생의 아버지와 겸상을 하거나, 적어도 학생 자신과 겸상을 한다. 여러 번 그들은 도시 밖이나 안에 있는, 그러나 멀리 떨어져 있지 않은, 그 경우에 더 알맞은 다른 집들이 있으면 그들의 아버지 집에서 공부하지 않는다. 그들은 가급적 많이 사람들의 많은 수와 집에서 그들의 신분에 바쳐지는 존경이 공부에 대한 주적이기 때문에 자기들의 집을 피한다. 그리하여 다른 왕국들(유럽 왕국들)에서 공公들과 대귀족들의 아들들이 마치 가장 큰 고귀성이 가장 큰 지식에 있지 않는 양 대부분 큰 무식자로 입증되는 일이 발생하는 것이다. 보통 선생들은

1102) Semedo, *The History of the Great and Renowned Monarchy of China*, 37쪽.

수도 없이 존재한다. 왜냐하면 선비 학위의 획득에 대해 권리를 주장하는 사람들이 아주 많고 그것에 도달한 사람들은 아주 적어서, 사람들은 대부분 학교선생의 고용을 받아들이도록 강요된다. 그리하여 그들은 다음 해에 학교를 세우기 위해 연초부터 그때를 위해 학생들을 얻으려고 애쓰지만, 대갓집에서는 다른 학위를 딸 계획을 갖고 학습을 계속하는 학사학위자가 아니면 아무도 선생으로 모시지 않는다. 그들은 학사학위라도 어떤 학위든 획득했을 때 더 이상 선생 밑에 있지 않고 말하자면 그들 사이에 일종의 서원(Academie)을 형성하고, 매달 일정한 때에 거기서 만나 그들 중 하나가 책을 펴고 문제나 주제를 주고, 그러면 그들 모두는 그것에 대해 논술을 작성하고, 나중에 그들끼리 그 논술들을 비교한다.[1103]

세메도는 이렇게 자세히 의숙과 서원에 대해 설명하면서도 대학교가 없다는 견해를 고수한다. 그리고 과거시험이 치러지는 과장으로 쓰이는 학교에 대해서 상세히 보고한다.

중국인들이 대학교나 특별한 학교가 없을지라도 아주 널찍하고 웅장하고 지극히 화려하게 장식된 고시관考試官과 수험생들을 위한 일반학교가 있다. 이 일반학교들은 그 수가 경이로울 정도로 많다. 이 학교들은 도시와 읍면 안에 있지만, 가장 장중한 학교는 향시가 치러지는 행성의 성도省都 안에 있다. 이 구조물은 그곳으로 몰려드는 사람들의 수에 비례한 크기를 가지고 있다. 형태는 모두가 거의 동일하다. 광동의 학교들은 더 크지 않다. 이 학교들은 학위를 받을 사람들이 80명 이상이 아니기 때문이다. 반면, 다른 학교들에서는 100에서 115명이 허용되는 이 수는 큰 차이가 있

1103) Semedo, *The History of the Great and Renowned Monarchy of China*, 37-38쪽.

다.[1104]

결론적으로, 세메도는 북경과 남경의 국자감을 알았지만 앞서 살펴보았듯이 전국의 학위자 관리관청으로 오인했을 뿐이고, 국자감이 교수들이 배치된 '대학교'라는 사실을 끝내 간파하지 못했다. 그러나 그는 명대 중국의 초급·중급 학교의 일면목을 유럽에 정확하게 소개할 수 있었다.

■ **니우호프의 반복된 오보(1669)**

중국을 주마간산走馬看山하듯 보고 돌아온 니우호프의 1669년 보고는 50여 년 전 마테오리치의 그릇된 보고를 반복한다.

> 전 중국에는 (몇몇 필자들이 그릇되게 반대의 사실을 보고했을지라도) 공립학교가 없다. 하지만 모든 사람은 제각기 자택에서 자비로 배울 자기의 선생을 선택한다.[1105]

마테오리치의 사회적·종교적 비중 때문에 그의 오보의 후유증은 이렇게 크고 길었던 것이다.

퍼채스와 마테리치의 '중국에 국공립학교가 없다'는 보고는 실로 치명적인 오보에 속한다. 그러나 존 밀턴 같은 예리한 철학자들은 이들의 오보에 속아 넘어가지 않고, 고로도 발달된 중국 학교제도에 관한 다른 다양한 보고들을 읽고 근대적 대중교육론을 전개할 수 있었다.

1104) Semedo, *The History of the Great and Renowned Monarchy of China*, 38쪽.

1105) Nieuhoff, *An Embassy from the East-Indian Company of the United Provinces*, 163쪽.

명대 중국의 학교제도는 16세기말과 17세기 중반까지 이미 이런 저런 경로로 유럽에 정확하게, 그리고 널리 알려져 있었다. 그래서 중국에서는 "황제가 모든 주요 도시에 학숙과 학교를 설치했다"는 멘도자의 보고(1585)나 "모든 도시와 읍면에, 그리고 심지어 작은 마을에도 어린이들에게 글자를 가르치는 봉급 받는 교사들이 존재한다"는 발리냐노·산데의 보고(1590), 또는 중국에는 "보다 평민적인 신분의 자식들을 위한 학교들이 많이 있다"는 세메도의 보고(1641)를 읽거나 여러 선교사들의 서신들을 회람하고 이 보고들을 확인한 존 밀턴이 1644년 대중교육의 필요성을 주창한 선각자로서 「교육론(Of Education)」 논고를[1106] 발표해 "마을마다 학교를 세워" 교양과 책임감을 가진 계몽된 시민과 지도자를 양성하자는 대중교육론을 설파할 수 있었던 것이다.

3.3. 청대 학교제도에 관한 여러 정확한 보고들

■ 마르티니의 『중국기』(1659)와 정확한 보고

1659년 마르티니는 밀턴도 출판되기 전에 이미 전해 들어 알고 있었던 『중국기』에서 청국 황제가 세운 "공립학교와 학숙(*Public Schools and Academies*)", 즉 국·공립학교(社學)와 사숙·의숙들을 자세하게 기술하고 있다. 중국 백성들은 전국의 이런 학교들에서 인문·도덕 교육을 받는다. 그리하여 어린 시절부터 "지극히 훌륭한 능력의 우아함"에 이르기까지 성장한다는 것이다.[1107] 나중에 존 웹은 마

1106) John Milton, "Of Education" [1644]. John Milton, *The Prose Works of John Milton*, vol.1 in 2 vols., edited by Rufus W. Griswold (Philadelphia: John W. Moore, 1847).

르티니의 이 구절들을 인용하고 있다.[1108]

가브리엘 마젤란은 상론했듯이 1688년 『신중국기』에서 이렇게 말한다. "왕국이 내포하는 대학교의 수가 얼마든, 중국에서처럼 만 명 이상의 석사들이 존재하고 3년마다 이 중 6000-7000명이 북경에 모여 그곳에서 여러 시험을 치른 뒤 365명이 박사학위를 받는 왕국이 어디 있는가? 나는 10-20만 명에 달하는 것으로 얘기되는 중국의 인문학사만큼 많은 학생들이 존재하는 그 어떤 왕국이 세상에 존재한다고 생각할 수도 없고, 문자지식이 그만큼 보편적이고 흔한 그 어떤 다른 나라가 존재한다고 생각할 수 없다."[1109] 중국은 학생들의 나라인 것이다.

■ 마젤란의 『신新중국기』(1688)

마젤란은 1688년 출판된 『신新중국기』에서 청대 '국자감'을 대학교로 소개하고 국자감 감생들의 부류를 여덟 가지로 설명한다.

> 국자감(Gue Thu Kien)이라 부르는 기관은 말하자면 왕립학교, 또는 전 제국의 대학교다. 그것은 두 종류의 업무가 있다. 첫째는 황제가 하늘과 땅과 해와 달에 제사지낼 때, 또는 죽은 그의 신민들 중 어떤 사람에게 그의 위대한 봉사에 보상하기 위해 제사지낼 때 이 기관의 만다린들은 술을 바치는데, 이것은 굉장한 제례로 행해진다. 다음의 업무는 제국의 모든 석사들과 학부생들, 그리고 황제가 어떤 특별한 이유에서 얼마간 석사졸업생과 대등한 칭호와 지위를 기꺼이 수여하고자 하는 모든 학생들을 보

1107) Martinus Martinius (Martino Martini), *Sinicae Historiae*, Decas Prima (Amstelaedami: Apud Joannem Blaev, MDCLIX [1659]), lib.4, 148쪽.

1108) Webb, *The Antiquity of China*, 102쪽.

1109) Magaillans, *A New History of China* (1688), 89쪽.

살피는 것이다. 이 학생들은 여덟 갈래가 있다. 첫 번째는 학사들이고 유식한 자로서 시험을 치르지 못할 나이이거나, 시험을 치렀더라도 박수갈채로 끝마칠 행운을 얻지 못한 '공생貢生(Cum Sem)'이라 불리는데, 황제는 그들을 벌충해주기 위해 그들에게 종신토록 식름食廩을 준다. 음생蔭生(Quen Sem? Yuen Sem일 것임 - 인용자)이라고 불리는 두 번째는 그들의 부모의 탁월한 봉직의 이유에서 황제가 시험의 엄격함을 겪는 것을 허용하지 않고 벼슬자리를 주는 대신들의 아들들이다. '은감(Ngen Sem)'이라고 부르는 세 번째 부류는 황제가 즉위 시나 원자元子의 탄생이나 혼인 시에 만다린으로 임용하는 일정한 학생들이다. '우생優生(Cum Sem? U Sem일 것임)'이라 불리는 네 번째 부류는 황제가 그들의 굉장한 개인적 공적이나 그들의 선조의 위대한 봉사의 이유로 은총을 하사해 그들에게 지위를 주는 학생들이다. '늠생廩生(Kien Sem? - Rien Sem일 것)'이라 불리는 다섯 번째 부류는 얼마 동안 학사였거나 향시 후에 석사학위를 할 만한 능력이 없거나 아니면 학사학위를 잃을 것이 두려하는 모든 자들을 포괄한다. 이들에게 황제는 일정 액수의 돈을 준다. 황제는 이를 위해 '늠생'이라는 칭호를 하사하는데, 이 칭호는 그들을 영원히 학사학위자로 확인해주고 만다린으로 선발될 수 있는 자격을 주는 것이다. 여섯 번째 부류는 외국어를 배우는 학생들로 구성된다. 그들은 이방인들이 조정에 올 때 통역을 할 수 있다. 황제는 이들을 북돋우기 위해 이들에게 비례하는 수입과 함께 이 칭호를 주고, 상당한 연수 동안 봉직한 뒤에 시험 없이 이들을 만다린으로 임용한다. 일곱 번째 부류는 고관대작들의 자제들로 구성되는데, 이들은 이 기관에서 덕성, 예의범절, 그리고 인문과학을 배우고, 만다린이 될 나이가 될 때 황제는 이들을 이런저런 자리로 승진시킨다. 여덟 번째 부류는 우연적이고 특별한 부류다. 왜냐하면 황제가 황국의 숙녀 또는 '공주(Cum Chu)'라고 불리는 어떤 딸들이 있어 이 딸들을 결혼시킬 의사를 품을 때 북경에서 재능의 전망이 밝고 잘생긴 14-17세 사이의 여러 청년들을 만다린의 자제든 상인이나 빈민의 자제든 가리지 않고 선발하기 때문이다. 예부는 이들로부터 미모와 현명에서 가장 빼어난 청년들을 선발해서 이들을 황제에게 제시한다. 그러면 황제는 그의 마음에 가장 많이 드는 한 청년을 고르고, 나머지 모든 청년들에게 일정액의 돈과 한 필의 비단을 준 뒤 그들을 그들의 부모에게 돌려보낸다. 그러나 이렇게 하여 그의 사위 감으로 선택된 청년들에 관한 한, 그는 그들을 관리하는 예부의 만다린 한 명을 배치하고 그를 이 대학교에 보직하여 훈령을 받도록 한다. 이 대학교의 수장(국자감 좨주)은 4품관이고, 대학의 학생감들인 보좌관들은 5품관이다.[1110]

마젤란은 국자감의 교육기능보다 학위자들에 대한 관리기능에만 초점을 맞춰 8부류의 감생을 자세히 설명하고 있다. 그러나 이때까지 청대 국자감을 이렇게 자세히 설명한 보고서는 없었다.

■ 르콩트의 『중국의 현재상태에 대한 신新비망록』(1696)

이후 르콩트와 뒤알드의 중국기中國記는 중국에는 학교가 없는 마을이 없고 교육이 3단계로 조직되어 있다는 정확한 보고를 내놓았다.[1111] 특히 토마스 제퍼슨이 소장하고 애독했던[1112] 르콩트의 『중국의 현재상태에 대한 신新비망록』(1696)은 중국에 학교가 '마을

1110) Magaillans, *A New History of China* (1688), 219-221쪽.

1111) Magaillans, *A New History of China*, 88-89쪽; Le Compte, *Memoirs and Observations made in a Late Journey through the Empire of China*, 280쪽; P. Du Halde, *The General History of China*, Vol. 3, 1-148쪽.

1112) David Weir, *American Orient: Imaging the East from the Colonial Era through the Twentieth Century* (Amherst and Boston: University of Massachusetts Press, 2011), 24쪽.

마다 가득하다'고 보고한다.

> 그들은 어린이를 별도로 학습을 시키려고 마음먹으면 이 어린이를 선생에게 데리고 간다. 중국의 군현에는 읽기와 쓰기를 가르치는 학교들이 가득하기 때문이다.[1113]

르콩트는 중국의 수많은 대형 도서관들에 대해서도 보고한다. 북경에만 "엄선된 좋은 책들로 채워진 여러 도서관"이 있고,[1114] 중국인들은 뛰어난 인쇄술을 이용해 "고대 원본 서적의 공인된 복사본들을 소장하고 있기 때문에 그 자체가 고대적인 도서관들을 지속적으로 갱신한다."[1115] "이 모든 책들을 그들은 도서관들에 수집·소장해 두고 있고, 이 중 상당수 도서관들은 4만 권 이상의 도서를 소장하고 있다."[1116] 따라서 "도서관, 박사의 엄청난 수, 관상대, 그리고 그들이 관찰에서 엄정하기 위해 발휘하는 주도면밀성을 볼 것 같으면, 우리는 쉽사리 이 국민이 독창적일 뿐만 아니라 온갖 과학을 완벽하게 소유하고 있다고, 즉 그들이 만물만사를 위한 방대한 이해력, 발명능력, 천재적 재능을 가지고 있다고 결론지을 것이다."[1117] 밀턴은 사후에 나온 르콩트의 1696년 책의 이 기술들을 물론 읽지 못했을 것이지만, 제퍼슨은 자신이 소장하고 애독했던 『중국의 현재상태에 대한 신비망록』의 위 구절을 틀림없이 읽었을 것이다. 제퍼슨이 미국독립 이래 평생 창설하려고 노력

1113) Le Compte, *Memoirs and Observations*, 280쪽

1114) Le Compte, *Memoirs and Observations*, 78쪽

1115) Le Compte, *Memoirs and Observations*, 191-192쪽

1116) Le Compte, *Memoirs and Observations*, 197쪽

1117) Le Compte, *Memoirs and Observations*, 220-221쪽

한 공립학교와 공공 도서관의 모델은 청대 중국의 초·중급학교와 대학교, 그리고 방대한 장서를 가진 저 엄청난 도서관들이었다.

■ 뒤알드의 『중국통사』(1735)

뒤알드도 1735년 『중국통사』에서 중국의 만민평등교육제도와 과거시험·학위제도를 상세히 설명하면서 이렇게 중국의 교육제도를 소개한다.

> 중국의 선비관리들이 그토록 수많은 시대에 걸쳐 학문을 직업으로 삼아왔고 학문이 다른 모든 편익보다 선호되는 나라에서 그들이 그토록 수고롭게 청소년들을 교육시키는 것은 놀랄 일이 아니다. 중국에는 청소년들에게 과학을 가르치는 학교 교사들(schoolmasters)이 없는 도시도, 읍면도, 거의 어떤 작은 마을도 없다.[1118]

그리고 뒤알드는 선교사들의 보고에 의거해 가정교사와 사숙에 대해 설명한다.

> 지체 높은 인물의 집에서 가정교사들은 일반적으로 박사이거나, 적어도 석사들이다. 보다 낮은 지위의 가정에서는 가정교사들이 학사인데, 이들은 자기들의 공부과정을 계속해서 박사학위를 획득하기 위해 시험을 치르러 간다. 학교교사의 고용은 영예롭게 여겨지고, 자식들의 부모들은 교사를 부양하고, 선물을 주고, 굉장한 존경으로 대하고, 도처에서 그들에게 상석을 내준다. "선생(Sien seng), 우리의 선생, 우리의 박사"는 그들이 교사들에게 주는 명칭이고, 그들의 학생들은 평생 그들에게 최고의 존경을

1118) Du Halde, *The General History of China*, Volume III, 5쪽.

바친다.[1119]

뒤알드는 '학교'가 아니라 거의 '독선생'이나 사설 '사숙'만을 설명하는 듯하다. 이것은 얼마간 그릇된 설명이다. 그는 국자감과 국공립학교를 전혀 몰랐던 것으로 보인다.

이런 연장선상에서 뒤알드는 세메도와 동일한 실언을 한다. "중국에 유럽에서와 같은 대학교가 전혀 없을지라도 대학졸업생(Graduates)의 시험을 위해 배정된 큰 궁택이 없는 1등급 도시도 없고, 수도에서 그것은 훨씬 더 크다. 이것은 한 선교사가 그가 살았던 도시에 있는 건물에 대한 기술이고, 궁택이 허용하는 한에서 그들은 모두 같은 방식으로 지어져 있다."[1120] 이 "한 선교사"는 세메도로 보인다. 그러나 뒤알드는 세메도와 달리 초·중급 학교와 국자감이 평소에는 '학교'로 쓰이고 3년마다 개최되는 과거시험 때에만 '과장科場'으로 쓰이는 것을 몰랐던 것으로 보인다. 그러나 세메도는 과장을 '학교'로 기술했고, 마젤란은 국자감을 '대학교'로 소개했었다. 뒤알드는 청대 학교제도와 관련하여 여러 보고서적들을 두루 살펴보지 않은 것으로 보인다.

그러나 이런 크고 작은 부분적 오류는 훗날 웹, 템플, 케네, 유스티 등에 의해 소리 없이 바로잡힌다. 이들은 선교사들의 보고들을 두루 비교하고 정밀하게 읽고 중국 학교제도를 높이 평가하고 그것을 유럽제국에 도입할 것을 바랐기 때문이다.

1119) Du Halde, *The General History of China*, Vol.III, 5쪽.

1120) Du Halde, *The General History of China*, Vol.III, 5-6쪽.

제4절
중국 학교제도의 서천과 근대 학교제도의 탄생

중국 학교제도에 관한 선교사들의 보고서들이 서양 계몽철학자들에 의해 읽히고 유럽으로 도입되어야 한다고 주장될 때야 중국의 유학적 학교제도가 '서천西遷'했다고 말할 수 있다. 또 정치가들이 이들의 도입논의들을 참고하여 각자 자국의 제도로 기획하고 법제화했을 때야 "유교제국諸國의 충격으로 서구에서 근대적 학교가 탄생했다"고 평할 수 있을 것이다. 내각제와 관료제를 다룰 때도 그랬지만 학교제도를 논하면서도 이 두 단계의 논의방식을 취할 것이다.

4.1. 중국 학교에 대한 계몽철학자들의 논의

중국의 학교·교육제도에 대해서는 수많은 계몽철학자들이 찬양하며 도입을 주장했다. 그들은 웹·템플·케네·유스티·헤겔·에머슨·소로 등이 수많은 철학자들의 대오에 섰다.

■ 존 웹과 윌리엄 템플의 중국 학교제도 찬양

존 웹은 1669년 『중국의 유구성』에서 중국의 교육제도를 높이 평가했다. "배움의 더 나은 확산을 위해 그들의 황제들은 공립학교와 유학儒學(Academies; 부학+주학+현학)을 세웠다. 그리하여 신민들은 여기서 모든 학술과 도덕적 덕목들을 배울 수 있었다. 이것에 의해 그들은 어린 시절부터 극히 탁월한 능력의 우아미에까지 성장한다."[1121] 윌리엄 템플도 1987년경에 쓴 「영웅적 덕성에 관하여」에서 중국의 학교제도를 호평했다. "제2의 학위는 보다 많은 관례적 형식으로 수여되고, (이를 위한 시험과 수여는) 각 행성의 성도에 이 목적으로 지어진 큰 부학府學(college)에서 3년에 한 번 거행된다."[1122] 그리고 그는 예조가 학사學事를 담당하는데 "배움을 위해 설치된 학교나 유학을 관리한다"고 소개한다.[1123]

■ 케네의 중국 만민평등교육론과 교육개혁론

프랑수와 케네도 1767년 『중국의 계몽전제정』에서 뒤알드의 오류를 바로잡으며 중국의 만민평등교육제도를 상세히 소개한다.

유소년들에게 읽기와 쓰기를 가르치기 위해 유소년들을 훈육하는 교사들이 없는 어떤 도시도, 어떤 읍면도 없다. 모든 대도시는 유럽에서처럼 학사·석사 학위를 주는 부학府學들(colleges)이 있다. 박사학위는 북경에서만 받을 수 있다. 보다 높은 두 학위의 보유자들이 행정체계와 모든 문민관직을 다 채우고 있다. 중국 어린이들은 대여섯 살에 학교에 들어간다.[1124]

1121) Webb, *Antiquity of China*, 102쪽.
1122) Temple, "Of Heroic Virtue", 336쪽.
1123) Temple, "Of Heroic Virtue", 338쪽.

그리고 케네는 "그들의 알파벳은 해·달·사람 등과 같은 아주 흔한 대상들을 대상 자체의 그림들로 표현하는 약 100개의 한자로 이루어져 있다. 이런 종류의 타이포그래피 시스템은 경이롭게도 관심을 일깨우고 기억 속에 사물들을 고정시키는 데 이바지한다"고 설명한다.[1125] 그리고 유소년에게 삼자경三字經·사서四書 등을 교과서로 가르치고 "중국인들 자신에 의해 높이 존중되는" 붓글씨를 가르친다고 설명한다.[1126] 이어서 케네는 중국에서 교사에 대한 극진한 대우를 자세하게 소개한다.[1127]

그리고 케네는 중국에서 "백성의 교육이 관리의 주요기능들 중 하나"라고 말한다.[1128] 지방관들은 한 달에 두 번 백성에게 가르침을 주어야 하는 바, 법으로 정해진 이 가르침의 항목은 "16개항의 준칙"으로 짜여있었다. 케네는 이 16개항을 일일이 열거한다.[1129] 케네는 이 중 여섯 번째 준칙이 "그들은 유소년들이 학교에서 훌륭한 도덕의 가르침을 받도록 온갖 방법으로 공립학교들을 고취하는 것"이라고 말한다.[1130] 그리고 그는 "초급학업을 마치면 더 높은 교육을 받도록 정해진 어린이들은 존경받는 학자부류로 들어갈 수 있도록 학술적 학위로 통하는 과정을 시작한다"고 설명한다.[1131]

최종적으로, 케네는 자연적 질서와 자연법을 백성에게 가르치는

1124) Quesnay, *Despotism in China* [1767], 193쪽.

1125) Quesnay, *Despotism in China* [1767], 194쪽.

1126) Quesnay, *Despotism in China* [1767], 195쪽.

1127) Quesnay, *Despotism in China* [1767], 195-196쪽.

1128) Quesnay, *Despotism in China* [1767], 196쪽.

1129) Quesnay, *Despotism in China* [1767], 196-198쪽.

1130) Quesnay, *Despotism in China* [1767], 197쪽.

1131) Quesnay, *Despotism in China* [1767], 200쪽.

교육과 학교의 정치적·철학적 중요성을 고찰한다.

> 군주의 내각과 법을 집행하는 사법부는 반드시 국민의 부의 연간 재생산에 대한 실정법의 효과에 관해 충분히 알고 자연의 이러한 작용에 대한 효과의 관점에서 새 법을 평가해야 한다. 이 효과가 국민의 윤리적 몸체, 말하자면 백성의 사고하는 부분 사이에 일반적으로 알려지는 것도 필수적이다. 그렇다면 정부의 첫 번째 정치적 제도는 이 학문을 가르치는 학교의 설치일 것이다. 그런데 중국을 제외한 모든 왕국은 정부의 토대인 이 채비의 필수성에 대해 무식하다.[1132]

케네는 "정부의 첫 번째 정치적 제도"를 "학문을 가르치는 학교의 설치"로 규정하고, "중국을 제외한 모든 왕국은 정부의 토대인 이 채비의 필수성에 대해 무식해서" 세계에서 유일하게 중국만이 교육·학교제도를 일반화했다고 논하고 있다.

그리고 케네는 중국 교육제도를 모델로 사고한 끝에 지식의 국민적 확산을 폭정에 대한 유일한 방비책으로 제시한다.

> 자연법에 대한 명백하고 광범한 지식은 이 신적 법률들의 권위를 국민의 수장首長의 확정된 권위의 토대로 취함으로써 국가의 헌법을 불변적으로 확립할 수 있는, 의지들의 이런 일치를 위한 본질적 조건이다. 왜냐하면 각 파트너가 그의 책임을 아는 것은 본질적으로 중요하기 때문이다. 모든 계급의 시민들이 치자와 국민에게 가장 이로운 법의 질서를 명백하게 알고 확실하게 지적해내기에 충분한 계몽이 갖춰진 국가에서, 국가의 군사력 지원으로 노골적으로 악을 위해 악을 행하고 국민에 의해 만장일치로

1132) Quesnay, *Despotism in China* [1767], 271쪽.

인정되고 존중되는 사회의 자연적 헌법을 전복하는 것을 감행하고, 어떤 그럴듯한 이유도 없이 공포와 혐오만을 일으키고 불가항력적이고 위험한 일반적 저항을 초래할 수 있는 폭군적 행동에 몸 바칠 전제군주가 있겠는가?[1133]

중국식 학교제도를 통한 "자연법에 대한 명백하고 광범한 지식"의 범국민적 확산을 폭정에 대한 유일하고 가장 강력한 방비책으로 제시한 케네의 이 논지는 제퍼슨이 국민의 일반적 지식을 폭정에 대해 미국 민주공화국을 지키는 최후의 보루로 본 것과 그대로 일치한다.

■ 유스티와 헤겔의 중국식 근대 교육론

1721년 크리스천 볼프는 『중국인들의 실천철학에 관한 연설』에서 중국의 교육제도를 이상화했다.[1134] 요한 유스티도 1755년 공맹의 양민론을 관방학적 관점에서 해석한 『경제·관방학(*Oeconimische und Cameral-Wissenschten*)』이라는 소책자에서부터 중국의 만민평등교육에 경탄하며 독일과 유럽의 열악한 청소년교육을 개탄하고, 특히 천민·평민·귀족을 가리지 않는 만민평등교육을 주장했다.[1135] 이 책에서 유스티는 중국처럼 백성들에게 기술과 도덕을 가르치는 '교민'을 강조하고, 이를 위해 중국의 '제독학정提督學政'과 같은 '경제 감독관직'을 창설할 것을 제안한다. 농업·산업지도를 위해 구역

1133) Quesnay, *Despotism in China*, 271-272쪽.

1134) Wolff, *Rede über die praktische Philosophie der Chinesen*, 37-43쪽.

1135) Johann H. G. Justi, *Abhandlung von den Mittel, die Erkenntnis in den Oeconimischen und Cameral-Wissenschten dem gemweinen Wesen recht nützlich zu machen* (Göttungen: Verlag nicht angezeigt, 1755), 16쪽.

단위로 '경제감독관'을 배치하는 것이다. 감독관의 경제지식·농업지식·지역속성·토질지식 등이 식량사업과 농업개선에 도움이 된다고 주장한다.[1136] 이어서 유스티는 볼프처럼 중국의 만민평등교육을 찬미하며 독일과 유럽의 열악한 청소년교육을 개탄하고, 특히 천민.빈민.귀족을 가리지 않는 만민평등교육을 강조했다.[1137] 유스티는 국민교육을 강조하는 케네의 『중국의 계몽전제정』(1767)이 나오기 12년 전에 이미 중국으로부터 만민평등교육을 배워 이 교육제도의 도입을 주창하고 있다.

그리고 유스티는 1756년의 『양호학의 원리(*Grundsätze der Policeywissenscht*)』에서 맹자의 기술교육론에 따라 농민에 대한 기술·직업교육·장려책도 언급한다. "농부들에게 탁월한 재능을 가르쳐야 한다"는 것이다. 그 방법은 "정부가 이 분야에서 특별한 근면을 보여 주고 온갖 유익한 시험과 발명을 하고 그들의 경험을 공개적으로 전하거나 타인들에게 모범이 되는 고귀한 농부나 기타 명망 있는 농부들에 대해 가치평가를 인식하게 해주고 온갖 칭호와 특권을 부여하는" 것이다.[1138]

유스티는 1762년의 포괄적 중국연구서 『유럽정부와 아시아정부의 비교(*Vergleichungen der europäischen mit den asiatischen {...} Regierungen*)』에서 왕자의 교육과 백성 교육제도를 극찬한다. 그는 이 중국제도들에 대한 논의를 바탕으로 보통교육제도, 덕성교육, 공무원고시·관료제도 등을 독일과 유럽에 도입할 것을 주장했다.[1139]

1136) Justi, *Oeconimische und Cameral-Wissenschten*, 14쪽.

1137) Justi, *Oeconimische und Cameral-Wissenschten*, 16쪽.

1138) 참조: Justi, *Grundsätze der Policeywissenscht*, §129.

1139) Justi, *Vergleichungen der Europäischen mit den Asiatischen (..). Regierungen*, 49-50, 59-60,

1790년대 젊은 시절 유스티의 교육론을 읽은 헤겔(Georg W. F. Hegel, 1770-1831)은 1821년 노경에 유스티의 중국식 교육론을 이어 국가가 교육복지 기능도 담당해야 한다고 주장한다. "보편적 가정의 이런 성격 속에서 시민사회는 교육이 이 사회의 구성원이 될 능력과 관계되는 한에서, 특히 교육이 부모 자신에 의해서가 아니라 타인들에 의해 수행되어야 하는 경우에 부모의 자의와 우연에 맞서 교육에 대해 감독하고 영향을 미칠 의무와 권리를 가진다."1140) 헤겔의 국가는 이미 유스티 식의 양호국가인 한에서 플라톤주의적 야경국가를 넘어선 교민국가의 모습을 보여준다.

4.2. 미·영·불·독 학교제도의 근대화 과정

상론했듯이 16-18세기 유럽인들은 동아시아 나라들의 신분차별 없는 만민평등교육, 3단계학제와 학군에 기초한 학교제도와 법적 의무의 학교교육제도에 경탄했다. 크리스티안 볼프는 중국의 교육제도를 이상화했다.1141) 상론했듯이 뒤알드는 『중국통사』(1735)에서 "중국에서 귀족은 세습적이지 않다"고 갈파하고 중국의 만민평등교육제도와 과거시험·학위제도를 상세히 설명하면서 중국의 교육제도를 이렇게 소개한다. "중국의 선비관리들이 그토록 수많은 시대에 걸쳐 학문을 직업으로 삼아 왔고 학문이 다른 모든 편익보다 선호되는 나라에서 그들이 그토록 수고롭게 청소년들을 교육시

445-448, 463-492쪽.

1140) Georg W. F. Hegel, *Grundlinien der Philosophie des Rechts* [1821], §238. *G.W.F. Hegel Werke*, Bd.7 in 20 Bänden (Frankfurt am Main: Suhrkamp, 1970).

1141) 참조: Wolff, *Rede über die praktische Philosophie der Chinesen*, 37-43쪽.

키는 것은 놀랄 일이 아니다. 중국에는 청소년들에게 과학을 가르치는 학교교사들이 없는 도시도, 읍면도, 거의 어떤 작은 마을도 없다"고 말하고 있다.[1142] 케네도 "중국에는 세습귀족이 없다"고 확인하고 중국의 의무적 만민평등교육과 과거제도를 상세히 소개한다.[1143] 유스티도 중국헌정체제는 "세습귀족을 알지 못한다"라고 평하고, 볼프나 케네처럼 중국의 만민평등교육에 놀라 독일과 유럽의 열악한 청소년교육을 개탄하면서, 특히 천민·빈민·귀족을 가리지 않는 만민평등교육을 주장했다.[1144]

전후 20세기에 루이스 매버릭(Lewis A. Maverick), 미하엘 알브레히트(Michael Albrecht), 그리고 존 클라크(John J. Clarke)는 이구동성으로 18세기 이래 유럽제국이 중국의 학교교육제도를 앞 다투어 받아들여 18세기 말 또는 19세기에는 교육혁명을 관철시켰다고 확인한다.[1145] 알브레히트는 중국의 신분차별 없는 평등교육 제도와 탈脫신분제적 능력주의가 유럽의 교육혁명에 기여하고, 그 여파 속에서 유럽 귀족제도가 폐지되기에 이르렀다고 평가한다. "1789년 혁명의 프랑스에서 '교육학적 세기'는 귀족의 칭호와 특권을 폐지했다. 18세기가 중국을 주목하지 않은 경우에도 이것이 일어났을지 모른

1142) Du Halde, *The General History of China* [Paris: 1835], Volume II, 99쪽; Volume III, 5쪽.

1143) 참조: Quesnay, *Despotism in China* [1767], 172쪽, 193-203쪽.

1144) Justi, *Vergleichungen der Europäischen mit den Asiatischen (...) Regierungen* [1762], 466쪽; Justi, *Abhandlung von den Mittel, die Erkenntnis in den Oeconimischen und Cameral-Wissenschten dem gemweinen Wesen recht nützlich zu machen* [1755], 16쪽.

1145) Lewis A. Maverick, *China - A Model for Europe*, Vol. II (San Antonio in Texas: Paul Anderson Company, 1946), 24쪽; Michael Albrecht, "Einleitung", LXXXVIII-LXXXXIX쪽. Christian Wolff, *Oratio de Sinarum philosophia practica* [1721·1726] - *Rede über die praktische Philosophie der Chinesen* (Hamburg: Felix Meiner Verlag, 1985); Clarke, *Oriental Enlightenment*, 49쪽.

다. 하지만 중국의 영향을 잊는다면, 17·18세기의 유럽 정신사는 충분히 기술되지 못할 것이다."[1146]

오늘날의 학군學群에 따른 초등학교－중·고등학교－대학교의 3-4단계 학제의 학교교육제도는 고대중국의 학군 학교제도에서 확립된 '숙·상(서)·학'의 학제로 거슬러 올라가는 3단계 학제의 학교 교육제도에서 유래한 것이다. 중요한 것은 오늘날 세계적으로 구현된 만민평등의무교육과 3-4단계 학제의 학군학교제도가 극동 유교국가의 오랜 전통과 공자철학의 산물이라는 점이다.

교육의 역사적 관점에서 보면, 공자와 유교국가의 충격은 오랜 세월 서방세계에서 만민평등교육의 걸림돌로 작용해온 엘리트 천재교육과 유한계급의 여가철학을 주창한 소크라테스, 플라톤, 아리스토텔레스의 교육이념을 분쇄해버린 것이다. 중국 학교제도의 영향으로 인한 서구 학교제도의 획기적 변화를 정확하게 알기 위해서는 종교개혁 이전 중세 유럽의 학교실태를 먼저 파악하는 것이 중요하다.

■ 서구 학교의 전근대적 실태

중세 초 학교의 전반적 운영은 성직자들의 손아귀에 들어있었다. 교사는 목사와 수도승이었고, 존재하던 소수의 학교들은 모조리 수도원 및 주교관구에 속했다. 교육은 라틴어로 진행되었다. 학생들은 수사 옷을 입고 수도원 담장 안에서 살며 엄한 수도원 규율의 규제를 받았다. 교육의 목적 또는 목표는 목사와 수도승, 그리고 교회 복무자들을 훈련시키는 것이었다. 하지만 나중에 귀족자제들을 위한 '외부학교(schola exterior)'라는 것이 더해졌다. 이 외부학교에

1146) Albrecht, "Einleitung", LXXXVIII-LXXXXIX쪽.

서는 귀족 자제들이 수도원 담장 바깥에 살면서 수도승의 손에서 일정정도의 교육을 받았다. 그 대가로 귀족 학부형들은 수도원에 풍부하고 값비싼 선물을 주었다.1147)

이 교육기관들은 전성기에 나름대로 학문과 교육의 대의에 이바지했다. 독일 헤센 주의 풀다(Fulda), 프랑스 서부의 투르스(Tours), 스위스 북동부의 세인트 갈(St. Gall)과 같은 수도원들은 배움과 학문의 희미한 램프를 중세의 암흑을 관통해서 꺼지지 않게 유지했다. 그러나 이 수도원 학교에 의해 제공된 교육은 목사를 지망하는 사람과 귀족들의 자제로 이루어진 극소수의 사람들만 향유했을 뿐이고, 백성 대중은 교육에서 배제되었다.

16세기 초에 이 수도원 학교마저도 수도원체제와 더불어 퇴화하고 무너져 내리기 시작했다. 타락한 성직자들은 젊은이들을 가르칠 능력도, 의지도 없었다. 수도원 학교는 지성이나 마음에 대한 호소 없이 독실함의 형태로 이루지는 단순한 구두교육이고 기념이 될 만한 시구절의 대부분 기계적 반복이었다. '외부학교'는 점차 수도원과의 모든 연관을 끊고 '문법학교'라는 독립학교로 변했다. 이 문법학교를 모방하여 작은 학교들이 수도원이나 주교가 없는 타운에도 설립되었다.1148)

학습시간에 사용되는 언어는 여전히 라틴어였다. 독립학교에서도 교육의 목적은 목사와 교회복무자의 훈련이었다. 교장은 불변적으로 성직자였지만, 보조교사들은 '바칸테스(Vagantes; Bacchantes)'라고 불리는 '떠돌이 학자들'로부터 선발되었다. 이들은 빵을 구하거

1147) Georg Fiedler, "Luther's Views and Influence on Schools and Education", *The Modern Quarterly of Language and Literature* (Nov. 1898, Vol. 1, No.3), 211쪽.

1148) Fiedler, "Luther's Views and Influence on Schools and Education", 211-212쪽.

나 때로 빵을 훔치기 위해 도처에서 우글댔다. 수도원 학교의 강철 기율 아래서 신음하던 목사 지망의 젊은 사람들은 학교를 나와 이제 고삐 풀린 방종생활을 하며 난봉을 피우는 짧은 기간의 자유를 최대한 활용하는 중이었다. 이들은 나라의 진정한 골칫거리였다. 교사를 구하는 타운에 도착하면 그들은 교사활동으로 여비를 벌기 위해 단기간 거기에 정주했지만, 교습방법을 알지도 못했고, 교습을 좋아하지도 않았다. 그들은 학생들의 성품이나 성향을 연구하는 '체'하지도 않았다. 그들은 자기들이 배운 대로 기계적으로 가르쳤고, 그들이 지배당한 것보다 더 악독하게 폭력으로 학생들을 지배했다. 이것은 빈민아동들이 사나운 선생들의 손에서 겪는 학대와도 비교할 수 없었다.[1149]

유럽의 교육의 역사는 세 시기로 나뉜다. 제1시기는 수도원과 주교관구에 소속된 극소수 학교가 있던 단계이다. 이 시기에서 교회복무자들의 훈련이 모든 교육의 제일목적이자 목표였다. 제2시기는 몇몇 세속적 상업학교가 설립되던 단계다. 제3시기는 대중적 의무교육단계다.[1150]

제1시기는 의무·대중교육 관념도, 초급·중급교육 분리(3단계 학제) 관념도, 세속적 교육관념도 없는 종교적 목적의 학교교육의 시기다. 제1시기에 초기 중세에서 르네상스까지의 시기다. 이때는 종교적 목적의 초급학교와 중급학교가 구분 없이 뒤섞여 생겨났다. 중세 초에 대성당 학교들이 성가대원과 성직자들의 자원을 공급하기 위해 세워졌다. 최초의 학교는 597년에 오거스틴 오브 캔터베리가 개교한 캔터베리 킹스스쿨(Kings School, Canterbury)이다. 이후 어둠

1149) Fiedler, "Luther's Views and Influence on Schools and Education", 212쪽.
1150) Fiedler, "Luther's Views and Influence on Schools and Education", 211쪽.

이 계속되다가 853년 로마공회의가 각 교구는 기초교육을 제공해야 한다고 결정했다. 교육과목은 종교적 의례와 라틴어의 읽기쓰기였다. 교육목적은 '사회변동'의 설명이 아니라 '구원'의 설명이었다. 교회는 교육에 대한 독점권을 행사했다. 봉건영주들은 자기 자식들을 소수의 교회학교에 보내는 것을 허용했다. 당시 유럽은 봉건적 농업사회였는데도 농노가 백성의 대부분을 차지했다. 농노의 아들들은 철이 들자마자 교육에서 배제되어 노동을 시작해야 했다. 인간은 하느님에 의해 아담의 형상으로 창조되어 원죄를 공유하고 어린이는 죄를 안고 태어났다는 것이 기독교인들에 의해 진리로 받아들여졌다. 그러므로 교회의 가르침과 성례식聖禮式, 그리고 노동만이 어린이들의 원죄를 사해줄 수 있었다. 교구는 기초교육을 제공했으나, 모든 어린이에게 교육을 제공할 필수요건이나 의무관념이 없었다. 학교의 필요성은 성직자를 생산하고, 샤를마뉴와 같은 안정된 왕국에서는 세금을 걷고 관리하기 위해 기초적 라틴어 쓰기 기능과 산술능력을 갖춘 행정관리를 산출하는 것이었다. 이런 기능들은 큰 사원에서도 필요했다. 그러나 곧 타운의 교육수요와 수도원의 수요가 갈라지기 시작했다.

교구학교, 부속예배당학교, 수도원학교, 대성당학교는 인쇄술과 제지술의 미달발로 수업을 책도 노트도 없이 구두로만 진행했고, 따라서 필기시험도 불가능했다. 이 상태는 16세부터 17세기까지 계속되었고, 학교에서의 필기시험은 18세기 말엽까지도 알려지지 않았다.

여자들을 위해서는 소녀들이 교회생활에 들어옴과 동시에 수녀원에 소속되었고, 수녀원학교도 등장했다. 소녀들은 여덟 살에 입학해서 라틴어문법, 종교적 독트린, 음악, 방적·방직기술, 태피스트리, 그림과 수놓기를 배웠다. 부속예배당 학교는 자선적 기부로 세워졌고, 초급·중급교육의 구별 없이 빈민아동을 가르쳤다.

1179년 라테란 공회의는 대성당이 학교를 설치해야 한다는 결정을 발령했다. 기초교육은 삼학三學(문법·논리·수사학)과 사학四學(산수·기하학·천문학·음악)을 가르쳤다. 그런데 이 '사학'은 훗날의 기준으로 치면 중급학교(중고등학교)의 기초과목이었다. 이 소수의 대성당 학교의 혜택은 귀족자제와 대상인 자제 중 일부에 한정되었다. 그리고 학교교육은 부모의 의무가 아니었다.

르네상스시기에 초급교과목은 불변이었으나, 휴머니즘의 영향으로 중급 교과목에 큰 변화가 있었다. 제국을 지배했었던 위인들의 저작들을 학습하면 어떤 영역에서든 성공할 수 있다고 믿어졌다. 르네상스 소년들은 5세부터 로마 어린이가 사용하던 교과서와 동일한 교과서를 이용해 라틴어 문법을 배웠다.

대부분의 귀족자제들과 부자자제들은 학교에 가지 않고 가정교사로부터 배웠다. 소수의 일부 소년들은 관구교회, 대성당 또는 사원에 부속된 학교에서 배웠다. 13세기부터 부유한 상인들은 성직자들이 문법을 가르치는 학교를 수립하라고 교회에 돈을 기부하기 시작했다. 이 초기 그래머스쿨(문법학교)들은 소년들에게 기초문법을 가르치게 되어 있었다. 연령 제한은 없었다. 따라서 그래머스쿨도 초급학교와 중급학교를 구별하는 관념 없이 5세부터 18·19세까지 아이들을 뒤섞어 가르쳤다. 이런 초기 그래머스쿨의 사례는 랭커스터 로열 그래머스쿨(Lancaster Royal Grammar School), 버킹검 로열 라틴스쿨(Royal Latin School, Buckingham), 스톡포트 그래머스쿨(Stockport Grammar School) 등이다.

그래머스쿨은 기초교육을 제공하기 위해 설치되었지만 입학을 위해 일정한 기능을 요구했다. 특히 자국어로 읽고 쓰는 것은 입학 전에 가정교육으로 갖춰야 했다. 이로 인해 가정교육이 불가능한 빈민 자식과 농민자식들은 학교교육에서 자동적으로 배제되었다. 이들의 일부만이 어쩌다 교회가 기부금으로 세운, 종종 '블루코트 스쿨'이라고 불린 자선학교와 (마을 아줌마들이 가르치는) 담스쿨(Dame schools) 또는 비공식 마을학교들이 맡아 가르쳤다. 자선학교는 종교적 신앙에 무차별적으로 개방된 학교였기에 '공공학교(public school)'라고도 불렀다. (7세에서 11세 사이의 가난한 어린이들을 위한 자선학교는 18세기에 많이 세워졌는데, 이것은 '기독교지식장려협회'의 정열적 캠페인 덕택이었다.) 이 자선학교들은 초·중등 학교교육의 근대적 개념의 기반이 되었다.

'담스쿨'은 중국의 사숙, 또는 조선의 서당과 유사한 학교였으나 다만 교사가 남자가 아니라 '스쿨담(school dame)'으로 불리는 아줌마 선생이 가르치던 학교다. 담스쿨은 어린이들을 위한 작은 사설학교였다. '스쿨담'은 아주 적은 수업료를 받고 어린이를 가르치는 지역 아줌마들이었다. 담스쿨은 전적으로 타운이나 교구 수준의 소小지방에 국한된 학교였다. 담스쿨에서 어린이들은 읽기와 산술을 배웠고 때로는 쓰기도 배웠다. 여자 어린이들은 종종 뜨개질·바느질과 같은 기술도 배웠다. 담스쿨은 영국에서 15-16세기에 생겨났으나, 의무교육법이 시행되기 시작한 19세기 후반까지도 존속했다.

제2시기는 거의 모든 나라에서 15세기 중반 또는 말엽에 시작된 것으로 보인다. 그 발단은 잉글랜드에서 극소수 학생들을 받아들인 중급과정의 작은 '그래머스쿨(Grammer School)', 즉 '문법학교'의 설립에 의해 시작되었다.

극소수 귀족과 부유층의 자제들이 다니는 이 소형 문법학교들은 영국 전역에 걸쳐, 그러나 드문드문 엉성하게, 그것도 오랜 세월에 걸쳐 들어섰다. 이 변화는 다 요크-튜더왕조 시기(1477-1603)의 일이었다. 또 튜더왕조의 에드워드 6세는 그래머스쿨을 재조직하여 "자유그래머스쿨"이라는 전국체계를 수립했다. 이론상 이 그래머스쿨은 수업료를 낼 수 없는 학생들에게 무상교육을 제공한 점에서 만인에게 개방되었으나, 실제로는 그렇게 운영될 수 없었다. 방대한 수의 빈민 어린이들이 집안에서 노동을 해야 했기 때문에 학교에 다닐 수 없었다. 그래머스쿨은 종교개혁에 의해 많이 창설되고 증가된 세속적 교육에 대한 수요를 충족시키기 위해 설립되었다. 잉글랜드의 교육역사에서 제2시기 학교제도의 새 시대를 연 것은 바로 종교개혁이었다.[1151] 종교개혁은 영어로 '성서'를 읽는 것을 촉진했다.

독일에서 마르틴 루터가 1517년 95개조의 논제를 발표한 뒤 우여곡절 끝에 독일 안팎에서 막강한 영향력을 떨치게 된 1530년대에 영국의 헨리 8세는 1534년 수장령을 발표하여 영국교회를 로마교황청과 단절시키고 종교개혁을 시작했다. 헨리 8세는 1536년과 1541년 사이에 일련의 행정조치와 법적 조치를 통해 잉글랜드·웨일즈·아일랜드의 수도원, 소小수도원(priory), 수녀원, 수사단을 해체하고, 그들의 소득을 수탈하고, 그들의 자산을 처분하고, 이전의 직원들과 기능인들을 부양했다. 이것은 '수도원 철폐(dissolution of the monasteries)' 또는 '수도원 억압'이라고 불린다. 수도원자산의 매각대금은 1540년대 원정의 군자금으로 투입되었다. 그는 1534년 의회에서 통과된 수장령으로 의회로부터 이런 권한을 부여받았다. 1530년대 후반의 수도원 철폐는 "영국역사에서 가장 혁명적인 사

1151) Fiedler, "Luther's Views and Influence on Schools and Education", 211쪽.

건"이었다. 영국에는 약 900개소의 종교시설이 있었다. 그중 약 360개소는 수도승을 위한 것이고, 300개소는 대성당 참사회 의원을 위한 것이고, 142개소는 수녀용이고, 183개소는 탁발승용이었다. 총인원은 약1만2000이었는데, 이들은 4000명의 수도승, 3000명의 성당참사회 의원, 3000명의 탁발승, 2000명의 수녀로 구성되었다. 당시 영국의 성인남성은 총 50만 명에 불과했는데, 그중 무려 2.4%가 교단에 들어 있었던 셈이다.[1152)]

이런 종교개혁과 수도원철폐로 인해 수도원에 소속되었던 많은 학교에 재정난이 닥쳤다. 각종 학교는 에드워드 6세에게 재정기부를 청원했다. 이때 재정기부를 받은 학교들은 라우스(Louth) 킹에드워드 식스 그래머스쿨(King Edward VI Grammar School), 노위치(Norwich) 킹 에드워드 식스 그래머스쿨, 셰익스피어가 7세에서 14세까지 다닌 스트렛퍼드-어폰-에어번(Stratford-upon-Avon) 킹 에드워드 식스 그래머스쿨 등이다.

전근대 프랑스의 학교제도를 보자. 중세 프랑스에서 샤를마뉴는 수도원 학교와 스크립토리아(서책필사센터)를 늘렸다. 그는 789년 각 주교 교구는 성직을 지망하지 않는 학생들을 위한 학교를 조직할 것을 명한 윤음(Admonitio generalis)을 공표했다. 이로써 샤를마뉴는 프랑스에서 '교육의 아버지'로 간주된다. 교회학교들은 8세기부터 줄곧 사원과 대성당에 부설되었고, 가톨릭교회에 의해 통제되었다. 종종 대성당 경내에 소재한 그래머스쿨은 라틴어와 법률을 가르쳤다. 법률을 가르친 것이 다른 나라의 그래머스쿨과 달랐다.

1150년경에 창설된 '파리대학교'는 유럽 최초의 대학교 중의

1152) George W. Bernard, "The Dissolution of the Monasteries", *History* 96#324(2011), 390쪽.

하나다. (파리대학 창설은 당요唐堯 시대의 중국 국립대학교 '성균成均''의 설립에 비하면 까마득히 뒤에 일어난 일이었다.) 파리대학교 외에도 12세기부터 줄지어 툴루스대학교·도를레앙대학교·몽펠리에대학교·다비농대학교·카오르대학교·그레노블대학교 등을 비롯한 많은 대학교들이 창설되었다. 서구의 이런 대학교들은 말이 '대학교'이지 중국의 부학·주학·현학의 상급반 코스에 불과했다. 17세기에는 다양한 가톨릭 교령에 의해 칼리지들이 설립되었다. 이와 나란히 대학교 설립도 더 촉진되었다.

한편, 종교개혁의 산실인 독일에서는 프로테스탄트 학교교육 개혁운동이 스코틀랜드에서보다 더 강력한 영향을 끼쳤다. 마르틴 루터가 존 녹스보다 더 많은 시간과 더 많은 사상을 이 주제에 바쳤기 때문이다. 종교개혁 직후의 시기에 독일 교육시스템은 다른 모든 국가를 능가했던 것이 사실이다. 이것은 전적으로 루터와 그의 추종자 멜란히톤(Philip Melanchton, 1497-1560), 그리고 그들의 계승자들 덕택이었다. 루터의 교회개혁의 '축복'이 독일에 한정되지도 교회에 갇히지도 않았듯이 루터의 교육개혁의 영향도 독일 국경을 넘어 멀리 확산되었다.[1153]

■ 마르틴 루터의 근대적 · 전근대적 교육론

1560년 종교개혁 이전과 이후의 교육을 비교하는 논고를 쓴 니콜라스 헤어만(Nicolas Hermann)이라는 옛 독일의 학교교사는 이 논고에서 이전의 전근대적 교육을 이렇게 회상했다.

내가 내 마음을 과거로 돌려 50년 전 나의 젊은 시절의 학교상태와 그때

1153) Fiedler, "Luther's Views and Influence on Schools and Education", 211쪽.

유행하던 교육체계를 생각할 때, 내 머리카락이 쭈뼛 선다. 가련한 꼬마들은 얼마나 많은 괴로움과 추위, 굶주림과 학대를 겪었고, 그 대가로 얼마나 적은 교육을 받았던가! 많은 꼬마들은 적은 라틴어를 이해하고 말할 수 있기 전에 스무 살이 되었다. (...) 그리고 가련한 어린이들은 학교에서 충분히 비참하게 만들어진 뒤 동냥질을 하라고 밖으로 내보냈고, 바람과 비와 눈 속에서 노래를 불러 이마의 땀을 흘리며 적은 생필품을 모았을 때 집안에 편히 앉아있는 바칸테스들을 달래기 위해 그것을 몽땅 포기해야 했고, 그러면 아무것도 가난한 소년들에게 남아 있지 않아서 입술을 핥으며 굶주렸다.[1154]

1500년생 독일 유명한 우화작가 에라스무스 알베루스(Erasmus Alberus)도 이렇게 회상한다.

학창시절에 나는 종종 빈민 어린이들이 경악할 정도로 학대받는 것을 보았다. 그들은 어린이들의 머리를 벽에 부딪쳤고, 나도 동일한 학대로부터 도망칠 수 없었다. 나는 14살 때 단 한 단어도 격변화시킬 줄 모르고 단 한 문장도 문법적으로 설명할 줄 모르는 방식으로 교육받았다.[1155]

훨씬 더 끔찍한 학창시절의 또 다른 보고는 토마스 플라터(Thomas Platter)라는 사람의 자서전에 실려 있다. 그는 1582년 바젤의 어느 큰 학교의 교장으로 가르치다 세상을 떠났다.[1156]

1154) Fiedler, "Luther's Views and Influence on Schools and Education", 212쪽.

1155) Fiedler, "Luther's Views and Influence on Schools and Education", 212쪽.

1156) 플라터의 보고는 참조: Guatav Preytags, *Pictures of German Life* (London: Chapman, 1862). Fiedler, "Luther's Views and Influence on Schools and Education", 212쪽에서 재인용.

마르틴 루터(Martin Luther, 1483-1546)도 맨스필드에서 학교를 다녔는데, 교사들의 폭행과 무식을 개인적으로 체험했다. 종종 그는 그의 어린 시절에 학교가 단순한 감옥이나 정화소였고, 학교선생들은 간수가 죄수들을 두들겨 패듯이 어린이들을 때리고 학대하는 폭군과 공사감독이었다고 불평했다. 그는 "교사들은 교장에게 화풀이를 할 수 없을 때 가난한 소년들에게 그것을 퍼부었다"고 말하고, 학교에서 오전에만 15번을 매질 당했다고 회상한다. 그리고 교사들의 역량과 관련하여 그는 간명하게 이렇게 힘주어 말한다. "그들은 아무것도, 절대 아무것도 몰랐다. 그들은 돈을 충분히 먹어치우지만 그들 자신처럼 당나귀가 되게 하는 것을 빼고 학생들에게 아무것도 가르치지 않는 멍청한 당나귀들이었다. 그들에게 배운 사람은 그들이 유소년들에게 보인 수치스런 본보기는 말할 것도 없고 10여년 배워도 종국에 라틴어도, 독일어도 알지 못할 것이다."[1157] 타운(읍면)들의 중요성이 더해가면서 철저한 실용적 교육에 대한 요구가 매일 압박해 왔고 이 요구를 충족시키기 위해 '타운스쿨'이 14-15세기에 북독일의 한자(Hansa)도시들에서 창설되기 시작했었다. 이 학교들에서 부유한 상인들의 자제들이 읽기, 쓰기, 산술을 배웠다. 간단히, 상인경력에 필수적으로 여겨진 모든 것을 배웠다. 이 학교들은 다 상업학교였고, '하나의' 계급, 즉 상인계급에게만 혜택을 베풀었다.[1158]

14-15세기는 유럽의 거의 모든 지역에서 대학교도 흥기했으나, 이 모든 상급교육기관들은 소수의 귀족·부유층 자제만을 위한 학교들이었고, 아무도 3단계 학제의 대중·의무·무상교육은 생각하지

1157) Fiedler, "Luther's Views and Influence on Schools and Education", 212쪽.

1158) Fiedler, "Luther's Views and Influence on Schools and Education", 212-213쪽.

않았다. 학교교사를 오두막 학교로 데려와 가장 미천한 농부의 아이도 나라가 제공하는 교육을 받게 만든 학교체계의 기초를 놓는 일은 평민백성 가운데서 나온 가난한 광부의 아들 마르틴 루터였다. 서구에서 루터가 '도시위정자'의 '의무교육(compulsory education)'과, 폭력과 학대로부터 해방된 '자유교육(free education)'의 사상을 전개한 최초의 인물이었다는 것은 그의 저작들로부터 입증될 수 있다.[1159)]

그러나 루터의 이 '교육의무'는 송·명·청대 중국이나 근대서구의 교육의무와 같은 의무, 즉 공적 학교교육을 자녀에게 보장해야 할 '모든' 학부모의 의무가 아니었다. (뒤에 살펴보겠지만 루터는 학교교육론에서 농촌지역의 부모와 자식들을 배제하고, 도시의 학부모와 자녀들을 대상으로 삼았다.) 중국과 근대의 교육의무는 모든 학부모가 완전한 무상교육과 결합된 명확한 3단계 학제 및 (각급 행정단위와 부합되는) '학군學群'제도에 기초한 국·공립학교에 자기의 자녀를 보내야 할 법적 의무였다. 그러나 루터가 말하는 위정자의 이 교육의무도 법적 의무가 아니라, (서구사회에서 기독교 신앙이 묵어질수록 약화될) 기독교도덕적 의무에 불과했다.[1160)] 그리고 루터에게는 무상숙식 관념은커녕 무상교육 개념도 희미했고, 3단계 학제와 학군개념도 희미했다. 그리고 루터는 교육의 목적을 성직자 양성에서 성서 읽을 줄 아는 기독교신도의 육성으로 바꾸었을 뿐이고, 정치철학·정책학·법률·정치경제와 같은 탈종교적·세속적 내용의 교육을 인정치 않는 "기독교학교(chrisrtliche Schule)"였다. 이것도 중국의 세속

1159) Fiedler, "Luther's Views and Influence on Schools and Education", 213쪽.

1160) Riemer Faber, "Martin Luther on Reformed Education", *Clarion* Vol. 47, No. 16 (1998), 'Establishing and Maintaining Schools'.

적·근대적 교육관과 정면으로 배치되는 측면이었다.

루터에게서 교육의무를 짊어지는 당사자는 학부모가 아니라 거의 전적으로 도시의 위정자들이었다. 말하자면, 루터가 말한 의무교육은 부모에게 부과되는 교육의무의 근대적 형태라기보다 도시 위정자에게 호소하는 교육의무이고, '국가위정자'의 교육의무라기보다 '도시위정자'의 교육의무였다.[1161] (뒤에 살펴볼 것인바, 중국의 학교제도와 대비되는 루터의 특별한 선진성이 있다면 그것은 남자 아이들과 교육내용과 목적이 달랐어도 여자 아이들에게 교육을 배려한 점이었다.) 그러나 대부분의 서구학자들은 근대적 의무교육개념을 루터의 교육론에 이입시켜 해석하고 루터의 의무교육을 오늘날의 의무교육 개념과 동일시하며 루터를 마냥 찬양한다.[1162]

루터는 기독교를 타락시킨 모든 병폐가 어린이들의 방치에서 왔고, 그의 종교개혁의 대업이 영구적 성과를 올리는 길이 어린이들로부터 시작하는 것이라는 생각을 뇌리에 깊이 새기고 있었다. 교회는 학교 없이 존재할 수 없었다. 루터는 거듭거듭 부모에게 관심을 돌리고 자녀들을 잘 양육하라고 진지하게 훈계했다. 그는 어린이들을 "하느님의 가장 훌륭한 선물"로 여겼다. 따라서 어린이

1161) "He advocated compulsory education on the part of the State(그는 국가 쪽에서의 의무교육을 옹호했다)". "Schooling for Life - Martin Luter Educator"

1162) 참조: Fiedler, "Luther's Views and Influence on Schools and Education", 213쪽; Susanne Heine, "Martin Luther(1483-1546): An die Radherrn aller Stedte deutsches lands: das sie Christliche schulen auffrichten und hallten sollen (Wittenberg 1524)", 272쪽, Winfried Böhm, Brigitta Fuchs, Sabine Seichter, *Hauptwerke der Pädagogik* (Brill: Ferdinand Schöningh, 2019); Martin Luther College, "Schooling for Life - Martin Luther Educator", Kenneth A, Cherney, Jr. (ed.), *Heritage and Hope: Essays in Honor of the 150th Anniversary of Wisconsin Lutheran Seminary* (Mequon: Wisconsin: Wisconsin Lutheran Seminary Press, 2013). 이것도 참조: Lori Harwood, "Martin Luther was an Advocate for Education Reform" (April 4, 2017, Talk); Susan Karant-Nunn and Ute Lotz-Heumann, "Pamphlets and Propaganda: The Lutheran Reformation in Print" (April 11, 2017, Talk).

교육에 대한 배려를 가장 수락할만한 봉사로 간주했다. "어린이를 가르치는 것은 하느님을 제대로 잘 모시는 것이다".[1163] 그러나 루터는 곧 학교 상황의 개선이 부모로부터만 올 수 없다는 것을 깨달았다.

그리하여 루터는 1524년 그 유명한 공개서한 형식의 팸플릿 『기독교 학교를 세우고 유지해야 한다는, 독일 땅의 모든 도시의 시의회 의원들에 대한 호소(*An die Radsherren aller Städte deutschen Landes, daß sie christliche Schulen aufrichten und halten sollen*)』을 집필했다.[1164] 이 팸플릿은 독일에서 근대적 의무교육제도의 기원으로 볼 수는 없지만 만민교육 제도(system of popular education)의 기원으로 간주할 수 있다. 이 글에서 그는 먼저 기존 학교들의 통탄할 실태를 지적하며 기독교에 대한 정신적 교육의 중요성을 역설한다. "첫째 우리는 지금 독일 땅에서 사람들이 어떻게 도처에서 학교들을 망가뜨리고 있고, 상급 학교(die hohen Schule; 오늘날의 전문대[Hochschule]에 상당)는 약해지고 수도원은 줄어들고, 이사야가 말하듯이 이러한 풀이 마를 것이고 꽃이 시들고 있다는 것을 철두철미 경험하고 있다. 하느님의 정신이 그분의 말씀을 통해 그 안으로 짜 넣고 거기다가 복음을 통해 아주 뜨겁게 재단하고 있기 때문이다. 이제 하느님의 말씀을 통해 이런 존재가 어떻게 비기독교적이고 배(腹)만을 지향해 있는지가 알려질 것이다. 그렇다, 육체적 떼거리는 아무도 더 이상 자녀들을 배우게 하지도, 공부시키지도 않는다면 아들딸과 친구들을 더 이상 수도원과 양육원 안으로 몰아넣어서 집과 농장에서 쫓아내 낯선

1163) Fiedler, "Luther's Views and Influence on Schools and Education", 213쪽.

1164) Martin Luther, *An die Ratsherren aller Städte deutschen Landes, daß sie christliche Schulen aufrichten und halten sollen*. https://www.checkluther.com › uploads › 1524-A s/1524. 구글 검색: 2021. 12. 30.

농장에서 눌러앉게 해서는 아니 된다고 생각하기 때문이다. 그들은 '그렇다, 목사나 승려나 수녀가 되지 않을 바에 왜 배우게 해야 하는가?'라고 말한다. 자식들을 먹고 살게 하려면 그것보다 훨씬 더 많은 것을 배우게 만들어야 한다는 것이다."[1165] 이에 맞서 루터는 주장한다. "우리는 우리의 사랑스런 자녀들을 배만 채우는 것이 아니라 영혼도 채우고 싶다". 이것은 "물론 제대로 된 충실한 기독교적 부모들이 이러한 일에 관해 말하는" 입장이다.[1166]

따라서 루터는 "많은 것이 기독교인들과 온 세상의 책임이기 때문에 우리가 어린 백성을 돕고 조언하는 것은 진지하고 위대한 일이다"고 천명한다. "그러면 이 일로 우리 모두가 도움과 조언을 받는다. 그리고 악마의 이러한 조용하고 음험하고 음흉한 싸움이 위대한 기독교적 진지성으로 방어될 것이라는 것을 생각하라. 친애하는 위정자 여러분, 도시가 일시적 평화와 편안을 유지하기 위해 사람들은 소총·길·나무다리·성벽과 기타 셀 수 없는 것들에다 매년 많은 비용을 쓴다. 그런데 왜 궁핍하고 가난한 소년들에게는 훨씬 더 많은 비용을, 하여간 적어도 한두 명의 유능한 사람을 학교선생으로 모셔올 만큼의 비용을 쓰지 말아야 하는가?"[1167]

그리고 루터는 일반 시민에게로 방향을 돌려 종교와 관련된 쓸데없는 일에 돈을 낭비하지 말고 아동교육에 돈을 쓰라고 말한다. "모든 시민이 지금까지 아주 많은 돈과 재물을 금식·미사·철야기도·양육원·신약식·명절·동냥승·신도회·순례, 그리고 더욱이 광신에다 버리지 않을 수 없었다면, 그리고 금후 신의 은총으로 이러한 전리

1165) Luther, *An die Ratsherren aller Städte deutschen Landes,* 1쪽.

1166) Luther, *An die Ratsherren aller Städte deutschen Landes,* 2쪽.

1167) Luther, *An die Ratsherren aller Städte deutschen Landes,* 2쪽.

품들과 기부들에서 면해져 금후에 가난한 어린이들을 양육하기 위해 그것의 일부를 학교에 기부하고자 한다면, 지금까지 모든 시민들 자신도 제각기 그렇게 움직이도록 만들어야 한다." 루터는 모든 가톨릭적 행사를 질타하며 학교에 돈을 쓰라고 말하고 있다.[1168]

둘째, 루터는 독일의 문화적 낙후성을 부끄러워하며 독일에 찾아든 이 종교개혁의 하느님 은총을 놓치지 말고 활용해서 민족주의적 애족심에서 독일인들에게 수도원 학교와 기존 상급학교를 폐지하고 새로운 학교의 창설을 촉구한다.

> 다른 한편, 성 바울이 고린도 후서 6장에서 말했듯이 우리는 하느님의 은총을 헛되이 맞아들지 않고 복된 시대를 놓치지 않아야 한다. 왜냐하면 전능한 하느님이 확실히 우리 독일인들의 고국을 지금 은혜롭게도 찾아왔고 제대로 된 황금기를 여셨기 때문이다. 지금 우리는 그들을 어린 백성의 교육에 사용하고자 한다면 이로움을 가져다 줄 수 있는, 언어와 온갖 기술을 갖춘 가장 훌륭하고 가장 박식한 젊은 장인과 사람들을 가지고 있다. 지금 한 소년을 3년간 훈육하면 이 소년이 15-18세에 지금까지의 모든 상급학교와 수도원이 할 수 있었던 것보다 더 많이 할 수 있는 것이 눈앞에 떠오르지 않은가? 그렇다. 당나귀, 멍텅구리, 통나무가 되는 것 외에 상급학교와 수도원에서 무엇을 배웠던가? 20년, 40년 동안 그들은 그곳에서 배웠어도 라틴어도, 독일어도 알지 못했다. 고귀한 청소년들이 비참하게 타락한 치욕스럽고 악덕스런 생활은 말하지 않겠다. 그래서 내가 상급학교와 수도원들이 종래처럼 그대로 남아 있고 가르치고 사는 어떤 다른 방식이 청소년들에게 사용되지 않을 것을 내가 바라기보다 차라리

1168) Luther, *An die Ratsherren aller Städte deutschen Landes*, 2-3쪽.

청소년이 아무것도 배우지 않고 벙어리가 될 것을 바란다는 것이라는 것이 사실이다. 당나귀 외양간과 악마학교들이 심연 속으로 꺼져버리든가 기독교학교로 바뀌는 것이 나의 진지한 의견, 부탁, 바람이다. 그러나 하느님이 우리에게 풍부한 은총을 베푸시어 어린 백성들을 훌륭하게 가르치고 기를 수 있는 그런 사람들을 많이 주셨다. 그래서 진정으로, 우리는 하느님의 은총을 유념하여 하느님이 우리의 문을 두드리는 것이 헛되지 않게 해야 한다. 하느님은 문을 열어드린다면 문 앞에, 물론 우리 문 앞에서 계신다. 그분은 우리에게 인사를 하신다. 우리는 답례를 해야 한다. 우리가 그분이 지나가는 것을 못 본다면 누가를 그분을 다시 모시고 올 것인가?[1169]

루터는 독일의 도시위정자들에게 종교개혁으로 열린 이 기회를 놓치지 말자고 신신당부하고 있다.

루터는 독일의 역사를 다시 돌아본다. "우리가 처했던 우리의 옛 비참과 어둠을 들여다보자. 나는 독일 땅이 지금만큼 많은 하느님 말씀을 들은 적이 없다는 것에 주목한다. 사람들은 역사에서 그것에 대해 낌새를 챈 적이 없고, 우리가 감사와 영예 표명 없이 그것을 사라지게 만든다면 훨씬 더 소름끼치는 어둠과 역병을 겪게 될까 우려한다. 친애하는 독일인들이여, 시장이 문 앞에 있으니 사라, 해는 빛나고 날씨는 좋으니 모아라. 하느님의 은총과 말씀이 눈앞에 있으니 그것을 써라. 그대들은 하느님의 말씀과 은총이 한번 왔으면 다시 오지 않는 지나가는 소나기라는 것을 알아야 한다. 이 소나기는 유대인들에게 내렸으나 이제 지나갔고 그들은 이제 아무것도 없다. 바울이 이 소나기를 그리스로 가져왔고 또

1169) Luther, *An die Ratsherren aller Städte deutschen Landes,* 3쪽.

지나갔다. 지금 그리스는 터키인들이 살고 있다 로마와 라틴 땅도 소나기를 맞았으나 지나갔고 그들은 이제 교황을 가졌다. 그리고 그대 독일인들은 그대들이 이 소나기를 영원히 맞을 것이라고 생각해서는 아니 된다. 배은망덕과 경시가 소나기를 머물게 하지 않을 것이기 때문이다. 이런 까닭에 쥐고 붙잡을 수 있는 자는 움켜쥐고 붙잡고 있어라. 게으른 손은 안 좋은 세월을 맞을 것이다."[1170] 루터는 독일의 역사를 다시 돌아보고 이 종교개혁의 기회를 꼭 붙들고 학교를 개혁하기를 바란다.

셋째, 루터는 자녀교육이 부모의 신적 의무이고 나라의 의무이기도 하다는 것을 논변한다. "세 번째 것은 부모가 자식을 가르치라고, 모세를 통해 그토록 자주 내몰고 요구하는 최고의 계명, 즉 하느님의 계명이다. 시편 78장도 그것을 말한다. 하느님은 자식들을 알게 하고 자식의 자식을 가르치라고 우리 아버지들에게 어떻게 그리 선명하게 명했던가. 그리고 불복종하는 자식들을 재판을 통해 죽이라고 할 정도로 하느님이 부모에 대한 복종을 자식들에게 그리 선명하게 명하는 하느님의 네 번째 계명도 그것을 입증한다. 우리 늙은이들이 왜 달리 살며 젊은 백성을 보살피고 가르치고 육성하는가? 자유분방한 백성들은 스스로를 가르치고 자제해야 하는 것이 불가능하기 때문이다. 이런 까닭에 하느님은 그들을 나이 들고 경험 많은 우리게 맡겼다. 이것은 그들에게 좋은 것이다. 하느님은 우리에게 그들에 대한 아주 어려운 사후책임을 요구할 것이다. 이런 까닭에 모세도 (모세 제5경 32장에서) 명령한다. 네 아버지에게 물어라, 그러면 그가 네게 말해줄 것이다. 노인들이 네게 그것을 보여줄 줄 것이다."[1171] 그러나 이것은 부모의 교육의무이지만,

---

1170) Luther, *An die Ratsherren aller Städte deutschen Landes,* 3쪽.

아직 자식을 학교에 보내 교육시키는 '학교교육의무'가 아니다.

루터는 이교도들과 동물들을 예로 동원하면서 자식교육이 하느님의 계명일 뿐만 아니라, 인간의 "본성"이라고까지 말한다.

> 비록 우리의 자식들과 어린 백성을 기르고 그들의 최선을 생각하도록 맨 먼저 자극하고 우리 자신을 자극하게 하는 데까지 이르렀다는 것은 죄악이고 치욕이더라도, 본성(die Natur) 자체도 동일한 것을 우리에게 몰아붙이고 이교도들에게서도 본보기를 우리에게 다양하게 보여준다. 어떤 비이성적 동물도 자기 새끼를 돌보지 않고 가르치지 않는 것이 아니다. 자기 새끼를 돌보고 가르치는 것은 타조가 아니라면 동물의 책임이기 때문이다. 욥기 39장에서 하느님은 타조가 자기 새끼가 마치 자기 것이 아닌 것처럼 새끼에게 냉정하다고 말하기 때문이다. 타조는 자기 알을 땅 위에 그냥 놓아둔다. 그렇지 않고 우리가 대부분 삶의 목적으로 삼고 것, 즉 어린 백성을 돌보는 것을 그만둔다면, 우리가 모든 것을 다 가졌고 모든 것을 다 하고 마치 순전히 성인聖人이라고 하더라도 이것은 무슨 득得이 되겠는가? 나는 외적 죄악들 중에 어떤 죄악도 자식들을 기르지 않는 짓을 범하는 죄악만큼 크게 하느님 앞에 세상을 고발하고 그렇게 가혹한 처벌을 받을 만하지 않다는 사실에 주목한다.[1172]

루터는 자식을 가르치지 않는 죄를 하느님에 대한 가장 큰 사회적 죄로 규정하고 있다. 그러나 '본성'을 거론하면서 자식을 양육하고 가르치는 동물적 '본성'을 어기는 것을 '하느님에 대한 죄'로 돌리는 것은 자못 배리적背理的이다. 자기 새끼를 가르치지 않는

1171) Luther, *An die Ratsherren aller Städte deutschen Landes,* 3-4쪽.

1172) Luther, *An die Ratsherren aller Städte deutschen Landes,* 4쪽.

것이 '하느님에 대한 죄'라면 그것은 '기독교도덕적' 죄악일 뿐이고, 한낱 이런 '종교적' 죄악에 대한 느낌은 기독교신앙이 사회 전반에 걸쳐 묽어지거나 미적지근해지면 사라져버릴 것이다.

그래도 루터는 다시 한번 어린이와 청소년을 가르치지 않고 방치하는 부모의 죄를 극화시켜 표현한다. "내가 어렸을 때 사람들은 학교에서 이런 속담을 내걸었다. '학생을 소홀히 방치하는 것은 처녀를 더럽히는 것 못지않은 것이다(*Non minus est negligere scholarem, quam corrumpere virginem*).' 사람들은 학교교사를 놀래기 위해 이 속담을 말한다. 당시에는 처녀를 더럽히는 것보다 더 무거운 죄악을 모르기 때문이다. 그러나 친애하는 주 하느님, 고귀한 영혼을 방치하고 더럽히기 때문에, 또 이러한 죄악은 주목받지도 않고 인식되지도 않고 또 결코 속죄받을 수도 없이 죄악에 비해 처녀나 부녀를 더럽히는 것은 (이 죄악은 인식된 육체적 죄악으로서 그래도 속죄를 받을 수 있다) 얼마나 적은 죄악입니까? 오, 세상에 화 있을 진저! 언제나 그리고 영원히. 어린이들은 매일 태어나고 우리들 품에서 자랄 것이다. 그런데 안타깝게도 가난한 어린 백성을 보살피고 다스리는 사람이 아무도 없으므로, 될 대로 되라는 식으로 방치되고 있다. 수도원과 교회 양육원이 그것을 해야 했다. 그런데 이것들은 그리스도가 이렇게 말하는 바로 그것들이다. '분노 때문에 세상에 화 있을진저! 나를 믿는 이 어린 백성들 중 하나를 분노하게 하는 자는 맷돌을 목에 달고 가장 깊은 바다 속으로 가라앉는 것이 나을 것이다.' 그런 자는 어린이들을 잡아먹고 타락시키는 자다."[1173] 루터는 여기까지 성서에 의거한 부모의 기독교도덕적 교육의무를 논했다. 따라서 이 부모의 교육의무는 아직 근대적 교육의무가

1173) Luther, *An die Ratsherren aller Städte deutschen Landes*, 4쪽.

아니다. 왜냐하면 첫째, 이 의무는 부모가 자식을 가르칠 의무이지, 학교에 보낼 의무가 아니기 때문이다. 둘째, 이 의무는 한날 이것을 위반할 때 법적으로 처벌하는 법규를 언급하지 않는 도덕적 의무에 불과하기 때문이다. 루터는 부모의 성서도덕적 교육의무로부터 방향을 돌려 위정자들의 교육의무에 대해 논한다.

> 당신은 그렇소, 이 모든 것은 부모에게 말한 것이다. 이것이 시市위원들 및 관청과 무슨 관계가 있단 말인가? 부모들이 그런 것을 하지 않는다면 이것이 참 어떻게 제대로 한 말이겠는가. 그러면 누가 해야 하는가? 위정자들이 뒤로 나자빠지면 어린이들은 소홀히 방치될 것이다. 관청과 시의회는 그러한 것이 그들의 책무가 아니라고 어떻게 변명할 것인가? 그 교육이 부모들에 의해 일어나지 않는 것은 여러 원인이 있다.[1174]

루터는 부모가 여러 가지 이유로 자식을 가르치지 못할 경우에 관청이 이 어린이 교육을 맡아야 한다는 논리를 도출하고 있다. 이 논변에 따르면 부모가 자기 자식을 가르칠 조건이 된다면, 즉 부모 자신이 자기 자식을 가르칠 실력과 시간이 있거나 가정교사를 둘 형편이 된다면 자기 자식을 학교에 보내지 않아도 된다는 것을 함의한다. 이런 의미에서도 루터의 교육론은 '모든' 부모가 자기 자식들을 의무교육 과정의 '학교'에 보내야 할 법적 의무를 짊어지는 근대적 의무교육론과 무관한 것이다.

반면, 케네의 논의를 상기하자면 중국의 교육의무는 법적 학교교육 의무였다. 케네는 중국정부의 "첫 번째 정치적 제도"를 "이 (자연법)학문을 가르치는 학교의 설치"라고 언명하고,[1175] 중국에서

1174) Luther, *An die Ratsherren aller Städte deutschen Landes,* 4쪽.

"백성의 교육"을 "관리의 주요기능들 중 하나"로 확인하고, 한 달에 두 번 관리들이 백성에게 가르침을 주어야 하는 것이 "법으로 정해져 있다"고 하면서 법으로 정해진 "16개항의 성칙聖勅"을 열거하는데,1176) 이 중 여섯 번째 성칙을 "그들은 갖은 방법으로 공립학교들을 고취해 유소년들이 거기에서 훌륭한 도덕의 가르침을 받도록 한다"는 조항으로 제시하고 있다.1177) 따라서 중국에서 무상교육·무상숙식에 기초한 정부의 이 공립 학교교육 방침에 불응하는 학부모와 자식은 둘 다 법적 처벌(벌금이나 회초리)을 감수해야 했다. 저 3단계의 근대적 만민의무교육 수준에 이른 중국의 의무적 학교교육제도에 비하면 루터의 교육론은 아직 전근대적인 것에 지나지 않았다.

그래도 루터는 학부모가 자식을 직접 가르치지 못하는 세 가지 이유를 들어 공적 학교교육의 필요성을 논변한다. "첫째, 일부 사람들은 아주 경건하거나 진실하지 않아서 그것(자식교육)을 할 수 있더라도 하지 않는데, 이것은 타조가 냉혹하게 굴고 자기의 새끼들에 대해서도 냉혹하게 굴어 알을 자기로부터 떼어 던지고 자식들을 낳은 것으로 그치고 더 이상 추가로 하는 일이 없는 것과 유사하다. 이제 이 자식들은 그래도 우리들 사이에서 그리고 우리들과 같이 공동의 도시에서 살아야 한다. 이제 이성은, 그리고 특히 기독교적 사랑은 그들이 버르장머리 없이 성장하고 다른 어린이들에게 독과 파리똥이 되어 마침내 소돔과 고모라, 그리고 가바(Gaba)와 기타 더 많은 도시에서 발생한 것처럼 전 도시를 타락시키는 것을 도대

1175) Quesnay, *Despotism in China* [1767], 271쪽.

1176) Quesnay, *Despotism in China* [1767], 196-198쪽.

1177) Quesnay, *Despotism in China* [1767], 197쪽.

체 어떻게 겪을 것인가?"[1178] 루터는 못 배운 어린이들에 의한 도시의 황폐화에 대한 공리주의적 우려를 불러일으키며 아동교육에 대한 위정자의 개입을 유도하려고 하고 있다.

루터는 학교교육의 두 번째 필요성을 자기의 자식을 가르칠 수 없는 학부모들의 무지와 교육능력 결여를 든다. "다른 한편, 부모들의 최대다수는 안타깝게도 그것(자식교육)에 능하지 못하고, 어린이들을 어떻게 기르고 가르칠지를 모른다. 왜냐하면 그들은 배를 채우는 것이 아니면 스스로 배운 것이 없고, 따라서 특별한 사람들이 어린이들을 잘, 그리고 제대로 가르치고 기르는 데 필요하기 때문이다."[1179] 스스로가 배우지 못한 부모는 무식해서 자기 자식을 가르칠 수 없고, 자기 자식을 가르치려면 교사가 필요하다는 말이다. 이 필요는 가정교사도 충족시킬 수 있으므로 아직 학교의 필요성을 논증한 것으로 볼 수 없다.

한 걸음 더 나아가 루터는 백보 양보하여 부모들이 지식능력을 아이의 교육에 충분할 만큼 가졌더라도 가르칠 시간과 공간이 없다는 사실을 든다. "셋째, 부모들이 능하고 기꺼이 그것을 하고 싶더라도 다른 업무와 가정관리 때문에 그것을 할 시간도, 공간도 없고, 따라서 필요가 어린이들을 위한 공동의 훈육교사를 가지도록 강제한다. 각자가 자기 자신을 위해 자기의 훈육교사를 갖고 싶겠지만 이것은 공동의 교사를 너무 어렵게 하고, 다시 많은 아동들을 가난 때문에 소홀히 방치할 것이다. 게다가 많은 부모들이 죽고 고아들을 뒤에 남기면 이 고아들이 후견인들에 의해 어떻게 구휼되는 것처럼, 우리에게 경험이 너무 적더라도, 그것은 하느님 자신이

1178) Luther, *An die Ratsherren aller Städte deutschen Landes,* 4쪽.

1179) Luther, *An die Ratsherren aller Städte deutschen Landes,* 4쪽.

스스로를 이 모든 사람에 의해 버림받은 자들인 고아들의 아버지로 임명한다는 것을 우리에게 보여줄 것이다. 아무 대가 없이 그들을 돌보는, 자식들이 없는 약간의 사람들도 있다."[1180]

루터는 이 세 가지 이유만을 열거한다. 그는 중국과 한국에서 사람들이 학교교육을 받아야 할 이유들 중 가장 크게 생각하는 이유, 즉 사람들이 큰 지식과 덕성을 겸비한 탁월한 사부師父의 높은 가르침을 받고 싶어 하지만 석·박사의 학위를 가진 훌륭한 사부들이 희귀해서 여럿이 한 공간에 모여 한 사부로부터 공동으로 배울 수밖에 없는 불가피성을 빼먹고 있다.

그래도 루터는 저 세 가지를 이유를 들어 일단 도시정부의 교육 책임을 도출한다.

이런 까닭에 여기에서 어린 백성들에게 가장 큰 돌봄과 가장 큰 배려를 가지는 것은 시의회와 관청의 책무일 것이다. 전 도시의 재산, 영예, 육체와 생명이 시청의 성실한 손에 맡겨져 있기 때문에, 그들은 밤낮으로 모든 능력을 다해 도시의 번영과 발전을 추구하지 않는다면 하느님과 세상 앞에서 독실하게 행동하지 않는 것이 된다. 이제 도시의 번영은 큰 재물을 모으고 공고한 성벽, 아름다운 주택, 많은 소총과 갑옷을 생산하는 것에만 있지 않다. 그렇다, 그런 것들이 많고 고삐 풀린 바보들이 그 위에서 설친다면, 그럴수록 그 도시에 더 나쁘고 그럴수록 더 큰 손해를 입힐 것이다. 반면, 도시가 훨씬 더 훌륭하고 훨씬 더 유식하고 훨씬 더 이성적이고 명예롭고 더 잘 길러진 시민을 가졌다는 것은 도시의 가장 좋고 가장 풍요로운 번영, 복, 힘이 된다. 그런 다음에 그들은 재물과 모든 재산을 잘 모으고 유지하고 제대로 쓸 줄 알 것이다.[1181]

1180) Luther, *An die Ratsherren aller Städte deutschen Landes,* 4-5쪽.

이와 같이 루터는 "훨씬 더 훌륭하고 훨씬 더 유식하고 훨씬 더 이성적이고 명예롭고 더 잘 길러진 시민"이 "도시의 가장 좋고 가장 풍요로운 번영, 복, 힘"이 된다는 공리적公利的(실리적) 이유에서 도시와 도시위정자들에게 청소년교육을 떠맡을 것을 권고하고 있다. '실리', 즉 공리적 이익을 넘어가는 공교육의 '진정한' 필요성(교민敎民, 즉 백성의 문화적·도덕적 교화)은 루터의 안중에 없다. 이익을 초월하는 공교육의 '진정한' 필요성이란 인간의 타고난 자연적 본성을 따르는 '도道', 즉 '인도人道'를 갈고닦는 교육(率性之謂道 修道之謂教)의 인도적 필연성과, 백성들에게 지성적·도덕적 문화를 습득習得케 하여 백성을 '새롭게 할(作新民)' 국가공동체적 필연성(大學之道在親民)을 말하고, 따라서 '교민'은 공자에게 있어 '양민養民' 다음에 오는 국가의 가장 큰 '존재이유(raison d'être)'였다.

그러나 루터는 교민을 단순히 도시국가의 여러 '공리적' 업무 중의 '하나'로 끼워 넣어보려고 애쓴다. "15세, 18세, 20세 이전에 라틴어와 희랍어, 그리고 (사람들이 말하는) 온갖 자유로운 기예를 지극히 뛰어나게 알도록 자기들의 자식들을 기르게 하고 그런 다음에 전쟁과 군대에 (그곳에는 슬기롭고 이성적이고 우수한 사람들이 없을 것이다) 온갖 기예와 경험을 갖춰 날 듯이 보낸 도시 로마는 어떻게 했던가! 지금 독일 땅에서 모든 주교, 모든 목사와 수도승을 하나의 무리로 융합한다면, 로마의 전쟁 노예 안에서 충분히 찾았던 것만큼 많은 것을 발견하지 못할 것이다. 그런 까닭에 로마인들의 일은 잘 되어갔고, 그곳에서 온갖 것에 유능하고 능란한 사람들이 있었던 것이다. 그러므로 이런 필요에 떠밀려 줄곧 온 세상에서, 심지어 그 이교도들도 훈육교사와 학교교사(Zuchtmeister und Schulmeister)를

1181) Luther, *An die Ratsherren aller Städte deutschen Landes,* 5쪽.

두어 한 백성을 성실한 어떤 다른 존재로 만들려고 한 것이다. 따라서 훈육교사라는 말도 인간적 삶의 공통적 사용으로부터 가져온 말로서 성 바울(갈라디아서 3장) 안에 있는 것이다. 그때 바울은 '율법이 우리의 훈육교사였다'고 말한다."[1182] 루터는 교사의 필요성을 성서에서 구하다가 갑자기 방향을 바꿔 로마 같은 이교도들의 나라와 온 세계 및 유대인들의 "율법"과도 공통된 "인간적 삶의 공통적 사용"에서 구하고 있다.

그러나 루터는 곧장 '학교교육'의 필요성으로 나아가지 않고 백보 후퇴해서 다시 도시사람들의 교육 필요성을 논한다.

> 도대체 하나의 도시란 사람들이 있을 수밖에 없어도 도처에서 사람들을 치료해야 할 정도로 극도의 궁핍, 결핍, 비탄 속에 들어있으므로 그들이 스스로 성장하도록 기다려서는 아니 되기 때문에 (사람들은 돌로 깎아 만든 것도 아니고 나무로 조각해 만든 것도 아니다) 하느님은 다른 것에 바쳐진 재화들을 써서 일을 성공시킬 수 있지 않는 한 기적을 일으키지 않을 것이다. 이런 까닭에 우리는 수고와 비용을 바치고 사용해서 사람들을 교육하고 만들어야 한다. 숲에서 나무가 자라듯이 어린 백성을 자라게 만드는 국가 외에 지금 모든 도시에서 유능한 사람들이 그렇게 희소해 보이고 그들을 어떻게 가르치고 기르는지가 목도되지 않는 것은 누구의 책임인가? 이런 까닭에 어린 백성들은 아무렇게나 자라서 어떤 건축에도 쓸모가 없는 무용지물 떼거리가 되어 한날 땔나무 감으로만 쓰이는 것이다.[1183]

루터는 "수고와 비용을 바치고 사용해서 사람들을 교육하고 만

1182) Luther, *An die Ratsherren aller Städte deutschen Landes,* 5쪽.

1183) Luther, *An die Ratsherren aller Städte deutschen Landes,* 5쪽.

들어야 할" 도시정부의 책임을 반복하고 있다.

> 하지만 우리가 다스림을 개선할 수 있더라도 천박한 망나니와 통나무 같은 자들을 다스리는 것이 여전히 하나의 부질없는 비이성적 기도라는 사실을 허용해야 한다면, 통치는 세속적으로 남아있을 수밖에 없다! 그리하여 그만큼 많은 돼지와 늑대들을 주인으로 만들어 그들이 어떻게 다스려지는지를 생각해보지 않으려는 사람들 위에 올려놓게 되는 것이다. 그리하여 더 멀리 생각하지 않는다면 그것은 비인간적 사악성이기도 하다. 따라서 우리는 지금 다스리려고 하고, 이것은 장차 우리들에게 올 사람들에게 그렇듯이 우리들과 유관한 것이다. 통치에서 자기들의 유용성이나 영예를 더 이상 구하지 않는 사람들은 인간들이 아니라 돼지와 개를 다스려야 한다. 최고의 배려를 투입하여 순전한 훌륭하고 유식하고 능란한 사람들을 기르더라도, 다스리는 것은 일이 잘 되려면 충분히 수고와 근심걱정을 가지게 될 것이다. 그런데도 전혀 아무것도 더하지 않는다면 일이 어찌 되어갈 것인가?[1184]

루터는 "천박한 망나니와 통나무 같은 자들", "돼지와 늑대들", 그리고 "개들"을 다스리는 "수고와 근심걱정"은 "훌륭하고 유식하고 능란한 사람들"을 다스리는 "수고와 근심걱정"보다 더 크기 때문에 다스림의 용이성을 위해 도시정부가 나서서 백성을 교육해야 한다고 주장하고 있다. 이것은 "군자는 도를 배우면 사람을 사랑하고 소인은 도를 배우면 부리기 쉬어진다(君子學道則愛人 小人學道則易使也)"는 공자의 말과[1185] 유사하다.

1184) Luther, *An die Ratsherren aller Städte deutschen Landes,* 5-6쪽.

1185) 『論語』「陽貨」(17-3).

루터는 여기서 관심을 돌려 고대어 학습의 필요성과 성서이해의 교육목표를 독일인들의 특별한 ‘짐승 같은’ 미개성 극복이라는 민족주의적 과제와 연결시킨다.

> 당신은 다시 말한다. 그렇다고 하자. 학교를 설치해야 할지라도 라틴·희랍·히브리 언어나 기타 예술을 가르치는 것이 우리에게 무슨 이로움이 있느냐? 우리는 성서와 하느님의 말씀을 독일어로 잘 가르칠 수 있고 이 것으로 우리의 행복에 충분하다고 한다. 대답: 그렇다. 그런데 안타깝게도 나는 주변국가들이 우리를 그렇게 부르고 우리도 그런 말을 들어야 싸듯이 우리 독일인들이 언제나 짐승과 천방지축의 동물이고 또 그런 상태로 남아있을 수밖에 없다는 것을 잘 알고 있다. 그러나 우리가 왜 한 번도 이렇게 말하지 않는지 궁금하다. 우리 자신이 와인, 곡류, 양털, 아마, 목재와 돌을 독일 땅 안에 양육을 위해 충분히 가지고 있을 뿐만 아니라, 고르고 고른 영예·장식품도 가지고 있다면 왜 비단, 와인, 양념과 외국 상품을 가져야하는가? 우리에게 손해가 아니라 큰 장식품, 유용품, 영예로운 것, 이익인 기술과 언어는 두 가지에 쓰이는 것, 즉 성서를 이해하고 세속적 통치를 운용하는 것이다. 우리가 필요하지도 이롭지도 않은, 우리의 살갗을 척추까지 벗기는 외국상품을 경멸한다면, 그리고 거기에 연루되지 않는다면, 독일 바보들과 짐승들은 이것을 합당하다고 일컫지 않을까?[1186]

루터는 성서의 독해를 위한 라틴어·희랍어·히브리어의 고대고전어 학습과 예술(기술) 학습의 목적을 “세속적 통치 운용” 목적과 엮어 정당화하고 있다. 루터가 말하는 학교교육의 일차적 커리큘럼

1186) Luther, *An die Ratsherren aller Städte deutschen Landes,* 6쪽.

은 중국의 정치철학·책론策論(정책학)·법률과 논술, 그리고 주변국의 외국어(몽고어·조선어·일본어·유구어 등) 학습 등과 같은 실용적 커리큘럼과 달리 아주 전근대적이다.

루터는 종교개혁으로 독일에 찾아든 하느님을 놓치지 않고 맞아들이고 "악마의 술책"을 막기 위해 필요하다는 말로 이 전근대적 고전어학습을 정당화한다.[1187] 루터는 사도들도 신약을 희랍어로 파악하고 잡아 묶는 것을 필요한 것으로 간주했다고 주장한다. "이런 까닭에 사도들도 의심할 바 없이 거룩한 사업에서처럼 그것을 확실하게 확증하기 위해 신약을 희랍어로 이해하고 잡아 묶는 것을 필요한 것으로 여겼다. 왜냐하면 (...) 그것이 머릿속으로만 파악되었다면, 사도들은 미래적이고 그리하여 이제 일어나는 모든 일을 보았기 때문이다. 이런 까닭에 이런 까닭에 언어들이 남아 있지 않는 곳에서 마침내 복음이 쇠락하지 않을 수 없다는 것은 확실한 것이다."[1188] 복음을 생생하게 유지하기 위해서는 이 복음을 표현한 히브리어·희랍어·라틴어 등의 고전어를 학습해야 한다는 말이다. 루터는 뒤에 수학·역사·음악공부도 말하지만[1189] 일단 여기에서는 모든 학교공부를 성서독해를 위한 고전어공부라는 전근대적 목적 속에 함몰시켜버리고 있다. 심지어 루터는 이 고전어 공부를 통해 청소년들이 고전어를 몰랐던 교부들의 오류를 들을 고칠 것까지도 요구한다.[1190] 루터는 중급학교 학생들에게 상급학교학생을 뛰어넘어 대학원생, 아니 박사들에게나 맞을 요구를 하고 있다. 이 지나친 요구는

1187) Luther, *An die Ratsherren aller Städte deutschen Landes,* 6-7쪽.

1188) Luther, *An die Ratsherren aller Städte deutschen Landes,* 7쪽.

1189) Luther, *An die Ratsherren aller Städte deutschen Landes,* 11쪽.

1190) Luther, *An die Ratsherren aller Städte deutschen Landes,* 7쪽.

실로 '개발에 말편자 격'이다.

나아가 루터는 복음이 쓰인 언어들인 고전어를 모르는 것 자체를 죄악으로 본다.

> 성서를 기독교인들 자신의 책으로 익히는 것이 기독교인들의 책무이고 또 우리가 우리 자신의 책을 알지도 못하고 우리 하느님의 언어와 말을 알지도 못하는 것이 죄악이고 치욕이기 때문에, 특히 지금 하느님이 우리에게 사람들과 책을, 그리고 이것에 이바지하고 우리를 자극하여 기꺼이 책을 펴보게 하는 갖가지 것들을 제공하고 수여하고 계신다면 우리가 언어를 배우지 않는 것은 훨씬 더 큰 죄악이고 치욕이다.[1191]

이런 관점에서 언어를 경멸하고 영감만을 중시하는 발덴파(Waldenser)를 비판한다. "하느님의 일에 관해 하느님 자신이 쓰는 말과 달리 말하거나 다른 말로 말하는 것은 아주 위험하기 때문이다"[1192]

루터 교육론의 특별한 점은 육체교육도 강조하고 자유로운 교육, 여성교육도 중시한 것이다. "자, 그것은 정신적 본질과 영혼치유를 위한 언어와 기독교학교의 쓸모와 필요에 관해 말했다. 이제 영혼이 아직 천당이거나 지옥이 아닐지라도 이제 육체도 앞에 놓고 정립하자. 그리고 세속적 통치만은 이 통치가 정신적 통치보다 훨씬 더 많은 좋은 학교와 배운 사람들을 필요로 하지 않는지, 세상을 주시해야 한다. 왜냐하면 소피시트들은 세속적 통치를 전혀 돌보지 않았기 때문이고, 학교는 전적으로 성직신분을 향해 있어서

1191) Luther, *An die Ratsherren aller Städte deutschen Landes,* 9쪽.

1192) Luther, *An die Ratsherren aller Städte deutschen Landes,* 9쪽.

어떤 학자가 정직하다면 그것은 즉시 치욕이었고 이런 말을 들어야 했기 때문이다. 보라, 그 학자는 세속적이 되고 있고, 정신적이 되고자 하지 않을 것이다."[1193]

그리고 루터는 어린이들의 흥미를 끌 수 있는 자유로운, 엄격하지 않고 재미있는 교육을 말한다. "어린 사람들은 발로 차고 뛰어오르거나, 이와 유관한 것이란 재미를 안에 가지고 있고 그 점에서 그들을 막을 수 없기 때문에 모든 것을 막는 것은 좋지 않을 텐데, 도대체 왜 그들을 위해 그러한 학교를 세우고 그러한 기능을 제시하지 않아야 하는가? 그런 까닭에 어린이들이 언어든 예술이든 역사든 재미와 놀이로 가르칠 수 있도록 하느님의 은총에 의해 지금 모든 것이 마련되어 있다. 그리고 지금 우리 학교는 더 이상 지옥이거나 연옥이 아니다. 왜냐하면 우리는 우연과 세속사를 넘어 그 안에서 괴로워했고, 채찍, 전율, 공포와 비탄을 통해 아무것도, 아니 순순히 아무것도 배우지 않았기 때문이다. 어린이들을 카드놀이를 하고 노래하고 춤추는 것을 가르칠 만큼 많은 시간을 쓰고 수고를 한다면, 그들이 어리고 한가하고 능란하고 그것에 흥미를 느끼는데도, 왜 그들에게 읽기와 다른 기술들을 가르치는 데 그렇게 많은 시간을 쓰지 않는가? 나는 자녀들이 있고 그것을 할 수 있다면 그들은 반드시 내게서 언어와 역사만을 듣는 것이 아니라 노래도 하고 전 산술과 더불어 음악을 배우는 소리를 들을 것이다. 이 모든 것은 순전히 어린이 놀이이기 때문에, 예전에 그리스인들은 놀이 안에서 길렀고 그것을 통해 나중에 온갖 것에 유능한, 경이롭게 능란한 사람들이 생겨났다. 지금 내 상태는 얼마나 안타까운가. 나는 시인들과 역사를 더 많이 못했고, 아무도 내게 그런

1193) Luther, *An die Ratsherren aller Städte deutschen Landes,* 10쪽.

것들을 가르쳐주지도 않았다. 그 대신에 나는 악마의 오물인 철학자와 소피스트들을 큰 비용과 노동, 손실을 안고 읽어야 했다. 그리하여 나는 쓸어내 버려야 할 그것들을 충분히 가지고 있다."1194)

그리고 루터는 여성교육에 대해서도 분명하게 말한다. 그러나 교육내용과 교육목적은 성차별적이었다.

"(내가 말한 것처럼) 어떤 영혼도 없고 성서와 신을 위해 학교와 언어를 필요치 않을지라도 이것만으로도, 양성兩性을 소년·소녀들을 위해 모든 곳에 가장 좋은 학교를 세울 이유가 충분하다. 세계를, 세계의 세속적 제도를 외적으로 유지하기 위해 그래도 훌륭한 능숙한 남녀들이 필요하다. 이 남자들은 나라와 사람을 잘 다스릴 수 있고, 이 여자들은 집, 자녀, 하인들을 잘 기르고 유지할 수 있다. 이제 이런 남자들이 소년으로부터 나와야 하고, 이러한 여자들이 소녀들로부터 나와야 한다. 소년과 소녀들을 그것을 위해 제대로 가르치고 양육하는 것이 중요한다. 나는 위에서 평민 남자는 아무것도 추가로 하지 못하고, 또 아무것도 할 수 없고, 또 하려고 하지도 않고, 알지도 못한다고 말했다. 군주와 영주들(Fürsten und Herrn)이 그것을 해야 하지만, 그들은 스키를 타야 하고, 술을 마셔야 하고, 가장무도회에서 달려야 하고, 포도주저장고·부엌·창고의 높고 현저한 업무들을 짊어지고 있다. 그리고 몇몇 군주들이 그것을 좋아서 하더라도, 그들은 바보나 이단자로 간주될까봐 다른 사람들을 꺼리지 않을 수 없다. 그래서 그것은 오로지 당신들, 친애하는 시의원들의 손안에만 들어있다. 그대들은 군주와 영주들보다 더 훌륭하게 그것을 위한 공간과 기회도 가지고 있다.1195)

1194) Luther, *An die Ratsherren aller Städte deutschen Landes,* 11쪽.

1195) Luther, *An die Ratsherren aller Städte deutschen Landes,* 10쪽.

루터는『독일 땅의 모든 도시의 시의회 의원들에 대한 호소』(1524)의 집필 전에 이미 여성교육론을 주장했었다. 그는「기독교 제도의 개혁에 관해 기독교 귀족들에 대한 성명(To the Christian Nobility [...] Concerning the Reform of the Christian Estate)」(1520)에서 "모든 도시에 소녀들에게 복음을 가르칠 여학교를 마찬가지로 세우기를 하느님께 기원한다"는 소망을 표현했었다.1196) 그리고 루터는 1527년 비텐베르크(Wittenberg)에서 여학교를 개교했다.

학교교육의 내용과 목적은 비록 기독교적 종교교육이 주를 이루고 남녀차별적이더라도 소녀들 위한 학교교육을 계획하고 또 실행하는 것은 중국보다 앞선 측면이라고 인정해야 할 것이다. 중국에서도 여성교육이 있었지만 '여성의 학교교육'은 없었기 때문이다. 상론했듯이 공자는 여성에 대해 "여자교사(姆)가 온순하고 정숙함과 청종을 가르치고 길쌈을 가르치고 누에고치에서 실 뽑는 것, 명주를 짜는 것을 가르친다. 여자 일을 배워 의복을 공급한다"고만 언급하고 있다.1197) 말하자면 공자는 소녀들에게 청소년들의 교육과 같은 종류의 '학교교육'이 아니라 "여자교사(姆)"를 제공한 것이다.

그리고 루터의 위 글에서 분명하게 드러나는 또 하나의 사실은 그가 학교설립과 학교교육의 책임을 부과한 당사자가 "군주와 영주들"이 아니라, 도시의 "시의원들"뿐이라는 점이다. 따라서 1524

1196) Martin Luther, "To the Christian Nobility (...) Concerning the Reform of the Christian Estate" [1520], 206쪽. *Luther's Works* 44, edited by Theodore G. Tappert et. al. (Saint Louis: Concordia Publishing House & Fortress Press, 1900-1986). Martin Luther College, "Schooling for Life - Martin Luther Educator" 17쪽에서 재인용.

1197)『禮記』「內則」(12-54): "女子十年不出. 姆教婉娩聽從 執麻枲 治絲繭 織紝組紃. 學女事 以共衣服. 觀於祭祀 納酒漿籩豆菹醢 禮相助奠. 十有五年而笄, 二十而嫁. 有故二十三年而嫁."

년의 『독일 땅의 모든 도시의 시의회 의원들에 대한 호소』라는 팸플릿 제목에서 분명히 했듯이 루터의 교육론은 '국가'의 의무교육론이 아니라 독일 도시정부들의 의무교육론인 것이다. 따라서 몇몇 군주와 군소 영주들이 장악한 방대한 농촌지역의 청소년들의 학교교육은 루터에 의해서도 배제된 것이다.

교육목적을 여전히 기독교적 종교학습으로 한정하고 있으면서도 의무교육 요구를 진일보시킨 6년 뒤의 공개설교문 「자녀들을 학교에 보내야 한다는 설교(Ein Sermon oder eine Predigt, dass man Kinder zur Schule halten solle)」(1530)도 군주들과 영주들의 교육책임을 말하지 않고 있다. 여기서 그는 이렇게 논변한다. "관청은 전쟁을 수행해야 한다면 그것에 쓸모 있는 피치자들을 창과 소총을 들고 성벽 위를 뛰어다니고 또 다른 것들을 하도록 강제할 수 있다면, 여기서 자기의 자녀들을 학교에 보내도록 피치자들을 얼마나 훨씬 더 많이 강제할 수 있고 또 그래야 하겠는가."1198) 여기서 "관청(Obrigkeit)"도 군주와 영주의 관청이 아니라 도시정부의 관청으로 볼 수밖에 없다. '군주와 영주'에 대한 언급이 없기 때문이다. 그런데 이 논변에서 자녀들을 학교로 보내도록 학부모 피치자들 "강제해야 한다"는 구절은 관청의 도덕적 교육책임과 학부모의 '법적' 교육의무를 동시에 말하고 있다. "강제해야 한다"의 "~해야 한다"는 관청의 도덕적 교육의무를 표현하는 것이고, "강제해야 한다"의 "강제"는 학부모에게 자식들을 학교로 보낼 법적 의무를 부과하는 것을 뜻한

1198) Martin Luther, "Ein Sermon oder eine Predigt, dass man Kinder zur Schule halten solle" [1530], 138쪽. Winfried Böhm, Brigitta Fuchs, Sabine Seichter, *Hauptwerke der Pädagogik* (Brill: Ferdinand Schöningh, 2019). Heine, "Martin Luther(1483-1546): An die Radherrn aller Stedte deutsches lands: das sie Christliche schulen auffrichten und hallten sollen (Wittenberg 1524)", 273쪽에서 재인용.

다. 학부모에 대한 통치자의 강제는 법령으로 나타날 것이고, 이 법령적 '강제'는 자녀들을 학교에 보내는 학교교육을 학부모의 교육의무로 만드는 것을 함의하기 때문이다. 학부모의 법적 교육의무를 말하는 점에서 「자녀들을 학교에 보내야 한다는 설교」가 『독일 땅의 모든 도시의 시의회 의원들에 대한 호소』에 비해 진일보한 측면이 있다. 「자녀들을 학교에 보내야 한다는 설교」의 구절들은 서양에서 최초로 선보인 '의무교육의 관념'이라고 할 수 있다.[1199)]

그러나 이것도 양민과 교민을 국가의 존재이유로 삼은 중국의 교민헌법적敎民憲法的 교육제도나 근대적 교육권리·의무 규정에 비하면 부실하다. 루터가 도시관청의 도덕적 교육책임만을 말할 뿐이고, 모든 관청에 교육책임을 법령으로 강제하는 것에 대해서는 일언반구도 말하고 있지 않기 때문이다. 따라서 군주와 영주들의 관할 아래 있는 방대한 농촌지역의 청소년들과, 시의원들이 청소년 교육을 도덕적 책임으로 받아들이지 않는 수많은 도시의 청소년들은 학교교육을 받을 수 없었다. 따라서 1524년의 『독일 땅의 모든 도시의 시의회 의원들에 대한 호소』에 따라 1524년과 1526년 사이에 마그데부르크·아이스레벤·뉴른베르크 등 몇몇 도시에서 교육개혁이 일어났으나,[1200)] 이 개혁운동은 더 이상 확산되지 않았다. 도시 통치자들에 대한 루터의 『독일 땅의 모든 도시의 시의회 의원들에 대한 호소』의 영향은 혼잡했다. 몇몇 학교는 이 팸플릿의 결과로 창설되었어도 전체적으로 볼 때 광범한 학교교육 과업의 실현은 난공불락이었다. 가난한 농부들은 자녀들의 노동을 필요로

1199) Fiedler, "Luther's Views and Influence on Schools and Education", 214쪽.

1200) Martin Luther College, "Schooling for Life - Martin Luther Educator", 17쪽 각주 83.

했고, 학교를 보내는 경우에도 엄동설한에만 보낼 수 있었다. 독일에서도 만민교육 또는 보통교육은 18세기 말과 19세기에야 이루어졌다. 따라서 만민평등교육에 대한 루터의 충격을 과장하는 것은 금물일 것이다.1201) 그럼에도 일각에서는 이렇게 과장한다. "공동체로 조직된 학교에 대한 루터의 옹호는 새로운 것이었다. 루터는 국가가 기독교적 치자들에 의해 다스려진다고 가정하고 개혁된 교육에 대한 감독임무를 정부에 부과했다."1202) 이런 평가가 전형적인 과장이거나 부정확한 이해인 것이다.

루터가 「자녀들을 학교에 보내야 한다는 설교」를 쓴 1530년의 명대 중국은 무상교육을 관청의 의무이자 백성의 의무와 권리로 규정하고 있었다. 현재 우리나라 헌법 제31조의 교육조항은 이 권리와 의무, 무상교육 등의 취지를 그대로 담고 있다. 한국헌법 제31조는 이렇게 규정하고 있다. ①모든 국민은 능력에 따라 균등하게 교육을 받을 권리를 가진다. ②모든 국민은 그 보호하는 자녀에게 적어도 초등교육과 법률이 정하는 교육을 받게 할 의무를 진다. ③의무교육은 무상으로 한다. ④교육의 자주성·전문성·정치적 중립성 및 대학의 자율성은 법률이 정하는 바에 의하여 보장된다. ⑤국가는 평생교육을 진흥하여야 한다. 이것이 바로 근대적 교육제도이고, 이것의 골자는 바로 명·청대 교육제도다.

다시 본 논의로 돌아가면, 루소는 합당한 논변으로 가정교육에 대한 학교교육의 우월성을 재론한다.

1201) 참조: Susan Karant-Nunn and Ute Lotz-Heumann, "Pamphlets and Propaganda: The Lutheran Reformation in Print" (April 11, 2017, Talk).

1202) Faber, "Martin Luther on Reformed Education", 'Establishing and Maintaining Schools'.

물론, 그대는 각자가 자기의 아들과 딸들을 스스로 가르치거나 규율로 기른다고 말할 수 있다. 답: 그렇다. 우리들은 가르침과 기율잡기가 어떻게 이루어지는지를 잘 보고 있다. 기율이 극도로 추구되어 잘 되더라도 그것은 강제로 주입된 단정한 태도가 얼마간 갖춰지는 것 이상으로 나아가지 못한다. 그렇지 않으면 그들은 이것에 대해서도 저것에 대해서도 말할 줄 모르는, 아무도 조언해주거나 도울 수 없는 순전히 나무토막 같은 놈들(Holzböcke)로 남을 것이다. 그러나 학교나 그밖의 장소에서 그들을 가르치고 기르는 곳에서 학식 있고 기율 바른 남녀교사들이 있어 언어와 다른 기술들, 그리고 역사를 가르치고, 그래서 그들은 이 도시, 이 나라, 이 군주, 이 남자, 그의 아내에게 돌아가는 온 세상의 이야기와 소문들을 듣고, 그리하여 태초의 전 세계와 같이 단시간에 법석, 생활, 조언과 게시, 성패를 자신을 위해 거울 속에서처럼 파악할 수 있고, 그들은 이것으로부터 그들의 의미를 찾고 세상의 돌아가는 형편을 신에 대한 경외감 속에서 알 수 있고, 이에 더해 동일한 역사로부터 똑똑해지고 영리해져 이 외부생활에서 무엇을 찾고 피할 것인지를 알고, 나중에 다른 사람들에게 조언하고 다스릴 수 있다. 그러나 이러한 학교가 아니라 집에서 시도하는 훈육은 자기의 경험을 통해 우리들을 지혜롭게 만들 것이다. 하지만 이런 성과가 나기 전에 우리는 골백번 죽고 평생 동안 모든 것을 분별 없이 행하게 된다. 왜냐하면 자기의 경험은 많은 시간을 요하기 때문이다.[1203)]

"학식 있고 기율 바른 남녀교사들이 있어 언어와 다른 기술들, 그리고 역사를 가르치고, 그래서 아들딸들이 이 도시, 이 나라, 이 군주, 이 남자, 그의 아내에게 돌아가는 온 세상의 이야기와 소문들을 들 수 있는" 학교교육은 가정교육보다 몇 곱절 효과적이

1203) Luther, *An die Ratsherren aller Städte deutschen Landes,* 10-11쪽.

고 폭넓다.

또 루터는 아들딸들이 집을 비우고 학교에서 지낸다면 이들은 다 귀족이 되어버릴 것이라는 우려에 대해 학교교육이 하루 1-2시간만 진행될 것이라는 말로써 학부모들을 달랜다.

> 그대는 누가 그렇게 자기 자식들 없이 지내면서 모든 아이들을 귀공자로 키울 수 있나? 그들은 노역장에서 기다려야 한다고 말한다. 대답: 내 견해도 청소년이 20-30년 동안 도나투스와 알렉산더에 관해 배웠으나 아무것도 배우지 못한, 종래 그랬던 바의 그런 학교를 세우는 것이 아니다. 지금은 다른 세상이고 달리 돌아가고 있다. 내 의견은 소년들이 하루 한두 시간 이러한 학교에 가고 그럼에도 다른 시간을 집에서 행동하며 수공노동을 배우고 이 시간을 양자가 서로 양립하는 시간을 갖게 하고자 하는 것이다. 이들이 어리고 돌봄을 받을 수 있기 때문이다. 하지만 그들은 10배 많은 시간을 활 쏘고 공놀이 하고 뜀박질하고 툭탁거리며 싸우며 보낸다. 이렇게 소녀는 하루 한 시간을 학교에서 보내고 그럼에도 집에서 자기 일을 돌보고 잠자고 춤추고 더 많은 시간을 놀며 보낼 정도로 시간이 아주 많다. 다만 어린 아이들을 기르는 데서 재미를 느끼고 진지성을 가지는 것, 그리고 세상을 돕고 훌륭한 사람들과 상의하는 것이 결여되었을 뿐이다.[1204)]

루터는 자녀를 집에서 부리려는 학부모들에게 학교와 집안일이 양립가능하다고 설명해줌으로써 하루 1-2시간의 학교교육 시간을 확보하려고 애쓰고 있다. 그런데 학교가 하루 4-5시간도 아니고 하루 1-2시간 학교교육을 베푼다면 이 학교교육은 중국의 기준으로 보면

1204) Luther, *An die Ratsherren aller Städte deutschen Landes,* 12쪽.

학교교육이 아니라 과외수업 또는 보습교육에 불과한 것이다.

루터는 다시 성서 마태복음(18장)을 인용하고 잠언을 청소년을 위한 책으로 해석하며 교육의 당위성을 강조한다.[1205] 그리고 독일적 짐승상태를 탈피하기 위해 시의원들에게 다시 청소년교육을 당부한다.

> 친애하는 통치자들이여, 이런 까닭에 하느님이 그대들에게 그렇게 요란하게 요구하는, 그대들의 관직상의 직무이고, 청소년에게 아주 필요하고 세상에도 정신에도 필수불가결한 일이 그대들의 책임인 것이다. 안타깝게도 우리는 오랫동안 충분히 어둠속에서 게으름을 피웠고 타락했다. 우리는 너무 오랫동안 충분히 독일짐승들(deutsche Bestien)이었다. 한번 이성도 사용하자. 하느님은 자기의 친절에 대해 감사하는 마음을 지각할 것이고, 다른 나라들은 우리를 통해서도 세상이 향상하도록 우리가 유용한 것을 하느님으로부터 배우거나 인간들을 가르칠 수 있는 인간들이고 사람들이라는 것을 알게 될 것이다. 나는 내 몫을 했다. 나는 몇몇 사람들이 나를 경멸하고 이러한 충실한 조언을 바람에 날려버리고 더 나은 것을 알려고 할지라도 독일(deutsches Land)을 돕고 조언하려고 한다. 나는 이것을 해야 한다.[1206]

루터는 자신의 이 당부와 결심을 공개 천명하고, 이어서 마지막으로 "대도시들"에 "훌륭한 도서관"이 필요하다는 논변을 끝으로[1207] 팸플릿을 마친다.

1205) Luther, *An die Ratsherren aller Städte deutschen Landes,* 12쪽.

1206) Luther, *An die Ratsherren aller Städte deutschen Landes,* 12쪽.

1207) Luther, *An die Ratsherren aller Städte deutschen Landes,* 12-13쪽.

앞서 잠시 시사했듯이 루터는 학교교육과 도서관의 필요성을 논하는 이론가로 그친 것이 아니라, 1533년 공립학교 역사상 최초의 여선생을 초빙하여 '비텐베르그 여학교'와 '비텐베르크 라틴학교'를'세우기도 했다. 1533-1536년부터 비텐베르크의 상급학교는 루터의 노선에 따라 교과과정 개혁을 수행하여 일련의 새 규정들을 제정하고 '최초의 대학교'로 발전해 나갔다.1208) 루터의 이념에 입각한 대중학교들이 꽤 많은 도시들에 설립되었고, 많은 시장들이 교사의 임명과 일반적 운영절차와 관련하여 그에게 조언을 구하러 찾아왔다. 그는 작센의 작은 도시 라이스니히(Leisnig)를 위해 기안한 학교 규칙에서 치자들에게 남자 교사들만이 아니라, 여자 교사들도 임명하라고 권했다. 이 여자 교사들은 소녀들에게 읽기, 쓰기, 독일어의 이해를 가르치고 소녀들을 덕성·명예심·신적 기율 속에서 기르는 임무를 맡는다. 따라서 루터의 1524년 팸플릿 『독일 땅의 모든 도시의 시의회 의원들에 대한 호소』는 상당한 결실을 맺은 셈이다.1209)

그런데 루터는 1530년의 설교문 「자녀들을 학교에 보내야 한다는 설교」에서 학교에 보내야 할 도시거주 부모의 교육의무만이 아니라, 부분적 무상교육도 언급한다. "아버지가 가난하면, 국가가 그를 도와야 한다." 그리고 "부자들은 이 목적을 위해 유산을 남겨야 한다. 이 유산은 실은 교회로 들어가고 있다. 왜냐하면 그대들은 진정으로 이럼으로써 사자死者의 영혼을 연옥으로부터 풀어주지 못할지라도 살아있는 세대와 미래 세대를 연옥에 떨어지지 않게

1208) 참조: Martin Luther College, "Schooling for Life - Martin Luther Educator", 17쪽 각주 83.

1209) Fiedler, "Luther's Views and Influence on Schools and Education", 214쪽.

하고 이승에서 평화와 기쁨을 얻도록 도울 것이다."[1210] 그러나 수도원의 재부와 유산을 교육목적에 사용하라는 루터의 이 조언은 오직 그가 살고 일했던 작센 지방에서만 이행되었다. 작센에서 포르타·마이센·그림마의 수도원들은 1543년과 1550년에 무상 공립학교로 전환되었다. 이 세 공립학교만이 학생들이 무상교육, 무상숙식을 하는 영국의 대형 공립학교들과 비견될 수 있을 뿐이다.[1211] 그러나 이것은 부분적 의무교육 개념에 조응하는 무상교육의 맹아라고 할 수 있을 것이다.

이제 루터의 교육론을 총괄해보자. 루터의 이론은 부분적으로 근대성의 맹아를 담고 있고, 이런 점은 당대 중국의 교육제도에 비하면 보잘 것 없는 것일지라도 서구의 역사에서는 획기적인 것이었다. 그러나 그의 이론은 근대성의 '맹아'일 뿐이고, 다른 면에서는 반편적半偏的이거나 본질적으로 부실했다. 첫째, 루터는 학교에 보낼 부모의 교육의무를 주장했지만, 이 주장을 도시에 한정하고 군주와 영주의 관할 아래 있는 방대한 농촌의 소년소녀들을 배제했다. 이 점에서 그의 의무교육론은 반편적이다. 둘째, 그는 이 의무교육에 조응해서 무상교육을 주장했지만, 이 무상교육을 빈민자제에게만 한정하고 부자 자제들에게는 수업료를 받았다. 따라서 중국적 기준이나 근대적 기준에서 볼 때 그의 무상교육 개념은 맹아적인 것에 불과했다. 셋째, 루터는 라틴학교와 상급학교를 구분했으나 초급학교의 관념이 없어서 초급·중급·상급학교(초등·중고등학교·대학교)의 위계로 짜인 중국적·근대적 3단계 학제의 개념에 도달하

1210) Luther, "Ein Sermon oder eine Predigt, dass man Kinder zur Schule halten solle", Fiedler, "Luther's Views and Influence on Schools and Education", 214쪽에서 재인용.
1211) Fiedler, "Luther's Views and Influence on Schools and Education", 214쪽.

지 못했다. 넷째, 루터의 교육론에는 공립 초급학교가 설치되는 (기초 행정단위에 조응하는) '마을' 차원의 기초 학군, 중급학교들이 설치된 군·구·시·대도시(부·주·현)의 중간학군, 대학교가 설치된 수도 차원의 상급학군으로 구별되는 학군 개념이 부재했다. 이런 네 가지 이유에서 루터의 학교교육론은 흔히 오늘날의 학교제도의 요소들을 그의 이론에 이입시켜 과장하는 것과 달리 근대적 학교제도에 턱없이 못 미치는 이론이다.

루터의 학교론이 이렇게 맹아적이고 부실할 수밖에 없었던 것은 시대적 환경에 기인한 것으로 보인다. 1530년대 독일은 구텐베르크의 금속활자가 나와 있었지만 널리 확산되지 않아서 중국이나 조선의 인쇄술과 제지술 수준에 도달하면 백년을 더 기다려야 했다. 따라서 책과 성서가 여전히 아주 비쌌다. 그리하여 교사가 책 한 권을 가지고 있고, 각 시市가 성서 한 권을 가지고 있을 정도로 책의 보급상태는 실로 열악했다. 학교수업은 거의 항상 책과 노트 없이 진행되었다. 학생들은 석판에 글을 썼고, 기도문은 몽땅 암기했다. 이런 상태에서 루터의 학교교육론이 완전한 근대적 형태로 성숙하는 것은 애당초 불가능한 일이었다. 또한 루터 자신이 기독교에 종교적으로 사로잡혀 있었다. 따라서 그는 부모와 치자의 교육의무를 '종교적' 의무로 규정했을 뿐이고 학습과 교육을 규제하는 법률들을 체계적으로 정식화하지 않았다. 또한 모든 배움의 핵심도 "그리스도를 알고, 또 그를 잘 아는 것"이었다. 이런 까닭에 그의 기독교학교론은 바로 이어지는 17세기에 세속적 공립학교들에 의해 추월당하고 만다.

따라서 독일의 학교교육에 대한 루터의 영향은 지대했지만, 프로이센은 18세기 동안 루터가 아니라 중국을 바라보며 국가개혁을 단행했다. 따라서 프로이센은 명확한 중국식 3단계 학제를 채택하여 8년 기본교육 과정의 학교(Volksschule)들로 구성된 무상·보통의 의무적 초급교육을 세계 최초로 도입했다. 이 8년제 인민학교는 초기 산업화에 필요한 기능들(읽기, 쓰기, 산술)만이 아니라 엄격한 윤리·의무·기율·복종교육을 가르쳤다. 부자의 자제들은 종종 추가적 상급학교에 가기 위해 사립 예비학교를 다녔지만, 일반 백성들은 중급학교와 대학교에 진학하지 않았다.

■ **존 밀턴과 서구 최초의 근대적 교육론**

존 밀턴(John Milton, 1608-1674)은 중국의 학교제도를 기본으로 루터의 학교교육론을 섞어 서구 최초로 근대적 교육론을 창안했다. 그는 선교사들의 각종 중국기中國記와 초기 계몽주의자들의 유교적 학교론에서 영향을 받아 두 번에 걸쳐 의무적 대중교육의 필요성을 주창했다. 그는 1644년 「교육론(Of Education)」 논고를 발표해 무분별한 학습과 엄한 체벌 등 당시의 교육 관습을 비판하고, 마을마다 학교를 세워 교양과 책임감을 가진 계몽된 시민과 지도자를 양성하자는 대중교육론을 철파했다. 이때 그가 제시한 교육의 기본은 아직 성서와 기독교의 가르침을 적절히 따르면서 고전학습과 과학기술 학습을 병행할 것을 주장하는 수준이었다. 교육 목적은 덕성·자유 등 인간의 보편적 진리를 보급하고, "신앙에 대한 하늘의 은총과 통합되어 최고의 완벽화를 이루는 참된 덕성의 우리 영혼을 보유함으로써 신을 올바로 알고 신을 모방하고 신과 가급적 비슷해지는 것을 회복함"으로써 "첫 부모", 즉 아담과 이브의 원죄로 타락한 인간성을 복구하는 것이다.[1212] 이를 달성하기 위해 밀턴은

1212) Milton, "Of Education", 159쪽.

명대 중국의 학숙 또는 부·주·현의 유학처럼 마을마다 중국의 공립 초급학교 사학社學이나 공립 중급학교 부학·주학·현학처럼 '학당(academy)'을 세울 것을 주장했다. 학당의 크기는 150명을 수용할 정도이어야 하고, 이 중 20여명은 교사 등 학교운영자다. 이들은 충분히 공덕이 높고 모든 일을 행할 능력이 있는 1인이 관리한다. 그리고 이 학당은 학교이면서 동시에 대학으로 기능해서, 법학·의학 등 전문지식 공부가 아니라면 학생들이 다른 상급학교로 이동할 필요가 없도록 한다. 초급라틴어 공부에서 석사학위 획득까지 일반교육은 의무적이다. 많은 건물들이 이 패턴에 따라 이 교육용도로 전환되어 감에 따라 "이 나라 전역에서 걸쳐 모든 도시마다 도처에서 학문과 시민성의 향상에 많이 이바지할 건물들이 필수적일 것이다. 이 수는 보병중대나, 교호적으로 두 부대의 기병대에 적합한 수로 많건 적건 이와 같이 모이면 일과를 질서바르게 세 부분으로, 즉 학습·체육·회합으로 분할한다."[1213]

유럽 교육사에서 전례가 없는 '만민평등교육'의 도입을 뜬금없이 주장하는 밀턴의 이 주장은 "천자에서 서인에 이르기까지 하나로 수신을 본으로 삼는다(自天子以至於庶人 壹是皆以修身爲本)"는 『대학』의 만민교육과 "교육에서는 유별이 없다(有教無類)"고 가르치는 『논어』의 평등교육을 구현한 중국의 교육제도를 그대로 닮았다. 밀턴이 중국문화의 서천西遷이 한창이던 때 유럽대륙을 여행하며 장기 체류했다는 사실을 감안하면 그의 이 초기 대중교육론은 극동의 유교적 교육제도를 모방했음이 틀림없다. 그리고 고전학습과 과학기술 학습을 교육내용으로 강조하는 것이나 전국적으로 마을마다 학교를 설치해야 한다는 그의 주장들은 명대중국의 학교제도에

1213) Milton, "Of Education", 160-161쪽.

대한 멘도자(1585), 발리냐노·산데(1590), 세메도(1641) 등의 보고를 참조한 것이라는 추정을 더욱 강화시킨다. 명대 중국의 학교제도는 이때에도 유럽에 이미 널리 알려져 있었기 때문이다.

밀턴은 중국의 수많은 국공립학교에 대해 상세히 보고한 마르티니의 『중국기中國記』(1659) 등 중국보고서들이 추가로 많이 출간된 시점인 1660년에 공간한 정치팸플릿 『자유공화국을 확립하는 준비된 손쉬운 길』에서 다시 한번 대중교육과 학교에 대해 주장한다. 밀턴은 덕성과 능력에 따른 "모든 적당한 자유와 비례적 평등(*all due liberty and proportioned equality*)"이 모두에게 보장되어야 한다고 주장한다.[1214] 그리고 그는 이를 보장하기 위해 중국식 만민평등교육제도, 즉 보통교육제도를 생각한다. 읍마다 주민들은 "그들의 어린이들이 그들의 시야 안에서 모든 학문과 고상한 교육으로 양육될 수 있는 그들 자신이 선택하는 학교와 학당"이 있어야 한다. 여기서는 문법만이 아니라 인문학과 체육도 배운다.[1215]

■ 토마스 제퍼슨과 미국의 근대적 학교 설립을 위한 고투

미국이라는 새 나라를 건설하기 위해 르콩트 등의 수많은 중국보고서들과 더불어 밀턴의 공화주의 저서들도 탐독했던 토마스 제퍼슨(Thomas Jefferson, 1743-1826)은 밀턴의 교육·학교론을 더욱 발전시켜 좀 더 적극적인 학교개혁안을 준비한다. 중국의 선진적 교육제도에 대해 알고 있는 것과, 실제도 중국의 교육제도를 받아들여

1214) John Milton, *The Ready and Easy Way to Establishing a Free Commonwealth, and the Excellence thereof, compared with the Inconveniencies and Dangers of Readmitting Kingship in this Nation* [1660], 178쪽. John Milton, *The Prose Works of John Milton*, vol.2 in Two Volumes (Philadelphia: John W. Moore, 1847).

1215) Milton, *The Ready and Easy Way to Establishing a Free Commonwealth,* 189쪽.

근대적 교육체계를 창설하는 것은 별개의 문제다. 서구인들이 중국의 교육제도를 잘 알고 있었고 밀턴처럼 그런 계획을 수립한 경우도 있었지만, 실제도 중국의 만민평등교육제도를 받아들여 근대적 교육제도를 최초로 만든 나라는 프랑스가 아니라 미국의 버지니아 주였고, 이 교육혁신을 주도하고 근대적 교육체계 수립에 평생 노력한 인물은 토마스 제퍼슨이었다. 버지니아 주에서 발전된 근대적 만민평등교육제도는 미국의 다른 주에 확산되었고, 중국의 교육제도를 선진적으로 더 많이 받아들여 발전시킨 독일과의 상호작용 속에서 발전한다. 유럽의 근대적 교육개혁은 미국의 신식 교육제도가 프랑스에 전해지고 프랑스로부터 다시 전 유럽으로 퍼져나가면서 이룩되었을 것으로 추정된다.

제퍼슨이 교육개혁과 국공립학교 창설을 시작할 당시 미국의 교육실정을 알기 위해서는 독립 전 13개주에 대한 약간의 역사적 고찰이 필요하다. 원래 미국 땅이 마르코 폴로의 『동방견문록』을 읽고 중국제국을 동경하여 중국을 찾아 떠난 콜럼버스에 의해 발견되었듯이, 북미주에서 식민이 시작된 뉴잉글랜드의 청교도들은 영국의 청교도들만큼 중국에 대해 잘 알고 중국에 대한 동경심을 가진 사람들이었다. 북미 13개주 식민지에 처음 학교가 나타난 것은 17세기였다. 1635년에 창설된 '보스턴라틴학교'는 미국에서 최초의 공립학교이자 가장 오래된 학교다. 북미의 최초의 자유 국비공립학교 '마더 학교(Mather School)'는 1639년 매사추세츠 도르체스터에 개교했다. 뉴잉글랜드의 문맹률은 남부보다 훨씬 낮았다. 많은 인구가 개신교에 깊이 연루되어 있어서 성서를 읽기 위해 읽기를 배웠기 때문이다. 자식들은 대부분 글자를 가정에서 배웠다. 반면, 남부의 문맹률은 성공회가 국교였기 때문에 훨씬 높았다.

머슴(indentured servants)으로 고용된 젊은 독신 노동자들이 식민지 인구의 대부분을 점했고, 농장주들은 공공교육을 지원하는 것이 아니라 자기들의 자녀를 위해 사설 가정교사를 고용하거나 그 이상의 교육을 위해서는 적절한 나이에 영국으로 유학을 떠나보냈다. 이런 추세는 계속 이어져서 19세기 중반까지도 뉴잉글랜드에서 학교의 역할은 부모의 가정교육을 불필요하게 만들 정도로 확장되지 않았다.

모든 뉴잉글랜드 식민지들은 학교를 세우기 위해 타운을 필요로 했고, 많은 식민지들이 학교를 세웠다. 1642년 매사추세츠 베이 식민지는 밀턴의 중국식 「교육론」(1641)에 입각해 북미식민지에서 최초로 "적절한" 교육을 의무적으로 만들었다. 다른 뉴잉글랜드 식민지들도 앞서거니 뒤서거니 이 선례를 따랐다. 유사한 법규가 다른 뉴잉글랜드 식민지에서 1640년대와 1650년 사이에 채택되었다.

그러나 의무교육은 주와 타운의 재정부족과 학부모들의 빈곤으로 인해 흐지부지되었다. 이로 인해 미국에서 의무교육의 "보통학교(common schools)"는 토마스 제퍼슨과 그의 추종자들의 노력을 통해 100년 뒤인 18세기 중반에야 나타나게 된다. 교육조건은 18세기에도 17세기처럼 열악하기 짝이 없었다. 한 명의 교사가 한 교실에 모든 연령대의 학생을 집어넣고 가르쳤다. 타운의 학교는 중국처럼 공립이었지만 중국과 달리 무상교육이 아니었다. 학부모들은 학비를 전액 부담했다.

뉴잉글랜드의 큰 타운들은 근대의 고등학교의 전신인 문법학교를 개교했다. 가장 유명한 것은 보스턴라틴학교와 코네티컷 뉴헤이븐의 홉킨스학교였다. 그런데 문법학교들은 1780년대에 대체로 사립 아카데미(학당)로 채워지고 만다. 독립 직후 뉴잉글랜드는 필립 앤도버 아카데미(1778), 필립 엑스터 아카데미(1781), 디어필드 아카데미(1791)를 비롯한 사립 고동학교 네트워크를 전개했다. 이 아카데미들은 19세기 중반에 등장하는 아이비리그 칼리지들에 대한 인재 공급처가 되었다.

체사피크 베이를 중심으로 사는 남부의 거주자들은 식민시대 초에 몇 개의 초급학교를 창설했다. 17세기 말엽 메릴랜드에서 중국에 대해 정통했던 가톨릭 예수회 신부들이 가톨릭 학생들을 위해 몇몇 학교를 운영한 것이다. 일반적으로 농장주 계급은 자식 교육을 위해 가정교사를 고용하거나, 자식들을 사립학교에 보냈다. 식민지 시대 내내 일부 농장주들은 잉글랜드와 스코틀랜드로 자식을 유학보냈다. 영국 브리스톨에서 버지니아로 이민 온 조지 쓰로우프라는 사람은 대학이 인디언 학교를 위해 따로 떼어 놓은 1만 에이커의 땅을 관리하는 대리인이 되었다. 그러나 아메리카 토착민을 위한 이 학교설립계획은 쓰로우프가 1622년 인디언 대학살 때 같이 살해되면서 종말을 고했다. 버지니아에서 빈민을 위한 초급학교는 지역교구에서 준비되었다. 엘리트 부모들은 대부분 집에서 떠돌아다니는 가정교사를 써서 아이들을 가르치거나 아이들을 지역의 작은 사립학교로 보냈다.

조지아와 사우스캐롤라이나는 개인교사나 뒤범벅 공립학교 프로젝트를 통해 가르쳤다. 1770년 조지아에서 적어도 10곳의 문법학교가 운영되었는데, 그 중 많은 학교를 목사들이 경영했다. 베쎄다 고아원(Bethesda Orphan House)도 아이들을 가르쳤다. 수십 명의 개인 가정교사와 교수들이 신문에 일자리를 구하는 광고를 냈다. 1732년 사우스캐롤라이나에서는 20여개의 학교프로젝트가 신문에 광고되었다. 성공여부와 무관하게 이런 광고는 여러 해에 걸쳐 되풀이해서 실렸다. 독립혁명 후 조지아와 사우스캐롤라이나는 작은 주립 대학교를 시도했다. 부자들은 이이들을 북부의 의숙(college)으로 보냈다. 조지아에는 백인학생들을 위한 주립아카데미들은 보다 흔해지고 1811년 이후에는 사우스캐롤라이나가 읽기·쓰기와 산술을 가르치기 위해 2-3개소의 무상 보통학교를 개교했다.

공화국 정부들은 국가개조 시대 동안 일반적 조세로 뒷받침되는 최초의 공립학교제도를 확립했다. 백인과 흑인이 공히 입학이 허가되었지만 입법자들은 근본적으로 분리된 학교에 합의했다. 뉴오를레앙에만 2-3개소 흑백혼합 학교가 들어섰을 뿐이다.

북미 식민지에서 고등교육은 목사를 기르기 위해 실시되었다. 의사와 법조인은 지방 도제제도로 훈련되었다. 초기의 의숙義塾들을 거의 다 교단들이 목사를 훈련시키기 위해 세운 것이다. 뉴잉글랜드는 오래 전부터 개인들이 성서를 읽을 수 있도록 문해력文解力을 중시했다. 하버드의숙은 1636년 식민지 입법부에 의해 창립되어 초기의 기부자의 성명을 따서 이름지어졌다. 이 하버드의숙도 처음에는 목사를 기르는 데 교육의 초점을 맞췄다. 그러나 많은 졸업생들이 법, 의료, 정부, 사업으로 진출했다. 나중에 하버드의숙은 뉴턴과학을 식민지에 확산시키는 중심지가 되었다.

윌리엄 앤드 메리 칼리지(College of William & Mary)은 1693년 버지니아 식민지정부에 의해 2만 에이커의 기부토지에 설립되었고, 주州의 교육예산에 담배세를 더해 운영되었다. 이 의숙은 영국국교 성공회와 긴밀히 연계되었다. 제임스 블레어라는 국교회 목사가 50년 동안 교장을 지냈고, 버지니아 농장주계급의 광범한 후원을 얻었다. 이 의숙은 최초로 법학교수를 초빙했고, 많은 법조인, 정치가, 농장주를 배출했다. 목사를 지망하는 학생들만 무상교육을 받았다.

예일의숙은 1701년 청교도들에 의해 설립되었다가 1716년 뉴헤이븐으로 이전했다. 코네티컷의 보수적 청교도 목사들은 하버드의 자유신학에 불만을 품고 정통적 목사들을 훈련시킬 학교를 원했다. 그러나 예일의숙은 1740-50년대에 친親중국파 신학자 조나던 에드워즈(Jonathan Edwards)가 주도한 'New Light 신학'의 아성이 되고 말았다. 1747년 New Side 장로회는 1747년 프린스턴의 한 타운에 뉴저지의숙을 세웠다. 이 의숙은 한참 뒤 프린스턴대학교로 개명했다. 그리고 침례교단이 1764냔 로드아일랜드의숙을 수립했고, 1804년 기부자를 기리기 위해 브라운대학교로 개명했다. 뉴욕시티에서는 국교회교단이 1746년 새뮤얼 존슨을 유일한 교사로 고용한 킹스칼리지를 세웠다. 이 의식은 미국혁명전쟁 동안 문을 닫았다가 1784년 현재의 컬럼비아대학교의 전신인 '컬럼비아의숙'이라는 교명 아래 독립기관으로 다시 개교했다.

1749년 벤저민 프랭클린과 동조자들은 필라델피아에서 필라델피아아카데미(Academy of Philadelphia)를 창설했다. 다른 도시들의 의숙들과 달리 이 아카데미는 목사훈련을 지향하지 않았다. 이 아카데미는 1765년 미국에서 최초로 의과학교를 설립했고, 이로써 미국 최초의 대학교가 되었다. 펜실베이니아 주州의회는 새로운 법인헌장을 필라델피아의숙(College of Philadelphia)에 수여하고, 1791년 이 의숙을 펜실베이니아대학교로 개명했다.

화란개혁교회(Dutch Reformed Church)는 1766년 뉴저지에 퀸스칼리지를 세웠는데, 이 칼리지는 럿거스대학교로 알려지고 주정부의 후원을 받았다. 다트머쓰칼리지는 1769년 아메리카토착민을 위한 학교로 허가되었는데, 1770년 뉴햄프셔의 하노버로 이전했다.

이 학교들은 모두 작았고 고전인문학 위주의 제한된 학부커리큘럼을 가르쳤다. 학생들은 그리스·라틴어, 기하학, 고대사, 논리학, 윤리학, 수사학을 토론도, 숙제도, 실험도 없이 배웠다. 칼리지 교장은 엄격한 기율을 주입했고, 상급생은 신입생을 괴롭혔다. 많은 학생이 17세 이하였고, 대부분의 의숙은 입학예비학교도 운영했다. 수업료는 아주 낮았으나, 장학금은 거의 없었다.

식민지는 법률학교가 없었다. 미국학생들은 런던의 법학학회로 가서 공부했다. 법조인지망자들은 대부분은 개업한 미국 법조인들의 도제로 복무하거나, 변호사시험을 보기 위해 "법률을 읽었다". 그리고 18세기에 117명의 미국인들이 에든버러에서 의학을 공부했으나, 대부분의 의사들은 식민지 여기저기서 도제로서 의술을 배웠다. 상술했듯이 1765년 북미식미지에서 최초로 의과학교를 세운 것은 펜실베이니아대학교의 전신인 필라델피아아카데미였다. 이어서 뉴욕의 킹스칼리지가 1767년 의학부를 세우고 1770년 미국 최초의 의학박사 학위를 수여했다.

도시마다 학교와 아카데미가 즐비했던 중국을 나름대로 잘 알았고 제퍼슨과 종신토록 사상적 교류를 했던 제2대 대통령 존 아담스는 독립 후인 1785년 이렇게 말했다. "전 인민은 전 인민의 교육을 자신에게 몸소 받아야 하고, 기꺼이 그 비용을 부담해야 한다. 박애적 개인에 의해 설립되는 것이 아니라 인민 자신의 공공비용으로 유지되는 학교가 없는 1평방마일의 구역도 없어야 한다." 혁명 후 특히 교육을 강조하고 신속하게 주립·공립학교를 세우려는 노력이 여기저기서 나타났다. 그러나 학교수립은 예산부족과 담당자들의 열의부족으로 여의치 않았다.

이런 상황에서 토마스 제퍼슨은 미국의 독립과 동시에 과감하게 교육혁명을 위해 고투한다. 그는 중국을 모방해 근대적 교육제도를 창설하기 위해 평생 노력했다. 그러나 공립학교 창립과정은 실로 험난했다. 제퍼슨은 밀턴·르콩트·뒤알드·볼테르·케네의 책들을 읽었다. 따라서 그는 이들의 현장보고와 전문적 논의들을 통해 중국의 교육제도를 잘 알고 있었다.[1216] 제퍼슨은 중농주의적 자유시장론에 아주 관심이 많았고 또 이들에 의해 상당한 영향을 받았다. 제퍼슨의 한 편지는 그가 중농주의와 중국의 연관을 알고 있었음을 보여준다.[1217] 마키 미라보·튀르고 등의 중농주의 이론에 아주 큰 관심을 가졌던 제퍼슨은 중농주의의 창시자 케네에 대해서도 잘 알고 있었다.

그런데 제퍼슨은 르콩트·뒤알드·볼테르·케네 등의 여러 저서로부터 중국의 교육·학교제도에 대한 보고서와 논의들과 밀턴의 교육론과 같은 두 갈래의 논의를 종합해 중국 학교제도를 리메이크했다. '미국 유생' 벤저민 프랭클린조차도 한 청소년교육 팸플릿『청소년의 교육에 관한 제언(*Proposals Relating to the Education of Youth*)』(1749)에서 밀턴의『교육론』을 근거로 제시하면서도 로크의 교육론 논고를 언급했다.[1218] 그러나 제퍼슨은 만민평등의 보통교육이 아니라 귀족과 빈민의 불평등한 차별교육을 제창한 로크의 교육론을[1219]

1216) Weir, *American Orient*, 24쪽.

1217) Adrienne Koch, *The Philosophy of Thomas Jefferson* (New York: 1943), 172쪽. Creel, *Confucius – The Man and the Myth* [1951], 297쪽에서 재인용.

1218) 참조: Edward J. Power, *Educational Philosophy - A History from the Ancient World to Modern America* (New York & London: Garland Publishing, 1996), 107쪽.

1219) 존 로크는 젠트리의 자식들에게 고도의 인문·교양교육을 실시하고, 별도로 빈민의 자식들에게는 노무학교에서 직업교육을 실시할 것을 주장했다. 참조: John Locke, *Some Thoughts Concerning Education. The Works of John Locke*, vol. 9 (London: Printed for

전혀 거론치 않았다.

어느 모로 보나 분명한 것은 각종 중국 관련 서적과 밀턴의 저작에 나름대로 정통한 제퍼슨에 의해 기안된 1779년의 「지식의 더 일반적인 확산을 위한 법안(A Bill for the More General Diffusion of Knowledge)」의 3단계 학교제도와 탈脫종교적·세속적 교육 구상이 궁극적으로 학숙과 유학(부·주·현학)과 대학교의 3단계 학교제도에 기초한 중국의 세속적 국·공립교육제도의 리메이크라는 사실이다. 그러나 중국 학교제도의 영향을 고려치 않는 논자들은 제퍼슨의 교육·학교론의 출처를 뉴잉글랜드의 신학교로 말했다가 칼뱅주의자 존 녹스(John Knox), 1513-1572)라고 말하기도 하는 등 오락가락한다. 가령 메릴 피터슨(Merril D. Petreson)은 제퍼슨 교육·학교론의 선례를 뉴잉글랜드의 신학교에서 구했다가 곧 바로 이것을 내버리고 녹스의 『훈육의 책』을 끌어댔다가 결국 제퍼슨의 "독립적 생산물"로 결론짓고 있다.[1220] 중국과 공자철학의 영향을 고려치 않는 다른

Thomas Tegg, 1823; Aalen, Germany: Reprinted by Scientia Verlag, 1963); John Locke, "An Essay on the Poor Law." John Locke, *Political Essays*, ed. by Mark Goldie (Cambridge: Cambridge University Press, 1997). 이에 대한 필자의 상론은 참조: 황태연, 『공자철학과 서구 계몽주의의 기원(하)』, 1408-1412쪽.

1220) "패배와 무관하게 제퍼슨의 '지식의 더 일반적인 확산을 위한 법안'은 미국 교육사에서 하나의 랜드마크였다. 공교육 원칙은 새로운 것이 아니었다. 보통학교는 뉴잉글랜드에서 여러 세대 동안 존재했다. 사실, 제퍼슨 계획의 원칙적 어려움은 뉴잉글랜드의 촘촘한 도시환경에서 빌려온 체계를 버지니아의 퍼진 농촌 환경으로 도입하려는 시도였다. 그러나 그 계획은 뉴잉글랜드의 본질적으로 종교적인 이상과 예리하게 단절되고 이 이상을 새로운 국민의 시민공화주의로 대체했다. 백성의 계몽에 대한 공공의 책임은 모든 인간이 자유와 자치에서 느낀 관심에 기초했다. 밑바닥의 보통학교로부터 정상의 대학에 이르는 완전하고 통합된 교육체계의 개념화도 의미심장했다. 이것에는 모델이 없었고, 존 녹스의 16세기 스코틀랜드 장로파적 『훈육의 책(*Book of Discipline*)』이 시사한 이 이념의 가능한 문헌적 원천이 무엇이든 제퍼슨의 독립적 생산물이었던 것으로 보인다." Merril D. Peterson, *Thomas Jefferson and the New Nation* (New York: Oxford University Press, 1970), 151쪽. 여기서 "밑바닥의 보통학

여러 제퍼슨 논의와 제퍼슨 전기들도 거의 다 이 모양이다.

그러나 헤를리 크릴(Herrlee G. Creel)은 "제퍼슨의 계획이 중국 과거제도와 세 가지 원칙을 공유했다"다고 지적하면서 제퍼슨의 교육·학교설립계획이 '분명히' 중국산이라고 단정한다. 공유되는 세 가지 원칙은 "(1) 교육은 국가의 원칙적 관심사로 생각되어야 한다"는 것, "(2) 뛰어난 능력의 학생들이 경쟁시험에 의해 3단계로 선발되어야 한다"는 것이다. "가장 낮은 단계의 학생들은 작은 구역으로부터 선발되고, 가장 높은 단계의 학생들은 전국에서 선발되어야 한다. (이것은 중국의 군현시험, 성省 시험, 국가시험에 상응한다.)" 그리고 "(3) 주요목적은 부유하든 가난하든 관계없이, 또 혈통과 무관하게 그 시민들 중 가장 재능 있는 사람들의 관리官吏 복무를 '국가에 제공하는 것'이다." 그리고 "이 계획은 만인에게 무상교육을 제공하고, 완전한 국비로 영재들의 교육을 요구한 점, 그리고 제퍼슨이 '자연적 귀족들'이 시험을 통과해야 할 뿐 아니라, 중국에서처럼 임명되는 것이 아니라 관직에 선출되기도 해야 한다고 요구한 점에서 중국체제와 달랐다."1221) 여기서 크릴이 다른 점들로 지적한 것은 그의 정보부족에서 나온 일종의 오류다. 왜냐하면 중국의 초급교육은 사숙도 숙사塾師에게 '속수의 예'만 하면 되었고 빈민의 자제를 교육시키기 위한 공익목적의 의숙과 공립 사학社學은 무상이었기 때문에 초급학교 단계인 '학숙'(사학+의숙·사숙)은 전체적으로 사실상 무상이었고, 향교·대학의 고등교육과정으로서의 향교(부학·주학·현학)와 대학교(국자감)에 재학 중인 유생들은 무상

교로부터 정상의 대학에 이르는 완전하고 통합된 교육체계"는 3단계 학교제도를 말한다.

1221) Creel, *Confucius – The Man and the Myth*, 299-300쪽.

교육을 받고 이에 더해 국비로 무상숙식을 제공받았고 학비와 여비도 경작지나 현금으로 지급받았기 때문이다. 또 중국에서도 모든 관리가 임명되기만 한 것이 아니라 권점圈點이나 조정의 회추會推 또는 정추廷推에 의해 선출되기도 했고, 반대로 제퍼슨의 학교졸업생들도 관직에 선출되기만 한 것이 아니라 의회에 의해 임명되는 것으로도 기획되었기 때문이다.

이런 점들을 종합하면, 제퍼슨의 교육플랜은 사실상 중국의 교육·학교·관리선발 제도와 '거의 모든' 원칙을 공유했다고 결론지어야 할 것이다. 이런 까닭에 크릴은 바로 분명한 유사성과 중국의 영향을 지적한다.

> 이 유사성들이 물론 제퍼슨의 아이디어들이 중국 과거제도에 의해 영향받았다는 것을 증명하는 증거는 아니지만, 이러한 영향의 분명한 가능성이 존재한다. 제퍼슨이 1779년의 법안을 도입하기 이전에 중국제도의 존재를 알고 있었다는 것은 확실해 보인다. 1776년보다 늦지 않게 그는 볼테르가 사실상 모든 권력이 "오직 여러 혹독한 시험을 치른 뒤에만 구성원으로 입사入仕할 수 있는" 관료체제의 손에 들어있는 17세기 초 중국의 통치보다 "인간의 정신이 더 훌륭한 통치를 상상할 수 없다"고 선언한 책(『제국민의 도덕과 정신에 관한 평론(*Essai sur les moeurs et l'esprit des nations*)』 – 인용자)을 읽었고 이 책에 관해 방대한 노트를 작성했는데, 이것이 증명되었다. 중국 과거시험제도는 일찍이 나온 수많은 유럽서적 안에서 상세하게 기술되었고, 이 서적들 중 적어도 한 서적은 제퍼슨의 장서에 들어있었던 것으로 알려져 있다.[1222]

1222) Creel, *Confucius – The Man and the Myth*, 300쪽.

"제퍼슨의 장서"에 들어 있던 "한 서적"이란 르콩트의 『중국의 현재상태에 대한 신비망록』을 말한다. 크릴은 제퍼슨이 뒤알드의 『중국통사』의 제1권만이 미국 의회에 그의 장서를 매각할 때 작성된 카탈로그에 들어있었기 때문에 청대 중국제국의 학교와 과거제도가 설명되는 이 책의 제3권을 읽었는지 불확실하지만, 이 책 3권도 읽었을 개연성을 배제하지 않는다.[1223] 이런 근거에서 일찍이 크릴은 제퍼슨의 교육과 3단계학교 법안에 중국제국의 교육·학교·임용시험 제도가 영향을 주었을 "분명한 가능성"을 주장한 것이다.

그러나 크릴의 이 추정은 '지나치게' 조심스럽거나 '불필요할 정도로' 많은 둔사遁辭를 달고 있다. 필자는 제퍼슨이 『중국통사』 제1권과 제3권만이 아니라 전4권을 다 소장하고 통독했음이 거의 틀림없다고 단정한다. 한낱 중국에서 태국으로 가는 행로와 중국지리만을 설명하는 제1권만 소장하고 읽는 것은 거의 의미 없기 때문이고, 또 애서가이자 애장가인 제퍼슨이 4부작 전집 중 제1권만을 소장하고 있었다는 것은 상상할 수 없는 일이기 때문이다. 매각된 도서의 의회 카탈로그에서 제2-4권이 빠진 것은 여러 가지 이유가 있을 수 있다. 제2-4권 서적 대여 후 미회수, 분실, 도난 등으로 인해 이 제2-4권을 뺀 카탈로그의 재작성, 카탈로그를 작성한 도서관원의 오기誤記 등이 그것이다.

제퍼슨은 훗날 자연적 귀족에 관한 애덤스와의 서간논쟁에서도 다시 드러나듯이, 버지니아에서 먼저 근대적 교육제도를 창설하기 위해 분투한다. 제퍼슨은 공화국의 골조를 공공교육제도로 간주했다. 그는 1816년의 한 편지에서 이렇게 말한다.

1223) Creel, *Confucius – The Man and the Myth*, 300쪽 각주4.

나는 도로·운하·학교의 개량의 대단한 벗이다. 그러나 나는 후자의 준비만큼 전자의 견실한 그 어떤 준비를, 즉 안개보다 더 좋은 어떤 것을 보기를 바란다. 학문 기금은 임박한 파산에서 없어지지 않으려면 견실한 준비다. 입법부가 이것에 국가인구에 대해 두당 1센트의 영구적 세금을 보탠다면, 이것은 우리 시대와 나라의 모든 분과 학문이 최고등급으로 가르쳐질 초급학교나 학군 학교(*ward schools*)와 대학교를 일으키고 영원히 유지할 것이다. 그것은 우리를 토리즘과 광신狂信에 바친 세금, 그리고 조국에 대한 무관심에 바친 세금으로부터 구제해줄 것이다. 우리는 지금 (버지니아에 학교가 없는 까닭에 – 인용자) 우리의 젊은이들을 보내 뉴잉글랜드로부터 토리즘, 광신과 조국무관심을 가져오고 있다. 어떤 국민이 무지하면서 자유롭고 문명상태에 있기를 기대한다면, 그것은 결코 그런 적이 없었고 결코 그러지 않을 것을 기대하는 것이다. 모든 정부의 기관원들은 그들의 지역구민들의 자유와 재산을 멋대로 명령하는 경향이 있다. 인민들 자신과 더불어 하는 것 외에 자유와 재산의 안전한 보장책은 없다. 더욱이 자유와 재산은 정보 없이 안정할 수 없다. 언론이 자유로운 곳에서, 그리고 모든 인간이 글 읽는 능력이 있는 곳에서는 모든 것이 안전하다.[1224]

"문명상태"는 조직·권력·진보·향상의 상태이기에 교육제도·정보전달기제·우편·통신서비스·선전·홍보기구 등 최상의 계몽 수단들을 필요로 한다. 사회의 전全 계층을 관통하는 '지식의 확산'이 없어 지금까지 개인들은 자신의 행복을 돌보지도 못했고, 시민으로서 국가의 자유와 복지를 확보하지도 못했다. 하지만 언제나 인민

1224) Thomas Jefferson, "To Colonel Charles Yancey" (January 6, 1816), 496-497쪽. *The Works of Thomas Jefferson*, vol. 12 (Correspondence and Papers 1816-1826), collected and edited by Paul Leicester Ford (New York and London: The Knickerbocker Press, 1904. 2019 Liberty Fund).

에게 적절하게 정보지식이 보급되고 배움이 주어지는 조건이 전제된다면, 인민 자체가 그들의 권리와 자유의 유일하게 안전한 저장고라는 것은 제퍼슨에게 공리였다. 교육은 너무 중요한 사안이라서 우연에 맡겨둘 수 없었다. 그는 교육을 공화국 정부의 지상책임으로 계획되고 실행되어야 할 과업으로 간주했다.[1225]

언제나 모든 인민에게 적절하게 정보지식을 보급해야 한다는 제퍼슨의 이런 과감한 구상은 이것을 수천 동안 실행해오고 있는 중국을 알지 못했다면 결코 생각나지 않았을 것이다. 그리고 "지역 구민들의 자유와 재산을 멋대로 명령하는 경향이 있는" 모든 정부의 기관원들에 대해 자유와 재산을 지키는 안전한 보장책을 교육과 지식으로 본 것은 중국교육제도에 대한 설명에서 나오는 케네의 말과 그 취지가 동일하다. 전술했듯이 케네는 중국에서의 지식의 국민적 확산을 폭정에 대한 유일한 방비책으로 제시했었다.[1226]

버지니아의회 의원 에드먼드 펜들턴(Edmund Pendleton)은 1779년 5월 제퍼슨에게 보낸 한 편지에서 제퍼슨 자신이 "지식의 확산에 대한 광적 열망"을 가졌다고 언명했는데,[1227] 제퍼슨의 이런 "광적 열망"은 백성들이 자신들의 자유와 재산을 스스로 지킬 수 있어야 한다는 '공화국의 원칙'으로부터 나온 것이다. 당시를 되돌아보면, 부와 가문의 혜택을 받고 사립학교에서 교육받은 제퍼슨과 같은 계급의 사람들은 거대한 무지의 한복판에서 국가를 자유와 자치로 이끌었다. 그런데 평민백성의 자녀를 위한 학교는 전혀 존재하지

1225) Peterson, *Thomas Jefferson and the New Nation*, 145쪽.

1226) Quesnay, *Despotism in China*, 271-272쪽.

1227) Edmund Pendleton, "To Thomas Jefferson" (11 May 1779). Founders Online *Thomas Jefferson Papers*. National Archives University of Virginia Press. Archives.gov Home.

않았다. 너무 많은 사람들은 그들이 태어난 무지 속에서 길러졌다. 버지니아의 많은 지역들은 난폭하고 소란스런 국경으로부터 겨우 한 두 족장 떨어져 있는 황야인 반면, 동부지역은 사회적 책무보다 자신의 권리를 훨씬 더 의식하는 오만한 농장주 귀족계급에 의해 지배되었다. 그 자체로서의 특유한 위험을 야기한 노예제 외에 백성의 무지몽매는 '민주공화국 실험'의 성공에 대한 치명적 방해물이었다.[1228]

버지니아 제헌의회의 법규개정위원회는 제퍼슨에게 이 문제를 해결할 기회를 주었다. 윌리엄 앤드 메리 칼리지와 관련된 구舊의회의 여러 법령은 에드먼드 펜들턴 의원의 몫이었지만, 개정위원들은 "보통교육의 체계적 계획"이 제기되면서 전체 주제를 제퍼슨에게 맡기기로 합의했다. 이에 따라 1779년 주지사에 취임한 직후 제퍼슨은 「지식의 더 일반적인 확산을 위한 법안」을 의회에 제출했다. 앞서 분석했듯이, 이 법안은 만민평등 교육체계의 청사진을 제공하면서 전문前文에서 "최선의 정부형태"(민주공화국)에서도 "권력을 위탁받은 사람들"이 "더딘 작용에 의해 도착시키는" 정부형태로서의 "폭정"을 "방지하고" 개인들의 자연적 권리들의 자유로운 행사를 보호하는 "가장 효과적인 수단"을 "백성 전체의 정신을 가급적 개명시키고 특히 백성에게 역사가 밝혀주는 저 사실들의 지식을 제공하는 것"으로 천명한다. 이런 전제 하에 그는 다음과 같이 밝힌다.

> 이런 역사지식의 제공으로써 백성들이 다른 시대와 나라들의 경험을 소유하고 온갖 형태의 야욕을 알 수 있고 야욕의 의도를 패퇴시킬 자기들의

1228) 참조: Peterson, *Thomas Jefferson and the New Nation*, 155-156쪽.

> 자연적 권력을 재빨리 행사할 수 있을 것"이라고 부연한다. 그리고 그는 만민평등·무상교육을 통해 재능과 덕성을 타고난 사람들을 공화국의 지도자로 육성하는 것을 제언한다. "그리하여 자연이 재능과 덕성을 풍부한 저 사람들이 받을 만한 무상교육에 의해 정제精製되고 그들의 동료시민들의 권리와 자유의 신성한 저장고를 지킬 수 있는 것, 그리고 그들이 부, 출생, 기타 우연적 조건이나 사정에 대한 고려 없이 그런 임무를 맡도록 초빙받는 것은 공공의 행복을 촉진하기에 마땅하다. 그러나 자연이 알맞게 만들어 공공의 유용한 도구가 되도록 배치한 자식들의 재능과 덕성을 그렇게 교육하는 것이 그들 대다수의 빈곤으로 인해 불가능하기에, 이런 자식들을 찾아 만인의 공동비용으로 교육시키는 것이 만인의 행복을 박약한 자나 사악한 자들에게 가둬두는 것보다 더 좋다.[1229]

제퍼슨은 공교육제도 도입의 목적을 첫째, 폭정을 "가장 효과적으로 방지하는" 수단으로서 "백성 전체의 정신들의 개명"으로 제시하고 있다. 제퍼슨이 국민의 일반적 지식을 폭정에 대해 미국 민주공화국을 지키는 최후의 보류로 본 것은 "모든 계급의 시민들이 치자와 국민에게 가장 이로운 법의 질서를 명백하게 알고 확실하게 지적해내기에 충분한 계몽이 갖춰진" 국가상태를 "국가의 군사력 지원으로 노골적으로 악을 위해 악을 행하고 국민에 의해 만장일치로 인정되고 존중되는 사회의 자연적 헌법을 전복하는 것을 감행하고, 어떤 그럴듯한 이유도 없이 공포와 혐오만을 일으키고 불가항력적이고 위험한 일반적 저항을 초래할 수 있는 폭군적 행동에

1229) Thomas Jefferson, "A Bill for the More General Diffusion of Knowledge" [1779], 414-415쪽. *The Works of Thomas Jefferson*, vol. 2 (Correspondence 1771-1779, Summary View, Declaration of Independence).

몸 바칠 전제군주"를 완전히 저지할 방책으로 주장한 케네의 논지와[1230] 그대로 일치한다.

제퍼슨이 제시하는 공교육제도 도입의 두 번째 목적은 "부, 출생, 기타 우연적 조건이나 사정에 대한 고려 없이" 공적 임무를 맡도록 초빙해 "동료시민들의 권리와 자유의 신성한 저장고를 지킬" 수 있도록 "자연이 재능과 덕성을 풍부한 저 사람들"을 무상교육에 의해 "정제해" "박약하고 사악한" 인위적 귀족을 대체할 '자연적 귀족들'을 배출하는 것이다. 첫째는 초등수준의 대중교육이고, 둘째는 고등수준의 엘리트교육이다.

시민과 지도자를 위한 대중교육과 엘리트교육은 재정적으로 실행할 수 있는 한에서 국비로 이루어져야 한다. 그러나 이 두 목적 중 전자가 더 중요할 것이다. 법안의 명칭 자체가 '지식의 더 일반적인 확산을 위한 법안'이기 때문이다. 제퍼슨은 공화국의 시민자유를 지키는 가장 강력한 보루로서 대중적 시민교육이 엘리트교육보다 더 중요하다고 언명한다. 제퍼슨은 「버지니아 노트(Notes on Virginia)」에서 이렇게 말한다.

> 이 법률의 온갖 취지 중에서 어느 취지도 백성을 자기들의 자유의 궁극적으로 안전한 수호자들로 만드는 것보다 더 중요하지 않고, 어느 취지도 이보다 더 정당하지 않다. 이 목적을 위해 백성이 그들의 전 교육을 받을 첫 단계에서의 글 읽기는 (...) 주로 역사적인 것으로 제안된다. 역사는 그들에게 과거를 알려줌으로써 그들로 하여금 미래를 판단하도록 할 수 있다. 역사는 다른 시대와 다른 국민의 경험을 알려주는 점에서 그들에게 쓸모가 있다. 역사는 그들에게 인간의 행동과 의도의 재판관으로서의 자

1230) Quesnay, *Despotism in China*, 271-272쪽.

격을 갖춰줄 것이다. 역사는 야욕이 쓰는 온갖 가면 아래서도 야욕을 알아보고 이 야욕을 알면 이 야욕의 취지를 물리칠 수 있는 능력을 줄 것이다.[1231]

제퍼슨은 중국 유자들이 자기들과 당대의 정치를 비춰보는 '거울(鑑)'로 강조한 만큼 대중적 역사공부의 중요성을 강조하고 있다. 그러나 제퍼슨은 「버지니아 노트」에서 국가지도자, 교사, 의사, 법조인을 육성하는 엘리트 무상교육도 중시한다.

젊은이들은 충분한 나이가 되자마자 고등학교의 전신인 '문법학교(*grammar schools*)'에서 제3단계이자 마지막 단계인 대학으로 올려 보내 이곳에서 그들의 견해에 알맞은 저 과학들을 학습하도록 할 것이다. 빈민계급들 사이로부터 영재 청년들(*the youths of genius*)을 선발하도록 규정하는 우리 계획의 해당 부분에 의해 우리는 자연이 글자 그대로 빈민들 사이에서도 부자와 마찬가지로 입증했지만 발굴해서 도약시키지 않으면 쓸모없이 사라질 저 재능들의 신분(*state*)을 활용하기를 바란다.[1232]

대중교육 못지않게 엘리트교육도 중요한 것이다. 제퍼슨은 빈민들 안에서 생겨나는 영재들의 대학교육도 확실히 챙기고 있다. 제퍼슨 자신의 반복된 설명에도 불구하고 메릴 피터슨은 제퍼슨의 교육론을 궁극적으로 "엘리트주의" 교육론이라고 평가한다.[1233] 그러나 법안의 명칭이 '지식의 더 일반적인 확산을 위한

1231) Thomas Jefferson, *Notes on Virginia* (Continued, II), 272-273쪽. *The Works of Thomas Jefferson*, vol. 4 (Notes on Virginia II, Correspondence 1782-1786).

1232) Jefferson, *Notes on Virginia* (Continued II), 272쪽.

법안'이고, 제퍼슨 자신이 법안의 가장 중요한 취지가 백성을 최후의 안전한 자유 수호자들로 만드는 대중교육이라고 확언하는 한에서 그런 해석은 결단코 무리일 것이다. 물론 대중교육 다음으로는 '자연적 귀족의 육성'을 위한 수월성秀越性교육 또는 엘리트교육이 중요하다.

제퍼슨은 대중교육과 엘리트교육을 피라미드식 제도로 결합한다. 그는 이 피라미드 식 교육과정을 뚜렷이 구분되는 3단계로 나눠 설계했다. 지방자치단체로부터 피라미드식으로 올라오는 초급·중급학교·최고학부의 3단계다. 버지니아에는 고등학교(전문학교)와 대학교는커녕 초등학교도 없었다. 제퍼슨은 이 학교들의 창설계획을 제시했다.

> 윌리엄 앤드 메리 칼리지에 관한 의회의 법령들은 아마 우리 중의 펜들턴 씨의 소관이었을 것이다. 그러나 이 몫은 주로 이 일의 재정과 관련된 반면, 그것의 구성, 조직, 과학의 범위는 이 일의 현장으로부터 도출되었다. 우리는 이 주제에 관해 일반적 교육의 체계적 계획이 제안되어야 한다고 생각했고, 나는 이것을 맡도록 요청되었다. 이에 따라 나는 세 건의 개정법원을 준비해서, 판명하게 구별되는 3단계 교육을 제안했다. 1. 빈부를 가리지 않는 모든 자녀들 일반을 위한 초급학교(*Elementary schools*), 2. 삶의 통상적 목적에서, 그리고 괜찮은 환경에서 사는 모든 사람들을 위해 바람직스런 목적에서 의도된 중급교육(*middle degree of instruction*)을 위한 전문학교(*Colleges*), 그리고 3. 과학을 일반으로, 그리고 이 과학의 최고 등급에서 가르

1233) 피터슨은 "자연적 엘리트를 확고히 자리 잡게 하는 것이 제퍼슨의 목적이 아닐지라도" 제퍼슨의 교육론이 "엘리트주의적 논조를 띠었다"고 지적한다. Peterson, *Thomas Jefferson and the New Nation*, 152쪽.

치기 위한 궁극단계다.[1234]

이 계획은 제퍼슨의 머릿속에 중국식 3단계 학제가 얼마나 뚜렷하게 밝혀 있는지를 보여준다. 또한 그는 촌락수준의 학숙(사학社學+의숙), 카운티 수준의 유학(부학·주학·현학), 중앙의 대학교로 연결되는 중국의 3단계 학제처럼 학교단위와 등급을 각급행정단위에 맞춰 학군 설치를 제언한다. 제퍼슨은 「자서전」에서 이렇게 자술한다.

> 첫 번째 법안은 각 카운티를, 학교를 위해 적절한 규모와 인구의 백가百家 촌락 또는 학군(*Hundreds or Wards*)으로 구획할 것을 제한했다. 이 학군에서 읽기·쓰기·공통산술을 가르쳐야 한다. 주州 전역은 24개 구획으로 분할하고, 각 구획에는 고전학습, 문법, 지리, 산술의 고등단계를 위한 학교를 둔다. 두 번째 법안은 윌리엄 앤드 메리 칼리지의 구조를 고치고 이 학교의 학문 범위를 확대해 이 학교를 사실상 대학교로 만들 것을 제안했다. 세 번째 법안은 도서관 설치 법안이었다.[1235]

피라미드식의 각 행정단위를 '학군'으로 삼고 그 중급 단계에 고등전문학교를 설치하고 중앙에 대학교를 두는 이 3단계 학제는 중국의 학제를 그대로 복사한 것이다.

구체적으로 분석해보면, 제퍼슨의 '초급학교'에서 가르치고 배우는 것, 수업료 없는 무상교육 등도 중국의 사학과 유사하다. 그는 「지식의 더 일반적인 확산을 위한 법안」에서 좀 더 분명하게 이렇

1234) Thomas Jefferson, *Autobiography* [1743-1790], 75쪽. *The Works of Thomas Jefferson*, vol. 1 (Autobiography, Anas, 1760-1770).

1235) Jefferson, *Autobiography*, 75쪽.

게 말했었다.

> 이 모든 초급학교에서는 읽기·쓰기·공통산술을 가르치고, 그 안에서 어린 이들에게 읽기를 가르치기 위해 사용하는 책들은 그들을 동시에 그리스·로마·영국·미국의 역사를 숙지하게 만들 책들이어야 한다. 이 학교에서는 각 백가촌락 안에 거주하는 모든 자유로운 남녀 어린이들이 3년 동안 무상교육(*tuition gratis*)을 받을 권리를 부여받고, 사비를 내면 그들의 부모·보호자·친구들이 적절하다고 생각할 만큼 오랫동안 교육받게 한다.[1236]

어린이들의 판단력보다 더 성숙한 판단력이 요구되는 성경 교육은 국가차원의 세속적 공교육에서 어떤 경우든 배제되고, 그리스·로마·영국·미국의 역사의 숙지가 종교적 도덕교육을 대신한다. '역사'는 그들에게 과거를 알려줌으로써 그들로 하여금 미래를 판단하도록 할 수 있게 하고, 그들에게 인간의 행동과 의도에 대한 판관으로서의 자격을 갖춰줄 것이기 때문이다.

제퍼슨의 계획에 따르면, 모든 어린이를 자유롭게 교육하는 100개소의 초등학교 위에 20개소의 문법학교(*grammar schools*)가 여러 카운티를 포괄하는 행정구역(*districts*)에 설치된다. 이 문법학교도 공립학교이지만, 수업료와 숙식비를 학생들이 자비로 부담해야 한다. 장학생으로 선발된 60-70명의 학생은 예외다. 이들에게는 국가장학금이 지급된다. (이 점에서 제퍼슨의 계획은 아직 학생 전원을 무상으로 가르치고 전원에게 무상숙식을 제공하고 학비를 대주던 중국의 부학·주학·현학의 교민복지 수준에 도달하지 못했다.) 이들을 선발하고 낙제자를 탈락시키기 위한 순시巡視임검이 중국의 교육제도에서처럼 실시된다.

1236) Jefferson, "A Bill for the More General Diffusion of Knowledge" [1779], 418쪽.

언급된 중등학교에서 학력검증을 위한 순시임검은 맑으면 9월의 마지막 월요일에, 맑지 않으면 일요일을 제외한 다음 맑은 날에 매년 실시되어야 한다. 이 학교에서 언급된 감독관들의 지명에 의해 여기로 보내진 소년들의 3분의 1은 1년만 그곳에서 배우는데, 가장 공들인 시험과 정밀검사에 의해 가장 전망이 없는 재능과 성향을 가진 것으로 생각되는 소년들이면 공적 장학생(*public foundationers*)의 지위가 끝나고, 2년간 그곳에서 배웠어야 할 소년들 중 모든 소년들은 재능과 성향에서 가장 훌륭한 소년들의 경우를 제외하고 종료된다. 이 최선의 소년들은 공공기금을 바탕으로 자유로이 4년을 더 학업을 지속하고, 그때부터 줄곧 최상급생(*a senior*)으로 간주된다.1237)

말하자면, 중급학생들 중 3분의 1은 첫 1년 교육 후 배제되고, 나머지는 2년 뒤에 배제되고, 각 학교의 가장 훌륭한 학생들은 남아 4년을 더 배운다. 따라서 최선의 학생들은 도합 6년을 수학하는 셈이다. 이것은 중국의 유학 수학기간(3년)에 비해 두 배이지만, 오늘날 중·고등학교 수학기간과 동일하다. "전체 중 가장 훌륭한 영재가 선발되고 6년간 학습을 계속하고, 나머지는 퇴교된다. 이 방법에 의해 20명의 가장 훌륭한 영재들이 쓰레기로부터 매년 긁어모아져 공공비용으로 중등학교 기간 동안 교육된다."1238) 연간 20명은 3년이면 60명밖에 되지 않아서 교육연한은 중국 유학(부학·주학·현학)의 두 배이지만 무상교육을 받는 학생 수는 중국의 학교 학생 수에 비하면 보잘것없다고 평해야 할 것이다.

중등학교 교육과목은 고전어·영문법·지리·고등수학 등이다. 이

1237) Jefferson, "A Bill for the More General Diffusion of Knowledge" [1779], 425-426쪽.
1238) Jefferson, *Notes on Virginia* (Continued II), 269쪽.

교육체계 피라미드의 정상에는 윌리엄 앤드 메리 칼리지가 서 있었다. 「버지니아 노트」는 말한다. "지구地區의 감찰관들은 (...) 언급된 최상급자들, 가장 잘 배우고 가장 전망이 있는 재능과 품성을 지닌 소년을 1명 선발하면, 이 소년은 감찰관들에 의해 윌리엄 앤 매리 칼리지로 진학하도록 공인된다. 그는 그곳에서 3년 동안 교육받고 숙식을 제공받고 의복을 지급받는다. 이 비용은 매년 회계감사관들로부터의 보증에 근거해서 출납국장이 지불한다."[1239] 윌리엄 앤드 메리 칼리지는 대학교뿐만 아니라 전체 교육시스템의 감독수뇌부 기능도 맡아야 했다. 이 칼리지는 가령 낮은 단계 학교들의 교육과정을 결정한다. 제퍼슨은 교육을 종교적 지도감독으로부터 분리시키려는 목적에서 이 칼리지의 대학교 승격 플랜을 세속화시켰다.

당시 버지니아의 교사들은 대부분 국교회 성직자들이었다. 그리고 윌리엄 앤드 메리 칼리지는 국교회의 기구였다. 이 칼리지는 그 창립으로부터 공적 지원을 받았기 때문에 이제 나라의 아주 큰 관심거리가 되었다. 왜냐하면 칼리지는 「버지니아 노트」에 의하면 "나라의 권리와 자유의 미래 수호자가 되어야 할 사람들이 신성한 저장고를 감시하고 지켜야 할 과학과 덕성을 품부받을 수 있는" 유일한 양성소이기[1240] 때문이다. 제퍼슨은 이 칼리지의 헌장을 세 가지 주요 관점에서 수정할 것을 제안했다. 첫째, 국교회성직자들의 영구적 자율관리체제는 상하양원 합동의회로부터 매년 임명을 받은 세속적 위원회에 의해 대체된다. 둘째, 교수진은 주요 지식영역들을 커버하는 6명에서 8명으로 늘린다. 셋째, 칼리지의 공공

1239) Jefferson, *Notes on Virginia* (Continued II), 426쪽.

1240) Jefferson, *Notes on Virginia* (Continued II), 432쪽.

재정은 증액하고 안전한 기반 위에 놓는다.

그러나 제퍼슨의 법안은 종교갈등을 우려하고 재정지원을 꺼리는 의회의 반대로 아무것도 이루지 못했다. 하지만 제퍼슨은 그가 주지사가 되었던 1779년 이 칼리지의 감독관으로 피선되어, 이 권한으로 그의 목표를 향해 모종의 제한된 진보를 이룩하려고 시도했다. 그는 헌장에 따라 제한된 6명의 교수진에서 3명(신학, 동방언어, 그리스·라틴어 교수)을 법학과 통치, 해부학과 의학, 현대어 교수로 대체하는 데 성공했다. 제퍼슨은 고대어를 좋아했으나 고대어는 중급학교 과목이라고 생각했다. 그리고 제퍼슨은 교수진 중 인디언을 기독교도로 개종시키는 '신앙개종 담당 교수'를 미국 인디언들의 연구를 위한 '인류학 교수'로 교체했다. 이 변화들은 칼리지라기보다 대학교의 이념과 관련된 세속적·공리주의적 인상을 주었다.

하지만 실제적 효과는 적었고, 의회는 결코 짬을 내서 헌장을 개정하거나 제퍼슨의 다른 부분을 법제화하지 않았다. 어떤 것도 국교회 기구로 알려진 이 칼리지의 명성을 지우지 못했다. 훗날 제퍼슨은 이 실패를 이렇게 회상한다.

> 이 법안들(1778)은 1796년까지도 통과되지 않았고, 그 다음은 초등학교를 위해 준비된 만큼의 첫 번째 법안만이 법제화되었다. 윌리엄 앤드 메리 칼리지는 순전히 영국국교회의 시설이었다. 따라서 칼리지 감찰관들(*visitors*)은 이 국교회의 모든 것을 따르도록 요구되었고, 교수들은 39개항 신앙조목에 서명하고, 학생들은 교리문답을 배우도록 요구되었고, 대학의 기본목적은 국교회를 위한 목사를 기르는 것으로 선언되어 있었다. 그러므로 모든 이단자들(*dissenters*)에 대한 종교적 경계심으로 인해 이 대학 법안이 국교회 종파를 제압할까봐 경보가 울렸고, 그리하여 이 법안을

법제화하는 것은 거부되었다. 국교회의 지역적으로 국한된 편협성과 불순한 가을 기후도 이 입법으로 가는 일반적 경향을 저상시켰다.[1241]

의회는 제퍼슨의 초등학교 법안에 대해서도 사실상 실현되지 못하도록 제동을 걸었다.

그리고 초등학교 법안에 그들은 이 법안을 완전히 좌초시키는 규정을 삽입했다. 그들은 각 군현 안에서 언제 이 법령을 집행할 것인지를 결정하는 것을 각 카운티의 입법부에 맡겼기 때문이다. 법안의 한 규정은 이 학교의 비용이 각인이 내는 일반세율에 비례해서 카운티 주민들이 감당하는 것이었다. 이것은 부자들에게 빈민교육의 짐을 전가할 것이다. 그리고 법관들은 일반적으로 보다 부유한 계급에 속하기에 이 짐을 짊어지고 싶지 않았다. 그리고 나는 단 한 개 카운티에서도 이것을 시작하는 것을 감당할 수 없었다고 생각한다.[1242]

최종적으로 제퍼슨이 할 수 있었던 것은 윌리엄 앤드 메리 칼리지가 소재한 윌리엄스버그에서 리치먼드로 천도遷都를 관철함으로써 정부소재지와 이 칼리지 간의 연관을 끊고 칼리지의 지위를 결정적으로 약화시키는 것뿐이었다.

제퍼슨이 1779년 제출한 세 번째 법안은 「공공도서관 설립 법안(A Bill for Establishing a Public Library)」이다.[1243] 이 법안은 제퍼슨의

1241) Jefferson, *Autobiography* [1743-1790], 75-76쪽.

1242) Jefferson, *Autobiography* [1743-1790], 76쪽.

1243) Thomas Jefferson, "A Bill for Establishing a Public Library" [1779], 436-438쪽. *The Works of Thomas Jefferson*, vol. 2 (Correspondence 1771-1779, Summary View, Declaration of Independence).

지식확산 계획을 완성하는 화룡점정畵龍點睛이었다. 그가 공공도서관 설립과 관련해 염두에 둔 기능은 공무원과 학생·학자들의 필요를 충족시키는 것으로 추정된다. 그는 모든 분야에서 학문적 탐구를 촉진하기 위해 역사적 기록과 인공물들의 수집에 열성이었다. 그는 도서관 없는 교육은 상상할 수 없다고 생각했기 때문이다. 이것은 다 그가 중국 도서관을 모델로 생각한 것이다. 전술했듯이 제퍼슨이 소장하고 탐독한 르콩트의 책 『중국의 현상태에 관한 신비망록』은 일찍이 중국의 수많은 대형 도서관들에 대해 보고했었다. 북경에만 "엄선된 좋은 책들로 채워진 여러 도서관"이 있고,[1244] 중국인들은 "고대 원본 서적의 공인된 복사본들을 소장하고 있기 때문에 그 자체가 고대적인 도서관들을 지속적으로 갱신한다."[1245] "이 모든 책들을 그들은 도서관들에 수집·소장해 두고 있고, 이 중 상당수 도서관들은 4만 권 이상의 도서를 소장하고 있다."[1246] 그리고 상술했듯이 북경에만이 아니라 국자감에도 대형 대학도서관이 있었다. 제퍼슨은 도시와 대학에 설치된 이 중국 도서관을 부러워하며 도서관설치 계획을 수립했다. 수년 뒤 제퍼슨은 성인시민의 계속교육을 성찰하면서 모든 카운티에 작은 순회도서관을 설치하는 것보다 작은 비용에 더 광범한 이익을 주는 것은 없을 것이라고 생각했다.[1247] 그러나 이 계획은 전혀 시행되지 못했다.

보통교육체계는 제퍼슨이 세운 전체 계획의 10분의 9였다. 나머

1244) Le Compte, *Memoirs and Observations*, 78쪽

1245) Le Compte, *Memoirs and Observations*, 191-192쪽

1246) Le Compte, *Memoirs and Observations*, 197쪽

1247) Peterson, *Thomas Jefferson and the New Nation*, 150쪽.

지는 그것으로부터 생겨났고, 그것 없이는 거의 생겨날 수 없는 것이었다. 「지식의 더 일반적인 확산을 위한 법안」 등은 1778년 12월 하원에 상정되었고, 1년 반 뒤에 다시 상정되었고, 1785년 세 번째 상정되어 통과되었으나 상원에서 부결되고 말았다. 다음해에 재고되었으나 최종적으로 배격되었다. 이에 제임스 매디슨은 당시 파리에 있던 제퍼슨에게 이렇게 보고한다.

> 이 주제에 관한 체계적 법규의 필요성은 이구동성으로 인정했습니다. 이 특별한 법규에 대한 반대는 1. 인민의 감당능력을 초과하는 것으로 얘기되는 비용, 2. 나라의 현재 긴축상황에 그것을 집행하는 것의 어려움, 3. 서부 구성원들에 의해 주장되는 지구地區들의 불평등이었습니다. 마지막의 반대는 거의 중요치 않고, 토론의 초기 단계에서 밀어붙이면 쉽사리 제거될 수 있습니다. 법안은 이제 법개정 위원회에서 통과되지 못한 다른 법안들과 동일한 기반에 달려있습니다.[1248]

반대의견들은 당장의 비상상황 때문에 버지니아의 미래 비전을 포기한 것이다. 버지니아는 가난했다. 그러나 버지니아는 인민의 교육이 없다면 더 가난해질 판이었다. 하지만 제퍼슨의 교육계획은 버지니아 주의 대부분의 지역에서 실행불가능했다. 각 백가촌락은 기껏해야 5-6 평방마일의 면적을 커버하는 것으로 상정되었지만, 많은 지역은 주민이 아주 희소했다.

하지만 법안은 이 문제를 고려하여 수정되었을 수 있다. 하지만 교육계획은 사회의 깊숙한 곳에까지 영향을 미치고 수많은 민감한 문제들을 터치했기 때문에 다른 반대들도 제기되었다. 성직자들은

1248) Madison, "To Thomas Jefferson" (Feb. 15th, 1787), 308쪽.

일반적으로 이 계획의 세속주의를 불신한 반면, 특히 장로교단은 초·중급학교에 대한 관리권을 윌리엄 앤드 메리 칼리지에 주는 것에 반대했다. 그리고 법안은 잠재적으로 새로운 지역행정 관리들(학교 관리 외에도 빈민구휼·납세행정 등 다른 의무들을 수행하는 교육감독관, 교장 등)을 창출함으로써 카운티 의회의 지위와 기능을 위협하는 것으로 간주되었다. 학교의 재정을 마련하기 위한 과세는 유산계급에게 가장 무거운 부담을 주고, 순수한 이기적 관점에서 부자들은 빈민교육에 돈을 내는 데 아무런 관심이 없었다.1249) 이유야 어떻든 제퍼슨은 파리에서 이 소식을 듣고 '전율'할 정도로 실망을 느꼈다.

제퍼슨은 법안의 좌초가 거의 분명해진 1786년 8월 시점에 '미국 법학의 아버지'라고 불리는 독립선언문 서명자 조지 위스(George Wythe)에게 1786년 8월에 보낸 한 서한에서 교육법안의 민주공화국적 중요성을 강조하는 호소의 말을 써 보낸다.

> 나는 우리의 전 법전에서 단연 가장 중요한 법안이 인민들 사이에 지식을 확산시키는 법안이라고 생각한다. 자유와 행복의 보존을 위해서 다른 어떤 확실한 기초도 강구될 수 없다. 누군가 왕, 귀족, 성직자들이 공공행복의 훌륭한 보존자라고 생각한다면, 이렇게 생각하는 자들을 여기(파리)로 보내라. 이것이 그들을 그 어리석음으로부터 치유해주는, 우주 안에서 가장 좋은 학교다. 그렇게 생각하는 자들은 여기서 그들 자신의 눈으로 이 부류의 인간들이 인민대중의 행복을 가로막는 파렴치한 동맹이라는 것을 보게 될 것이다.1250)

1249) Peterson, *Thomas Jefferson and the New Nation*, 150쪽.

1250) Thomas Jefferson, "To George Wythe" (Aug. 13, 1786), 153쪽. *The Works of Thomas Jefferson*, vol. 5 (Correspondence 1786-1789).

그런 다음, 토마스 제퍼슨은 조지 위스에게 아래와 같은 절절한 탄원과 촉구의 말을 쏟아놓는다.

> 선생, 무지에 대해 십자군전쟁을 벌이라고 설교하시오, 평민백성을 교육시키는 법률을 제정하고 개선하십시오. 우리나라 사람들로 하여금 백성만이 우리를 이 악덕에 대해 보호해줄 수 있고 이 목적으로 지출되는 세금은 우리가 백성을 무지 속에 방치하면 우리들 사이에서 일어날 왕, 성직자, 귀족에게 지불될 것의 1000분의 1에 불과하다는 것을 알리십시오. 영국 백성들은 여기보다 덜 억압받는 것으로 나는 알고 있습니다. 그러나 그들 사이에서 전제정의 확립을 위한 기초가 그들의 성향 속에 가로놓여 있다는 것은 눈을 반쪽만 떠도 압니다. 귀족성, 부, 화려한 사치는 영국 백성들의 숭배대상입니다. 영국 백성들은 우리가 미국에서 그들에 대해 생각하는 자유정신의 백성이 아닙니다.[1251]

여기서 제퍼슨은 미국 백성과 영국 백성의 성향을 구분하며 미국 백성을 교육시켜 영국 백성과 단절적으로 다른 신대륙의 '신민新民'을 만들어야 한다고 역설하고 있다. "십자군전쟁(*crusade*)"이라는 말까지 입에 담는 것을 보면 이 백성교육 문제에서 그의 강한 심지를 알 수 있다.

결론적으로, 초중등학교설립 법안, 대학개조 법안, 도서관 법안 등 제퍼슨의 3대 지식확산 법안은 모두 다 좌초되고 말았다. 그러나 제퍼슨은 이 교육·학교 법안이 민주공화국의 기둥이라고 생각했기 때문에 이 법안을 잊지 않고 그 실현을 위해 평생 노력한다. 27년 뒤, 이 법안의 법제화가 최종적으로 좌초한 시점(1787)으로부터 치면

1251) Jefferson, "To George Wythe" (Aug. 13, 1786), 154쪽.

17년 뒤 제퍼슨은 제2기 대통령 재직 시절에 1806년 제6차 연두교서에서 "국가교육기관(*a national establishment for education*)"을 설치하기 위한 연방헌법의 개정을 촉구한다.

부자들의 애국심은 공교육, 도로, 강, 운하의 커다란 목적들보다, 그리고 연방권력의 제도적 세목열거에 뭔가를 보태기에 적합하다고 생각될 수 있는 다른 공적 개량사업들의 커다란 목적들보다 외제사치품의 계속적 사용과 탐닉을 확실히 더 좋아할 것입니다. 이러한 작업들에 의해 새로운 소통·교통채널이 국가들 간에 열릴 것입니다. 분리선은 사라지고, 이 분리선의 이해관계는 그 정체가 확인될 것이고, 분리선들의 통합은 새롭고 해체될 수 없는 연결고리에 의해 접합될 것입니다. 여기서 교육은 통상적 교육 분야들을 사기업의 손아귀에서 빼앗아 올 것을 제안하기 위해서가 아니라 공공기구만이 비록 희소하게 요구되더라도 원환을 완결하는 데 필요한 저 과학들을 공급할 수 있기 때문에 공적 배려의 항목들의 한복판에 놓여있습니다. 과학적 원환의 모든 부분은 나라의 향상에 기여하고, 그 중 어떤 부분들은 나라의 보존에 기여합니다. 이 주제는 지금 하원의 숙려대상으로 제안되어 있습니다. 왜냐하면 그때까지 승인된다면 양원 입법부는 연방책임의 이러한 확대에 관해 심의할 것이고, 법률이 통과되고, 다른 절차들이 이 법률의 집행을 위해 만들어지고, 필요한 기금은 구할 수 있고 다른 데 쓰이지 않을 것이기 때문입니다. 나는 주들의 동의에 의한 헌법의 개정이 필수적이라고 생각합니다. 왜냐하면 지금 권고되는 항목들은 헌법 안에서 열거된 것들, 그리고 헌법이 공적 자금을 투입하도록 허용한 것들에 들어 있지 않기 때문입니다. 국가교육기관을 당장 숙고하는 것은 특히 이런 상황에 의해 적절하게 되었습니다. 지금 상황은 하원이 이 제안을 승인해서 이 교육제도를 토지의 기부에 근거해 창립하는 것을 더 이행가능한 것으로 생각한다면 필요소득을 산출하기 위해 가장 빠른 것들에 속하는 것들을 이 제도설립에 부여하는 것이 이제 하원의 권한 안에 들어있는 상황입니다.[1252]

물론 공교육제도의 확립을 위한 제퍼슨의 이 1806년 헌법개정 제안은 다시 실패한다. 그럼에도 불구하고 제퍼슨의 공교육 법제화의 열망은 식지 않는다. 이것은 애덤스 전 대통령과의 3개월 편지논쟁(1813년 8-10월)에서 제퍼슨이 권력과 금력의 혈통귀족과 대척되는 이른바 지식과 덕성의 "자연적 귀족"의 육성 주장에 곁들여 공교육을 여전히 강력하게 주장하는 것에서 입증된다.

토마스 제퍼슨은 두 번(1801-1809) 대통령을 지내고 66세에 귀향해 버지니아 몬티첼로로 은퇴했다. 은퇴자 제퍼슨은 그가 이루지 못한 과업의 어젠다에서 공교육제도를 1순위로 꼽았다. 그러나 그는 대통령 퇴임 1년 후인 1810년 5월 제퍼슨은 존 타일러 판사에게 보낸 편지에서 공교육제도 도입의 필요성을 다시 개진한다.

나는 정말 공화국이 제 힘으로 유지되는 데 필수적인 두 개의 커다란 법안을 마음에 품고 있다. 1. 무엇이 그의 자유를 확고히 주는지, 또는 위태롭게 하는지를 만인이 자력으로 판단할 수 있게 해줄 보통교육 법안. 2. 모든 카운티를 각개인의 모든 자식들이 그 안의 중앙학교에 다닐 규모의 백가촌락으로 나누는 법안. 그러나 이 구획은 많은 다른 기본규정들을 예고한다. 백가촌락마다 학교 외에 치안판사 1인, 경찰 1인, 민병대 대장 1인이 있어야 한다. 이 관리들, 또는 백가촌락 안의 약간 다른 관리들은

1252) Thomas Jefferson, "Sixth Annual Message" (December 2, 1806), 317-318쪽. *The Works of Thomas Jefferson*, vol. 10 (Correspondence and Papers 1803-1807).

(동부 타운들의 엄선된 사람들로서) 촌락의 모든 관심사를 관리하고 도로, 빈민, 치안을 순찰에 의해 보살펴야 한다. 백가촌락마다 필요한 곳에 근무하고 한두 명의 배심원을 선발해야 하고, 모든 다른 선거는 백가촌락들에서 각기 이루어지고 모든 백가촌락의 투표용지들은 각 촌락에서 모아져야 한다.[1253]

1814년 1월 버지니아 상원의원 조지프 카벨에게 보낸 편지에서도 제퍼슨은 동일한 계획을 자기가 숨 쉬는 동안 어떻게든 추진해야 할 사안으로 반복해 천명한다. "내가 숨을 쉬는 동안 추진할 권리를 주장해야 하는 두 개의 주제, 공교육과 카운티를 학군(백가촌락)으로 분할하는 것이 있다. 나는 공화제적 통치의 지속을 절대적으로 이 두 결쇠에 달려 있는 것으로 간주한다."[1254] 자기의 고향 주 버지니아에서 카운티를 학군으로 나누고 이 학군에 설치된 학교 중심의 '작은 공화국들'을 수립하는 공교육제도의 확립은 이렇게 제퍼슨의 평생소원이 되어 있었던 것이다.

학교 중심으로 조직된 학군의 '작은 공화국'의 이념은 극동의 유교제국에서 지방의 향촌 자치단체들(군주정의 외피를 쓴 작은 공화국들)이 공자·맹자를 비롯한 여러 성현들을 배향한 유학(부학·주학·현학)을 중심으로 조직되어 있었던 것을 그대로 빼다 박았다. 1816년 9월의 한 편지에서 제퍼슨은 이렇게 말한다. "이 학군들은 순수한 기초 공화국들(*pure and elementary republics*)이고, 이 학군들의 총화는 주州를 구성하고, 가장 가까운 일상적 관심 업무인 학군 업무에 관한

1253) Thomas Jefferson, "To Judge John Tyler" (May 26, 1810). *The Works of Thomas Jefferson*, vol. 11 (Correspondence and Papers 1808-1816).

1254) Thomas Jefferson, "To Joseph C. Cabell" (January 31, 1814), 382쪽. *The Works of Thomas Jefferson*, vol. 11 (Correspondence and Papers 1808-1816).

한, 전체를 참된 민주주의로 만들 것이다."[1255] 이 학군 공화국 설치와 보통학교 교육은 37년 전 1779년의 저 「지식의 보다 일반적 확산을 위한 법안」으로 거슬러 올라가는 것이다. 제퍼슨은 그의 젊은 시절의 쓰라린 입법실패에도 불구하고 70대에도 이 보통교육 법안에서 승리를 쟁취하려는 노익장의 포부를 보이고 있다.

앞서 살펴보았듯이 1770년대 버지니아는 제퍼슨의 개혁에 지극히 비우호적이었고, 1810년대에는 혁명 물결이 절정에 달했던 1770년대보다 훨씬 더 비우호적이었다. 더구나 제퍼슨은 자신의 고국 버지니아 주에서 전직 대통령으로서 존경을 받았지만 아무런 권력이 없는 '비무장' 상태였다. 그런데 새로운 개혁운동이 블루리지 산맥의 서부지역에서 일어났다. 제퍼슨은 이 개혁운동에 그의 민주주의 사상의 가장 원대한 진보를 특징짓는 이데올로기와 강령을 제공했지만, 이제 이 투쟁대의의 검투사 노릇을 하는 것으로부터는 거리를 취하고 멀리 물러나 있었다. 포괄적 개혁은 그의 영향에 대한 보수주의자들의 두려움 때문에 더 이상 이룰 수 없었다. 교육 개혁은 그가 죽은 뒤에야 그의 교육이념을 이어받은 후세대에 의해서만 이루어질 수 있는 형편이었다.

점진적 노예해방 계획도 혁명 기간에 공표되었었고 「버지니아 노트」 속의 헌정개혁처럼 어젠다의 중요한 항목이었었다. 그러나 제퍼슨은 노예해방 계획이 성공하기를 바라는 희망을 버렸다. 그는 영원히 그로부터 확실히 모든 힘을 빼앗아갈 대의에 그의 남은 마지막 수년의 고갈되어 가는 에너지를 소비하고 싶지 않았다. 그리하여 그는 노예제 폐지보다 보다 수월한 '교육' 과업을 "성스

1255) Thomas Jefferson, "To Kercheval" (September 5, 1816). *The Works of Thomas Jefferson*, vol. 11 (Correspondence and Papers 1808-1816).

런 대의"로 삼았다. 1817년 그는 이렇게 쓰고 있다.

> 나는 세상에서 오직 단 하나의 걱정을 가졌다. 그것(공립학교제도)은 40년 동안 탄생과 보살핌의 꼬마인데, 나는 그것이 제 발로 서는 것을 한 번 본다면 진실로, 그리고 즐겁게 고별의 노래를 부를 것이다.1256)

이 말을 들어보면 제퍼슨의 교육개혁의 꿈이 얼마나 진실하고 절실한지를 알 수 있다.

제퍼슨은 보통교육계획 때문이 아닐지라도 진정으로 노래를 부를 수 있었다. 그는 비록 그것을 이루는 데 다시 실패했지만 그 실패과정에서 종교로부터 해방된 세속적 대학교 설립의 꿈은 건져내 마침내 실현했기 때문이다. 알다시피 대학교는 피라미드처럼 초등학교로부터 시작되는 포괄적 공교육 체계의 꼭대기로서 원래 계획의 일부였다. 초·중급학교의 기반 없이 꼭대기의 대학교만 세우는 것은 분명 우행愚行이지만, 이것은 버지니아 사람들이 기도한 우행이었고, 제퍼슨은 그것이 우행인 줄 알면서도 기쁘게 받아들였다.1257)

1819년에 인가된 버지니아대학교는 「독립선언문」 만큼이나 그의 개인적 창조물이었다. 그는 '위대한 대학교의 비전'에다 그의 삶과 정신, 민주주의, 계몽과 국민의식의 지배적 힘들을 가장 온전하게 쏟아 부었다. 이 비전은 실현되기 전에 여러 단계를 거쳤다. 되돌아보면, 제퍼슨은 1779년 최초로 윌리엄 앤드 메리 칼리지를 세속적 대학교로 바꾸려고 했다가 실패하고 점차 모든 희망을 상실

1256) Peterson, *Thomas jefferson and the New Nation*, 962쪽에서 재인용.

1257) Peterson, *Thomas jefferson and the New Nation*, 962-963쪽.

했다. 1794년 그는 제네바 칼리지를 미국으로 이전시키는 스위스 망명객의 제안에도 깊은 관심을 가졌었다. 버지니아 주의회가 기회를 놓치자, 그는 워싱턴 대통령에게 이것을 권고했다. 그러나 워싱턴은 외국칼리지의 이식과 외국어 사용 교수진의 위험이 너무 크다고 판단하고 이 권고를 묵살했다. 1800년 제퍼슨은 대통령이 된 뒤에 생각의 방향을 버지니아 주에 완전히 새로운 교육기관을 창립하는 것으로 돌렸다.

제퍼슨은 그의 친구 프리스틀리와 뒤퐁에게 "공적 지원으로 후원할 가치가 있고 다른 주들의 젊은이들을 끌어들여 그곳에 와서 지식의 컵을 마시고 우리와 동포가 되도록 할 매력 덩어리가 될 만할 정도로 아주 폭넓고 현대적인" 대학교설립 계획을 요청했다. 프리스틀리와 뒤퐁은 각각 정교한 계획을 제공했으나 제퍼슨의 마음에 들지 않았다. 이 단계에서 그는 수수하게 시작하되 구상은 크고 정신·서비스·개략에서 국민적인 주립대학교를 계획했다. 제퍼슨은 연방대통령 재임 중이던 1805년 1월 당시의 버지니아 주지사 리틀턴 테이즈웰(Littleton W. Tazewell)의 요청으로 4쪽의 대학교 프로스펙트를 작성했었다. 조지아, 노스캐롤라이나, 사우스캐롤라이나, 테네시 주에서는 주립대학교가 비록 종이 위에 존재할지라도 이미 설립되어 있었다. 버지니아는 이 움직임에 무심할 수 없었다. 이에 테이즈웰은 버지니아 상하원 의회가 행동할 시점에 가까이 왔다고 믿은 것 같았다.

테이즈웰에게 보낸 제퍼슨의 편지는 버지니아 주립대학교를 위한 그의 계획의 탄생기록이었다. 그는 그의 구상의 현대성을 강조하면서 신학교육에 치우친 옥스퍼드·케임브리지·소르본 등의 구시대 대학을 물리치고 고등교육을 재再정의하면서 항구적으로 진보하는 시대의 지식에 기여를 걸 근대적 대학교를 요청했다.

> 과학은 진보적이다. 2세기 전에 유용했던 것이 지금은 무용지물이 되었다. 가령 윌리엄 앤드 메리 칼리지의 교수진의 절반이 그렇다. 지금 유용한 것으로 여겨지는 것은 다른 세기에 그 상당한 부분에서 쓸모없어질 것이다. (...) 만인은 옥스퍼드, 케임브리지, 소르본 등이 시대의 과학에 한두 세기 뒤져 있다는 것을 안다.[1258]

제퍼슨의 목표는 "시대의 과학에 한두 세기 뒤져 있는" 윌리엄 앤드 메리 칼리지와 옥스퍼드·케임브리지·소르본대학 등 봉건적 대학교, 즉 귀족주의적 신학대학교를 타파하고 중국의 유학 또는 국자감과 같은 완전한 세속적·과학적 대학교의 창설이었다. 제퍼슨은 입법부에 대한 유인책으로 그의 개인장서를 미래의 이 대학교에 기증했다. 버지니아 당국이 2년이 흐르도록 말이 없자 제퍼슨은 이 방향의 희망을 치우고 1806년 12월 연방하원에 중국의 국자감 같은 '국립대학교(*a national university*)' 설립을 권고했다. 그의 절친한 벗이었던 공자찬양자 조엘 발로우(Joel Barlow, 1754-1812) 등과[1259] 협주된 이 프로젝트는 40년 대학교 설립투쟁에 대한 그의 또 다른 앙가주망이었다. 이 프로젝트는 앞서 잠시 시사했듯이 '소귀에 경 읽기'로 끝났다. 극동의 유교제국에서 1000여 년 전에부터 설립·운

1258) Peterson, *Thomas jefferson and the New Nation*, 964쪽에서 재인용.

1259) 법조인·외교관·시인으로 유명했던 발로우는 공자가 신의 본성과 속성에 관한 "정확한 관념"을 구성하고 신성(神性)을 "순수정의·인애의 신"으로서 묘사한 사실을 들어 공자를 극구 찬양했다. 참조: Alfred O. Aldridge, *The Dragon and the Eagle: The Presence of China in the American Enlightenment* (Detroit: Wayne State University Press, 1993), 24쪽.

영되어 온 무상교육·무상숙식의 세속적 국립대학교를 세우는 것이 아직 문화적·사회적·종교적·정치적 한계와 재정결핍에 처한 미국으로서는 이렇게 역부족이었던 것이다.

제퍼슨이 버지니아 대학교의 창설로 귀착된 기획에 관여하게 된 것은 은퇴 후 5년이 지난 시점이었다. 주립대학교설립위원장 피터 카(Peter Carr)를 비롯한 그의 여러 이웃들은 1814년 샬로츠빌에 사립 이차二次학교 '알버말 아카데미(Albemarle Academy)'를 세우려고 노력하고 있었다. 제퍼슨은 1814년 7월 애덤스에게 버지니아 사람들의 이 학교설립 움직임에 대해 알린다.[1260] 제퍼슨은 아직 등록도 하지 않은 알버말 아카데미의 위원회에 속하자마자 이것을 칼리지로, 다음은 대학교로 격상시키려고 시도했다. 1814년 9월 그는 페이퍼칼리지 '알버말 아카데미'를 '중앙 칼리지(Central College)'로 전환시키는 첫 단계를 시행할 법안을 기안했다. 법안은 입법부의 연이은 회기에서 실패했지만, 1816년 2월 마침내 통과되었다. '중앙 칼리지'는 알버말에 있는 성공회 교회부속지 두 곳의 매각, 자발적 기부, 복권사업 등으로부터 나오는 재원으로 설립되는 비非종파적

1260) Jefferson, "To John Adams" (July 5, 1814), 397-398쪽. "나는 우리의 계승자들이 경험에 의해 깨우침을 얻어 그들의 관심을 교육의 이점으로 돌리기를 바랍니다. 나는 스스로 부르듯이 작은 아카데미가 아니라 광범한 규모의 교육을 의미합니다. 이 작은 아카데미들은 모든 이웃에서 출범하고 있고, 그곳에서는 한두 사람이 라틴어 지식, 때로 희랍어 지식, 지구의 지식, 유클리드 첫 여섯 권을 보유하고 이것을 지식의 총량으로 상상하고 이것을 전달합니다. 이 작은 아카데미들은 부지런한 추구와 멀어지기에 충분한, 그리고 과학의 대오에서 복무하기에는 충분치 않은 정확한 학습취향을 갖춘 학생들을 세상의 극장으로 내보냅니다. 정말이지, 우리는 몇몇 예외들을 가지고 있다. 하나는 내가 당신께 최근에 소개했습니다. 그리고 우리는 몇몇 다른 예외들도 가지고 있습니다. 내가 사용하는 어휘들은 일반적 진리들입니다. 나는 유럽에서처럼 오늘날 유용한 모든 과학 분야들을 최고 등급에서 가르치는 교육기관을 설립할 필요성이 마침내 알려지기를 바랍니다. 당신은 당신의 생각을 이러한 교육기관 계획으로 돌린 적이 있습니까?"

사립 세미나였다. 하지만 칼리지 헌장은 주립 대학교로 발전할 때까지 교육 플랜의 자유로운 확대를 규정하고, 감독위원회의 지명권을 주지사에게 주고 주지사를 당연직 위원으로 삼음으로써 칼리지로부터 지방적 성격을 탈각시켰다. 주지사 윌슨 니콜라스는 매디슨과 몬로를 포함한 제퍼슨의 친구들을 감독위원으로 임명했다. 페이퍼 아카데미가 2년 만에 미래의 주립 대학교 설계로 전환된 것이다.[1261]

그러나 제퍼슨은 대학교 이상의 것을 목표로 했다. 대학교는 1779년의 피라미드식 3단계 학교설립 법안에서처럼 어디까지 일반적 공교육계획의 정점이었다. 칼리지 법안을 전하는 한 서신를 보면 그가 이 1779년의 원래 법안을 되살리려고 했다는 것을 알 수 있다. 새 법안에 제시된 '초급학교(*primary*)', '일반학교(*general*)', '전공학교(*professional*)'로 이루진 3단계 학제의 학교설립 방안에서 두 번째 일반학교는 중급학교와 칼리지의 기능을 결합한다. 이 새 법안에서 새로운 점은 야간 공립 기술학교 설립계획이다. 그러나 그는 이것이 버지니아에서 실현가능성이 없다는 것을 깨닫고 나중의 계획에서는 포기했다.[1262] 1815년 제퍼슨은 또 하나의 계획을 수립해서 출판했고, 버지니아 의회 의원 찰스 머서(Charles F. Mercer)는 이 계획에 기초해서 보통교육 법안을 기안했다. 이 법안은 버지니아 하원을 통과했으나, 상원에서 부결되었다.[1263]

그러나 1816년 2월 양원은 학업기금 관리자들에게 초등학교로

1261) Peterson, *Thomas jefferson and the New Nation*, 964-965쪽.

1262) Peterson, *Thomas jefferson and the New Nation*, 965-966쪽.

1263) A. J. Morrison, *The Beginnings of Public Education in Virginia, 1776-1860 - Study of Secondary Schools in Relation to the State Literary Fund* (Richmond: Davis Bottom, Superintendent of Public Printing, 1917), 10쪽.

부터 대학교를 관통하는 포괄적 교육계획을 보고할 것을 요청하는 데 의견의 일치를 보았다. 이 기금은 1810년 잡다한 원천들로부터 얻은 공적 소득들을 원칙적으로 빈자들의 교육에 지원하기 위해 설립되었었다. 제퍼슨은 2월 결의에 의해 요청되는 주립대학교의 창설을 위해 이 재원을 주시했다. 학업기금이 초등학교 지원으로 들어간다면 대학교나 지구 칼리지를 위해서는 아무것도 남지 않을 것이다. 학업기금의 운명에 관한 입법부의 결정은 버지니아에서의 공교육의 미래를 규정할 판이었다. 제퍼슨은 '중앙 칼리지'를 주립대학교의 뼈대로서 설립하는 바탕 위에서 전체 교육체제를 기획했다. 니콜라스 주지사는 이에 동조했고, 특히 조지프 카벨은 그의 기획을 받아 대학설립에 앞장섰다. 카벨은 소위 제퍼슨 주변의 '몬티첼로 멘'의 수장이었다. 1817년 여름 그는 제퍼슨과 상세하게 상의했다. 제퍼슨은 그의 요구에 따라 3단계 학제 학교제도를 위한 법안을 기안했다. 초등학교설립 법안은 1779년 이래의 통상적 계획에 입각해 있었다. 제퍼슨의 체계는 각 학군 거주자들에 대한 누진세 부과를 통해 이 초등학교를 지원할 것을 요청하면서 학업기금은 칼리지와 대학교에 배정했다. 이 버지니아 주립대학교 창립 및 일반적 학교체계 설립과 관련된 이 계획은 1778년에 수립한 법안보다 진일보하고 약간 변경된 내용을 담고 있다.[1264]

1264) Thomas Jefferson, "To George Ticknor (November 25, 1817)", 77-78쪽. *The Works of Thomas Jefferson*, vol. 12 (Correspondence and Papers 1816-1826): "나는 지금 나의 고향 주에서 세 측면의 토대 위에서 전반적 교육시스템을 설립하려는 노력에 전적으로 몰입하고 있다. 세 토대는 1. 읽기, 쓰기, 공통산술과 일반 지리에서 완전한 무상의 충분한 교육을 모든 시민의 자식들에게 제공하는 초등학교이고, 2. 고대와 현대의 언어를 위한, 산술·지리·역사의 고등교육을 위한 칼리지 기관(*Collegiate institutions*)이다. 이 목적을 위해 버지니아 주(州)의 모든 주민들의 하루 말 달리기 거리 안에서 1개 칼리지를 두고 초등학교에서 판단의 적성과 바른 품성의 가장 출중한 지표를

카벨은 제퍼슨의 법안을 행정구역 칼리지와 대학교 설립을 위한 법안과 함께 의회의 학교·칼리지위원회에 제출했다. 제퍼슨은 초등학교 감찰관에서 성직자들을 배제하고 어떤 종파나 부류의 교리와도 불합치하는 종교적 가르침을 가르치는 것을 금하고, 스페인의 예에 따라 차세대에 문맹文盲테스트를 부과해 이것을 시민권 부여 조건으로 삼기를 바랐다. 그러나 카벨은 정치적 논란에 말려들 것을 우려해 이것들을 빼고 법안을 기안했다. 제퍼슨은 부자들이 누진세를 기피할 것이라는 이유에서 제기된 반대에 대해 세액이 3-4센트로 아주 가벼운 데다 빈민대중으로부터 정직하고 유용한 시민을 길러내는 것은 부자의 중요한 이익이라고 답변했다. 그러나 법안은 다시 의회를 통과하지 못했다. 제퍼슨은 다시 깊은 좌절감을 느꼈다. 이런 좌절감 때문에 그는 대학교설립에 희망을 걸었다.

우여곡절 끝에 최종결과는 1818년 초등학교 체계와 대학교를 설치하는 법안의 의회통과였다. 이 법안에 따르면 타운의 관청은 학교위원들을 임명한다. 그리고 이 학교위원들은 얼마나 많은 빈민 아동들이 학술기금(1만 5000달러)으로부터 지원받아야 하는지를 결정한다. 그러나 법안은 빈민교육에 돈을 내고 싶지 않는 부자들의

보여준 빈민의 지식들 가운데서 엄선된 학생들을 공공비용으로 완전히 교육하는 규정을 추가한다. 3. 오늘날 유용해 보이는 모든 과학 과목을 최고 단계에서 가르치는 대학교다. 이것은 아마 10명 또는 12명의 교수진을 요할 것이다. 이 교수들의 대부분은 우리가 어쩔 수 없이 유럽에 의뢰해야 하되, 학생들이 모국어로 이루어지는 의사소통으로부터 얻는 더 커다란 이점 때문에 특히 가능성 있는바 에든버러에 의뢰해야 할 것이다. 이 마지막 시설은 이 교육체계가 지금부터 1주인 이내에 소집될 우리의 입법부에 의해 어쨌든 채택된다면 아마 샬로츠빌로부터 1마일 안에, 그리고 몬티첼로로부터 4마일 안에 있을 것이다. 하지만 나의 희망은 우리의 국가 입법부들의 일상적 성격에 의해 견제받을 것이다. 이 입법부들의 의원들은 지식이 힘이고 지식이 안전이고 지식이 행복이라는 중요한 진리를 지각하기에 충분한 정보를 일반적으로 보유하고 있지 않다."

조세저항에 굴복해 초등교육을 학업기금과 연동시킨 발상 때문에 초등교육이 빈민아동 외에 일반아동의 유상교육 법안으로 왜소화되고 말았다. 또한 학군 설치가 타운의 의무조항이 아니었기 때문에 군현 차원에 위치한 이 초등학교는 하한선의 수적 필요조건이 없었다. 또한 중고등학교는 아예 빠져 있었다. 따라서 이 법안의 학교는 제퍼슨의 초등·중고등학교와 거리가 멀었다. 대학교는 그런대로 추진될 수 있었다.[1265]

제퍼슨은 이 절반의 승리에 만족할 수밖에 없었다. 그는 의회의 주립대학교설립위원회가 '중앙 칼리지' 부지를 대학교부지로 선택할 것이라고 확신했다.[1266] 1817년 10월 6일 제퍼슨은 매디슨, 몬로 등이 참석한 가운데 마침내 첫 대학건물의 주춧돌을 놓았다. 1818년 봄 제퍼슨은 부지선정과 주립대학교 설계 위원으로 임명되었다.[1267] 1819년 1월 버지니아 대학교의 소재지는 제퍼슨의 확신대로 양원합동 회의에서 샬로츠빌로 최종 의결되었다.[1268] 자금난에 시달리면서도 우여곡절 끝에 버지니아 주는 1819년 1월 25일 버지니아 주립대학교를 인가했다. 그러나 재원조달, 교사·강당·도서관·기숙사 건설과 교과목 선정과 교수진 초빙 등으로 시간이 4년이 소모되어, 감찰위원회는 1824년 5월에야 대학교를 다음해 9개월간 열 것을 공표할 수 있었다.[1269] 교수진이 도착하고, 도서관이 채워지고, 학생들이 조금씩 들어왔다. 버지니아 주립대학교는 1825년 3월 7일 비로소 첫 학기를 열었다. 첫 학기에는 겨우 50여 명의

1265) Morrison, *The Beginnings of Public Education in Virginia, 1776-1860*, 10쪽.

1266) Peterson, *Thomas jefferson and the New Nation*, 966-967쪽.

1267) Peterson, *Thomas jefferson and the New Nation*, 970쪽.

1268) Peterson, *Thomas jefferson and the New Nation*, 975쪽.

1269) Peterson, *Thomas jefferson and the New Nation*, 984쪽.

학생이 들어왔지만, 1년 뒤에는 두 배 늘어 100명이 들어왔다.1270)

제퍼슨은 대학교를 운영하던 중 우연인지 필연인지 1826년 7월 4일 독립기념일에 이 세상을 하직했다. 그가 서거한 뒤 세워진 묘지비석에 새겨진 묘지명은 "독립선언문과 종교자유를 위한 버지니아 법령의 저자, 버지니아 대학교의 아버지"였다. 이 묘지명은 그의 유언에 따른 것이다. 이 묘지명에서 그가 버지니아대학교에 죽을 때까지 쏟아 부은 혼신의 정성과 사랑이 느껴진다. 버지니아 주립대학교는 오늘날 방대한 대학교로 발전했다. 버지니아대학교는 유네스코유산으로 지정된 세계 유일의 대학교다.

■ 버지니아의 3단계 학교제도의 확립

부자들과 성직자들은 거의 다 버지니아에서 사립아카데미들의 체계를 유지하고 촉진해야 한다는 의견이 많다고 생각해서 교육에 대한 주 정부의 일반적 재정지원에 반대했다. 1818년의 법규는 이 표적을 정확히 맞춘 것이다.1271) 그러나 제퍼슨이 기안한 1779년과 1817년의 보통교육법안에 담긴 중국식 3단계 국·공립학교 방안은 당시 버지니아 입법부에 의해 무시당했을지라도 실로 '예언적'이었다.1272)

제퍼슨은 이 때문에 민주적 교육을 하나의 사회적 공약으로 추구했던 19세기 교육개혁가들에게 '전위前衛' 노릇을 했다.1273) 누구나 제퍼슨에게서 민주공화국의 기반으로서의 보통교육의 의미와 중요

1270) Peterson, *Thomas jefferson and the New Nation*, 984쪽.

1271) Morrison, *The Beginnings of Public Education in Virginia, 1776-1860*, 12쪽.

1272) 참조: Power, *Educational Philosophy*, 109쪽.

1273) 참조: Power, *Educational Philosophy*, 109쪽.

성을 간취했을 뿐만 아니라, 19세기와 20세기 초의 보다 우호적인 토양에서라면 얼마든지 싹터 올라 곧 거목으로 자랄 수 있는 근대적 교육철학의 씨앗들이 그의 교육이론에 담겼다는 것도 알 수 있었기[1274] 때문이다. 가령 윌리엄 앤 매리 칼리지 학장 존 스미스(John A. Smith)는 1816년 이렇게 당시 상황과 요구를 논평했다.

> 내가 권고해야 하는 첫 번째 것은 나중에 교사로 활약할 잘 훈육된 사람들을 적절한 수로 확보할 즉각적 조치일 것이다. 이들이 첫 단계로 이 특별한 목적을 위해 교육되어야 한다는 것은 내게 명백하다. 왜냐하면 나는 제공될 수 있는 보수를 받고 싶을 적절한 요원들이 여기에서나 다른 곳에서나 마련될 수 없다고 확신하기 때문이다.[1275]

이것은 지구地區 차원의 중고등학교 창립에 대한 권고였다. 1829년 버지니아 입법부는 학교위원들에게 지구地區 무상학교를 설립할 권한을 부여하고 주민들에게 학교시설 운영비용의 5분의 3, 학교관계자 봉급의 2분의 1 이상을 떠맡도록 하고 학술기금을 균형 있게 부과할 수 있는 법령을 제정했다. 이것은 제퍼슨 이래 오랫동안 주장되어온 낯익은 법적 기반이다. 그러나 1830년의 학교위원들의 주도적 주장은 카운티의 1796년 주장보다 확실하지 않았다. 그러는 사이에 1830년에 지구地區학교법이 통과되었다. 가령 버지니아 주의 워싱턴 카운티(Washington county)의 학교위원회는 이 법을 논평하면서 다음 연도를 위한 보고에서 이렇게 제의했다.

1274) 참조: Power, *Educational Philosophy*, 112쪽.

1275) Morrison, *The Beginnings of Public Education in Virginia, 1776-1860*, 12쪽.

본 위원회는 백성들에게 또는 학교위원들에게 알려진 도덕적 습관을 가진 유有자격 교사들을 카운티에 공급하기 위한 어떤 방식을 양원兩院 회의가 채택하는 것이 일반 교육체계의 성공에 지극히 중요하다고 생각한다. 이 중대한 목적을 시행하기 위해 본 위원회는 교사가 될 표명된 목적을 위한 학교를 페스탈로치의 계획에 따라 각 카운티에 설치할 것을 공인하는 것이 양원회의 안에서 양책良策이 아닐지 공손히 제안한다."[1276]

토마스 제퍼슨이 홀로 3단계 공립학교 설립과 공교육을 주장하던 때와 달리 이제 공립학교 법제화 요구는 여러 곳에서 튀어나왔다. 가령 다른 관점에서 제퍼슨처럼 교육개혁을 추진해온 장로교 목사 겸 교육자 존 홀트 라이스(John Holt Rice), 1777-1831)도[1277] 1831년 국가가 철저하고 전면적인 공교육체제를 위한 계획을 법제화해야 한다는 자신의 신념을 천명했다.[1278]

1832년 워싱턴 카운티는 1829년의 법령에 따라 설립된 지구地區 무상학교를 보고했다. 이 보고에 의하면 워싱턴 주에서는 1,067명의 학생들이 지구 무상학교에 재학 중이었다. 교사의 봉급액(4081달러) 중 3167달러는 주민들이 지불했다.[1279] 1843년에는 버지니아 군사학교의 모든 국가 사관생도들(40명 정원)이 2년 이상의 국비교육에 대한 보상으로 버지니아의 어떤 학교에서 2년 동안 가르치도록 하는 법령이 제정되었다.[1280] 그리고 1850년 에모리 앤 헨리

1276) Morrison, *The Beginnings of Public Education in Virginia, 1776-1860*, 12쪽.

1277) David E. Swift, "Thomas Jefferson, John Holt Rice and Education in Virginia, 1815-25", *Journal of Presbyterian History*, 49: 1 (Spring, 1971), 33쪽.

1278) Morrison, *The Beginnings of Public Education in Virginia, 1776-1860*, 11쪽.

1279) Morrison, *The Beginnings of Public Education in Virginia, 1776-1860*, 12쪽 각주(*).

1280) Morrison, *The Beginnings of Public Education in Virginia, 1776-1860*, 12쪽.

칼리지(Emory and Henry College)는 연간 16명의 가난한 재능학생을 주州 장학생으로 칼리지에 받아들임으로써 융자금의 이자를 학술기금으로부터 내는 것을 허가받았다. 이 주 장학생들로부터는 칼리지 코스를 마치면 적어도 2년 동안 버지니아 주 안의 초등학교나 칼리지에서 학생들을 가르친다는 약속을 받았다. 1856년 버지니아 대학교는 유사한 조건으로 매년 50명의 주 장학생을 받아들이도록 공인되었다. 이런 것들이 '정상교육'을 위한 구舊질서 아래의 움직임이었다. 이런저런 법규 덕택에 교사는 충분히 공급되었다. 이러한 설비와 장치들은 교육을 입법부에 알맞은 주제들의 범위 안으로 더 많은 끌어들이는 효과를 올렸다. 그러나 젊은 여성들은 안중에 없었다. 종종 젊은 남자가 가르칠 학교를 발견했다.[1281]

제퍼슨의 꿈이 일사분란하게 실현된 것은 아니지만 이렇게 한 조각 한 조각 실현되어 가던 중, 버지니아 의회는 학술기금 대표와 감독관들에게 "이 나라의 백성에게 교육혜택을 확보하기 위해" 그들의 의견에 가장 적합한 체계를 보고하라고 명했다. 이 결의에 따라 수년 동안 열띤 활동이 벌어졌고, 의회는 1841-42년간 80쪽에 달하는 항의와 제언들을 받았다.[1282]

양원 의회가 1846년 새로운 교육계획을 법제화했을 때 부지불식간에 커다란 진보가 이룩되었다. 빈민아동 장학생들을 위한 학교들은 부대附帶기구와 함께 보존되었다. 어떤 군현이나 단체든 무상학교를 세우려고 하면 그럴 권한을 부여받고, 그렇게 한 뒤에도 무상학교를 포기하고 빈민학교로 돌아갈 수 있었다. 이 무상학교를 재정적으로 지원하기 위한 교육관련 세금이 부과되고 어떤 카운티나 단체든

1281) Morrison, *The Beginnings of Public Education in Virginia, 1776-1860*, 13쪽.
1282) Morrison, *The Beginnings of Public Education in Virginia, 1776-1860*, 13쪽.

세금을 좋아하지 않으면 이전처럼 학술기금으로부터 그 몫을 인출해서 그것이 허용하는 만큼만 가르칠 수 있었다. 학술기금의 1859-1860년 보고에 의하면, 9개 카운티와 세 개의 법인단체가 기금으로부터 지구 학교들을 위한 지원을 받는 것으로 나타난다. 카운티는 1846년 법령에 따라 지구학교들을 설치했다가 나중에 포기했다. 이 법령 자체는 곧 한 군현 안에 몇몇 지구 또는 한 지구가 1829년 법령에서처럼 무상학교를 세울 수 있도록 개정되었다. 30개의 카운티가 1860년 이전에 지구 무상학교 체계를 시도했다. 12개에 가까운 카운티는 1839년 법령에서 허용된 체제를 채택했다.[1283]

이후, 즉 1846년부터 1860년까지 버지니아에서 교육은 훌륭하게 진보했다. 버지니아 대학교, 군사학교, 칼리지들은 여러 가지 방식으로 그 수가 늘고 강화되었다. 여학교도 잘 자리를 잡았다. 훌륭한 아카데미들이 도처에 설립되어 있었다. 진정으로, 주 정부는 버지니아 주립대학교가 예하 학교들에 대해 주는 자극 덕택에 효율적 교육체계를 전개할 수 있었다. 귀찮은 공적 후원기구 없이 버지니아대학교는 각종 칼리지, 아카데미, 지구 중고등학교 학생들에게, 심지어 초등학교 학생들에게까지도 향학열을 불어넣어 학습을 자극했다. 대학교는 대학교의 학자들을 훈련시켰고, 이들 중 많은 이들은 칼리지의 타인들을 가르치고 싶어 했다.[1284] 이런 사실들은 제퍼슨이 「지식의 보다 더 일반적인 확산을 위한 법안」을 기획하던 1779년부터 이미 애당초 예상되던 것들이다. 국가는 훌륭한 교사의 확실한 공급과 더불어 현명한 감독 아래 모든 등급을 관통하는 공교육체계가 필요했다.[1285] 마침내 버지니아 주는 80년도 더 된

1283) Morrison, *The Beginnings of Public Education in Virginia, 1776-1860*, 14-15쪽.
1284) 참조: Morrison, *The Beginnings of Public Education in Virginia, 1776-1860*, 15쪽.

제퍼슨의 꿈을 국가의 요구로 체화體化함으로 교육문화에서 근대화된 것이다. 결국 19세기 중반 버지니아는 구미세계에서 가장 먼저 중국 수준의 3단계 학교체계를 갖추었다.

버지니아 주에서 1846년 처음으로 법제화되어 실현된 3단계 학교체계와 공교육 모델은 버지니아와 거의 동시에 미국의 다른 주들에 신속히 확산되었다. 1870년 영국이 '교육법'의 제정을 통해 3단계 학제와 학군체계를 가진 근대적 학교제도를 확립하자, 같은 해 미국의 꾸물거리던 나머지 모든 주들도 버지니아 선례를 따라 공립 초급학교를 세웠다. 그리하여 미국은 당대 세계 최고의 문해율文解率을 가진 나라가 되었다. 그러나 1880년대 이전까지 미국에서 가장 많은 인구가 사는 농촌지역들은 학교가 거의 없었다. 그리고 19세기 후반 일반화된 미국과 영국의 이 3단계 교육체계와 공교육은 다시 유럽제국으로 신속하게 전해졌다. 그리하여 중국식 3단계 학교·공교육 제도는 전 세계의 교육제도로 확립되게 된 것이다.

■ 독일의 교육개혁과 근대적 학교제도

프로이센 독일은 프리드리히 2세의 국가개혁 노력의 여파가 아직 잔존하던 1788년 중국의 수재(생원)자격증에 해당하는 중고교졸업 최종시험 합격증인 아비투어(Abitur)를 도입했다. (이후 이 아비투어 제도는 1812년까지 전 프로이센의 모든 중급학교(중고교)에 실시되고, 독일제국이 창설된 1871년에는 전 독일의 중급학교로 확대·실시되었다.)

미국 학교제도의 확립에도 때로 영향을 미친 독일의 근대적 교육·학교제도는 프로이센이 나폴레옹에게 예나에서 패전한 뒤에 국가를 다시 세울 목적에서 국가의 전면적 개혁을 추진하던 이른바

1285) Morrison, *The Beginnings of Public Education in Virginia, 1776-1860*, 16쪽.

슈타인-하르덴베르크 개혁 시기(1807-1815)에 도입된다. 프로이센의 교육분야 개혁은 개혁가들의 구상 속에서 열쇠의 위치를 점했다. 모든 개혁은 새로운 자기책임으로 행동할 수 있는 시민 유형을 전제했다. 개혁가들은 국민이 새로운 사회가 일반적으로 기능할 수 있도록 형성되고 교육되어야 한다고 확신했다. 아직도 신분제적 요소들을 다 떨어내지 못한 국가개혁과 반대로 교육개혁은 애당초 신분교육(*Standeserziehung*)의 모든 형식을 부정하는 방향을 취했다. 교육개혁은 1808년 문화·학습국(Abteilung Kultus und Unterricht)의 국장에 임명된 빌헬름 폰 훔볼트(Wilhelm von Humboldt, 1767-1835)에 의해 주로 입안되었다. 그는 이 직책에 약 1년 동안 근무했지만, 개혁의 방향타를 설정하는 데 성공했다. 이 시기에 프로이센은 국가 교사 자격증제도를 도입했다.

훔볼트는 애당초 중국 지향의 독서와 교육을 받은 중국애호 지식인이었다. 이런 사상적 경향으로 인해 그는 1822년부터 유럽 최초의 중국학(Sinology) 교수인 장-피에르 아벨-레무사(Jean-Pierre Abel-Rémusat, 1788-1832)와 이 사람이 죽기 직전까지 서신교환을 했다. 훔볼트는 아벨-레뮈사가 쓴 중국어 문법을 학습했고, 그가 편집한 불역판『중용』을 공부했다. 그리고 중국문화를 향한 훔볼트의 열광은 아벨-레뮈사에게 50쪽에 달하는 장문의 중국어적 언어학 편지「문법형식 일반의 본성과 특히 중국어의 천재성에 관하여(Sur la nature des formes grammaticales en général et sur le génie de la langue chinoise en particulier)」를[1286]

1286) Wilhelm von Humboldt, *Sur la nature des formes grammaticales en général et sur le génie de la langue chinoise en particulier*. 독역본: *Brief an M. Abel-Rémusat: Über die Natur grammatischer Formen im allgemeinen und über den Geist der chinesischen Sprache im besonderen* (Stuttgart-Bad Cannstadt: Frommann-Herzog, 1979).

써서 1827년 출판할 정도였다.1287)

홈볼트는 공맹과 중국의 유학적 교육이념 신新인문주의적 교육이념을 내세웠다. 실제적 생활목적에 쓸 만한 지식을 전달하고자 한 칸트의 엄격한 공리주의적 교육학과 달리 홈볼트는 "사람을 단순히 수단으로서만 아니라 목적으로 대하라"는 칸트의 목적-수단 관계의 공리주의적 도덕률을 날려버리고 목적에 매이지 않는 일반적 인간교육(allgemeine und zweckfreie Menschenbildung), 즉 아주 유학적인 인간교육을 목표로 내걸었다. 그는 이 점에서 고대의 고전과 옛 언어들에 대한 학습을 인간의 정신적·도덕적·지성적·미학적 개발을 촉진하는 것으로 간주했다. 이런 인문적 인간개발을 한 다음에야 비로소 다양한 직업에 필요한 전문지식을 하는 것이다. 일반적 인간형성의 관점에서 국가의 이익은 국익과 국가시민들의 활용가치는 당연히 이차적인 것이었지만, 결코 무시되지 않았다.

> 각 개인은 명백히 그의 특별한 직업에 대한 고려 없이 그 자신으로서 선량하고 건실하고 자기의 처지에 따라 계몽된 인간과 시민일 경우에만 훌륭한 수공업자, 상인, 군인, 사업가다. 학교 수업이 이에 필요한 것을 각인에게 준다면 각인은 뒤에 아주 쉽사리 그의 직업에 따른 특별 능력을 획득하고, 인생에 아주 자주 일어나듯이 이 직업에서 저 직업으로 이동할 자유를 언제나 보유한다.1288)

1287) 참조: Christian Helmut Wenzel, "Isolation and Involvement: Wilhelm von Humboldt, François Jullien, and More", *Philosophy East and West* (October 2010), 458쪽.

1288) Wilhelm von Humboldt, *Bericht der Sektion des Kultus und Unterrichts an den König*, (Dezember 1809). Wilhelm von Humboldt, *Schriften zur Politik und zum Bildungwesen* (Darmstadt: Wissenschaftliche Büchergesellschaft, 1964), 210-239쪽.

계몽주의적 열정에 의해 규정되어 공공복리를 지향하는 온갖 정치·교육·문화·과학 활동의 한복판에서 자기의 개성과 인격의 형성을 강조하는 훔볼트는 당대의 나폴레옹 지배체제에 직면하여 민족교육, 즉 민족자주 목적의 전 민족의 교육을 제일로 삼았던 피히테의 칸트 추종 노선을[1289] 거부하고 위와 같이 각각의 개인을 교육과정의 중심에 두는 교육목적을 천명했던 것이다. 그는 옛적의 교회·가정·도시·동업단체의 학습시설을 옆으로 제쳐 두고 이제 국민학교(Volksschule)·김나지움(중고등하교)·대학교의 중국식 3단계 학제로 짜인 국공립학교를 설치하는 계획을 기안했다. 유스티가 말한 대로 국가는 중국제국 식으로 모든 학교를 감독하고, "보통학교의무(allgemeine Schulpflicht)"와 통일적 교과과정을 엄격하게 관철시키고 시험제도를 감독한다. 국가가 인정하는 성적기준을 공무담임의 전제로 수립한다. 이제 중요한 것은 "출신과 신분"이 아니라, 중국식으로 "교양과 능력(Bildung und Leistung)"이다.

국민학교의 교육능력은 교사들의 더 많은 봉급지급과 사범학교의 교사 육성에 의해 개선되었다. 새로 입안된 인문주의 김나지움은 국민학교에 이어 중고등학교 교육을 맡았다. 성공적으로 김나지움을 졸업한 학생은 대학교 진학의 권리를 얻었다. 이와 나란히 실업학교(Realschule)를 설치하고, 프리드리히 2세가 세운 몇 개의 사관학교를 존속시켰다. 그런데 국가의 교육권한이 이렇게 강화되었음에도 학교감독권은 성직자들에게 그대로 남아있었다. 중국수준에 못 미치는 이 부분은 세속적 인문교육 목표와 충돌하면서 두고두고 문제를 일으킨다.

훔볼트가 입안한 교육과정의 최고정점은 개혁된 대학교였다.

1289) 참조: Nipperdey: *Deutsche Geschichte 1800-1866*, 57쪽.

여기서 연구·학습의 자유의 이상과 연구에 대한 우선적 지위 보장은 중요했다. 대학생들은 연구에 대한 참여를 통해 자립적 사고와 과학적 공부를 배워야 한다. 베를린대학교의 창설과 완성은 기존의 신학적 대학들에 대해 모델로 기능해야 한다. 대학교에 대해 산회 안에서의 확고한 자리를 보장하기 위해 국가는 모든 대학운영비 및 이와 결부된 책임을 떠안았고, 따라서 항상적 영향력도 획득해야 했다.

그러나 실제에서 시민적 해방과 기회균등을 겨냥하는 교육개혁은 훔볼트가 문화·학습국장직을 물러난 뒤 그가 원하는 성과를 올리지 못했다. 인문·도덕주의 교육이상의 전면적 시행과 공식화는 1815년 비인회의 이후 복고반동 추세의 대두와 연결되어 결과적으로 하층계급에게 불리하게 작용했다. 3단계의 신新인문주의 교육과정이 요구하는 긴 학업기간도 생계를 위해 당장 직업이 필요한 노동자와 농민들에게 손해를 끼쳤다. 물론 교육을 통한 사회적 상승의 후속효과는 제한된 범위에서 줄곧 있었다.1290)

슈타인-하르덴베르크의 교육개혁으로 창설된 3단계 학제 학교제도와 인문주의 교육은 바로 전 독일의 크고 작은 제후국과 오스트리아에서 모델로 쓰였다. 그리고 이 프로이센 모델은 국제적으로 영국·네덜란드·덴마크·벨기에·스웨덴 등 이웃국가로 전파되면서 국제적으로 확산되었다. 독일의 중국식 학교제도는 특히 19세기 초 미국 학교제도의 확립에도 기여했다. 미국과 독일의 근대적 학교제도는 결국 서구 전역의 모델이 되어 서구 교육제도를 근대화하기에 이른다.

1290) 참고: Elisabeth Fahrenbach, *Vom Ancien Régime zum Wiener Kongress* (München: Oldenbourg Verlag, 2001), 120-122쪽.

프로이센은 1872년 초등학교 교사를 육성하기 위한 사범학교를 창설하고, 세계 최초로 여자중급학교를 세웠다. 독일제국은 김나지움을 라틴·희랍·히브리어 및 현대어를 가르치는 9년제의 고전적 김나지움, 라틴어와 여러 현대어, 그리고 과학과 수학을 가르치는 9년제 레알김나지움, 근대 공업적·상업사무실적·기술적 직업훈련을 선택하는 6년제 실업학교(Realschule), 현대외국어·과학·수학교육에 초점을 맞춘 9년제 상급실업학교(Oberrealschule)로 체계화했다.

■ 프랑스의 교육개혁과 학교제도

프랑스에서 학교제도에서 중국을 모방하려는 시도는 벌써 17세기 말에 등장한다. 중국애호자 루이 14세는 중국의 만민평등교육 원칙의 의무적 학교교육제도를 모방하여 1691년 강희제의 '16개항 성칙聖勅'에 자극받아 1698년 12월 13일 '교구학교 칙령(Ordonnance royale sur les écoles paroissiales)'을 발령하여 부모들에게 14세까지 자식들을 마을학교로 보낼 것을 의무화하고 모든 마을에 이 마을학교를 조직하고 교사를 위한 급여를 정할 것을 명했다. 이 의무교육 칙령은 영국의 1870년 기초교육법이나 프로이센의 1세기 무상·의무교육법보다 빨랐으나, 무상교육법령이 아니었다. 이 점에서 루이 14세의 1698년 학교교육 칙령은 아직 근대성을 결했다. 따라서 가난한 부모들에게서 저항을 받았고, 또 영주들은 영주재판권(부세권, 서무행정권, 재판권 등)을 삭감당하지 않기 위해 저항했고, 교구성직자들은 이 교육칙령을 권한침해로 받아들였다. 이로 인해 루이 15세의 교육칙령의 시행은 지지부진했다.

프랑스에서 학교교육에 대한 관심이 고조된 것은 케네의 영향이었다. 케네가 강조한, 중국 국민평등교육을 본뜬 프랑스의 교육개혁 주장은 튀르고로 전해져 도입이 시도되고, 이것이 콩도르세에게 전수되어 프랑스혁명정부의 혁명법령으로 구현된다. 그리하여 1800년대에 프랑스는 6년제의 칼리지(중고교)와 8년제 칼리지(중고교 + 대학 교양과정)를 도합 약 3540개소 정도가 생겨났다. 10세에서 20세에 이르는 이 칼리지의 학생들의 머릿수는 도합 약 5만 명에 달했다. 어떤 칼리지들은 2-3세기가 되었고, 대부분 학위를 주었다. 이 칼리지들은 일차적으로 현금기부와 농지로 재정지원을 받았다. 그러나 1789년 프랑스혁명 동안 정부가 이 현금기부와 재산을 장악하고 성직자들과 교회통제를 받는 교사들을 해고해버렸다. 계획은 지방정부가 학교교육의 책임을 떠맡는 한편, 중앙정부는 새로운 고등교육 학교체계를 수립하는 것이었다. 그러나 새로운 기금조달 계획은 수년 동안 여의치 않았다. 이로 인해 많은 학교가 문을 닫거나, 소득의 90%를 삭감하려고 힘썼다. 1793년 국민정부는 전비를 마련하기 위해 학교재산을 매각했다. 자선학교에 대해서도 유시조치가 취해졌다. 1792년 콩도르세는 보통학교 교육을 위한 계획을 세웠으나 이 계획에 역사적 유산이 가용하다고 상정했다. 하지만 유산들이 1793년에 군비로 돌려져 버린 것이다. 이로 인해 그의 계획은 무산되었다.

1795년 새로운 중급학교(중고교)가 대도시에 창설되어 재능 있는 모든 소년들에게 개방되었다. 특히 근대 과학교육을 포함한 자유교육이 가능해지고 확산되었다. 이 중급교육은 새로운 정치체제의 관료들을 배출하기 위한 학교였다. 그러나 이 새 중급학교들은 교육의무가 없었다. 이와 별도로 혁명정부는 수업료를 받는 기초학교교육을 조직했다.

칼리지가 문을 닫은 지 10여 년 후 1802년 나폴레옹은 바칼로리

시험(baccalauréat examinations)을 겨냥한 주요 중급교육제도로 4년제 고교 '리세(lycée)'를 창설했다. '리세'에서는 불어, 라틴어, 고대희랍어와 과학을 가르쳤다. 1808년의 법률은 실라부스를 고대언어들, 역사, 수사학, 논리학, 음악과 기초수학과 기초 자연과학으로 고정시켰다. 이 '리세'는 보통 군대식 기율로 운영되는 기숙학교였다.

대학교의 학부는 법학부·의학부·과학부·인문학부로 구성되고 정부의 엄격한 감독을 받았다. 그리고 이것과 나란히 '그랑제콜(grandes écoles)'이 과학과 엔지니링(공학)에 초점을 맞춘 전문화된 고등교육기관으로 창설되었다. 이 '그랑제콜'이라는 술어는 프랑스혁명 후 국민공회에 의한 에콜 노르말 슈페리외르(École Normale Supérieure)와 에콜 폴리테크니크(École Polytechnique)의 창설과 더불어 생겨났다. 그랑제콜의 선구적 형태는 혁명 전 루이 시대(1697년과 1748년)에 창설된 '에콜 드 라르틸레리 드 두에(école de l'artillerie de Douai)'와 '에콜 뒤 제니 드 메지에르(école du génie de Mézière)'를 비롯한 5개의 군사엔지니링과 포병대학, 조선엔지니어 육성을 위해 1741년에 창설된 '에콜 데 인제니외르-콘스트룩퇴르 데 배쏘 루와(École des ingénieurs-constructeurs des vaisseaux royaux)', 교량·도로 엔지니어 육성을 위해 1747년에 설립된 '에콜 루얄 데 퐁트 에 소쎄(École royale des ponts et chaussées)', 1783년 창설된 광산감독관 배출을 위한 국립 문관학교 '에콜 데 민네 드 파리(École nationale supérieure des mines de Paris)' 등이었다. 이처럼 프랑스의 학교교육 개혁은 정실주의 관료제의 근대화에 앞서 이루어졌다.

■ 영국 학교제도의 근대화

영국은 19세기 말엽까지 3단계 학제의 학교 의무교육제도가 없었다. 학군에 따른 초급학교도 없었다. 대학교도 엉망이었다. 여전히 공직과 정치적 관직의 뭉텅이는 공식적 자격 보유자들이 아니라 유한계급 출신들로 채웠다. 영국에서 영국국교회·옥스브리지·로열 칼리지·기타 전문엘리트기구 등 고등교육을 지배한 기관들은 성적에 의해서보다 순번제(cooptation)에 의해 성적증명서를 부여했고, 아직 정치적 집행부나 입법부에 대한 아무런 유의미한 보고 의무가 없었다. 이런 상황이라서 고등교육 기회는 선거권의 확장에도 불구하고 20세기 중반까지 계속 아주 불확실한 상태에 처해 있었다.[1291] 아무튼 1870년 이전 영국에는 능력주의적(성적주의적) 공무원 임용제도도 없었고, 독일 유형의 국가고시제도도 없었다.[1292]

잉글랜드와 웨일즈 전역에서 부모가 자녀를 학교에 보내야 하는 의무교육의 법적 관념은 위정자들에게도, 학부모들에게도 없었다. 명·청대 중국에서 오랫동안 시행되어온 의무교육과 그 관념은 1870년까지 결여되었다. 만민·평등교육 이념에 입각한 법적 의무교육제도는 프랑스와 독일이 이 제도를 시행한 지 오랜 세월이 지난 뒤인 1870년 2월 17일 '기초교육법(Elementary Education Act; Forster' Education Act)'의 제정으로 시작되었다. 기초교육법도 정부가 자발적으로 입법한 것이 아니라, 1867년 선거법개정으로 선거권을 얻은 일반시민의 교육 필요성에 호응하여 윌리엄 포스터, '국민교육연맹', 조지프 챔벌레인 등이 캠페인을 벌인 끝에 쟁취된 것이었다. 기초교육법은 1893년까지 20여 년 동안 여러 차례 확대·개정되었다.[1293]

1291) 참조: Arnold J. Heidenheimer, "Education and Social Security Entitlements in Europe and America", 272쪽. Peter Flora and Arnold J. Heidenheimer, *The Development of Welfare States in Europe and America* (London and New York: Transaction Publishers, 1981; Routledge, 2017).

1292) Fritz Ringer, *Education and Society in Modern Europe* (Bloomington: Indiana University Press, 1978), 240쪽; Heidenheimer, "Education and Social Security Entitlements in Europe and America", 275쪽.

이 기초교육법은 중국 학교제도의 학군 개념과 의무교육 원칙을 도입했다. 이 기초교육법에 따라 잉글랜드와 웨일즈에서는 학군단위마다 5세에서 12세 사이의 '모든' 어린이를 의무적으로 가르치는 공립 초급학교가 설립되고 지방교육청들이 처음으로 설치되었다. 1880년대에 유소년의 의무·무상교육은 5세에서 10세에까지만 적용되었다. (참고로, 현재 영국의 의무교육은 2015년 조치로 18세까지로 확장되었다.)

1879년 옥스퍼드대학교의 부설로 창설된 영국 최초의 여자대학교는 서머빌칼리지(Somerville College)였다. 모든 신앙종파에 개방된 영국 최초의 세속적 대학은 University College London이고, 뒤이어 바로 King's College London이 창설되었는데, 이 두 대학은 곧 University of London으로 통합되었다. 19세기 이전 잉글랜드는 타국에 비해 빨리 시작된 그래머스쿨(문법학교)이 수적으로 아주 적었고 내용적으로 부실했다. 이런 까닭에 의무·무상교육을 실시하는 근대적 학교제도의 출발도 아주 늦었던 것이다.

마지막으로 서양 각국의 학교제도 발달을 비교하는 차원에서 분명히 알아야 하는 세 가지 일반적 사실 중의 첫 번째 사실은 공교육에서 초급학교 이후 중고등학교와 대학교 교육과정의 학교제도 설립을 위한 노력에 관한 한, 미국의 학교제도 발전이 유럽보다 한 세대 앞질러 이룩되었다는 것이다. 유럽은 겨우 지난 20세기 후반(1960-70년대)에야 중고등학교와 대학교 교육을 확대해 도약단계에 들어갔을 뿐이다.[1294] 그러나 미국의 초급학교의 공교육화

1293) Fiedler, "Luther's Views and Influence on Schools and Education", 211쪽.

1294) 참조: Heidenheimer, "Education and Social Security Entitlements in Europe and America", 269쪽.

계획은 비록 유럽보다 일렀어도 그 실천은 유럽에 비해 늦고 덜 광범했다. 이것은 미국에서 관료제의 늑장 도입과 극심한 종파갈등 때문이었을 것이다. 미국 중앙정부는 영국 중앙정부보다 두 세대 늦게 교육문제를 손대기 시작했다. 미국 정치문화가 덜 중앙집권적이었기 때문에 많은 초급교육의 도입노력이 지방분권적으로 이루어졌던 것이다. 18세기 미국의 종파적 복잡성으로 인해 소수집단들의 공동이익은 성하여 국가를 중립화시키고 특수이익 집단을 제압할 국가의 권리를 부정했고 국가의 혜택을 특권이 아니라 권리로 만들어주었다. 미국에서 경쟁하는 종파들은 더 자유롭게 다양한 지역과 주州에서 가정·교회·지방정부·중앙정부의 기능분담 방법에 대한 임시 해법들을 안출했다. 반면, 영국정부는 중앙의 교육시스템을 지방에 적용하고 싶어 했을지라도 19세기 초에 그렇게 할 관료제적 능력이 없었다.[1295)]

그리고 분명히 알아야 하는 두 번째 일반적 사실은 교회로부터 국가로의 교육기능의 이전, 즉 유학적·세속적 성격의 학교교육의 확립 속도는 각국의 '헌법적' 성격과 기독교의 '종파적' 성격 및 종파갈등의 강도에 의해 좌우되었다는 것이다. 그것은 "서양에서 이전에 본 적이 없는 대중교육을 향한 최초의 거대한 개혁적 용틀임"을 고취한 루터주의 개신교국가에서 특히 빨랐다.[1296)]

마지막으로, 분명히 알아야 하는 세 번째 일반적 사실은 학교교육의 확립은 중국 학교제도에 대한 지식과 논의가 일찍부터 번성했

1295) 참조: Heidenheimer, "Education and Social Security Entitlements in Europe and America", 271쪽.

1296) Lawrence Stone (ed.), *Schooling and Society* (Baltimore: Johns Hopkins University Press, 1976), xii쪽. Heidenheimer, "Education and Social Security Entitlements in Europe and America", 270쪽에서 재인용.

던 나라들의 순서대로 근대적 학교제도의 도입과 확산이 이루어졌다는 것이다. 따라서 유학에 덜 열광했던 국가들보다 중국에 더 열광했던 국가들이 이 학교제도 도입에서 더 신속했다.

프로이센은 17-18세기에 이미 학교교육 문제에 손을 댔다. 적어도 읽기 능력을 일반화하려고 기도한 법령은 중국제품과 정치문화의 수입에 나름대로 열성이었던[1297] 스웨덴에서도 프로이센에서처럼 같은 시기에 교육비를 부모와 지자체에 떠넘기려는 "교육기부제도"의 형식으로 채택되었다. 프로이센에서는 프리드리히 2세가 18세기 후반에 벌써 중고등교육과 대학교육을 국가교육부처의 통제 아래 두고 대학교 입학과 프로이센 관료행정체제의 관직임용의 조건이 되는 중고등학교 졸업시험을 주관하는 데 성공했다. 17세기 스웨덴에서는 부모들이 자식들에게 마을 주최의 '성서읽기 시험'에 통과할 만큼 잘 읽는 것을 가르쳐야 했었다. 왜냐하면 1686년의 한 법령이 시험에 낙방한 자들은 교회공동체와 혼인으로부터 배제한다고 규정했기 때문이다. 그러나 이것은 개혁의 '시작'이었다. 영국에서 학교교육(schooling)에 대한 국가의 본격적 관심은 엘리자베스 시대로부터 빅토리아시대에 걸쳐 나타났으나, 이 나라에서 국립 초급교육 학교제도의 확립은 국교회와 비非국교회 간의 격한 갈등으로 인해 지연되었고, 중고등교육 학교제도는 1902년 이후에야 비로소 온전하게 확립되었다.[1298] 반면, 프로이센에서는 영국보다 100년 전인 19세기 초에 아비투어와 국가고시(Staatsexamen)와 같은 자격을 획득한 사람들을 공직에 임용하기 시작했다.

1297) 참조: 황태연, 『유교적 근대의 일반이론(2)』 (서울: 넥센 미디어, 2021), 1204-1214쪽.

1298) 참조: Heidenheimer, "Education and Social Security Entitlements in Europe and America", 270-271쪽.

유교제국의 충격과 서구 근대국가의 탄생
제1권 서구 내각제 · 관료제 · 학교제도의 유교적 기원

초판 인쇄 2022년 5월 6일
초판 발행 2022년 5월 15일

지은이 황태연 동국대학교 정치외교학과 명예교수
펴낸이 김재광
펴낸곳 솔과학
편　집 다락방
영　업 최회선
인　쇄 정음사
디자인 miro1970@hotmail.com
등　록 제10-140호 1997년 2월 22일
주　소 서울특별시 마포구 독막로 295번지 302호(염리동 삼부골든타워)
전　화 02)714-8655
팩　스 02)711-4656
E-mail solkwahak@hanmail.net

ISBN 979-11-87124-47-4 93910

값 60,000원